MANUEL FALLMANN

Sekundäre Lücken im Recht

Schriften zur Rechtstheorie

Band 297

Sekundäre Lücken im Recht

Richterliche Rechtsanpassungen angesichts des Umstands- und Wertewandels

Von

Manuel Fallmann

Duncker & Humblot · Berlin

Die Juristische Fakultät der Universität Konstanz
hat diese Arbeit im Jahr 2020
als Dissertation angenommen.

Bibliografische Information der Deutschen Nationalbibliothek

Die Deutsche Nationalbibliothek verzeichnet diese Publikation in der Deutschen Nationalbibliografie; detaillierte bibliografische Daten sind im Internet über http://dnb.d-nb.de abrufbar.

Satz: TextFormA(r)t, Daniela Weiland, Göttingen
Druck: CPI buchbücher.de GmbH, Birkach

ISSN 0582-0472
ISBN 978-3-428-18343-2 (Print)
ISBN 978-3-428-58343-0 (E-Book)

Gedruckt auf alterungsbeständigem (säurefreiem) Papier
entsprechend ISO 9706 ♾

Internet: http://www.duncker-humblot.de

Vorwort

Diese Arbeit wurde 2020 vom Fachbereich Rechtswissenschaft der Universität Konstanz als Dissertation angenommen. Die Verteidigung der Dissertation fand am 14. Januar 2021 bei den Referenten Prof. Dr. Clemens Höpfner und Prof. Dr. Christian Picker statt.

Die Idee der Arbeit entstand aus dem Bedürfnis, zentralen juristischen Fragestellungen auf den Grund zu gehen und dabei auch interdisziplinäre Forschungsansätze zu verfolgen. Prof. Dr. Dres. h. c. em. Bernd Rüthers, den ich über mehrere Jahre als wissenschaftliche Hilfskraft unterstützen durfte, vermittelte mir in vielen bereichernden Gesprächen die Begeisterung für die juristische Methodenlehre und führte mir vor Augen, welche wissenschaftliche, aber auch politische Brisanz methodische Fragestellungen aufweisen. Es war dann ein Glücksfall, dass Prof. Dr. Clemens Höpfner seine Professur 2016 in Konstanz antrat und mich als Mitarbeiter und Doktorand aufnahm. Eine bessere und fachlich versiertere Betreuung meiner Promotion als bei Prof. Dr. Clemens Höpfner konnte ich mir nicht wünschen. Besonders möchte ich daher diesen beiden Herren danken! Ohne sie wäre diese Arbeit wohl nie geschrieben worden.

Für die Erstellung des Zweitgutachtens und viele wichtige Hinweise zur Strukturierung meiner Arbeit bin ich Prof. Dr. Christian Picker zu großem Dank verpflichtet.

Weiterhin schulde ich Prof. Dr. Hans Christian Röhl, Prof. Dr. Carsten Bäcker und Prof. Dr. Wolfgang Spohn Dank für ihre Unterstützung. Prof. Dr. Hans Christian Röhl unterstützte mich vor allem bei der Bewerbung auf ein Stipendium der Landesgraduiertenförderung, Prof. Dr. Carsten Bäcker gab mir in vielen anregenden Diskussionen wertvolle Denkanstöße und Prof. Dr. Wolfgang Spohn nahm sich mehrmals Zeit, mir eine Vielzahl von Fragen zu beantworten, die ich im Zusammenhang mit der philosophischen Theorie des Überzeugungswandels (auch: Belief Revision Theory) hatte, die für mein Konzept des hypothetischen Gesetzgeberwillens von zentraler Bedeutung ist.

Für die finanzielle Förderung meiner Arbeit durch die Universität Konstanz und das Land Baden-Württemberg auf der Grundlage des Landesgraduiertenförderungsgesetzes möchte ich ebenfalls danken.

Der Verlagsleitung von Duncker & Humblot danke ich für die Aufnahme in die Schriftenreihe „Schriften zur Rechtstheorie“.

Nicht zuletzt gebührt meiner Mutter und meinem Kommilitonen Raphael Ilg Dank, die mir beide besonders in der Abschluss- und Redigierphase meiner Doktorarbeit tatkräftig und mit großer Genauigkeit zur Seite standen!

Stuttgart, 19.08.2021 *Manuel Fallmann*

Inhaltsverzeichnis

Abbildungs- und Tabellenverzeichnis

A. Einleitung

„*Was ist das Vergänglichere, der Geist oder der Körper?* – In den rechtlichen, moralischen und religiösen Dingen hat das Äußerlichste, das Anschauliche, also der Brauch, die Gebärde, die Zeremonie, am meisten *Dauer*: sie ist der *Leib*, zu dem immer eine *neue Seele* hinzukommt. Der Kultus wird wie ein fester Wort-Text immer neu ausgedeutet; die Begriffe und Empfindungen sind das Flüssige, die Sitten das Harte."

Friedrich Nietzsche, Der Wanderer und sein Schatten, 77

Der Brauch, die Gebärde und die Zeremonie der rechtlichen, moralischen und religiösen Dinge weisen nach Nietzsche eine eigentümliche Form der Flexibilität auf. Ihre äußerliche, wahrnehmbare Seite – der „Kultus" – bleibt unverändert, doch ihre Bedeutung ändert sich mit der Zeit. Diese Eigenschaft teilen sie mit dem „festen Wort-Text", der immer neu ausgedeutet wird, obwohl seine Zeichen identisch bleiben. Nietzsches Beschreibung ist der juristischen Praxis im Umgang mit ihrem Gegenstand – dem Gesetzestext – nicht fremd. Gesetzestexte bleiben häufig über lange Zeiträume semiotisch unverändert, während sich die ihnen zugrundeliegende gesellschaftliche, wirtschaftliche, technische, rechtliche und weltanschauliche Ausgangslage drastisch verändern kann. Um diesen gewandelten Verhältnissen gerecht zu werden, wird häufig versucht, dem hoffentlich geduldigen Wortlaut des jeweiligen Gesetzestextes eine neue Bedeutung abzuringen, was die rechtsprechenden Organe durch verschiedenste Argumentationstechniken und -topoi zu rechtfertigen suchen.[1] Doch selbst dann, wenn der Wortlaut als unflexibel erfahren wird und eine aktualisierende Auslegung ausscheidet, sind die Bestrebungen der Juristen, die Gesetze anzupassen, noch nicht beendet. Nicht selten wird unter vager Berufung auf die „gewandelten Verhältnisse" der Norm eine neue Deutung zugeschrieben, die geeignet ist, sie von ihrer Entstehungsgeschichte zu entfremden und ihren historischen Regelungszweck zu neutralisieren.[2] Gleichwohl kann nicht geleugnet werden, dass die Rechtsordnung von der Wirklichkeit, die sie eigentlich regeln soll, abhängig ist.

Gesetz und Wirklichkeit sind keine separaten Sphären, die ohne kausale Verbindungen nebeneinanderstehen. Gesetze werden erlassen, um die Wirklichkeit zu steuern. Verändert sich die Wirklichkeit, kann das Gesetz seine einst vorhandene

---

[1] Für das Zivilrecht mit einem Verzeichnis verdeckter Rechtsfortbildungsstrategien *Fischer*, Topoi verdeckter Rechtsfortbildungen im Zivilrecht, S. 546 ff.

[2] Mit vielen Beispielen aus der Rechtsprechung *T. Honsell*, Historische Argumente im Zivilrecht, S. 162 ff., 201.

Steuerungswirkung einbüßen. Schon von Jhering forderte, dass das Gesetz den Bedürfnissen des Lebens und der Zeit anzupassen sei, anstatt sich ihm blindlings zu unterwerfen.[3] Heute wird dann eher von der Innovationsoffenheit[4] oder – in Anlehnung an Smend – von der Integrationsfähigkeit[5] des Rechts gesprochen, das für außerrechtliche Entwicklungen offen sein soll.

Neben dem Befund der Verbindung von Recht und Wirklichkeit wird eine zunehmende Veränderungsgeschwindigkeit in modernen Gesellschaften konstatiert.[6] Nach Luhmann fließt die Zeit wegen der zunehmenden Interdependenz aller Vorgänge immer schneller, wodurch auch das Recht in Fluss gerate.[7] Das veranlasste beispielsweise Esser, manche Gesetze schon in ihrer Jugend als veraltet anzusehen.[8] Die Überzeugung einer immer schneller fließenden Zeit, die bei Juristen fast schon zum Gemeinplatz geworden ist,[9] impliziert dann zugleich, dass die Justiz dem Gesetzgeber immer häufiger unter die Arme greifen muss, weil nur so ein wirklichkeitsadäquates Entscheiden möglich bleiben kann. Doch der Glaube, in einer besonders schnelllebigen Zeit zu leben, ist nicht neu. Schon kurz nach dem Erlass des BGBs wurde das hohe Tempo des „modernen" Lebens bemerkt. Gerade erst erlassen, wurde das BGB schon für veraltet gehalten.[10] Behauptet wurde, dass die beständig gesteigerte Beschleunigung des modernen Lebens die Mannigfaltigkeit von Rechtsfragen ins Unerschöpfliche treibe; Rechtsentwicklungen, die früher nur in fünfhundert Jahren möglich gewesen seien, vollzögen sich nun in fünf.[11]

Dem steht der Befund gegenüber, dass das BGB, das die privatrechtliche Rechtspraxis nun schon seit über hundert Jahren steuert, in wesentlichen Bereichen unverändert geblieben ist. Dies gilt auch für viele andere Rechtsgebiete und ihre zentralen Gesetze. Die gesteigerte Veränderungsgeschwindigkeit steht daher unter dem Verdacht, immer dann beschworen zu werden, wenn Gesetzesbindungen von Gerichten als unliebsame Einschränkungen erfahren werden.[12] Gleichwohl darf nicht bestritten werden, dass sich die Innovationsdichte mit fortschreitender Zeit

---

[3] *von Jhering*, Geist des römischen Rechts auf den verschiedenen Stufen seiner Entwicklung, S. 490; *von Jhering*, Theorie der juristischen Technik, in: Krawietz, Werner (Hrsg.), Theorie und Technik der Begriffsjurisprudenz, Darmstadt 1976, S. 11 (11 f.).

[4] *Hoffmann-Riem*, Innovation und Recht, Recht und Innovation, S. 29; *Hoffmann-Riem*, Innovation durch Recht und im Recht, S. 9.

[5] *Smend*, Verfassung und Verfassungsrecht, in: Smend, Staatsrechtliche Abhandlungen, S. 119 ff. (189); *Volkmann*, Grundzüge einer Verfassungslehre, S. 50 ff., 68.

[6] *Rüthers*, Die heimliche Revolution vom Rechtsstaat zum Richterstaat, S. 145 f.

[7] *Luhmann*, Rechtssoziologie, S. 210 f.

[8] *Esser*, Werte und Wertewandel in der Gesetzesanwendung, S. 7 f.

[9] Vgl. mit vielen Nachweisen *T. Honsell*, Historische Argumente im Zivilrecht, S. 68 f., 201 f.

[10] *T. Honsell*, Historische Argumente im Zivilrecht, S. 68 f. 73 f.

[11] *Sternberg*, Einführung in die Rechtswissenschaft, S. 154.

[12] *T. Honsell*, Historische Argumente im Zivilrecht, S. 70; *T. Möllers*, Juristische Methodenlehre, § 6 Rn. 76.

immer weiter erhöht[13] und damit das Recht vor immer neue Herausforderungen stellt, die das richterliche Intervenieren erforderlich machen können.

Besonders deutlich zeigt sich das in Zeiten des Umbruchs oder der Krise. Die methodischen Operationen, die in der zivilgerichtlichen Praxis der NS-Zeit für die Anpassung der Rechtsordnung an die neue Weltanschauung verwendet wurden, untersuchte vor allem Bernd Rüthers.[14] Rüthers meinte anfänglich, einen rechtlichen Sonderfall zu analysieren, der durch die Besonderheiten des totalitären NS-Regimes geprägt sei, nicht aber für den juristischen Alltag gelte.[15] In seiner weiteren Beschäftigung mit dem Thema ist er aber von dieser Ansicht abgekommen. Die Aufgabe, die überkommene Rechtsordnung an die gewandelten Verhältnisse anzupassen, bestünde nicht nur während der NS-Rechtsperversion oder anderen extremen Umbruchsituationen, sie bestimme die juristische Praxis vielmehr dauerhaft.[16] Das Richterrecht bleibt also in jeder bewegten Zeit – und wahrscheinlich ist inzwischen jede Zeit bewegt genug – unser Schicksal.[17] Doch ist die Stellung der dritten Gewalt in diesem Prozess noch nicht hinreichend geklärt. Behält sie auch hier ihr dienende[18] Funktion bei oder schwingt sie sich zum Rechtsschöpfer, virtuosen Pianisten des Gesetzes[19] oder gar einer Art salomonischen Richter auf?

Dieses übersteigerte Verständnis des Richters als Sprachrohr der Gerechtigkeit ist noch nicht ausgestorben. Erst kürzlich forderte der nordrheinwestfälische Innenminister Herbert Reul die Justiz auf, ihre Entscheidungen dem „Rechtsempfinden der Bevölkerung"[20] anzupassen. Doch das Rechtsempfinden der Bevölkerung ist keine verfassungsrechtlich verankerte Rechtsquelle, die den Richter binden könnte. Vielmehr bergen solche Forderungen die Gefahr, die im Grundgesetz garantierte richterliche Unabhängigkeit, die ihre Grenze nach Art. 97 I GG nur in der Bindung an das Gesetz findet, zu unterminieren.[21]

Andererseits kann es sich wohl keine Rechtsordnung auf Dauer leisten, kontinuierlich an den moralischen und politischen Anschauungen der Rechtsunterworfenen vorbeizugehen. Diesem Umstand tragen schon die vielen Generalklauseln[22] in den Einzelgesetzen und das Grundgesetz mit seiner Vielzahl an deutungsoffe

---

[13] So lassen sich allein im letzten Jahrhundert mehr als doppelt so viele Erfindungen verzeichnen wie in den Jahren 1–1700 nach Christus, dazu https://www.oppisworld.de/zeit/erfinder/chronik01.html (Stand: 1.3.2019).

[14] *Rüthers*, Die unbegrenzte Auslegung, S. 91 ff.

[15] *Rüthers*, Die unbegrenzte Auslegung, Nachwort, S. 481.

[16] *Rüthers*, Die unbegrenzte Auslegung, Vorwort zur 5. Auflage; *Rüthers*, Wir denken die Rechtsbegriffe um …, S. 28; *Rüthers*, Die heimliche Revolution vom Rechtsstaat zum Richterstaat, S. 90.

[17] Frei nach *Gamillscheg*, AcP 164 (1964), 385 (445): „Das Richterrecht bleibt unser Schicksal".

[18] Der Dienervergleich geht auf Heck zurück, *Heck*, AcP 112 (1914), 1 (55).

[19] So *Hirsch*, ZRP 2006, 161.

[20] https://www.presseportal.de/pm/30621/4035641 (Stand: 6.3.2019).

[21] *Säcker*, NJW 2018, 2375 (2377 f.).

[22] Dazu mehr unter B. II. 2. b).

nen[23] Formulierungen Rechnung. Gleichwohl mag eine Menge normativer Vorgaben verbleiben, die Widerspruch, Ablehnung oder sogar Missachtung provozieren.

Der damalige Bundesjustizminister Heiko Maas meinte 2016 über den „Homosexuellen-Paragraphen" § 175 StGB, dass dieser von Anfang an verfassungswidrig war, und die auf ihm basierenden Verurteilungen Unrecht gewesen seien.[24] Tatsächlich wurde die Norm erst 1994 aus dem Strafgesetzbuch gestrichen. Zuvor entschied das Bundesverfassungsgericht 1957, dass die Norm nicht gegen die Verfassung verstoße, weil die allgemeine Handlungsfreiheit gemäß Art. 2 I GG eine Schranke im Sittengesetz finde.[25] Dagegen erblickt Maas in den strafrechtlichen Verurteilungen eine schwere Verletzung der Menschwürde, ohne dabei genauer zu spezifizieren, wie der Schutzbereich der Menschenwürde betroffen sein soll. Zwischen Maas' Einschätzung und der des Bundesverfassungsgerichts liegen knapp 70 Jahre. In dieser Zeit haben sich die sittlichen Anschauungen zur Homosexualität drastisch gewandelt. Als das Bundesverfassungsgericht 1957 den § 175 StGB für verfassungskonform erklärte, lag ihm eine andere, stärker durch die kirchliche Lehre geprägte gesellschaftliche Werteordnung zugrunde, als die heute der Fall ist. Wenn das Verfassungsgericht sich damals für die Verfassungsmäßigkeit des § 175 StGB entschied, musste es sich damit also nicht notwendigerweise um eine fehlerhafte Entscheidung handeln.[26] Maas' Meinung liegt eine naturrechtliche Sicht auf Rechtsfragen zu Grunde. Sie ist von dem Glauben geprägt, dass es so etwas wie ewige moralische und rechtliche Wahrheiten gibt, die sich mehr oder weniger selbstevident den praktisch Handelnden und Urteilenden offenbaren müssten. Der Gesetzgeber, die Richter des Bundesverfassungsgerichts und der Strafsenate hätten schon immer erkennen müssen, dass ihre Gesetze und Urteile falsch waren. Diese Naturrechtsgläubigkeit verbreitete sich nach dem Ende des Nationalsozialismus schnell in der Bundesrepublik. Als Sündenbock für die NS-Rechtsperversion musste der bis dahin herrschende Gesetzespositivismus herhalten, nicht zuletzt um eine Exkulpation der verwickelten juristischen Eliten von ihrer eigenen Schuld zu ermöglichen.[27] Gleichwohl spricht für die These ewiger moralischer oder rechtlicher Wahrheiten weder die historische noch die philosophische Betrachtung.[28]

Gerade die unausweichliche Streitigkeit praktisch-normativer Fragen ist ein zentraler Grund für die Entwicklung ausgefeilter Rechtsordnungen. Im demokratischen Rechtsstaat ist grundsätzlich dem gewählten Parlament die Letztentscheidungskompetenz für die abstrakte Regelung von Rechtsfragen aufgegeben. Der

---

[23] Dazu D. II. 2.

[24] https://www.bmjv.de/SharedDocs/Zitate/DE/2016/05112016 %C2%A7_175.html (Stand: 17.8.2018).

[25] *BVerfGE* 6, 389.

[26] So auch *Franßen*, FAZ, 25.05.2016, Nr. 120, S. 6; ein Indiz für die gewandelten Wertevorstellungen ist auch *Essers* Erstaunen über den Gedanken, dass aus Art. 3 II GG die Verfassungswidrigkeit von § 175 StGB folgen könnte, *Esser*, Grundsatz und Norm, S. 76 dort Fn. 230.

[27] *Rüthers*, Die heimliche Revolution vom Rechtsstaat zum Richterstaat, S. 58 ff.

[28] Zu dieser Diskussion mehr unter D. II. 2.

Judikative obliegt dagegen die Entscheidungsgewalt im konkreten Fall anhand der vorgegebenen gesetzgeberischen Maßstäbe.[29] Für beide Gewalten steckt die Verfassung einen Rahmen ihres rechtlichen Könnens ab. Dabei wird die Möglichkeit gewandelter Umstände und Anschauungen in diversen Verfahren der Gesetzesänderung, sogar der Verfassungsänderung, antizipiert. Dennoch wird der Rechtsprechung für bestimmte Fälle eine Befugnis zur Rechtsfortbildung zugestanden,[30] die es im weiteren Verlauf der Arbeit näher zu spezifizieren gilt. Diese Befugnis der Gerichte umfasst nach dem Bundesverfassungsgericht auch die Möglichkeit, Gesetze an gewandelte Verhältnisse anzupassen:

> „Diese Verfassungsgrundsätze [gemeint ist vor allem die Bindung der Rechtsprechung an Recht und Gesetz nach Art. 20 III GG] verbieten es dem Richter allerdings nicht, das Recht fortzuentwickeln. Angesichts des beschleunigten Wandels der gesellschaftlichen Verhältnisse und der begrenzten Reaktionsmöglichkeiten des Gesetzgebers sowie der offenen Formulierung zahlreicher Normen gehört die Anpassung des geltenden Rechts an veränderte Verhältnisse im Gegenteil zu den Aufgaben der Dritten Gewalt."[31]

Auch das Bundesverfassungsgericht rekurriert auf den beschleunigten Wandel der gesellschaftlichen Verhältnisse, der in einen drastischen Kontrast zu den Reaktionsmöglichkeiten des Gesetzgebers gesetzt wird. Der beschleunigte Wandel der Verhältnisse einerseits und die begrenzten Reaktionsmöglichkeiten des Gesetzgebers andererseits können dazu führen, dass sich die für den Erlass der Norm relevanten Umstände verändern und die Norm aus ihrem ursprünglichen Anwendungsbereich gerissen wird. Die Einschätzung des Bundesverfassungsgerichts ist zutreffend. Sie ist in administrativen Gründen und Eigenschaften abstrakt-allgemeiner Normen selbst begründet.

Abstrakt-allgemeine Gesetze[32] entfalten oft über Jahrzehnte oder sogar Jahrhunderte hinweg Rechtswirkungen. Im Gegensatz zu Verwaltungsakten ohne Dauerwirkung und Einzelfallgesetzen erschöpfen sie sich nicht in einer einmaligen Anwendung nach ihrem Erlass, sondern sollen eine Vielzahl von Fällen über unvorhergesehen lange Zeiträume hinweg regeln.[33] Das Gesetz schreibt schon im Moment seines Erlasses gewisse Verhalten für die Zukunft vor oder verbietet sie und erfüllt damit eine zentrale Aufgabe des Rechts, die Zukunftssteuerung.[34] Dadurch, dass die Rechtsordnung an bestimmte Verhaltensweisen positive oder

---

[29] Dazu mehr unter B. I. und II.

[30] Dazu mehr unter B. II. 1.

[31] BVerfGE 96, 375 (394 f.).

[32] Das Hauptaugenmerk wird in dieser Arbeit auf formellen und zugleich materiellen Gesetzen liegen. Eine Anwendung der gewonnenen Grundsätze auf untergesetzliches Recht soll nicht ausgeschlossen werden, steht aber immer unter dem Vorbehalt vorrangiger Rechtsfehlerlehren. Denkbar ist sogar die sekundäre Lückenhaftigkeit von Gewohnheitsrecht, vgl. dazu B. VI. 1.

[33] *Baumeister*, Das Rechtswidrigwerden von Normen, S. 209 f.

[34] *Häberle*, Zeit und Verfassung, in: Häberle, Verfassung als öffentlicher Prozess, S. 59 (69); *Kirste*, Die Zeitlichkeit des positiven Rechts und die Geschichtlichkeit des Rechtsbewusstseins, S. 358 ff.; *Röhl/Röhl*, Allgemeine Rechtslehre, 251 f.; *Wischmeyer*, Zwecke im Recht des Verfassungsstaates, S. 192 f.; *Winkler*, Zeit und Recht, S. 202 ff.

negative Rechtsfolgen knüpft, werden manche Handlungen der Rechtsadressaten wahrscheinlicher als andere, was zu einer Erwartungssicherheit der Rechtsadressaten führen kann.[35] Gleichzeitig werden Gesetze aus einer bestimmten geschichtlichen Situation heraus geschaffen und sollen konkrete Probleme ihrer Zeit lösen.[36] Verändert sich der Lebensbereich stark, den das Gesetz regeln sollte, so kann es passieren, dass das Gesetz seinen Anspruch, bestimmte Probleme zu lösen, nicht mehr erfüllen kann. Der Arm des Gesetzgebers, mit dem er in die Zukunft greift, hat insoweit eine endliche Länge.[37] Ein einfacher Beispielfall, der im Laufe der Untersuchung immer wieder zur Veranschaulichung herangezogen wird, ist der einer gesetzlich angeordneten Impfpflicht, die ihre Wirksamkeit später einbüßt.[38] Das einst sinnvolle Gesetz kann seine anvisierte Wirkung nicht mehr entfalten. Die Regelung des Gesetzes wird zum Atavismus, sie erinnert nur noch an eine vergangene Zeit und kann von den Rechtsadressaten als Zumutung empfunden werden. Gilt die Regelung dennoch weiter, kann das Recht seine gesellschaftliche Akzeptanz verlieren.[39] Die Erwartungssicherheit in bestimmte Verhaltensweisen, die es einst garantierte, gerät ebenfalls in Gefahr, weil das Recht sich zu weit von der Parallelwertung in der Laiensphäre entfernt.

Das Recht befindet sich in einem Spannungsverhältnis. Es soll einerseits auf gesellschaftliche Entwicklungen und Problemlagen flexibel reagieren, und andererseits soll es eine verlässliche Ordnung für die Rechtsadressaten darstellen, auf die sie auch in turbulenten Zeiten vertrauen können. Es steht damit in einem Spannungsverhältnis von Innovationsoffenheit und Innovationsverantwortung[40] oder – allgemeiner gesprochen – von Anpassungsfähigkeit und Rechtssicherheit. Je flexibler das Recht auf Entwicklungen reagieren kann, je zeitgemäßer es ist, umso mehr büßt es im Bereich der Rechtssicherheit ein, weil seine Rechtsfolgen weniger zwingend und damit weniger voraussehbar werden. Je starrer das Recht auf Veränderungen reagiert, je mehr der Rechtssicherheit Rechnung getragen wird, umso mehr besteht aber die Gefahr der „Versteinerung der Rechtsordnung"[41], die mit einer „Herrschaft der Toten [gemeint ist der Gesetzgeber] über die Lebenden [gemeint sind die heutigen Rechtsunterworfenen]"[42] einhergehen kann. In diesem Spannungsverhältnis steht auch der zur Rechtsanwendung berufene Richter; an ihm liegt es schließlich, die Entscheidung zu treffen.

---

[35] *Luhmann*, Das Recht der Gesellschaft, S. 124ff. besonders S. 152f.

[36] *Rüthers/Fischer/Birk*, Rechtstheorie, Rn. 778f.; *Neuner*, Die Rechtsfindung contra legem, S. 148.

[37] *Husserl*, Recht und Zeit, S. 27.

[38] Bas Beispiel stammt von *Neuner*, Die Rechtsfindung contra legem, S. 118.

[39] *Benda*, DÖV 1983, 305 (307f.).

[40] *Hoffmann-Riem*, Innovation und Recht, Recht und Innovation, S. 29ff.; *Hoffmann-Riem*, Innovation durch Recht und im Recht, S. 9.

[41] *Henninger*, Europäisches Privatrecht und Methode, S. 375.

[42] Staudinger/*H. Honsell*, Einleitung zum BGB Rn. 133; auch *Kramer*, Juristische Methodenlehre, S. 144f.

Wenn das Bundesverfassungsgericht formuliert, dass der vom Gesetzgeber festgelegte Gesetzeszweck „unter gewandelten Bedingungen [von der Rechtsprechung] möglichst zuverlässig zur Geltung zu bringen [ist]“[43], kommt darin ebenfalls das Spannungsverhältnis zwischen der vergangenen Herkunft des Rechts („vom Gesetzgeber festgelegter Gesetzeszweck“) und den gewandelten Herausforderungen der Gegenwart („gewandelte Bedingungen“) zum Ausdruck, in der das Recht steht. Das Diktum des Bundesverfassungsgerichts erscheint intuitiv plausibel, jedoch enthält es keine genaueren Anforderungen an die Fachgerichte, wann und mit welchen Mitteln auf veränderte Verhältnisse reagiert werden darf und muss. Dies kann ohne ausgearbeitete methodische Grenzen zu einer extensiven Anpassungs- oder Modernisierungsrechtsprechung führen. So hat sich in der Vergangenheit leider allzu häufig gezeigt, dass der Topos der „gewandelten Verhältnisse“ inflationär von der Rechtsprechung eingesetzt wurde, um unliebsame Gesetzesbindungen abzustreifen,[44] ohne dabei den Anforderungen eines rechtswissenschaftlich nachvollziehbaren Proncederes genügen zu können.

Diese Arbeit will daher einen konkretisierenden Beitrag dazu leisten, wie der vom Gesetzgeber festgelegte Gesetzeszweck unter gewandelten Bedingungen *möglichst zuverlässig* zur Geltung zu bringen ist. Dazu muss eine Methode entwickelt werden, die dem Richter Möglichkeiten und Grenzen aufzeigt, veränderte Umstände von Gesetzen in die Rechtsordnung (rechtsfortbildend) einzupflegen. Nur so kann das richterliche Vorgehen in diesen Situationen nachvollziehbar und damit diskutierbar gemacht werden. Das wichtigste methodische Werkzeug, das dazu genutzt werden soll, ist die sekundäre Lücke. Dabei soll geprüft werden, inwieweit sich dieses Werkzeug eignet, um Vorgänge des Umstands- und Wertewandels rational diskutierbar zu machen und eine rechtlich fundierte Lösung für sie zu finden.

Die Arbeit wird sich daher im nächsten Schritt ausführlich mit dem Begriff und der Methode der sekundären Lücke beschäftigen (B.). Bevor auf den Begriff der sekundären Lücke im Speziellen eingegangen wird, werden zunächst die allgemeinen begrifflichen Voraussetzungen der Rechts- oder Gesetzeslücke herausgearbeitet. Die Feststellung und Ausfüllung sekundärer Lücken ist dann von der kaum er-

---

[43] Dieses Diktum des BVerfG findet sich wohl zum ersten Mal in der Entscheidung zur Arzthaftung nach fehlgeschlagener Sterilisation, BVerfGE 96, 375, 394 f. Es hat sich seitdem zum methodischen Standard in der Rechtsprechung des BVerfG entwickelt, vgl. BverfGE 128, 193 (210) (Dreiteilungsmethode); BVerfGE 132, 99 (127 f.) (Delisting); BVerfG, NJW-RR 2016, 1366, Rn. 39: „Die Aufgabe der Rechtsprechung beschränkt sich vielmehr darauf, den vom Gesetzgeber festgelegten Sinn und Zweck eines Gesetzes unter gewandelten Bedingungen möglichst zuverlässig zur Geltung zu bringen oder eine planwidrige Regelungslücke mit den anerkannten Auslegungsmethoden zu füllen.“; zuletzt BVerfG 1 BvR 318/17 u. a., Rn. 31 f.

[44] *T. Honsell*, Historische Argumente im Zivilrecht, S. 76, 162, 165, 201.
Unter D. werden diverse Fälle aus der älteren und jüngeren Rechtssprechungsgeschichte untersucht. Beispiele finden sich dabei sowohl für ungerechtfertigte Rechtsanpassungen als auch für ungerechtfertigte unterlassene Rechtsanpassungen, aber auch – was keinesfalls unterschlagen werden soll – für überzeugende Entscheidungen auf dem Gebiet der „gewandelten Verhältnisse“.

forschten Kategorie des hypothetischen Gesetzgeberwillens abhängig. Daher wird eine intensive Auseinandersetzung mit Argumenten aus dem hypothetischen Gesetzgeberwillen stattfinden, um deren Leistungsfähigkeit zu ermitteln.[45] Insofern versteht sich diese Arbeit auch als ein Beitrag zu einer Hermeneutik des Gesetzgeberwillens, die in letzter Zeit – nach der Renaissance der subjektiven Methode in der verfassungsrechtlichen Rechtsprechung – zurecht verstärkt eingefordert wird.[46]

In einem eigenen Kapitel zur Systematik der sekundären Lücken (C.), wird veranschaulicht, welche Veränderungen zur sekundären Lückenhaftigkeit des Rechts beitragen können. Untersucht werden dabei auch andere Einteilungsvorschläge.

Anhand dieser Systematik werden dann unter (D.) beispielhafte Anwendungsfälle aus der Rechtsprechung und Rechtswissenschaft untersucht, wobei die für sekundäre Lücken entwickelte Methode erprobt werden soll.

---

[45] So unter B. VII. 3.

[46] Zuletzt *Sow*, Der Gesetzgeberwille als Grenze richterlicher Rechtsfortbildung, JuWissBlog Nr. 68/2018 vom 3.7.2018, https://www.juwiss.de/68-2018/ (Stand: 28.11.2018).

B. Begriff und Methode der sekundären Lücke – theoretische Grundlegung

Sekundäre Lücken unterscheiden sich von primären Gesetzeslücken dadurch, dass sie nicht von Anfang an vorliegen. Erst eine Veränderung der rechtlichen oder außerrechtlichen Wirklichkeit führt zu ihrem Entstehen. Doch sowohl ihre Möglichkeit als auch der Umgang mit ihnen ist in der Rechtswissenschaft umstritten. In folgenden Schritten soll das Konzept der sekundären Lücke erschlossen und auf seine rechtsmethodische Tauglichkeit zur Inkorporation des Umstands- und Wertewandels geprüft werden:

In einer Auseinandersetzung mit den Methoden der Gesetzesauslegung (I.) wird sich zeigen, dass die Feststellung der sekundären Lückenhaftigkeit eines Gesetzes grundsätzlich eine entstehungsgeschichtliche Analyse voraussetzt. Erst wenn die ursprüngliche Regelungsabsicht des Gesetzgebers festgestellt werden konnte, lässt sich einordnen, ob eine sekundäre Lücke vorliegt oder nicht. Dagegen bleibt einer bloßen Wortlautauslegung die sekundäre Lückenhaftigkeit des Gesetzes zumeist verborgen. Daran anknüpfend setzt das methodische Konzept zur Feststellung und Ausfüllung sekundärer Lücken grundsätzlich die Ermittlung des historischen Gesetzgeberwillens voraus.

Der klassische Lückenbegriff der „planwidrigen Unvollständigkeit der Rechtsordnung" wurde bis jetzt stillschweigend vorausgesetzt. Diese Definition und ihre Termini werden im Folgenden (II.) analysiert werden. Besondere Aufmerksamkeit wird Canaris' Überlegungen zur Feststellung und Ausfüllung von Lücken im Gesetz zukommen. Grundsätzlich ist der klassische Lückenbegriff auch für die sekundären Lücken maßgebend.

Das Konzept der sekundären Lücke wird dann in verschiedenen Teilschritten erarbeitet und methodisch handhabbar gemacht. Zuerst werden Besonderheiten des Begriffs der sekundären Lücke untersucht und auf Kritik eingegangen, die am Konzept der sekundären Lücke geübt wurde (III). Ebenfalls soll in Anlehnung an die Ergebnisse, die die Auseinandersetzung mit dem Methodenstreit für die sekundäre Lücke befördert hat, gezeigt werden, wieso das Konzept der sekundären Lücke einen notwendigen Platz im Methodenkanon der Rechtsanwendung einnimmt, insbesondere wieso es notwendig ist, zwischen primären und sekundären Gesetzeslücken zu differenzieren.

Danach wird auf eine begriffliche Unschärfe des Lückenkonzepts eingegangen. Zu unterscheiden sind (sekundäre) Lücken von (sekundären) Überschüssen (IV.), sie lassen sich nicht widerstandslos von dem Begriff der Lücke – respektive der sekundären Lücke – erfassen. Wird im ersten Fall die Rechtsordnung im klassischen Sinn planwidrig unvollständig, so wird im zweiten Fall ein Teil der Rechtsordnung planwidrig überflüssig. Diese Abgrenzung stellt aber nicht nur eine terminologische Spitzfindigkeit dar, weil ein Überschüssigwerden von Normen die Anwendbarkeit von Art. 100 I GG begründen könnte. Eine konklusive Behandlung dieser Problematik kann mangels theoretischer Fundierung hier noch nicht erfolgen. Darauf wird an späterer Stelle zurückzukommen sein (XI.). An dieser Stelle soll die begriffliche Unschärfe des Lückenkonzepts im Vordergrund stehen.

Ähnlichkeiten zu der Problematik sekundärer Gesetzeslücken weist das zivilrechtliche Rechtsinstitut der Störung der Geschäftsgrundlage auf. Gemäß § 313 I, III BGB kann ein Vertrag angepasst oder sogar aufgehoben werden, wenn es zu nachträglichen Veränderungen kommt, die die Vertragsgrundlage berühren (V.). Der Erfahrungsschatz der zivilrechtlichen Dogmatik kann auch für die Behandlung sekundärer Gesetzeslücken von großer Relevanz sein. Gleichzeitig sollen auch Unterschiede zwischen der sekundären Gesetzeslücke und der nachträglichen Störung der Geschäftsgrundlage herausgearbeitet werden. Die Ausgangssituationen der beiden Rechtskonzepte differieren nämlich nicht unerheblich. Dadurch wird evident, welche spezifischen Grundbedingungen für die Feststellung sekundärer Gesetzeslücken kennzeichnend sind.

Danach sind die Weichen gestellt, um ein Grundmodell zur Feststellung und Ausfüllung sekundärer Gesetzeslücken zu entwerfen (VI.). Dieses Grundmodell unterfällt seinerseits in zwei Varianten. Zum einen kann ein Gesetz sekundär lückenhaft oder überflüssig geworden sein, weil ein Regelungsgedanke angesichts der veränderten Verhältnisse inzwischen weggefallen ist. Zum anderen können die veränderten Verhältnisse zum ersten Mal überhaupt eine Regelung erforderlich machen, die das Gesetz bisher noch nicht bereithält. Beide Varianten setzen anspruchsvolle Reflexionen des Rechtsanwenders voraus, wobei sich vor allem der Nachweis des Regelungsbedarfs einer rechtlichen Neuschöpfung als besonders diffizil erweist.

Das Grundmodell zur Feststellung und Ausfüllung sekundärer Lücken basiert in beiden Varianten auf der umstrittenen Möglichkeit der Feststellung des Gesetzgeberwillens und der noch umstritteneren Möglichkeit der Feststellung des hypothetischen Gesetzgeberwillens. In einem eigenen Kapitel zu den Grundbegriffen und -techniken zur Umsetzung des Grundmodells werden die theoretischen Voraussetzungen dieser Kategorien, insbesondere der Prüfung des hypothetischen Gesetzgeberwillens erarbeitet (VII.).

Tatsächlich sind Überlegungen zum hypothetischen Gesetzgeberwillen nicht nur im Bereich sekundärer Gesetzeslücken von Belang, sondern bei sämtlichen Anschauungslücken (VIII.).

Gefahren, die sich aus einer unzureichenden oder voreiligen Annahme des hypothetischen Gesetzgeberwillens ergeben können, sollen paradigmatisch anhand der Fallgruppe der europarechtskonformen Rechtsanwendung aufgezeigt werden (IX.).

Diesen Gefahren ist durch eine Beweislastregel zu begegnen, die als „Vorsichtsgebot" bezeichnet wird (X.).

Schließlich wird auf die Rechtsfolgen sekundärer Überschüssigkeit von Normen eingegangen (XI.).

I. Der Streit zwischen objektiver und subjektiver Auslegung und seine Bedeutung für die Feststellung und Ausfüllung sekundärer Lücken

Die Frage, wie sekundäre Lücken festzustellen und zu schließen sind, sollte im Idealfall zu einem einzigen methodischen Leitfaden führen, der eine möglichst klare, präzise und rational nachvollziehbare Anleitung zur Lösung des juristischen Problems an die Hand gibt. Doch die juristische Methodik ist selbst zweigeteilt in ein subjektives und ein objektives Lager.[1] Teilweise wird sogar noch eine objektiv-subjektive Theorie vertreten, die auch als „Vereinigungstheorie" bezeichnet wird.[2] Die unterschiedlichen theoretischen Überzeugungen können zu unterschiedlichen Ergebnissen bei der Rechtsanwendung führen und diese zugleich propagieren. Doch nicht nur die Ergebnisse können differieren, sondern auch die Bezugspunkte. Ein Vertreter der objektiven Theorie wird den Begriff der Lücke anders verstehen als ein Vertreter der subjektiven Theorie,[3] so dass schon die Ausgangsvoraussetzungen zur Behandlung des Themas unterschiedliche sind.

Die subjektive Auslegung versucht den ursprünglich[4] vom Gesetzgeber verfolgten Regelungszweck zu verstehen, wozu die historische[5], die grammatische[6] und die systematische Auslegung als Hilfsmittel eingesetzt werden.[7]

---

[1] *Hassold*, ZZP 1981, 192 (193); Rüßmann, Grenzen und Möglichkeiten der Gesetzesbindung, S. 142; *Röhl/Röhl*, Rechtslehre, S. 627 ff.

[2] *Röhl/Röhl*, Allgemeine Rechtslehre, S. 632; *T. Möllers*, Juristische Methodenlehre, § 6 Rn. 77 ff.; einen vermittelnden Ansatz vertritt auch *Kramer*, Juristische Methodenlehre, S. 143 f.

[3] Vgl. nur *Meier-Hayoz*, Der Richter als Gesetzgeber, S. 54 ff.; mehr dazu unter B. II. 2.

[4] Gelegentlich wird auch eine „subjektive Auslegungsmethode" vertreten, die nach dem Willen des aktuellen Gesetzgebers fragt, vgl. *H.-M. Pawlowski*, Methodenlehre für Juristen, Rn. 486; aktuell *Wank*, Die Auslegung von Gesetzen, S. 32. Diese Position ist aber abzulehnen, weil der Wille des aktuellen Gesetzgebers bezogen auf ein älteres Gesetz nur eine fiktive Kategorie ist. Denn zu diesem Regelungsgegenstand hat der aktuelle Gesetzgeber keinen Willen gebildet. Will der aktuelle Gesetzgeber die Rechtslage ändern, muss er auf die dafür vorgesehenen Gesetzgebungsverfahren zurückgreifen, so auch *Looschelders/Roth*, Juristische Methodik im Prozess der Rechtsanwendung, S. 62. Der aktuelle Wille des Gesetzgebers kann weder im Gesetzestext noch in den Gesetzesmaterialien gefunden werden und müsste immer wieder vom jeweiligen Rechtsanwender neu konstruiert werden. Das genügt aber den Anforderungen der

Dagegen will die objektive Auslegungsmethode den heute maßgeblichen Sinn des Gesetzes verstehen, der sich von dem historischen Sinn des Gesetzes lösen kann. Gesprochen wird von einem „normativen Sinn des Gesetzes", der manchmal auch in Abgrenzung zur subjektiven Methode als „Wille des Gesetzes" bezeichnet wird.[8] Bei der Ermittlung dieses Willens des Gesetzes wird zusätzlich eine teleologische Auslegung als Mittel eingesetzt, die sich auch an objektiv-teleologischen Zwecken orientiert.[9] Ihr soll im Rahmen der objektiven Auslegung abstrakt betrachtet das höchste Gewicht zukommen.[10]

Gesetzesbindung nach Art. 20 III, 97 I GG nicht; so auch Höpfner, der sich kritisch gegenüber Wanks methodischen Vorschlag zeigt, *Höpfner*, RdA 2014, 61 (62).

[5] Differenziert wird im Rahmen der historischen Auslegung zwischen der historischen Auslegung im engeren Sinn und der genetischen. Bei ersterer geht es darum, ältere Gesetzesfassungen mit der aktuellen zu vergleichen, bei letzterer darum, den Willen derjenigen zu ergründen, die das Gesetz verabschiedet haben, mit weiteren Nachweisen *Müller/Christensen*, Juristische Methodik, Band 1, Rn. 360; mit weiteren Nachweisen *Frieling*, Gesetzesmaterialien und der Wille des Gesetzgebers, S. 10. Wenn hier von „historischer Auslegung" die Rede ist, soll immer das Projekt der „genetischen Auslegung" gemeint sein – also die Erforschung des historischen Gesetzgeberwillens. Die Unterscheidung von historischer und genetischer Auslegung ist aber nur terminlogischer Natur und trägt wenig zur Differenzierung in der Sache bei. Wenn der Vergleich verschiedener Gesetzesfassungen dazu beiträgt, den Gesetzgeberwillen zu erhellen, gehört das zur historischen Auslegung. Ohnehin ist der Vergleich verschiedener Gesetzesfassungen nur vor dem Hintergrund sinnvoll, Aufschluss über die Absichten des Gesetzgebers zu erlangen, so auch *Frieling*, Gesetzesmaterialien und der Wille des Gesetzgebers, S. 39 f.

[6] Das impliziert, dass der Wortlaut nicht die Grenze der Auslegung ist, sondern eben nur ein Mittel der Auslegung, um den ursprünglich verfolgten Regelungszweck des Gesetzgebers zu verstehen, so schon *Heck*, AcP 112 (1914), 1 (138 ff.).

[7] *Rüthers/Fischer/Birk*, Rechtstheorie, Rn. 726 ff.

[8] *Larenz*, Methodenlehre, 316 ff.; *Larenz/Canaris*, Methodenlehre der Rechtswissenschaft, S. 137 ff.

[9] *Larenz*, Methodenlehre, S. 333 ff.; *Larenz/Canaris*, Methodenlehre der Rechtswissenschaft, S. 153 ff.; die Annahme, dass die Auslegung nach dem Sinn und Zweck der Vorschrift ein eigenes Auslegungsmittel darstellt, ist irreführend, weil der Sinn und Zweck der Vorschrift ja gerade durch die Auslegungscanones ermittelt werden soll. Sinn und Zweck sind keine Methode, sondern ein Ergebnis, *Rüthers/Fischer/Birk*, Rechtstheorie, Rn. 725 ff.; *Müller/Christensen*, Juristische Methodik, Band 1, Rn. 364.

[10] *Larenz/Canaris*, Methodenlehre, S. 166; *Canaris*, Das Rangverhältnis der klassischen Auslegungsmethoden, in: FS Medicus, S. 25 (58). Für Canaris sind die klassischen Auslegungsmethoden Argumente, die je nach Fall ein unterschiedliches Gewicht haben können. Ähnlich wie bei Prinzipien ist durch Abwägung zu entscheiden, welchem Argument im konkreten Fall das meiste Gewicht zukommt. Es kann aber auch vorkommen, dass strikte Vorrangregeln vorgeben, welcher Auslegungsmethode im konkreten Fall der Vorzug gebührt. Hier kommt es dann gar nicht zu einer Abwägung. Diese Vorrangregeln bedürfen wohl einer staatstheoretischen Rechtfertigung, *Canaris*, Das Rangverhältnis der klassischen Auslegungsmethoden, in: FS Medicus, S. 25 (60). Aber auch dieses komplexe Modell von Abwägung einerseits und Vorrangregeln andererseits kann keine klare Antwort darauf geben, welcher Auslegungsmethode Vorrang gebührt. Das liegt schon daran, dass Canaris nur wenige Vorrangregeln nennt, die wirklich die Entscheidung des Rechtsanwenders leiten könnten. Andererseits wird nicht klar, wieso nicht den erkannten Wertungen des Gesetzgebers ein grundsätzlicher Vorrang eingeräumt wird, wenn doch die Vorrangregeln staatstheoretisch fundiert sein sollen.

Die Frage, ob objektiv oder subjektiv ausgelegt werden soll, überschneidet sich grundsätzlich[11] mit der Frage, ob es bei der Auslegung der Norm auf den Gegenwartssinn oder den entstehungszeitlichen Sinn des Gesetzes ankommt.[12] Damit kann zweierlei gemeint sein: entweder im Rahmen eines subjektiven Paradigmas, ob der Wille des historischen oder des gegenwärtigen Gesetzgebers entscheidend ist, oder allgemein, ob es auf den entstehungszeitlichen oder den geltungszeitlichen Sprachgebrauch der Norm ankommt.[13]

Geht man jeweils von Letzterem aus, kann der Sinn der Norm über die Zeit variieren, weil die Norm Gegenstand etlicher Gerichtsentscheidungen werden kann, und immer von Neuem der aktuelle Gesetzgeberwille beziehungsweise der aktuelle Sprachgebrauch ermittelt werden muss, wobei beide, der Wille des Gesetzgebers über die Zeit und die Konventionen des Sprachgebrauchs, dem gesellschaftlichem Wandel unterliegen. Der Rechtssatz erlangt dann immer wieder eine neue Bedeutung.[14] Wie aber ein Rechtssatz ohne methodische Operationen der Rechtsanwender (Analogie, teleologische Reduktion et cetera) und ohne Veränderungen der Rechtssetzer seinen Sinn verändern können soll, bleibt – zumindest bei Rechtssätzen ohne Deutungsspielraum – unerklärlich.[15] Gemeint ist damit eine methodische Unerklärlichkeit, nicht eine faktische Unerklärlichkeit, denn es ist nur allzu erklärlich, wieso Normen in der richterlichen Praxis losgelöst von ihrem ursprünglichen Sinn interpretiert werden: Durch die konditionale Formulierung von Normen in einen Tatbestand und eine Rechtsfolge gerät der historische Normkontext und die vom Gesetzgeber verfolgte Regelungsabsicht aus dem Blick.[16] Es interessiert dann nicht mehr, was mit der Norm geregelt werden sollte, sondern nur noch, ob die – isoliert betrachteten – Tatbestandsmerkmale erfüllt sind. Die Rechtsbegriffe entwickeln auf diese Weise ein Eigenleben, abgeschnitten von ihrem Regelungszweck. Bei der Auslegung der Norm ist daher die Konditionalfassung der Norm wieder in

---

[11] Hierbei handelt es sich nicht um einen notwendigen logischen Zusammenhang, vgl. *Bydlinski*, Juristische Methodenlehre und Rechtsbegriff, S. 428 f. Auch eine objektiv-entstehungszeitliche Auslegungsmethode ist denkbar (Bydlinski nennt als Vertreter dieser Position Meier-Hayoz im Berner Kommentar zur Art. 1 ZGB als Beispiel). Hier müsste der gegenwärtige Normadressat versuchen, das Gesetz so zu verstehen, wie es ein vernünftiger Normadressat zur Zeit des Gesetzeserlasses hätte verstehen müssen. Wie das – ohne historische Forschung nur anhand des Gesetzestextes – funktionieren soll, bleibt ein Rätsel. So auch überzeugend *Bydlinski*, Juristische Methodenlehre und Rechtsbegriff, S. 429.
Die typischen Verbindungen subjektiv-entstehungszeitlich und objektiv-geltungszeitlich entstehen daher mangels vernünftiger Alternativen.

[12] *Würtenberger*, Zeitgeist und Recht, S. 164; *Reimer*, Juristische Methodenlehre, S. 123; *T. Möllers*, Juristische Methodenlehre, § 6 Rn. 63, 69.

[13] *Frieling*, Gesetzesmaterialien und Willen des Gesetzgebers, S. 89.

[14] *Neuner*, Die Rechtsfindung contra legem, S. 121; dies begrüßend bspw. *Kramer*, Juristische Methodenlehre, S. 145 f.; mehr dazu unter C. II. 1.

[15] Schon *M. von Rümelin*, Das neue schweizerische ZGB und seine Bedeutungen für uns, S. 38; a.A. *Hirsch*, JZ 2007, 853 (856).

[16] *Wank*, Die juristische Begriffsbildung, S. 82.

ihr ursprüngliches Regelungsprogramm zu decodieren.[17] Erst von diesem erhalten die Rechtsbegriffe – als Mittel zur Umsetzung des Ziels – ihre Bedeutung.[18] Diese Vermittlung von Rechtsbegriff und Normzweck ist die eigentliche Leistung des teleologischen Auslegens, so dass es schließlich auf den geltungszeitlichen Sinn der Worte ankommen muss.[19] Bei einer strikt objektiven Auslegung der Norm würde der Rechtsanwender nicht gewahr werden, wann er vom ursprünglichen Bedeutungsgehalt der Norm abweicht.[20] Natürlich können Vertreter der objektiven Auslegung auch die Entstehungsgeschichte der Norm als Auslegungsmittel heranziehen, müssen ihr aber kein besonderes Gewicht einräumen. Die Ermittlung des ursprünglichen Zwecks der Norm erscheint hier oft als ein unnötiger methodischer Zwischenschritt auf dem Weg zur Ermittlung des normativen Gesetzeszwecks.[21]

Dass bei der Gesetzesauslegung der heute maßgebliche, also normative Sinn entscheidend ist, wird von Vertretern der objektiven Auslegung vor allem damit gerechtfertigt, dass Gesetze auf aktuelle Fragen, die dem historischen Gesetzgeber unbekannt waren, eine Antwort geben müssen und die Jurisprudenz trotz eines unveränderten Normbestands handlungsfähig bleibt.[22] Gerade im Bereich der sekundären Lücke wird also ein zentraler Teil des Methodenstreits ausgetragen und der subjektiven Theorie immer wieder zur Last gelegt, sie trage zur „Versteinerung“[23] und „Mumifizierung“ der Rechtsordnung bei und führe zur „Herrschaft der Toten über die Lebenden“[24]. Dagegen fällt es Anhängern der objektiven Auslegung schwer, überhaupt zwischen primären und sekundären Lücken zu differenzieren, ohne auf den Willen des historischen Gesetzgebers zu rekurrieren.[25] Die

[17] *Wank*, Die juristische Begriffsbildung, S. 82.

[18] Deutlich *Fischer*, Topoi verdeckter Rechtsfortbildungen im Zivilrecht, S. 555.

[19] *Koch/Rüßmann*, Juristische Begründungslehre, S. 189; *Neuner*, Die Rechtsfindung contra legem, S. 121.

[20] *Meier-Hayoz*, Der Richter als Gesetzgeber, S. 57.

[21] Vgl. dazu die Fälle, die in D. I. 1. a) und b) behandelt werden.

[22] *Meier-Hayoz*, Der Richter als Gesetzgeber, S.269; *Stratenwerth*, Streit der Auslegungstheorien, in: FS Germann, S. 257 (267); *Larenz*, Methodenlehre, S. 318 f.; *Herresthal*, Rechtsfortbildung im europarechtlichen Bezugsrahmen, S. 319; *Kramer*, Methodenlehre, S. 143; *Chanos*, Wandel von Rechtsnormen und richterliche Rechtsfortbildung, in: FS Krawietz, S. 665 (668); *Hassemer*, Richtiges Recht durch richtiges Sprechen? Zum Analogieverbot im Strafrecht, in: Grewendorf (Hrsg.), Rechtskultur als Sprachkultur, S. 71 (73 f.); vgl. für das englische Recht *Steyn*, OJLS 21 (2001), 59 (68); ferner mit vielen weiteren Nachweisen, *T. Honsell*, Historische Argumente im Zivilrecht, S. 67 ff.

[23] *Henninger*, Europäisches Privatrecht und Methode, S. 375; ebenso aber nur die Position referierend *Röhl/Röhl*, Allgemeine Rechtslehre, S. 628; *Rüßmann*, Möglichkeiten und Grenzen der Gesetzesbindung, in: Alexy; Koch; Rüßmann; Kuhlen (Hrsg.), Elemente einer juristischen Begründungslehre, S. 135 (142).

[24] Staudinger/*H. Honsell*, Einleitung zum BGB Rn.133.

[25] Auch Larenz verknüpft den „Wandel der Normsituation“ mit der Absicht des historischen Gesetzgebers, *Larenz*, Methodenlehre, S. 350: „Es handelt sich darum, daß die tatsächlichen Verhältnisse oder Gepflogenheiten, die der historische Gesetzgeber vor Augen hatte und auf die hin er seine Regelung entworfen, für die er sie gedacht hatte, sich in solcher Weise geändert haben, daß die gegebene Norm auf die geänderten Verhältnisse nicht mehr „paßt“.“

Kategorie der sekundären Lücke[26] setzt nämlich voraus, dass anfänglich – zum Zeitpunkt des Gesetzeserlasses[27] – eine lückenlose Regelung bestand und sich erst später die Lückenhaftigkeit des Gesetzes ergibt. Hierzu bedarf es nahezu immer[28] einer historischen Auslegung der Norm, die aufzeigen kann, was anfänglich von der Norm geregelt werden sollte. Nur die Kenntnis des historischen Normzwecks ermöglicht die Beurteilung, ob sich die Verhältnisse so stark geändert haben, dass ein Geltungsverlust der Norm eingetreten ist. Augenfällig kann die Möglichkeit einer sekundären Lücke dann werden, wenn sich die Umstände der Norm so stark geändert haben, dass mit dem bisherigen Verständnis der Norm die neue Situation nicht mehr hinreichend gemeistert werden kann. Allein aus einer Veränderung der tatsächlichen oder rechtlichen Verhältnisse kann aber noch nicht geschlossen werden, dass eine ältere Norm obsolet oder ergänzungsbedürftig wird, weil sich ohne Kenntnis des ursprünglichen Normzwecks nicht beurteilen lässt, ob der Fall nicht doch nach dem Wertungsplan des Gesetzgebers geregelt sein sollte. Wird nur ein geltungszeitlich geprägtes Wortlautverständnis der Norm gesucht, kann nicht deutlich werden, inwiefern vom historischen Regelungsgehalt abgewichen wird.[29] Dies wird häufig als erwünschtes Ergebnis oder erwünschter Nebeneffekt der objektiven Auslegung beschrieben, weil der Rechtsanwender dann direkt über eine Interpretation des Wortlauts der Norm zu einer aktuellen Lösung des Rechtsproblems gelangen kann,[30] doch tatsächlich werden hier bewusst oder unbewusst Vorgaben des Grundgesetzes unterlaufen.[31]

Inakzeptabel an der objektiven Auslegung bleibt nämlich die unzulässige Lockerung der Gesetzesbindung, die verfassungsrechtlich nach Art. 20 III GG und

---

[26] Zum Begriff der sekundären Lücke, vgl. B.III.

[27] Genaueres zu diesem Zeitpunkt unter B.III.1.

[28] Ausnahme zu diesem Grundsatz könnten Tatbestände sein, aus denen sich schon aus dem Wortlaut ergibt, dass sie an ein vergangenes historisches Faktum anknüpfen, etwa wenn an das Bestehen der „Berliner Mauer" angeknüpft würde.

[29] Siehe dazu auch die Kritik an Larenz' Konzept des Bedeutungswandels von Normen, C.II.1.

[30] *Larenz*, DRiZ 1959, 306 (309); ähnlich auch *Larenz*, Methodenlehre, S. 324 und *Larenz/Canaris*, Methodenlehre der Rechtswissenschaft, S. 145; *Zippelius*, Juristische Methodenlehre, S. 19ff.

[31] Methodenfragen sind Verfassungsfragen, *Rüthers/Fischer/Birk*, Rechtstheorie, Rn. 704ff.; *Höpfner*, Die systemkonforme Auslegung, S. 141.
Der Zusammenhang von Verfassung und Methoden wurde vom Bundesverfassungsgericht lange abgestritten, vgl. bspw. BVerfG 88, 145 (166f.): „Eine bestimmte Auslegungsmethode [...] schreibt die Verfassung nicht vor." Diesbezüglich lässt sich aber eine vorsichtige Trendwende (*Rüthers*, NJW 2009, 1461, sowie *Rüthers*, NJW 2011, 1856 (1857)) erkennen, die die verfassungsrechtlich gebotene Gesetzesbindung des Richters stärker betont und diese im Sinne einer Bindung an den gesetzgeberischen Zweck deutet. Begonnen hat diese Entwicklung wohl mit den Sondervoten der Richter Voßkuhle, Di Fabio und der Richterin Osterloh zur strafrechtlichen Rügeverkümmerung (BVerfGE 122, 248 = NJW 2009, 1469), fortgesetzt hat sie sich im Urteil zur Verfassungswidrigkeit der Dreiteilungsmethode (BVerfGE 128, 193 = NJW 2011, 836) und zuletzt deutlich im Urteil zum Verbot der sachgrundlosen Befristung bei Zuvor-Beschäftigung (BVerfG NJW 2018, 2542).

Art. 97 I GG geboten ist.[32] Diese Lockerung der Gesetzesbindung stellt zugleich Vorgaben der Gewaltenteilung und des Demokratieprinzips in Frage.[33] Der durch Wahlen demokratisch legitimierte Gesetzgeber setzt die abstrakten Maßstäbe zur Entscheidung des Falls, die Judikative entscheidet den konkreten Fall unter Bindung an die abstrakten Maßstäbe.[34] Der Rechtsanwender ist danach grundsätzlich nicht befugt, selbst Maßstäbe zu setzen, geschweige denn seine Maßstäbe der Falllösung an die Stelle der Maßstäbe des Gesetzgebers zu setzen, es besteht ein Usurpationsverbot.[35] Wenn aber die Ermittlung eines „normativen Gesetzessinns" anhand von „objektiv-teleologischen Zwecken"[36] gefordert wird, also mit Kriterien, die nicht mehr primär vom Rechtssetzer sondern vom Rechtsanwender bestimmt werden,[37] kann die objektive Auslegung den verfassungsrechtlichen Standards des Rechtsstaates nicht genügen, weil in die Kernkompetenz der legislativen Gewalt – Entscheidungsmaßstäbe zu setzen – eingegriffen wird.[38] Entspricht das geltungszeitliche Wortlautverständnis nicht mehr dem entstehungszeitlichen und wird dieses veränderte Verständnis entgegen den Absichten des historischen Gesetzgebers als Ergebnis einer richterlichen Auslegung präsentiert, setzt der Rechtsanwender seine vermeintlich zeitgemäßen Entscheidungsmaßstäbe bewusst oder unbewusst an die Stelle der Maßstäbe des demokratisch legitimierten Gesetzgebers, obwohl ihm seinerseits eine solche Legitimation fehlt.[39]

---

[32] *Rüthers/Fischer/Birk*, Rechtstheorie, Rn. 810 ff.; Maunz/Dürig/*Hillgruber*, Art. 97 GG, Rn. 25 ff., 55 ff., 63 ff.; *Röhl/Röhl*, Allgemeine Rechtslehre, S. 631 f.; *Lücke*, Vorläufige Staatsakte, S. 82 ff.

[33] Grundlegend für beide Aspekte *Rüthers/Fischer/Birk*, Rechtstheorie, Rn. 706 ff.; *Looschelders/Roth*, Methodik, S. 49 f.; das Demokratieprinzip betonend *Ipsen*, Richterrecht und Verfassung, 1975, S. 196 ff.; *Wank*, Grenzen richterlicher Rechtsfortbildung, S. 207 ff.; die Gewaltenteilung betonend *Röhl/Röhl*, Allgemeine Rechtslehre, S. 631; *Hillgruber*, JZ 1996, 118 (122); *Reimer*, Juristische Methodenlehre, S. 129.

[34] *Zippelius*, Auslegung als Legitimationsproblem, in: FS Larenz II, S. 745; *Classen*, JZ 2003, 693 (695); *Scholz*, ZG 2013, 105 (106).

[35] BVerfG, EuZW 2012, 196 Rn. 44; BVerfGE 87, 273, 280; BVerfGE 96, 375, 394 f.; *C. Möllers*, Gewaltengliederung (2005), S. 73 ff.

[36] Im Verfassungsstaat gibt es keine verbindlichen objektiv-teleologischen Zwecke mehr. Zwecke sind nur insoweit relevant, soweit sie die Resultate von rechtserheblichen Handlungen eines verfassungsrechtlich ermächtigten Akteurs sind. Der Glaube an absolute objektive Zwecke gehört dagegen in den Bereich nicht falsifizierbarer Metaphysik. Dazu *Wischmeyer*, Zwecke im Recht des Verfassungsstaates, S. 182 ff.

[37] *Esser*, Studium Generale 7 (1954), 372 (375 f.); *Jestaedt*, Grundrechtsentfaltung, S. 345; *Redeker/Karpenstein*, NJW 2001, 2825 (2826); *Arnauld*, Rechtstheorie 25 (2001), 465 (469); *Fischer*, ZfA 2002, 215 (231); *Rüthers*, Unbegrenzte Auslegung, S. 489; *Höpfner*, Die systemkonforme Auslegung, S. 165; *Scholz*, ZG 2013, 105 (110 f.).

[38] *Koch/Rüßmann*, Juristische Begründungslehre, S. 171.

[39] Deutlich MüKoBGB/*Säcker*, Einleitung BGB, Rn. 114; das folgt auch daraus, dass die personelle Legitimation der Justiz eher schwach ausgeprägt ist. Die dritte Gewalt bezieht ihre Legitimation vor allem aus der Bindung an das Gesetz im Sinne einer sachlich-inhaltlichen Legitimation, vgl. *Voßkuhle/Sydow*, JZ 2002, 673 (676, 678); *Hermes*, VVDStRL 61 (2002), 119 (137); *Classen*, JZ 2003, 693 (695).

Selbst im Rahmen der subjektiv-objektiven Theorie kann die verfassungsrechtlich gebotene richterliche Gesetzesbindung unterlaufen werden. Die subjektiv-objektive Theorie besitzt den Vorteil, dass sie sämtliches methodisches Argumentationspotential ausnützt. Sie ist aber letztendlich denselben Einwänden ausgesetzt, die gegen die objektive Theorie erhoben werden. Auch die subjektiv-objektive Theorie ermöglicht den Einsatz rechtsfremder Abwägungskriterien, die gegen die Regelungsentscheidung des Gesetzgebers ausgespielt werden können. Der dadurch verursachten Lockerung der Gesetzesbindung könnte sie nur entgehen, wenn sie den subjektiven Regelungszweck als bindend erachtet, sofern er feststellbar ist.[40] Dann würde die subjektiv-objektive Theorie aber nur auf eine Binsenweisheit hinweisen, die auch kein Vertreter der subjektiven Theorie leugnen würde: dass sämtliche vorhandenen Auslegungsmittel ausgeschöpft werden müssen, um die Bedeutung der Norm zu ermitteln. Ist außer dem Wortlaut und eventuell der Systematik der Norm kein aufschlussreiches Deutungsmaterial vorhanden, muss selbstverständlich auch ein Anhänger der subjektiven Theorie versuchen, allein anhand des Wortlauts und der Systematik der Norm den Gesetzeszweck zu ermitteln, wie er dem Gesetzgeber vorgeschwebt haben könnte. Der diskursive Rahmen der subjektiven Theorie muss dabei nie verlassen werden. Natürlich kann die Erkenntnis des historischen Gesetzgeberwillens scheitern oder Probleme bereiten, daraus kann aber nicht gefolgert werden, dass der Versuch der Erkenntnis unterbleiben sollte.[41] Gefordert ist vielmehr die weitestgehende Annäherung an das vom Gesetzgeber Gemeinte.[42] Damit genügt der Rechtsanwender seiner Pflicht.

Auch das „Altern" der Gesetze kann ein Abweichen von der richterlichen Gesetzesbindung nicht rechtfertigen.[43] Selbst wenn es stimmen sollte, dass die subjektive Auslegung zur „Versteinerung der Rechtsordnung"[44] führen sollte, ist das kein Argument gegen ihre Theorie, denn sie wäre nach wie vor von der Verfassung gefordert. Der Wunsch, die Rechtsordnung gegenüber den aktuellen Herausforderungen der jeweiligen Zeit wehrhaft zu halten, ist verständlich, doch Wünsche ändern nichts an Verfassungsvorgaben. Tatsächlich soll in dieser Arbeit gezeigt werden, dass die „Versteinerung der Rechtsordnung" keine Konsequenz der subjektiven Auslegung sein muss, sondern sie im Gegenteil ein hervorragendes methodisches Instrumentarium zur Behandlung sekundärer Lücken bereithält, das einen gelungenen Ausgleich zwischen Anpassung und Dynamisierung des Rechts einerseits und Rechtssicherheit andererseits ermöglicht.[45] Will der Rechtsanwender von den

---

[40] T. Möllers spricht dagegen nur von einer Vermutungswirkung für den Gesetzgeberwillen, nicht von einer Befolgungspflicht, *T. Möllers*, Juristische Methodenlehre, § 6 Rn. 79.

[41] *Rüthers/Fischer/Birk*, Rechtstheorie, Rn. 791; *Arnauld*, Rechtstheorie 25 (2001), 465 (475 f.).

[42] *Arnauld*, Rechtstheorie 25 (2001), 465 (476).

[43] So aber das BVerfG in seiner Soraya-Entscheidung, BVerfGE 34, 269 (288).

[44] *Henninger*, Europäisches Privatrecht und Methode, S. 375.

[45] Das ist keine völlig neue Position. Viele Vertreter der subjektiven Auslegung betonen, dass nicht für immer auf dem historischen Sinn der Norm beharrt werden müsste, so bspw. *Heck*, AcP 112 (1914), 1 (94 f., 176 ff.); *Hassold*, ZZP 94 (1981), 192 (210); *Rüthers/Fischer/Birk*, Rechtstheorie, Rn. 730d; *Röhl/Röhl*, Allgemeine Rechtslehre, S. 628.

Entscheidungsmaßstäben des Normsetzers abweichen, ist er immer begründungspflichtig und hat seine Rechtsfortbildung offenzulegen.[46] Durch den Nachweis der (sekundären) Lückenhaftigkeit des Gesetzes kann der Rechtsanwender seiner Begründungspflicht nachkommen.[47] Die (sekundäre) Lückenhaftigkeit des Gesetzes bleibt auch dann eine notwendige Voraussetzung der Rechtsfortbildung, wenn die Gesetze in die Jahre gekommen sind.

Gegen den Verweis auf die Vorgaben der Verfassung wird eingewandt, dass keine Methodenstandards aus der Verfassung abgeleitet werden dürften, weil dieser Vorgang seinerseits schon eine Methode der Verfassungsauslegung voraussetzen würde.[48] Das Bestreben, Methodenstandards aus der Verfassung abzuleiten, führe demnach in eine aporetische Situation, weil das, was gesucht werde, schon bei der Auslegung der Verfassung vorausgesetzt werden müsse. Dieser Einwand wird auch von einigen Vertretern der subjektiven Theorie beherzigt.[49] So argumentieren Koch/Rüßmann staatstheoretisch[50] für den Vorrang des vom Gesetzgeber Gesagten und Gewollten. Jestaedt argumentiert systemtheoretisch mit den Eigenschaften des Rechtssystems selbst. Nur eine streng subjektiv-historische Auslegung würde dem autopoietischen Charakter des Rechts Rechnung tragen können, weil nur auf diese Weise verhindert werden könnte, dass rechtsfremde Erwägungen in den Prozess der Rechtserzeugung einflössen.[51] Beide Argumentationen überzeugen und zeigen,

---

46 *Meier-Hayoz*, Lücken intra legem, in: FS Germann, S. 149 (150f.); *Hassold*, ZZP 1981, 192 (193); *Höpfner*, Die systemkonforme Auslegung, S.148; *Zimmermann*, RabelsZ 78 (2014), 315 (327); MüKoBGB/*Säcker*, Einleitung BGB, Rn. 106; *Rüthers/Fischer/Birk*, Rechtstheorie, Rn. 724; *Frieling*, Gesetzesmaterialien und Wille des Gesetzgebers, 183.

47 Vgl. dazu allg. zum Lückenbegriff, B. II. und für sekundäre Lücken B. III.

48 So bspw. *R. Schenke*, Methodenlehre und Grundgesetz, in: H. Dreier (Hrsg.): Macht und Ohnmacht des Grundgesetzes, S. 51 ff. (71 f.). Deutlich wird diese methodische Problematik an der Formulierung „Gesetz und Recht" in Art. 20 III GG. Es ist unklar, was der Aussagegehalt dieser Doppelung ist, insbesondere, ob mit „Recht" auf eine überpositive Rechtsquelle hingewiesen wird, die für den Richter ebenfalls bindend ist. Aus den Materialien des Parlamentarischen Rates ergibt sich aber, dass hier nicht vom Positivismus abgewichen werden sollte, dazu *Hillgruber*, JZ 2008, 745 (746f.); die Doppelung wird daher auch als Tautologie abgetan, mit weiteren Hinweisen Jarass/Pieroth/*Jarass*, Art. 20 GG Rn. 38. Dagegen erklärt Hilbert die semantische Doppelung rechtstheoretisch mit einem weiten Rechtsbegriff, der auch untergesetzliche Normen umfasst, solange sie den Richter binden, vgl. *Hilbert*, JZ 2013, 130 (132); ähnlich Müller/Christensen, die auf das Gewohnheitsrecht verwiesen sehen, *Müller/Christensen*, Juristische Methodik, Band 1, Rn. 144. Eine gute Darstellung der Diskussion findet sich bei Bäcker, der argumentiert, dass der „Rechtsbegriff" semantisch offen ist, *Bäcker*, Gerechtigkeit im Rechtsstaat, S. 123 ff.

49 *Koch/Rüßmann*, Begründungslehre, S. 179 u. Rüßmann, Möglichkeiten und Grenzen der Gesetzesbindung, in: Alexy; Koch; Rüßmann; Kuhlen (Hrsg.), Elemente einer juristischen Begründungslehre, S. 135 (140f.); *Jestaedt*, Grundrechtsentfaltung, S. 177, 270; dagegen scheint der Bezug auf Art. 20 III, 97 I GG hier nicht mehr ausgeschlossen, *Jestaedt*, Richterliche Rechtssetzung statt richterlicher Rechtsfortbildung, S. 66.

50 *Koch/Rüßmann*, Begründungslehre, S. 179 ff.

51 *Jestaedt*, Grundrechtsentfaltung, S. 335–337.

dass es neben dem verfassungsrechtlichen Argument noch andere Möglichkeiten gibt, um die subjektive Auslegung theoretisch zu fundieren.

Wieso aber der Weg über die genannten Verfassungsbestimmungen ungangbar sein soll, erschließt sich nicht. Letztlich muss Textauslegung irgendwo ihren Anfang nehmen. Es ist völlig unrealistisch, erst mit der Lektüre eines Werkes zu beginnen, nachdem man sich abschließend Gedanken über die Auslegungsmethode gemacht hat. Vielmehr ist es durchaus legitim, sich von dem Text bis zu einem gewissen Grad leiten zu lassen und für dessen Auslegungsangebote offen zu sein. Meinungen, die davor zur Auslegungsmethode vom Leser mitgebracht worden sind, müssen unter Umständen revidiert werden, wenn der Text selbst eine andere Auslegungsmethode verlangt. Wenn es etwas von der allgemeinen Hermeneutik zu lernen gibt, dann ist es doch die Unmöglichkeit eines unvoreingenommenen Verstehens.[52] Aus dieser Unmöglichkeit eines vollkommen unvoreingenommenen Verstehens darauf zu schließen, dass aus der Verfassung keine Methodenstandards entnommen werden können, verkennt, dass Auslegung anders gar nicht funktionieren kann.[53] Der Rechtsanwender wird an den Rechtstext immer seine eigenen Vorurteile[54] herantragen, doch muss er offen dafür sein, diese Vorurteile zu revidieren, wenn das Textmaterial es fordert.[55] Die Vorgaben der Verfassung einer Rechtsordnung sind damit auch für die Methodenlehre der jeweiligen Rechtsordnung maßgebend.

Der Jurist bewegt sich bei seiner Arbeit mit Texten ausschließlich im unsicheren Medium der Sprache. Die Erkenntnisse der modernen Hermeneutik und Sprachphilosophie zeigen, dass ein streng deduktives Schließen aus axiomatischen Begriffen und ihren Ableitungen in der Jurisprudenz unmöglich bleiben muss.[56] Dabei ist auch die subjektive Methode mit den auslegungsbedürftigen sprachlichen

---

[52] Diese Erkenntnis wird vor allem mit der Idee des hermeneutischen Zirkels assoziiert. So ging Heidegger bei seiner fundamentalontologischen Analyse des Daseins davon aus, dass sich dieses immer schon im Modus des Verstehens befinde und Verstehen eine zirkuläre Struktur habe, vgl. *Heidegger*, Sein und Zeit, § 32 insbesondere S. 153. Gadamer übertrug diese Überzeugungen in seine Hermeneutik und konkretisierte Heideggers Gedanken für die Textauslegung, *Gadamer*, Wahrheit und Methode, S. 250 ff.

[53] So auch *Hornung*, Grundrechtsentfaltung, S. 109; ähnlich *Arnauld*, Rechtstheorie 25 (2001), 465 (478).

[54] Gadamer macht deutlich, dass Vorurteile für das Verstehen auch eine positive Bedeutung haben können, *Gadamer*, Wahrheit und Methode, S. 254 f., 261 ff. Dagegen hat Esser im juristischen Bereich den Begriff des „Vorverständnisses" geprägt, *Esser*, Vorverständnis und Methodenwahl, S. 10, 136 ff. Unabhängig vom Begriff besteht aber Einigkeit über die Notwendigkeit des Vorteils/Vorverständnisses, vgl. *Larenz*, Methodenlehre, S. 208.

[55] Larenz spricht von „Sinnerwartungen", die durch das Vorverständnis entstehen würden und an den Text hingetragen würden. Diese seien notwendig, um überhaupt den Verstehensprozess in Gang zu bringen, andererseits könnten sie sich auch als unzulänglich und korrekturbedürftig erweisen, *Larenz*, Methodenlehre, S. 207 f., 210 f.

[56] Gegen dieses begriffsjuristische Verstehen schon Viehweg, der die Jurisprudenz als topische Disziplin versteht, *Viehweg*, Topik und Jurisprudenz, S. 81 ff.

Formulierungen des Gesetzes konfrontiert.[57] Diese Auslegungsbedürftigkeit verschwindet auch nicht, wenn weitere Texte, wie die Gesetzesmaterialien, konsultiert werden. Auch diese sind letzten Endes wieder auslegungsbedürftige Texte.[58] Dennoch ist es sinnvoll, neben dem Normtext noch weiteres entstehungsgeschichtliches Material in die Auslegung miteinzubeziehen, um einen Kontext zum Normtext zu schaffen, der einen informierten Rückschluss auf den Gesetzgeberwillen zulässt.[59] Diese Materialien nicht zu berücksichtigen, hieße eine wertvolle hermeneutische Quelle zu verschütten.[60]

Auch ein scheinbar klarer Wortlaut[61] des Normtextes macht die Frage nach dem historischen Gesetzgeberwillen nicht obsolet[62], schon weil sich Wortbedeutungen über die Zeit wandeln können.[63] Zudem ergibt sich die Bedeutung von Worten einer natürlichen Sprache – im Gegensatz zu einer formalen Sprache – nicht allein aus ihrem semantischen Gehalt, sondern auch in weiten Teilen aus den Sprecherabsichten[64] und der sozialen Konvention[65]. Dem demokratisch legitimierten

[57] W. Heun weist zurecht darauf hin, dass die Kritik an der Wortlautgrenze, die häufig von Anhängern der subjektiven Methode vorgebracht wird, diese auch selbst trifft. Denn die Rechtswissenschaft bleibt eine Textwissenschaft, selbst wenn sie nach den Wertungen des Gesetzgebers fragt, denn auch diese müssen aus Texten erschlossen werden, *W. Heun*, AöR, 1991, 185 (202).

[58] *Arnauld*, Rechtstheorie 25 (2001), 465 (467); Reimer spricht von Auslegung zweiter Ordnung, wenn es um die Auslegung des entstehungsgeschichtlichen Materials geht, *Reimer*, Juristische Methodenlehre, S. 172. Zu einem ausgearbeiteten Versuch eine Methodik zum Umgang mit den Gesetzesmaterialien zu entwickeln, vgl. *Frieling*, Gesetzesmaterialien und der Wille des Gesetzgebers; dazu auch B. VII. 2.

[59] *Bydlinski* sieht den praktischen Schwerpunkt des Methodenstreits in der Frage begründet, ob neben dem Gesetzestext noch weitere Erkenntnisquellen bei der Auslegung berücksichtigt werden dürfen, *Bydlinski*, Juristische Methodenlehre und Rechtsbegriff, S. 429 f.

[60] *Lücke*, Vorläufige Staatsakte, S. 80; Jestaedt spricht von Indizien für den Normsetzerwillen. Dabei habe der Normtext keine herausragende Bedeutung vor anderen Quellen, die die Rechtsanwendung steuern können, *Jestaedt*, Grundrechtsentfaltung, S. 338 ff.; Roellecke meint, dass auch die Verfassung mit anderen Texten angereichert werden müsse, die einen stabilen Deutungskontext für die Verfassung schaffen. Der Text müsse solange mit anderen Texten angereichert werden, bis eine Deutung als Irrsinn erscheine und als mögliches Deutungsergebnis ausscheide, *Roellecke*, Das Paradox der Verfassungsauslegung, S. 12, 97; *Arnauld*, Rechtstheorie 25 (2001), 465 (473 ff.).

[61] Die dahinterstehende Sens-Clair-Doktrin kann inzwischen als methodisch überholt gelten, weil die Erkenntnis eines „klaren Wortlauts" ihrerseits schon das Ergebnis der Auslegung ist, schon *Enneccerus/Nipperdey*, Allgemeiner Teil des Bürgerlichen Rechts, 1. Halbband, S. 333; auch Esser mit Bezug auf Wach, *Esser*, Studium Generale 7 (1954), 372 (376); *Depenheuer*, Der Wortlaut als Grenze, 17 ff.; jeweils mit weiteren Nachweisen *Rüthers/Fischer/Birk*, Rechtstheorie, Rn. 156 ff., Rn. 732; *Reimer*, Juristische Methodenlehre, S. 118.

[62] So aber *Bydlinski*, Juristische Methodenlehre und Rechtsbegriff, S. 556 f., 559.

[63] Grundlegend für verschiedene Varianten des Bedeutungswandels *Rüthers/Fischer/Birk*, Rechtstheorie, Rn. 171 ff.

[64] *Ekins*, The Nature of Legislative Intent, S. 213 f.

[65] *Kudlich/Christensen*, ARSP 2007, 128 (134); *Birk*, Rechtstheorie 48 (2017), 43 (56).

Gesetzgeber steht es aber im Rahmen der verfassungsrechtlichen Vorgaben[66] frei, den Worten die vom ihm gewünschte Bedeutung zuzumessen.[67] Den „objektiven“ Wortlaut als Grenze der Auslegung zu installieren, ist daher eine denkbar schlechte Idee. Einerseits weil er selbst keine feste Grenze ist, sondern sein Aussagegehalt immer erst im Wege einer mehr oder weniger durch die jeweilige Zeit voreingenommene Interpretation gewonnen werden muss,[68] andererseits weil erst der Rekurs auf die Sprecherabsichten eine gewisse Fixierung der Wortbedeutungen ermöglicht.[69] Der Rechtsanwender wird dennoch nicht darum herumkommen, selbst Entscheidungen in der Auslegungsarbeit zu treffen, die für die Bedeutung des Textes relevant sind.[70] Auch wenn es dabei nicht vollständig gelingen kann, den produktiven Eigenanteil des Richters zu eliminieren, sind die als verbindlich erkannten Vorgaben des Gesetzes vom Richter zur Geltung zu bringen.[71] Nachvollzug abstrakter Wertungen und kreative Eigenleistung widersprechen sich nicht.[72] Das Gegenteil ist der Fall: Jeder konkrete Fall muss mit den abstrakten Wertungen verglichen werden und auf seine „Subsumierbarkeit“ geprüft werden. Ob beispielsweise eine „wesentliche Beeinträchtigung“ der Nutzbarkeit des Grundstücks nach

---

[66] Zu nennen sind die Gebote der Normenklarheit und -bestimmtheit BVerfGE 14, 13 (16); 17, 306 (314); 47, 239 (247); 99, 216 (243); 103, 21 (33); Maunz/Dürig/*Grzeszick*, Art. 20 GG, VII. Rn. 53. In eine ähnliche Richtung weist das Gebot der Normenwahrheit, BVerfGE 107, 218 (256); 108, 1 (20). Zu dem verfassungsrechtlichen Konflikt dieser Gebote mit der gesetzgeberischen Regelungsentscheidung, später B. X.

[67] *G. v. Rümelin*: Juristische Begriffsbildung, in: Krawietz, Werner (Hrsg.), Theorie und Technik der Begriffsjurisprudenz, S. 83 (87 f., 91).

[68] Grundlegend Wittgensteins berühmtes Diktum „Die Bedeutung eines Wortes ist sein Gebrauch in der Sprache“, *Wittgenstein*, Philosophische Untersuchungen, Band 1, § 43, Frankfurt a. M. 1967; *Depenheuer*, Der Wortlaut als Grenze, Heidelberg 1988, 17 ff.; *Kudlich/Christensen*, ARSP 2007, 128; *Müller/Christensen*, Juristische Methodik, Band 1, Rn. 351e; *Rüthers/Fischer/Birk*, Rechtstheorie, Rn. 731 ff.; *Hassemer*, Richtiges Recht durch richtiges Sprechen?, in: Grewendorf (Hrsg.), Rechtskultur als Sprachkultur, S. 71 (89): „Jede Auslegung ist Analogie“.

[69] *Rüthers/Fischer/Birk*, Rechtstheorie, Rn. 738.

[70] Die Produktivität der Rechtsanwendung schon anerkennend *Kelsen*, Reine Rechtslehre, S. 236 ff.; inzwischen ist diese Feststellung wohl ein methodischer Allgemeinplatz *Larenz*, Methodenlehre, S. 367; *Isensee*, Ethos des Interpreten, in: FS Winkler, S. 367 (378); *R. Dreier*: Zur Problematik und Situation der Verfassungsinterpretation, in: R. Dreier, Studien zur Rechtstheorie, S. 106 (121); *Rüthers/Fischer/Birk*, Rechtstheorie, Rn. 683 ff.; *Chanos*, Wandel von Rechtsnormen und richterliche Rechtsfortbildung, in: FS Krawietz, S. 665 (673 f.).

[71] *Jestaedt*, Grundrechtsentfaltung, S. 320 ff., insbesondere S. 321; *Fischer*, ZfA 2002, 215, 217 f.; *Scholz*, ZG 2012, 105 (106); *Arnauld*, Rechtstheorie 25 (2001), 465 (478); ähnlich *Säcker*, Wille des historischen Gesetzgebers bzw. der objektive Gesetzessinn am Beispiel der Entwicklung des Eigentumsbegriffs im deutschen und chinesischem Recht, in: H. Huang/Säcker/Schubert (Hrsg.), Juristische Methodenlehre, S. 11 (15); *Schroth*, Hermeneutik, Norminterpretation und richterliche Normanwendung, in: Kaufmann, Arthur (Hrsg.), Einführung in die Rechtsphilosophie und Rechtstheorie der Gegenwart, Heidelberg 2011, S. 270 (273 f.); a. A. *Müller/Christensen*, Juristische Methodik, Band 1, Rn. 14.

[72] So aber Braun, der fälschlicherweise die wissenschaftstheoretischen Ideen des kritischen Rationalismus nicht zur Prüfung methodisch korrekt gewonnener juristischer Ergebnisse heranziehen will, sondern zur Methode der Rechtserkenntnis per se erklären möchte – natürlich losgelöst von sämtlichen Verfassungsvorgaben, *Braun*, Deduktion und Invention, S. 102 f.

§ 906 I, II BGB vorliegt, obliegt letzten Endes – auch trotz überzeugender Auslegung der Norm – der Einschätzung und Wertung des Richters.

Die Theorie, die hier zur Behandlung sekundärer Lücken entworfen werden soll, ist daher dem subjektiv-historischen Auslegungsansatz verpflichtet. Schon weil die Kategorie der sekundären Lücke denklogisch voraussetzt, dass man die Rechtslage in ein „Damals“ und ein „Heute“ einteilen kann, ist es geboten, die entstehungszeitlichen Verhältnisse der Normen wahrzunehmen. Dennoch sollen in den Fällen, die später untersucht werden[73], auch Lösungsansätze der objektiven Theorie im Umgang mit dem rechtlichen und tatsächlichen Umstandswandel sowie dem Wertewandel diskutiert werden.

II. Allgemeiner Begriff der „Gesetzeslücke“

Was ist eine Gesetzeslücke? Diese Frage soll hier in drei Schritten behandelt werden. Zuerst soll die historische Diskussion ab circa 1900 um den Begriff der *Lücke* kurz dargestellt werden.

Die Autoren erhoben anfänglich grundsätzliche Kritik an der Idee, die Rechtsordnung könne lückenhaft sein. Im weiteren Verlauf des Diskurses wird das Lückenlosigkeitsdogma der Rechtsordnung weitestgehend entkräftet; dennoch taucht in der aktuellen Diskussion vereinzelt wieder eine grundlegende Skepsis am Konzept der Lücke auf, die ebenfalls kurz dargestellt und diskutiert werden soll.

Im zweiten Schritt wird die heute maßgebende Lückendefinition der Rechtswissenschaft vorgestellt und ihre definitorischen Merkmale diskutiert. Es wird sich zeigen, dass dieser Lückenbegriff grundsätzlich auch im Bereich nachträglicher Planwidrigkeiten der Rechtsordnung Anwendung finden kann.

Schließlich wird mit Canaris' Konzeption zur Feststellung und Ausfüllung von Gesetzeslücken der wohl wichtigste Forschungsbeitrag zur Thematik vorgestellt und auf seine Leistungsfähigkeit – auch in Bezug auf die sekundären Lücken – geprüft.

1. Historische Entwicklung der Lückendiskussion in Deutschland

Nicht in allen Rechtsordnungen – auch nicht in allen kodifikatorischen[74] – findet man die Vorstellung, dass die Rechtsordnung lückenhaft sein kann. Auch in Deutschland wurde anfänglich vertreten, dass die Rechtsordnung nicht lücken-

---

[73] Unter D.

[74] Vgl. für das Unionsrecht und das französische Recht, *Neuner*, in: Riesenhuber, Europäische Methodenlehre, 2015, S. 247, § 12 Rn. 2; *Vogenauer*, Die Auslegung von Gesetzen in England und auf dem Kontinent, Band. 1, S. 289 ff., 394 f., 607, Band 2, S. 1255, 1259 f., 1282 ff.

haft sein kann.[75] Wenn die Rechtsordnung an einen Sachverhalt keine Rechtsfolge knüpfe, dann gelte ein allgemeiner negativer Satz, dass auch keine Rechtsfolge an den Sachverhalt geknüpft sein solle.[76] Doch die These Zitelmanns (1904) wurde in der Wissenschaft etwa 10 Jahre später von Elze angegriffen: Die jeweilige Rechtsordnung bestimme, ob nur der ausgesprochene Inhalt Rechtsfolgen habe.[77] Noch deutlicher argumentieren Herrfahrdt[78] und schließlich Canaris[79] gegen den allgemeinen negativen Satz Zitelmanns: Aus der Nichtregelung im Gesetz folge nicht notwendig, dass es keine Regelung im Gesetz geben solle.[80] Dem ist zuzustimmen. Es ist eine Frage der Auslegung, wie das Schweigen des Gesetzes bewertet wird und ob tatsächlich keine Rechtsfolge gewollt ist.[81] Lediglich wenn sonst keine Anzeichen auf eine gewollte Regelung hindeuten, kann sich aus dem Fehlen einer Regelung ein Indiz dafür ergeben, dass auch keine Regelung gewollt ist, weil das Gesetz mit dem Anspruch auf Vollständigkeit auftritt.[82]

Die Diskussion hat gezeigt, dass das Fehlen einer Regelung und das Fehlen-Sollen einer Regelung nicht zusammenfallen müssen. Gerade dann, wenn das Gesetz keine Regelung enthält, es aber eine Regelung enthalten sollte, tut sich der Bereich der Gesetzeslücke auf. Auch in diesem Bereich ist der Rechtsanwender wegen des Rechtsverweigerungsverbots zur Entscheidung berufen und verpflichtet.[83]

Doch Skepsis bezüglich des Lückenbegriffs findet sich noch in der jüngeren Zeit.[84] Koch/Rüßmann argumentieren, dass die Lückenproblematik eine überflüssige Zwischenstation auf dem Weg zur Lösung einer verfassungsrechtlichen Kompetenzproblematik zwischen Judikative und Legislative sei und der Lückenbegriff sich zur Bestimmung der Grenzen richterlicher Rechtsfortbildung nicht eigne.[85]

---

[75] Schon *Brinz*, Kritische Vierteljahresschrift XV, 1873, S. 164.

[76] *Zitelmann*, Lücken im Recht, S. 19; auch *Kelsen*, Reine Rechtslehre, S. 251 ff.; bis heute finden sich noch bei Hillgruber und Müller/Christensen Anklänge des allgemeinen negativen Satzes, *Hillgruber*, JZ 1996, 118 (120); *Müller/Christensen*, Juristische Methodik, Band 1, Rn. 146.

[77] *Elze*, Lücken im Recht, S. 24. Elze nahm allerdings an, dass eine Lücke des Gesetzes nur unter Rückgriff auf eine außerrechtliche Ordnung geschlossen werden könne, Elze, Lücken im Recht, S. 37, 66 f. Kritik an dieser Ansicht Elzes dann in der Folge bei *Herrfahrdt*, Lücken im Recht, S. 13, 49 f.; *Canaris*, Lücken, S. 51; heute bspw. bei *Müller/Christensen*, Juristische Methodik, Band 1, Rn. 146 ff.

[78] *Herrfahrdt*, Lücken im Recht, S. 16.

[79] *Canaris*, Lücken, S. 49 f.

[80] So auch BVerfGE 34, 269 (287).

[81] Vgl. mit weiteren Nachweisen *Bydlinski*, Juristische Methodenlehre und Rechtsbegriff, S. 472 f.

[82] *Herrfahrdt*, Lücken im Recht, S. 30 f.

[83] *Schumann*, ZZP 1968, 79 (100); *Larenz*, Methodenlehre, S. 372.

[84] Bspw. *Hillgruber* JZ 2008, 745 (755); Maunz/Dürig/*Hillgruber*, Art. 97 GG, Rn. 67 f.; *Kudlich/Christensen*, JZ 2009, 943 ff.; *Röhl/Röhl*, Rechtslehre, S. 635.

[85] *Koch/Rüßmann*, Begründungslehre, S. 254 f.; ähnlich auch *Röhl/Röhl*, Allgemeine Rechtslehre, S. 635; sowie *Jestaedt*, Richterliche Rechtssetzung statt richterliche Rechtsfortbildung, in: Bumke (Hrsg.), Richterrecht zwischen Gesetzesrecht und Rechtsgestaltung, S. 60 f.; gegen Koch/Rüßmann schon *Larenz*, Methodenlehre, S. 375, dort vor allem Fn. 21.

Richtig daran ist, dass der Begriff der „Gesetzeslücke" innerhalb der Kompetenzabgrenzungsproblematik relevant wird.[86] Auch richtig ist, dass die Kompetenz des Richters zur Rechtssetzung eine verfassungsrechtliche Kompetenzproblematik aufwirft, weil die gesetzgebenden Körperschaften nach Art. 70 ff. GG zur Rechtssetzung berufen sind, die Judikative aber nach Art. 20 III GG und Art. 97 I GG an die Gesetze gebunden ist.[87] Daher darf das Argument der Lücke nicht vom Richter dazu missbraucht werden, sich eine Rechtssetzungskompetenz zu usurpieren, die er nicht hat.[88] Wieso aber die methodische Kategorie der Gesetzeslücke kein geeignetes Mittel sein kann, um Kompetenzkonflikte dieser Art zu diskutieren und aufzulösen, wird von Koch/Rüßmann nicht überzeugend dargelegt.

Die Rechtssetzungskompetenz des Richters ist allgemein anerkannt und teilweise auch im Gesetz normiert (132 IV GVG, § 543 II Nr. 2 ZPO, § 45 IV ArbGG, § 80 I Nr. 1 OWiG oder § 41 Abs. 4 SGG).[89] Der Lückenbegriff macht gerade deutlich, dass diese Kompetenz nicht die Regel, sondern die Ausnahme bleiben muss, und dass spezifische Argumente vorzubringen sind, um eine Rechtssetzungskompetenz des Richters zu begründen.[90] Daran ändert auch das strafrechtliche Analogieverbot oder das häufige Auftreten von Generalklauseln nichts, wie Koch/Rüßmann meinen.[91] Das strafrechtliche Analogieverbot nach Art. 103 II GG schützt das Vertrauen des Adressaten in den Wortlaut der strafrechtlichen Norm und schränkt tatsächlich die Möglichkeit des Rechtsanwenders, Lücken zu schließen, ein, wenn sich dadurch das geltende Recht soweit vom möglichen Wortsinn des Gesetzeswortlauts entfernen würde, dass der Rechtsadressat das Strafbarkeitsrisiko seines Verhaltens nicht mehr aus dem Gesetz ablesen könnte.[92] Im Strafrecht liegt bei einer den Wortsinn des Gesetzes übersteigenden Judikatur also schon eine Rechtsfindung contra legem vor.[93] Hierbei handelt es sich aber um eine bewusste methodische Modifikation der Rechtsanwendung durch den Verfassungsgeber für

---

[86] *Rüthers/Fischer/Birk*, Rechtstheorie, Rn. 873.

[87] *Heck*, AcP 112 (1914), 1 (228).

[88] *Rüthers*, Die unbegrenzte Auslegung, S. 192. *Rüthers/Fischer/Birk*, Rechtstheorie, Rn. 867 f.; *Kudlich/Christensen*, JZ 2009, 943 ff.; *Müller/Christensen*, Juristische Methodik, Band 1, Rn. 146. Rn. 144 ff.

[89] So die ständige Rechtsprechung des Bundesverfassungsgerichts, BVerfGE 34, 269 (287); BVerfGE 37, 67 (81); BVerfGE 49, 304, 318; *BVerfG*, NJW 2015, 1506 Rn. 39; und einhellige Meinung in der Literatur *Kirchhof*, Der Auftrag des Grundgesetzes an die rechtsprechende Gewalt, in: FS Juristische Fakultät Universität Heidelberg, S. 11 (15); *Wank*, ZGR 1988, 314 (321 ff.); *Looschelders/Roth*, Juristische Methodik, S. 286 f.; *Classen*, JZ 2003, 693; mit weiteren Nachweisen *Hoffmann-Riem*, Innovation und Recht, S. 525.

[90] *T. Möllers*, Juristische Methodenlehre, § 6 Rn. 85.

[91] *Koch/Rüßmann*, Begründungslehre, S. 254.

[92] BVerfGE 26, 41 (42); *Roxin*, Strafrecht Allgemeiner Teil I, § 5 Rn. 19 ff.; *Looschelders/Roth*, Juristische Methodik, S. 295; *Rüthers/Höpfner*, Analogieverbot, S. 21 (22, 25).

[93] *Neuner*, Die Rechtsfindung contra legem, S. 138; kritisch ob dieses Analogieverbot eine echte Grenze im Strafrecht gegenüber anderen Rechtsgebieten zu ziehen vermag, *Hassemer*, Richtiges Recht durch richtiges Sprechen?, in: Grewendorf (Hrsg.), Rechtskultur als Sprachkultur, S. 71 (89 ff.); dazu auch schon B. I.

das Strafrecht. Ein allgemeiner Schluss für die Methodik der Rechtsanwendung lässt sich hieraus nicht ableiten – insbesondere nicht, dass im Strafrecht nicht auch der historische Regelungszweck zu erforschen wäre.[94] Auch aus dem Vorkommen von Generalklauseln im Recht lässt sich kein Umkehrschluss ziehen, dass der Gesetzgeber nur für diesen Bereich eine Freiheit des Rechtsanwenders vorsieht, die über die strikte Subsumption hinausgeht.

Das Lückenlosigkeitsdogma des Rechts ist damit überholt.[95] Jede Rechtsordnung enthält Lücken, die vom Richter zu schließen sind. Die Stärke des Lückenkonzepts besteht gerade darin, dass es ein Rationalisierungspotential für die verfassungsrechtlich problematische Aufgabe des Richters – in bestimmten Situationen Recht setzen zu müssen – anbietet. Es leistet dabei zweierlei. Zum einen gibt es die Voraussetzungen vor, die der Richter darlegen muss, um selbst als Rechtssetzer tätig zu werden, und zum anderen kann es zugleich erklären, wieso der Richter in diesem Fall gerechtfertigt ist und nicht die Kompetenz des Gesetzgebers untergräbt. Danach darf der Richter nur dann die Rolle des Gesetzgebers ergreifen, wenn das Gesetz *planwidrig unvollständig* ist. Um dies zu verdeutlichen, werden nun die begrifflichen Voraussetzungen der Gesetzeslücke vorgestellt und analysiert.

2. Der heutige Begriff der „Lücke“ in der Rechtswissenschaft

Zitelmann verglich 1903 den Begriff der Rechtslücke mit einem unbekannten Land, das kaum betreten würde, da alle an ihm vorbeieilen würden, um direkt mit Lückenausfüllung beginnen zu können.[96] Dieser Vergleich kann heute nicht mehr überzeugen. Die Rechtswissenschaft hat sich durchaus mit dem Begriff der „Lücke“ auseinandergesetzt und sich um eine Realdefinition des Begriffs bemüht.

Die bekannteste Definition des Lückenbegriffs ist die Formel der „planwidrigen Unvollständigkeit des Gesetzes“.[97] Besser ist es von der „planwidrigen Unvollständigkeit der Rechtsordnung“ zu sprechen, weil der Begriff des „Gesetzes“ suggeriert, es ginge nur um das formell erlassene Recht, dabei geht es um alle geltenden rechtlichen Regelungen, beispielsweise auch das Gewohnheitsrecht.[98] Die Formel wirft nun selbst neue Fragen auf: Wann ist die Rechtsordnung unvollständig? Auf welchen Plan kommt es an? Im Folgenden soll das Definiens „planwidrige Unvoll-

---

[94] Nur dessen Umsetzung in der Rechtsanwendung kann durch das Analogieverbot ausgeschlossen sein, *Rüthers/Höpfner*, Analogieverbot, S. 21 (24).

[95] Deutlich dazu MüKoBGB/*Säcker*, Einleitung BGB, Rn. 110.

[96] *Zitelmann*, Lücken im Recht, S. 7.

[97] *Elze*, Lücken im Recht, S. 19; *Canaris*, Lücken, S. 39; *Larenz*, Methodenlehre, 373; *Bydlinski*, Juristische Methodenlehre und Rechtsbegriff, S. 473; *Rüthers/Fischer/Birk*, Rechtstheorie, Rn. 832.

[98] *Larenz*, Methodenlehre, S. 370; *Engisch*, Einführung in das juristische Denken, S. 179; *Canaris*, Lücken, S. 29 f.; Zur Möglichkeit der sekundären Lückenhaftigkeit von Gewohnheitsrecht, vgl. B. VI. 1.

ständigkeit der Rechtsordnung" in zwei Hauptschritten untersucht werden. Zuerst wird geklärt, wann eine „Unvollständigkeit der Rechtsordnung" vorliegt, danach wann diese Unvollständigkeit der Rechtsordnung „planwidrig" ist.

a) Unvollständigkeit der Rechtsordnung

Semantisch gesehen ist der Begriff der „Lücke" ein zweistelliger Relationsbegriff.[99] Er setzt zweierlei voraus, den lückenhaften Bereich der Rechtsordnung und eine Vergleichsordnung, die vollständig ist oder Vollständigkeit verlangt. Welche Ordnung damit gemeint sein könnte, ergibt sich nicht schon aus den Begrifflichkeiten selbst. Bei näherem Hinsehen bereitet aber schon die Feststellung Schwierigkeiten, was genau lückenhaft ist. Was versteht man unter der „Rechtsordnung"?

aa) Die „Rechtsordnung" als das Unvollständige

Einerseits kann von einer Lücke gesprochen werden, wenn der Gesetzeswortlaut unvollständig ist[100] und andererseits, wenn keine Wertungen des Gesetzgebers zu der Rechtsfrage vorliegen[101]. Im ersten Fall fehlt eine formulierte Regelung im Gesetzestext, im zweiten Fall stellt sich heraus, dass der Gesetzgeber einen Sachverhalt überhaupt nicht bedacht hat. Meistens werden diese beiden Arten von Lücken zusammenfallen: Es findet sich eben deshalb keine formulierte Regelung im Gesetz, weil der Gesetzgeber den Sachverhalt übersehen hat. Notwendig ist das jedoch nicht. Es kann auch nur einer der beiden Fälle vorliegen. Der Gesetzestext enthält keine Regelung, aber aus den Wertungen des Gesetzgebers wird klar, wie der Fall zu behandeln ist; oder der Fall scheint unter den Gesetzeswortlaut subsumierbar, ohne dass der historische Gesetzgeber hierzu einen Willen ausgebildet hatte.

Es wäre ein Missverständnis, den Begriff der „Lücke" für nur einen der beiden Fälle zu reservieren. Auch ein Anhänger der subjektiven Auslegung sollte ein Interesse daran haben, dass der vom Gesetzgeber verabschiedete Gesetzestext den Willen des Gesetzgebers zumindest kursorisch zum Ausdruck bringt. Der Wortlaut des Gesetzes stellt den Ausgangspunkt der Auslegung dar, und ist damit auch für Subjektivisten ein wichtiges Auslegungsmittel.[102] Andersherum sollte auch ein

---

[99] *Koch/Rüßmann*, Begründungslehre, S. 254; ähnlich *Canaris*, Lücken, S. 16.

[100] *Larenz*, Methodenlehre, S. 366; *Canaris*, Lücken, S. 19 f.; *Bydlinski*, Juristische Methodenlehre und Rechtsbegriff, S. 471, 473.

[101] *Heck*, AcP 112 (1914), 1 (169); *Meier-Hayoz*, Der Richter als Gesetzgeber, S. 54 ff.; *Rüthers/Fischer/Birk*, Rechtstheorie, Rn. 842 ff.; *Rüthers/Höpfner*, Analogieverbot, S. 21 (23); *Fischer*, Topoi verdeckter Rechtsfortbildungen im Zivilrecht, S. 558.

[102] *Looschelders/Roth*, Juristische Methodik, S. 130; *Rüthers/Fischer/Birk*, Rechtstheorie, Rn. 731.

Anhänger der objektiven Auslegung aus Gründen der Gewaltenteilung zur Kenntnis nehmen, dass der Gesetzgeber eine durch den Wortlaut nicht ausgeschlossene Auslegungsvariante nicht bedacht hat, auch wenn er meint, der Text sei „klüger“[103] als sein Autor.

Für das Konzept der subjektiven Auslegung spricht allerdings, dass es de facto keinen Grund gibt, neues Recht zu schaffen, wenn der Rechtsanwender herausfindet, wie der Normsetzer den Fall entscheiden würde. Allein der Normtext war nicht aufschlussreich. Dagegen gibt es durchaus einen genuinen richterlichen Regelungsbedarf, wenn sich herausstellt, dass der Gesetzgeber einen Sachverhalt nicht bedacht oder einen solchen nicht bedacht haben konnte. Dennoch gibt es auch im Falle eines unvollständigen Gesetzeswortlauts einen Regelungsbedarf, selbst wenn dieser nur gesetzeskosmetischer Natur sein sollte.

Sinnvoll wäre es daher, zwischen Wertungs- und Gebotslücken zu unterscheiden.[104] Fehlt bei ersterer jegliche oder zumindest eine eindeutige gesetzgeberische Wertung, um den Fall entscheiden zu können, so fehlt bei letzterer nur eine eindeutige Anordnung im Gesetzestext.

bb) Die vollständige Vergleichsordnung für die unvollständige Rechtsordnung

Die folgenden Ausführungen überschneiden sich teilweise mit dem zugleich zu behandelndem Merkmal der „Planwidrigkeit“, weil die vollständige Vergleichsordnung gewissermaßen den Plan für die lückenhafte, planwidrige Rechtsordnung darstellt. Dennoch ist es sinnvoll, diese Fragen vorerst voneinander zu separieren, weil es eine Reihe von Kandidaten gibt, die die mögliche Vergleichsordnung darstellen könnten. Bevor aber beurteilt werden kann, ob die Rechtsordnung planwidrig unvollständig wird, muss entschieden werden, an welchem Plan sie zu messen ist.

In der rechtsmethodischen Literatur wurden schon diverse Kandidaten als Vergleichsordnung vorgeschlagen: Die Gerechtigkeit/außergesetzliches Recht[105], die

---

[103] Nicht mit diesem Wortlaut aber sinngemäß *Radbruch*, Einführung in die Rechtswissenschaft, S. 284 f.; neuerdings *Hirsch*, JZ 2007, 853 (855); zuletzt *Riehm* entgegen dem BGH (BGHZ 198, 14 Rn.20) zur Frage, ob eine Verletzung ausländischen Rechts im Revisionsverfahren nach der Neufassung von § 545 I ZPO überprüft werden kann, *Riehm*, JZ 2014, 73 (77 f.).

[104] Die Terminologie ist der Hecks angenähert. Auch Heck kennt Wertungslücken. Für ihn sind sie aber ein Unterfall der Gebotslücke; hier ist es dagegen möglich, dass eine Wertungslücke vorliegt, die nicht zugleich eine Gebotslücke ist, vgl. *Heck*, AcP 112 (1914), 1 (169). Bei Meier-Hayoz findet sich für die vorliegende Konstellation die Unterscheidung „materielle und formelle“ Lücke, vgl. *Meier-Hayoz*, Der Richter als Gesetzgeber, S. 60 ff. Auch dieses Begriffspaar hätte genutzt werden können. Für die vorliegende Argumentation war aber Hecks Unterscheidung sprachlich näherliegend. Möglich wäre auch das Begriffspaar „Gesetzeslücke und Gesetzeswortlautlücke gewesen.

[105] *Elze*, Lücken im Recht, S. 43 f., 66 f.; auch *Binder*, Philosophie des Rechts, S. 984.

gesamte Rechtsordnung[106], die immanente Teleologie des Gesetzes[107] und das (hypothetisch) Gewollte, also die (unausgesprochenen) Wertungen des Gesetzgebers[108].

Elze ging bei seinem Vorschlag, auf das außergesetzliche Recht als Vergleichsordnung zurückzugreifen, davon aus, dass das lückenhafte Gesetz selbst keine Lösung zur Schließung der Lücke anbieten könnte, weil es keine Rechtsfolge an den Sachverhalt geknüpft hat. Somit sei ein rechtserheblicher Tatbestand nur außerhalb des Gesetzes zu finden.[109] Doch dieser Schluss ist nicht gültig. Er übersieht, dass auch solche Tatbestände nach dem Gesetz rechtserheblich sein können, an die zwar keine Rechtsfolge geknüpft ist, jedoch eine Rechtsfolge geknüpft sein sollte.[110] Dem liegt die Vorstellung zu Grunde, dass der Richter, die Lückenhaftigkeit des Gesetzes aus dem lückenhaften Gesetz selbst erkennen kann. Das Gesetz kann gewissermaßen selbst auf seine eigene Lückenhaftigkeit verweisen. Wenn Larenz auf die immanente Teleologie des Gesetzes als Vergleichsordnung verweist, scheint die Idee präsent zu sein, dass das Gesetz selbst in seiner Gesamtheit zeigen kann, dass es lückenhaft ist und wie sein lückenhafter Teil auszufüllen ist. Auch in alltäglichen Verwendungen des Begriffes der „Lücke“ scheint ganz häufig ein ähnliches Muster präsent zu sein: Bei der Wissenslücke, der Gedächtnislücke, der Zaunlücke oder der Mauerlücke[111] wird die Lückenhaftigkeit schon durch das lückenhafte Objekt augenscheinlich oder deutlich. Doch setzt dies zumindest ein Wissen um ein Objekt oder einen Zustand voraus, der nicht in gleicher Weise defizitär ist. Das tatsächliche, anscheinend lückenhafte Objekt wird dann mit einem realen oder vorgestellten Vergleichsobjekt verglichen, das diese Mängel nicht aufweist: Der Gartenzaun, dem eine Latte fehlt, mit einem Zaun, der alle Latten hat, die Erinnerung, die eine Vorstellung nicht reproduzieren kann, mit einer Erinnerung, die diese Vorstellung reproduzieren kann et cetera. Immer ist die (gedachte) Vergleichsordnung durch Vollständigkeit ausgezeichnet, die das tatsächliche Objekt nicht besitzt, aber besitzen sollte.[112] Die Lückenhaftigkeit ergibt sich bei diesem Vergleich aber nicht als logischer Schluss von selbst, sondern setzt ein normatives Urteil voraus. Selbst das simple Beispiel der Lücke im Gartenzaun demonstriert das: Kleine Unregelmäßigkeiten im Abstand der Zaunlatten können noch toleriert werden; erst wenn der Abstand zwischen den Latten zu groß erscheint, wird eine Zaunlücke angenommen. Auch die Feststellung der Lückenhaftigkeit des Gesetzes setzt ein Werturteil voraus. Soweit herrscht auch in der Wissenschaft weitestgehend Einigkeit.[113]

---

106 *Canaris*, Lücken, S. 38.

107 *Larenz*, Methodenlehre, S. 374 ff.

108 *Koch/Rüßmann*, Begründungslehre, S. 254 ff.; *Looschelders/Roth*, Juristische Methodik, S. 282.

109 *Elze*, Lücken im Recht, S. 66 f.

110 *Herrfahrdt*, Lücken im Recht, S. 13.

111 Beispiele nach *Canaris*, Lücken, S. 16.

112 *Canaris*, Lücken, S. 16; auch schon *Heck*, AcP 112 (1914), 1 (163).

113 *Heck*, AcP 112 (1914), 1 (165); *Engisch*, Der Begriff der Rechtslücke, S. 90 f.; *Esser*, Grundsatz und Norm, S. 252 dort Fn. 56; *Betti*, Allgemeine Auslegungslehre als Methodik der

Nach der hier vertretenen Position, die erst im Laufe der Arbeit weiter begründet wird, ist die Lückenhaftigkeit einer Norm primär anhand des vom Gesetzgeber Gewollten oder hypothetisch Gewollten zu beurteilen, erweitert durch die übrigen Wertungen, die in der gesamten Rechtsordnung des Gesetzgebers zum Ausdruck kommen. Jedoch darf die „gesamte Rechtsordnung“ des Gesetzgebers anders als bei Canaris[114] nicht gegen eindeutige Wertungen des Gesetzgebers ausgespielt werden. Nur so verstanden kann der Begriff der „Lücke“ seine legitime rechtsmethodische Funktion erfüllen, legitime von illegitimen Rechtsfortbildungen zu unterscheiden. Je nachdem wie der Begriff der Lücke definiert wird, kann er entweder ein Mittel sein, das die Gesetze des Gesetzgebers in dessen Sinne ergänzt oder zu einem Mittel avancieren, das es dem Rechtsanwender ermöglicht, Gesetze entgegen den staatsrechtlichen Vorgaben des Grundgesetzes nach seinem Willen zu korrigieren.[115] Die Wertungen des Gesetzgebers stellen also grundsätzlich eine Grenze bei der Lückenfeststellung dar.[116] Gleichwohl ist es begrifflich nicht sinnvoll, allein auf den (hypothetischen) Willen des Gesetzgebers als Lückengrund abzustellen, weil dieser Wille auf der Ebene einfachgesetzlicher Normen auch mit der Verfassung oder anderen höherrangigen Rechtsnormen in Konflikt geraten kann.[117] Zudem kann es Fälle geben, in denen nahezu keinerlei Wertungen des Gesetzgebers zu einer Rechtsfrage vorliegen, aber dennoch Regelungen erforderlich scheinen.[118] Das Gewollte allein ist hier kein guter Wegweiser mehr.

Oft wird berechtigte Kritik an vagen Begrifflichkeiten geübt, die zur Lückenfeststellung herangezogen werden. So seien die Rechtsidee, die Gerechtigkeit oder auch der Gesamtplan der Rechtsordnung keine sinnvollen Konzepte, um eine Lücke zu begründen.[119] Solche holistischen Konzepte seien entweder unformulierbar

---

Geisteswissenschaften, S. 646; *Larenz*, Methodenlehre, S. 374; *Canaris*, Lücken, S. 16, 31 ff.; *Rüthers/Fischer/Birk*, Rechtstheorie, Rn. 834.

[114] *Canaris*, Lücken, S. 37 dort vor allem Fn. 95. So nimmt Canaris an, dass es in der Rechtsordnung Rechtsprinzipien gibt, die nicht einmal durch den Grundrechtskatalog genannt werden.

[115] *Rüthers/Fischer/Birk*, Rechtstheorie, Rn. 839.

[116] So auch BVerfGE 82, 6, (12 f.); *Looschelders/Roth*, Juristische Methodik, S. 288.

[117] Hier ließe sich einwenden, dass das (höherrangige) Recht ja letzten Endes nur den Willen des Gesetzgebers repräsentiert und daher kein eigenständiger Lückengrund ist. Denn zwei Rechtsnormen geraten ja nur deshalb zueinander in Widerspruch, weil dies die Auslegung so ergibt. So plädiert Höpfner dafür, die Unterscheidung von Norm- und Wertungswiderspruch aufzugeben. Denn hinter jeder Norm steht eine Wertung, und umgekehrt müssen sich die Wertungen aus den Normen ableiten lassen, vgl. *Höpfner*, Die systemkonforme Auslegung, S. 23 f. Dem ist mit Einschränkungen zuzustimmen. Auch die höherrangigen Normen verkörpern natürlich Wertungen des Gesetzgebers, doch zeichnen sie sich – insbesondere bestimmte Verfassungsnormen – durch eine so große Deutungsoffenheit und Flexibilität aus, dass ihr Gehalt weitestgehend durch die Rechtsprechung bestimmt wird.
Zum Phänomen des Wertewandels und Verfassungswandels und der Reichweite ihres rechtsverändernden Potentials, vgl. D. II. 2.

[118] Dazu mehr unter B. VI. 2.

[119] Dazu schon *Rüthers*, Die unbegrenzte Auslegung, S. 452 f.

oder nicht zentral.[120] Dem ist insbesondere für die Konzepte der Rechtsidee und der Gerechtigkeit zuzustimmen. Diese rechtsexternen Ideen können nicht herangezogen werden, um rechtliche Probleme zu lösen. Nur der Gesetzgeber darf im Rahmen seiner freieren Deliberation auf sämtliche Gerechtigkeitsaspekte zurückgreifen, nicht aber der Richter, der an Gesetz und Recht gebunden ist.[121]

Ähnliches gilt für den „Gesamtplan der Rechtsordnung", der sicherlich ebenfalls Missbrauchsgefahren bereithält. Natürlich kann dieser Begriff als juristischer „Zauberbesen" eingesetzt werden, der das vom Rechtsanwender gewünschte Ergebnis in die Rechtsordnung implementiert.[122] Doch er hat auch eine sinnvolle Bedeutungskomponente, die darauf verweist, dass die einzelnen Rechtsnormen in einem systematischen Zusammenhang[123] stehen und sich aus diesem systematischen Zusammenhang Rückschlüsse für die Auslegung der Einzelnorm ergeben können. Insbesondere die Analogie ist in diesen Fällen ein wichtiges methodisches Instrument, das im rechtsmethodischen Kanon fest etabliert ist.[124] Auch im Rahmen der hier verwendeten Vergleichsordnung sollte nicht darauf verzichtet werden, die Lückenhaftigkeit einer Norm aus den Wertungen der übrigen Rechtsordnung abzuleiten. Jedoch ist dies weniger voraussetzungsreich, als das Konzept des Gesamtplans der Rechtsordnung, das begrifflich impliziert, dass es einen einheitlichen, finalen Plan der Rechtsordnung gibt. Die Rechtsordnung beinhaltet jedoch eine Mannigfaltigkeit aus Regelungen und Regelungskomplexen, die ganz unterschiedliche – teilweise widerstreitende – Zwecke verfolgen. Wird von einem „Gesamtplan" gesprochen, muss genau dargelegt werden, was gemeint wird. Einwendungen dieser Art treffen das methodische Konzept der Lücke aber nur, wenn es solche generalklauselartigen, unbestimmten Begrifflichkeiten einsetzt, nicht um Lücken im Gesetz festzustellen, sondern um sie allererst aus einem rechtspolitischen Gestaltungstrieb heraus zu schaffen.

b) Planwidrigkeit der Regelungslücke

Nicht jedes Fehlen einer Regelung bedeutet eine Rechtslücke. Erst wenn dieses Fehlen nach dem Plan der Gesamtrechtsordnung ungewollt ist, liegt auch eine Lücke vor, und erst dadurch ist der Vergleich mit der anderen vollständigen Ordnung

---

[120] *Müller/Christensen*, Juristische Methodik, Band 1, Rn. 371; *Kudlich/Christensen*, JZ 2009, 943 (945).

[121] Dazu ausführlich D. II. 2.

[122] Ähnlich zum „inneren System der Rechtsordnung", der „Einheit der Rechtsordnung" oder der „prinzipienorientierten Rechtsfortbildung" *Fischer*, Topoi verdeckter Rechtsfortbildungen im Zivilrecht, S. 548.

[123] Grundlegend vor allem die Unterscheidung in ein äußeres und ein inneres System bei *Canaris*, Systemdenken und Systembegriff in der Jurisprudenz, S. 19, 35.

[124] *BVerfGE* 82, 6, 13; sogar in vielen Bereichen des Strafrechts Schönke/Schröder/*Hecker*, 30. Aufl. 2019, StGB § 1 Rn. 30 ff.

lizensiert.[125] Ist das Fehlen einer Regelung nicht planwidrig, so soll es auch keine Regelung geben. Es liegt dann entweder beredtes Schweigen[126] des Gesetzes oder ein rechtsfreier Raum[127] vor. Zur Annahme einer Lücke braucht es also immer den positiven Nachweis, dass eine Regelung gefordert ist.[128]

Diskutabel ist das Abgrenzungskriterium der „Planwidrigkeit" unter dem Aspekt von semantisch indeterminierten Teilen des Gesetzes, wie Generalklauseln und unbestimmten Rechtsbegriffen. Diese Öffnungen des Rechts für Wertungen des Richters sind zwar vom Gesetzgeber gewollt und damit nicht planwidrig[129], aber bei ihnen wird der Richter – genauso wie im Lückenbereich – als Ersatzgesetzgeber tätig, weil das Gesetz keine festen Vorgaben für sein Urteil bereithält.[130] Die Generalklauseln delegieren bewusst gesetzgeberische Macht an den Richter.[131] Der Richter soll im Bereich der Generalklauseln eigene Wertungen treffen, die nicht strikt vom Gesetz vorgegeben sind.[132] Will man hier mangels Planwidrigkeit nicht von „Lücken" sprechen, muss man aber zumindest zugeben, dass man sich im Bereich der Rechtsfortbildung befindet, weil die verwendeten Entscheidungsmaßstäbe nicht mehr vom Gesetzgeber, sondern vom Rechtsanwender stammen.[133] Ob dieser dabei an die Wertungen anderer gesetzlicher Bestimmungen, die Sozialmoral oder nur an sein eigenes Gewissen gebunden ist, kann erst einmal dahingestellt bleiben, denn in jedem Fall muss er eine eigene Abwägung treffen.[134]

---

[125] *Canaris*, Lücken, S. 39; *Larenz*, Methodenlehre, S. 373; *Looschelders/Roth*, Juristische Methodik, S. 282 ff. *Rüthers/Fischer/Birk*, Rechtstheorie, Rn. 832 f. Natürlich stellen die Anhänger der objektiven Theorie nicht oder nur nachrangig auf den Willen des Gesetzgebers ab, um die Planwidrigkeit der Unvollständigkeit festzustellen. Die Planwidrigkeit ergibt sich aus dem Gesetz oder dem „Willen des Gesetzes" selbst. Zur unterschiedlichen Definition der „Planwidrigkeit" bei den beiden Auslegungstheorien, vgl. *Lücke*, Vorläufige Staatsakte, S. 79 ff.

[126] *Rüthers/Fischer/Birk*, Rechtstheorie, Rn. 838.

[127] *Canaris*, Lücken, S. 42; vgl. *Larenz*, Methodenlehre, S. 371; *Larenz/Canaris*, Methodenlehre, S. 192.

[128] *Canaris*, Lücken, S. 51.

[129] Daher lehnt Canaris hier die Bezeichnung „Lücke" ab, *Canaris*, Lücken, S. 28.

[130] *Esser*, Grundsatz und Norm, S. 150 f.; *Hedemann*, Die Flucht in die Generalklauseln, S. 58; *Rüthers/Fischer/Birk*, Rechtstheorie, Rn. 835; kritisch bezüglich der Terminologie des „Ersatzgesetzgebers", *Looschelders/Roth*, Juristische Methodik, S. 301 ff.

[131] *Hedemann*, Flucht in die Generalklauseln, S. 58; *Bydlinski*, Möglichkeiten und Grenzen der Präzisierung aktueller Generalklauseln, in: FS Wieacker, S. 189 (199); a.A. *Auer*, Materialisierung, Flexibilisierung, Richterfreiheit, S. 96 ff., 132 ff. Nach Auer dienen die Generalklauseln dazu, die grundlegenden Antinomien des Zivilrechts, u. a. den Konflikt zwischen Richterbindung und Richterfreiheit, auszutragen. Dass dieser Konflikt im Zivilrecht wie in der Rechtsordnung überhaupt zentral ist, muss nicht bestritten werden. Gerade die Generalklauseln ermöglichen aber dem Richter, die strengeren Bindungen der anderen Rechtsnormen abzustreifen und seine eigene Wertung im Recht zu platzieren.

[132] *Larenz*, Methodenlehre, S. 288 ff.; *Canaris*, System, S. 82; Larenz/Canaris, Methodenlehre S. 109 ff.

[133] *Rüthers*, Die unbegrenzte Auslegung, 460.

[134] So eindringlich Esser für die guten Sitten in § 138 BGB, *Esser*, Werte und Wertewandel im Zivilrecht, S. 24 ff.

Oft ist es eine Gradfrage, was als Generalklausel gelten kann und welche Norm nur Interpretationsschwierigkeiten aufwirft.[135] An sich ist jede Gesetzesnorm bis zu einem gewissen Grad unbestimmt, der Normtext selbst enthält die Entscheidung noch nicht.[136] Die Entscheidung bringt erst der Richter, indem er die Norm auslegt und auf den konkreten Fall anwendet. Dennoch lassen sich noch Unterschiede zwischen verschiedenen Normtypen ausmachen. Es gibt Normen, bei denen eine methodisch überzeugende Auslegung gar nicht dazu führen kann, ausreichend bestimmte Tatbestandsmerkmale zu finden, die eine Rechtsfolge bedingen könnten.[137] Sie sollen von vornherein eine richterliche Eigenwertung ermöglichen. So steht bei § 242 BGB die Funktion im Vordergrund, die im BGB lege artis gefundenen Ergebnisse am Maßstab der Einzelfallgerechtigkeit zu überprüfen und notfalls von ihnen abzuweichen.[138] Das macht es unmöglich, einen abschließenden Tatbestand der Norm zu formulieren.[139] § 242 BGB ist somit eine Generalklausel par excellence.[140] Beim Versuch einen subsumierbaren Tatbestand zu formulieren, indem die unklaren Merkmale durch andere, klarere ersetzt würden, müsste entweder der Normzweck verfehlt oder gegen das Definitionsverbot *ignotum per ignotum*[141] verstoßen werden, weil erneut unbestimmte Begriffe verwendet werden müssten, um die Norm zu konkretisieren.

Diese Undefinierbarkeit der Generalklauseln liegt vor allem an ihrer Offenheit für zukünftige Veränderungen.[142] Der Verzicht auf Bestimmtheit des Gesetzes soll zu seiner ewigen Jugend beitragen.[143] Jeder Versuch einer Konkretisierung einer

---

[135] Dück unterscheidet drei Präzisionsstufen bei Delegationsnormen, der erste Typ zeichnet sich dadurch aus, dass keine oder nahezu keine Vorgaben durch das Gesetz gemacht werden, und der Gesetzgeber sowohl das Ob als auch das Wie der Delegation weitestgehend offenlässt (Bsp. § 242 BGB). In der zweiten und dritten Gruppe wird dem Rechtsanwender dagegen nur im größeren oder geringeren Maße die Konkretisierung von unbestimmten Begriffen ermöglicht, vgl. *Dück*, ZfPW 2018, 76 (83 f.).

[136] *Kudlich/Christensen*, JZ 2009, 943 (945 f.).

[137] Ähnlich *Kudlich/Christensen*, JZ 2009, 943 (945 f.).

[138] MüKoBGB/*Schubert*, § 242 BGB, Rn. 24 ff.

[139] Der Tatbestand setzt lediglich das Bestehen eines Schuldverhältnisses voraus, MüKoBGB/*Schubert*, § 242 BGB, Rn. 8. Hinzu kommt noch der Verweis auf die Verkehrssitte, der gewisse Vorgaben für die Rechtsanwendung macht, vgl. *Werner*, Zum Verhältnis von Generalklauseln und Richterrecht, S. 8.

[140] Interessanterweise war § 242 BGB ursprünglich nicht als Generalklausel intendiert, sondern als Sachnorm, die den wahren Charakter eines Schuldverhältnisses zur Geltung bringen sollte. Dagegen war § 226 StGB ursprünglich als Generalklausel intendiert, ohne sich als solche etablieren zu können. Dennoch wurde das dynamische Potential von § 242 BGB sowohl vom historischen Gesetzgeber als auch in der zeitgenössischen Literatur erkannt, mit weiteren Nachweisen *Auer*, Materialisierung, Flexibilisierung, Richterfreiheit, S. 105, 117 (Fn. 48).

[141] Zu dieser und anderen Regeln des korrekten Definierens *T. Pawlowski*, Begriffsbildung und Definition, S. 37 ff.; für den juristischen Bereich *Hart*, Definition and Theory in Jurisprudence, in: Hart, Essays in Jurisprudence and Philosophy, Oxford 1983, S. 21 ff.; *Wank*, Juristische Begriffsbildung, S. 58 ff.

[142] *Engisch*, Einführung in das juristische Denken, S. 167 f.; mit weiteren Nachweisen, *T. Honsell*, Historische Argumente im Zivilrecht, S. 77.

[143] Mit weiteren Nachweisen, *T. Honsell*, Historische Argumente im Zivilrecht, S. 77.

Generalklausel durch die jeweilige Sozialmoral[144], die ordre-public beziehungsweise verfassungsrechtliche Wertungen[145] oder durch die richterliche Eigenwertung[146] muss misslingen, weil diese Bereiche selbst dem gesellschaftlichen Verständniswandel unterworfen sind und daher nur eine relative Geltung besitzen.[147] Möglich ist immer nur eine Bestandsaufnahme über den gegenwärtigen Anwendungsbereich einer Generalklausel durch die Systematisierung höchstrichterlicher Rechtsprechung in Fallgruppen.[148] Selbst wenn es aber gelingen sollte, die aktuelle Verwendung einer Generalklausel durch derartige Konkretisierungsversuche annähernd zu fixieren, bleibt dennoch die Möglichkeit, dass sich der Anwendungsbereich der Norm auf Grund zukünftiger Wertveränderungen verändert.[149] Generalklauseln erschöpfen sich also in einem Verweis auf außer- und innerrechtliche Wertmaßstäbe und ermöglichen es, das Recht an aktuelle Wertevorstellungen anzupassen.[150] So spricht Wieacker bei der Rechtsfindung durch die Generalklausel des § 242 BGB von dem „Einbruch der Geschichtlichkeit in das Recht"[151] und Teubner bezeichnet Generalklauseln als „lernendes Recht", das die flexible Anpassung des Rechts an die gewandelten gesellschaftlichen Bedingungen ermöglicht.[152]

Es wird deutlich, dass die Rolle von Generalklauseln häufig darin gesehen wird, die Rechtsordnung auf dem Stand der Zeit zu halten. Verändern sich die Umstände, insbesondere die gesellschaftlichen Wertungen, so könnten diese Veränderungen im Rahmen von Generalklauseln berücksichtigt werden. Aber wann dürfen Generalklauseln in diesem Kontext vom Richter angewendet werden? Diese Frage stellt sich umso eindringlicher, wenn man bedenkt, dass die Generalklauseln dem Richter einen großen Ermessensspielraum im Umgang mit den gesetzlichen Regelungen einräumen und keine vollständig konkretisierbaren Anwendungsbedingungen haben. Da die Generalklauseln genauso wie gesetzliche Regelungen mit eindeutigem Normbefehl im Gewand expliziter gesetzlicher Regelungen auftreten[153], wird wohl unreflektiert häufig davon ausgegangen, dass sie auch genauso anzuwenden sind. Es gibt aber, wie zuvor schon gezeigt, keine klare Menge an Tatbestandsvoraus-

[144] Bspw. *Larenz*, Methodenlehre, S. 289; *Larenz/Canaris*, Methodenlehre, S. 110; *Wieacker*, JZ 1961, 337 (339 ff.).

[145] *Teubner*, Standards und Direktiven in Generalklauseln, S. 38.

[146] Engisch meint, dass es im Rahmen mancher Gesetzesbegriffe auf die richterliche Eigenwertung ankommt, will diese aber soweit wie möglich an die Sozialmoral oder andere Standards knüpfen, *Engisch*, Einführung in das juristische Denken, S. 171.

[147] Deutlich für den Bereich der Sozialmoral und der richterlichen Eigenwertung, andeutungsweise auch für den Bereich der grundgesetzlichen Wertungen; *Auer*, Materialisierung, Flexibilisierung, Richterfreiheit, S. 149 f., 152 f., 169.

[148] *Auer*, Materialisierung, Flexibilisierung, Richterfreiheit, S. 160 f.

[149] *Auer*, Materialisierung, Flexibilisierung, Richterfreiheit, S. 123, 156, 176.

[150] *Rüthers*, Unbegrenzte Auslegung, S. 210 ff.; *Dück*, ZfPW 2018, 76 (78).

[151] *Wieacker*, Zur rechtstheoretischen Präzisierung des Paragraphen 242 BGB, S. 40.

[152] AK-BGB-*Teubner*, § 242 Rn. 5 (1980), zitiert nach: *Auer*, Materialisierung, Flexibilisierung, Richterfreiheit, S. 140.

[153] *Bydlinski*, Möglichkeiten und Grenzen der Präzisierung aktueller Generalklauseln, in: FS Wieacker, S. 189 (198).

setzungen bei Generalklauseln und damit auch keine typischen Fälle, die sich im Normbereich der Generalklauseln lösen ließen.

Sollen durch die Anwendung von Generalklauseln bestehende Regelungen in ihrem Anwendungsbereich beschränkt oder beseitigt werden oder völlig neue Rechtsinstitute entwickelt werden, ist methodisch gesehen der Bereich der Rechtsfortbildung erreicht. Auch hier kann der Richter das Rechtsproblem nicht einfach durch Auslegung der vorhandenen Regeln lösen. Im Bereich sekundärer Lücken muss er sich vor allem fragen, ob das Recht angesichts der tatsächlichen Veränderungen noch anwendbar ist. An diesen Überlegungen führt auch durch die Anwendung von Generalklauseln kein Weg vorbei. Tatsächlich wird § 242 BGB auch häufig herangezogen, um (sekundäre) Lücken in der Rechtsordnung zu füllen.[154] Hier sind die gleichen Mechanismen wie bei einer Lückenfüllung qua Analogie oder einem anderen methodischen Instrument am Werk. Daher sind auch die gleichen Begründungsanforderungen zu stellen. Der Verweis auf eine gesetzliche Norm könnte aber suggerieren, dass es gar keine Lücke gab und das Gesetz von Anfang an eine Lösung bereithielt, obwohl doch die Lösung gerade durch Wertungen des Richters zustande kam. Der Richter könnte sich die Argumentation mit der Lückenhaftigkeit der Rechtsordnung sparen und direkt auf die Generalklausel verweisen, die seine Rechtsschöpfung ermöglichen soll. Der Nachweis einer Lücke sollte aber für jegliche Form der richterlichen Rechtsschöpfung notwendig sein. Daher überzeugt es, die methodischen Anforderungen der Rechtsfortbildung im allgemeinen auch auf die Rechtsschöpfung mittels Generalklauseln zu übertragen.[155] Es gibt kein unterscheidendes Merkmal zwischen diesen beiden Formen der richterlichen Rechtsschöpfung, die eine verschiedenartige Behandlung erfordern würde.[156] Die Generalklausel gibt als bloße Blankettnorm keine oder unzureichende inhaltlichen Vorgaben, die die Dezision steuern könnten. Nur soweit die Generalklausel inhaltliche Vorgaben gibt, die die richterliche Eigenwertung ersetzen können, sind nicht die strengen allgemeinen Anforderungen der Rechtsfortbildung – also der Nachweis einer planwidrigen Unvollständigkeit der Rechtsordnung – zu erfüllen.

Daher ist es sinnvoll, auch bei der Anwendung von semantisch kaum determinierten Teilen der Rechtsordnung – also vor allem bei Generalklauseln – von Lückenfüllung zu sprechen.

---

[154] Was insbesondere auch die Funktion des § 242 BGB ist, MüKo/*Schubert*, § 242 BGB, Rn. 24.

[155] *Ähnlich Bydlinski*, Möglichkeiten und Grenzen der Präzisierung aktueller Generalklauseln, in: FS Wieacker, S. 189 (213 f., 215).

[156] A.A. *Auer*, Materialisierung, Flexibilisierung, Richterfreiheit, S. 158.

3. Ausblick: Sekundäre Lücken als sekundäre planwidrige Unvollständigkeiten oder Überschüsse der Rechtsordnung

In der Rechtswissenschaft und Methodenlehre besteht weitgehende[157] Einigkeit[158] über die Übertragbarkeit der Definition der „planwidrigen Unvollständigkeit der Rechtsordnung" auf nachträgliche Lücken im Gesetz, also auf solche „Lücken", die erst nach der Verabschiedung[159] des Gesetzes auf Grund einer Veränderung der Umstände entstehen. Das Gesetz kann entweder anfänglich planwidrig unvollständig sein, oder nachträglich planwidrig unvollständig werden. So können beispielsweise technische Neuerungen die Rechtsordnung vor neue Aufgaben stellen, die nicht mit den herkömmlichen Mitteln der Auslegung bewältigt werden können, aber gleichwohl eine rechtliche Bewältigung fordern.[160] Die klassische Lückendefinition passt aber in einem speziellen Fall nachträglicher, planwidriger Veränderungen nicht:

Als Beispiel sei ein Gesetz vorgestellt, das eine Impfpflicht anordnet.[161] Im Laufe der Zeit wird allerdings der Erreger gegen den Impfstoff immun. Der Wortlaut der Norm ordnet nach wie vor die Impfpflicht an, auch war es der ursprüngliche Gesetzgeberwille, dass die Rechtsunterworfenen sich einer Impfung unterziehen müssen. Doch inzwischen hat der Impfstoff seine Wirksamkeit gegen den Erreger verloren und das eigentliche Regelungsziel der Impfpflicht, der Schutz der Bevölkerung durch die Impfung, kann nicht mehr erreicht werden. Sicherlich verliert ein solcher Eingriff in die körperliche Unversehrtheit der Rechtsunterworfenen seine Rechtfertigung,[162] ebenso scheint es angesichts der veränderten Faktenlage unplausibel, dass der historische Gesetzgeber an seiner Regelung festhalten würde.[163] Sein Regelungsplan wurde durch die faktischen Veränderungen durchkreuzt. Seine Regelung ist planwidrig obsolet geworden. Wenn nicht nur ein Teil der Regelung hinfällig oder erneuerungsbedürftig wird, sondern die gesamte Regelung unbrauchbar wird, passt das definitorische Merkmal der „Unvollständigkeit der Rechtsordnung" formalbegrifflich nicht auf die Situation. Es bleibt hier ja lediglich ein planwidriger „Überschuss" – die obsolete Norm – im Gesetz zurück. Der allgemeine Lückenbegriff der planwidrigen Unvollständigkeit der Rechtsordnung muss daher für diese Konstellationen der sekundären Hinfälligkeit einer

---

[157] Zur Kritik an dem Konzept der sekundären Lücke, D. III. 3.

[158] *Heck*, AcP 112 (1914), 1 (176); *Engisch*, Der Begriff der Rechtslücke, S. 90; *Enneccerus/Nipperdey*, Allgemeiner Teil des Bürgerlichen Rechts, 1. Halbband, S. 338 f.; *Canaris*, Lücken, S. 141; *Larenz*, Methodenlehre, S. 376; *Bydlinski*, Juristische Methodenlehre und Rechtsbegriff, S. 585: *Rüthers/Fischer/Birk*, Rechtstheorie, Rn. 861 ff.; *H.-M. Pawlowski*, Methodenlehre für Juristen, Rn. 470; *Wiedemann*, NJW 2014, 2407 (2411).

[159] Zur Begründung dieses Zeitpunkts, vgl. B III. 1.

[160] Beispiele für technische Entwicklungen, D. II. 1. a).

[161] Das Beispiel findet sich ebenfalls bei *Neuner*, Die Rechtsfindung contra legem, S. 118.

[162] Dazu ausführlich C. II. 2.

[163] Zur Methodik der Feststellung sekundärer Lücken überhaupt, B. VI. und zur Methodik der Ermittlung des hypothetischen Gesetzgeberwillens, vgl. B. VII. 3.

gesamten Norm modifiziert beziehungsweise erweitert werden. Es bietet sich daher an, vom „nachträglichen planwidrigen Überschuss in der Rechtsordnung" zu sprechen.[164]

4. Canaris' Systematisierung der Gesetzeslücken

Canaris' Einteilung der Lücken soll hier vorgestellt und auf ihre Leistungsfähigkeit zur Systematisierung und methodischen Behandlung von (sekundären) Gesetzeslücken geprüft werden. Dabei sollen die Lückenkategorien, die Canaris vorschlägt, grundsätzlich auch auf sekundäre Lücken anwendbar sein.[165] Canaris akzeptiert allerdings im Gegensatz zu der hier vertretenen Position nur den Wortlaut des Gesetzes als Lückengegenstand.[166] Dadurch werden Canaris' Überlegungen aber nicht für den Kontext dieser Arbeit unbrauchbar, weil er Diverses als Lückengrund gelten lässt. Nur soweit seine Ergebnisse notwendig voraussetzen, dass nur der Wortlaut lückenhaft werden kann, sind sie nicht oder nur eingeschränkt verwertbar.

Canaris differenziert die Lücken nach dem Maßstab ihrer Feststellung:[167]

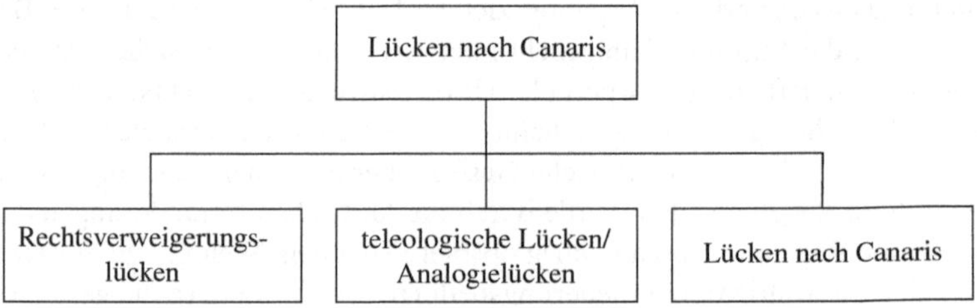

Abbildung 1: Canaris' Systematisierung der Gesetzeslücken

a) Die Rechtsverweigerungslücke und ihre Relevanz für die Feststellung und Ausfüllung sekundärer Lücken

Rechtsverweigerungslücken sind solche Lücken, bei denen das Gesetz selbst eine unvollständige Anordnung trifft; es fordert etwas, lässt dabei aber offensichtlich Entscheidungserhebliches ungeregelt. Hier erzwinge das Rechtsverweigerungsverbot zusammen mit dem Geltungsanspruch der Norm die Ergänzung der Norm.[168]

---

[164] Dazu mehr unter B. IV.
[165] *Canaris*, Lücken, S. 141.
[166] *Canaris*, Lücken, S. 19.
[167] *Canaris*, Lücken, S. 139 ff.
[168] *Canaris*, Lücken, S. 55 f.

Beispiele seien hier § 904 S. 2 BGB[169], der dem Eigentümer einen Schadensersatzanspruch zuspricht, aber offen lässt gegen wen dieser Anspruch gerichtet ist und Art. 104 II GG[170], der bestimmt, dass der Richter über die Zulässigkeit einer Freiheitsentziehung zu entscheiden habe, ohne Zuständigkeit und Verfahren dazu zu regeln.

Aber auch Konstellationen, in denen ganze Rechtssätze fehlen, seien denkbar. Beispiele seien die mangelnde Regelung des rechtlichen Gehörs bei der Einziehung von „producta et instrumenta sceleris" von Tatunbeteiligten,[171] die aber durch Art. 103 GG gefordert wird, oder aber das damalige Fehlen des Obligationenstatuts im internationalen Privatrecht.

Sicherlich handelt oder handelte es sich bei den genannten Beispielen um Lücken. Jedoch wird nicht klar, wieso gerade sie dadurch gekennzeichnet sein sollen, dass das Rechtsverweigerungsverbot ihre Ergänzung fordert, ist doch das Rechtsverweigerungsverbot die Voraussetzung dafür, dass der Richter im Lückenbereich überhaupt tätig werden muss.[172] Ein Kriterium, das aber generell die Pflicht zur Lückengänzung des Richters fordert, eignet sich nicht, um eine spezielle Gruppe von Lücken zu systematisieren und von anderen Lückentypen abzugrenzen.

In den Fällen von § 904 S. 2 BGB und Art. 104 II GG handelt es sich um Gebotslücken. Der Gesetzgeber macht klar, dass er die Rechtsfolge des Schadensersatzes bzw. die Entscheidung des Richters über die Zulässigkeit der Freiheitsentziehung will. Dabei überlässt er dem Richter in weitem Maße die Entscheidung über das Wie der Ausführung. Die Feststellung der Lücke folgt hier unmittelbar aus der Auslegung des Gesetzes, bei der gesehen wird, dass die Anwendung des Gesetzes nicht ohne Ergänzungen möglich ist. Auch das fehlende Obligationenstatut war eine Gebotslücke, die sich aus den übrigen Wertungen des Gesetzgebers erschließen ließ.

Bei den „producta et instrumenta sceleris" geht es um eine nachträgliche Wertungslücke. Die von Canaris genannten Bestimmungen sind angesichts des später in Kraft getretenen höherrangigen Rechts des Art. 103 GG lückenhaft geworden.

Der Maßstab zur Feststellung der Lücke ist bei all diesen Fällen nicht das Rechtsverweigerungsverbot. Auch hier stellt das Rechtsverweigerungsverbot nur den Grund dar, wieso der Richter tätig werden muss.

Auch bei anderen Lücken, die weniger offensichtlich sind, steht es nicht im Belieben des Richters, die Lücke zu schließen oder nicht. Entscheidet der Rich-

---

[169] *Canaris*, Lücken, S. 140f.

[170] *Canaris*, Lücken, S. 59.

[171] Beispiele seien die Vorschriften § 40 StGB und § 28 WeinG, die aber inzwischen in anderen Fassungen erlassen wurden, *Canaris*, Lücken, S. 60. Eine alte Fassung von § 40 StGB findet sich hier: https://lexetius.com/StGB/40,5 (Stand 1.3.2019). Inzwischen regeln die §§ 74ff. StGB, welche Verbrechensgegenstände eingezogen werden können.

[172] *Schumann*, ZZP 1968, 79 (80); *Rüthers/Fischer/Birk*, Rechtstheorie, Rn. 314, 823.

ter, eine Lücke nicht zu schließen, handelt er immer rechtsfehlerhaft.[173] Canaris formuliert jedoch vorsichtiger, dass sich nur bei den Rechtsverweigerungslücken keine „formal haltbare" Entscheidung aus dem Gesetz ergebe.[174] Die formale Haltbarkeit einer Entscheidung ist aber in Bezug auf die Rechtsauslegung kein sinnvolles Beurteilungskriterium. Entweder der Richter legt das Gesetz richtig aus oder nicht. Wenn er dann eine Lücke feststellt, diese aber offenlässt, betreibt er eine Rechtsverweigerung und kann sich nicht auf die formale Haltbarkeit seiner Entscheidung berufen.

Die Kategorie der Rechtsverweigerungslücke könnte sich daher als Scheinkategorie erweisen. Auch wenn die von Canaris vorgestellten Beispiele nicht einheitlich zu behandeln sind, haben sie doch alle gemeinsam, dass die Feststellung der Lücke keine Lösung für ihre Ausfüllung bringt.

§ 904 S. 2 BGB und Art. 104 II GG geben ihre Lückenhaftigkeit schon bei einer oberflächlichen Auslegung zu erkennen, wieso sie häufig auch als offene Lücken bezeichnet werden.[175] Beide Normen enthalten eine semantische Unbestimmtheit, die spätestens bei der Umsetzung der Rechtsfolge auf den konkreten Fall auffallen muss. Bei Art. 104 II GG muss entschieden werden, welcher Richter über die Freiheitsentziehung zu entscheiden hat; bei § 904 S. 2 BGB muss im Falle einer Personenverschiedenheit des Einwirkenden und des Begünstigten entschieden werden, wer von beiden passivlegitimiert[176] ist. Gleichzeitig wird die Auslegung der Norm dem Richter auch keine Vorgaben machen, wie die Lücke zu schließen ist.[177] Der Richter ist also bei der Schließung der Lücke lediglich an die sonstigen Wertungen der Rechtsordnung gebunden. Durch diese Eigenschaft unterscheiden sie sich auch von den gleich zu behandelnden teleologischen Lücken, bei denen die Feststellung der Lücke ihre Ausfüllung schon determiniert.[178]

Prima facie erscheint es ausgeschlossen, dass Rechtsverweigerungslücken nachträglich entstehen. Wenn die Lückenhaftigkeit des Gesetzes von Anfang an offen zu Tage tritt, dann kann das nicht an einer späteren Veränderung liegen. § 904 S. 2 BGB und Art. 104 II GG sind beide schon von Anfang an lückenhaft. Eventuell mögen sich die Auffassungen dazu ändern, wie die Lücken zu schließen sind, aber die Lückenhaftigkeit besteht von Anfang an. Aber Canaris meint, dass sämtliche Lücken grundsätzlich auch sekundäre Lücken sein können.[179]

---

[173] *Schumann*, ZZP 1968, 79 (100); *Larenz*, Methodenlehre, S. 372; *Rüthers/Fischer/Birk*, Rechtstheorie, Rn. 314, 823.

[174] *Canaris*, Lücken, S. 141 f.

[175] *Rüthers/Fischer/Birk*, Rechtstheorie, S. 520 f.

[176] H.-M. Pawlowski meint dagegen, dass sich aus den Gesetzesmaterialien klar ergebe, dass der Eingreifende passivlegitimiert sei und daher schon keine Lücke vorliege, *H.-M. Pawlowski*, Methodenlehre für Juristen, Rn. 466. Die methodische Einordnung von H.-M. Pawlowski könnte überzeugen, doch verzichtet er auf die Angabe eines Quellenbelegs für die Materialienlage.

[177] *Canaris*, Lücken, S. 145.

[178] *Canaris*, Lücken, S. 149.

[179] *Canaris*, Lücken, S. 141 f.

Betrachtet man den Fall der „producta et instrumenta sceleris“, so erscheint die Annahme offener sekundärer Lücken aber nicht unplausibel. Die Bestimmung des § 40 StGB aF bestand von 1872–1968 unverändert fort.[180] In der Zwischenzeit trat das Grundgesetz in Kraft, das jedermann in Art. 103 GG Anspruch auf rechtliches Gehör verschaffte. Hier ergibt sich die Lückenhaftigkeit des Gesetzes aber nicht wie bei Art. 104 II GG unmittelbar aus der Auslegung des Gesetzes selbst, sondern aus der Auslegung von Art. 103 GG im Zusammenhang mit den alten Bestimmungen des StGB. Das neue höherrangige Recht fordert eine Anpassung des älteren Gesetzes. So gesehen lag hier schon keine offene Lücke vor. Aber selbst eine Norm wie § 904 S. 2 BGB muss ausgelegt werden, bevor ihre Lückenhaftigkeit bemerkt werden kann. Inwieweit eine Lücke „offen“ ist, ist daher immer eher eine Gradfrage, als eine eindeutige Feststellung. Typisch für diese Fallgruppe ist wiederum die Unklarheit bezüglich der Ausfüllung der Lücke. Zwar wussten die Richter, dass bei der Einziehung von „producta et instrumenta sceleris“, die sich im Besitz Tatunbeteiligter befanden, rechtliches Gehör gewährt werden musste, aber wie dieses zu gewähren war, mussten sie selbst entscheiden.

Ähnlich könnte die Einführung des Art. 3 II 1 GG im Bereich des Ehe- und Familienrechts des BGB gewirkt haben.[181] Die rechtlichen Probleme, die sich bei der Umsetzung der Gleichheit zwischen Mann und Frau ergaben, werden bis heute anschaulich durch Art. 117 I GG dokumentiert, der das abrupte Entstehen rechtlicher Vakua verhindern sollte.[182] Die Gerichte mussten darauf reagieren, dass plötzlich eine Vielzahl älterer Normen, die Männern Sonderrechte einräumten, nun nicht mit Art. 3 II GG vereinbar waren. Da es nicht nur darum ging, die Gesetze von rechtswidrig gewordenen Normen zu bereinigen, sondern auch neues Recht an die Stelle der rechtswidrigen Normen zu setzen, sahen sich die Gerichte mit der Aufgabe betraut, jene Lücken füllen zu müssen.[183] Zwar ist Art. 3 II 1 GG kein bloßer Programmsatz, sondern gibt als Konkretisierung von Art. 3 I GG dem Richter gewisse Richtlinien zur Hand[184], aber die wesentlichen Entscheidungen, wie das neu geschaffene Recht umzusetzen war, oblagen den Gerichten.

Diese Fälle zeigen, dass offene sekundäre Lücken letzten Endes nur in der Folge von später erlassenem, älteren Normen widersprechendem Recht denkbar sind. Dabei kann die neue Rechtsnorm die alten nicht einfach ersetzen oder ergänzen, weil sie dazu zu wenig konkret ist. Vielmehr ist in einem ersten Schritt festzustellen, dass die neue Rechtsnorm Teile der Rechtsordnung ganz oder teilweise derogiert, aber gleichzeitig die Schaffung neuen Rechts fordert und somit zu Lücken führt, die der Richter zu schließen hat.

---

180 https://lexetius.com/StGB/40,5 (Stand: 2.3.2019).

181 Für die historische Entwicklung der Vaterstellung im deutschen Recht seit 1900, vgl. *Peschel-Gutzeit*, FPR 2005, 167 ff.

182 Maunz/Dürig/*Langenfeld*, GG Art. 117 Rn. 2.

183 Nochmal zu diesem Fall D. I. 1.

184 BVerfGE 3, 225 (248).

b) Teleologische Lücken

Bei den teleologischen Lücken folgt die Lückenhaftigkeit des Gesetzes nach Canaris nicht erst aus dem Rechtsverweigerungsverbot, sondern aus der Teleologie des Gesetzes.[185]

aa) Analogie und teleologische Reduktion als Mittel der Lückenfeststellung?

In dieser Kategorie folgt die Lückenhaftigkeit aus der Teleologie des Gesetzes selbst. Analogie, argumentum a fortiori, teleologische Reduktion und Extension dienen nach Canaris nicht nur zur Lückenausfüllung, sondern auch schon zur Lückenfeststellung.[186] Dabei könne in den Fällen der Analogie und der teleologischen Reduktion der Gleichheitssatz zusammen mit der jeweiligen Wertung des Gesetzes ausreichen, um eine Lücke festzustellen. Wenn nämlich ein Tatbestand T1 und ein Tatbestand T2 unterschiedliche Rechtsfolgen haben, obwohl sie eigentlich gleichgelagert sind, widerspräche das dem Gleichheitssatz.[187] Umgekehrt könne der negative Gleichheitssatz, der gebiete, Ungleichartiges ungleich zu behandeln, zeigen, dass eine Norm zu weit gefasst sei, weil die Wertungen des Gesetzes eine Einschränkung erforderlich machen würden. Die teleologische Reduktion sei damit – ebenso wie die Analogie – schon ein Mittel der Lückenfeststellung.[188]

Als einfaches Beispiel für eine Lückenfeststellung mittels Analogie führt Canaris § 618 III BGB an. Es gäbe keinen Grund, wieso eine entsprechende Regelung der Schutzpflichten im Werkvertrag fehle; die Wertung des § 618 III BGB passe genauso gut ins Werkvertragsrecht wie ins Dienstvertragsrecht.[189] Der Nachweis, dass im Werkvertragsrecht eine solche Regelung fehlt, wird dadurch erbracht, dass man zeigt, dass der ungeregelte Fall dem geregelten in allen relevanten Umständen rechtsähnlich ist. Der Analogieschluss ist hier nach Canaris also auch schon Mittel der Lückenfeststellung und nicht nur Mittel der Lückenausfüllung.

Canaris' Überlegungen legen das Denkschema des Gleichheitssatzes und dessen Einfluss auf die Rechtsanwendung frei. Jedoch ist seine Konklusion nicht überzeugend. Gleichheitsüberlegungen sind häufig dafür ausschlaggebend, dass Regelungen bzw. Nicht-Regelungen von Sachverhalten hinterfragt werden. Der Gleichheitssatz wurde vom Bundesverfassungsgericht schon immer nicht nur im Sinne der Rechtsanwendungsgleichheit, sondern auch der Rechtssetzungsgleichheit verstanden.[190] Ein Ähnlichkeitsschluss zwischen einem gesetzlich geregelten und einem

[185] *Canaris*, Lücken, S. 140f.
[186] *Canaris*, Lücken, S. 141.
[187] *Canaris*, Lücken, S. 71.
[188] *Canaris*, Lücken, S. 82ff.
[189] *Canaris*, Lücken, S. 73; diese Lösung hat bis heute Bestand, MüKoBGB/*Henssler*, § 618 BGB, Rn. 25.
[190] BVerfGE 1, 14 (16).

ungeregelten Fall kann zur Erkenntnis führen, dass eine Regelung fehlen könnte. Gleichwohl ist damit eben nur der gedankliche Vorgang des wertenden Vergleichs gemeint, nicht aber die analoge Anwendung der Norm selbst. Fällt bei diesem wertenden Vergleich ein Wertungswiderspruch[191] auf, kann das zur Feststellung einer Lücke führen, die durch eine Analogie geschlossen werden muss. Die analoge Anwendung der Norm ist das Ergebnis eines wertenden Vergleichs eines geregelten mit einem ungeregelten Tatbestand, sie ist nicht dieser wertende Vergleich selbst, der zur Lückenfeststellung führt. Wenn gesagt wird, dass man durch einen Analogieschluss festgestellt hat, dass das Gesetz lückenhaft sei, dann ist das unpräzise, da nur der wertende Vergleich gemeint ist, ohne damit auf den juristischen terminus technicus der „Analogie“ Bezug zu nehmen.

Dies gilt genauso für die teleologische Reduktion. Sie ist immer nur die methodische Operation, die man zur Beseitigung einer Lücke anwendet. Bei einer methodisch unproblematischen teleologischen Reduktion wird allein der Wortlaut der Norm um einen Ausnahmetatbestand ergänzt, um einer Wertung gerecht zu werden, die entweder dem negativen Gleichheitssatz oder der zugrundeliegenden Wertung der Norm selbst[192] widerspricht. Wie soll aber die methodische Operation des Hinzufügens eines Ausnahmetatbestands eine Lücke erkennen lassen?

Auch Canaris' Beispiel[193] zeigt, dass nicht die teleologische Reduktion selbst das Mittel der Lückenfeststellung ist: § 165 BGB regelt, dass ein beschränkt Geschäftsfähiger wirksam als Stellvertreter auftreten kann. Das läge daran, dass er aus den Geschäften, die er abschließt, nicht selbst verpflichtet würde und daher des Schutzes der §§ 106 ff. BGB nicht bedürfe. Tritt er aber als Vertreter einer OHG auf, deren Gesellschafter er zugleich ist, würde er nach § 128 HGB unmittelbar verpflichtet, da er für die Gesellschaftsschulden mithaften würde. Der Gesetzeswortlaut sei hier also zu weit. Das Gebot, Ungleiches ungleich zu behandeln, gebiete hier, einen Ausnahmetatbestand zu § 165 BGB hinzuzufügen, also die Norm in ihrem Geltungsbereich einzuschränken.

Die Lösung des Rechtsproblems überzeugt[194], doch nicht die teleologische Reduktion war das Mittel der Lückenfeststellung, sondern die Erkenntnis, dass der Wortlaut auf Fälle angewendet werden könnte, die von der zugrundeliegenden Wertung der Norm nicht erfasst werden sollten. Würde man diese Fälle dennoch unter den Wortlaut subsumieren, würde man den negativen Gleichheitssatz verletzen. Es besteht also eine Gebotslücke, die dadurch zu schließen ist, dass man

---

[191] Vgl. dazu *Höpfner*, Die systemkonforme Auslegung, S. 35 ff.

[192] Canaris meint, dass die ratio legis auch unmittelbar – ohne die Forderung des Gleichheitssatzes – die Korrektur des Wortlauts der Norm erfordern könne. Das stellt für ihn aber den Ausnahmefall dar, *Canaris*, Lücken, S. 88; dagegen *Rüthers/Fischer/Birk*, Rechtstheorie, Rn. 867, 902 f.; wie auch *Wiedemann*, NJW 2014, 2407 (2411).

[193] *Canaris*, Lücken, S. 82 ff.

[194] So MüKoBGB/*Schubert*, § 165 BGB, Rn. 8.

einen Ausnahmetatbestand zum Wortlaut hinzufügt. Die teleologische Reduktion ist also nur die Reaktion auf die Feststellung der Lücke.

Auch bei diesem Typus der Lücke verstößt der Richter gegen das Rechtsverweigerungsverbot, wenn er lediglich auf eine Regelung beziehungsweise Nicht-Regelung im Gesetz verweisen würde, ohne zu prüfen, ob diese auch vom Gesetzgeber gewollt war oder den Forderungen des Gleichheitssatzes standhält. Würde der Richter Schutzpflichten des Bestellers im Werkvertrag einfach deshalb verneinen, weil sie nicht im Gesetz normiert sind, machte er sich seine Aufgabe zu einfach. Recht sprechen bedeutet nicht nur die Worte des Gesetzes in sturer, wertungsfreier Subsumtion auf den Fall anzuwenden, sondern die durch Auslegung gefundenen Wertungen des Gesetzgebers fortzudenken und umzusetzen. Eine unreflektierte Nichtanwendung von § 618 III BGB genügt höchstens dem Justizgewährungsanspruch, nicht aber dem Rechtsverweigerungsverbot.[195] Angesichts der Forderung des Art. 3 GG und der Wertung des § 618 III BGB muss der Richter zu der Frage Stellung nehmen, ob nicht eine ebensolche Regelung auch im Werkvertragsrecht sinnvoll wäre. Das Rechtsverweigerungsverbot gebietet, eine solche unklare Rechtslage aufzuklären.[196] Der Verweis auf die fehlende Norm im Werkvertragsrecht reicht nicht aus, weil die Antwort auf die Frage offen bleibt, warum es dort keine Regelung gibt. Insofern besteht keine Besonderheit zu den sogenannten „Rechtsverweigerungslücken“.

Festhalten lässt sich daher, dass die Aussage, die Analogie und die teleologische Reduktion seien Mittel der Lückenfeststellung, zu terminologischer Verwirrung führen kann. Gleiches gilt für die verschiedenen Formen des argumentum a fortiori sowie der teleologischen Extension, die letzten Endes Spezialfälle der Analogie sind.[197] Auch der Differenzierungsversuch durch das Rechtsverweigerungsverbot führt nicht weiter.

Abgesehen von diesen Feinheiten können Canaris' Überlegungen aber überzeugen. Entscheidend ist nämlich nicht die Frage, ob die Lücke qua Analogie oder qua teleologischer Reduktion auszufüllen ist.[198] Viel entscheidender als die Problematik der Lückenausfüllung ist die der Lückenfeststellung. Denn wenn angenommen wird, dass eine Lücke vorliegt, impliziert das zugleich die Pflicht ihrer Ausfüllung.[199] Wenn über das *Ob* der Lücke positiv entschieden wurde, ist damit auch schon über das *Dass* ihrer Ausfüllung entschieden und häufig auch schon über das *Wie*[200] ihrer Ausfüllung. Die Lückenfeststellung ist damit der ent-

[195] Zu dieser Unterscheidung *Schumann*, ZZP 1968, 79 (80).

[196] *Schumann*, ZZP 1968, 79 (79 f., 100 f.); anderer Ansicht *Wank*, Die Auslegung von Gesetzen, S. 83.

[197] *Rüthers/Fischer/Birk*, Rechtstheorie, Rn. 897, 904.

[198] Vgl. dazu auch *Danwerth*, ZfPW 2017, 230.

[199] *Canaris*, Lücken, S. 148.

[200] Schwierigkeiten bereitet das *Wie* der Lückenausfüllung höchstens bei der Rechtsverweigerungslücke, wie zuvor gezeigt wurde.

scheidende rechtsmethodische und verfassungsrechtliche Schritt bei der Rechtsfortbildung. Zwar sind die teleologische Reduktion oder die Analogie dabei nicht selbst die Mittel der Lückenfeststellung, sondern ihre Tatbestandsvoraussetzungen: Ungleiches ungleich und Gleiches gleich zu behandeln. Letzten Endes führen also der Gleichheitssatz in seinen unterschiedlichen Ausprägungen und die Wertungen, die dem Gesetz zugrundeliegen, zur Lückenfeststellung. Erkennt man, dass der Gleichheitssatz oder die Wertungen des Gesetzes selbst eine Ergänzung des Gesetzes fordern, ist dann auch schon über die Art der Ergänzung entschieden: entweder muss eine Regelung auf einen ungeregelten Bereich erstreckt (Analogie) oder in ihrer Geltung eingeschränkt werden (teleologische Reduktion).[201]

bb) Mögliche und notwendige Analogie

Da die Feststellung einer „Rechtsverweigerungslücke“ noch keine Vorgaben dazu macht, wie die Lücke auszufüllen ist, ist die Analogie hier nur eine von mehreren Möglichkeiten, die Lücke zu füllen. Canaris spricht daher von „möglicher Analogie“[202], in den Fällen der teleologischen Lücken dagegen von „notwendiger Analogie“, weil hier die mittels Analogieschlusses gefundene Lücke auch durch eine Analogie ausgefüllt werden müsse.[203] Dagegen gibt es bei den „Rechtsverweigerungslücken“ keine Wertung, die den Rechtsanwender befähigen würde, die Norm zu ergänzen. Der Rechtsanwender kann nur erkennen, dass er ergänzen muss, aber nicht wie. Daher weisen die „Rechtsverweigerungslücken“ eine Ähnlichkeit zu den Generalklauseln auf, die den Richter ebenfalls zur Eigenwertung auffordern. Den gleichen Spielraum hat der Richter in den Fällen, in denen der Gleichheitssatz eine Anpassung der Rechtsordnung verlangt, nicht.

Dennoch ist die Terminologie der „notwendigen Analogie“ nicht ungefährlich, weil es nur wenige Fälle gibt, in denen eine Analogie wirklich notwendig ist. In den Fällen, in denen wegen der Rechtsähnlichkeit eines geregelten und eines ungeregelten Falles eine Rechtsfortbildung in Frage kommt, ist die Analogie eine, aber nicht unbedingt die einzige Möglichkeit auf die Regelungssituation zu reagieren. Denklogisch gibt es immer zwei Möglichkeiten auf einen Gleichheitsverstoß zu reagieren: die Regelung analog auf den nicht geregelten Fall anzuwenden, oder die bevorteilende oder einschränkende Regelung nicht mehr anzuwenden und damit die Gleichheit zwischen den beiden Sachverhalten zu verwirklichen. Das Bundesverfassungsgericht stellt daher in diesen Konstellationen häufig allein die Unvereinbarkeit der aktuellen Regelung mit dem Gleichheitssatz fest, überlässt aber dem Gesetzgeber (häufig gekoppelt an eine Fristsetzung) die Neuregelung.[204]

---

[201] *Canaris*, Lücken, S. 148 ff.
[202] *Canaris*, Lücken, S. 146.
[203] *Canaris*, Lücken, S. 146, 148 ff.
[204] So bspw. in BVerfGE 135, 238; zu den Grundsätzen der Unvereinbarkeitserklärung *Schlaich/Korioth*, Das Bundesverfassungsgericht, Rn. 396 ff.

Aber selbst wenn sich die Analogie als einziges methodisches Instrument erweist, um auf die potentielle Gesetzeslücke zu reagieren, stellt sich die Entscheidung als eine äußerst schwierige Wertungsleistung dar.

Die Analogie ist nur dann durch Art. 3 I GG geboten, wenn zwischen den Sachverhalten eine wesensmäßige Gleichheit vorliegt, weil Art. 3 I GG nur gebietet, wesensmäßig Gleiches gleich zu behandeln.[205] Verboten ist sie, wenn wesensmäßig Ungleiches gleich behandelt werden soll. Dazwischen gibt es einen Bereich wertungsmäßiger Ähnlichkeit, in dem die Analogie möglich ist.[206] Auch in den Beispielen von Canaris wird deutlich, dass die Abgrenzung zwischen einer Lücke, die sich aus einer sicheren Ungleichbehandlung ergibt, und einer solchen, die aus einem eher emotionalen Ungenügen resultiert, weil eine analoge Regelung vermisst wird, oft fließend ist.[207] Letzten Endes sind in den Grenzfällen auch die anderen Wertungen des Gesetzgebers zu analysieren und gegebenenfalls zu prüfen, ob hier Anhaltspunkte für einen Analogieschluss vorliegen. Im Zweifel ist von einer Analogie abzusehen, weil die Vermutung gilt, dass der Gesetzgeber eine abschließende Regelung erlassen hat und eben diesen Fall nicht regeln wollte.[208]

cc) Relevanz der teleologischen Lücken für die Feststellung und Ausfüllung sekundären Lücken

Canaris' Überlegungen sind auch für sekundäre Lücken unter zwei Gesichtspunkten äußerst relevant.

Zum einem ist auch hier die Feststellung der Lückenhaftigkeit der Rechtsordnung der entscheidende methodische Schritt. Wird festgestellt, dass die Rechtsordnung sekundär lückenhaft geworden ist, dann muss der Rechtsanwender handeln.

Zum anderen sind Canaris' Gedanken zur Funktion des Gleichheitssatzes als Instrument zur Lückenfeststellung auch für die sekundären Lücken zentral. Wie schon angedeutet, ist die Feststellung, ob zwei Sachverhalte gleich sind, oft alles andere als trivial. Der Satz, dass Gleiches gleich zu behandeln ist, ist nur eine

---

[205] Schon BVerfGE 1, 14 (52); *Looschelders/Roth*, Juristische Methodenlehre, S. 307; *Kischel*, AöR 1999, 174 (187 f.); *Höpfner*, Die systemkonforme Auslegung, S. 41; BeckOK GG/*Kischel*, 39. Ed. 15. 11. 2018, Art. 3 GG Rn. 17 f.

[206] *Looschelders/Roth*, Juristische Methodenlehre, S. 307 f.

[207] In einem Beispiel geht es um einen vorschriftsmäßig fahrenden Autofahrer, der wegen eines überraschend auf die Straße rennenden Kindes (unter 7 Jahren) mit seinem Auto auf einen Acker ausweicht und jenes dabei beschädigt. Da die Eltern ihre Aufsichtspflicht nicht missachtet haben, stellt sich die Frage, ob der Autofahrer seinen Schaden nach § 904 S. 2 BGB analog ersetzt verlangen kann, weil er sein Eigentum zugunsten eines anderen aufgeopfert hat, *Canaris*, Lücken, S. 74 f.

[208] Im Prinzip greifen hier dieselben Überlegungen, die später zu den sekundären Lücken im Rahmen des Vorsichtsgebots entwickelt werden, vgl. B. X.

Leerformel.[209] Bevor man Gleiches gleich behandeln kann, muss man wissen, was gleich ist und welche Kriterien rechtlich relevant für die Gleichheit oder Ungleichheit zweier Rechtssubjekte oder Sachverhalte sind. Diese Feststellung kann nicht durch eine einfache Betrachtung geleistet werden, vielmehr handelt es sich um eine notwendigerweise wertende Tätigkeit, die von den herrschenden gesellschaftlichen Gerechtigkeits- und Wertvorstellungen geprägt ist.[210] Was 1950 noch gleich war, mag inzwischen ungleich sein und was damals ungleich war, erscheint inzwischen gleich. Die Gerechtigkeitsvorstellungen in der Gesellschaft ändern sich und mit ihnen auch die Wertungen, was wesentlich gleich ist und was nicht.[211] Dabei nehmen die zur Rechtsanwendung Berufenen als ein Teil der Gesellschaft ebenfalls an dem gesellschaftlichen Gerechtigkeitsdiskurs teil. Gleichzeitig sind die Richter an Recht und Gesetz gebunden und ihnen obliegt damit auch die Wahrung des Rechts. Es ist methodisch und verfassungsrechtlich nicht unproblematisch, wenn diese relativen, zeitgeprägten Wertvorstellungen gegen die gesetzlichen Wertungen des Gesetzgebers ausgespielt werden.[212]

Es wird deutlich, dass hier ein Spannungsverhältnis vorhanden ist, das durch die Rechtsordnung selbst – in Form von Art. 3 GG – angelegt ist, und dem damit auch nicht sämtliche Legitimität abgesprochen werden darf.[213]

Da der Gleichheitsmaßstab schon auf der Ebene der Lückenfeststellung relevant ist, können wechselnde gesellschaftliche Vorstellungen zur Gleichheit „Lücken"[214] in die Rechtsordnung reißen, die es bis dato nicht gab. Diese Problematik, die einen sinnvollen Ausgleich zwischen dynamischer Anpassungsmöglichkeit des Gesetzes einerseits und Rechtssicherheit andererseits verlangt, wird später intensiv diskutiert werden.[215]

---

[209] *Hart*, Der Begriff des Rechts, S. 188.

[210] MKS/*Starck*, Art. 3 GG (2016) Rn. 14; BeckOK GG/*Kischel*, 39. Ed. 15.11.2018, GG Art. 3 Rn. 39 ff.

[211] Schon Dürig bezeichnete die Zeit als die „offene Flanke" der Gleichheit, Maunz/Dürig/*Dürig*, Art. 3 GG (Erstbearbeitung) Rn. 194; Roellecke, Das Paradox der Verfassungsauslegung, S. 95; *Walter*, AöR 2000, 517 (524 f.); MKS/*Wollenschläger*, Art. 3 GG Rn. 213.

[212] Dagegen ist Würtenberger eher unkritisch, er sieht die Zeitgeistbestimmtheit des Art. 3 GG als Chance der Rechtsprechung, an die gesellschaftlichen Gerechtigkeitsvorstellungen anzuknüpfen, vgl. *Würtenberger*, Zeitgeist und Recht, S. 182 f., 188; ebenfalls für eine expansive Anwendung von Art. 3 I GG *Baer*, NJW 2013, 3145 (3149).

[213] Walter ordnet diese Fälle daher dem unechten und damit unproblematischen Verfassungswandel zu *Walter*, AöR 2000, 517 (524 f.).

[214] Häufig handelt es sich hier gar nicht um ein Lückenhaftwerden des Gesetzes, sondern vielmehr um ein schlichtes „Rechtswidrigwerden" der niederrangigen Normen, die nicht mehr dem höherrangigen Recht entsprechen, vgl. dazu die Auseinandersetzung mit Baumeisters Vorschlag, C. II. 2.

[215] Vgl. dazu die Ausführungen zu den sekundären Lücken, die durch Veränderungen im Bereich der Wertevorstellungen entstehen, D. II. 2.

c) Prinzipienlücken und ihre Relevanz für die Feststellung und Ausfüllung sekundärer Lücken

Die dritte Lückenkategorie sind Prinzipienlücken. Hier führt ein Rechtsprinzip zur Feststellung, dass die Rechtsordnung lückenhaft ist.[216] Nach Canaris sind Rechtsprinzipien entweder aus dem positiven Recht selbst, aus der Rechtsidee oder der Natur der Sache zu gewinnen.[217] Inzwischen kann nur noch die erste Methodik der Prinzipienfindung akzeptiert werden.[218] Wenn es tatsächlich gelingt, aus dem positiven Recht ein Rechtsprinzip abzuleiten, dann ist dieses selbst wie positives Recht zu behandeln. Dagegen kann die Herleitung eines Prinzips aus der Rechtsidee oder der Natur der Sache nicht überzeugen, weil es sich hierbei um rechtsexterne Argumentationstopoi handelt, die sich auf das Naturrecht oder andere weltanschauliche „Wirklichkeiten" beziehen.[219] Diese Figuren sind inzwischen als Scheinkategorien entlarvt worden, die dazu dienen, richterliche Eigenwertungen im positiven Recht zu platzieren.[220] Hierbei handelt es sich um „scheinrationale Leerformen"[221], die keine fixierbare begriffliche Bedeutung haben und ihre jeweilige Bedeutung vom Rechtsanwender erhalten. Insbesondere der Begriff der „Rechtsidee" hat seine Funktion, Umgestaltungsmittel des Rechts zu sein, eindrucksvoll in der Rechtspraxis des Nationalsozialismus belegt.[222]

Die Rechtsprinzipien müssen induktiv aus den Wertungen der Rechtsordnung erschlossen werden. Im Gegensatz zur Analogie findet kein Schluss vom Besonderen auf das Besondere, sondern vom Besonderen auf das Allgemeine statt.[223] Es reicht dabei nicht aus, einfach eine Reihe von Vorschriften zu finden, die einen Rechtsgedanken ausdrücken; es muss noch der Nachweis hinzukommen, dass dieser Gedanke der Rechtsordnung allgemein zugrunde liegt. Denn eine Reihe von Einzelbestimmungen, die Sondertatbestände sind, bringen immer noch keinen allgemeinen Rechtsgedanken zum Ausdruck.[224] Dieses wertende induktive Verfahren ist wohl eine der schwierigsten Aufgaben der Dogmatik. Canaris zieht deshalb wieder die Kriterien der Rechtsidee und der Natur der Sache heran, die den Schluss vom Besonderen auf das Allgemeine legitimieren sollen.[225] Wenn diese Kriterien aber bereits ungeeignet zur Lückenfeststellung waren, können sie auch nicht dazu geeignet sein, allgemeine Rechtsprinzipien zu finden, die dann ihrerseits zur Fest-

---

[216] *Canaris*, Lücken, S. 93.
[217] *Canaris*, Lücken, S. 96 f.
[218] So schon *Esser*, Grundsatz und Norm, S. 76 ff.
[219] *Fischer*, Topoi verdeckter Rechtsfortbildungen im Zivilrecht, S. 546 f.
[220] Kritisch schon *Engisch*, Einführung in das juristische Denken, S. 261; *Rüthers*, Die unbegrenzte Auslegung, S. 431 ff., insbesondere S. 451 ff.; *Fischer*, Topoi verdeckter Rechtsfortbildungen im Zivilrecht, S. 546 ff.
[221] So über die Rechtsidee *Höpfner*, Die systemkonforme Auslegung, S. 38 f.
[222] *Rüthers*, Entartetes Recht, S. 23 ff.
[223] *Canaris*, Lücken, S. 98.
[224] *Canaris*, Lücken, S. 99.
[225] *Canaris*, Lücken, S. 99 f.

stellung von Lücken verwendet werden. Dann würden indirekt die rechtsexternen Kriterien der „Natur der Sache“ und der „Rechtsidee“ doch zur Feststellung von Gesetzeslücken eingesetzt und damit eine richterliche Rechtskorrektur contra legem betrieben.

Nach dem Gesagten bleiben nur wenige rein induktiv festgestellte Rechtsprinzipien als taugliche Mittel zur Lückenfeststellung übrig, wie zum Beispiel die Möglichkeit der Kündigung eines Dauerschuldverhältnisses aus wichtigem Grund.[226] Ob diese überhaupt zur Feststellung sekundärer Lücken dienen können, ist fraglich, weil induktive Rechtsprinzipien dem Recht ja schon von jeher innewohnen sollten. Es ist kaum vorstellbar, dass die Annahme eines Rechtsprinzips dazu führen kann, dass Bestimmungen im Nachhinein lückenhaft werden. Ebenfalls abwegig erscheint die Möglichkeit, dass ein Rechtsprinzip über die Zeit entsteht, indem nach und nach Vorschriften vom Gesetzgeber erlassen werden, die den Schluss auf ein (neues) allgemeines Rechtsprinzip zulassen. Sobald das (neue) Rechtsprinzip zur Lückenhaftigkeit oder Unanwendbarkeit bestimmter Normen führen würde, spricht vieles gegen die Annahme des Prinzips. Denn eben diese scheinbar lückenhaften Normen wurden bewusst vom Gesetzgeber erlassen und sind damit klare Gründe gegen die Annahme des allgemeinen Prinzips.

Es ist nicht vollkommen ausgeschlossen, dass die Entdeckung eines allgemeinen Rechtsprinzips nachträglich Lücken in das Rechtssystem reißt. Jedoch ist der Argumentationsaufwand in diesen Fällen so hoch, dass der Beweis nur schwer geführt werden kann. Nur wenn der Gesetzgeber selbst durchblicken lässt, dass er bestimmte Bestimmungen in den Rang eines allgemeinen Rechtsgedankens heben will, scheint es möglich, dass ein Rechtsprinzip sekundäre Lücken in die Rechtsordnung reißt.

Ein Sonderfall sind die Grundrechte, die häufig ebenfalls als Prinzipien beschrieben werden.[227] Canaris meint aber nicht die Grundrechte, wenn er von allgemeinen Rechtsprinzipien spricht. Ihm geht es um Grundgedanken der Rechtsordnung, die aus dieser selbst erschlossen werden können, aber nicht ausdrücklich normiert sind, beispielsweise das Prinzip, dass Dauerschuldverhältnisse wegen eines wichtigen Grundes kündbar sein müssen. Auf die Rolle der Grundrechte bei der Feststellung sekundärer Lücken im Rahmen eines Wertewandels wird später eingegangen.[228]

---

[226] Canaris diskutiert dies auch anhand der Möglichkeit des Ausschlusses eines GmbH-Gesellschafters aus der GmbH, *Canaris*, Lücken, S. 102.
[227] Grundlegend *Alexy*, Theorie der Grundrechte, S. 106ff.
[228] Vgl. D. II. 2.

III. Begriff und Kritik der sekundären Lücke

Wurde bisher allgemein über den Begriff der Lücke gesprochen, sollen nun die Spezifika sekundärer Lücken dargestellt werden.

Wie bereits schon erwähnt, lässt sich die klassische Lückendefinition der „planwidrigen Unvollständigkeit der Rechtsordnung" grundsätzlich auch auf Lücken übertragen, die nicht von Anfang an vorhanden waren (sekundäre Lücken).[229] Wann eine Norm nicht „von Anfang an" lückenhaft ist, wird unter (1.) zu klären sein.

Unter (2.) wird auf einen selten formulierten Einwand eingegangen. Dabei wird das Konzept der sekundären Lücke nicht absolut bestritten, sondern dessen methodischer Mehrwert hinterfragt. Weshalb muss überhaupt zwischen primären und sekundären Lücken differenziert werden?

Wird das Konzept der sekundären Lücke von den meisten Rechtsmethodikern – ungeachtet ihrer methodischen Prägung – akzeptiert oder sogar für nützlich befunden,[230] gibt es einige namhafte Opponenten, die das Konzept ablehnen oder zumindest skeptisch sind. Deren Kritik soll unter (3.) zu Wort kommen und geprüft werden.

1. Begriff

Sekundäre Lücken bestehen nicht schon bei Erlass des Gesetzes, sondern entstehen erst später durch Veränderungen innerhalb und außerhalb des Rechts.[231] Ein anfänglich lückenloses Gesetz wird also nachträglich lückenhaft. Sekundäre Lücken sind immer planwidrig und nicht nur ausfüllungsbedürftig, weil eben der Wandel der Verhältnisse so vom damaligen Gesetzgeber nicht vorausgesehen wurde. Sekundäre Lücken sind somit typischerweise Anschauungslücken, also solche Lücken, die entstehen, weil der Gesetzgeber einen Interessenkonflikt nicht bedacht hat.[232] Bei sekundären Lücken ist das ein Interessenkonflikt, der erst nach Gesetzeserlass entsteht. Teilweise kann die Abgrenzung von primären und sekundären Anschauungslücken schwerfallen. Dies gilt vor allem für Entwicklungen, die sich über einen längeren Zeitraum ziehen und zum Regelungszeitpunkt des Gesetzes noch am Anfang stehen. Je nach dem erreichten Zeitpunkt im Gesetzgebungsverfahren

---

[229] Dazu schon B. II. 3.

[230] *Heck*, AcP 112 (1914), 1 (176); *Engisch*, Der Begriff der Rechtslücke, S. 90; *Enneccerus/Nipperdey*, Allgemeiner Teil des Bürgerlichen Rechts, 1. Halbband, S. 338 f.; *Canaris*, Lücken, S. 141; *Larenz*, Methodenlehre, S. 376; *Bydlinski*, Juristische Methodenlehre und Rechtsbegriff, S. 585: *Rüthers/Fischer/Birk*, Rechtstheorie, Rn. 861 ff.; *H.-M. Pawlowski*, Methodenlehre für Juristen, Rn. 470; *Wiedemann*, NJW 2014, 2407 (2411).

[231] *Heck*, AcP 112 (1914), 1 (168 f., zu den sekundären Lücken S. 173 ff.); *Canaris*, Lücken, S. 135; *Rüthers/Fischer/Birk*, Rechtstheorie, Rn. 861.

[232] *H.-M. Pawlowski*, Einführung in die juristische Methodenlehre, Rn. 164a.

kann eine Entwicklung für den Gesetzgeber bekannt oder unbekannt erscheinen. Um solche Uneindeutigkeiten auszuschließen, muss der unpräzise Begriff des „Gesetzeserlasses" präzisiert werden.

Im Gesetzgebungsverfahren des Bundes – auf das hier paradigmatisch eingegangen werden soll – stehen 3 Zeitpunkte zur Auswahl, die zur Abgrenzung von primären und sekundären Lücken herangezogen werden können: Nach dem Gesetzgebungsverfahren gemäß Art. 76 ff. GG verabschieden die Gesetzgebenden Körperschaften das Gesetz (1.). Danach wird es dem Bundespräsidenten nach Art. 82 I GG zur Ausfertigung und Verkündung im Bundesgesetzblatt (2.) überlassen. Nach Art. 82 II GG tritt das Gesetz dann entweder nach der Bestimmung des Gesetzgebers oder nach Ablauf von 14 Tagen, seitdem das Gesetz im Bundesgesetzesblatt ausgegeben worden ist, in Kraft (3.). Zur Auswahl stehen also die Zeitpunkte der Verabschiedung (1.), der Ausfertigung und Verkündung durch den Bundespräsidenten (2.) und schließlich des Inkrafttretens (3.). Da es bei der Beurteilung der sekundären Planwidrigkeit des Gesetzes auf den Plan des Gesetzgebers ankommt, muss jener Zeitpunkt entscheidend sein, in dem der Gesetzgeber seinen Plan abschließend formuliert hat.

Der Zeitpunkt des Inkrafttretens liegt nahe, da das Gesetz erst dann seine Rechtsgeltung erlangt und die Rechtsadressaten sich erst ab diesem Zeitpunkt nach dem Gesetz richten müssen[233]. Doch kann zwischen der Verabschiedung des Gesetzes und seinem Inkrafttreten eine erhebliche Zeitspanne liegen, ohne dass die gesetzgebenden Körperschaften noch auf das Gesetz hätten einwirken können. Das Inkrafttreten ist daher nur der formale Abschluss des Gesetzgebungsverfahrens, bei dem keine bewusste Willensbildung mehr hinzutritt.[234]

Der letzte Zeitpunkt der Mitwirkung eines Verfassungsorgans ist dagegen die Ausfertigung des Gesetzes durch den Bundespräsidenten. Mit der Ausfertigung durch den Bundespräsidenten steht der Gesetzesinhalt endgültig fest.[235] Bei allen Unklarheiten zur Reichweite des Prüfungsrechts des Bundespräsidenten besteht Einigkeit, dass ihm keine politisch-inhaltliche Prüfungskompetenz zukommt und er auch keine materielle Änderungskompetenz, sondern maximal ein Ausfertigungsverweigerungsrecht besitzt.[236] Hier kann der parlamentarisch geäußerte Wille allenfalls zurückgewiesen, aber nicht mehr verändert werden. Auf faktische Veränderungen kann der Gesetzgeber auch hier nicht mit einer Gesetzesänderung reagieren.

Nur solange der Gesetzgeber im Gesetzgebungsverfahren noch über die Gestaltung des Gesetzes entscheiden kann, kann er auf veränderte Verhältnisse reagieren. In dieser Zeit ist das Gesetz noch in seiner Hand. Das letzte relevante Datum

---

[233] *Münch*, NJW 2000, 1 (3).

[234] *Ramm*, NJW 1962, 465 (467).

[235] BVerfGE 34, 9 (23).

[236] Maunz/Dürig/*Butzer*, Art. 82 GG Rn. 158 f.

ist damit die Verabschiedung des Gesetzes durch das Parlament.[237] Danach ist die Willensbildung des Gesetzgebers abgeschlossen.

Ist zwischen primärer und sekundärer Gesetzeslücke zu unterscheiden, kommt es also auf den Zeitpunkt der Gesetzesverabschiedung durch das Parlament an. Entscheidend muss sein, was der Gesetzgeber bis zum Abschluss des Gesetzgebungsverfahrens wissen konnte und was sich seiner Kenntnis entziehen musste. Verändern sich die Umstände nach der Verabschiedung des Gesetzes, aber noch vor dessen Inkrafttreten, sind diese schon unter der methodischen Kategorie der sekundären Lücke zu thematisieren.

Im weiteren Verlauf der Arbeit wird sich zeigen, dass es trotz des nun gefundenen Zeitpunkts noch Abgrenzungsschwierigkeiten geben kann, weil es häufig alles andere als trivial ist, festzustellen, was der Gesetzgeber zu diesem Zeitpunkt wusste und was nicht.[238] Dennoch können manche Zweifelsfälle schon über das Datum der Gesetzesverabschiedung geklärt werden.

2. Notwendigkeit des Konzepts der sekundären Lücke

Ganz grundsätzlich könnte eingewendet werden, dass es zwar rechtshistorisch interessant sei, zu wissen, welche Lücke schon anfänglich vorlag und welche erst nachträglich entstand, dass aber die Unterscheidung für die Rechtsanwendung selbst keine Relevanz hätte. Die Indifferenz[239] einer rein objektiven Auslegung bezüglich der Unterscheidung von primären und sekundären Lücken würde damit kein Problem darstellen, weil die Unterscheidung ohnehin keinen Erkenntniswert für die Rechtsanwendung bringe. Entscheidend wäre demnach nur, ob eine Lücke vorliege oder nicht; liegt eine Lücke vor, müsse der Richter tätig werden, ganz gleich ob diese primärer oder sekundärer Natur ist. Dieser Einwand schlägt nicht durch.

Grundsätzlich ist zu entgegnen, dass eine rein objektiv-teleologische Auslegung gar nicht die methodischen Mittel besitzt, um eine sekundäre Lücke zu erkennen. So trägt beispielsweise der Wortlaut des § 839 I 2 BGB den Makel seiner sekundären Lückenhaftigkeit nicht auf der Stirn.[240] Mag objektiv auch noch ein Zweck zu finden sein, den die Norm erfüllen könnte, so widerspricht ihre Weiteranwendung doch dem Willen des Gesetzgebers. Wendet der Richter sie aber dennoch an (mit oder ohne „neuem" Zweck), betreibt er eine (unerkannte,) unzulässige Rechtsfortbildung, die nicht nur gegen die Gesetzesbindung, sondern auch gegen den Grundsatz der Volkssouveränität verstößt.[241]

---

[237] *Ramm*, NJW 1962, 465 (467).
[238] Hierzu mehr unter B. VIII.
[239] Dazu schon B. I.; *Rüthers/Höpfner*, Analogieverbot, S. 21 (23).
[240] Zu diesem Fall, vgl. D. I. 1. a) aa).
[241] Mehr dazu unter B. VI. 3. c) und B. X.

Bei den nächsten beiden Repliken zum obigen Einwand muss auf Ergebnisse der weiteren Untersuchung vorausgegriffen werden.

Bei sekundären Lücken ist häufig ein methodisches Vorgehen angezeigt, das bei primären Lücken selten bemüht werden muss. Zu fragen ist, ob der historische Gesetzgeber angesichts der faktischen Veränderungen noch an seiner ursprünglichen Regelung festhalten würde.[242] Der zu findende hypothetische Gesetzgeberwille muss keine Chimäre sein, sondern kann häufig auf der Grundlage epistemologischer Überlegungen und logischer Schlussfolgerungen nachvollzogen werden.[243]

Schließlich ist die Kategorie der sekundären Lücke in sich äußerst heterogen. So muss unterschieden werden, welche Veränderungen der potentiellen Lücke zugrundeliegen. Es kann sich dabei um gewandelte Umstände oder um gewandelte Werteanschauungen handeln.[244] Bei Letzteren kann nicht auf die Figur des hypothetischen Gesetzgeberwillens zurückgegriffen werden, um die Lückenhaftigkeit festzustellen, weil der Wertewandel gar nicht dazu führen kann, dass die Regelung des Gesetzgebers *planwidrig* unvollständig oder überflüssig wird.[245] Der Wertewandel ist damit kein Grund sekundärer Lücken und kann lediglich durch eine veränderte Verfassungsauslegung eingefangen werden, die zum „Verfassungswidrigwerden" von einfachrechtlichen Normen führen kann. Damit ist der Anwendungsbereich von Art. 100 I GG eröffnet.[246]

Es gibt daher entscheidende methodische Gründe, die allesamt verfassungsrechtlichen Vorgaben Rechnung tragen, zwischen primären und sekundären Lücken zu differenzieren.

3. Kritische Stimmen gegenüber dem Konzept der sekundären Lücke

Das Bundesverfassungsgericht erkennt die Möglichkeit der Gerichte, auf die gewandelten Verhältnisse durch Rechtsfortbildung zu reagieren, grundsätzlich an.[247] Dennoch wird das Konzept der sekundären Lücke gelegentlich in Frage gestellt. Die Berücksichtigung der Wirklichkeit sowie die Veränderung derselben sei keine unübliche Aufgabe juristischen Arbeitens. Eine Referenz zwischen Normprogramm und der dadurch geordneten Wirklichkeit herzustellen, sei eine ständige Aufgabe in der juristischen Arbeit. Der Annahme einer (sekundären) Lücke bedürfe es in

---

242 Tatsächlich sind Überlegungen zum hypothetischen Gesetzgeberwillen aber kein Spezifikum sekundärer Lücken, sondern sämtlicher Anschauungslücken, vgl. B. VIII.

243 Dazu B. VII. 3. b).

244 Zur Einteilung und begrifflich-analytischen Abgrenzung der sekundären Lückentypen, vgl. C.

245 Dazu B. VII. 3. b).

246 B. VII. 3. c); Fälle des Wertewandels werden unter D. II. 2. erörtert.

247 BVerfGE 34, 269 (288 f.) (Soraya); BVerfGE 96, 375 (394 f.) (Arzthaftung); BVerfGE 128, 193 (210); BVerfGE 132, 99 (127 f.) (Delisting); BVerfG, NJW-RR 2016, 1366, Rn. 39 f.; zuletzt BVerfG 1 BvR 318/17 u. a., Rn. 31 f.

diesem Prozess gar nicht.[248] Daran ist richtig, dass die Referenz des Normtextes zur Wirklichkeit keine vorgegebene Größe ist, die unabhängig von der Auslegung gegeben wäre.[249] Dass die Referenz eines Rechtsbegriffes, beispielsweise des „Rundfunks“ in Art. 5 I 2 GG,[250] 1949 eine ganz andere war als 2019, leuchtet unmittelbar ein. Die Gegenstände, die unter den Rechtsbegriff fallen, sind 2019 ganz andere als jene siebzig Jahre zuvor.

Die auf Gottlob Frege zurückgehenden sprachphilosophischen Kategorien von Intension und Extension eines Begriffes verdeutlichen, dass dieser Vorgang unbenklich ist.[251] Wenn sich lediglich die Extension des Begriffs verändert, also neue Gegenstände unter die unveränderten Merkmale des Begriffes fallen, ändert dies die Semantik des Begriffes nicht.[252] Ändern die Rechtsanwender aber nicht nur die Extension, sondern auch die Intension des Begriffs – also seine definitorischen Merkmale – entscheiden sie nicht mehr allein darüber, welche Gegenstände dem Begriff unterfallen, sondern sie bestimmen dessen Semantik neu und verändern dessen Anwendungsbereich.

Doch wem steht die Deutungshoheit über die Rechtsbegriffe zu? Wer vermag über ihre Intension und damit über ihren Anwendungsbereich zu bestimmen? Entscheidend ist, was der demokratisch legitimierte Gesetzgeber mit dem jeweiligen Rechtsbegriff aussagen oder mit der jeweiligen Norm regeln wollte.[253] An dessen Regelungskonzept sind die Rechtsanwender nach Art. 20 III GG gebunden. Dieser historische Normzweck muss in einem ersten Schritt per Auslegung ermittelt werden.[254] Daran hat sich auch die Auslegung der Rechtsbegriffe zu orientieren.[255] Stellt sich heraus, dass ein aktueller Anwendungsfall nicht unter das historische Regelungskonzept fällt, muss diskutiert werden, ob hier eine sekundäre Lücke vorliegt, die im Wege der Rechtsfortbildung zu schließen ist. Gerade im Bereich der empirischen Veränderungen ist also der Begriff der sekundären Lücke von unerlässlichem Wert, weil nur dadurch eine Unterscheidung von Auslegung und Rechtsfortbildung möglich bleibt und damit auch eine Unterscheidung zwischen erlaubter und unerlaubter Rechtsfortbildung, also letztlich zwischen dem, was der

---

[248] *Kudlich/Christensen*, JZ 2009, 943 (946). Hier wird nicht von „sekundärer „Lücke“, sondern von „Veränderungslücke“ gesprochen. Gemeint sind die sekundären Lücken, die sich auf Grund empirischer Veränderungen auftun.

[249] *Kudlich/Christensen*, ARSP 2007, 128 (134 ff.), die sich gegen Klatt positionieren, vgl. *Klatt*, Theorie der Wortlautgrenze, S. 215 f.

[250] Dazu *Rüthers/Fischer/Birk*, Rechtstheorie, Rn. 861.

[251] *Frege*, Über Sinn und Bedeutung, in: Patzig (Hrsg.), Funktion, Begriff, Bedeutung, S. 23 ff.

[252] In rechtlichen Kategorien gesprochen, ändert sich hier nur der Normbereich, die Norm bzw. der Normbefehl bleiben gleich, *Böckenförde*, Anmerkungen zum Begriff des Verfassungswandels, in: FS Lerche, S. 3 (6). Unter welchen Bedingungen eine Änderung des Normbereichs auf die Norm durchschlagen kann, s. grundlegend B. VI., im Detail B. VII. 3. b).

[253] Dazu schon B. I.

[254] *Rüthers/Fischer/Birk*, Rechtstheorie, Rn. 717 ff.; *Höpfner*, Die systemkonforme Auslegung, S. 141 ff.; *Höpfner/Rüthers*, AcP 209 (2009), 1 (5).

[255] *Wank*, Die juristische Begriffsbildung, S. 66 f., 82 f.

Richter darf und was er nicht darf. Ansonsten besteht die Gefahr, dass eine naive, vom Gegenwartssinn ausgehende Wortlautauslegung der Rechtsbegriffe zu einer unmerklichen Änderung des Normzwecks führt und damit die contra-legem-Grenze überschreitet.[256]

Weiterhin wird gegen die Möglichkeit sekundärer Rechtslücken eingewandt, dass in unzulässiger Weise von einem bloßen Faktum auf die Rechtslage geschlossen würde, also von einem Sein auf ein Sollen.[257] Die Sein-Sollen-Dichotomie geht auf David Hume zurück[258] und wird auch noch heute in der Logik weitestgehend akzeptiert. Danach kann aus lediglich deskriptiven Prämissen kein normativer Schluss folgen. So könne beispielsweise nicht einfach aus dem Faktum der zwischenzeitlichen Einführung der nichtehelichen Lebensgemeinschaft ohne weiteres gefolgert werden, dass für sie § 569a BGB aF[259] ebenfalls gelten soll.[260] Doch wenn weitere normative Prämissen zum Schluss hinzugefügt werden, wie die rechtliche Vergleichbarkeit von Ehepartnern beziehungsweise sonstiger Familienangehöriger und Lebenspartner,[261] dann handelt es sich hier zumindest nicht mehr um einen logisch falschen Schluss. Denn jetzt wird nicht mehr aus *lediglich* deskriptiven Prämissen ein normativer Schluss gezogen. Ob der Schluss überzeugen kann, liegt dann vor allem an der Qualität der normativen Prämissen. Somit liegt hier kein Verstoß gegen die Sein-Sollen-Dichotomie vor.[262] Ansonsten wäre ein Großteil der gesetzgeberischen Arbeit logisch fehlerhaft. Der Gesetzgeber zieht nämlich ständig aus tatsächlichen Veränderungen normative Schlüsse.[263] Die Feststellung und Ausfüllung von sekundären Lücken scheitert folglich nicht an logischen Voraussetzungen.

Die Kritik zeigt aber, wie wichtig es ist, ein methodisch geordnetes, logisch einwandfreies Verfahren zur Feststellung und Ausfüllung sekundärer Lücken zu entwickeln.[264] Sie trifft insbesondere rechtstheoretische Modelle, die nicht streng zwischen der Norm und der von der Norm geregelten Wirklichkeit differenzieren. So fallen namentlich bei Friedrich Müllers Lehre Normbefehl und Normbereich nahezu zusammen, was dazu führen kann, dass unmittelbar aus faktischen Veränderungen Konsequenzen für die Geltung der Norm abgeleitet werden.[265] Allein

---

[256] Dazu ein eindrucksvolles Beispiel bei *Rüthers*, JZ 2006, 53 (59 f.).
[257] *Hillgruber*, JZ 1996, 118 (121).
[258] *Hume*, Ein Traktat über die menschliche Natur, Buch III (Über die Moral), S. 547.
[259] Jetzt § 563 BGB, der den Lebenspartner neben dem Ehegatten nennt.
[260] *Hillgruber*, JZ 1996, 118 (121 f.).
[261] BVerfGE 82, 6.
[262] Ähnlich *Looschelders/Roth*, Juristische Methodik im Prozess der Rechtsanwendung, S. 233 Fn. 41.
[263] So auch *Hillgruber*, JZ 1996, 118 (121).
[264] Zum Grundmodell B. VI. und zu dessen theoretischen Voraussetzungen B. VII.
[265] *Müller*, Normstruktur und Normativität, S. 154, 168 ff.; überzeugende Kritik an Müllers und der darauf aufbauenden Lehre Konrad Hesses bei *Arnauld*, Rechtstheorie 25 (2001), 465 (490 f.).

ein neues Faktum befugt den Richter aber nicht zur Feststellung und Ausfüllung einer sekundären Lücke.

Im Zusammenhang mit dem nächsten Einwand wird aber aufgezeigt, dass der Richter sogar verpflichtet sein kann, eine sekundäre Lücke zu schließen.

Christian Fischer meint, dass die Feststellung und Ausfüllung sekundärer Lücken den Bereich der Rechtsfindung *praeter legem* verlasse, da der Rechtsanwender den Willen des damaligen Gesetzgebers nicht mehr ergänzen, sondern korrigieren würde.[266] Damit sei nicht (nur) der Bereich der Lückenausfüllung betroffen, sondern (auch) derjenige der Normberichtigung, also der Rechtsfindung *contra legem*. Die Begrifflichkeiten des Arguments sind nicht besonders scharf. Die Gesetzesergänzung ist terminologisch nur schwer von der Gesetzeskorrektur zu unterscheiden. Ist nicht jede Ergänzung auch eine Korrektur und jede Korrektur auch eine Ergänzung des Gesetzes?[267] Wird ein Gesetz um einen Ausnahmetatbestand ergänzt, so wird es zugleich korrigiert, denn ohne den Ausnahmetatbestand hätte es zu viele Fälle erfasst. Wird ein Gesetz korrigiert, indem sein Anwendungsbereich verkleinert wird, wird es aber auch um einen Ausnahmetatbestand ergänzt. Die Unterscheidung ist damit nur terminologischer Natur und bringt keinen Unterschied in der Sache. Der sachliche Kern, auf den Fischer mit seinem Einwand hinaus will, scheint mir in der Abgrenzung zum contra legem Bereich zu liegen, also in der Frage, ob durch die Feststellung und Ausfüllung sekundärer Lücken von den Wertungen des Gesetzgebers unzulässig abgewichen wird. Die Stichhaltigkeit dieses Einwands hängt an dem Verfahren, das zur Behandlung sekundärer Lücken verwendet wird.[268]

Neuner trifft dazu eine sehr feine Unterscheidung. Er meint, dass es einen Unterschied mache, ob (1) ein neuer Sachverhalt auftaucht, den der Gesetzgeber noch nicht sehen konnte, oder (2) ein Sachverhalt später wegfällt, von dem der Gesetzgeber ausging. Bei (1) befände man sich im weniger problematischen Bereich der Rechtsfortbildung *extra legem*, da hier noch keinerlei Gesetzgeberwertungen vorlägen, wogegen man sich bei (2) im schwierigen Bereich der Rechtsfortbildung *contra legem* befände, da man gegen eine gesetzgeberische Regelungsentscheidung judizieren müsse,[269] was aber unter engen Voraussetzungen – beispielsweise

---

[266] *Fischer*, ZfA 2002, 215 (229); *Fischer*, Topoi verdeckter Rechtsfortbildungen im Zivilrecht, S. 88; so auch schon Enneccerus/Nipperdey, die die „abändernde Rechtsfindung" zwar nicht ablehnten, aber ebenfalls meinten, dass es dabei um eine Verbesserung des Gedankens und nicht nur des Wortlauts gehe, *Enneccerus/Nipperdey*, Allgemeiner Teil des Bürgerlichen Rechts, 1. Halbband, S. 348.

[267] So in der vergleichbaren Situation der „Anpassung" des Vertrages bei der Störung der Geschäftsgrundlage *Rüthers*, Die unbegrenzte Auslegung, S. 59 f. insbesondere Fn. 65; *Medicus*, Vertragsauslegung und Geschäftsgrundlage, in: FS Flume, Band 1, S. 629 (634); MüKoBGB/*Finkenauer*, § 313 BGB, Rn. 44.

[268] Dazu IV.

[269] *Neuner*, Die Rechtsfindung contra legem, S. 118 f.

wegen des verfassungsrechtlichen Prinzips der Volkssouveränität – möglich sein könne.[270]

Doch sind die beiden Fälle so verschieden? Ob nun ein neuer unvorhergesehener Sachverhalt auftaucht oder ein angenommener Sachverhalt wegfällt, in beiden Fällen tritt ein Ereignis ein, das aus der Perspektive des historischen Gesetzgebers unvorhersehbar war. Muss beispielsweise nach der Erfindung des Computers entschieden werden, ob Computerprogramme „Werke" im Sinne von § 2 I Nr. 1, 7 UrhG aF[271] sind (1), oder verliert ein verordneter Impfstoff seine Wirkung (2),[272] tritt jeweils ein neues, unvorhergesehenes Ereignis ein, das rechtlich eingeordnet werden muss. Neuners Unterscheidung impliziert, dass es bei Fall (1) keine Wertung gäbe, die es zu beseitigen gälte, dagegen müsse in Fall (2) notwendigerweise gegen eine Wertung entschieden werden. Dabei übersieht er, dass im Beispielsfall der gesetzgeberische Wille, eine Impfpflicht zu erlassen, nur ein bedingter war. Der Verordnungsgeber wollte die Verordnung nur unter der Bedingung erlassen, dass sie vor Krankheiten schützt. Diese Bedingung ist aber entfallen, wodurch auch die Anordnung der Impfpflicht ihrer Grundlage entbehrt.[273] Es bleibt allein der Wortlaut übrig, der diesen Zweck nicht ausdrücklich nennt. Doch ein zweckentfremdeter Gesetzeswortlaut allein entfaltet keine Bindungswirkung,[274] da der Gesetzgeber einen bestimmten Zweck mit seinen Worten verfolgte. Die methodische Operation bei Fall (2) stellt sich damit gar nicht als eine Wertungskorrektur dar, sondern eher als eine Verwirklichung der gesetzgeberischen Wertung angesichts der veränderten Umstände. Damit verschwimmen die Unterschiede zu Fall (1). Denn gegen den Wortlaut muss der Richter auch häufig in Fall (1) judizieren. So widersetzte sich vor allem der Wortlaut des § 2 I Nr. 1 UrhG aF gegen eine vorschnelle Anwendung der Norm auf Computerprogramme. § 2 I Nr. 1 UrhG aF erwähnte nämlich nur Sprachwerke, also Schriften und Reden, bevor später Computerprogramme ausdrücklich durch den Gesetzgeber normiert wurden. Neuners Unterscheidung ist zwar scharfsinnig, doch eignet sie sich gerade nicht, um die Rechtsfortbildung praeter legem von der contra legem abzugrenzen; diesbezüglich besitzt sie keinen Differenzierungswert.[275]

---

[270] *Neuner*, Die Rechtsfindung contra legem, S. 142 f.

[271] BGHZ 94, 276 ff.; inzwischen durch Gesetzesänderung vom 24. 6. 1985 ausdrücklich geregelt, BGBl. 1985 I, 1137.

[272] Das Beispiel findet sich ebenfalls bei *Neuner*, Die Rechtsfindung contra legem, S. 118.

[273] Präzisiert wird dieses Ergebnis unter B. VII. 3. b).

[274] Dieser Ansicht schließt sich in letzter Zeit auch vermehrt das BVerfG an, das anerkennt, dass der Wortlaut keine starre Auslegungsgrenze ist, BVerfGE 88, 145 (166 f.); BVerfGE 118, 212 (243); BVerfG, NJW-RR 2016, 1366, Rn. 50: „Dabei umreißt die Auffassung, ein Richter verletze seine Gesetzesbindung gem. Art. 20 III GG durch jede Auslegung, die nicht im Wortlaut des Gesetzes vorgegeben ist, die Aufgabe der Rechtsprechung zu eng." Ausführlich schon B. I.

[275] Dennoch gibt es methodische Unterschiede zwischen den beiden Situationen. Dazu die beiden Varianten des Grundmodells zur Feststellung und Ausfüllung sekundärer Lücken, B. VI. Später wird sich zeigen, dass gerade Fall (1) den Rechtsanwender vor immense Schwierigkeiten stellt, dazu D. II. 1. a) cc).

Zur Feststellung und Ausfüllung sekundärer Lücken bedarf es häufig hypothetischer Annahmen darüber, wie der Gesetzgeber angesichts der veränderten Umstände entschieden hätte. Dadurch wird aber gar nicht vom historischen Gesetzgeberwillen abgewichen, vielmehr wird sein Wille fortgedacht und an die gewandelten Umstände angepasst.[276] Der Pionier der subjektiven Auslegung, Philipp Heck, hat dies schon erkannt. So wie Befehle nicht statisch verstanden werden dürfen, können auch Gesetze nicht statisch verstanden werden. Sie müssen in „denkendem Gehorsam" ausgelegt werden.[277]

Ein guter Diener wird versuchen, den Befehl seines Herrn immer mit Blick auf die konkrete Situation auszuführen. Angenommen der Diener erhält den Befehl, eine Nachricht auf dem „kürzesten Weg"[278] an einen entfernten König zu überbringen. Nun entsteht während seiner Reise auf dem „kürzesten Weg" plötzlich eine gefährliche Schlacht, die die Überbringung der Nachricht verzögern oder sogar in Gänze gefährden könnte. Muss der Diener immer noch den kürzesten Weg wählen? Wahrt der Diener nur dann den Befehl, wenn er weiterhin auf dem kürzesten Weg reitet? Befehle und Rechtssätze sind keine Selbstzwecke, hinter ihnen stehen Interessen[279] beziehungsweise Zwecke, die die Normgeber verfolgen.[280] Der Diener muss versuchen, den verfolgten Zweck so gut wie möglich umzusetzen. Sein Herr hat die Veränderung nicht vorausgesehen, wollte aber mit dem Befehl erreichen, dass seine Nachricht so schnell wie möglich ankommt und wies den Diener daher an, den kürzesten Weg einzuschlagen. Jetzt besteht aber eine erhebliche Gefahr, dass der kürzeste Weg nicht mehr der schnellste ist, ja eventuell sogar, dass das Vorhaben vollständig vereitelt wird. Ein denkender Diener wird auf den zweitkürzesten Weg ausweichen, und ein kluger, nicht despotischer Herrscher wird ihm dafür dankbar sein.

In einer ähnlichen Situation befindet sich der Richter im demokratischen Rechtsstaat, der versucht, den Willen des Gesetzgebers unter gewandelten Bedingungen zur Geltung zu bringen.[281] Der Gesetzgeber versucht ein Gesetz zu erlassen, das

---

[276] Auch die Störung der Geschäftsgrundlage nach § 313 I BGB wird daher häufig als Problematik der ergänzenden Vertragsauslegung im Lückenbereich eingeordnet, *Medicus*, Vertragsauslegung und Geschäftsgrundlage, in: FS Flume, Band 1, S. 629 (632 ff.); mit weiteren Nachweisen MüKoBGB/*Finkenauer*, § 313 BGB, Rn. 41.

[277] *Heck*, AcP 112 (1914), 1 (19 f., 51); *Heck*, Begriffsbildung und Interessenjurisprudenz, S. 106 f.; *Enneccerus/Nipperdey*, Allgemeiner Teil des Bürgerlichen Rechts, 1. Halbband, S. 345; *Rüthers/Fischer/Birk*, Rechtstheorie, Rn. 987.

[278] Beispiel frei nach *Heck*, AcP 112 (1914), 1 (20): „zu schnellem Pferde".

[279] Zum Begriff des Interesses und der Entwicklung der Interessenjurisprudenz zur Wertungsjurisprudenz, *Petersen*, Von der Interessenjurisprudenz zur Wertungsjurisprudenz, Tübingen 2001, S. 1 ff. (besonders S. 90 ff.).

[280] *Heck*, AcP 112 (1914), 1 (94 f.); auch *Enneccerus/Nipperdey*, Allgemeiner Teil des Bürgerlichen Rechts, 1. Halbband, S. 334 Fn. 10; *Rüthers/Fischer/Birk*, Rechtstheorie, Rn. 729.

[281] Diese Befugnis erkennt, wie schon erwähnt wurde, auch das BVerfG an, *BVerfGE* 96, 375 (394 f.); BverfGE 128, 193 (210) (Dreiteilungsmethode); BVerfGE 132, 99 (127 f.) (Delisting); BVerfG, NJW-RR 2016, 1366, Rn. 39; zuletzt BVerfG 1 BvR 318/17 u. a., Rn. 31 f.

für möglichst viele Fälle über einen möglichst langen Zeitraum bis weit in die Zukunft gelten kann,[282] doch ist er bei Erlass des Gesetzes von den Ereignissen und sozialen Gemengelagen seiner Zeit geprägt. Auch das Gesetz wird von diesen Umständen geprägt sein. Verändern sich die Umstände drastisch, kann es fraglich werden, ob der Gesetzgeber das Gesetz immer noch so erlassen hätte. An einem gewissen Punkt wird der Rechtsanwender dem Gesetzgeber keinen Gefallen mehr tun, das Gesetz unverändert weiter anzuwenden.[283] Es ist dann legitim, eine sekundäre Lücke anzunehmen und rechtsfortbildend tätig zu werden.[284] Dadurch wird dem Willen des Gesetzgebers mehr entsprochen, als wenn das Gesetz weiterhin im blinden Buchstabengehorsam[285] unverändert angewendet würde[286] So formulieren Enneccerus/Nipperdey:

> „Sofern eine Vorschrift Fälle umfasst oder Folgen herbeiführt, die vom Gesetzgeber nicht erkannt oder bedacht sind und sonst vernünftigerweise nicht in dieser Weise geordnet sein würden, sind wir berechtigt, das Gesetz nach dessen eigenen Grundgedanken und unter Berücksichtigung der Grundsätze und Maximen richterlicher Rechtsfindung fortzuentwickeln, wenn nicht das Erfordernis der Rechtssicherheit (das Stabilitätsinteresse) entscheidend dagegen spricht. Entsprechendes gilt, wenn eine Wertung des anzuwendenden Gesetzes durch neueres Recht schlechthin überholt ist, mit der Maßgabe, daß die Rechtsfortbildung in erster Reihe auf der Grundlage des in der neuen gesetzlichen (gewohnheitsrechtlichen) Regelung enthaltenen Wertmaßstabes vorzunehmen ist."[287]

Wenn der Wortlaut des Gesetzes Fälle umfassen würde, die nicht von der gesetzgeberischen Regelungsabsicht erfasst sind, ist das Gesetz fortzubilden, was auch bedeuten kann, dass das Gesetz nicht mehr anzuwenden ist. Das Gesetz schreibt sich nicht mit der Veränderung der Vorstellungen der Menschen und des Sprachgebrauchs fort, sondern das Gesetz bleibt in den Verhältnissen seiner Zeit verwurzelt.[288] Wird das Gesetz auf Fälle angewendet, die sich zwar unter den Wortlaut subsumieren lassen, die aber nach der Regelungsabsicht des Gesetzgebers nicht erfasst sein sollten, stellt das eine eventuell unerkannte, aber deshalb nicht minder unzulässige Rechtsfortbildung dar.

---

[282] *Kirste*, Die Zeitlichkeit des positiven Rechts und die Geschichtlichkeit des Rechtsbewusstseins, S. 358 ff.

[283] So auch *Heck*, AcP 112 (1914), 1 (55, 222 f.); *Looschelders/Roth*, Juristische Methodik im Prozess der Rechtsanwendung, S. 250.

[284] Mit weiteren Nachweisen *Looschelders/Roth*, Juristische Methodik im Prozess der Rechtsanwendung, S. 64.

[285] *Heck*, AcP 112 (1914), 1 (20): „Kadavergehorsam".

[286] Ein naheliegender Einwand gegen dieses Vorgehen könnte darin bestehen, dass es an dem jüngeren Gesetzgeber liege, die Lage zu ändern. Dies würde aber voraussetzen, dass der jeweilige Gesetzgeber über die gesetzliche Lage informiert ist und sich bewusst dagegen entschieden hat, das Gesetz zu ändern. Tatsächlich wird das selten der Fall sein. Sein Nicht-Einschreiten wird eher auf „technisch-bürokratischen" oder „zufällig-tagespolitischen" Gründen beruhen, als auf einer bewussten Entscheidung, so auch *Bydlinski*, Juristische Methodenlehre, S. 586. Auch das BVerfG weist auf die „begrenzten Reaktionsmöglichkeiten des Gesetzgebers hin", BVerfGE 96, 375 (394 f.).

[287] *Enneccerus/Nipperdey*, Allgemeiner Teil des Bürgerlichen Rechts, 1. Halbband, S. 346.

[288] *Heck*, AcP 112 (1914), 1 (270 f.); so aber *Danz*, Einführung in die Rechtsprechung, S. 97 f.

Dieses häufig unreflektierte methodische Vorgehen[289] erweist sich angesichts der grundgesetzlichen Vorgaben der Gewaltenteilung und des Demokratieprinzips als inakzeptabel.[290] Sowohl rechtliche als auch tatsächliche Veränderungen können zu planwidrigen Veränderungen führen, die eine Lücke in das Gesetz reißen. Insofern unterscheidet sich der Bereich der sekundären Lücken auch nicht von dem Bereich primärer Lücken, denn auch hier kann der Gesetzgeber tatsächliche oder rechtliche Sachverhalte übersehen haben. Es geht damit auch bei sekundären Gesetzeslücken um Rechtsfortbildung *praeter legem*. Entgegen dem ersten Anschein verstößt die richterliche Ausfüllung sekundärer Lücken nicht gegen die im Grundgesetz doppelt verankerte Gesetzesbindung (Art. 20 III GG, Art. 97 I GG), sondern ist angesichts des Respekts vor dem Willen des historischen Gesetzgebers geboten.[291]

IV. Sekundäre Lücken und sekundäre Überschüsse im Gesetz angesichts der Vorlagepflicht des Richters nach Art. 100 I GG

Geht es nicht um nachträgliche Gesetzesanpassungen, sondern um nachträgliche vollständige Gesetzesverwerfungen, liegt formalbegrifflich keine sekundäre „Lücke" vor, weil das Gesetz nicht unvollständig wird. Das Gesetz enthält vielmehr eine Regelung zu viel, einen „Überschuss", der beseitigt werden muss.

Als Beispiel sei der frühere § 1300 BGB (Kranzgeld-Paragraf) angeführt:

> „Hat eine unbescholtene Verlobte ihrem Verlobten die Beiwohnung gestattet, so kann sie, wenn die Voraussetzungen des § 1298 oder des § 1299 vorliegen, auch wegen des Schadens, der nicht Vermögensschaden ist, eine billige Entschädigung in Geld verlangen."

Die archaisch anmutende Sprache der Norm enthält einen ebenso veralteten Norminhalt. Nachdem die Norm fast hundert Jahre lang im BGB zu lesen war, wurde sie 1998 mit dem Gesetz zur Neuordnung des Eheschließungsrechts gestrichen. Doch schon zuvor wurde die Norm nicht mehr angewandt. 1992 klagte eine Frau zum letzten Mal das Kranzgeld ein, jedoch ohne Erfolg.[292] Das Beispiel wird später methodisch aufgearbeitet werden.[293] Relevant ist hier nur die terminologische Einordnung, denn im Prinzip wurde das Gesetz 1991 (und eventuell auch schon davor) nicht „lückenhaft", da das BGB nicht planwidrig *unvollständig*

---

[289] Mit vielen historischen Beispielen für dieses Vorgehen, *T. Honsell*, Historische Argumente im Zivilrecht, S. 76.

[290] Vgl. B. I.

[291] Mehr dazu unter, B. X.

[292] AG Münster, Urteil vom 08. 12. 1992 – 50 C 628/92; später kam es zur Verfassungsbeschwerde vor dem Bundesverfassungsgericht, BverfGE 32, 296. Das Bundesverfassungsgericht gab dem Amtsgericht in der Sache Recht und stellte zusätzlich noch fest, dass es sich bei § 1300 BGB aF um vorkonstitutionelles Recht handelte, so dass keine Entscheidung des BVerfG nach Art. 100 I GG einzuholen gewesen wäre.

[293] D. II. 1. c).

wurde. Anstatt einer unvollständigen Norm enthielt es eine überflüssige. Zwar bedeutet „Lücke" nicht einfach ein „Nichts", sondern immer nur eine Unvollständigkeit in Bezug auf die erwartete umfassende Regelung.[294] Jedoch sollte der Begriff der „Lücke" nicht überstrapaziert werden. Sowohl nach der klassischen juristischen Definition als auch nach dem alltagssprachlichen Verständnis gehört die „Unvollständigkeit" zur Bedeutungsintension der „Lücke".[295] Normtheoretisch könnte argumentiert werden, dass eine Norm fehlte, die die Unwirksamkeit der geltenden Norm anordnete. Dieses Normverständnis trifft aber nicht das typische juristische Verständnis von geltenden Normen. Nur die positiv in Kraft gesetzten Normen werden als geltend verstanden. Das BGB und andere Gesetze enthalten schließlich nur die Normen mit einem positiven Regelungsgehalt und nicht sämtliche Normen, die lediglich die Derogation alter Normen bewirken.[296] Für den Rechtsadressaten wären solche bloß negativen Normen auch eine unnötige Information, denn sie würden ihnen keine Auskunft darüber geben, was er tun soll und was nicht. Die Rede von der „Gesetzeslücke" ist daher im Fall der vollständigen Überschüssigkeit eines Gesetzes nicht angebracht.

Aber auch bei der teleologischen Reduktion wird von einer „Lücke" gesprochen,[297] obwohl ebenso keine Regelung im Gesetz fehlt, sondern lediglich zu viel geregelt wurde. Der Wortlaut der Norm muss bei der teleologischen Reduktion auf den tatsächlichen Regelungsgehalt der Norm, die ratio legis, begrenzt werden.[298] Bei der teleologischen Reduktion bietet sich daher der Begriff der „Ausnahmelücke"[299] an, weil eine Ausnahmeregelung fehlt. Dieser Begriff eignet sich aber nicht für die Fälle, in denen eine Ausnahmeregelung teleologisch reduziert wird, was dazu führt, dass der Anwendungsbereich der Grundnorm erweitert wird.[300] Das Gesetz ist nur in dem sehr unbestimmten Sinne „lückenhaft", insofern es nicht die „sachgerechte" Lösung enthält.[301]

Aber es geht nicht nur um eine rein terminologische Debatte. Aus dem Gesagten könnte gefolgert werden, dass die Gerichte auch im Falle einer teleologi-

---

[294] *Larenz*, Methodenlehre, S. 375; *Larenz/Canaris*, Methodenlehre, S. 196.

[295] Zum Begriff der Lücke vgl. B. II.

[296] Richtig ist aber, dass eine Normaufhebung letzten Endes öffentlich bekannt gegeben werden muss und dies über die gleichen „Kanäle" stattzufinden hat wie ihr Inkrafttreten, Sachs/*Sachs*, Art. 20 GG, Rn. 123 ff.

[297] *Larenz*, Methodenlehre, S. 391; *Canaris*, Lücken, S. 82 f.; *Bydlinski*, Juristische Methodenlehre und Rechtsbegriff, S. 480; nicht ganz eindeutig bei Rüthers/Fischer/Birk, zwar wird die teleologische Extension als Mittel der Lückenausfüllung behandelt, aber letztlich wird angenommen, dass es um Auslegung und nicht um Rechtsfortbildung geht, *Rüthers/Fischer/Birk*, Rechtstheorie, Rn. 903.

[298] *Larenz*, Methodenlehre, 391; *Canaris*, Lücken, S. 82, 151; *Bydlinski*, Juristische Methodenlehre und Rechtsbegriff, S. 481; *Rüthers/Fischer/Birk*, Rechtstheorie, Rn. 903.

[299] Mit weiteren Nachweisen zur Terminologie, *Kramer*, Juristische Methodenlehre, S. 206 f.; *Rüthers/Fischer/Birk*, Rechtstheorie, Rn. 848, 903.

[300] *Danwerth*, ZfPW 2017, 230 (237).

[301] *Larenz*, Methodenlehre, S. 375; *Larenz/Canaris*, Methodenlehre, S. 196.

schen Reduktion gezwungen sein könnten, nach Art. 100 I GG die Entscheidung des Bundesverfassungsgerichts einzuholen, weil ebenfalls über die Geltung der Norm (wenn auch nur in Teilen) entschieden würde. Bei der teleologischen Reduktion ginge es nach dieser Einsicht wie bei der Feststellung des vollständigen Geltungsverlusts der Norm um die Nichtigkeit – einmal eines Teils, einmal der ganzen Norm.[302]

Art. 100 I GG knüpft an das „Gesetz" an und meint damit die jeweils einzelne Norm[303]. Bei einer teleologischen Reduktion würde durch die Teilnichtigkeitserklärung der Norm zwar nicht die ganze Norm beseitigt, dennoch wäre auch dadurch die Norm nicht mehr die gleiche wie zuvor. Rechtstheoretisch fällt es schwer, zwischen den Folgen einer teleologischen Reduktion und dem vollständigen Nichtigkeitsurteil einer Norm zu differenzieren,[304] schon weil die von den Paragrafen und Artikeln gezogenen Grenzen nicht immer mit den Normen im rechtstheoretischen Sinne zusammenfallen. Danach müsste das Fachgericht das Bundesverfassungsgericht auch vor einer teleologischen Reduktion nach Art. 100 I GG anrufen.

Diese Argumentation übersieht aber den eigentlichen methodischen Charakter der teleologischen Reduktion. Bei der teleologischen Reduktion wird geprüft, ob der Wortlaut dem Normzweck entspricht oder ob der Wortlaut zu weit gefasst ist.[305] Klassischerweise geht es also bei der teleologischen Reduktion um eine Wortlautkorrektur.[306] Dabei steht nicht die Geltung der gesamten Norm auf dem Spiel, sondern nur die Geltung ihres Wortlauts. Der Wortlaut der Norm ist aber nicht mit der Norm zu verwechseln, er ist nur eines der Auslegungsmittel, die zur Erforschung des Normzwecks zur Verfügung stehen.[307] Gesetze sind nur der Ausdruck der gesetzgeberischen Interessensbewertung.[308] Daher sollte die teleologische Reduktion nicht als ein Mittel der Rechtsfortbildung verstanden werden, durch das ein Teil der Norm für nichtig erklärt wird, sondern tatsächlich als eine Folge der Auslegung, die feststellt, dass der Wortlaut angesichts des Normzwecks zu weit

---

[302] So wohl Maunz/Dürig/*Hillgruber*, Art. 97 GG, Rn. 72; ähnlich *Neuner*, Die Rechtsfindung contra legem, S. 149.

[303] BVerfGE 8, 274 (294); Maunz/Dürig/*Dederer*, Art. 100 GG, Rn. 77.

[304] So auch *Canaris*, Lücken, S. 189: „Es ist bei der teleologischen Reduktion stets Bedacht darauf zu nehmen, daß eine Norm wirklich nur durch einen Ausnahmetatbestand eingeschränkt und nicht in Wahrheit in verkappter Form gänzlich außer Kraft gesetzt wird."

[305] *Larenz*, Methodenlehre, 391; *Canaris*, Lücken, S. 82, 151; *Bydlinski*, Juristische Methodenlehre und Rechtsbegriff, S. 481; *Rüthers/Fischer/Birk*, Rechtstheorie, Rn. 903.

[306] *Brandenburg*, Die teleologische Reduktion, S. 7 ff.

[307] *Jestaedt*, Grundrechtsentfaltung im Gesetz, S. 339 f., 342; *Rüthers/Fischer/Birk*, Rechtstheorie, Rn. 725 ff.; im Prinzip auch Looschelders/Roth, wobei sie die Wertungsentscheidung des Gesetzgebers dann erst auf der Ebene der Rechtsfortbildung berücksichtigen, *Looschelders/Roth*, Juristische Methodik im Prozess der Rechtsanwendung, S. 241 ff.; ähnlich auch *Müller/Christensen*, Juristische Methodik, Band 1, Rn. 250, die die Ineinssetzung von Rechtsnorm und Wortlaut als „positivistisches Mißverständnis" bezeichnen.

[308] *Heck*, AcP 112 (1914), 1 (8 f., 62, 111); *Rüthers/Fischer/Birk*, Rechtstheorie, Rn. 790.

(oder zu eng[309]) geraten ist.[310] Auch das Bundesverfassungsgericht bezeichnet die teleologische Reduktion in diesem Sinne häufig als einen „anerkannten Grundsatz der Auslegung".[311]

Diese prinzipiell überzeugende Argumentation wird im methodischen Schrifttum aber nicht durchgängig vertreten. Vertreter einer strikten Wortlautgrenze würden sehr wohl die Norm mit dem durch den Wortlaut ausgedrückten Sinn identifizieren. Damit ist es auch eine Frage der Auslegungstheorie,[312] ob es bei der teleologischen Reduktion um ein Mittel der Lückenausfüllung beziehungsweise der Rechtsfortbildung geht oder nicht. Vertreter der subjektiven Theorie, die die Wortlautgrenze ablehnen, können argumentieren, dass der Normzweck qua Auslegung ermittelt werden konnte und damit keine Rechtsfortbildung nötig wird. Wird dagegen der (mögliche oder angedeutete) Wortsinn als absolute Auslegungsgrenze gesetzt, stellt sich die teleologische Reduktion notwendig als ein Instrument der Rechtsfortbildung dar.[313]

Jedoch gibt es noch eine andere Variante der teleologischen Reduktion,[314] bei der neben dem Normzweck noch weitere Aspekte berücksichtigt werden. Larenz nennt hier den Zweck einer anderen Norm, die Natur der Sache oder ein vorrangiges dem Gesetz immanentes Prinzip.[315] Sind aber weitere Erwägungen neben dem Normzweck der zu reduzierenden Norm, wie der Gleichheitsgedanke[316], Ergebnisse der systematischen Auslegung oder gar die Natur der Sache und vorrangige Gesetzesprinzipien für die teleologische Reduktion ausschlaggebend, handelt es sich – auch im Rahmen einer subjektiven Theorie, die die Wortlautgrenze ablehnt – wieder um Rechtsfortbildung. Damit muss auch im Rahmen der subjektiven Auslegung im konkreten Fall entschieden werden, ob durch die teleologische Reduktion lediglich eine Wortlautkorrektur oder eine Rechtsfortbildung stattfindet. Im letzteren Fall wird dann auch die Norm selbst, wie sie ursprünglich intendiert war, verändert beziehungsweise ein Teil von ihr für nichtig erklärt. Sie wirkt dann ähnlich wie eine verfassungskonforme Auslegung, bei der ebenfalls ein „Teil der

---

[309] *Danwerth*, ZfPW 2017, 230 (237).

[310] *Rüthers/Fischer/Birk*, Rechtstheorie, Rn. 903; *Fischer*, Topoi verdeckter Rechtsfortbildungen im Zivilrecht, S. 51 f.

[311] BVerfGE 35, 263 (279); 88, 145 (166 f.); BVerfG NVwZ 2000, 910; BVerfG, NVwZ-RR 2001, 311 (312); BVerfG NJW 2005, 352 (353); BVerfG NVwZ 2017, 617 (618) Rn. 22 f.; ferner BVerwG NVwZ 2014, 1170 Rn. 14.

[312] Dazu schon B. I.

[313] So zuletzt Danwerth, der ausgehend von dieser Prämisse abwegig einen methodischen Vorrang der Analogie vor der teleologischen Reduktion begründet, *Danwerth*, ZfPW 2017, 230 (243 ff.).

[314] Diese andere nicht klassische Variante der teleologischen Reduktion geht auf Larenz zurück, vgl. *Fischer*, Topoi verdeckter Rechtsfortbildungen im Zivilrecht, S. 50 f.

[315] *Larenz*, Methodenlehre, S. 392.

[316] Für Canaris ist es der Normalfall, dass die teleologische Reduktion neben dem Normzweck auf dem Gleichheitsgedanken beruht, dagegen die Ausnahme, dass sie unmittelbar aus dem Normzweck folgt, *Canaris*, Lücken, S. 88.

Norm“ für nichtig erklärt wird.[317] Gleichzeitig geht sie aber weiter als die verfassungskonforme Auslegung, weil nicht nur ein mögliches Auslegungsergebnis der Norm aus dem Kanon der möglichen Auslegungsergebnisse ausgeschieden,[318] sondern der Anwendungsbereich der Norm eingeengt wird, auch wenn es nur ein mögliches Auslegungsergebnis gab.[319] Ob dies noch in die Kompetenz der Fachrichter fallen kann, wie die verfassungskonforme Auslegung,[320] ist fraglich. Da diese problematische teleologische Reduktion weiter als die verfassungskonforme Auslegung geht, verdient sie besondere Aufmerksamkeit. Bei einem Verfassungsbezug[321] im Sinne von Art. 100 I GG muss eine konkrete Normenkontrolle beim Bundesverfassungsgericht stattfinden.[322] Die „unproblematische“, also nur wortlautkorrigierende, teleologische Reduktion ist dagegen Aufgabe der Fachrichter.

Bei den Fällen des vollständigen Geltungsverlusts von Normen bietet sich die Rede vom „planwidrigen Überschuss des Gesetzes“ an. So könnte das BGB beispielsweise im Falle des § 1300 BGB aF eine Norm zu viel enthalten haben. § 1300 BGB aF suggerierte nämlich, dass noch ein Anspruch auf Kranzgeld bestünde, obwohl das ab einem gewissen Zeitpunkt beziehungsweise einem gewissen Entwicklungsstand nicht mehr eingefordert werden konnte.[323] Die Fälle eines nachträglichen, planwidrigen „Überschusses“ sollen in dieser Arbeit ebenfalls behandelt werden, weil sich keine grundlegenden methodischen Unterschiede bei der Feststellung eines planwidrigen Überschusses im Vergleich zur Feststellung einer planwidrigen Unvollständigkeit ergeben.[324]

Bei nachkonstitutionellem Recht[325] könnte in den Überschussfällen der Anwendungsbereich des Art. 100 I GG eröffnet sein, da eine Norm im Ganzen verworfen werden soll. Jedoch liegt auch im Falle eines sekundären Überschusses die Sache

[317] *Voßkuhle*, AöR 2000, 177 (180 f.).

[318] Die verfassungskonforme Auslegung setzt voraus, dass es mehrere Auslegungsergebnisse gibt, von denen mindestens eines verfassungswidrig und eines verfassungskonform ist, *Höpfner*, Die systemkonforme Auslegung, S. 167 ff.

[319] *Looschelders/Roth*, Juristische Methodik im Prozess der Rechtsanwendung, S. 243.

[320] BVerfGE 85, 329 (333 f.); 86, 71 (77); Maunz/Dürig/*Dederer*, Art. 100 GG, Rn. 134.

[321] Looschelders/Roth differenzieren an dieser Stelle überzeugend: Steht der Gesetzgeberwille der teleologischen Reduktion entgegen, dann ist das Verfassungsgericht anzurufen. Steht die Korrektur des Gesetzes dem Gesetzgeberwillen nicht ausdrücklich gegenüber und ist sie durch die Verfassung gefordert, dann entspricht es dem mutmaßlichen Willen des Gesetzgebers, das Gesetz zu korrigieren. Art. 100 I GG greift hier nicht, da die Entscheidung des Gesetzgebers nicht desavouiert wird, *Looschelders/Roth*, Juristische Methodik im Prozess der Rechtsanwendung, S. 243, 248.

[322] Ähnlich *R. Schenke*, Methodenlehre und Grundgesetz, in: H. Dreier (Hrsg.): Macht und Ohnmacht des Grundgesetzes, S. 51 ff. (65).

[323] Aufgearbeitet wird der Fall unter D. II. 1. c).

[324] Das Grundmodell der Feststellung sekundärer „Lücken“ ist ohne weiteres auf die Fälle sekundär überflüssiger Normen anwendbar, vgl. IV.

[325] BVerfGE 2, 124 (128); bezweckt ist nämlich nur der Schutz der Autorität der Gesetzgeber, die unter der Herrschaft des Grundgesetzes tätig geworden sind, Maunz/Dürig/*Dederer*, Art. 100 GG, Rn. 97.

komplizierter. Erneut kann sich die Situation analog zur „unproblematischen" teleologischen Reduktion darstellen, wenn eine Norm verworfen werden soll, bei der eine wortlautgemäße Weiteranwendung tatsächlich den Regelungszweck des Gesetzgebers missachten würde.

Im weiteren Verlauf der Arbeit soll gezeigt werden, dass in den Fällen des reinen Umstandswandels genau diese methodische Situation vorliegen kann.[326] Eine Richtervorlage nach Art. 100 I GG ist damit nicht notwendig, da schon der typische Verfassungsbezug fehlt.[327] Problematisch sind dagegen die Fälle des Wertewandels, in denen sich nicht (nur) empirische Umstände ändern, sondern die normativen Bewertungsmaßstäbe in der Bevölkerung wandeln.[328] Im weiteren Verlauf der Arbeit wird dargelegt, dass die Bedeutung des Wertewandels nur über die Verfassung, häufig einem Bedeutungswandel der Verfassung, eingefangen werden kann.[329] Soll eine wertungsmäßig überkommene Norm verworfen werden, muss ihre Verfassungswidrigkeit dargelegt werden. Somit ist der Anwendungsbereich von Art. 100 I GG eröffnet.

V. Ein ähnlicher Fall? Exkurs zur Störung der Geschäftsgrundlage nach § 313 I BGB im Vergleich zur „Störung der Gesetzesgrundlage"

Die Anpassung oder Auflösung von Verträgen auf Grund von Veränderungen, die die Parteien nicht bedacht haben, ist eine wiederkehrende Aufgabe der Zivilgerichte im Rahmen von § 313 I BGB. An dieser Stelle sollen nicht sämtliche Ansätze zur dogmatischen Fundierung der clausula rebus sic stantibus[330] vorgestellt werden. Das Augenmerk soll vielmehr auf der Feststellung von Unterschieden und Gemeinsamkeiten der vertraglichen und einer eventuellen gesetzlichen Störung der Geschäftsgrundlage liegen, um zu sehen, inwieweit aus dem Erfahrungsschatz des zivilrechtlichen Regelungsinstituts Erkenntnisse für die Behandlung sekundärer Gesetzeslücken übertragen werden können. Immerhin betrachtet das Bundesverfassungsgericht die clausula rebus sic stantibus als ungeschriebenen Bestandteil des Verfassungsrechts.[331]

§ 313 BGB trat erst 2002 aufgrund des Gesetzes zur Modernisierung des Schuldrechts in Kraft. Davor stellte die Anpassung von Verträgen an gewandelte Be-

---

[326] Canaris beschränkt dagegen den Anwendungsbereich der teleologischen Reduktion auf die bloße Einschränkung der Norm, *Canaris*, Lücken, S. 189.

[327] Hierzu s. B. VII. 3. b) und c).

[328] So unterscheidet auch *Rüthers*, Die unbegrenzte Auslegung, S. 111, 113.

[329] Vgl. B. VII. 3. c) und D. II. 2.

[330] Chiotellis meint 56 verschiedene Theorien zur dogmatischen Begründung der Geschäftsgrundlage gezählt zu haben, *Chiotellis*, Rechtsfolgenbestimmung bei Geschäftsgrundlagenstörungen in Schuldverträgen, Vorwort.

[331] BVerfGE 34, 216 (217, 231).

dingungen eine der großen zivilrechtlichen Rechtsstreitigkeiten dar.[332] Die Aufwertungsrechtsprechung[333] des Reichsgerichts angesichts der Entwertung der Papiermark wurde als Aufstand der Gerichte gegen den Gesetzgeber wahrgenommen, da die Gerichte die Vertragsanpassungen entgegen der Vorgaben der Währungsgesetze verwirklichten.[334] Das Argument vom Wegfall der Geschäftsgrundlage wurde in § 242 BGB etabliert und ermöglichte dem Richter nun, über die Anpassung der Verträge und damit auch über den Geltungsverlust einer vertraglichen oder gesetzlichen Norm zu entscheiden.[335] Die dogmatischen Grundlagen der Störung der Geschäftsgrundlage wurden lange vor ihrer gesetzlichen Normierung lebhaft von den Zivilrechtswissenschaftlern diskutiert.[336] Diese Diskussionsbeiträge sind auch nach 2002 nicht obsolet, sondern nach wie vor für die Auslegung von § 313 BGB relevant.[337]

§ 313 I BGB regelt die nachträgliche Störung der Geschäftsgrundlage, § 313 II BGB die anfängliche.[338] In dem Kontext dieser Arbeit ist vor allem die nachträgliche Störung der Geschäftsgrundlage und ihre Vergleichbarkeit mit der sekundären Lückenhaftigkeit von Gesetzen von Interesse. Zu einer nachträglichen Störung der Geschäftsgrundlage kann es vor allem bei Dauerschuldverhältnissen kommen, bei denen sich der vereinbarte Leistungsaustausch über einen langen oder offenen Zeitraum erstreckt. Dauerschuldverhältnisse dienen den Vertragsparteien zur Gestaltung ihrer Lebensverhältnisse über lange Zeiträume hinweg. Sie sind ähnlich wie Gesetze „Entwürfe in eine unbekannte Zukunft",[339] die „immer eine offene Flanke gegenüber künftigen Entwicklungen" aufweisen können.[340] Die Störung der Geschäftsgrundlage setzt damit an der gleichen Schnittstelle ein, wie die Problematik dieser Arbeit – dem Verhältnis von gesetztem Recht und wandelbarer

---

[332] Früher berief sich das RG auf die Kategorie der Zumutbarkeit, um mit drastischen Veränderungen der Vertragsverhältnisse umzugehen, RGZ 99, 115; RGZ 100; 129; später dann auf die von Oertmann inspirierte Geschäftsgrundlage, RGZ 103, 328 (331 f.). Diese ist auch für die Entwicklung des heutigen Rechtsinstituts der Störung der Geschäftsgrundlage zentral, vgl. BeckOGK/*Martens*, Stand: 01. 12. 2018, § 313 BGB, Rn. 16 f.

[333] RGZ 107, 78.

[334] *Rüthers*, Unbegrenzte Auslegung, S. 64 ff.

[335] *Rüthers*, Unbegrenzte Auslegung, S. 87.

[336] Bspw. *Oertmann*, Die Geschäftsgrundlage, 1921; *Larenz*, Geschäftsgrundlage und Vertragserfüllung, 1963; *Fikentscher*, Die Geschäftsgrundlage als Frage des Vertragsrisikos, 1971.

[337] MüKoBGB/*Finkenauer*, § 313 BGB, Rn. 28.

[338] MüKoBGB/*Finkenauer*, § 313 BGB, Rn. 19. Nicht eindeutig verbunden mit den beiden Absätzen ist dagegen die Unterscheidung der objektiven und subjektiven Geschäftsgrundlage, da ein nachträglicher Wegfall der Geschäftsgrundlage nach Abs. 1 sowohl in objektiver wie in subjektiver Hinsicht denkbar ist. Die Unterscheidung einer objektiven und einer subjektiven Geschäftsgrundlage hat aber ohnehin nur begrenzten Wert, da jede Geschäftsgrundlage von der Parteivereinbarung her bestimmt werden muss, BeckOGK/*Martens*, Stand: 01. 12. 2018, § 313 BGB, Rn. 55.

[339] *Fastrich*, Bestandsschutz und Vertragsinhaltsschutz im Arbeitsrecht, in: FS Wiedemann, S. 251 (252).

[340] *Fastrich*, Bestandsschutz und Vertragsinhaltsschutz im Arbeitsrecht, in: FS Wiedemann, S. 251 (252).

Wirklichkeit.[341] Auch die nachträgliche Störung der Geschäftsgrundlage versucht eine Antwort darauf zu geben, unter welchen Umständen eine Anpassung oder Aufhebung der vereinbarten rechtlichen Verbindlichkeit angesichts einer Veränderung der normrelevanten Umstände gerechtfertigt sein kann.

Doch es gibt auch markante Unterschiede, die in erster Linie den unterschiedlichen Gegenständen – Vertrag und Gesetz – geschuldet sind. Bei der Feststellung des Vertragszwecks sind die Vorstellungen beider Vertragsparteien zu berücksichtigen, dagegen ist bei der Ermittlung des Gesetzeszwecks nur die Vorstellung des Gesetzgebers maßgebend. Dieser ist zwar kein singuläres Subjekt, doch ist seine Gesetzgebung letzten Endes Ausdruck eines gemeinsamen Willens.[342] Dagegen können die Interessen der Vertragsparteien an der Vertragsverwirklichung gegenläufig sein. Medicus meint, dass die verbreitete Überzeugung eines gemeinsamen Vertragszwecks der Parteien zumeist auf eine Mystifikation hinauslaufe.[343] Der Zweck eines Gesetzes sei daher deutlich leichter festzustellen als der eines Vertrages.[344] Aus dem Wegfall des Vertragszwecks bloß einer Partei könne nämlich nicht ohne weiteres geschlossen werden, dass der Zweck des gesamten Vertrages entfalle, und der Vertrag angepasst oder beendet werden müsse. Gezeigt werden müsse zusätzlich, dass das Risiko des Wegfalls des Vertragszwecks nicht nur von der betroffenen Partei zu tragen sei, sondern in die gemeinsame Risikosphäre beider Vertragsparteien falle. Die richtige Grenze der Risikozuweisung zu finden, sei häufig die Hauptschwierigkeit beim Wegfall der Geschäftsgrundlage eines Vertrages.[345] Wird der Wegfall der Geschäftsgrundlage beim Wegfall des Vertragszwecks lediglich einer Partei verfrüht angenommen, besteht die Gefahr, dass paradoxerweise die sorglose Zukunftsvergessenheit der einen Partei belohnt und das gewissenhafte Vordenken der anderen bestraft wird.[346] Der Nachweis des Betroffenseins einer gemeinsamen Geschäftsgrundlage ist beim Wegfall des vom Gesetzgeber festgelegten Gesetzeszwecks überflüssig, denn es gibt keinen Vertragspartner des Gesetzgebers, der einen anderen Zweck verfolgen könnte.

Gegen eine erleichterte Anpassung des Gesetzes im Vergleich zum Vertrag sprechen aber auch gewichtige Gründe. Das Gesetz würde im Gegensatz zum Vertrag, der typischerweise privatautonom geschlossen würde, den Rechtsadressaten heteronom vorgesetzt.[347] Sie seien bei seiner Entstehung nicht oder nur indirekt

[341] So Wieacker mit Bezug auf Flume, *Wieacker*, Gemeinschaftlicher Irrtum der Vertragspartner und Clausula rebus sic stantibus, in: FS Wilburg, S. 229 (241).

[342] Vgl. dazu B. VII. 1.

[343] So Medicus, der sich auf Flume, Wieacker, Köhler und Fikentscher bezieht, *Medicus*, Vertragsauslegung und Geschäftsgrundlage, in: FS Flume, Band 1, S. 629 (641).

[344] *Medicus*, Vertragsauslegung und Geschäftsgrundlage, in: FS Flume, Band 1, 1978, S. 629 (641).

[345] *Medicus*, Vertragsauslegung und Geschäftsgrundlage, in: FS Flume, Band 1, 1978, S. 629 (631).

[346] So auch *Wieacker*, Gemeinschaftlicher Irrtum der Vertragspartner und Clausula rebus sic stantibus, in: FS Wilburg, S. 229 (237).

[347] *Kramer*, Juristische Methodenlehre, S. 155.

beteiligt und müssten demnach – anders als Vertragsparteien – auf seinen Inhalt vertrauen können.[348] Es ist grundsätzlich richtig, dass die Rechtsordnung den Rechtsadressaten nicht als hermetisch abgeschlossenes Arkanum gegenüberstehen sollte. Jedoch gibt es einen strengen Vertrauensschutz nur im Strafrecht.[349] Daneben ist die Rechtsordnung wegen ihres Umfanges und ihrer Komplexität ohnehin nicht durch schlichte Laienlektüre der Tatbestände verständlich. Das Vertrauensargument kann daher außerhalb des Strafrechts kein durchschlagendes Argument gegen eine Rechtsanwendung jenseits des Wortlauts sein.[350]

Medicus nennt als weitere Unterschiede, dass Gesetze sorgfältiger formuliert und bedacht würden als Verträge und dass Gesetze systematisch ausgelegt werden könnten, was bei Verträgen mangels Kontext nicht möglich sei. All das führt ihn zum Ergebnis, dass die Auslegung und Rechtsfortbildung von Gesetzen im Bereich der sekundären Lücken leistungsfähiger ist als die der Verträge.[351] Unter Leistungsfähigkeit versteht Medicus die einfachere Möglichkeit der Feststellung und Ausfüllung von Lücken bei gleichzeitig geringerer Gefahr von richterlichen Billigkeitsentscheidungen.[352]

Medicus ist mit seinen vergleichenden Feststellungen recht zu geben. Wenn die Anpassung oder Beendigung eines Vertrages wegen einer Störung der Geschäftsgrundlage möglich ist, muss das erst recht für Gesetze gelten, deren Zweck obsolet wurde.

Daneben hat die zivilrechtliche Dogmatik zu § 313 I BGB einen erstaunlichen Wissensschatz zu der Problematik von Recht und Veränderung erarbeitet, der nicht außer Acht gelassen werden soll, sofern die Erkenntnisse auf die Situation der Gesetzesanwendung übertragbar sind. Zentral ist dabei die Einsicht, dass einer sekundären Störung der Vertragsgrundlage mittels des hypothetischen Parteiwillens Rechnung getragen werden muss, weil nur so die Privatautonomie der Parteien über die Zeit der Vertragsdurchführung respektiert wird.[353] Die Störung der Geschäftsgrundlage steht demnach nicht in einem Widerspruch zur Vertragstreue, vielmehr kann es die Vertragstreue erfordern, den Vertrag bei unvorhergesehenen Verände-

---

348 *Kramer*, Juristische Methodenlehre, S. 156.

349 Dazu schon B. II. 1.

350 Schon seit der Soraya-Entscheidung geht das BVerfG nicht mehr davon aus, dass der Wortlaut die Grenze der Rechtsanwendung ist, BverfGE 34, 269 (287); ferner 88, 145 (166 f.); 118, 212 (243); BVerfG NVwZ 2017, 617 (618), Rn. 22.

351 *Medicus*, Vertragsauslegung und Geschäftsgrundlage, in: FS Flume, Band 1, S. 629 (640 f.).

352 *Medicus*, Vertragsauslegung und Geschäftsgrundlage, in: FS Flume, Band 1, S. 629 (640 f.).

353 MüKoBGB/*Finkenauer*, § 313 BGB, Rn. 105; BeckOGK/*Martens*, Stand: 01. 12. 2018, § 313 BGB, Rn. 11; Für Medicus stellt die Störung der Geschäftsgrundlage im Wesentlichen eine ergänzende Vertragsauslegung dar, die angesichts des unvollständig zum Ausdruck gekommenen Parteiwillens fragt, wie diese sich entschieden hätten, wenn sie die Veränderungen vorausgesehen hätten. Es geht damit um die Ermittlung des hypothetischen Parteiwillens, *Medicus*, Vertragsauslegung und Geschäftsgrundlage, in: FS Flume, Band 1, S. 629 (637 f., 645 f.).

rungen anzupassen oder sogar rückabzuwickeln.[354] Genausowenig unterläuft eine sekundäre Anpassung oder Aufhebung eines Gesetzes die Gesetzesbindung des Richters, wenn damit der Gesetzgeberwille verwirklicht wird.

Ungeachtet dessen ist der Verweis auf das zivilrechtliche Regelungsinstitut aber nicht als dogmatische oder verfassungsrechtliche Grundlage des hier vorgeschlagenen Konzepts zur Behandlung sekundärer Lücken tauglich.[355] Das Normprogramm der Störung der Geschäftsgrundlage ist – wie schon festgestellt – nicht unbesehen auf die Anwendung von Gesetzen übertragbar, schon weil es bei § 313 I BGB um die Vertragsgerechtigkeit zwischen zwei Parteien geht.[356] Der eigentliche Grund für die Anerkennung des Konzepts der sekundären Lückenhaftigkeit und „Überschüssigkeit" von Gesetzen ist der Respekt vor dem Regelungswillen des Gesetzgebers.[357] Insoweit bestehen dann aber erneut Parallelen zur Störung der Geschäftsgrundlage, bei der es – wie gesehen – darum geht, dem Willen der Vertragsparteien Rechnung zu tragen.

VI. Grundmodell zur Methode der Feststellung und Ausfüllung sekundärer Lücken

Nachdem den grundlegenden Einwänden gegen die Möglichkeit der Feststellbarkeit und Ausfüllbarkeit sekundärer Lücken begegnet werden konnte, geht es nun darum, ein methodisches Modell zu entwickeln, das einen praktischen Leitfaden zur Behandlung sekundärer Lücken an die Hand gibt. Denn nirgendwo zeigt sich die Sinnhaftigkeit und Nützlichkeit einer methodischen Kategorie mehr als in ihrer praktischen Anwendung.

Das Grundmodell zur Feststellung und Ausfüllung sekundärer Lücken wird im Folgenden in zwei Varianten dargestellt, die sich anhand der verschiedenen Möglichkeiten des Entstehens von sekundären Lücken ergeben können.

Die entwickelte Vorgehensweise eignet sich nur zur Feststellung und Ausfüllung sekundärer Lücken, die durch den Wandel der Umstände entstehen, jedoch nicht zur Einschätzung der rechtlichen Folgen eines Wertewandels. Der Grund für diese Einschränkung wird im Rahmen der Analyse des hypothetischen Gesetzgeberwillens evident.[358] Die möglichen Folgen eines Wertewandels für die Rechtsordnung werden später aber ebenfalls behandelt.[359]

---

[354] *Wieacker*, Gemeinschaftlicher Irrtum der Vertragspartner und Clausula rebus sic stantibus, in: FS Wilburg, S. 229 (241); *Ulmer*, AcP 174 (1974), 167 (184); *Medicus*, Vertragsauslegung und Geschäftsgrundlage, in: FS Flume, Band 1, S. 629 (631 f.); dagegen MüKoBGB/*Finkenauer*, § 313 BGB, Rn. 102.

[355] *Baumeister*, Das Rechtswidrigwerden von Normen, S. 309 f.

[356] MüKoBGB/*Finkenauer*, § 313 BGB, Rn. 2, 4.

[357] Dazu schon andeutungsweise B. III. 3., später mehr unter B. X.

[358] B. VII. 3. b).

[359] D. II. 2.

1. Erste Variante: Wegfall eines anfänglich sinnvollen Regelungsgedankens auf Grund eines Wandels der Normsituation

Die Feststellung von sekundären Gesetzeslücken in dieser ersten Variante erfolgt in vier Schritten, die bis auf den letzten Schritt dem Vorgehen bei der Feststellung der Störung der Geschäftsgrundlage im Zivilrecht nach § 313 I BGB ähneln.[360]

Im ersten Schritt muss der ursprüngliche Normzweck festgestellt werden (1.). Dann muss festgestellt werden, ob sich Umstände in dem Regelungsbereich der Norm seit der Verabschiedung des Gesetzes geändert haben (2.). Weiter muss untersucht werden, ob diese Änderungen ausreichend dafür sind, dass der historische Gesetzgeber die Norm nicht oder mit anderem Inhalt erlassen hätte (3.). Schließlich muss geprüft werden, ob es andere rechtliche Gründe gibt, die einer Anpassung oder Derogation der Norm im Wege stehen (4.).[361]

Die ersten beiden Schritte betreffen dabei die Feststellung der sekundären Lücke. Der dritte wohl entscheidende Schritt betrifft sowohl die Feststellung als auch die Ausfüllung der sekundären Lücke. Der dabei zu prüfende hypothetische Gesetzgeberwille wird häufig zugleich Vorgaben zur Ausfüllung der sekundären Lücke geben. Der letzte Schritt betrifft nur die Ausfüllung, und zwar genauer die Frage, ob der Rechtsanwender die festgestellte Lücke ausfüllen darf oder nicht.

Die Parallele zu § 313 I BGB wurde selten offen gezogen, Stufenmodelle der Rechtsanwendung existieren aber schon.[362] Deren Vertreter betonen vor allem den

---

[360] Diese Ähnlichkeit ebenfalls feststellend *Looschelders/Roth*, Juristische Methodik im Prozess der Rechtsanwendung, S. 223.

[361] Dieser Schritt wird vor allem von Höpfner unterstrichen, *Höpfner*, Die systemkonforme Auslegung, S. 150 f.; aber auch Heck ging schon davon aus, dass es Stabilitätsinteressen (vor allem die Rechtssicherheit) geben könne, die einer Gebotsanpassung entgegenstehen, *Heck*, AcP 112 (1914), 1 (222).

[362] *Rüthers/Fischer/Birk*, Rechtstheorie, Rn. 730b ff.; *Rüthers/Höpfner*, JZ 2005, 21 (24); *Höpfner*, Die systemkonforme Auslegung, S. 141 ff.; *Hoffmann-Riem*, Innovation und Recht, Recht und Innovation, S. 528 ff.; *T. Möllers*, Ein Vierstufen-System zur Rationalisierung der Grenzen zulässiger Rechtsfortbildung, in: FS Roth, S. 473 (473 ff., 496). Dabei unterscheidet sich das Stufenmodell von T. Möllers erheblich von den anderen. Es unterbreitet nur einen Vorschlag, in welcher Reihenfolge mögliche argumentative Topoi bei einer Rechtsfortbildung abgearbeitet werden könnten. Es bezieht dabei auch sehr vage Kategorien, wie die Rechtsfolgenorientierung, die Akzeptanz der Rechtsfortbildung und die Rechtssicherheit mit in die Abwägung ein. Dies liegt wohl darin begründet, dass T. Möllers ein Vertreter der subjektiv-objektiven Theorie bzw. der Vereinigungstheorie ist, *T. Möllers*, Ein Vierstufen-System zur Rationalisierung der Grenzen zulässiger Rechtsfortbildung, in: FS Roth, S. 473 (481); sowie *T. Möllers*, Juristische Methodenlehre, § 6 Rn. 77 ff. Er hält die subjektive Theorie alleine nicht für ausreichend, um auf Wandlungen der Normsituation oder Wandlungen im Wertungsgefüge reagieren zu können. T. Möllers unterläuft damit eine Art genetischer Fehlschluss. Er geht von der falschen Annahme aus, dass eine Theorie die auf die Erforschung der historischen Ausgangssituation gerichtet ist, nicht in der Lage sein kann, eine dynamische Rechtsanwendung zu ermöglichen. Diese Annahme zurückzuweisen, ist eines der Hauptanliegen dieser Arbeit. Dadurch unterscheidet sich T. Möllers von dem hier entworfenen Modell, das auch bei Wand-

ersten Schritt der Rechtsanwendung. So geht es auf der ersten Stufe um die Auslegung im eigentlichen Sinne, also die Erforschung des ursprünglich vom Gesetzgeber verfolgten Normzwecks. Dieser Normzweck ist vom Rechtsanwender zur Kenntnis zu nehmen und in seiner Entscheidungsbegründung darzulegen, auch wenn er aus anderen Gründen glaubt, nicht an ihn gebunden zu sein.[363] Die Erforschung des historischen Normzwecks auf der ersten Stufe ist nicht nur Selbstzweck, sondern die Voraussetzung dafür, dass im weiteren Prozess der Rechtsgewinnung festgestellt werden kann, ob der Normzweck noch gilt oder nicht.[364]

Zwischen dem zweiten und dritten Schritt wird in der Literatur dann nicht mehr genau unterschieden. Diese Schritte finden sich dort auf der zweiten Stufe wieder, bei der geprüft werden muss, ob der Normzweck im Anwendungszeitpunkt noch fortgilt, oder ob er weggefallen ist.[365] Daher unterscheidet sich die hier vorgeschlagene Aufteilung im Ergebnis nicht von der, die sich beispielsweise bei Rüthers und Höpfner findet. Die Differenzierung zwischen dem zweiten und dritten Schritt ist aber sinnvoll, weil sie deutlich macht, dass für den Wegfall des Normzwecks sowohl eine objektive als auch eine normativ-hypothetische Komponente vorliegen muss. Der Nachweis der objektiven Komponente bereitet dabei selten Probleme, während der Nachweis der normativ-hypothetischen Komponente die eigentliche argumentative Herausforderung darstellt. Auch bei Ennecerus/Nipperdey wurde diese Unterscheidung deutlich, wenn sie zwischen dem differenzieren, was der Gesetzgeber nicht beachtet hat und dem, was er deshalb vernünftigerweise nicht so geordnet hätte.[366]

Objektiv muss gezeigt werden, dass sich Umstände im Regelungsbereich der Norm geändert haben, wozu auch neuere rechtliche Regelungen gehören können. Allein eine Änderung der objektiven oder rechtlichen Verhältnisse ist aber nur eine notwendige und keine hinreichende Bedingung, um eine sekundäre Lücke anzunehmen.[367] Dieser Fehler unterläuft beispielsweise Bydlinski, wenn er Heck vorwirft, er müsse eine Lücke im Kaufvertragsrecht annehmen, weil der Gesetzgeber des ABGB 1811 noch nichts von Autos wusste und deshalb auch nicht da-

lungen der Normsituation oder Wandlungen des Wertungsgefüges den theoretischen Unterbau der subjektiven Theorie nicht preisgibt.

363 *Rüthers/Fischer/Birk*, Rechtstheorie, Rn. 730; *Fischer*, Topoi verdeckter Rechtsfortbildungen im Zivilrecht, S. 489 f.

364 *Heck*, AcP 112 (1914), 1 (96, 176); *Betti*, Allgemeine Auslegungslehre als Methodik der Geisteswissenschaften, S. 632; *Coing*, Auslegungsmethoden, S. 52; *Rüthers/Fischer/Birk*, Rechtstheorie, Rn. 730 d; *Höpfner*, Die systemkonforme Auslegung, S. 148 f.; *Zimmermann*, RabelsZ 78 (2014), 315 (325).

365 Deutlicher kommt die Unterscheidung zwischen dem zweiten und dritten Schritt bei Hoffmann-Riem zur Geltung, vgl. *Hoffmann-Riem*, Innovation und Recht, Recht und Innovation, S. 528 ff.

366 *Enneccerus/Nipperdey*, Allgemeiner Teil des Bürgerlichen Rechts, 1. Halbband, S. 346.

367 So auch schon im Rahmen der Störung der Geschäftsgrundlage, *Oertmann*, Die Geschäftsgrundlage, 1921, S. 36.

von ausging, dass über Autos Kaufverträge geschlossen werden könnten.[368] Hier mag zwar eine Änderung im tatsächlichen Bereich vorliegen, doch diese ist für die Wertung des Gesetzgebers völlig unerheblich. Dieser wollte die Regelungen des Kaufvertrags nicht auf die Objekte beschränken, die es zu seiner Zeit gab, vielmehr wollte er grundsätzlich ermöglichen, Güter gegen Geld zu erwerben.[369] In den Terminologien Freges hat sich hier lediglich die Extension des Begriffes des Kaufvertrages geändert, nicht seine Intension.[370]

Daher muss im hypothetischen Bereich herausgefunden werden, ob diese Veränderungen so relevant waren, dass sie auch der historische Gesetzgeber berücksichtigt hätte. Es geht hier um das Merkmal der „Planwidrigkeit" des Lückenbegriffs. Nur eine planwidrige Veränderung der normrelevanten Umstände kann dazu führen, dass die Regelung lückenhaft oder überflüssig wird. Planwidrig ist eine Veränderung aber nur dann, wenn sie bei unveränderter, wortlautkonformer Rechtsanwendung der Verwirklichung des ursprünglichen Gesetzeszwecks entgegensteht, denn es ist davon auszugehen, dass der Gesetzgeber nicht sehenden Auges eine ungeeignete Regelung erlassen hätte. Eine Rechtsanpassung darf damit nur dann erfolgen, wenn der Rechtsanwender glaubt, der Gesetzgeber hätte die Norm unter

---

[368] *Bydlinski*, Juristische Methodenlehre und Rechtsbegriff, S. 435.

[369] Aus diesen Fällen könnte die Floskel vom „klügerem" Text (sinngemäß schon *Radbruch*, Einführung in die Rechtswissenschaft, S. 284 f.) einen Teil ihrer Persuasivität speisen. Sicherlich umfasst das Gesetz mehr Anwendungsfälle als die Verfasser konkret vor Augen hatten. Dies ist auch völlig unproblematisch solange sich diese Anwendungsfälle im Rahmen des Wertungshorizontes des Gesetzgebers halten. Canaris vergleicht diese Situation mit der Aufführung klassischer Theaterstücke, deren „Eigengesetzlichkeiten [...] auch dann hervorscheinen können, wenn es dessen Autor gar nicht darauf ankam", *Canaris*, Karl Larenz (1903–1993), in: Grundmann/Riesenhuber (Hrsg.), Deutschsprachige Zivilrechtslehrer des 20. Jahrhunderts in Berichten ihrer Schüler, Band 2, S. 263 (298). Dieser Vergleich trifft einige Aspekte der Gesetzesanwendung, aber er hinkt zugleich. Treffend ist der Vergleich bezüglich der Offenheit, die sowohl gesetzlichen wie auch literarischen Texten innewohnen kann. Sicherlich ist es denkbar, dass eine moderne Aufführung des „Wallenstein" sogar Schiller selbst positiv überrascht hätte. Genauso ist es denkbar und häufig auch wahr, dass der Gesetzgeber nichts gegen die Anwendung seines Gesetzes auf unvorhergesehene Fälle einzuwenden hat. Der Vergleich hinkt aber, wenn er literarische Texte und Gesetze gleichsetzt, obwohl diese völlig verschiedene Funktionen haben. Gesetzestexte sind normative Texte, die das Verhalten der Rechtsunterworfenen steuern wollen. Ihre Vorgaben sind dabei von den Rechtsanwendern umzusetzen. Literarische Texte haben dagegen keinen normativen Charakter. Ihre Interpreten sind weitestgehend frei. Ein Intendant eines Stückes kann sich sogar auf die Kunstfreiheit berufen, wenn er es verfremdend aufführen will, nicht so der Richter. Werktreue ist kein verfassungsrechtliches Prinzip, Gesetzestreue schon. Die Unabhängigkeit des Richters beruht auf der Bindung an das Gesetz (Art. 20 III, 97 I GG). Die Interpretationsfreiheit der Gerichte endet damit an den Regelungsvorgaben des Gesetzgebers, so zuletzt auch *Säcker*, NJW 2018, 2375 (2377). Anders sieht das der ehemalige BGH-Präsident Günther Hirsch, wenn er den Richter mit einem virtuosen Pianisten vergleicht, *Hirsch*, ZRP 2006, 161; dagegen dezidiert *Rüthers*, FAZ vom 27. 12. 2006; *Rüthers*, JZ 2006, 958; auch *C. Möllers*, FAZ vom 26. 10. 2006; *Arnauld*, Rechtstheorie 25 (2001), 465 (469).

[370] Dazu schon B. III. 3.

den gewandelten Umständen nicht mehr oder nicht mehr so erlassen.[371] Dieser Test des fiktiven Neuerlasses der Norm sollte aber restriktiv formuliert werden: Ist *es mit an Sicherheit grenzender Wahrscheinlichkeit* ausgeschlossen, dass der historische Gesetzgeber zum Zeitpunkt der Rechtsanwendung die Norm (so) erlassen hätte?[372] Nur wenn diese Testfrage mit *ja* beantwortet werden kann, darf die Norm angepasst werden oder unangewendet bleiben.[373] Nur wenn die Gründe für eine Rechtsanpassung klar die Gegengründe überwiegen, sollte der Rechtsanwender die Norm unangewendet lassen oder anpassen. Diese Restriktion zugunsten einer Normerhaltung wird im Folgenden als *Vorsichtsgebot* bezeichnet. Auf die normative Verankerung des Gebots wird später eingegangen werden.[374]

Auch aus der wissenschaftlichen Reflexion zu § 313 I BGB ist deutlich geworden, dass nur ein Festhalten an der subjektiven Vorstellungswelt der Vertragsparteien eine Judikatur verhindert, die die richterliche Überzeugung an die Stelle der gesetzlichen Regelung setzt.[375] Ganz auf dieser Linie formulierte das Bundesverfassungsgericht in seinem Urteil zur Arzthaftung wegen fehlgeschlagener Sterilisation 1998 folgende methodische Grundsätze für die Fortbildung des Gesetzes auf Grund gewandelter Verhältnisse, an denen es bis jetzt festgehalten hat:

> „Der Richter darf sich dabei allerdings nicht dem vom Gesetzgeber festgelegten Sinn und Zweck des Gesetzes entziehen. Seine Aufgabe beschränkt sich darauf, diesen unter gewandelten Bedingungen möglichst zuverlässig zur Geltung zu bringen. Handelt es sich bei den veränderten Bedingungen um neuartige, durch den wissenschaftlich-technischen Fortschritt geschaffene Handlungs- oder Einwirkungsmöglichkeiten, so wird die Rechtsfindung in der Regel in einer Ausweitung des Anwendungsfeldes einer bereits geläufigen Auslegung bestehen. Die Zwecksetzungsprärogative des Gesetzgebers wird dadurch regelmäßig nicht berührt."[376]

---

[371] Eine ähnliche Testfrage findet sich bei Baumeister, Rechtswidrigwerden von Normen, S. 212; sowie im Rahmen des Diskurses zur Störung der Geschäftsgrundlage nach § 313 BGB, MüKoBGB/*Finkenauer*, § 313 BGB, Rn. 105.

[372] Um dies beantworten zu können, muss der hypothetische Gesetzgeberwille geprüft werden. Zur Methodik der Feststellung des hypothetischen Gesetzgeberwillens, vgl. B. VII. 3., insbesondere Abschnitt b).

[373] Zu der Rechtsfolge der sekundären Überschüssigkeit von Gesetzen, B. XI.

[374] Dazu B. X.

[375] *Oertmann*, Die Geschäftsgrundlage, 1921, S. 35 f.; MüKoBGB/*Finkenauer*, § 313 BGB, Rn. 16; BeckOGK/*Martens*, Stand: 01. 12. 2018, § 313 BGB, Rn. 11.

[376] BVerfGE 96, 375, 394 f.; zu dieser Entscheidung *Pieroth/Aubel*, JZ 2003, 504 (506 ff.). Genauso positioniert sich das Gericht in dem Urteil zur Feststellung der Verfassungswidrigkeit der richterrechtlich entwickelten Dreiteilungsmethode, BVerfGE 128, 193 (210): „Der Richter darf sich nicht dem vom Gesetzgeber festgelegten Sinn und Zweck des Gesetzes entziehen. Er muss die gesetzgeberische Grundentscheidung respektieren und den Willen des Gesetzgebers unter gewandelten Bedingungen möglichst zuverlässig zur Geltung bringen. Er hat hierbei den anerkannten Methoden der Gesetzesauslegung zu folgen." Gleichlautend in BVerfG, Beschluss vom 16. 02. 2012 – 1 BvR 127/10. Ähnlich in der Delisting-Entscheidung, BVerfGE 132, 99 (127 f.): „Die Aufgabe der Rechtsprechung beschränkt sich vielmehr darauf, den vom Gesetzgeber festgelegten Sinn und Zweck eines Gesetzes unter gewandelten Bedingungen möglichst zuverlässig zur Geltung zu bringen oder eine planwidrige Regelungslücke mit den anerkannten

Zweierlei wird hier deutlich: Erstens muss sich der Richter bei der Rechtsfortbildung im Bereich sekundärer Lücken darauf beschränken, den vom Gesetzgeber festgelegten Sinn unter gewandelten Bedingungen zur Geltung zu bringen. Zweitens verletzt ein solches Vorgehen die Zwecksetzungsprärogative des Gesetzgebers nicht. Es handelt sich also auch aus der Sicht des Bundesverfassungsgerichts nicht um Rechtsfortbildung *contra*, sondern *praeter legem*.

Das methodische Diktum des Bundesverfassungsgerichts – „[den vom Gesetzgeber festgelegten Gesetzeszweck] unter gewandelten Bedingungen möglichst zuverlässig zur Geltung zu bringen" – impliziert weiter, dass eine subjektiv orientierte Methode der Gesetzesanwendung nicht zur „Versteinerung der Rechtsordnung"[377] führen muss. Das Bundesverfassungsgericht erkennt genau wie Heck die Möglichkeit an, die gesetzgeberische Grundentscheidung trotz gewandelter Verhältnisse fortzudenken. Historische Auslegung und aktuell-problembezogene Rechtsprechung schließen sich demnach nicht aus.

Schwierigkeiten bei der Ermittlung des gesetzgeberischen Gesetzeszwecks können auftreten, wenn inzwischen Gesetze erlassen wurden, die entgegenstehende Wertungen eines jüngeren Gesetzgebers zum Ausdruck bringen. In diesem Fall ist es richtig, auch die neueren Wertungen zu berücksichtigen und nicht mehr allein an den Wertungen des historischen Gesetzgebers zu der konkreten Norm zu haften, weil es nun rechtlich bedeutsame Aussagen des aktuellen Gesetzgebers gibt.[378] Insofern sind auch im Falle des Wandels der normrelevanten Umstände die „Fernwirkungen"[379] der übrigen Rechtsordnung zu berücksichtigen. Sollte sich bei der Auslegung ergeben, dass ein Fortdenken der Wertungen des damaligen Gesetzgebers nicht mehr mit neueren Wertungen vereinbar ist, müssen sich letztere durchsetzen. Entscheidend ist also immer der erkennbar letzte Wille des Normgebers.[380] Im modernen Rechtsstaat kommt sowohl die Aufgabe als auch die Befugnis, neues Recht zu schaffen, dem jeweils aktuellen Gesetzgeber zu. Dieser Gedanke liegt auch der lex-posterior-Regel zugrunde.[381] Wenn aber neuere Gesetze ältere Gesetze derogieren können, dann müssen auch ihre Wertungen beim Fortdenken des damaligen Normzwecks bedacht werden dürfen und eventuell diesen sogar überlagern.

Die bisherigen Ausführungen gehen bisher alle von formell erlassenen Gesetzen aus, die einer gesetzgebenden Körperschaft zuzurechnen sind. Nicht erfasst

---

Auslegungsmethoden zu füllen." Gleichlautend dann wieder in BVerfG, NJW-RR 2016, 1366, Rn. 39 und ähnlich zuletzt BVerfG 1 BvR 318/17 u. a., Rn. 31 f.

377 *Henninger*, Europäisches Privatrecht und Methode, S. 375.

378 *Rüthers*, Unbegrenzte Auslegung, S. 436 f.; *Looschelders/Roth*, Juristische Methodik im Prozess der Rechtsanwendung, S. 63.

379 *Heck*, AcP 112 (1914), 1 (230 f.).

380 So schon *Nawiasky*, Allgemeine Rechtslehre, S. 130 f.

381 *Rüthers/Fischer/Birk*, Rechtstheorie, Rn. 772; *Heckmann*, Geltungskraft und Geltungsverlust von Rechtsnormen, S. 161; *Vranes*, ZaöRV 2005, 391 (397 f.).

wird informell entstandenes Recht, wie Gewohnheitsrecht.[382] Dieses entsteht nicht als Ergebnis einer zielgerichteten Willensbildung eines Kollektivorgans, sondern formt sich über die Zeit, meist als Ergebnis einer ständigen Übung oder Observanz.[383] Kann auch Gewohnheitsrecht sekundär lückenhaft oder überflüssig werden? Hinter Gewohnheitsrecht steht kein gesetzgeberischer Zweck, der entfallen und den gesetzgeberischen Normplan hinfällig machen könnte. Somit scheint die Möglichkeit der sekundären Lückenhaftigkeit von Gewohnheitsrecht ausgeschlossen. Jedoch taucht in der Rechtsprechung die Frage des Geltungsverlusts von Gewohnheitsrecht wegen eines Wandels der Verhältnisse durchaus auf.[384] Dies überzeugt; auch Gewohnheitsrecht verfolgt einen Zweck – es gibt keine Rechtsform, die ohne Zweck ist. Der Zweck des Gewohnheitsrechts wird sich häufig schwerer feststellen lassen als der Zweck eines Gesetzes, der sich oft aus den Gesetzesmaterialien rekonstruieren lässt. Aber das bedeutet nicht, dass es keinen Zweck verfolgt. Letzten Endes müssen damit auch gewohnheitsrechtliche Normen lückenhaft oder überschüssig werden können, wenn sie ihren Zweck nicht mehr ausreichend erfüllen.[385] Wichtig ist es aber auch im Falle des Gewohnheitsrechts, auf den ursprünglichen Zweck der Norm abzustellen. Soll die Aufrechterhaltung des Gewohnheitsrechts nicht mit seinem ursprünglichen Grund, sondern mit neuen Anforderungen gerechtfertigt werden, hat das Gewohnheitsrechts seine Rechtfertigung schon verloren, da nicht auf die Gewohnheit verwiesen werden kann, wenn neuartige Probleme beseitigt werden sollen.

2. Zweite Variante: Plötzliche Regelungsbedürftigkeit eines bisher ungeregelten Sachverhalts

Das Grundmodell berücksichtigt bis jetzt nur Konstellationen, in denen der ursprüngliche Regelungszweck einer Norm später entfällt oder sich erledigt. Nicht erfasst sind Fälle, in denen ein neuer, regelungsbedürftiger Sachverhalt auftaucht, zu dem es keine einschlägige Regelung gibt. Es lässt sich bezweifeln, ob solche Situationen in unserem hoch- oder sogar überregulierten Rechtsstaat überhaupt auftreten. Zudem wird hier das von der Störung der Geschäftsgrundlage bekannte Terrain verlassen. Zivilrechtlich betrachtet handelt es sich eher um einen Fall der ergänzenden Vertragsauslegung. Bisher geriet eine vorliegende Regelungsabsicht mit den Veränderungen in Konflikt. Diesmal tritt ein völlig neuer Sachverhalt auf, der nicht im Konflikt zu dem bisher Geregelten steht, aber doch regelungsbedürftig

---

[382] Zum Richterrecht, vgl. D. I. 2.

[383] Zur Entstehung von Gewohnheitsrecht, *Krebs/Becker*, JuS 2013, 97 (98 f.).

[384] So zu den gewohnheitsrechtlich entstandenen Kirchenbaulasten, BVerwG, ZeK 27 (1982), 400.

[385] *Krebs/Becker*, JuS 2013, 97 (101 f.), die als mögliche Testfrage für die weitere Anwendbarkeit von Gewohnheitsrecht vorschlagen: „Die Regel könnte (seit jeher oder auch erst neuerdings) Folgen nach sich ziehen, die auch der Gesetzgeber nicht tolerieren könnte, wenn er die Regel als Gesetz erlassen wollte.“

erscheint. Rüthers/Fischer/Birk bezeichnen Fälle der Rechtsfortbildung, in denen der Rechtsanwender keine Anhaltspunkte zur Lückenausfüllung im positiven Recht vorfindet, passend als „Rechtsneubildung".[386] Meistens werden zumindest einige Normen einschlägig sein, die Regelungshinweise für den neuen Sachverhalt enthalten. Auszuschließen ist es aber nicht, dass tatsächlich keine oder nahezu keine Normen vorhanden sind, die für die rechtliche Bewertung eines Sachverhalts relevant wären. So kann beispielsweise eine technische Innovation auftauchen, die der Gesetzgeber nicht kennen und daher auch nicht regeln konnte, die aber doch neuartige Rechtsfragen aufwirft, die regelungsbedürftig erscheinen. Um eine Rechtsfortbildung zu legitimieren, muss sodann gezeigt werden, dass es

(1.) einen neuen Sachverhalt gibt, den der Gesetzgeber nicht kennen und damit nicht regeln konnte,

(2.) der Gesetzgeber bei Kenntnis des Sachverhalts weitere Regelungen erlassen hätte, was die Rekonstruktion der Haltung des Gesetzgebers zu den Veränderungen voraussetzt,

(3.) keine anderweitigen rechtlichen Gründe existieren, die diesen Regelungen entgegenstehen.

Es wird gelegentlich behauptet, dass diese Fälle weniger methodische Probleme bereiten würden als der nachträgliche Wegfall des Normzwecks, weil der Rechtsanwender keine Regelungen des Gesetzgebers beseitigen müsse, sondern nur selbständig Regelungen zu treffen habe, die keiner Regelung des Gesetzgebers widersprechen.[387] Da nicht gegen konkrete Vorgaben der Legislative verstoßen würde, bestünde hier auch kein oder nur ein geringeres Gewaltenteilungsproblem.[388] Jedoch wird sich zeigen,[389] dass gerade diese Fälle enorme Schwierigkeiten bereiten. Wenn nämlich der Gesetzgeber keinerlei relevante Regelungen zu dem neuen Sachverhalt erlassen hat, kann nicht im Sinne von (2.) beurteilt werden, ob er bei Kenntnis der Sachlage weitere Regelungen erlassen hätte. Woher sollte der Rechtsanwender wissen, wie der Gesetzgeber gehandelt hätte? Es gibt in diesem Fall keinen ursprünglichen Normzweck, der als Kompass für die weitere Rechtsanwendung dienen könnte. Der Rechtsanwender muss vielmehr in einer Gesamtschau aller irgendwie einschlägigen Rechtsnormen Grundgedanken des Gesetzes beziehungsweise des Gesetzgebers herausarbeiten, die Aufschluss über die Regelungsbedürftigkeit des Sachverhalts geben könnten.[390]

[386] *Rüthers/Fischer/Birk*, Rechtstheorie, Rn. 828.

[387] *Neuner*, Die Rechtsfindung contra legem, S. 119.

[388] *Neuner*, Die Rechtsfindung contra legem, S. 119; ähnlich Grünberger, der in der Regelung ungeregelter Bereiche durch die Gerichte kein demokratietheoretisches Problem erblickt, vgl. dazu die Diskussion seines Beitrages (*Grünberger*, AcP 218 (2018), 213) bei *Haidmayer*, AcP 218 (2018), 297 (300).

[389] Dazu insbesondere der Fall bei D. II. 1. a) cc) und dd)

[390] Ähnlich *Classen*, JZ 2003, 693 (700).

Dieser zweite Schritt ist nicht entbehrlich. Müsste nicht geprüft werden, ob eine Rechtsneubildung den Vorstellungen des Gesetzgebers entspricht, gäbe es kein limitierendes Prinzip für Rechtsfortbildungen in diesem Bereich. Allein eine tatsächliche Entwicklung kann kein Grund für eine Rechtsfortbildung sein. Sonst würde genau der Fehler begangen, den Hillgruber zu pauschal der Methodik sekundärer Lücken generell unterstellt:[391] Der Schluss aus einem bloßen Faktum auf ein rechtliches Regeln-Müssen. Es obliegt aber gerade der Einschätzung des Gesetzgebers, ob und wie er auf Anforderungen der Wirklichkeit rechtlich reagiert – abgesehen von grundrechtlichen Regelungsverpflichtungen des Gesetzgebers, die sich als Folge der Wesentlichkeitstheorie des Bundesverfassungsgerichts ergeben können.[392] Auch der bloße Nachweis, dass der Rechtsneubildung keine gesetzgeberischen Wertungen entgegenstehen, reicht nicht aus, da damit der typischen Beweislast, die im Lückenbereich vorherrscht, nicht entsprochen wird. Nachgewiesen werden muss, dass eine Norm oder ein ganzer Rechtsbereich planwidrig unvollständig geworden ist. Erforderlich ist der positive Nachweis, dass die Rechtsordnung eine Rechtsfortbildung erfordert, und nicht nur der negative Nachweis, dass die Rechtsordnung der Rechtsfortbildung nicht entgegensteht. Dem Richter steht es nicht zu, losgelöst von jeglicher normativen Verankerung, eigene rechtspolitische Wertungen vorzunehmen.[393]

Nicht notwendig ist eine Rechtsneubildung, wenn sich die neue Entwicklung durch schon vorhandene Regelungen, die sich wertungsmäßig auf die neue Situation übertragen lassen, rechtlich erfassen lässt.[394] Dem Gesetzgeber muss nämlich der konkrete Sachverhalt gar nicht vor Augen gestanden haben, wenn seine Regelungen einen hohen Abstraktionsgrad aufweisen. Erneut ließe sich hier Bydlinskis zu enge Einschätzung anführen, der Gesetzgeber müsse für jeden neuen Gegenstand ein neues Recht schaffen, etwa ein Autokaufvertragsrecht für den Autokauf.[395] Tatsächlich weisen die Vorschriften über den Kaufvertrag aber ein hohes Abstraktionsniveau auf, das ihre Anwendung auf eine Vielzahl von Gegenständen ermöglicht, selbst wenn diese dem Gesetzgeber noch unbekannt waren. Es liegt in diesem Fall noch nicht einmal eine Lücke vor, die es zu schließen gäbe. Im Einzelfall muss der Rechtsanwender immer noch unterscheiden, ob sich eine vorhan-

---

391 *Hillgruber*, JZ 1996, 118 (121).

392 BVerfGE 101, 1 (34) unter Hinweis auf 34, 165 (192); 49, 89 (126 ff.); 83, 130 (142); im Rahmen der Verfassungsbeschwerde kann dann nach §§ 92, 95 BVerfGG auch ein Unterlassen des Gesetzgebers gerügt werden, wenn der Gesetzgeber trotz verfassungsrechtlicher Pflicht keine Norm erlassen hat, mit weiteren Nachweisen *Schlaich/Korioth*, Das Bundesverfassungsgericht, Rn. 213.

393 So auch *Classen*, JZ 2003, 693 (700) mit Hinweis auf die ständige Rechtsprechung BVerfGE 49, 304 (322); 69, 315 (372); 82, 6 (12); 75, 223 (240); weiter zur Rechtsprechung des Bundesverfassungsgerichts zur Rügbarkeit eines Verstoßes gegen die Gesetzesbindung *Pieroth/Aubel*, JZ 2003, 504 (506 ff.).

394 So wird die Anwendbarkeit des Kauf- und Mietrechts auf den neuen Vertragstypus Dienst gegen Daten diskutiert, dazu D. II. 1. a) cc).

395 *Bydlinski*, Juristische Methodenlehre und Rechtsbegriff, S. 435.

dene Vorschrift analog oder direkt auf die neue Situation anwenden lässt. Dies ist aber eine deutlich einfachere und methodisch unproblematischere Aufgabe, als die Schaffung einer neuen Regelung in einem noch ungeregelten Bereich.

Jedoch beginnen die Schwierigkeiten schon auf der ersten Stufe. Unklar ist, welcher Gesetzgeber überhaupt gemeint ist. Es gibt keine konkrete Vorschrift, die auf einen bestimmten Gesetzgeberwillen verweisen könnte, wie im Fall des Wegfalls oder der Erledigung des Regelungszwecks einer bestimmten Norm.

Oft wird an dieser Stelle wird auf Art. 1 Abs. 2 und 3 des schweizerischen ZGB verwiesen.[396]

> „Kann dem Gesetz keine Vorschrift entnommen werden, so soll der Richter nach Gewohnheitsrecht und, wo auch ein solches fehlt, nach der Regel entscheiden, die er als Gesetzgeber aufstellen würde. (Abs. 2)
>
> Er folgt dabei bewährter Lehre und Überlieferung." (Abs. 3)

Abs. 2 würde zum Ausdruck bringen, dass Richter im Lückenbereich keine Einzelfallentscheidungen treffen, sondern wie ein Gesetzgeber verallgemeinerbares Recht schaffen sollen.[397] In Abs. 3 würde deutlich gemacht, dass die Richter auch im Lückenbereich keine „freischaffenden Sozialingenieure"[398] sind, sondern weiterhin an die Wertungen der übrigen Rechtsordnung gebunden sind und diese soweit wie möglich „hochzurechnen" haben.[399]

Gegen die Parallele zum Art. 1 des Schweizer ZGB ist nichts einzuwenden, doch muss der Rechtsanwender sich bei der „Hochrechnung" der übrigen Rechtsordnung an den Wertentscheidungen des relevanten Gesetzgebers orientieren. Auch Art. 1 des Schweizer ZGB bleibt eine Antwort darauf schuldig, wer der Gesetzgeber ist.

Soll der Rechtsanwender eine Regel „als Gesetzgeber" aufstellen, dann ist damit kein fiktiver, gegenwärtiger, eventuell besonders weiser Gesetzgeber gemeint, an dessen Stelle er nun tätig werden soll, sondern der oder besser die Gesetzgeber, die die Rechtsordnung gestaltet haben und deren Wertungen sie enthält.[400] Denn nur jene haben die Rechtsordnung geformt und nur von jenen erhält sie ihre Legitimität.[401] Teilt der aktuelle Gesetzgeber die Sicht seines Vorgängers nicht, muss

---

[396] Bspw. bei *Rüthers/Fischer/Birk*, Rechtstheorie, Rn. 878 ff.; *Höpfner*, Die systemkonforme Auslegung, S. 149.

[397] *Rüthers/Fischer/Birk*, Rechtstheorie, Rn. 880.

[398] *Fischer*, ZfA 2002, 215 (219).

[399] *Rüthers/Fischer/Birk*, Rechtstheorie, Rn. 881.

[400] So auch *Heck*, AcP 112 (1914), 1 (54 f., 65 ff.). Heck spricht zwar von den Gegenwartsinteressen des Gesetzgebers als Ziel der Rechtsanwendung, doch meint er meines Erachtens damit nicht, dass die Interessen des heutigen Gesetzgebers maßgeblich sind, sondern lediglich, dass die Interessen des damaligen Gesetzgebers nicht statisch verstanden werden dürfen. Das wird in den genannten Stellen deutlich. Der maßgebliche Wille ist nicht der historische Wille des Gesetzgebers, sondern sein „Augenblickswille" (S. 55). Das ist der Wille, den der historische Gesetzgeber im Moment der Gesetzesanwendung bilden würde.

[401] *Looschelders/Roth*, Juristische Methodik im Prozess der Rechtsanwendung, S. 62.

er sie durch Gesetzesänderungen in den verfassungsrechtlich vorgesehenen Verfahren ändern.[402] Der Rechtsanwender darf die Rechtsordnung also nicht einfach aus seiner Perspektive ergänzen, sondern muss die Warte des historischen Gesetzgebers einnehmen, der die Regelung erlassen hat.[403] Damit ist kein Versuch der Einfühlung[404] in den Gesetzgeber gemeint, sondern nur der Nachvollzug und das Weiterdenken seiner Wertungen, wie sie sich im Gesetz und im Gesetzgebungsverfahren niedergeschlagen haben.

Relevant kann dann allein der Wille des jeweiligen Gesetzgebers sein, wie er sich aus der Rechtsordnung erschließen lässt. Sollte dem Gesetzgeber dann aber ein Regelungsinteresse attestiert werden, muss beantwortet werden, wieso dieser noch nicht aktiv wurde. Kann der Rechtsanwender für das bisherige Unterbleiben einer Regelung keine überzeugende Begründung offerieren, wird eine Rechtsfortbildung regelmäßig unterbleiben müssen. Tendenziell werden Rechtsfortbildungen in diesem Bereich nur dann möglich sein, wenn die Veränderung noch sehr jung ist und damit noch gar nicht mit einer Reaktion des Gesetzgebers zu rechnen war. Zugleich muss sich die Regelungsbedürftigkeit angesichts der bisher feststellbaren Wertungen des Gesetzgebers aufdrängen. Möglich wäre es auch, dass sich ein Handeln des Gesetzgebers wegen der Wesentlichkeitslehre aufdrängt, er also ohnehin zum Handeln verpflichtet wäre.[405] Ansonsten greift auch hier das Vorsichtsgebot; der Rechtsanwender hat auf eine Rechtsfortbildung zu verzichten.

VII. Grundbegriffe und -techniken zur Umsetzung der Methode der Feststellung und Ausfüllung sekundärer Lücken

Der hypothetische Gesetzgeberwille ist, wie sich gezeigt hat, für die Feststellung und Ausfüllung sekundärer Lücken im Gesetz zentral. Kritik an der Argumentationsfigur des „hypothetischen Gesetzgeberwillens" liegt nahe, da es sich hier um eine fiktive Größe zu handeln scheint. Nicht selten wird schon der Gesetzgeberwille als eine Fiktion bezeichnet und kritisiert: Der Gesetzgeber sei kein einfaches Subjekt, sondern ein Kollektiv; ein Kollektiv könne aber keinen einheitlichen Wil-

402 *Looschelders/Roth*, Juristische Methodik im Prozess der Rechtsanwendung, S. 62.

403 Wohl gibt es hier keinen Dissens zu den anderen Vertretern des Stufenmodells. Im Schweizer ZGB und auch bei Höpfner klingt es aber so, als dürfe der Richter seine Gesetzgeberrolle freier interpretieren, vgl. *Höpfner*, Die systemkonforme Auslegung, S. 149.

404 So aber Diltheys Konzept, das er in Anschluss an Schleiermacher entwirft, vgl. *Dilthey*, Leben Schleiermachers, Band 1 S. 417 f.; sowie *Dilthey*, Gesammelte Schriften 7, Der Aufbau der geschichtlichen Welt in den Geisteswissenschaften, S. 214 f. Ein Überblick über diese hermeneutische Schule findet sich bei *Betti*, Allgemeine Auslegungslehre als Methodik der Geisteswissenschaften, S. 230. Betti kritisiert solche nacherlebenden und einfühlenden Auslegungsformen (vgl. S. 197 ff.). Sie eignen sich nach ihm lediglich für eine künstlerische bspw. schauspielerische Nachbildung der Vergangenheit, nicht aber für ein Nachverstehen derselben.

405 Auch in diesem Bereich sind die Richter nach dem BVerfG zur Rechtsfortbildung aufgerufen, BVerfGE 84, 212 (227); 88, 203 (115); vgl. auch 49, 286 (303).

len bilden, wie eine Person.[406] Die Rede vom „Gesetzgeberwillen" erscheint dann nur noch metaphorisch oder fiktional.[407] Wird der Gesetzgeberwille aber schon als eine Fiktion verstanden, kann der hypothetische Gesetzgeberwille nicht mehr als die Fiktion einer Fiktion sein. Auch von subjektiv orientierten Autoren wird teils akzeptiert, dass der Gesetzgeberwille eine Metapher[408] oder eine Fiktion[409] sei, wenn auch eine brauchbare beziehungsweise verfassungsrechtlich gebotene.[410] Zu schnell sollte dieser Punkt aber nicht konzediert werden, weil sonst mit Recht eingewandt werden kann, wieso es sich überhaupt lohne, einer Fiktion nachzugehen, geschweige denn sich ihr zu unterwerfen.[411] Zumindest sollte deutlich werden, was damit gemeint ist, dass der Gesetzgeberwille eine „Fiktion" oder eine „Metapher"[412] ist. Das gilt sogar für Anhänger der objektiven Auslegung, denn immerhin ist das auszulegende Gesetz ein Produkt dieser „Fiktion", die in einem Prozess kollektiver Willensbildung das Gesetz erlassen hat.[413]

Hierzu soll zuerst – mit Hilfe neuer Ansätze aus der analytischen Sozial- und Handlungsphilosophie – untersucht werden, was unter dem Begriff „Gesetzgeberwillen" (1.) verstanden werden kann. Aufbauend auf den dort gewonnenen Einsichten wird geprüft, inwiefern die Gesetzesmaterialien als Erkenntnismittel des Gesetzgeberwillens dienen können (2.). Dann kommt es zur Auseinandersetzung mit dem hypothetischen Gesetzgeberwillen, die in zwei Schritten erfolgen wird (3.). Zuerst wird die Semantik kontrafaktischer Aussagen überhaupt in den Blick genommen (3. a). Danach kommt es zu der entscheidenden Prüfung, ob sich aus tatsächlichen Veränderungen seit Gesetzeserlass Rückschlüsse auf den hypothetischen Gesetzgeberwillen und damit auf die Gesetzesanwendung ziehen lassen (3. b). Dabei kann mit Hilfe der Theorie des Überzeugungswandels (Belief Revision Theory) – ein Konzept aus der analytischen Philosophie zu den logischen und erkenntnistheoretischen Voraussetzungen des Überzeugungswandels – eine ratio-

---

[406] *Schaffrath*, Theorie der Auslegung constitutioneller Gesetze, S. 18 ff.; *Wüstendörfer*, Zur Hermeneutik der soziologischen Rechtsfindungstheorie, in: Rehbinder (Hrsg.), Zur Methode soziologischer Rechtsfindung, S. 138 (162); *Schwalm*, Der objektivierte Wille des Gesetzgebers, in: FS Heinitz, S. 47 (50); *Müller/Christensen*, Juristische Methodik, Band 1, Rn. 265 ff., 361e; bedeutend im angelsächsischen Raum *Dworkin*, Law's Empire, S. 320 ff.; *Scalia*, The Federal Courts and the Law, in: Gutmann (Hrsg.), A Matter of Interpretation, S. 16 ff. (50).

[407] *Baldus*, Gut meinen, gut verstehen? in: Baldus u. a. (Hrsg.), „Gesetzgeber" und Rechtsanwendung, S. 5 (7); ähnlich *Waldron*, der die Redeweise von gesetzgeberischen Absichten ganz aufgeben will, *Waldron*, Law and Disagreement, S. 119 ff., 142.

[408] *Röhl/Röhl*, Allgemeine Rechtslehre, S. 628; *Nourse*, Yale L. J. 122 (2012), 70 (81 f.).

[409] *Looschelders/Roth*, Juristische Methodik, S. 47.

[410] *Jestaedt*, Grundrechtsentfaltung, S. 354; *Fleischer*, NJW 2012, 2087 (2089).

[411] *Wischmeyer*, Zwecke im Recht des Verfassungsstaates, S. 243.

[412] Die Bezeichnung des Gesetzgeberwillens als „Metapher" ist dabei sinnvoller als die der „Fiktion". Eine Metapher zeichnet sich dadurch aus, dass sie einen tatsächlichen Kern hat, aber gewisse Bedeutungsaspekte überspitzt, um etwas zu veranschaulichen bzw. eine schwierige semantische Lücke zu schließen, ohne aber von vornherein zu bestreiten, dass es ein tatsächliches Phänomen hinter der Beschreibung gibt, *Peil*, Metapher, in: Ansgar Nünning (Hrsg.), Grundbegriffe der Literaturtheorie, S. 176.

[413] *Wischmeyer*, JZ 2015, 957 (959 f.).

nale Basis für die Erkenntnis des hypothetischen Gesetzgeberwillens geschaffen werden. In einem Resümee dieser Ergebnisse sollen deren Implikationen für die Einschlägigkeit von Art. 100 I GG diskutiert werden (3. c).

Diese Überlegungen stellen zugleich einen Beitrag zu einer „Hermeneutik des Gesetzgeberwillens“ dar, die zu Recht vermehrt gefordert wird.[414] Denn obwohl sich inzwischen in der Rechtswissenschaft und aktuell auch im Bundesverfassungsgericht[415] die Überzeugung durchsetzt, dass der (hypothetische) Gesetzgeberwille die Grenze richterlicher Rechtsfortbildung darstellt, sind die Standards und die Methode der Ermittlung desselben nach wie vor unzureichend geklärt.

1. Gesetzgeberwille

Intensive Ausführungen zum Wesen und zur Erkennbarkeit des Gesetzgeberwillens finden sich in der deutschen Rechtswissenschaft selten. Meistens wird entweder vorausgesetzt, dass es einen erkennbaren Gesetzgeberwillen gibt, oder seine Erkennbarkeit wird mit knappen Ausführungen bestritten. Vor allem Gerichte scheuen sich verständlicherweise vor epistemologischen Grundsatzfragestellungen.[416]

Gegen die Möglichkeit der Erkennbarkeit des gesetzgeberischen Willens wird typischerweise eingewandt, dass ein Kollektiv keinen Willen im natürlichen-psychologischen Sinne bilden kann. Nur Personen können einen Willen bilden, nicht Kollektive. Daher könne es keinen für die Auslegung relevanten Gesetzgeberwillen geben.[417] Hierbei handelt es sich aber um ein Strohmann-Argument.[418] Es wird heute nicht mehr vertreten, dass der Gesetzgeberwille simpler, psychologischer Natur ist, sondern, dass es um eine Zurechnung individueller Absichten zum Gesetzgeberwillen geht.[419] Oft wird auch von einem normativen Gesetzgeberwillen in Abgrenzung zu einem tatsächlichen gesprochen.[420]

---

[414] *Sow*, Der Gesetzgeberwille als Grenze richterlicher Rechtsfortbildung, JuWissBlog Nr. 68/2018 vom 3.7.2018, https://www.juwiss.de/68–2018/.

[415] BVerfG, NJW 2018, 2542 (2549).

[416] *Fleischer*, AcP 211 (2011), 317 (348).

[417] *Schaffrath*, Theorie der Auslegung constitutioneller Gesetze, S. 18 ff.; *Wüstendörfer*, Zur Hermeneutik der soziologischen Rechtsfindungstheorie, in: Rehbinder (Hrsg.), Zur Methode soziologischer Rechtsfindung, S. 138 (162); *Schwalm*, Der objektivierte Wille des Gesetzgebers, in: FS Heinitz, S. 47 (50); *Müller/Christensen*, Juristische Methodik, Band 1, Rn. 265 ff., 361e; bedeutend im angelsächsischen Raum *Dworkin*, Law's Empire, S. 320 ff.; *Scalia*, The Federal Courts and the Law, in: Gutmann (Hrsg.), A Matter of Interpretation, S. 16 ff. (50).

[418] *Jestaedt*, Grundrechtsentfaltung, S. 354, 388; *Bumke*, Einführung in das Forschungsgespräch, in: Bumke (Hrsg.), Richterrecht zwischen Gesetzesrecht und Rechtsgestaltung, S. 1 (29 f.).

[419] *Enneccerus/Nipperdey*, Allgemeiner Teil des Bürgerlichen Rechts, 1. Halbband, S. 326; *Schroth*, Theorie und Praxis subjektiver Auslegung im Strafrecht, S. 83 ff.; *Looschelders/Roth*, Juristische Methodik, S. 46; *Jestaedt*, Grundrechtsentfaltung, S. 355; *Röhl/Röhl*, Rechtslehre (2008), S. 628; *Fleischer*, NJW 2012, 2087 (2089).

[420] *Heck*, AcP 112 (1914), 1 (50, 53, 64, 77); *Looschelders/Roth*, Juristische Methodik, 1996, S. 46 f.; *Rüthers/Fischer/Birk*, Rechtstheorie, Rn. 790.

Doch auch die Zurechnung von Individualwillen an ein Kollektiv bedarf der Klärung. Der klassische Vorwurf der reinen Fiktionalität des Gesetzgeberwillens ist in der anglo-amerikanischen Debatte im Rahmen der public-choice-Theorie neu artikuliert worden. Die Vertreter dieser Theorie weisen darauf hin, dass die Beteiligten am Gesetzgebungsverfahren ganz verschiedene Absichten verfolgen, die nicht in gemeinnützigen Zielvorstellungen aufgehen müssten.[421] Die Vorstellungen und Interessen der Beteiligten eines Kollegialorgans seien zu verschieden, als dass man von den Vorstellungen und Interessen der Beteiligten auf eine einheitliche Absicht des Kollegialorgans schließen könnte. Abgeordneter A mag mit seiner Stimmabgabe im Bundestag völlig andere Absichten verfolgen als Abgeordneter B. Abgeordneter B mag aus Überzeugung für den Gesetzesentwurf stimmen, während Abgeordneter A nur aus Fraktionszwang handelt oder später einen Gefallen vom Abgeordneten B erwartet. Aus solchen heterogenen Willenselementen ließe sich aber kein einheitlicher Gesetzgeberwille konstruieren.[422] Die Willensskeptiker setzen dabei implizit voraus, dass sich der Wille des Kollektivs aus den summierten Absichten der Beteiligten herleiten lassen muss, also eine Zusammensetzung aus den natürlichen Willen sämtlicher Beteiligten (oder denen der Mehrheit) darstellt.[423] Aber sind diese Prämissen korrekt? Können individuelle Intentionen nur dann einem Kollektiv zugerechnet werden, wenn sie einander genau als „mentale Bilder“[424] gleichen und so „aufsummiert“ einen Gesetzgeberwillen formen können? Damit ist der Kern der Problematik erreicht, es stellt sich die Frage nach dem Wesen kollektiver Intentionalität.

Kollektive Intentionen sind mehr als nur die Summe oder die Zusammensetzung gleicher Individualintentionen. Ein einfaches Beispiel[425] zeigt das: Wenn Person A und Person B die Absicht haben, morgen das Taj Mahal zu besuchen, ohne voneinander zu wissen, lässt sich zwar sagen, dass A und B das Taj Mahal besuchen wollen, aber das macht es nicht zu einer kollektiven Intention von A und B. Allein aus der Tatsache, dass zwei oder mehrere Personen die gleiche Absicht haben, lässt sich nicht folgern, dass sie eine kollektive Absicht haben.[426] Damit die Absicht von

---

[421] *Dworkin*, Law's Empire, S. 320 ff.; *Radin*, Harv. L. Rev. 43 (1930), 863 (870); *Easterbrook*, U. Chi. L. Rev. 50 (1983) 533 (547).

[422] *Dworkin*, Law's Empire, S. 320 ff.; *Waldron*, Law and Disagreement, Oxford 1999, S. 119 ff.

[423] *MacCallum*, Yale L. J. 75 (1966), 754 (769 ff.); mit weiteren Nachweisen *Wischmeyer*, Zwecke im Recht des Verfassungsstaates, S. 234 ff.

[424] MacCallum meint, dass die Willensskeptiker simplifiziert davon ausgehen, dass bei den Gesetzgebern genau die gleichen „mental pictures“ präsent sein müssten, um Einigkeit herzustellen. Dabei lässt sich aus der Abwesenheit eines bestimmten mentalen Bilds nicht der Umkehrschluss ziehen, ein Gesetzgeber hätte dazu keinen Willen ausgebildet, *MacCallum*, Yale L. J. 75 (1966), 754 (772 f.).

[425] Beispiel nach, *Schweikard/Schmid*, Collective Intentionality, in: Zalta (Hrsg.), The Stanford Encyclopedia of Philosophy (Summer 2013 Edition), https://plato.stanford.edu/entries/collective-intentionality (Stand: 1.3.2019).

[426] *Searle*, The Construction of Social Reality, S. 37 f.; *Schweikard/Schmid*, Collective Intentionality, in: Edward N. Zalta (Hrsg.), The Stanford Encyclopedia of Philosophy (Summer 2013 Edition), https://plato.stanford.edu/entries/collective-intentionality (Stand: 1.3.2019).

Personen eine kollektive (*we-intention*[427]) wird, muss sie notwendig über die Person selbst hinausweisen, hin auf ein geteiltes Ziel oder einen geteilten Handlungsplan.[428] Jede Analyse sozialer Interaktion, die Individuen nur als selbstzentrierte Akteure wahrnimmt, verfehlt dieses „complex web of mutual awareness" und damit die kollektive Dimension der individuellen Intentionen.[429] Das Handeln von Kollektivorganen muss in solchen geteilten Absichten fundiert sein.[430]

Wird über ein Gesetz abgestimmt, mag es zwar durchaus der Fall sein, dass A und B unterschiedliche Interessen mit ihrer Stimmabgabe verfolgen, doch haben sie notwendig auch die Intention, den Gesetzesvorschlag gemeinsam mit ihrer Stimme zu unterstützen. Für A mag die Stimmabgabe für das Gesetz zwar nur Mittel zum Zweck sein, einen Gefallen von B zu erlangen, doch muss A, um das zu erreichen, notwendig auch beabsichtigen, das Gesetz zu unterstützen, das auch von B unterstützt wird.[431] Dieses Willenselement, das bei der Mehrheit der Abgeordneten bei der Stimmabgabe vorhanden sein muss, kann dann dem Gesetzgeber zugerechnet werden und als Wille des Gesetzgebers bezeichnet werden. Das ist zugleich der plausible Ausgangsgedanke der Paktentheorie.[432] Wenn die relevante Mehrheit der Mitglieder der gesetzgebenden Körperschaft für ein Gesetz gestimmt hat, dann lässt sich von ihrer Stimmabgabe auf den Willen schließen, dieses Gesetz mit dem Inhalt, den es in dem Gesetzgebungsverfahren erlangt hat, zu unterstützen. Der Wille der jeweiligen Mehrheit kann wiederum dem Organ des Gesetzgebers zugerechnet werden, weil das Gesetzgebungsverfahren durch die Verfassung so strukturiert ist.[433]

Wenn also vom „Willen des Gesetzgebers" die Rede ist, so ist damit nicht einfach eine schlichte Summierung sämtlicher irgendwie gearteter Willenselemente der Bundestags- und Bundesratsmitglieder gemeint, sondern jene Willenselemente, die für den Gesetzesbeschluss maßgebend waren – dazu können insbesondere auch die Willensäußerungen der Exekutive in den Gesetzesmaterialien gehören.[434] Werden aber nur bestimmte Willenselemente der Mitglieder dem Kollegialorgan

---

[427] Dieser Begriff wurde von Sellars und vor allem Searle populär gemacht, *Sellars*, On Reasoning about Values, American Philosophical Quarterly 17 (1980), 81 (97); *Searle*, Collective Intentions and Actions, in: Cohen (Hrsg. u. a.), Intentions in Communication, S. 401 (404).

[428] *Bratman*, Shared Agency, S. 12 f., 84; mit weiteren Nachweisen *Wischmeyer*, JZ 2015, 957 (960).

[429] So Wischmeyer in Anschluss an Pettit und andere Vertreter der analytischen Handlungsphilosophie, *Wischmeyer*, JZ 2015, 957 (960).

[430] *Ekins*, The Nature of Legislative Intent, S. 73 f.

[431] *Ekins*, The Nature of Legislative Intent, S. 220 f., 230 ff.

[432] *Bydlinski*, Juristische Methodenlehre und Rechtsbegriff, S. 432; *Engisch*, Einführung in das juristische Denken, S. 122; *Neuner*, Die Rechtsfindung contra legem, S. 104; mit weiteren Nachweisen MüKoBGB/*Säcker*, Einleitung BGB, Rn. 129; *Fleischer*, AcP 211 (2011), 317 (330 f.); *Fleischer*, NJW 2012, 2087 (2090); *Höpfner*, RDA 2014, 61 (62).

[433] *Frieling*, Gesetzesmaterialien und Wille des Gesetzgebers, 168 f.

[434] Zur Maßgeblichkeit der Willenselemente, die aus den Gesetzesmaterialien zu erschließen sind, gleich B. VII. 2.

Gesetzgeber zugerechnet, liegt es doch nach wie vor nahe, dass es sich beim „Gesetzgeberwillen“ nur um eine metaphorische Redeweise handelt.

Insbesondere Wischmeyer tritt in der deutschen rechtswissenschaftlichen Literatur dafür ein, dass der Gesetzgeberwille nicht nur als Fiktion oder Metapher verstanden werden soll. Er kritisiert den Ansatz der public-choice-Theorie, weil er implizieren würde, dass nur der individuelle Geist Absichten verfolgen könne, was in der analytischen Handlungstheorie unter dem Stichpunkt der kollektiven Intentionalität schon längst nicht mehr alternativlos vertreten würde.[435] Er selbst meint – im Anschluss an List und Pettit – dass auch Kollektive Absichten haben können. Danach können Kollektive Träger eigener Absichten sein, auch wenn ihre Mitglieder selbst andere Absichten haben.[436]

List und Pettit wollen eine dritte Option zwischen zwei Denkschulen zum Wesen von Gruppenakteuren etablieren. Die Emergenztheoretiker, zu denen sie auch Otto von Gierke rechnen, gehen davon aus, dass Kollektive eigene Subjekte beziehungsweise Akteure[437] sein können. Wenn sich ihre Mitglieder zusammenschließen, eröffnet das Raum für eine neue Kraft, eine *vis vitalis*, die einen eigenen Akteur mit unabhängiger Existenz von den Mitgliedern der Gruppe schafft.[438] Dagegen lehnen die Eliminativisten die Existenz von Gruppenakteuren ab. In einem ähnlichen Tenor wie in den vorherigen Einwendungen meint Austin, dass nur um der Kürze des Ausdrucks willen von Gruppen als Akteuren gesprochen werde.[439] Was über Gruppenakteure gesagt wird, lässt sich ohne Bedeutungsverlust in Aussagen über Individuen wiedergeben. Ihre eigene Position hält nun einerseits an der Existenz von Gruppenakteuren fest, jedoch ohne eine mysteriöse Kraft heraufzubeschwören, die dem Gruppenakteur Leben einhauchen würde. Gruppenakteure entstehen typischerweise durch willentliche Zusammenschlüsse mehrerer Personen, und ihre Einstellungen und Handlungen sind vollkommen determiniert durch die Einstellungen und Handlungen ihrer Personen; dennoch ergibt das Konzept eines teilweise autonomen Gruppenakteurs Sinn.[440]

List und Pettit gehen davon aus, dass die Einstellungen und Handlungen des Gruppenakteurs aus den Einstellungen und Handlungen seiner Mitglieder supervenieren. Supervenienz wird dabei als eine logische Folgebeziehung verstanden.

---

[435] *Wischmeyer*, Zwecke im Recht des Verfassungsstaates, S. 235 f.

[436] *List/Pettit*, Group Agency, S. 8, 76 f.

[437] List und Pettit sprechen hier von „agency“, also die Eigenschaft Akteur sein zu können, das ist die Handlungsfähigkeit. Dies hängt eng mit der Frage nach der Willensfähigkeit von Kollektiven zusammen. Typischerweise werden nur willentlich veranlasste Ereignisse als Handlungen gefasst und nur willensbegabte Wesen als Akteure verstanden, vgl. *Schlosser*, Agency, in: Zalta (Hrsg.), The Stanford Encyclopedia of Philosophy (Herbst 2015 Edition), https://plato.stanford.edu/entries/agency/ (Stand: 1. 3. 2019).

[438] *List/Pettit*, Group Agency, S. 9, 73 f.; auch *Ekins*, The Nature of Legislative Intent, S. 111, 218 ff.

[439] *Austin*, Lectures on Jurisprudence or the Philosophy of the positive Law, S. 364.

[440] *List/Pettit*, Group Agency, S. 4 f., 74 ff.

Y superveniert aus X genau dann, wenn Y notwenderweise folgt, wenn X vorliegt.[441] Beispielhaft dafür sind die Punkte auf einem Gitternetz, die einen Kreis formen. Immer wenn die Punkte in dieser Anordnung auf dem Gitternetz vorliegen, ist auch der Kreis gegeben. Es ist daher undenkbar, dass eine Gruppe von Personen, ihre Einstellungen und ihre Organisationsstruktur kopiert würde, ohne dass danach auch der identische Gruppenakteur entstünde. Damit wird die unplausible Konsequenz der Emergenztheoretiker vermieden, bei denen die Gruppe durch eine seltsame Kraft belebt wird, die über die Mitglieder der Gruppe hinausgeht und damit auch nicht notwendig mit diesen identisch sein muss.[442] Danach könnte einmal ein Gruppenakteur entstehen, während das andere Mal kein Gruppenakteur über den Mitgliedern entstünde, obwohl ansonsten alles gleich geblieben ist (Mitglieder, Einstellungen der Mitglieder, Organisationsstruktur).

Nicht jede Gruppe ist aber ein Gruppenakteur. Verschiedene Bedingungen müssen erfüllt sein. Erstens muss eine Gruppe Einstellungen darüber aufweisen, wie die Welt beschaffen ist, zweitens Einstellungen dazu, wie die Welt gestaltet sein sollte, und drittens Einstellungen über diese Einstellungen, die die Kohärenz ihres Wollens und Handelns gewährleisten.[443] Demnach können nur solche Gruppen als Akteure verstanden werden, die sich selbst reflektierend zu ihren eigenen Einstellungen und Handlungsweisen verhalten können. Nur so sei die notwendige Kohärenz im Verhalten gegeben, die es ermögliche, eine Gruppe über die Zeit als kohärent verhaltenden Akteur begreifen zu können[444]. Um diese Kohärenz im Verhalten zu gewährleisten, müsse eine komplexe Organisationsstruktur der Gruppe vorhanden sein, die von List und Pettit intensiv analysiert wird.[445]

Die Komplexität dieser (durch die Mitglieder geschaffenen) Organisationsstruktur sorge dafür, dass der Gruppenakteur gegenüber seinen Mitgliedern eine gewisse Autonomie erhalte, wenn auch nur eine epistemologische und keine ontologische.[446] Denn um zu begreifen, was der Gruppenakteur wolle, sei es häufig unzureichend und/oder überflüssig zu erfragen, was die Mitglieder wollen. Wenn die Organisationsstruktur beispielsweise in bestimmten Sachfragen vorsieht, dass ein Expertengremium entscheidet, ist es unzureichend und überflüssig, sich mit der Meinung aller Gruppenmitglieder zu beschäftigen.[447] Obwohl die Einstellung des Gruppenakteurs aus den Einstellungen der Mitglieder superveniere, könne die Einstellung des Gruppenakteurs von den Einstellungen der einzelnen Gruppenmit-

---

[441] *List/Pettit*, Group Agency, S. 65 f.
[442] *List/Pettit*, Group Agency, S. 75.
[443] *List/Pettit*, Group Agency, S. 36.
[444] *List/Pettit*, Group Agency, S. 34, 39.
[445] List und Pettit setzen sich dabei vor allem mit gewissen Paradoxien auseinander, die entstehen können, wenn in Gruppen nach dem Mehrheitsprinzip abgestimmt wird, *List/Pettit*, Group Agency, S. 43 ff.
[446] *List/Pettit*, Group Agency, S. 76.
[447] *List/Pettit*, Group Agency, S. 77.

glieder abweichen, weshalb es sinnvoll sei, den Gruppenakteur als solchen ernst zu nehmen und nicht auf die dahinterstehenden Mitglieder zu reduzieren.[448]

Danach muss sich die Rede vom „Gesetzgeberwillen“ nicht im Metaphorischen erschöpfen. Auch ein Gruppenakteur wie der Gesetzgeber ist insoweit von seinen Mitgliedern autonom, wie sein Wille nicht einfach im Willen der einzelnen Mitglieder aufgeht. Durch das im Grundgesetz und ergänzend in den Geschäftsordnungen vorgeschriebene Gesetzgebungsverfahren wird ein rationales Verfahren der Entscheidungsfindung etabliert, das über die schlichte Addition der Mitgliedermeinungen weit hinausgeht.[449] Der Einwand, der im Rahmen der public-choice-Theorie erhoben wird, würde den Gesetzgeberwillen also nur treffen, wenn dieser tatsächlich nur durch schlichte Addition der Abgeordnetenwillen festgestellt werden könnte, was aber angesichts des komplexen Gesetzgebungsverfahrens nicht zutrifft.[450]

Die Überzeugungskraft der Argumentation von Pettit und List hängt aber an den Kriterien, die sie als notwendig und hinreichend für die Akteursqualität angeführt haben. Sicher ist ein kohärentes Handlungs- und Meinungsschema ein wichtiger Indikator für die Handlungsfähigkeit, doch kann man sich durchaus Wesen vorstellen, die keine Akteure sind, aber doch kohärent handeln – etwa ein komplexer Roboter mit deep-learning-Fähigkeit. Andererseits scheint mir die Kohärenz von Pettit und List überbetont zu werden. Wir würden einer Person nicht die Handlungsfähigkeit absprechen, nur weil wir die Kohärenz in ihrem Denken und Handeln vermissen. Lediglich bei ausreichend schweren psychopathologischen Befunden wird in modernen Rechtssystemen die Handlungsfähigkeit abgesprochen. Damit ist es eine Frage des Grades, ab wann mangelnde Kohärenz im Denken und Handeln einer Person ihre Handlungsfähigkeit in Frage stellt. Doch selbst wenn anerkannt wird, dass Kohärenz im Denken und Handeln ein zentrales Kriterium für die Handlungsfähigkeit beziehungsweise Akteurseigenschaft ist, behält der individuelle Willensbildungsprozess doch eine ganz andere ontologische Qualität, als der eines Gruppenakteurs.[451] Am Ende dieses Willensbildungsprozesses steht die Absicht eines Individuums, am Ende des kollektiven Entscheidungsverfahrens – mag dieses auch noch so komplex gewesen sein – doch nur das Ergebnis der Abstimmung der Kollektivmitglieder.

---

[448] *List/Pettit*, Group Agency, S. 78. Ähnlich sei das Verhältnis zwischen der neuronalen Struktur des Gehirns und dem Bewusstsein. Das Bewusstsein superveniere aus den neuronalen Aktivitäten, gleichwohl ist es nicht mit diesen identisch und es ist oft unmöglich aus der neuronalen Aktivität auf das Verhalten oder die Einstellungen des Akteurs zu schließen. Daher betrachtet man direkt dessen Bewusstseinsinhalte und akzeptiert eine gewisse Autonomie des Bewusstseins gegenüber den Neuronen des Gehirns.

[449] *Wischmeyer*, Zwecke im Recht des Verfassungsstaates, S. 239 ff.; Wischmeyer, JZ 2015, 957 (963).

[450] *Ekins*, The Nature of Legislative Intent, S. 114, 230 ff.

[451] Wischmeyer bezeichnet es daher auch als „Setzung“, dass rationale Entscheidungsfindung und nicht mentale Aktivität für die Zuschreibung von Intentionalität maßgeblich sein sollen *Wischmeyer*, JZ 2015, 957 (962).

Aber selbst wenn man diesen Argumentationsschritt von Pettit und List nicht mitgeht und Kollektive nicht als autonome Akteure einordnen will, bleibt die Analyse richtig, dass es bei komplex strukturierten Kollektiven häufig nicht ausreicht, die Absichten der Gruppenmitglieder zu kennen, um den Willen des Kollektivs zu verstehen. Mag also die Rede vom Willen eines Kollektivs nach wie vor eine metaphorische Komponente haben, sinnlos ist sie nicht.

Ist in den Einzelheiten noch einiges umstritten, ist doch deutlich geworden, dass die Rede vom „Gesetzgeberwillen" – auch wenn sie durchaus ein metaphorisches Moment hat – alles andere als unvernünftig ist. Kollektive Intentionalität ist nicht auf die bloße Aggregation von individuellen Willenselementen reduzierbar, sondern wurzelt in komplexer Weise in geteilten Absichten der Individuen. Im Gesetzgebungsverfahren haben alle beteiligten Individuen notwendigerweise die Absicht, sich den Verfahrensregeln der Gesetzeserzeugung anzupassen und darauf basierend bestimmte Gesetze zu verabschieden.[452]

Der Gesetzgeberwille ist damit kein unsinniges Konzept. Jedoch ist noch nicht geklärt, welche im Rahmen des Gesetzgebungsverfahrens erzeugten Beiträge dem Gesetzgeberwillen zugerechnet werden können. Die Frage in der rechtswissenschaftlichen Diskussion mit der größten praktischen Relevanz in diesem Zusammenhang ist die nach dem Status der Gesetzesmaterialien als hermeneutische Quelle zur Erkenntnis des Gesetzgeberwillens und zur Auslegung von Gesetzen überhaupt. Spiegeln die Gesetzesmaterialien den Gesetzgeberwillen wider und können sie zur Auslegung von Gesetzen herangezogen werden?

2. Gesetzesmaterialien als Erkenntnisquelle des Willens des Gesetzgebers?

Gegen die Benutzung von Gesetzesmaterialien wird häufig eingewandt, dass nicht über ihren Wortlaut, sondern nur über den Gesetzeswortlaut abgestimmt wurde, nur letzterem komme daher verbindliche demokratische Legitimation zu.[453] Das Form- bzw. Promulgationsargument verschafft sich in der Form der Andeutungstheorie Eingang in die gegenwärtige methodische Diskussion. Nach der

---

[452] *Ekins*, The Nature of Legislative Intent, S. 222, 230ff.

[453] *Waldhoff*, Gesetzesmaterialien aus verfassungsrechtlicher Perspektive in: Fleischer (Hrsg.), Mysterium Gesetzesmaterialien, S. 75 (90); *Krüger*, Verfassungsauslegung aus dem Willen des Verfassungsgebers, in: Schwegmann, (Hrsg.), Probleme der Verfassungsinterpretation, S. 142 (143). Einflussreich im angloamerikanischen Raum, *Radin*, Harv. L. Rev 43 (1930), 863 (871); *Scalia*, The Federal Courts and the Law, in: Gutmann (Hrsg.), A Matter of Interpretation, S. 3 (17, 29ff., 35); ähnlich Raz, der dafür argumentiert, dass die Absicht des Gesetzgebers sich nur darauf beziehen muss, dass der Text, den er verabschiedet – so wie er voraussichtlich in der jeweiligen Rechtskultur verstanden werden wird – Gesetz wird, *Raz*, Between Authority and Interpretation, S. 274f., 285f.; dagegen Ekins, der überzeugend dafür argumentiert, dass die legitime Ausübung von Herrschaft mehr voraussetzt als diese „minimal intention" des Gesetzgebers *Ekins*, The Nature of Legislative Intent, S. 112ff.

Andeutungstheorie ist der in den Materialien zum Ausdruck gekommene Gesetzgeberwille nur zu berücksichtigen, soweit er im Gesetzeswortlaut angedeutet ist.[454]

Abgesehen davon, dass man nach dieser Argumentation auch nicht auf historische Wörterbücher, damalige wissenschaftliche Arbeiten et cetera zurückgreifen dürfte,[455] übersieht sie auch, dass die Verabschiedung des Gesetzes nur der letzte Schritt, jedoch nicht der einzige des Gesetzgebungsverfahrens ist. Das Legitimationsmoment der parlamentarischen Willensbildung ereignet sich aber nicht nur in diesem letzten Schritt des Gesetzgebungsverfahrens, sondern aktualisiert sich ständig über den gesamten Verfahrenszeitraum.[456] Die Materialien sind daher ein unersetzliches Mittel zu einem Verständnis des Gesetzestextes, der den Vorstellungen des Gesetzgebers gerecht wird.[457]

Schon bevor im Parlament über ein Gesetzesvorhaben beraten wird, werden im Vorfeld zumeist die entscheidenden Wegmarken des Gesetzes durch die zuständigen Fachministerien und die Bundesregierung festgelegt. Die darauf bezogenen Redebeiträge im Parlament betreffen häufig nur recht unbestimmt die allgemeine politische Stoßrichtung des Gesetzes.[458] Deshalb beziehen sich Gerichte häufig auf Materialien, die aus einem früheren Stadium des Gesetzgebungsverfahrens stammen.[459] Begreift man den Gesetzgeber nach der vorherigen Argumentation als rationalen Akteur, der sich während des gesamten Gesetzgebungsverfahrens Gedanken zu seiner Regelung macht, gehören die Materialien als Teile des gesetzgeberischen Deliberationsprozesses, die die abschließende Entscheidung vorbereiten und stützen, unmittelbar zum Willen des Gesetzgebers.

---

[454] So die frühere Rechtsprechung, bspw. BVerfGE 11, 126 (130); RGZ 52, 334(342); in der Literatur *Forsthoff*, Die Umbildung des Verfassungsgesetzes, in: Forsthoff, Rechtsstaat im Wandel, S. 130 (134); *Larenz*, Methodenlehre, S. 343; *Hassold*, ZZP 1981, 192, 208; wohl auch *Kramer*, Juristische Methodenlehre, S. 151 f. In der neueren Rechtsprechung und Literatur wird die Andeutungstheorie aber nur noch selten vertreten. Tatsächlich schränkt die Andeutungstheorie die Gesetzesbindung des Richters in unzulässiger Weise ein *Heck*, AcP 112 (1914), 1 (154); *Rüthers/Fischer/Birk*, Rechtstheorie, Rn. 734 ff.; *Höpfner*, Die systemkonforme Auslegung, S. 145; MüKoBGB/*Säcker*, Einleitung BGB, Rn. 117 ff. Auch das Bundesverfassungsgericht geht inzwischen nicht mehr davon aus, dass der Richter nur in den Grenzen des zulässigen Wortsinns auf die Verwirklichung der Weisungen des Gesetzgebers verwiesen sei, schon BVerfGE 34, 269 (287).

[455] *Wischmeyer*, Zwecke im Recht des Verfassungsstaates, S. 377 ff.

[456] *Wischmeyer*, JZ 2015, 957 (963).

[457] Der Wert der Materialien für das Verständnis wird auch zuletzt in der Rechtsprechung des BVerfG deutlich, BVerfG, NJW 2018, 2542 (2549); auch in der deutschen Rechtswissenschaft gibt es keine grundsätzliche Materialienabneigung mehr, *Fleischer*, AcP 211 (2011), 317 (348); deutlich gegen die Andeutungstheorie MüKoBGB/*Säcker*, Einleitung BGB, Rn. 117 ff.; auch *Arnauld*, Rechtstheorie 25 (2001), 465 (472 f.); *Fleischer*, NJW 2012, 2087 (2090); nicht zuletzt sollte auch dem Gesetzgeber selbst an einer klaren Begründung seiner Gesetze liegen *Redeker/Karpenstein*, NJW 2001, 2825 ff.

[458] *H.-M. Pawlowski*, Methodenlehre für Juristen, Rn. 620; *Fleischer*, AcP 211 (2011), 317 (330).

[459] *F. Schmidt*, Zur Methode der Rechtsfindung, S. 22 ff.; *Fleischer*, AcP 211 (2011), 317 (330).

Aber auch wenn man dieses starke, realistische Verständnis des Gesetzgebers nicht teilt, lässt sich nicht bezweifeln, dass das Gesetzgebungsverfahren ein kollektiver Entscheidungsprozess ist, in dem es nicht um die schlichte Aggregation individueller Einstellungen geht. Vielmehr soll in diesem Verfahren trotz der Vielzahl individueller Präferenzen ein Kompromiss gefunden werden.[460] Den Weg zu dieser Kompromissfindung dokumentieren die Materialien. Die Gesetzesmaterialien haben die Aufgabe, den Stand des arbeitsteiligen Gesetzgebungsverfahrens festzuhalten und die am Gesetzgebungsverfahren beteiligten Abgeordneten, Ausschüsse und Organe über die bisherigen Ergebnisse des Verfahrens zu informieren. Dabei spielt es keine entscheidende Rolle, ob diese Materialien unmittelbar im Parlament entstanden sind oder aus dem exekutiven Bereich stammen. Zwar kommt dem Parlament als direkt gewähltem Gesetzgeber eine höhere demokratische Legitimität zu, doch fehlt ihm in vielen Bereichen des Gesetzesvorhabens die Fach- und Sachkompetenz.[461] Dieses Spannungsverhältnis zwischen Legitimation und Sachkompetenz lässt sich durch die plausible Annahme der Paktentheorie lösen, wonach das Parlament den von den Gesetzesverfassern in der Begründung kundgetanen Sinn des Gesetzes billigt, sofern es keine eigene abweichende Willensbildung vornimmt.[462] Diese Annahme trägt der arbeitsteiligen Realität des Gesetzgebungsverfahrens Rechnung, in dem eine gemeinsame Vorstellung vom Gesetzeszweck entsteht.[463] Insbesondere die in den Exekutivmaterialien zum Ausdruck kommenden unwidersprochenen Vorstellungen zu Zweck und Anwendungsbereich des Gesetzes sind als Dokumentation des Entwicklungsstandes des Gesetzgebungsverfahrens Grundlage für die Abstimmung über das Gesetz und somit als Willensäußerung der Abgeordneten dem Gesetzgeber zurechenbar.[464]

---

[460] Zum Kompromisscharakter des Gesetzgebungsverfahrens *Schulze-Fielitz*, Theorie und Praxis parlamentarischer Gesetzgebung, S. 404 ff.; weitere Nachweise bei *Wischmeyer*, Zwecke im Recht, S. 249.

[461] *H.-M. Pawlowski*, Methodenlehre für Juristen, Rn. 618; *Fleischer*, AcP 211 (2011), 317 (330).

[462] *Bydlinski*, Juristische Methodenlehre und Rechtsbegriff, S. 432; *Engisch*, Einführung in das juristische Denken, S. 122; *Neuner*, Die Rechtsfindung contra legem, S.104; MüKoBGB/*Säcker*, BGB Einleitung, Rn. 129; *Fleischer*, AcP 211 (2011), 317 (330f.); *Fleischer*, NJW 2012, 2087 (2090); *Höpfner*, RDA 2014, 61 (62). Kritisch *Larenz*, Methodenlehre, S. 329; sowie Canaris, der Neuner kritisiert, weil er dem gesetzgebenden Gremium der Sache nach eine Widerspruchsobliegenheit gegenüber den Gesetzesmaterialien aufbürden würde und dadurch die Kompetenzverteilung in riskanter Weise tangiere und Zufälligkeiten im Gesetzgebungsverfahren zu viel Raum lasse, *Canaris*, Karl Larenz, in: Grundmann/Riesenhuber (Hrsg.), Deutschsprachige Zivilrechtslehrer des 20. Jahrhunderts in Berichten ihrer Schüler, Band 2, S. 263 (297), Fn. 129.

[463] *Müller/Christensen* sprechen von einem „kompetitiven Handlungsspiel", *Müller/Christensen*, Juristische Methodik, Band 1, Rn. 361f; ähnlich *Arnauld*, Rechtstheorie 25 (2001), 465 (472f.).

[464] *Müller/Christensen*, Juristische Methodik, Band 1, Rn. 361f.; *Neuner*, Rechtsfindung contra legem, S. 104f.; *Fleischer*, AcP 211 (2011), 317 (330); *Frieling*, Gesetzesmaterialien und Wille des Gesetzgebers, S. 144ff.

Doch welche Materialien geben den Willen des Gesetzgebers wieder? Diese Frage beschäftigte auch das Bundesverfassungsgericht in seinem zweiten Urteil zum Kopftuchverbot.[465] Die Senatsmehrheit erschloss den erkennbaren Willen des Gesetzgebers allein aus dem ersten Gesetzesentwurf der Landesregierung und folgerte – ausgehend davon folgerichtig –, dass das Gesetz keiner verfassungskonformen Auslegung zugänglich sei.[466] Überzeugend wendeten aber Richterin Hermans und Richter Schluckebier in einem Sondervotum ein, dass die entstehungsgeschichtliche Auslegung nicht beim ersten relevanten Indiz für den Gesetzgeberwillen stehen bleiben dürfe, sondern sämtliche relevanten Informationen miteinbeziehen müsse. Der anfänglich verfolgte Gesetzeszweck – christliche und jüdische Glaubensbekundungen zu privilegieren – wäre im späteren Gesetzgebungsverfahren relativiert worden, so dass eine einschränkende, verfassungskonforme Auslegung von § 57 IV 3 NRWSchulG möglich sei.[467]

Zuletzt praktizierte das Bundesverfassungsgericht in seinem Beschluss zur Auslegung von § 14 II 2 TzBfG aber einen differenzierteren Umgang mit den Gesetzesmaterialien.[468] Das Bundesverfassungsgericht stellt sich in seinem Beschluss gegen die methodisch inakzeptable Rechtsprechung des Bundesarbeitsgerichts,[469] die das Befristungsverbot von § 14 II 2 TzBfG willkürlich nur dann anwendete, wenn die Vorbeschäftigung nicht länger als drei Jahre zurücklag. Weder der Wortlaut der Norm noch die Entstehungsgeschichte gaben dazu Anlass. Das Bundesverfassungsgericht stützt seine Argumentation vor allem auf den Gesetzesentwurf der Bundesregierung[470], der ein klares gesetzgeberisches Regelungskonzept zum Ausdruck brächte.[471] In dem Beschluss wird deutlich, dass das Bundesverfassungsgericht den Gesetzgeberwillen als Grenze der richterlichen Rechtsfortbildung ernst nimmt und zugleich zentrale Materialien des Gesetzgebungsverfahrens als wichtige hermeneutische Erkenntnisquelle des Gesetzgeberwillens heranzieht. Folgenden Materialienkatalog nennt das Bundesverfassungsgericht:

> „In Betracht zu ziehen sind hier die Begründung eines Gesetzentwurfes, der unverändert verabschiedet worden ist, die darauf bezogenen Stellungnahmen von Bundesrat (Art. 76 Abs. 2 Satz 2 GG) und Bundesregierung (Art. 76 Abs. 3 Satz 2 GG) und die Stellungnahmen, Beschlussempfehlungen und Berichte der Ausschüsse. In solchen Materialien finden sich regelmäßig die im Verfahren als wesentlich erachteten Vorstellungen der am Gesetzgebungsverfahren beteiligten Organe und Personen.“[472]

Mit dieser nachvollziehbaren Nennung konkreter Materialien gibt das Bundesverfassungsgericht seiner Argumentation eine klare methodische Kontur, die sich

---

[465] BVerfGE 138, 296.
[466] BVerfGE 138, 296 (351).
[467] Sondervotum Schluckebier und Hermanns zu BVerfGE 138, 359 (371 ff.).
[468] BVerfG, NJW 2018, 2542 (2549).
[469] BAGE 137, 275; dazu schon kritisch *Höpfner*, NZA 2011, 893.
[470] BT-Drucks. 14/4374, S. 14 u. 18 f.
[471] BVerfG, NJW 2018, 2542 (2549).
[472] BVerfG, NJW 2018, 2542 (2548).

nicht einfach in einem pauschalen Verweis auf den Gesetzgeberwillen oder die Gesetzesmaterialien erschöpft. Dies kann durchaus als methodische Wegmarke für die Zukunft aufgefasst werden.[473]

Aber wie lässt sich die Nennung der konkreten Materialien des Bundesverfassungsgerichts weiter rechtfertigen? Das Bundesverfassungsgericht stellt zurecht fest, dass sich in diesen Materialien die im Gesetzgebungsverfahren „als wesentlich erachteten Vorstellungen der am Gesetzgebungsverfahren beteiligten Organe und Personen" finden lassen. Dagegen ist es ein Gemeinplatz, dass Aussagen einzelner Abgeordneter nicht ohne weiteres den Gesetzgeberwillen widerspiegeln können. Da das Gesetzgebungsverfahren ein kollektiver Prozess ist, der nicht einfach in der zufälligen Aneinanderreihung individueller Ansichten aufgeht, fehlt Einzelaussagen oft die Repräsentativität.[474] Einzelaussagen können nicht ohne weiteres für das ganze parlamentarische Verfahren stehen. Ähnliches gilt für Verhandlungsprotokolle, die primär die Sonderinteressen der Beteiligten darstellen und weniger den in der Körperschaft gefundenen Kompromiss repräsentieren.[475] Wischmeyer nennt als zentrale Kriterien für die Relevanz der Materialien neben der Repräsentativität noch die Schlüsselstellung im Verfahren, sowie die Transparenz und Konsistenz.[476] Der Konsistenz kommt erhebliche Bedeutung bei der Zurechenbarkeit von Willensäußerungen zu. Wird eine Argumentationslinie über das Gesetzgebungsverfahren nicht bis zum Schluss durchgehalten, kann sie auch nicht den Gesetzgeberwillen darstellen.[477] Lediglich das Kriterium der „Schlüsselstellung" bleibt etwas unklar. Entscheidend ist letzten Endes, inwieweit Aussagen im Gesetzgebungsverfahren das Verständnis des Gesetzes beeinflusst haben und für die Abstimmung über den Gesetzesinhalt grundlegend wurden.[478] Wischmeyers Kriterien stellen nützliche Indizien für diese Abwägung dar. Typischerweise werden sowohl der Gesetzesentwurf der Regierung als auch die Stellungnahme des Bundesrates sowie die in den Ausschüssen produzierten Dokumente relevant für das Gesetzesverständnis sein – bei anderen Materialien ist dagegen Vorsicht geboten. Wischmeyers Kriterien führen daher zu einem ähnlichen Materialienkatalog wie der des Bundesverfassungsgerichts.

---

[473] *Sow*, Der Gesetzgeberwille als Grenze richterlicher Rechtsfortbildung, JuWissBlog Nr. 68/2018 vom 3. 7. 2018, https://www.juwiss.de/68–2018/.

[474] *Wischmeyer*, JZ 2015, 957 (964).

[475] *Wischmeyer*, JZ 2015, 957 (965).

[476] *Wischmeyer*, JZ 2015, 957 (964 f.).

[477] Der im Januar 2018 geänderte § 439 III BGB sah nach der Regierungsbegründung (BT-Drucks. 18/8486, 39) noch ein Wahlrecht des Verkäufers zwischen dem Aus- und Einbau in natura und dem Aufwendungsersatz im Rahmen der Nacherfüllung vor. Dieses Wahlrecht wurde aber später auf Empfehlung des Rechtsausschusses vom Gesetzgeber gestrichen (BT-Drucks. 18/11437, 46). Der Käufer kann nun einseitig nur noch Aufwendungsersatz verlangen. Daraus lässt sich nicht folgern, dass nun der Käufer wählen darf, wie der Verkäufer für den Aus- und Einbau aufkommen soll. So aber Grunewald/Tassius/Langenbach, die auf eine überholte systematische Einordnung eines früheren Abschnitts des Gesetzgebungsverfahrens verweisen *Grunewald/Tassius/Langenbach*, BB 2017, 1673; dagegen *Höpfner/Fallmann*, NJW 2017, 3745 (3748 f.).

[478] *Frieling*, Gesetzesmaterialien und Wille des Gesetzgebers, S. 212.

Frieling schränkt den betreffenden Kreis der verwertbaren Materialien durch eine bedenkenswerte Überlegung ein. Zwar kann eine unwidersprochene Aussage im Gesetzgebungsverfahren, wie sie beispielsweise in den Materialien zum Ausdruck kommt, der gesetzgebenden Mehrheit zugerechnet werden, doch nicht ohne weiteres auch dem Gesetzgeber selbst. Zum Willen des Gesetzgebers wird eine im Gesetzgebungsverfahren geteilte Einstellung nur, wenn sie sich im Bereich der maßstabssetzenden Gewalt der Legislative hält. Greift sie dagegen in die Kompetenz zur Entscheidung des konkreten Falls der Judikative über, dann kann sie nicht mehr dem Gesetzgeber zugerechnet werden, auch wenn sie von allen relevanten Abgeordneten geteilt wurde.[479]

Beachtlich seien danach vor allem Aussagen über den Sinn und Zweck des Gesetzes und zur Auslegung des Wortlauts.[480] Unbeachtlich seien dagegen vom Gesetzgeber angeführte Beispielsfälle sowie vorausgesetzte tatsächliche[481] und rechtliche Prämissen.[482] Frielings Auffassung hat sicherlich einen richtigen Kern. Dieser zeigt sich in Fällen, in denen der Gesetzgeber nachträglich versucht, eine Auslegungspraxis der Gerichte durch Erwägungen in den Materialien zu unterbinden.[483] Zudem kann der Gesetzgeber nicht durch eine eigene Rechtseinschätzung spätere abweichende Auslegungen der Gerichte verhindern. Man stelle sich nur vor, der Gesetzgeber könnte in den Materialien seine verfassungsrechtliche Einschätzung anführen und damit die Bahn der verfassungsrechtlichen Auslegung der Gerichte vorzeichnen. Hiermit würde in unzulässiger Weise in den ureigenen Kompetenzbereich der Judikative eingegriffen. Der Gesetzgeber muss mit den Entscheidungen der Gerichte leben, solange diese sich lege artis im Rahmen einer vertretbaren methodischen Anwendung halten.

Doch geht Frieling zu weit, wenn er sämtliche vom Gesetzgeber angeführten Beispielfälle oder dessen rechtliche und tatsächliche Annahmen, die die epistemische Basis des Gesetzgebers zum Zeitpunkt des Gesetzgebungsverfahrens kenn-

---

479 *Frieling*, Gesetzesmaterialien und Wille des Gesetzgebers, S. 157, 169.

480 *Frieling*, Gesetzesmaterialien und Wille des Gesetzgebers, S. 169 ff.

481 In der Auseinandersetzung mit Scalia unterscheidet Dworkin in ähnlicher Manier einerseits die semantische Intention des Gesetzgebers und andererseits seine konkrete Intention. Erstere erfasst die Bedeutung, die der Gesetzgeber den Worten seines Gesetzes beimessen will und letztere seine konkreten Absichten über die Folgen seiner Gesetzgebung, *Dworkin*, Comment, in: Gutmann (Hrsg.), A Matter of Interpretation, S. 115 ff. (117). Scalia, dem es nur auf semantische Intention ankommt, akzeptiert die Unterscheidung, doch sieht zugleich, dass die semantische Intention von der konkreten Intention des Gesetzgebers abhängen kann, *Scalia*, Response, in: Gutmann (Hrsg.), A Matter of Interpretation, S. 129 ff. (144).

482 *Frieling*, Gesetzesmaterialien und Wille des Gesetzgebers, S. 171, 184 ff.

483 Das BVerfG lehnte im Ergebnis zutreffend eine nachträgliche authentische Interpretation des Gesetzgebers einer schon vorhandenen Norm durch spätere Gesetzesmaterialien als echte Rückwirkung ab, BVerfGE 135, 1, (15) (abweichende Meinung Richter Masing); zustimmend *Frieling*, Gesetzesmaterialien und Wille des Gesetzgebers, S. 162; *Waldhoff*, Gesetzesmaterialien aus verfassungsrechtlicher Perspektive in: Fleischer (Hrsg.), Mysterium Gesetzesmaterialien, S. 75 (80); ablehnend gegenüber dem Beschluss des BVerfG *Lepsius*, JZ 2014, 488.

zeichnen, aus dem Kreis der für die Gesetzesauslegung beachtlichen Materialienhinweise ausklammern will. Dies übersieht zweierlei:

Erstens ist nur der parlamentarische Gesetzgeber unmittelbar demokratisch legitimiert. Seine Entscheidungen sind daher grundsätzlich von der Judikative zu respektieren. Möchte er auf einen Beispielfall für die Gesetzesanwendung hinweisen, ist dagegen nichts einzuwenden. Wieso sollte der Rechtsanwender, wenn er einen analog zum Beispielfall liegenden Fall zu entscheiden hat, nicht an die Wertung des Gesetzgebers gebunden sein? Ihm obliegt nach wie vor die Entscheidung, ob der vorliegende Fall wirklich mit dem Beispielfall vergleichbar ist. Seine Kompetenz zur Entscheidung des konkreten Falles ist davon nicht betroffen. Stellt er die Vergleichbarkeit fest, ist er aber an die Vorgaben des Gesetzgebers gebunden. Eine Grenze für den Gesetzgeber ergibt sich aus dem Verbot der Einzelfallgesetzgebung aus Art. 19 I 1 GG, aber diese ist nicht allein deshalb erreicht, weil der Gesetzgeber eine bestimmte Situation für regelungsbedürftig hält, sofern diese nicht nur einmalig auftritt.[484]

Zweitens greift der Gesetzgeber auch nicht durch das Zugrundelegen tatsächlicher Prämissen unzulässig in die Kompetenz der Judikative ein. Zuerst muss ein potentielles Missverständnis ausgeräumt werden, das an dieser Stelle auftreten könnte. Der Richter wird durch solche Prämissen des Gesetzgebers nicht angehalten, die Wirklichkeit in einer bestimmten Weise zu verstehen. Die Wirklichkeit bleibt die Wirklichkeit, der Gesetzgeber kann sie nicht mit seinen Annahmen ändern. Der Gesetzgeber zeigt mit der Nennung seiner Annahmen über die Wirklichkeit lediglich an, dass er von gewissen Sachverhalten ausging, die ihn zu der Gesetzgebung motiviert haben. Bei der Wirklichkeitsdeutung können dem Gesetzgeber aber anfänglich Fehler unterlaufen, oder seine Annahmen nachträglich falsifiziert werden. Der Gesetzgeber unterscheidet sich dabei nicht von anderen Subjekten, die die Wirklichkeit verstehen wollen. Allwissenheit ist eine oft ersehnte, aber nie erreichte Eigenschaft. Geht ein Satzungsgeber vor Erlass seines Bebauungsplans beispielweise davon aus, dass in der ausgewiesenen Bebauungsfläche keine seltene Tierart lebt und erlässt den Plan nur unter dieser Annahme, dann bedeutet dies nicht, dass die Gerichte davon ausgehen müssen, dass an der vorgesehenen Fläche keine seltenen Tierarten leben. Stellt sich aber heraus, dass die Annahme des Gesetzgebers falsch war, kann damit auch die Anwendbarkeit der Satzung in Frage gestellt werden. Gebunden sind die Gerichte nicht an die Wirklichkeitseinschätzung des Gesetzgebers, wohl aber an seine Absicht, die von einer bestimmten Wirklichkeitseinschätzung geprägt ist.

Frielings Konzept stößt an dieser Stelle an immense Abgrenzungsschwierigkeiten. Was gehört noch zu den Zweckvorstellungen des Gesetzgebers und was ist ein bloßer Beispielfall? Was ist eine Vorstellung zu rechtlichen oder tatsächlichen Prämissen und was eine Vorstellung zu Sinn und Zweck des Gesetzes? Wenn der

484 Mit weiteren Nachweisen BeckOK GG/*Enders*, 39. Ed. 15.11.2018, Art. 19 GG, Rn. 8f.

Gesetzgeber in den Gesetzesmaterialien zu der Neufassung von § 439 III BGB anspricht, dass die Situation der Bauhandwerker gegenüber ihren Lieferanten zu stärken sei, wenn sie die Kaufsache beim Verbraucher eingebaut haben,[485] ist nicht klar, ob es sich hierbei um einen beispielhaften Anwendungsfall des Gesetzes oder den Gesetzeszweck selbst handelt. Dies hängt häufig an der Formulierung des Gesetzgebers. Wird formuliert „Zweck des Gesetzes ist x" oder wird formuliert „das Gesetz soll insbesondere gelten, wenn x", so erscheint der gleiche Inhalt der Gesetzesbegründung einmal als Zweck des Gesetzes und einmal als Beispielfall oder tatsächliche Prämisse. Wollte man eine Aussage des Gesetzgebers in der Gesetzesbegründung nur dann zur Gesetzesauslegung heranziehen, wenn sie auf den Gesetzeszweck bezogen ist, könnte dies dazu führen, dass der Gesetzgeber sämtliche ihm wichtigen Inhalte in einer Zweck-Terminologie formulieren würde, was sicherlich eine unerwünschte Nebenfolge der dargestellten Ansicht wäre. Wenn der Gesetzgeber einen bestimmten Falltypus regeln will, dann scheint er es sich zur Absicht gemacht zu haben, eben diesen „Beispielfall" regeln zu wollen. Genauso steht es in seinem Belieben, sein Gesetz von dem Eintritt oder Vorhandensein gewisser tatsächlicher Bedingungen abhängig zu machen. Engere Grenzen sollten für den Gesetzgeber nicht gezogen werden.

Das Gesagte gilt ceteris paribus auch für rechtliche Prämissen. Rechtliche Prämissen des Gesetzgebers sind aber grundsätzlich von den Gerichten voll nachkontrollierbar. Insbesondere kann das Verfassungsgericht verfassungsrechtliche Überlegungen des Gesetzgebers vollständig überprüfen. Ist die verfassungsgerichtliche Begründung des Gesetzgebers für sein Gesetz nach dem Bundesverfassungsgericht nicht haltbar, so wird damit im Normalfall das Gesetz verfassungswidrig sein. Die Begründung des Gesetzgebers ist in diesem Fall – da verfassungswidrig – schlicht unbeachtlich. Anders stellt sich die Situation dar, wenn der Gesetzgeber einen Sachverhalt nur regelt, weil er von einer gewissen Grundrechtsauslegung oder verfassungsrechtlichen Situation ausging.[486] Das Gesetz muss damit nicht verfassungswidrig werden, weil die Grundrechtsauslegung des Gesetzgebers nur die Bedingung für den Gesetzeserlass war, aber nicht die Begründung beziehungsweise der Zweck des Gesetzes. Wenn das Bundesverfassungsgericht später von der gesetzgeberischen Grundrechtsauslegung abweicht, kann nicht unverändert an der Gesetzesanwendung festgehalten werden, weil der Gesetzgeber unter diesen Umständen nicht an seinem Gesetz festgehalten hätte, unabhängig davon ob das Gesetz selbst verfassungswidrig ist oder nicht. An dieser Stelle ist der Bereich des hypothetischen Gesetzgeberwillens erreicht, dessen theoretische Voraussetzungen jetzt dargelegt werden sollen.

---

[485] BT-Drucks. 18/11437, S. 46.

[486] Vgl. dazu den Fall unter, D. I. 1. a).

3. Hypothetischer Gesetzgeberwille

Neben der grundlegenden Skepsis zur Feststellbarkeit und Aussagekraft des Gesetzgeberwillens gibt es eine weitere Tradition von Willensskeptikern, die nicht den Gesetzgeberwillen absolut ablehnen, sondern nur seine Bindungskraft über die Zeit in Frage stellen. Nur bei neuen Gesetzen würden die Motive des Gesetzgebers den Rechtsanwender binden können, je älter die Gesetze werden, umso mehr nehme das Gewicht von dessen Absicht ab.[487] Bei alten Gesetzen binde der Wille nur noch „ceteris paribus".[488] Die Aussagen erschöpfen sich meist in apodiktischen Feststellungen, ohne dass Gründe dargelegt würden. Dabei ist es unverständlich, wieso allein das Alter eines Gesetzes von der Bindung an die dahinterstehenden Absichten befreien sollte. So gibt es auch keinen Vertreter einer festen Zeitgrenze der Gesetzesbindung. Wie hoch sollte diese auch angesetzt werden? 50 Jahre? 100 Jahre? Dies wäre unzweifelhaft eine irrationale Position. Keiner würde an der Verbindlichkeit der gesetzgeberischen Interessenbewertung zweifeln, die hinter der Menschenwürde steht, nur weil Art. 1 GG inzwischen schon über 60 Jahre alt ist, genauso wenig wird § 985 BGB in Frage gestellt, obwohl dieser schon über 100 Jahre alt ist. Bestrebungen der Judikative oder der Jurisprudenz, Absichten des Gesetzgebers die Rationalität oder Legitimität abzusprechen, beziehen sich immer nur auf bestimmte Interessenbewertungen, die aus bestimmten Gründen nun nicht mehr tragbar erscheinen. Dies zeigt, dass nicht das Alter eines Gesetzes per se zur Hinfälligkeit der Gesetzgeberabsicht führen kann, sondern die Veränderungen, die sich nach dem Gesetzeserlass zugetragen haben.

Wie schon angesprochen wurde,[489] führen die Veränderungen in der Wirklichkeit aber nicht dazu, dass der Gesetzgeberwille nicht mehr zu beachten wäre. Vielmehr ist es eine Konsequenz der Achtung des historischen Gesetzgeberwillens, die Weiteranwendung eines in die Jahre gekommenen Gesetzes genau zu prüfen. So kann gerade das hypothetische Fortdenken des historischen Gesetzgeberwillens ein Rechtfertigungsgrund für die Anpassung der Rechtsordnung sein. Dies wird von der Rechtsprechung und Rechtswissenschaft selten deutlich gesehen. Wenn der hypothetische Gesetzgeberwille als Argumentationstopos auftaucht, dann vor allem in der Form des hypothetischen Willens des gegenwärtigen Gesetzgebers, der des historischen Gesetzgebers sei dagegen irrelevant.[490] Dabei ist der „heutige Gesetzgeberwille", sofern er keinen Ausdruck in der Gesetzgebung gefunden hat, tatsächlich nur eine Fiktion, denn er wurzelt nicht in dem durch Auslegung

---

[487] *Esser*, Werte und Wertewandel in der Gesetzesanwendung, S. 7 f.; *Zippelius*, Juristische Methodenlehre, S. 21; *Heusinger*, Rechtsfindung und Rechtsfortbildung im Spiegel richterlicher Erfahrung, S. 97 f.; *Ebsen*, Gesetzesbindung und „Richtigkeit" der Entscheidung, S. 54 f.; mit weiteren Nachweisen für diese Haltung *T. Honsell*, Historische Argumente im Zivilrecht, S. 177 f.

[488] *Wank*, Grenzen richterlicher Rechtsfortbildung, S. 69.

[489] B. VI. 1.

[490] Mit weiteren Nachweisen *T. Honsell*, Historische Argumente im Zivilrecht, S. 178 f.

und Zurechnung feststellbaren historischen Gesetzgeberwillen, sondern wird frei vom Rechtsanwender geschaffen. Eike von Savigny bekennt offen, dass der heutige Gesetzgeberwille eine Chiffre für das Billige und Erforderliche, kurz für das Richtige sei.[491]

Doch auch der hypothetische Gesetzgeberwille des historischen Gesetzgebers stellt nach einer verbreiteten Ansicht eine gefährliche Fiktion dar, die zu einer unbegrenzten Auslegung führen könne.[492] Es gäbe keine methodischen Standards zur Feststellung des hypothetischen Gesetzgeberwillens, und er gefährde die Rechtssicherheit, da die Rechtsadressaten nicht mehr auf den Wortlaut vertrauen könnten.[493] Der hypothetische Gesetzgeberwille kann nicht unmittelbar aus Materialien und dem Gesetzestext erschlossen werden, sollen diese doch Auskunft über den wirklichen Gesetzgeberwillen geben. Er muss daher bis zu einem gewissen Grad vom Rechtsanwender konstruiert werden. Andererseits ist es klar, dass der Gesetzgeber nicht sämtliche zukünftigen Ereignisse bedenken kann, die seine Regelung unterminieren können. Der Gesetzgeber ist keine allwissende, transzendente Instanz, der keine Fehler unterlaufen können und die die Zukunft gleichursprünglich mit der Gegenwart schaut.[494] Der Gesetzgeber kann schon anfänglich eine Regelung vergessen, die eigentlich zum Gesetz werden sollte. Auch kann er die tatsächliche oder rechtliche Lage, die für seine Regelung wesentlich war, falsch aufgefasst haben oder im Bereich sekundärer Lücken nicht alle relevanten, zukünftigen Veränderungen erahnt haben, die seine Regelung in Frage stellen können. Insoweit sollte kein Unterschied zwischen anfänglichen oder nachträglichen Anschauungslücken gemacht werden. Die Wertentscheidung des Gesetzgebers ist von Motivirrtümern zu reinigen, sofern keine anderweitigen, rechtserheblichen Gründe dagegen sprechen.[495]

Die Einwände gegen den hypothetischen Gesetzgeberwillen sind dann überzeugend, wenn sich tatsächlich keine Kriterien finden lassen, anhand derer etwas über den hypothetischen Gesetzgeberwillen ausgesagt werden kann. Dass es keine solchen Kriterien gibt, wird von den Gegnern des hypothetischen Gesetzgeberwillens vorausgesetzt, aber nicht bewiesen. In den folgenden beiden Abschnitten sollen daher auf Grundlage der Erkenntnisse analytischer Philosophie erste methodische Anweisungen zur Feststellung des hypothetischen Gesetzgeberwillens

---

[491] Dagegen erkennt er Aussagen über die tatsächliche, empirische Entscheidungsdisposition des Gesetzgebers an *Savigny*, Die Jurisprudenz im Schatten des Empirismus, in: Albert (Hrsg.): Rechtstheorie als Grundlagenwissenschaft der Rechtswissenschaft, S. 102.

[492] Bspw. *Neuner*, Die Rechtsfindung contra legem, S. 118f.; *Weiss*, ZRP 2013, 66; *Löhnig/Preisner*, ZRP 2013, 155; *Rüßmann*, Contra-legem Entscheidungen, in: FS Koch, S. 85.

[493] *Frieling*, Gesetzesmaterialien und Wille des Gesetzgebers, S. 185.

[494] So auch *Looschelders/Roth*, Juristische Methodik im Prozess der Rechtsanwendung, 231f., 255f.

[495] *Looschelders/Roth*, Juristische Methodik im Prozess der Rechtsanwendung, 231f. Dazu auch schon B. III. 3. und B. VI. 1.

entwickelt werden. Diese Ausführungen zu den kontrafaktischen Konditionalen wie zur Belief Revision Theory werden sich auf einem basalen Niveau bewegen, da sich beide Theoriefelder komplex entwickelt haben und einen hohen logischen Formalisierungsgrad aufweisen. Für die Methodik der Feststellung und Ausfüllung sekundärer Gesetzeslücken wird es aber nur auf relativ grundlegende Einsichten aus diesen Wissenschaftsbereichen ankommen, die keinen zu tiefen Einstieg in die Materie verlangen.

Eine Replik soll aber schon jetzt auf einen allgemeinen Einwand gegen den hypothetischen Gesetzgeberwillen gegeben werden, dass die Rechtsadressaten sich nach einer richterlichen Anpassung des Gesetzes nicht mehr allein auf den Gesetzeswortlaut verlassen könnten.[496] Tatsächlich bestehen diese Bedenken bei jeder Art von Rechtsfortbildung (Analogie, teleologische Reduktion et cetera), immer wird das Verständnis des Gesetzes durch die Gerichte bei gleichbleibendem Wortlaut verändert. Dennoch muss dies keinen Verlust an Rechtssicherheit bedeuten, wenn die Spruchpraxis der Gerichte weiterhin nachvollziehbar und voraussehbar bleibt. Auch verfassungsrechtlich gibt es keine Bedenken. Viel zu schnell wird die Gesetzesbindung mit der Bindung der Gerichte an den Gesetzeswortlaut gleichgesetzt. Rechts- und Gesetzesbindung im Sinne von Art. 20 III GG bedeuten nicht Bindung an den Wortlaut der Vorschrift, sondern Bindung an die Regelungsabsicht des Gesetzgebers.[497] Lediglich im Strafrecht gilt das Analogieverbot zu Lasten des Täters aus Art. 103 II GG.[498] Der hypothetische Gesetzgeberwille darf daher auch nicht zur Rechtfertigung der Bestrafung eines Täters herangezogen werden, wenn damit das Wortlautverständnis der Norm überspannt würde.[499]

a) Das irreale Moment in hypothetischen Aussagen – Die Semantik kontrafaktischer Konditionalaussagen

Auch jenseits der Überlegungen zum hypothetischen Gesetzgeberwillen sind hypothetische Aussagen in vielen Teilbereichen des juristischen Diskurses wichtig: in der herrschenden strafrechtlichen Kausalitätstheorie[500], bei Fragen der mutmaßlichen/hypothetischen Einwilligung in eine Rechtsgutverletzung[501], des mutmaß-

[496] *Frieling*, Gesetzesmaterialien und Wille des Gesetzgebers, S. 185.

[497] In diese Richtung lassen sich viele methodische Aussagen des Bundesverfassungsgerichts verstehen, die sich in letzter Zeit verdichten, BVerfGE 34, 269 (287) (Soraya); 96, 375 (394 f.) (Arzthaftung); 128, 193 (210) (Dreiteilungsmethode); 132, 99 (127 f.) (Delisting); BVerfG, NJW-RR 2016, 1366, Rn. 39; zuletzt BVerfG 1 BvR 318/17 u. a., Rn. 31 f. *Rüthers/Fischer/Birk*, Rechtstheorie, Rn. 717 ff.; *Neuner*, Die Rechtsfindung contra legem, S. 137.

[498] Vgl. dazu schon B. III.

[499] Dies ist wohl im Holzdiebfall geschehen, als das Tatbestandsmerkmal des „bespannten Fuhrwerks" durch einen Diebstahl mit einem motorisierten Lastwagen erfüllt sein sollte, BGHSt 10, 375.

[500] Schönke/Schröder/*Eisele*, Vorbemerkungen zu den §§ 13 ff. StGB, Rn. 73a.

[501] MüKoStGB/*Joecks (Hardtung)*, § 223 StGB, Rn. 109 ff. u. 112 ff.

lichen Willens im Rahmen der GoA[502], der Auslegung von Willenserklärungen[503], der Störung der Geschäftsgrundlage[504] und vielen weiteren Anwendungsbereichen. Alle diese Argumentationstechniken basieren auf der Möglichkeit, von den Verhältnissen, wie sie sich tatsächlich darstellen, zu abstrahieren. Beispielsweise wird gefragt, ob O noch am Leben wäre, wenn T nicht geschossen hätte, oder ob der Patient in die Operation eingewilligt hätte, wenn er bei Bewusstsein gewesen wäre.

Der Intelligenzforscher James R. Flynn, der Namensgeber des Flynn-Effekts,[505] zeichnet mit Bezug auf A. R. Lurija unsere Fähigkeit, logische Kategorien und Schlüsse von konkreten Situationen zu lösen, als eine der entscheidenden intellektuellen Entwicklungen der modernen, wissenschaftlich geschulten Gesellschaft aus. Dies würde vor allem in unserer Bereitschaft verdeutlicht, hypothetische Betrachtungsweisen regelmäßiger und gelöster von den alltäglichen Verhältnissen zu nutzen.[506] Lurija interviewte eine Reihe russischer Bauern aus kleinen, abgelegenen Dörfern ohne Großstadterfahrungen und praktisch keiner Schulbildung.[507] Es zeigte sich, dass sie nicht bereit oder fähig waren, logische Schlussfolgerungen ohne praktische Erfahrungsgrundlage zu ziehen. In dem folgenden Interview fordert Lurija seinem Probanden auf, eine syllogistische Schlussfolgerung zu ziehen, die eigentlich allein auf der Grundlage der Gesetze der Logik und der Begriffsbedeutungen deduzierbar ist:[508]

Lurija: Angenommen, es gibt keine Kamele in Deutschland und die Stadt B liegt in Deutschland. Gibt es dann dort Kamele?

Bauer: Ich weiß nicht. Ich habe nie deutsche Dörfer gesehen.

Lurija: Also gibt es in Deutschland Kamele?

Bauer: Wahrscheinlich gibt es dort Kamele.

Lurija: Aber was implizieren meine Worte?

Bauer: Wahrscheinlich gibt es dort Kamele. Wenn es dort große Städte gibt, wird es wohl Kamele geben.

Lurija: Aber wenn es in ganz Deutschland keine Kamele gibt?

---

502 MüKoBGB/*Schäfer*, § 683 BGB, Rn. 6.

503 Bspw. im Rahmen von § 140 BGB, MüKoBGB/*Busche*, § 140 BGB, Rn. 19 ff.

504 Dazu schon B. V.

505 Der Flynn-Effekt bezeichnet die Tatsache, dass sich die Ergebnisse von IQ-Tests im Vergleich zu vorherigen Generationen fortlaufend verbessert haben. Das geht soweit, dass unsere Vorfahren ein Jahrhundert zuvor bei unseren IQ-Tests heute im Durchschnitt mit einem IQ von 70 abgeschnitten hätten, während wir bei ihren IQ-Tests mit einem durchschnittlichen IQ von 130 abschneiden würden; dazu Flynns TED-Talk: https://www.ted.com/talks/james_flynn_why_our_iq_levels_are_higher_than_our_grandparents/transcript (abgerufen am 19. 11. 2018).

506 *Flynn*, What is Intelligence?, S. 24 ff.

507 *Lurija*, Cognitive Development, S. 102 ff.

508 Von mir gekürzte und übersetzte Wiedergabe des Interviews aus *Luria*, Cognitive Development, S. 112.

Bauer: Wenn es ein kleines Dorf in einer Stadt ist, gibt es wahrscheinlich nicht genug Platz für Kamele.

Der Bauer ist in dem Dialog nicht bereit, die Basis seines konkreten Erfahrungswissens zu verlassen und eine Konklusion aus dem Syllogismus auf der Basis einer hypothetischen Betrachtungsweise zu ziehen.[509] Dagegen sind hypothetische Überlegungen und Aussagen in unserer heutigen Zeit und Gesellschaft allgegenwärtig.

Im Folgenden soll nun geklärt werden, was die logisch-semantischen Voraussetzungen hypothetischer Reflexion sind, die ihren Einsatz als eine wertvolle Kategorie unseres Denkens ermöglichen. Sie spielt, wie schon gezeigt wurde, im juristischen Diskurs eine große Rolle, doch noch nie wurden ihre logischen Grundlagen intensiver beleuchtet.

Hypothetische Argumentationen treten zumeist in der Form kontrafaktischer Konditionalaussagen auf, also solcher Konditionalaussagen, deren Antezedens[510] eine irreale Bedingung enthält. So versucht die strafrechtliche Äquivalenztheorie die Kausalität einer Tathandlung für den Taterfolg mittels eines kontrafaktischen Konditionals nachzuweisen: Wenn T nicht geschossen hätte, dann wäre O nicht gestorben.[511] Ist dieses kontrafaktische Konditional wahr[512], also wenn O unter der irrealen Annahme des Antezedens noch leben würde, dann war der Schuss Ts kausal für den Tod Os. Auch Aussagen über den hypothetischen Gesetzgeberwillen sind kontrafaktische Konditionale: Hätte der Gesetzgeber gewusst, dass die Krankheit nicht durch eine Impfpflicht ausgemerzt werden kann (p), dann hätte er keine Impfpflicht angeordnet (q). Ein Teil der Abneigung gegen die Argumentation mit dem hypothetischen Gesetzgeberwillen scheint sich schon gegen die semantischen Eigenschaften kontrafaktischer Konditionale zu richten. Auf Grund ihrer irrealen Bedingung werden sie als spekulativ oder fiktional abgetan, weshalb ihnen jeglicher Erkenntniswert abgesprochen wird. Konsequenterweise müssten dann aber nicht nur Aussagen über den hypothetischen Gesetzgeberwillen abgelehnt werden, sondern auch solche über die Kausalität einer Tathandlung, über den Wegfall der Geschäftsgrundlage, die Erteilung einer mutmaßlichen Einwilligung et cetera.

Zudem ist die Skepsis gegenüber kontrafaktischen Konditionalaussagen weitestgehend unbegründet. Für sie lassen sich – genauso wie für faktische Aussagen – Wahrheitsbedingungen formulieren.

---

[509] *Flynn*, What is Intelligence?, S. 24 ff.

[510] Das ist der Teil eines Wenn-Dann-Satzes, der mit „Wenn" eingeleitet wird. Das Konsequens ist dagegen der Teil eines Wenn-Dann-Satzes, der mit dem „Dann" beginnt.

[511] Die gesamte Aussage ist ein kontrafaktisches Konditional. Der Satzteil „Wenn T nicht geschossen hätte," wird „Antezedens" genannt, der Satzteil „dann wäre O nicht gestorben" wird als „Konsequens" bezeichnet.

[512] Zu den Wahrheitsbedingungen kontrafaktischer Konditionale sogleich mehr.

Die Wahrheitsbedingungen kontrafaktischer Konditionalaussagen waren in der philosophischen Diskussion lange stark umstritten und sind es in ihren Details auch heute noch. Lange diskutiert wurden die Wahrheitsbedingungen der materialen Implikation. Die materiale Implikation ist die klassische[513] wahrheitsfunktionale Analyse[514] von „Wenn p, dann q", formalisiert zumeist als $p \rightarrow q$[515]. Dabei ist $p \rightarrow q$ nur dann falsch, wenn das Antezedens wahr und das Konsequens falsch ist. Folgende Wahrheitstafel[516] ergibt sich:

p	q	$p \rightarrow q$
f	f	w
f	w	w
w	f	f
w	w	w

Abbildung 2: Wahrheitstafel der materialen Implikation

Natürlich handelt es sich bei dieser Wahrheitstafel um eine Stipulation, doch gibt es gewichtige logische Gründe, um an ihr festzuhalten.[517] Gleichwohl werden Stimmen lauter, dass die materiale Implikation nicht unser alltagssprachliches Verständnis von „Wenn…, dann…" wiedergibt. Wenn allein aus einem falschen Antezedens schon die Wahrheit des Konditionals folgt, unabhängig davon ob das Konsequens wahr ist, dann sind Konditionale wie „Wenn Hans Albert ermordet hat, dann muss er mit lebenslanger Freiheitsstrafe bestraft werden" und solche wie „Wenn Quadrate rund sind, dann ist Schnee weiß (oder schwarz)" alle wahr und damit qualitativ nicht mehr zu unterscheiden.[518] Dabei würden wir nur Ersterem einen Informationswert zusprechen. Es ist daher auch unter Philosophen stark umstritten, ob das umgangssprachliche „Wenn …, dann …" anderer Wahrheitsbedin-

---

513 Sie geht vor allem auf Gottlob Frege zurück und wurde von Bertrand Russel aufgenommen und „materiale Implikation" genannt, vgl. *Edginton*, Mind 104 (1995), 235 (241).

514 „Wahrheitsfunktionalität" einer Aussage bedeutet, dass sich ihr Wahrheitswert vollständig aus den Wahrheitswerten ihrer Teilaussagen herleiten lässt. So lässt sich der Wahrheitswert der Aussage $p \rightarrow q$ (bspw.: Wenn es regnet (p), dann wird die Straße nass (q)) vollständig aus den Wahrheitswerten ihrer Teilaussagen ableiten. Im Falle der materialen Implikation lässt sich aus einem wahren Konsequens immer auf die Wahrheit der Gesamtaussage schließen. Genauso lässt sich aus einem falschen Antezedens auf die Wahrheit der Gesamtaussschage schließen. Der logische Hintergrund hierfür ist, dass aus einer falschen Prämisse alles abgeleitet werden kann.

515 Dabei sind „p" und „q" zwei Aussagen oder Propositionen, „→" beschreibt die Wenn…, dann…-Konjunktion der beiden Aussagen.

516 Die Buchstaben „w" und „f" stehen dabei für „wahr" und „falsch". Wahr ist eine Aussage/Proposition/Meinung dann, wenn sie mit der Wirklichkeit übereinstimmt, und falsch, wenn sie das nicht tut. Dies ist das klassische korrespondenztheoretische Verständnis der Wahrheit, vgl. bspw. *Russell*, Probleme der Philosophie, S. 106 ff.

517 *Edginton*, Mind 104 (1995), 235 (242 f.).

518 *Edginton*, Mind 104 (1995), 235 (245, 280 f.).

gungen bedarf, geschweige überhaupt wahrheitsfunktional ist, oder ob die wahrheitsfunktionale Analyse zutrifft, aber eben nicht alles über den Informationswert des geäußerten Konditionals aussagt. Nach letzterer Auffassung würden Wahrheit und Informationswert eines Konditionals auseinanderfallen. Ob das Konditional wahr ist, ist eine Sache, eine andere, ob es in dem jeweiligen Redekontext sinnvoll geäußert werden kann.[519]

Bezüglich kontrafaktischer Konditionale würden die Wahrheitsbedingungen der materialen Implikation dann auch immer dazu führen, dass das Konditional wahr ist, da das Antezedens eines kontrafaktischen Konditionals qua definitionem falsch ist.[520] Jedes kontrafaktische Konditional wäre also trivialerweise wahr, daher können die Wahrheitsbedingungen der materialen Implikation nicht die richtigen Wahrheitsbedingungen für kontrafaktische Konditionale sein.

Doch wie kann eine Aussage, die gewissermaßen etwas Unwirkliches behauptet, wahr sein? Die Idee ist, dass sich kontrafaktische Konditionalaussagen nur mittelbar auf die Wirklichkeit beziehen.[521] Sie machen Aussagen über mögliche Welten und deren Relevanz für die Wirklichkeit. Während die Wirklichkeit der ontologische Bezugspunkt faktischer Aussagen ist, beziehen sich kontrafaktische Aussagen auf mögliche Welten.

Stalnakers ursprüngliche Semantik für kontrafaktische Konditionale lautete dann: Wenn p dann wäre q, ist wahr genau dann, wenn p in einer möglichen Welt wahr ist, die sich sonst minimal von der wirklichen Welt i unterscheidet und q ebenfalls in dieser Welt wahr ist.[522]

Ganz ähnliche Wahrheitsbedingungen formuliert zuerst Lewis für die kontrafaktischen Konditionale[523], weicht dann aber später leicht von diesen ab, weil er einige bedenkliche logische Annahmen in Stalnakers Theorie vorzufinden glaubte.[524] Die Formulierung der Wahrheitsbedingungen für kontrafaktische Konditionale nach Lewis lautet dann: Wenn p dann wäre q, ist wahr genau dann, wenn p

[519] So *Grice*, Indicative Conditionals, in: Grice, Studies in the Way of Words, S. 59ff.

[520] *Edgington*, Mind 104 (1995), 235 (246).

[521] Nachdem Kripke eine Semantik für Modallogik entwickelte *Kripke*, Acta Philosophica Fennica 16 (1963), 83ff.; entwarfen in der Folgezeit Stalnaker (1968) und Stalnaker/Thomason eine mögliche-Welten-Semantik für Konditionalaussagen, *Stalnaker*, A Theory of Conditionals, in: Jackson (Hrsg.), Conditionals, S. 28ff.; *Stalnaker/Thomason*, Theoria 36 (1970), 23ff. David Lewis beschäftigte sich dann intensiv mit kontrafaktischen Konditionalen und elaborierte deren Wahrheitsbedingungen ebenfalls über die Idee möglicher Welten, *Lewis*, Counterfactuals.

[522] *Stalnaker*, A Theory of Conditionals, in: Jackson (Hrsg.), Conditionals, S. 28 (33f.). Tatsächlich gibt es noch eine Wahrheitsbedingung, die Lewis und Stalnaker als triviale oder leere Wahrheit bezeichnen, sie erinnert etwas an die Wahrheitsbedingung der materialen Implikation: Wenn p dann q ist wahr, wenn p in keiner möglichen Welt wahr ist. Denn aus einem logisch unmöglichen Antezedens lässt sich alles folgern, *Lewis*, Counterfactuals, S. 16.

[523] *Lewis*, Counterfactuals, S. 16.

[524] Dazu auch schon *Lewis*, Counterfactuals, S. 77f.

und q in einer möglichen Welt wahr sind und diese Welt unserer Welt ähnlicher ist, als alle möglichen Welten in denen p wahr ist, q aber nicht.[525]

Beispielsweise ist der Satz „Wenn Kängurus keine Schwänze hätten, dann würden sie umkippen“[526] genau dann wahr, wenn es eine Welt gibt, in der Kängurus keine Schwänze haben und umkippen, und diese Welt, in der Kängurus keine Schwänze haben und umkippen, unserer Welt ähnlicher ist als alle Welten, in denen Kängurus keine Schwänze haben, aber nicht umkippen.

Wie Lewis selbst eingesteht, ist die Ähnlichkeitsrelation zwischen Welten eine äußerst vage Beschreibungskategorie. Sie stellt den zentralen Angriffspunkt gegen seine Semantik für kontrafaktische Konditionale dar. Später versuchte er, die Ähnlichkeitsrelation mit Rangordnungen zu präzisieren,[527] was ihm aber nur bedingt gelungen ist.[528]

Dennoch trifft Lewis Konzept unsere Intuition. Überlegt man sich, was hätte passieren können, dann liegen manche Konstellationen näher als andere. Bei diesen Schlüssen können wir auf unseren Erfahrungsschatz zurückgreifen, in dem uns ähnliche Konstellationen schon bekannt sind. Natürlich gibt es uneindeutige Fälle: Was wäre gewesen, wenn das Staufenberg-Attentat erfolgreich gewesen wäre? Wäre das Nazi-Regime dann schneller zusammengebrochen? Ist diese Welt, in der das Attentat erfolgreich ist und das Nazi-Regime schneller zusammenbricht, unserer ähnlicher oder nicht?

Auch bei kontrafaktischen Konditionalaussagen über den hypothetischen Gesetzgeberwillen kann die Wahrheit schwierig zu beurteilen sein: Hätte der Satzungsgeber Abstand von dem Bebauungsplan genommen, wenn er von der seltenen Tierart im Bebauungsgebiet gewusst hätte? Ist die Welt, in der der Satzungsgeber von der Tierart weiß und von dem Vorhaben des Bebauungsplans Abstand nimmt, die unserer Welt ähnlichste?

Doch der Umgang mit vagen Termini gehört zum Alltag der Juristen. Durch das ständige Auslegen von unbestimmten Rechtsbegriffen haben sie auf diesem Gebiet eine Expertise erworben. Auch der Begriff der „Ähnlichkeit“ ist nicht völlig unbestimmbar; so gibt es eindeutige Fälle, die ähnlich sind, solche die nicht ähnlich sind, aber auch neutrale Kandidaten. Doch in dem hier zu behandelnden Fall – die Relevanz gewandelter Bedingungen für den Gesetzgeberwillen und die Anwendung seiner Regelung – lässt sich Lewis' semantische Konzeption zur Wahrheit kontrafaktischer Konditionale dadurch präzisieren, dass man von der ontologischen auf die epistemische Ebene wechselt und sich mit der Frage beschäftigt, was

---

[525] *Lewis*, Counterfactual Dependence and Time's Arrow, in: Lewis, Philosophical Papers, S. 32 (41).

[526] Beispiel nach *Lewis*, Counterfactuals, S. 1.

[527] *Lewis*, Counterfactual Dependence and Time's Arrow, in in: Lewis, Philosophical Papers S. 32 (43 ff.).

[528] *Edginton*, Mind 104 (1995), 235 (255 ff.).

der Gesetzgeber geglaubt hat und was er im Fall neuer Evidenzen geglaubt hätte. Die Ähnlichkeitsrelation zwischen den – doch schwer greifbaren und schwer verständlichen – möglichen Welten des kontrafaktischen Konditionals lässt sich durch den Nachvollzug des Prozesses des Überzeugungswandels des Gesetzgebers, der als rationaler Akteur gefasst wird, erklären. Der Wahrheitsanspruch eines kontrafaktischen Konditionals wie „Wenn der Gesetzgeber gewusst hätte, dass der Impfstoff wirkungslos ist, dann hätte er keine Impfpflicht angeordnet" lässt sich eben dadurch erhärten, dass gezeigt werden kann, dass der Gesetzgeber in der Tat keine Impfpflicht unter dieser Voraussetzung angeordnet hätte, weil sein Wille, eine Impfpflicht anzuordnen, an seiner empirischen Überzeugung hing, der Impfstoff zeitige positive Wirkungen gegen bestimmte Krankheiten. Dazu werden sogleich weitere Ausführungen folgen.

Bis hierhin lässt sich aber festhalten und ist für den juristischen Diskurs zu vergegenwärtigen, dass hypothetische Überlegungen auf einer Ähnlichkeitsrelation möglicher Welten zur Wirklichkeit basieren. Hinter der strafrechtlichen Prüfung der Kausalität einer Tötungshandlung steht also letzten Endes die Frage, ob die Welt in der T nicht geschossen hat und O überlebt, unserer Welt, in der T geschossen hat und O verstorben ist, ähnlicher ist, als alle Welten in denen T nicht geschossen hat und O verstirbt. Dieses Grundschema steht aber hinter allen hypothetischen Überlegungen. Eventuell kann diese Einsicht den Umgang der juristischen Praxis mit hypothetischen Argumentationstechniken erhellen. Allgemeiner lässt sich resümieren, dass der Aussagentyp der kontrafaktischen Konditionalaussagen nicht per se problematisch ist. Im Gegenteil, kontrafaktische Konditionalaussagen können wahr oder falsch sein. Sie sind damit „vollwertige" Aussagen und erfüllen eine wichtige Funktion in unserem Denken. Sie zeigen uns Möglichkeiten auf, die sich nicht realisiert haben, aber sich hätten realisieren können. Dadurch können wir einerseits unser Gedankengebäude auf seine Stimmigkeit überprüfen und notwendig Wahres/Falsches von dem scheiden, was nur kontingent wahr oder falsch ist. Andererseits wird deutlich, wie realistisch manche Möglichkeiten waren und welche Relevanz sie für die Zukunft haben mögen.

b) Gewandelte Bedingungen – gewandelte Gesetzesanwendung? Zur logischen Struktur und epistemologischen Möglichkeit der Erkenntnis des hypothetischen Gesetzgeberwillens

Nachdem die Wahrheitsbedingungen hypothetischer Aussagen näher beleuchtet wurden, soll nun die epistemologische Möglichkeit der Erkenntnis des hypothetischen Gesetzgeberwillens mit Hilfe der Theorie des Überzeugungswandels (Belief Revision Theory) aufgeklärt werden. Die Belief Revision Theory ist eine noch recht junge Disziplin der analytischen Philosophie, die vor allem Elemente der Logik und Erkenntnistheorie enthält.[529] In den späten 70er Jahren des letzten Jahrhunderts

[529] *Spohn*, The Laws of Belief, S. 58.

beschäftigten sich Philosophen zum ersten Mal explizit mit den Gesetzen des Überzeugungswandels rationaler Subjekte.[530] 1985 wurde mit dem AGM-Modell[531] die erste funktionale Beschreibung epistemischen Wandels vorgestellt, die bis heute zentral für die Diskussion ist und auch die Grundlage für die Beschreibung des gesetzgeberischen Überzeugungswandels in dieser Arbeit sein wird.

Die Belief Revision Theory beschäftigt sich mit der Frage, wie sich der Überzeugungswandel in dem Überzeugungssystem eines rationalen Subjekts vollzieht. Dabei werden Überzeugungen in Sätzen oder Propositionen (wiedergegeben in Variablen „p", „q", „r"...) repräsentiert.[532] Das Überzeugungssystem eines rationalen Subjekts zeichnet sich dadurch aus, dass erstens die Überzeugungen des Überzeugungssystems konsistent, also widerspruchsfrei, sind. Wenn also beispielsweise p geglaubt wird, darf nicht zugleich nicht-p – formalisiert $\neg p$ – geglaubt werden.[533] Zweitens müssen die Überzeugungen unter logischer Konsequenz vollständig sein, was bedeutet, dass alles geglaubt werden muss, was durch die Menge der vorhandenen Überzeugungen logisch impliziert wird.[534] Wird beispielsweise p geglaubt und wird q geglaubt, dann muss auch p und q – formalisiert $p \& q$ – geglaubt werden.[535]

Mit Recht wird eingewandt, dass es wohl nie ein Subjekt gab, das diesen Forderungen vollkommen nachgekommen ist. Der Einwand geht aber an dem Programm der Belief Revision Theory vorbei, die sich als normative Theorie über die erkenntnistheoretischen Standards unseres Denkens versteht. Levi argumentiert, dass diese Grundannahmen der Belief Revision Theory nicht implizieren, dass es tatsächlich ein Subjekt gab, dessen Annahmen vollkommen konsistent und logisch vollständig sind, sondern zu welchen Überzeugungen ein rationales Subjekt doxastisch verpflichtet ist.[536]

Die Anwendung der Belief Revision Theory auf das Überzeugungssystem des Gesetzgebers setzt voraus, dass der Gesetzgeber als rationales Subjekt betrachtet werden kann, dessen Überzeugungssystem die Eigenschaften der Konsistenz und

---

[530] Knapp zur Geschichte der Belief Revision Theory, *Hansson*, Logic of Belief Revision, in: Edward N. Zalta (Hrsg.), The Stanford Encyclopedia of Philosophy (Winter 2017 Edition), https://plato.stanford.edu/archives/win2017/entries/logic-belief-revision/ (Stand: 1.3.2019).

[531] Der Name leitet sich von den Initialen der Autoren ab, *Alchourrón/Gärdenfors/Makinson*, The Journal of symbolic Logic, 50 (1985), 510ff.

[532] *Spohn*, The Laws of Belief, S. 58.

[533] *Alchourrón/Gärdenfors/Makinson*, The Journal of symbolic Logic 50 (1985), 510 (512).

[534] *Alchourrón/Gärdenfors/Makinson*, The Journal of symbolic Logic 50 (1985), 510 (511); zu diesen für die Belief Revision Theory grundsätzlichen Annahmen auch *Spohn*, Laws of Belief, S. 48f.

[535] Neben diesen beiden Grundannahmen für Überzeugungssysteme, formulieren *AGM* auch noch jeweils 8 Postulate für Revisionen und Kontraktionen in Überzeugungssystemen, *Alchourrón/Gärdenfors/Makinson*, The Journal of symbolic Logic 50 (1985), 510 (513ff.). Die Postulate sind im Einzelnen für das Verständnis der folgenden Argumentation nicht notwendig. Daher wird hier nicht intensiver auf sie eingegangen.

[536] *Levi*, The Fixation of Belief and Its Undoing, S. 6f., 46.

logischen Geschlossenheit zumindest dem Anspruch nach aufweisen sollte. Im Prinzip könnten hier ähnliche Einwände erhoben werden wie im vorherigen Abschnitt zum Gesetzgeberwillen: Der Gesetzgeber besteht aus einer Menge von Abgeordneten, viele davon haben sich mit dem Gesetz kaum beschäftigt und es nicht in seiner ganzen Komplexität durchdrungen. Wenn sich aus diesen uninformierten Willen aber der Wille des Gesetzgebers zusammensetzt, dann kann die Entscheidung des Gesetzgebers im Ganzen auch nicht rationaler sein als die seiner Teile. Doch können gegen diese Einwände ebenso die gleichen schon bekannten Repliken angeführt werden.[537] Der Gesetzgeberwille ist eben mehr als eine simple Addition aller beteiligten Subjektvorstellungen. Er hat eine eigene Rationalität, die sich vor allem aus dem gemeinsam intendierten Prozess der Gesetzgebung und der Struktur des Gesetzgebungsverfahrens ergibt, das die Entscheidungsfindung strukturiert, indem in einem arbeitsteiligen Verfahren auf einen rationalen Kompromiss konfligierender Meinungen hingearbeitet wird. Dass das Gesetzgebungsverfahren ein rationaler Prozess ist, der zu einem rationalen Produkt – dem Gesetz[538] – führt, wird auch in der Rechtsanwendungspraxis stillschweigend vorausgesetzt.[539] Ohne diese implizite Voraussetzung würden viele methodisch anerkannten Auslegungs- und Rechtsfortbildungstechniken ihre Begründungsbasis verlieren. Eine Gesetzesanalogie setzt voraus, dass ein rechtliches Muster zumindest bei völliger Identität zu wiederholen ist; eine teleologische Reduktion, dass eine Regelung nicht über ihren Regelungsgedanken hinaus angewendet werden soll. Solche Erwartungen könnten gegenüber einem irrational zustande gekommenen Akt nicht gehegt werden. Im Prinzip tragen die Rechtsanwender die Grundannahmen der Belief Revision Theory (Widerspruchsfreiheit und logische Geschlossenheit eines Überzeugungssystems) schon immer an das Gesetz heran. Kritisch äußert sich unter anderem[540] Isensee gegen die Rationalität des Gesetzes und des Gesetzgebungsverfahrens:

> „Das parlamentarische Verfahren bietet rationale Bedingungen für die Gesetzesgeltung; es garantiert aber nicht vernünftige Resultate. Das einzelne Gesetz zieht nicht selten berechtigte Kritik auf sich, weil es unklar, widersprüchlich, formelkompromißlerisch ausfällt. Doch wie unvollkommen es im Rohzustand, in dem es verkündet wird, auch sei – in der interpretatorischen Aufbereitung vermag es, Rationalität zu gewinnen, und zwar juridische Rationalität, die ausgeht auf Verallgemeinerungsfähigkeit und Gleichbehandlung, auf Konsequenz und Lückenlosigkeit, auf Rechtssicherheit und Kontinuität, auf Sachlichkeit und Praktikabilität, Selektion des Relevanten vom Irrelevanten."[541]

Wegen der verschiedenen Gebrechlichkeiten des politischen Prozesses kann das Gesetz – nach Isensee – erst in der „interpretatorischen Aufarbeitung" seine volle

---

537 Dazu B. VII. 1.

538 Sollte ein Gesetz erlassen werden, das Widersprüchliches von den Normadressaten fordert, würde dieses daher auch keine Bindungswirkung entfalten, überzeugend *Neuner*, Die Rechtsfindung contra legem, S. 147; *Höpfner*, Die systemkonforme Auslegung, S. 32 ff.

539 So auch *Ekins*, The Nature of Legislative Intent, S. 116.

540 Auch *Larenz*, Methodenlehre, S. 317.

541 *Isensee*, Ethos des Interpreten, in: FS Winkler, S. 367 (378).

Rationalität entfalten. Doch erkennt Isensee zugleich, dass das parlamentarische Verfahren rationale Bedingungen für die Gesetzesgestaltung bietet. Das ist das Entscheidende. Die Alltagserfahrung lehrt nur allzu häufig, dass auch rationale Subjekte unvernünftige Entscheidungen treffen können. Die Realität ist häufig zu komplex, um alle Konsequenzen und Interaktionen einer Handlung vollständig überschauen zu können. Das ändert nichts an der Rationalität des Handelnden. So mag auch das einzelne Gesetz seine Schwächen haben, der dahinterstehende Prozess bleibt rational. Erst dadurch wird es dem Rechtsanwender möglich, das Gesetz als rational zustande gekommenes Produkt rational fortzudenken.

Die Rationalität des Gesetzgebungsprozesses und des ihn veranlassenden Gesetzgebers ist daher auch grundsätzlich anerkannt,[542] selbst von Autoren, die die Regelungsabsichten des Gesetzgebers als verbindliche Instanz für die Judikative desavouieren wollen.[543] Das Gesetzgebungsverfahren kann damit als rationaler Entscheidungsfindungsprozess verstanden werden, so dass die idealisierenden Annahmen der Belief Revision Theory auf das Überzeugungssystem des Gesetzgebers angewendet werden können.

Der Überzeugungswandel im Überzeugungssystem wird dann durch drei Operationen beschrieben: Expansionen, Kontraktionen und Revisionen.[544] Bei Expansionen wird eine mit dem Überzeugungssystem K konsistente Überzeugung p zu dem Überzeugungssystem hinzugefügt und das erweiterte Überzeugungssystem unter logischer Konsequenz geschlossen; bei Kontraktionen wird eine Überzeugung p aus einem Überzeugungssystem K entfernt, die zuvor zu diesem gehörte, und danach geprüft, welche weiteren Überzeugungen verworfen werden müssen, um das Überzeugungssystem unter logischer Konsequenz schließen zu können; bei Revisionen wird eine Überzeugung p, die mit dem bisherigen Überzeugungssystem K inkonsistent ist, diesem Überzeugungssystem unter der Bedingung hinzugefügt, dass das Überzeugungssystem mit der neuen Überzeugung erneut konsistent und unter logischer Konsequenz geschlossen ist. Dabei wird die Konsistenz nicht willkürlich wiederhergestellt. Ist das Subjekt gezwungen, Überzeugungen aufzugeben, gibt es nur die Annahmen auf, die es notwendigerweise aufgeben muss.

---

[542] Zentral Alexy, der den juristischen Diskurs im allgemein praktischen Diskurs fundiert sieht, *Alexy*, Theorie des juristischen Argumentierens, S. 348; *Alexy*, Theorie der Grundrechte, S. 499 f.; so auch *Bäcker*, Gerechtigkeit im Rechtsstaat, S. 289 f.; weiterhin auch *Kriele*, Die vermutete Vernünftigkeit unseres Rechts, in: Recht – Vernunft – Wirklichkeit, S. 477 ff. (484 f.); ähnlich Heckmann, der eine Geltungsvermutung für Gesetze aus den Richtigkeitsgarantien des demokratischen Gesetzgebungsverfahrens ableitet, *Heckmann*, Geltungskraft und Geltungsverlust von Rechtsnormen, S. 60; *Wischmeyer*, JZ 2015, 957 (962 f.); grundlegend auch *Ekins*, The Nature of Legislative Intent, S. 114 ff., 218 ff.: „Legislators intend that they shall legislate, jointly not individually, and that is to aim to be an authority that responds to reason by choosing complex schemes that are means to valuable ends: in short, a rationale sole legislator." (S. 223).

[543] *Braun*, Deduktion und Invention, S. 45 f.

[544] *Alchourrón/Gärdenfors/Makinson*, The Journal of symbolic Logic 50 (1985), 510.

Wird beispielsweise eine Überzeugung p aus K verworfen (Kontraktion), dann ist der neue Überzeugungszustand K_1 eine Untermenge von K, aus der keine Überzeugungen unnötigerweise entfernt wurden.[545] Bieten sich mehre Überzeugungen an, die entfernt werden könnten, um erneut einen konsistenten Überzeugungszustand zu erlangen, dann wird die Überzeugung entfernt, von der das Subjekt weniger überzeugt ist.[546]

Auch in der Belief Revision Theory spielen konditionale Überzeugungen eine große Rolle. Der sogenannte *Ramsey-Test*, benannt nach Frank P. Ramsey, hat hier ein Modell für konditionalen Glauben geliefert, das das alltägliche Verständnis konditionaler Überlegungen trifft:

> „If two people are arguing ‚If *p*, then *q*?‘ and are both in doubt as to *p*, they are adding *p* hypothetically to their stock of knowledge and arguing on that basis about *q*; so that in a sense ‚If *p*, *q*‘ and ‚If *p*, ¬ *q*‘ are contradictories. We can say that they are fixing their degree of belief in *q* given *p*. If *p* turns out false, these degrees of belief are rendered *void*. If either party believes *not p* for certain, the question ceases to mean anything to him except as a question about what follows from certain laws or hypotheses.“[547]

Bei (kontrafaktischen) konditionalen Überlegungen spielen Subjekte mit ihrem epistemischen Überzeugungszustand, indem sie das Antezedens hypothetisch zu ihren Überzeugungen hinzufügen und daraufhin prüfen, wie sich ihr Überzeugungsgrad für das Konsequens verändert. Zwei Wanderer an einer Weggabelung könnten beispielsweise dieses Antezedens hypothetisch zu ihrem Überzeugungszustand hinzufügen: „Was ist, wenn dieser Weg nicht befestigt ist?“ Und daraufhin erwägen: „Sollten wir dann nicht lieber den anderen Weg nehmen?“ Bedingte (kontrafaktische) Erwägungen sind daher bei Überlegungen relevant, die auf der Basis von epistemischer Unsicherheit stattfinden. Deutlich wird hier auch, dass Konditionale für uns eine ganz andere Bedeutung haben, als es die materiale Implikation nahelegt, die im vorherigen Abschnitt dargestellt wurde. Erachten wir das Antezedens nämlich als falsch, haben die Konditionale nur noch als Hypothesen (zu gewissen Gesetzmäßigkeiten) einen Informationswert. Sie haben auch in der Theorie des Überzeugungswandels eine wichtige Funktion. Der Ramsey-

545 *Hansson*, Logic of Belief Revision, in: Edward N. Zalta (Hrsg.), The Stanford Encyclopedia of Philosophy (Winter 2017 Edition), https://plato.stanford.edu/archives/win2017/entries/logic-belief-revision/ (Stand: 1.3.2019).

546 Dies wird klassischerweise durch *entrenchment-orders* wiedergegeben *Gärdenfors/Makinson*, Revisions of Knowledge Systems, in: Vardi (Hrsg.), Proceedings of the 2nd Conference on Theoretical Aspects of Reasoning about Knowledge, S. 84 (88 ff.). Eine andere Alternative für Unterscheidung von Überzeugungsgraden ist die Ranking-Theorie; dabei bekommen Überzeugungen numerische Werte je nach dem Grad des Nicht-Glaubens zugewiesen. Diese Theorie hat einige Vorteile gegenüber den entrenchment-Ordnungen, bspw. die Erklärbarkeit von iterierten Überzeugungsrevisionen, vgl. *Spohn*, Laws of Belief, S. 65 ff., 178 ff.

547 *Ramsey*, General Propositions and Causality, in: Ramsey: Philosophical Papers, S. 145 (155, dort in der Fußnote).

Test wird nach Gärdenfors im AGM-Modell folgendermaßen formalisiert wiedergegeben:

p > q ∈ K genau dann, wenn q ∈ K * p.[548]

In einfachen Worten lässt sich diese Formel folgendermaßen wiedergeben: wenn p dann q ist ein Element von (dem Überzeugungsystem) K genau dann, wenn q ein Element von (dem Überzeugungssystem) K unter der Annahme von p ist. Dabei versteht Gärdenfors „>" als logischen Operator für Konditionalsätze und „*" als Symbol für die Revisionsfunktion des Überzeugungssystems K. Die Formel soll keine Wahrheitsbedingungen für konditionale Aussagen angeben, sondern epistemische Akzeptanzbedingungen für diese Art von konditionalen Sätzen. Ein Satz der Form p > q wird also dann geglaubt/akzeptiert, wenn man das Antezedens hypothetisch zu seinem Überzeugungssystem K hinzufügen (Revision) kann und in diesem veränderten Überzeugungszustand auch q glaubt.[549]

Nach diesen Präliminarien soll nun analysiert werden, welche Erkenntnisse sich über den hypothetischen Überzeugungswandel des Gesetzgebers auf Grund einer neuen Evidenz gewinnen lassen. Zur Veranschaulichung der Ergebnisse der Belief Revision Theory wird erneut auf das Impfstoffbeispiel zurückgegriffen, das sich auf Grund seiner Einfachheit gut eignet, um die Grundidee darstellen zu können.

Ein Krankheitserreger gefährdete die Gesundheit der Bevölkerung und geriet in den Fokus gesetzgeberischer Aktivität. Der Gesetzgeber war schon immer der Überzeugung, dass die Gesundheit der Bevölkerung geschützt werden muss (p), was ihn veranlasste, nach Möglichkeiten zu suchen, den Krankheitserreger zu bekämpfen. Mit besonderem Interesse verfolgte er die Entwicklung eines neuen Impfstoffes, der sich zu dieser Zeit in der Entwicklung befand. Sollte dieser Impfstoff einen wirksamen Schutz gegen den Erreger darstellen (q), würde er eine Impfpflicht anordnen (r). Dies lässt sich folgendermaßen formalisiert darstellen:

q > r.[550]

---

[548] *Gärdenfors*, Knowledge in Flux, S. 148. Dabei steht „>" für den Konditionaloperator, „K" für ein Überzeugungssystem, das alle Überzeugungen enthält, die akzeptiert werden, „∈" für Element von und „*" für die Revisionsfunktion.

[549] *Gärdenfors*, Knowledge in Flux, S. 147.

[550] Es gilt im Prinzip auch p & q > r. Hier soll aber deutlich gemacht werden, dass gerade die neue Evidenz q die Gesetzgebung veranlasste. Die Überzeugung p ist ohnehin schon im Überzeugungssystem K beinhaltet. Dieser Schluss enthält eine normative (p) und eine empirisch-deskriptive (q) Prämisse. Die Belief Revision Theory beschäftigt sich normalerweise nur mit Glaubenssätzen, die einen empirischen Inhalt haben. Die hier vorgenommene Ausweitung auf gemischte Glaubenssysteme, die sowohl empirisch-deskriptive als auch normative Annahmen sowie Wollenssätze enthalten, ist daher ungewöhnlich. Tatsächlich muss sich die Belief Revision Theory aber nicht auf empirische Glaubenssätze beschränken. Insbesondere Spohns Variante, die den Überzeugungen mittels Ranking-Funktionen Glaubens- bzw. Nichtglaubensgrade zu-

In der natürlichen Sprache ausgedrückt: Wenn der Impfstoff vor dem Erreger wirksam schützen kann (q), dann muss mit dem Impfstoff geimpft werden (r).

Die epistemische Akzeptanzbedingung dieses Konditionalsatzes lässt sich durch den Ramsey-Test nach Gärdenfors wiedergeben:

$q > r \in K_1$ genau dann, wenn $r \in K_1 * q$.

Die Anordnung der Impfpflicht würde unter der Annahme, dass der Impfstoff wirksam ist, akzeptiert. Die Formel stellt das Überzeugungssystem K_1 des Gesetzgebers zum Zeitpunkt t_1 dar. Der Zeitpunkt t_1 bezieht sich dabei auf den Zeitpunkt, der vor der Information q liegt. Schon zu diesem Zeitpunkt wird also das Konditional $q > r$ geglaubt, so dass bei einer Verifikation von q auch r akzeptiert würde.

Sobald der Impfstoff bereitstand und seine Wirksamkeit unter Beweis gestellt hatte, entschied sich der Gesetzgeber für die gesetzliche Anordnung der Impfpflicht. Die Hintergrundsüberzeugung p führt den Gesetzgeber zusammen mit der empirischen Annahme über die Wirksamkeit des Impfstoffes q zur Anordnung einer Impfpflicht r. Die neue Evidenz eines wirksamen Impfstoffes bedingte also die Anordnung einer Impfpflicht.

Später wird zum Zeitpunkt t_2 klar, dass der Impfstoff wegen einer nachträglichen Mutation des Erregers keine positiven Wirkungen mehr zur Krankheitsbekämpfung entfalten kann, also $\neg q$. Das Überzeugungssystem K_1 muss daraufhin revidiert werden:

$K_1 * \neg q$, dabei gelte: $K_2 = K_1 * \neg q$.

Die neue Evidenz, die im Widerspruch zum vorherigen Glauben von q steht, ist in den hypothetischen Willen des Gesetzgebers aufzunehmen, und die übrigen Überzeugungen sind insoweit anzupassen, als es zur Wiederherstellung der logischen Konsistenz des Überzeugungssystems notwendig ist.

Seinen Willen, die Bevölkerung weiterhin vor dem Erreger zu schützen, müsste der Gesetzgeber nicht aufgeben, da diese nicht an der Überzeugung hing, dass der Impfstoff gegen den Erreger hilft. Es gilt daher:

$p \in K_2 = K_1 * \neg q$.

Dagegen müsste die Überzeugung der Wirksamkeit des Impfstoffes angesichts der neuen Evidenz aufgegeben werden und durch ihr Gegenteil ersetzt werden:

$q \notin K_2 = K_1 * \neg q$[551] und $\neg q \in K_2 = K_1 * \neg q$.

weist, hat mit anderen gemischten Überzeugungssystemen keine schwerwiegenden Probleme, *Spohn*, Laws of Belief, S. 65 ff.

551 „∉“ bedeutet, ist kein Element von.

Dieser Glaube kann aber den konditionalen Glauben q > r, den er zuvor unterhielt, nicht mehr aufrechterhalten. Im Ramsey-Test kann der neue konditionale Glaube des Gesetzgebers nun so veranschaulicht werden:

$\neg q > \neg r \in K_1$ genau dann, wenn $\neg r \in K_1 * \neg q$.

Für K_2 folgt damit nach dem Bekanntwerden von ¬ q folgendes:

$r \notin K_2$.

Nur so lässt sich die Konsistenz der Überzeugungen in K_2 wahren.

Nun kann resümiert werden: Wenn der Gesetzgeber die Bevölkerung zwar noch vor dem Erreger schützen will, aber nicht mehr daran glauben würde, dass der Impfstoff das richtige Mittel dazu ist, dann würde er nicht mehr an der Impfpflicht festhalten wollen. Denn der Wille zur Impfpflicht war durch beide Überzeugungen bedingt, wovon aber eine falsifiziert wurde. Somit kann der hypothetische Wille des Gesetzgebers festgestellt werden. Die Belief Revision Theory kann dabei zeigen, wann eine Überzeugung in einem Überzeugungssystem eines rationalen Subjekts angesichts einer neuen Evidenz aufgegeben werden muss. Der hypothetische Gesetzgeberwille muss also kein „Scheinwille“[552] sein. Im Gegenteil, in dem hier behandelten Fall ist der hypothetische Gesetzgeberwille als logische Konsequenz des rationalen Überzeugungswandels angesichts einer neuen Evidenz analysierbar.

Komplexer gestaltet sich die Situation, wenn nicht der alte Impfstoff seine Wirkung verlieren würde, sondern ein neuer Erreger auftauchen würde, der ähnlich schwerwiegende Folgen für die Volksgesundheit erwarten lassen würde wie der alte Erreger, für den eine Impfpflicht bestanden hatte. Kann hier der Richter anstelle des Gesetzgebers entscheiden, ob auch für den neuen Erreger eine Impfpflicht gelten soll? Jetzt muss nicht entschieden werden, ob eine alte Regelung weiter anzuwenden ist, sondern ob eine neue gelten soll. Überraschenderweise wird diese Richterentscheidung als weniger schwerwiegend betrachtet, weil hier nicht gegen eine Regelung des Gesetzgebers judiziert werden müsste.[553] Die Ansicht kann nicht überzeugen, weil im vorherigen Fall nicht *gegen* die Regelung des Gesetzgebers entschieden werden musste, sondern gerade im Sinne der Regelungsabsicht des Gesetzgebers. Taucht eine neue, ungeregelte Situation auf, ist es dagegen äußerst schwierig, sich am hypothetischen Gesetzgeberwillen zu orientieren, da noch keine klare Regelungsentscheidung vorliegt, die im Rahmen der Theorie des Überzeugungswandels weitergedacht werden könnte. In unserem Beispiel gibt es aber zumindest die Entscheidung des Gesetzgebers, eine Impfpflicht bezüglich des alten Erregers zu erlassen. Es bietet sich eine Argumentation mittels einer Analogie an. Wenn die Situationen wirklich vergleichbar sind, was natürlich zu prüfen wäre, hat

---

[552] So zuletzt *Weiss*, ZRP 2013, 66; zustimmend bezüglich der ablehnenden Haltung gegenüber dem mutmaßlichen Gesetzgeberwillen, aber Weiss' objektive Auslegungsposition ablehnend *Löhnig/Preisner*, ZRP 2013, 155 (155 f.).

[553] So *Neuner*, Die Rechtsfindung contra legem, S. 118 f.

der Richter gute Gründe, – zumindest vorübergehend – gesetzgeberisch tätig zu werden. Denn ein rationales Subjekt würde zwei wesentlich gleiche Sachverhalte auch nicht unterschiedlich bewerten wollen. Liegt aber ein Bereich vor, der völlig ungeregelt ist und für den sich auch keine hilfreichen Wertungen aus der Gesamtrechtsordnung ableiten lassen, die Rückschlüsse auf den Willen des Gesetzgebers geben, kann die Theorie des Überzeugungswandels auch keine Auskunft über einen hypothetischen Gesetzgeberwillen geben. Denn nur ein schon vorhandener Wille kann auch vervollständigt werden.

Rationaler Überzeugungswandel, der der einzige Überzeugungswandel ist, über den wir etwas aussagen können, beruht immer auf neuen Evidenzen – typischerweise neuen Informationen über die objektive Welt – die eine empirische Überzeugung des Gesetzgebers in Frage stellen. Hieraus wird schon deutlich, dass ein Wertewandel in der Bevölkerung, wenn er auch ein tatsächliches Ereignis ist, keine Grundlage für eine Überzeugungsrevision sein kann. Zwar ist der Wertewandel eine neue Evidenz, doch kann diese ohne Revision durch schlichte Expansion in das Überzeugungssystem des Gesetzgebers aufgenommen werden. Dieses kann daraufhin unter logischer Konsequenz geschlossen werden. Weitere Schritte, wie die Aufgabe anderer Überzeugungen, um Konsistenz herzustellen, sind nicht notwendig.

Verdeutlicht werden soll dies durch eine weitere Modifikation des Impfpflichtbeispiels. Es soll für den Zweck der Verdeutlichung des Problems angenommen werden, die Impfskeptiker hätten sich mit ihrer Einstellung zum Impfen in unserer Gesellschaft durchgesetzt: Die Impfpflicht würde nun weiterhin ihren Zweck erfüllen, doch inzwischen würde ein Großteil (oder alle? die führende Kulturschicht?[554] wie viele?) der Bevölkerung nicht mehr hinter der Impfpflicht stehen. Sie würden die Impfpflicht ablehnen, weil sie sie für einen schweren und gefährlichen Eingriff in die körperliche Unversehrtheit halten würden. Diese neue Evidenz führt zwar zu einer neuen Überzeugung „s“ des Gesetzgebers, dass ein Großteil der Bevölkerung die Impfpflicht ablehnt. Diese Überzeugung kann aber ohne Widerstand in das Überzeugungssystem des Gesetzgebers aufgenommen werden. Zu beachten ist, dass s nicht besagt, dass nicht geimpft werden soll, s besagt nur, dass ein Großteil der Bevölkerung die Impfpflicht ablehnt. Denn nur das ist der Gehalt der Evidenz. Sie hat keinen Einfluss auf die Überzeugungen p oder q. Damit hat sie aber auch keinen Einfluss auf r, also die Impfpflicht selbst, weil r nur von p und q abhängig ist. Die neue Überzeugung führt nicht zu einer Überzeugungsrevision; somit können aus der Prüfung des hypothetischen Gesetzgeberwillens keine Hinweise für die Geltung der Impfpflicht abgeleitet werden. Etwas anderes würde nur gelten, wenn dem Gesetzgeber die Überzeugung unterstellt werden könnte, er passe sich den wandelnden Anschauungen der Bevölkerung (der Mehrheit der Bevölkerung

[554] *Wüstendörfer*, Die deutsche Rechtsprechung am Wendepunkt, in: M. Rehbinder (Hrsg.), Zur Methode soziologischer Rechtsfindung, S. 31 (117).

oder der gesamten Bevölkerung?) grundsätzlich an.[555] Doch ist dies weder mit der Unabhängigkeit der Abgeordneten, wie sie sich auf Bundesebene in Art. 38 I 2 GG findet, noch mit der Rolle des Gesetzgebers in unserem Staatssystem in Einklang zu bringen. Die repräsentative Demokratie des Grundgesetzes zeichnet sich eben gerade dadurch aus, dass das Volk seinen Willen in Wahlen kundtut, die konkrete Willensbildung zu einzelnen Sachfragen sich aber im Parlament vollzieht.[556] Dessen Willen muss aber weder zum Zeitpunkt des Gesetzeserlasses noch später mit dem Willen der Bevölkerung übereinstimmen. Die Entscheidung des Grundgesetzes für eine repräsentative Regierungsform wäre sinnlos, wenn es darum ginge, den Anschauungen der Bevölkerung unmittelbaren Einfluss auf den politischen Prozess zu geben. Das Grundgesetz sieht nur im Falle des Artikels 29 die Möglichkeit eines Volksentscheides vor und schließt diese Möglichkeit sonst bewusst aus.[557] Die Skepsis, die sich im Grundgesetz gegen Formen der direkten Demokratie zeigt und in weiten Teilen aus einer Angst vor populistischer Einflussnahme herrührt, ist weit davon entfernt, überholt zu sein, sondern zeigt sich heute so aktuell wie nie. Der Gesetzgeber ist mit gutem Grund nicht einfach das Mundstück der jeweils lautesten gesellschaftlichen Stimmen. Er entscheidet im Gesetzgebungsverfahren autonom und kann in diesem Verfahren auch autonom darüber entscheiden, ob eine Regelungsentscheidung aus einer vorherigen Legislaturperiode geändert werden muss. Dagegen verletzt die Unterstellung einer ständigen Zeitgeistunterwerfung von Gesetz und Gesetzgeber den Grundsatz der parlamentarischen Demokratie und der Unabhängigkeit des Parlamentsabgeordneten.

Innerhalb unseres Beispiels könnten die wachsenden Gegenstimmen zur Impfpflicht auf Falschinformationen oder irrationalen, ideologischen Gründen beruhen. Wieso sollte sich der Gesetzgeber solchen Anschauungen unterwerfen? Hier wäre die Grenze zum Scheinwillen erreicht; dem Gesetzgeber müsste eine neue Überzeugung unterstellt werden[558], die er gar nicht hatte. Dies gilt nur dann nicht, wenn der Gesetzgeber die Norm gerade beweglich gestalten wollte, um dem Rechtsanwender die Möglichkeit zu geben, die Norm über die Zeit flexibel auszulegen,

---

[555] Präsent sind solche Muster in Häberles Theorie einer offenen Gesellschaft der Verfassungsinterpreten, *Häberle*, Die offene Gesellschaft der Verfassungsinterpreten, in: Häberle: Verfassung als öffentlicher Prozeß, S. 155 (156); *Häberle*, Europäische Verfassungslehre, Rn. 699; deutlich auch *Volkmann*, Grundzüge einer Verfassungslehre der Bundesrepublik Deutschland, S. 129 ff.; nochmals dargelegt in *Volkmann*, JZ 2018, 265 ff.; *Hong*, Warum das Grundgesetz die Ehe für alle verlangt, https://verfassungsblog.de/warum-das-grundgesetz-die-ehe-fuer-alle-verlangt (Stand: 27. 2. 2019); auch Würtenbergers hohes Lied auf die ohnehin unausweichliche „zeitgeistorientierte" Rechtsfortbildung, die einen dazu zwinge, die Normen aus dem heutigen Werteverständnis heraus zu verstehen, führt in die gleiche Richtung, *Würtenberger*, Zeitgeist und Recht, S. 192 f., 198; ebenso *Braun*, Deduktion und Invention, S. 69.

[556] Maunz/Dürig/*Grzeszick*, Art. 20 GG II, Rn. 66 f.; *Arnauld*, Rechtstheorie 25 (2001), 465 (490).

[557] *Badura*, Staatsrecht, D Rn. 12, E Rn. 12.

[558] Hier die oben erwähnte Überzeugung, sich den gewandelten normativen Meinungen der Bevölkerung anzuschließen.

etwa bei Generalklauseln oder bei Normen mit Prinzipiencharakter.[559] Doch dies muss erst durch Auslegung ermittelt werden, bevor es vorausgesetzt werden kann. Der Normalfall ist das sicherlich nicht.

Schon Esser beschäftigte sich mit dem Fortdenken des Gesetzgeberwillens unter veränderten empirischen und normativen Prämissen:

> „Soll, anders gesagt, die Lösung so sein, wie der Gesetzgeber von 1806, 1811 oder 1896 sie vermutlich getroffen hätte, wenn er diese Frage empirisch richtig erkannt hätte (also auch mit unseren Mitteln der Forschung und nach unserem Wissensstande) – im übrigen aber auf seiner ideologischen Wert- und Weltanschauung beharrt hätte, als ob er von der inzwischen veränderten Sozialwelt (die er eben noch empirisch zur Kenntnis nehmen mußte) nichts wüsste?“[560]

Esser geht davon aus, dass die Rechtsanwender bei der Prüfung des hypothetischen Gesetzgeberwillens Veränderungen der „Sozialwelt“, gemeint ist vor allem der Wertewandel in der Gesellschaft, krampfhaft ausblenden müssten. Das ist nicht der Fall; es muss nicht so getan werden, als würde der historische Gesetzgeber die veränderte Sozialwelt neben den empirischen[561] Begebenheiten nicht zur Kenntnis nehmen, nur haben die Veränderungen im normativ-ethischen Bereich keinen revidierenden Einfluss auf das Gedankengebäude des Gesetzgebers. Eine Änderung des gesellschaftlichen Meinungsbildes muss nicht notwendig auf die Ansichten des historischen Gesetzgebers durchschlagen. Dagegen ist eine Veränderung im empirischen Bereich, der nicht den Wandel des Meinungsbildes der Bevölkerung betrifft, dann relevant für einen Überzeugungswandel des Gesetzgebers, wenn dadurch empirische Annahmen des Gesetzgebers falsifiziert werden. Ein Wandel im Wertebewusstsein der Bevölkerung kann aber keine Ansichten des Gesetzgebers falsifizieren.[562] Essers Frage kann daher entsprechend ihrer rhetorischen Gestaltung mit einem Nein beantwortet werden, jedoch führt die gesetzgeberische Kenntnisnahme der veränderten „Sozialwelt“ nicht zu einem Austausch des gesetzgeberischen Wertefundaments, wie es Esser vorauszusetzen scheint.

Um in die Terminologie der „Gesetzeslücke“ zurückzukehren, kann ein Wertewandel nicht dazu führen, dass der hypothetische Gesetzgeberwille nachträglich

---

559 So auch *Arnauld*, Rechtstheorie 25 (2001), 465 (482).

560 *Esser*, Grundsatz und Norm, S. 175.

561 Wie gesagt, ist auch eine Veränderung in der Sozialwelt bzw. ein Wertewandel in der Bevölkerung ein empirisch quantifizierbares Ereignis. Hier soll aber in Essers Terminologie gedacht werden.

562 Dies hat auch eine Entsprechung zum Bürgerlichen Recht. Die Sittenwidrigkeit des Rechtsgeschäfts nach § 138 BGB ist immer zum Zeitpunkt der Vornahme des Rechtsgeschäfts zu beurteilen. Ein nachträgliches Sittenwidrigwerden des Rechtsgeschäfts ist nicht möglich, so überzeugend gegen die Rechtsprechung des BAG (Urteil vom 26.4.2006 – 5 AZR 549/05), *Rieble/Picker*, ZfA 2014, 153. Auch schon *Enneccerus/Nipperdey*, Allgemeiner Teil des Bürgerlichen Rechts, 2. Halbband, S. 1165: „Für die Frage der Anwendbarkeit des § 138 kommt es bei Verträgen auf den Zeitpunkt des Vertragsschlusses an. Eine rückwirkende Sittenwidrigkeit für zur Abschlußzeit einwandfreie Verträge gibt es nicht.“

planwidrig unvollständig wird. Der Wertewandel kann in den Gesetzgeberwillen aufgenommen werden, ohne dass dies am Plan des Gesetzgebers etwas ändern müsste. Eine neue Evidenz, die empirische Ansichten des Gesetzgebers falsifiziert, kann dagegen dazu führen, dass der Normplan des Gesetzgebers durchkreuzt wird und er nun nicht mehr oder nicht mehr vollständig an seinem ursprünglichen Normkonzept festhalten würde. Im klassischen Begriffssinne führt der gesellschaftliche Wertewandel also gar nicht zu sekundären Lücken, er kann aber im Rahmen der gewandelten Auslegung der Verfassung – häufig als Verfassungswandel[563] bezeichnet – berücksichtigt werden.[564] Die gewandelte Verfassungsauslegung kann dann dazu führen, dass einfachrechtliche Normen nachträglich rechtswidrig werden, weil sie im Ganzen oder teilweise mit der Verfassung in Widerspruch geraten sind. Stellen sie sich teilweise als verfassungswidrig dar, werden sie also teilweise unvollständig und können in diesem eingeschränkten Sinne „lückenhaft" werden. Wenn von sekundären Lücken qua Wertungswandel im Folgenden die Rede ist, ist nur dieser eingeschränkte Sinn gemeint, nicht dagegen der klassische terminus technicus der Gesetzeslücke.

Einige Einwendungen, die gegen das vorgeschlagene Verfahren erhoben werden könnten, sollen direkt angesprochen und vorweggenommen werden.

Eingewendet werden könnte erstens, dass es selten so präzise gelingen könne, den Gesetzgeberwillen, insbesondere die empirischen Bedingungen, aufzudecken, die für den Gesetzgeber zentral waren (1), und zweitens, dass die verschiedenen Bedingungsverhältnisse in der Wirklichkeit viel komplizierter seien als in dem Impfstoffbeispiel. Der Gesetzgeber wird häufig mehrere Motive mit einer Norm verbinden, so dass man nicht genau sagen kann, was mit der Norm passieren soll, wenn nur eines dieser Motive entfällt (2). Drittens sind Normen Teil einer hierarchisch strukturierten Rechtsordnung und immer schon von den übergeordneten Normen abhängig. Selbst wenn der hypothetische Gesetzgeberwillen ermittelt werden könnte, stehen seiner Umsetzung eventuell höherrangige gesetzliche Wertungen entgegen (3). Schließlich könne aus dem Wegfall einer tatsächlichen oder rechtlichen Prämisse, die der Gesetzgeber vorausgesetzt hat, nicht eindeutig abgeleitet werden, wie der Gesetzgeber handeln würde (4).

Zu (1): Eine zu große Skepsis ist hier verfehlt. Unter E. wird eine Reihe von Beispielen diskutiert werden, bei denen sich die Gründe des Gesetzgebers für seine Regelung durch historische Auslegung durchaus ermitteln lassen. Richtig ist aber,

---

563 Grundlegend *Böckenförde*, Anmerkungen zum Begriff des Verfassungswandels, in: FS Lerche, S. 3 ff. (13 f.); weiter *Voßkuhle*, Der Staat 43 (2004), S. 450 (452); sehr kritisch zur Möglichkeit der veränderten Auslegung der Verfassung trotz gleichbleibendem Wortlaut *Winkler*, Zeit und Recht, S. 289 ff. Zur methodischen Bewertung des Verfassungswandels auch D. II. 2.

564 Nicht auszuschließen ist es auch, dass der Wertewandel durch eine veränderte Auslegung einer einfachrechtlichen Generalklausel eingefangen wird. Geht es aber darum, die nachträgliche wertungsmäßige Überkommenheit eines Gesetzes darzulegen, werden Generalklauseln selten helfen können. So betreffen bspw. die Generalklauseln des BGB in §§ 138, 242 nicht die Ebene der Gesetze, sondern der Rechtsgeschäfte.

dass die Offenlegung des hypothetischen Gesetzgeberwillens nur insoweit gelingen kann, wie die Erforschung des tatsächlichen historischen Gesetzgeberwillens erfolgreich war. Insofern besteht hier ein Abhängigkeitsverhältnis des hypothetischen Gesetzgeberwillens vom tatsächlichen.

Zu (2): Das Beispiel war sicherlich ein einfacher Fall. Doch Beispiele sind immer Vereinfachungen und Vereinfachungen sind oft notwendig, um etwas zu veranschaulichen.

Verfolgt der Gesetzgeber mehrere Motive mit der gesetzlichen Regelung, muss zuerst geprüft werden, ob die verschiedenen Motive nur zusammen für die Regelung hinreichend sein sollen oder jedes für sich allein. Angenommen, der Impfstoff würde nicht nur die Infektion mit Krankheitserreger X, sondern auch mit Krankheitserreger Y verhindern, der Impfschutz entfiele aber lediglich für Krankheitserreger X, dann ist durch Auslegung zu ermitteln, ob der Gesetzgeber nach wie vor an der Impfpflicht festhalten würde. Bleibt das unklar, ist im Zweifel an der Regelung festzuhalten. Zum einen besteht noch eine sinnvolle Regelung und zum anderen sprechen der favor-legis-Gedanke und das Vorsichtsgebot[565] für den Erhalt der Norm.

Stehen sich bei der Überzeugungsrevision dagegen mehrere Möglichkeiten gegenüber, welche Überzeugungen des Gesetzgebers aufgegeben werden können, wobei nur eine notwendig angesichts der Veränderungen aufgegeben werden muss, ist eine Gewichtung der verschiedenen Optionen entweder nach dem Modell der entrenchment-Ordnungen[566] oder der Ranking-Theorie[567] vorzunehmen. Bei den entrenchment-Ordnungen geht es um die Eingebundenheit einer Überzeugung in das Überzeugungssystem des Subjekts. Je tiefer eine Überzeugung in dem Überzeugungssystem verwurzelt ist, also je mehr Überzeugungen sie bedingt, umso weniger leicht wird sie aufgegeben. Dagegen bekommen die einzelnen Überzeugungen bei der Ranking-Theorie mittels Rankingfunktionen Glaubensgrade zugewiesen, die angeben, wie leicht eine Überzeugung aufgegeben werden kann.[568] Vereinfacht gesprochen ist die Überzeugung aufzugeben, von der sich der Gesetzgeber am ehesten distanzieren würde.

Zu (3): Die Rekonstruktion des hypothetischen Gesetzgeberwillens ist im Falle einer neuen Evidenz, die auf das Überzeugungssystem des Gesetzgebers einwirkt,

[565] Dazu B. X.

[566] *Gärdenfors/Makinson*, Revisions of Knowledge Systems, in: Vardi (Hrsg.), Proceedings of the 2nd Conference on Theoretical Aspects of Reasoning about Knowledge, S. 84 (88 ff.).

[567] *Spohn*, Laws of Belief, S. 65 ff.

[568] Im Kontext dieser Arbeit muss eine Entscheidung zwischen diesen beiden theoretischen Positionen nicht getroffen werden, weil sie im Rahmen der Rechtsanwendung nur in den seltensten Fällen zu unterschiedlichen Ergebnissen gelangen würden. Sollte ein Rechtsanwender dennoch einmal vor die Frage gestellt werden, ob eine tiefer verwurzelte Überzeugung des Gesetzgebers oder aber eine solche mit einem höheren Überzeugungsgrad aufgegeben werden muss, so sollte er eine Gesamtabwägung treffen.

nur ein notwendiger, aber kein hinreichender Schritt, der zur Entscheidung des Falles unternommen werden muss. Anschließend muss gefragt werden, ob der hypothetische Gesetzgeberwille mit höherrangigen Normen, insbesondere der Verfassung, vereinbar ist. Ist dies nicht der Fall, entsteht eine schwierige Situation. Die Regelung, so wie sie im Gesetz steht, ist nicht mehr mit dem Gesetzgeberwillen vereinbar, doch der hypothetische Gesetzgeberwille kann ebenfalls nicht verwirklicht werden. Sinnvoll wäre es, die verfahrensrechtlichen Grundsätze der Unvereinbarkeitserklärung[569] auf diese Situation zu übertragen und anstehende Entscheidungen solange zurückzustellen, bis der Gesetzgeber eine neue, verfassungskonforme Regelung erlassen hat.

Zu (4): Auch dieser Einwand hat seine Berechtigung. Denn oft lässt sich zwar feststellen, dass der Gesetzgeber die Norm *so* nicht mehr erlassen würde, da er aber in der Folge entweder die Möglichkeit hätte, die Norm zu modifizieren oder sie zu verwerfen, kann nicht entschieden werden, wie die sekundäre Lücke auszufüllen ist. Der hypothetische Gesetzgeberwille zeigt dann nur, dass etwas geändert werden muss, aber nicht auf welche Weise. Manchmal gibt es auch die Möglichkeit, dass entweder eine Norm A oder eine Norm B verworfen werden muss. Wenn diese auf der gleichen Ebene der Normhierarchie liegen, lässt sich aus dem hypothetischen Gesetzgeberwillen ebenfalls nicht schließen, welche Norm nun verworfen werden muss.

Hierzu ein Beispiel:[570] Der Vater hatte beschlossen, dass (1) die Kinder nur dann fernsehen dürfen, wenn sie ihr Abendbrot gegessen haben, und (2) die Kinder nur dann Abendbrot essen dürfen, wenn sie mit ihren Hausaufgaben fertig geworden sind. Aus (1) und (2) folgt, dass (3) die Kinder nur dann fernsehen dürfen, wenn sie ihre Hausaufgaben gemacht haben. Angenommen, der Vater möchte von seiner Praxis abweichen und eine Ausnahme machen und sagt (4): Heute dürfen die Kinder fernsehen, obwohl sie ihre Hausaufgaben noch nicht gemacht haben. Damit wird die implizite Anordnung (3) zurückgenommen. Aber dann können (1) und (2) nicht länger gelten: Mindestens eine der beiden Anordnungen muss ebenfalls außer Kraft gesetzt werden. Allein durch logische Überlegung wird deutlich, dass noch eine weitere Anordnung außer Kraft gesetzt werden muss, aber nicht welche.

Vieles spricht dafür, dass der Vater nicht davon abweichen wollte, dass die Kinder zuerst ihr Abendbrot essen müssen, bevor sie fernsehen dürfen, er also an (1) festhalten, aber (2) verwerfen wollte, aber dies ist kein reiner Schluss der Logik mehr. Genau das kann passieren, wenn der auf der Grundlage der Logik ermittelte hypothetische Gesetzgeberwille darauf drängt, eine von zwei Normen zu verwerfen, sich aber nicht mehr erschließen lässt welche. An dieser Stelle ist zuerst zu fragen, ob es gute Auslegungsargumente für eine Variante gibt, die zu einem klaren Ergebnis führen. Ist das nicht der Fall, sollten die Gerichte nur fest-

---

[569] Vgl. hierzu *Schlaich/Korioth*, Das Bundesverfassungsgericht, Rn. 396 ff.

[570] Das Beispiel stammt von *Hilpinen*, On Normative Change, In: Morscher (Hrsg.), Ethik, S. 155 (158 f.).

stellen, dass nicht zugleich an beiden Normen festgehalten werden kann, weitere Entscheidungen aber dem Gesetzgeber überlassen und anhängige Verfahren vorübergehend aussetzen. Insoweit bietet es sich erneut an, die verfahrensrechtlichen Grundsätze der Unvereinbarkeitserklärung auf diese Situation zu übertragen, da allein der Gesetzgeber final entscheiden kann, welche Norm erhalten und welche verworfen werden muss.

c) Resümee und Folgen für Art. 100 I GG

Aussagen über den hypothetischen Gesetzgeberwillen sind kontrafaktische Konditionalaussagen, also Aussagen, die von einem Sachverhalt ausgehen, der tatsächlich nicht eingetreten ist.[571] Diese sind semantisch vollwertige Aussagen, die einen Wahrheitswert haben können. Sie sind dann wahr, wenn sie in einer möglichen Welt wahr sind und diese mögliche Welt der wirklichen Welt ähnlicher ist als andere mögliche Welten.

Die Belief Revision Theory kann auf epistemischer Ebene die unklare Rede von der Ähnlichkeit möglicher Welten erhellen und ist ein wichtiges Instrument, um den hypothetischen Gesetzgeberwillen zu finden. Im vorherigen Abschnitt konnte gezeigt werden, dass der hypothetische Gesetzgebewille keine Chimäre oder Fiktion bleiben muss, sondern im Falle der Falsifikation empirischer Annahmen des Gesetzgebers häufig als Folge logischer Überlegungen dargestellt werden kann.

Auf der Grundlage der Theorie des Überzeugungswandels kann erklärt werden, wieso der Wertewandel in der Bevölkerung nicht zu einem Überzeugungswandel des historischen Gesetzgebers führen kann. Der Wertewandel führt nämlich nicht zu einem Konflikt mit den normativen Annahmen des Gesetzgebers, vielmehr kann schlicht registriert werden, dass sich die Werteanschauungen der Bevölkerung verändert haben, ohne das eigene Überzeugungssystem revidieren zu müssen. Dagegen sind empirische Annahmen des Gesetzgebers fallibel, wenn sich die relevanten Umstände in der Welt ändern. Ändern sich Sachverhalte in der Welt, die für empirische Annahmen des Gesetzgebers relevant waren, muss eventuell das gesamte für eine Gesetzgebung relevante Überzeugungssystem des Gesetzgebers angepasst werden.

Der hypothetische Gesetzgeberwille kann daher keine Auskunft darüber geben, ob der Wertewandel eine sekundäre Lücke in die Rechtsordnung gerissen hat. Soll begründet werden, dass die Rechtsordnung sekundär „lückenhaft" wurde, muss mit der Werteordnung des Grundgesetzes und einem eventuellen Bedeutungswandel

---

[571] Dieser Sachverhalt ist die hypothetische Situation eines schon bei Gesetzeserlass über die Veränderungen informierten Gesetzgebers.

derselben argumentiert werden.[572] Jedoch eignet sich für diese Fälle eines nachträglichen Verfassungswidrigwerdens von Normen die Kategorie der sekundären Lücke nicht als methodisches Werkzeug. Der Plan des Gesetzgebers wird hier nicht nachträglich durch die Veränderungen durchkreuzt, die Norm des Gesetzgebers wird einfach verfassungswidrig.[573]

Daraus folgt, dass nur das Verfassungsgericht entscheiden kann, ob eine Norm wegen eines sich in der Verfassung manifestierenden Wertewandels überholt wurde oder anpassungsbedürftig geworden ist. Der Fachrichter kann die Verfassungswidrigkeit der Norm nicht selbst feststellen, er muss die streitige Frage nach Art. 100 I GG dem Bundesverfassungsgericht vorlegen. Dies bedeutet nicht, dass die Verfassung selbst nicht sekundär lückenhaft werden kann. Die Voraussetzung für eine sekundäre Lückenhaftigkeit besteht nur in der nachträglichen planwidrigen Unvollständigkeit des Gesetzes. Auch der Verfassungsgeber kann nicht sämtliche späteren Entwicklungen bedenken, so dass es nicht ausgeschlossen ist, dass eine seiner empirischen Annahmen später falsifiziert wird.[574] Methodisch nicht mehr rationalisierbar ist dagegen die denklogische Möglichkeit einer normativen Überholung *fester* Verfassungswerte selbst durch einen Wertewandel.[575] Die Verfassung dient als Bewertungsmaßstab des einfachen Rechts. Ändert sich methodisch zulässig dieser Bewertungsmaßstab durch die Inkorporation gewandelter Werteanschauungen, kann das Konsequenzen für das einfache Recht haben. Es gibt aber keinen Bewertungsmaßstab, der über der Verfassung stehen würde und damit ihre festen Wertentscheidungen untergraben könnte.[576]

Dagegen sollte jeder Richter entscheiden können, ob eine einfachrechtliche Norm wegen eines nicht-normativen Umstandswandels nicht mehr anzuwenden ist. Ein Verfassungsbezug ist bei dieser richterlichen Aufgabe nicht gegeben. Die

---

572 S. dazu die Fälle unter D. II. 2.
Auszuschließen ist es auch nicht, dass sich der Rechtsanwender auf eine Generalklausel auf gleicher normenhierarchischer Ebene berufen kann, um die wertemäßige Überkommenheit der jeweiligen Norm darzulegen. Gerade in diesen Fällen besteht aber die Gefahr, dass die Kontrollkompetenz des BVerfG nach Art. 100 I GG umgangen wird. Dazu gleich mehr.

573 Dazu später C. II. 2.

574 Die Zuständigkeit zur Feststellung einer sekundären Lücke in der Verfassung wird zwar nicht explizit in Art. 93 GG genannt, doch kann diese Kompetenz sinnvollerweise nur dem BVerfG selbst zukommen, das allein letztverbindlich über verfassungsrechtliche Streitigkeiten entscheiden kann, vgl. allgemein MSKB/*Bethge*, § 1 BVerfGG, Rn. 44 ff.

575 Siehe dazu D. II. 2., insbesondere Fall b)

576 Ausgeklammert werden soll hier aus Gründen der Einfachheit das Europarecht und sein Verhältnis zur Verfassung, das sich vor allem wegen der Solange-Rechtsprechung des BVerfG (BVerfGE 37, 271; 73, 339) als äußerst komplex darstellt. Dies Logik der Argumentation an sich ist aber auch dann nicht fehlerhaft, wenn das Europarecht als Bewertungsmaßstab der Verfassung akzeptiert wird. Das Argument muss dann eben so weit nach oben gespiegelt werden, bis eine Rechtsquelle erreicht ist, die keinen Bewertungsmaßstab über sich mehr kennt. Zur Rechtfertigung der rechtspositivistischen Position, die dieser Arbeit zugrunde liegt, vgl. D. II. 2.

Ungültigkeit oder Nichtanwendbarkeit[577] der Norm folgt aus der Feststellung, dass der Gesetzgeber nicht mehr an der Regelung festhalten würde, also gewissermaßen aus der cessante-Regel. Doch was ist der Geltungsgrund der cessante-Regel? Allein ihre ehrwürdige Herkunft aus dem römischen Recht[578] reicht nicht aus, um ihre Anwendung zu legitimieren; dazu müssen weitere überzeugende Gründe hinzukommen – Gründe, die sich aus unserer aktuellen Rechtsordnung ergeben. Löwer nennt das Rationalitätspostulat von Gesetzen, das seines Erachtens Verfassungsrang hat.[579] Gesetze müssten einen vernünftigen Zweck verfolgen.[580] Der Gedanke ist plausibel, der Gesetzgeber verfolgt einen vernünftigen Zweck mit seinen Gesetzen. Entfällt dieser, ist die weitere Anwendung der Gesetze unvernünftig geworden. Zwar fällt der Begriff „Rationalitätspostulat" in der derzeitigen verfassungsrechtlichen Diskussion nicht mehr, doch ist die Anforderung an Gesetze, einen vernünftigen Zweck zu verfolgen, im Grundsatz der Verhältnismäßigkeit enthalten.[581] Auch vor dem Hintergrund von Gesetzesbindung und Demokratieprinzip ist die Anwendung eines zwecklosen Gesetzes problematisch.[582]

Auf Grund dieser Nähe zum verfassungsrechtlichen Verhältnismäßigkeitsprinzip lässt sich durchaus vertreten, dass ein zweckloses Gesetz verfassungswidrig ist und damit der Kompetenzbereich des Verfassungsgerichts nach Art. 100 I GG eröffnet sein muss. Doch scheint das Genannte eher den rechtsstaatlichen Rahmen darzustellen, als den eigentlichen Grund der Ungültigkeit des Gesetzes. Entscheidend ist, dass der gesetzgeberische Zweck des Gesetzes entfallen ist und das kann durch jeden Richter festgestellt werden. Er braucht dazu keine besondere Kompetenz bezüglich der Auslegung und Anwendung der Verfassung, die beim Bundesverfassungsgericht monopolisiert sein müsste.[583] Art. 100 I GG bezweckt keine allgemeine Sperrwirkung gegen fachgerichtliche Normverwerfungen. Monopolisiert werden nur jene Gesetzesverwerfungen beim Bundesverfassungsgericht, die

---

577 Später wird dafür argumentiert werden, dass die Rechtsfolge des Überflüssigwerdens einer Norm in ihrer schlichten Nichtanwendung besteht, B. XI. Insofern besteht auch kein Bedürfnis, diese Entscheidungskompetenz allein beim BVerfG zu monopolisieren, weil die Autorität des Gesetzgebers nicht in gleicher Weise betroffen ist, wie bei der Feststellung der Nichtigkeit seiner Norm. Die Rechtsfolge einer Normverwerfung im Rahmen von Art. 100 I GG ist aber nach der herrschenden Meinung die ipso-iure-Nichtigkeit, ständige Rechtsprechung seit BVerfGE 1, 14 (37); mit weiteren Nachweisen *Schlaich/Korioth*, Das Bundesverfassungsgericht, Rn. 379; allgemein zum Nichtigkeitsdogma, MSKB/*Bethge*, § 78 BVerfGG, Rn. 7.

578 Zur Geschichte der cessante-Regel *Heckmann*, Geltungskraft und Geltungsverlust von Normen, S. 421 ff.

579 *Löwer*, Cessante ratione legis cessat ipsa lex, S. 12 f.

580 So auch *Larenz*, Methodenlehre, S. 351; *Larenz/Canaris*, Methodenlehre, S. 171; *Bydlinski*, Juristische Methodenlehre und Rechtsbegriff, S. 588; *Rüthers/Fischer/Birk*, Rechtstheorie, Rn. 872.

581 Maunz/Dürig/*Grzeszick*, Art. 20 GG VII, Rn. 107.

582 Dazu sogleich mehr unter B. X.

583 Ähnlich auch *Neuner*, Die Rechtsfindung contra legem, S. 181.

die lex-superior-Regel in den dort genannten Konstellationen betreffen.[584] Zudem spricht auch die Nähe dieser methodischen Operationen zur richterlichen Aufgabe der Rechtsfortbildung im Lückenbereich für die Kompetenz der Fachgerichte.[585] Schließlich hat das Verfassungsgericht den Fachgerichten schon im Arzthaftungsurteil sehr weitreichende Befugnisse im Umgang mit dem Umstandswandel eingeräumt und ist davon seitdem auch nicht abgerückt:

> „Die Auslegung des einfachen Gesetzesrechts einschließlich der Wahl der hierbei anzuwendenden Methode ist Sache der Fachgerichte und vom Bundesverfassungsgericht nicht auf ihre Richtigkeit zu untersuchen [...] Da auch die Rechtsfortbildung das einfache Recht betrifft, obliegt die Beantwortung der Frage, ob und in welchem Umfang gewandelte Verhältnisse neue Antworten erfordern, ebenfalls den Fachgerichten. Das Bundesverfassungsgericht darf deren Würdigung daher grundsätzlich nicht durch seine eigene ersetzen. Seine Kontrolle beschränkt sich unter dem Gesichtspunkt von Art. 20 GG darauf, ob das Fachgericht bei der Rechtsfortbildung die gesetzgeberische Grundentscheidung respektiert hat und den anerkannten Methoden der Gesetzesauslegung gefolgt ist.“[586]

Das Verfassungsgericht spricht dabei allgemein von „neue[n] Antworten“, die angesichts der gewandelten Verhältnisse erforderlich sein könnten. Diese Aussagen des Bundesverfassungsgerichts liegen genau auf der Linie des hier entworfenen Konzepts zur Behandlung sekundärer Lücken durch den Richter.

Der Geltungsverlust kann sich dabei nicht unmittelbar aus dem Rechtssatz „cessante ratione legis cessat lex ipsa“ ergeben,[587] sondern muss durch ein Gericht ausgesprochen werden. Dies gebietet schon der rechtsstaatlich verbürgte Grundsatz der Rechtssicherheit,[588] weil einer Norm das Obsoletwerden nicht auf der Stirn geschrieben steht.

Zudem werden die Rechtsunterworfenen durch den Instanzenzug der Rechtsprechung ausreichend vor Fehlurteilen geschützt, bei denen der hypothetische Gesetzgeberwille vorschnell oder scheinbar gegen die Regelung ausgespielt wird.

---

[584] Maunz/Dürig/*Dederer*, Art. 100 GG, Rn. 24; wohl anders Maunz/Dürig/*Hillgruber*, Art. 97 GG, Rn. 72 ff.

[585] Die Aufgaben der Lückenfeststellung und -ausfüllung billigt das BVerfG den Fachgerichten zu, BVerfGE 82, 6 (13); für die teleologische Reduktion BVerfGE 88, 145 (166 f.).

[586] BVerfGE 96, 375 (394 f.); ähnlich 128, 193 (210 f.); 132, 99 (128) (Delisting-Urteil): „Auch die Beantwortung der Frage, ob und in welchem Umfang Regelungslücken bestehen oder gewandelte Verhältnisse weiterführende rechtliche Antworten erfordern, obliegt zuvörderst den Fachgerichten. Das BVerfG darf deren Würdigung daher grundsätzlich nicht durch seine eigene ersetzen. Seine Kontrolle beschränkt sich darauf, ob die rechtsfortbildende Auslegung durch die Fachgerichte die gesetzgeberische Grundentscheidung und deren Ziele respektiert und ob sie den anerkannten Methoden der Gesetzesauslegung folgt.“

[587] So klingt das aber bei den genannten Autoren an, *Larenz*, Methodenlehre, S. 351; *Bydlinski*, Juristische Methodenlehre und Rechtsbegriff, S. 588; *Löwer*, Cessante ratione legis cessat ipsa lex, S. 12 f.; *Larenz/Canaris*, Methodenlehre, S. 171; *Rüthers/Fischer/Birk*, Rechtstheorie, Rn. 872, 955. Dagegen auch *Heckmann*, Geltungskraft und Geltungsverlust von Rechtsnormen, S. 471, 475; für das Schweizer Recht *Kramer*, Juristische Methodenlehre, S. 241 ff.

[588] Maunz/Dürig/*Grzeszick*, Art. 20 GG VII, Rn. 50 ff.

Letzten Endes sollte natürlich formell festgestellt werden, dass die Regelung außer Kraft tritt.

Es bleiben aber, wie gezeigt wurde, einige Fälle übrig, in denen zwar festgestellt werden kann, dass die Norm nicht mehr weiter angewendet werden darf, aber die Logik keine Antwort mehr darauf geben kann, in welcher Weise der Richter das Recht anzupassen hat. Hier sollten die Gerichte die Entscheidung zurück an den Gesetzgeber geben und dabei auf die Grundsätze der Unvereinbarkeitserklärung zurückgreifen, die aus der verfassungsgerichtlichen Rechtsprechung bekannt sind.

VIII. Hypothetische Überlegungen als Spezifikum der sekundären Lücken?

Tatsächlich sind hypothetische Argumente kein Spezifikum sekundärer Lücken. Nicht nur im Strafrecht oder bei der GoA kann der mutmaßliche Wille relevant werden, sondern auch schon bei der Feststellung primärer Gesetzeslücken. Ob bei § 181 BGB eine Ausnahme vom Verbot des Insichgeschäfts bei Geschäften gemacht werden soll, die für den Vertretenen lediglich rechtlich vorteilhaft sind,[589] erfordert ebenfalls hypothetische Überlegungen: Hätte der Gesetzgeber eine Ausnahme zum Tatbestand hinzugefügt, sofern er den Fall bedacht hätte? Parallel liegt die Situation bei § 313 BGB – auch hier wird zwischen anfänglicher (Abs. 2) und nachträglicher (Abs. 1) Störung der Geschäftsgrundlage unterschieden.[590] Ebenso wie die Vertragsparteien kann der Gesetzgeber schon anfänglich rechtliche oder tatsächliche Sachverhalte nicht bedenken,[591] die für seine Entscheidung relevant gewesen wären. Überlegungen zum hypothetischen Gesetzgeberwillen sind also bei allen Anschauungslücken am Platz. Bei anfänglichen Anschauungslücken muss argumentiert werden, dass der Gesetzgeber etwas von Anfang an übersehen hat, bei nachträglichen Anschauungslücken, dass sich etwas Rechtserhebliches geändert hat. Jeweils muss gezeigt werden, dass der Gesetzgeber anders gehandelt hätte, wenn er vollständig informiert gewesen wäre. Die Voraussetzung der Planwidrigkeit bedingt bei den primären wie bei den sekundären Anschauungslücken Überlegungen zur hypothetischen Reaktion des Gesetzgebers.

Dennoch bestehen Unterschiede. Im Fall der primären Lücke liegt – außer im Fall der bewussten anfänglichen „Lücken" – ein Versehen des Gesetzgebers vor. Bei den sekundären Lücken wird die Regelung des Gesetzgebers dagegen durch äußere, unkontrollierbare Einflüsse in Frage gestellt.

[589] So die ständige Rechtsprechung BGHZ 59, 236 (240); BGHZ 94, 232 (235) und die ganz herrschende Meinung, mit weiteren Nachweisen BeckOK BGB/*Schäfer*, 48. Ed. 1.11.2018, § 181 BGB, Rn. 19.

[590] MüKoBGB/*Finkenauer*, § 313 BGB, Rn. 19.

[591] Beispiel bei *Waldhoff*, Gesetzesmaterialien aus verfassungsrechtlicher Perspektive, in: Fleischer (Hrsg.), Mysterium Gesetzesmaterialien, S. 76 (76 f.).

Ein einfaches Beispiel: Ein Bebauungsplan wird für eine Grünfläche beschlossen, weil der Satzungsgeber davon ausging, dass dort keine bedrohten Tierarten leben. Nach Erlass des Bebauungsplans stellt sich heraus, dass doch eine bedrohte Raupenart ansässig ist. Der Satzungsgeber hätte den Bebauungsplan wohl nicht erlassen, hätte er von der Raupenart gewusst, war es doch seine Absicht, bedrohte Tierarten zu schonen. Nistet sich die Raupenart erst einige Zeit nach Erlass des Bebauungsplans ein, ist nicht ohne weiteres davon auszugehen, dass der Satzungsgeber nun anders entschieden hätte. Zwar war ihm der Erhalt der Arten ein wichtiges Anliegen, doch konnte und wollte er ja nur die Gegebenheiten zum Zeitpunkt des Erlasses des Bebauungsplans berücksichtigen. Die Nichtigkeit[592] des Bebauungsplans kann nicht ohne weiteres gefolgert werden. Im Zweifelsfall sollte nach den vorherigen Ausführungen eher konservativ entschieden werden.

Folgende vier Schritte sind beim Finden einer primären Anschauungslücke notwendig. Unschwer lässt sich erkennen, dass das Procedere der Lückenfeststellung bei primären Anschauungslücken jenem der sekundären Anschauungslücken stark ähnelt:

1. Feststellung des gesetzgeberischen Normzwecks.
2. Nachweis, dass der Gesetzgeber normrelevante Umstände nicht bedacht hat.
3. Nachweis, dass er eine andere Regelung in Kenntnis der nicht bedachten Sachverhalte vorgenommen hätte.
4. Prüfung, ob dieser neuen Regelung keine anderen rechtlichen Gesichtspunkte entgegenstehen.

Bei sekundären Lücken lag der Schwerpunkt der Argumentation auf der Darlegung des dritten Schritts. Es musste gezeigt werden, dass die veränderte Sachlage rechtlich relevant ist und den Gesetzgeber zu einer anderen Regelung veranlasst hätte. Bei diesem Nachweis kann, wie zuvor gezeigt, die Belief Revision Theory hilfreich sein.[593] Dagegen besteht bei primären Anschauungslücken schon eine große Schwierigkeit bei der Prüfung des zweiten Schritts. Es muss überhaupt erst nachgewiesen werden, dass es rechtserhebliche tatsächliche oder rechtliche Sachverhalte gegeben hat, die dem Gesetzgeber nicht bekannt waren, obwohl ihm deren Kenntnis möglich war. Die (vom Rechtsanwender empfundene) Unzweckmäßigkeit der Regelung allein ist nur ein sehr schwaches und unzuverlässiges Indiz für eine anfängliche Anschauungslücke des Gesetzgebers.[594] Der Gesetzgeber hat

---

[592] Von dieser Rechtsfolge sei des Beispiels wegen ausgegangen.

[593] B. VII. 3. b).

[594] Die Nichtregelung der positiven Vertragsverletzung vor der Schuldrechtsreform wurde von der Lehre immer als primäre Anschauungslücke eingeordnet. H.-M. Pawlowski schreibt dies aber erst dem zu engen Begriffsverständnis der Rechtswissenschaft zu. Der Gesetzgeber hätte diese Fälle keineswegs nicht bedacht, sondern wollte die Möglichkeit der positiven Vertragsverletzung durch die Regelungen der Unmöglichkeit und des Verzugs einfangen. Die Lücke sei erst durch eine engere Definition der Begriffe *Unmöglichkeit* und *Verzug* entstanden, als sie

eventuell die Sachverhalte registriert, wollte ihnen aber keine große Aufmerksamkeit schenken. Hier befindet sich der Rechtsanwender an der Grenze seiner Befugnisse, weder durch Auslegung noch durch Rechtsfortbildung darf von der Regelungsentscheidung des Gesetzgebers abgewichen werden. Eindeutig ist die Lage nur, wenn sich aus den Gesetzesmaterialien deutlich ergibt, dass der Gesetzgeber einen Fehler gemacht hat, er also offensichtlich von einer tatsächlichen oder rechtlichen Situation ausging, die nicht der Realität entsprach. Sind die Gesetzesmaterialien aber nicht aufschlussreich, wird eine Einschätzung über den Kenntnisstand des Gesetzgebers schwerfallen. Auch die Belief Revision Theory hilft hier nicht weiter. Sie setzt voraus, dass es eine neue oder besser dem Gesetzgeber unbekannt gebliebene Evidenz gibt, die den Überzeugungswandel eines rationalen Subjekts in Gang bringen kann. Genau das ist aber erst zu klären.

Dagegen bereitet der zweite Schritt bei sekundären Lücken selten Probleme. Der Gesetzgeber der 70er Jahre konnte noch nicht ansatzweise erahnen, welche technischen Entwicklungen in den 90er Jahren bevorstehen würden. Der Nachweis, dass der Gesetzgeber etwas nicht sehen konnte, fällt leicht. Dagegen fällt es schwer zu beurteilen, wie der Gesetzgeber auf die Veränderung reagiert hätte. Zu den späteren Phänomenen liegt keine unmittelbare Willensbildung des damaligen Gesetzgebers vor.

Meistens wird es im Bereich der primären Lücke aber nicht um Anschauungsfehler des Gesetzgebers gehen, sondern um die Korrektur von Wortlautlücken, die sich daraus ergeben, dass der Gesetzgeber einen Tatbestand zu eng oder zu weit gefasst hat, obwohl seine Absicht eben eine engere oder weitere Fassung gefordert hätte. Je nach Materialienlage könnte auch das obige Beispiel von § 181 BGB so bewertet werden. Wenn argumentiert wird, der Normzweck des § 181 BGB bestehe darin, den Vertretenen vor bestimmten Interessenkollisionen generell zu schützen, kann darauf hingewiesen werden, dass eine solche Interessenkollision bei lediglich rechtlich vorteilhaften Geschäften ebenso generell ausgeschlossen werden kann.[595] Das Versehen des Gesetzgebers bezieht sich dann nur auf einen zu eng gefassten Wortlaut, der teleologisch reduziert werden muss. Daher bedarf es in den meisten Fallkonstellationen primärer Lücken schon keiner Prüfung des hypothetischen Gesetzgeberwillens. Die Übergänge sind fließend, wie auch das Beispiel von § 181 BGB zeigt. De facto lässt sich eine primäre Anschauungslücke wohl nur dann begründen, wenn sich in den Gesetzesmaterialien Hinweise zu faktischen Fehleinschätzungen des Gesetzgebers finden. Es kann aber nicht ausgeschlossen werden, dass auch in weniger eindeutigen Fällen eine primäre Anschauungslücke angenommen werden kann.

---

dem Gesetzgeber vorgeschwebt hatten. Durch die herrschende Lehre wäre Studenten ein ungerechtfertigtes Bild des Gesetzgebers vermittelt worden, *H.-M. Pawlowski*, Methodenlehre, Rn. 469, 471.

[595] *Larenz/Canaris*, Methodenlehre, S. 198; MüKoBGB/*Schubert*, § 181 BGB, Rn. 5, 29.

Kann bei primären Anschauungslücken nachgewiesen werden, dass der Gesetzgeber etwas Normrelevantes nicht bedacht hat, muss im dritten Schritt gezeigt werden können, dass die Kenntnis des jeweiligen Sachverhalts Einfluss auf seine Regelung gehabt hätte. Die Formulierung könnte zu dem Missverständnis führen, dass der dritte Schritt gar nicht mehr notwendig ist. Wenn nämlich festgestellt wird, dass etwas „Normrelevantes" nicht bedacht wurde, sei schon über die Lückenhaftigkeit der Regelung entschieden. Es kommt aber darauf an, was man unter „normrelevant" versteht. Unter „normrelevant" soll nur verstanden werden, dass ein Sachverhalt in den Regelungsbereich der Norm fällt, jedoch noch nicht, wie der Gesetzgeber diesen final bewertet. Auf dieser Ebene sollen nur Sachverhalte ausgeschlossen werden, die keinen Bezug zur Norm haben. Analog dazu muss auch beim zweiten Schritt im Rahmen der sekundären Lücken festgestellt werden, ob die Veränderungen überhaupt den Anwendungsbereich der Norm berühren. Denn nicht jede Veränderung stellt ein Gesetz in Frage. Nur solche Veränderungen sind relevant, die den Regelungsbereich der Norm berühren. Erst im dritten Schritt wird jeweils entschieden, ob die festgestellte Veränderung beziehungsweise das festgestellte Übersehen des Gesetzgebers auch – gemessen an den Wertungen des Gesetzgebers – eine Gesetzeslücke begründen kann.

Hypothetische Überlegungen sind damit nicht nur ein Spezifikum der sekundären Lücken, sondern sämtlicher Anschauungslücken, sowohl sekundärer wie primärer. Unterschiede ergeben sich aber bei den Argumentationsschwerpunkten. Ist bei primären Anschauungslücken vor allem der Nachweis zu erbringen, dass der Gesetzgeber überhaupt etwas Normrelevantes übersehen hat, muss auf sekundärer Ebene vor allem gezeigt werden, dass die rechtserheblichen Veränderungen ihn zu einer anderen Regelung bewogen hätten. Letzteres kann bei primären Anschauunglücken einfacher nachzuweisen sein, weil die Absichten des Gesetzgebers zu dem aktuellen Ereignis häufig besser nachvollzogen werden können. In jedem Fall kann die Theorie des Überzeugungswandels bei der Feststellung des hypothetischen Gesetzgeberwillens hilfreich sein.

Fast schon begrifflich unmöglich ist es, dass ein Gesetz anfänglich durch Wertewandel seine Bewertungsgrundlage verliert. Es müsste nachgewiesen werden, dass der Gesetzgeber relevante normative Argumente, beispielsweise ethischer Natur, nicht gesehen hat, die ihn aber überzeugt hätten. Doch Behauptungen über die Reaktion des Gesetzgebers auf ethische Argumente bleiben rein spekulativ. Aus dem Gesetz und den Gesetzesmaterialien lässt sich eventuell erschließen, welche Grundwertungen der Gesetzgeber getroffen hat, aber nicht wie er auf ein ethisches Argument reagiert hätte, das ihm nicht bekannt war. Die im Gesetz zum Ausdruck kommende Wertung repräsentiert eben schon die normative Haltung des Gesetzgebers. Wenn die gesetzgeberische Wertung nicht gegen die Verfassung verstößt, scheint eine Beweisführung gegen die gesetzgeberische Bewertung unmöglich. Verändern sich dagegen nachträglich die Bewertungen in der Bevölkerung, könnte die Annahme, die gesetzgeberische Wertung sei nun obsolet, überzeugender sein. Doch hat sich im Rahmen der Untersuchung des hypothetischen Gesetzgeberwillens unter B. VII. 3. b) gezeigt, dass auch diese Argumentation zum Scheitern verurteilt ist. Der Wertewandel kann nur dazu führen, dass ein Gesetz nachträglich gegen die Verfassung verstößt, nicht, dass es nachträglich lückenhaft wird.

Primäre und sekundäre Anschauungslücken sind daher nach einem sehr ähnlichen Muster zu behandeln. Lediglich der Argumentationsaufwand zwischen den einzelnen Begründungsschritten wird häufig verschieden sein.

Die Abgrenzung zwischen primären und sekundären Anschauungslücken kann im Einzelfall Probleme bereiten. Bestand die Möglichkeit, dass der Gesetzgeber den Sachverhalt bei der Verabschiedung[596] des Gesetzes zur Kenntnis nehmen konnte, liegt eine primäre Lücke vor, bestand keine Möglichkeit der Kenntnisnahme zu diesem Zeitpunkt, liegt eine sekundäre Lücke vor. Abgrenzungsschwierigkeiten bestehen bei Entwicklungen, die noch nicht abgeschlossen sind, beispielsweise einer Technologie, die sich in der Entwicklung befindet, oder einer wirtschaftlichen oder sozialen Lage, die sich im Umbruch befindet. Kann nicht mit hinreichender Sicherheit herausgefunden werden, ob der Gesetzgeber die Entwicklung hätte bedenken können (dann primäre Lücke) oder nicht (dann sekundäre Lücke), muss davon ausgegangen werden, dass dem Gesetzgeber die Entwicklung hätte bekannt sein können, also allenfalls eine primäre Anschauungslücke in Frage kommt. Das bedeutet wiederum, dass im Zweifel davon ausgegangen werden muss, dass der Gesetzgeber die Entwicklung wahrgenommen hat und sie in seiner Regelung nicht weiter regeln wollte. Denn sonst müsste dem Gesetzgeber ein Versehen vorgeworfen werden. Zum anderen soll die Schwelle des Richters zur Rechtsfortbildung eher hoch angesetzt werden, um ungerechtfertigte Rechtsfortbildungen zu vermeiden, die nur auf dem Rechtsgefühl des Richters beruhen. Das ist eine Forderung des Vorsichtsgebots, auf das später zurückzukommen sein wird.[597] Die Gefahren eines vorschnellen Heranziehens des hypothetischen Gesetzgeberwillens sollen nun paradigmatisch anhand der Fallgruppe der europarechtskonformen Rechtsfortbildung unzureichender nationaler Umsetzungsgesetze demonstriert werden.

IX. Gefahren des hypothetischen Gesetzgeberwillens im Falle der europarechtskonformen Rechtsanwendung im Zivilrecht

Schon zuvor klang an, dass die Figur des hypothetischen Gesetzgeberwillens ein gefährliches Potential in sich trägt. Der hypothetische Gesetzgeberwille könnte gegen den wirklichen Gesetzgeberwillen, gegen den vom Gesetzgeber tatsächlich verfolgten Normzweck, ausgespielt werden und dadurch zur Legitimation einer Rechtsfortbildung contra legem eingesetzt werden. In einer Fallgruppe scheint sich diese Gefahr nun regelmäßig zu realisieren, und zwar in der europarechtskonfor-

---

596 Zu diesem Zeitpunkt vgl. B. III. 1.
597 Dazu, B. X.

men Anwendung oder Fortbildung (fehlerhafter) nationaler Umsetzungsgesetze von europäischen Richtlinien im Privatrecht.[598]

Die Gerichte verweisen dabei häufig auf einen generellen oder konkreten Umsetzungswillen des Gesetzgebers,[599] der dazu geeignet sein soll, die konkrete Regelungsentscheidung des Gesetzgebers, die ebenfalls zu seinem Willen gehört, zu übertrumpfen. Dadurch kann die europarechtswidrige Rechtslage, die nach nationalem Recht bestehen würde, beseitigt werden und eventuelle Staatshaftungsansprüche, respektive ein Vertragsverletzungsverfahren gegen die Bundesrepublik Deutschland vermieden werden. Gleichzeitig liegt der Verdacht nahe, dass der Bundesgerichtshof das Argumentationsmuster vom Umsetzungswillen respektive hypothetischen Gesetzgeberwillen einsetzt, um zu verschleiern, dass eigentlich contra-legem judiziert wird.[600] Dies würde aber aber die gerichtliche Kompetenz zum europarechtskonformen Judizieren übersteigen, denn auch hier ist der Rechtsanwender an die nationalen Grenzen methodisch zulässiger Rechtsfortbildungen gebunden – eine Richtlinienumsetzung durch die Gerichte um jeden Preis gibt es nicht.[601]

Erst wurde im Fall Heininger nach einer Vorlage des Bundesgerichtshofs[602] an den Europäischen Gerichtshof[603] entschieden, dass im Zuge einer einschränkenden richtlinienkonformen Auslegung[604] von § 5 II HWiG aF, das Haustürwiderrufsgesetz bei Verbraucherkreditverträgen nur dann zurücktrete, wenn im Verbrau-

---

[598] *Rüßmann*, Contra-legem Entscheidungen in der Zivilgerichtsbarkeit, in: FS Koch, S. 79 (80).

[599] BGHZ 179, 27 (36); BGHZ 192, 148 (163).

[600] *Rüßmann*, Contra-legem Entscheidungen in der Zivilgerichtsbarkeit, in: FS Koch, S. 79 (84).

[601] Dies ist mit den Vorgaben des EuGHs vereinbar, EuGH, Urteil vom 4. 7. 2006, C-212/04, Slg. 2006, I-6057, Rn. 111 – Adeneler = JZ 2007, 187 mit Anm. Franzen; verb. C-397/01 bis C-403/01, Slg. 2004, I-8835, Rn. 114 ff., 118 f. – Pfeiffer; und entspricht der herrschenden Meinung in der nationalen Literatur, *Höpfner*, Die systemkonforme Auslegung, S. 282 f.; *Rüthers/Fischer/Birk*, Rechtstheorie, Rn. 912e; *T. Möllers*, Juristische Methodenlehre, § 8 Rn. 64: a. A. wohl bei *Auer*, NJW 2007, 1106 (1108); *Herresthal*, Rechtsfortbildung im europarechtlichen Bezugsrahmen, 2006, S. 217 ff., 312 ff. Herresthal meint insbesondere aus Art. 23 GG ein Strukturprinzip der „integrierten Staatlichkeit" (S. 123 ff.) ableiten zu können, das den Aufgabenkreis des Richters erweitere (S. 182 ff., 309 ff.). Überzeugende Kritik dazu bei *Schürnbrand*, JZ 2007, 910 (917).

[602] BGH NJW 2000, 521.

[603] Der EuGH stellte daraufhin fest, dass die nationalen Vorschriften nicht den Vorgaben entsprechen, EuGH, Urteil vom 13. 12. 2001, C-481/99 = EuGH NJW 2002, 281 – Heininger.

[604] Die „richtlinienkonforme Auslegung" ist keine interpretatorische Vorzugsregel, wie teilweise in der Literatur vertreten wird, so *Canaris*, Die richtlinienkonforme Auslegung, in: FS Bydlinski, S. 47 (66 ff.); sowie *Auer*, NJW 2007, 1106 (1108). Vielmehr setzt die richtlinienkonforme Auslegung erst dann ein, wenn nach der Auslegung der Norm durch die herkömmlichen Canones festgesellt wurde, dass die Norm mehrere Auslegungsergebnisse zulässt. Die richtlinienkonforme Auslegung zwingt dann dazu, ein Auslegungsergebnis zu wählen, was konform mit den Anforderungen der Richtlinie ist. Sie ist somit eher ein Prinzip der Normverwerfung, das Auslegungsergebnisse verwirft, wenn sie nicht richtlinienkonform sind, selbst wenn sie nach der vorangegangenen Auslegung plausibler waren, vgl. *Höpfner*, Die systemkonforme Auslegung, S. 270 f., 282 f.

cherkreditgesetz ein gleich weitreichendes Widerrufsrecht bestimmt ist, wie im Haustürwiderrufsgesetz.[605]

Danach folgte das Quelle-Urteil[606]. Dabei ging es um einen Allerweltssachverhalt. Die Mangelhaftigkeit eines Herd-Sets zeigte sich erst nach einer längeren Nutzungszeit (über 1,5 Jahre). Die Käuferin wollte daraufhin ein neues Gerät von der Beklagten, die ihr ein neues Gerät lieferte und das alte zurückerhielt. Gleichzeitig verlangte die Beklagte die gezogenen Nutzungen für die Benutzung des alten Geräts von der Käuferin nach §§ 439 IV aF, 346 I BGB heraus. Obwohl der Wortlaut von § 439 IV BGB aF keinen Anlass gab, wurde das Recht des Verkäufers auf Wertersatz für gezogene Nutzungen im Verbrauchsgüterkauf mittels einer richtlinienkonformen teleologischen Reduktion ausgeschlossen. Zuvor ersuchte der Senat eine Vorabentscheidung des Europäischen Gerichtshofs, der die Pflicht des Käufers zur Zahlung von Wertersatz für die gezogenen Nutzungen an der mangelhaften Sache nach §§ 439 IV aF, 346 I BGB für richtlinienwidrig erachtete.[607]

Im letzten Fall ging es um die Frage, ob der Verkäufer im Rahmen der Nacherfüllung auch zum Ausbau der mangelhaften und Einbau der mangelfreien Sache verpflichtet ist, wenn der Käufer zuvor gutgläubig die mangelhafte Sache eingebaut hatte. Dabei ist es durchaus denkbar, dass die Aus- und Einbaukosten die eigentlichen Kosten der Nachlieferung oder Nachbesserung der mangelhaften Sache deutlich überschreiten. Zugleich sollte geklärt werden, ob der Verkäufer die Nacherfüllung noch mit der Einrede der absoluten Unverhältnismäßigkeit nach § 439 III 3 BGB aF verweigern durfte. Nach Vorlage des Bundesgerichtshofs entschied der Europäische Gerichtshof, dass die Nacherfüllung für den Verbraucher unentgeltlich erfolgen und dieser damit auch vor den Kosten des Ausbaus der mangelhaften Sache und des erneuten Einbaus der mangelfreien Sache bewahrt werden müsse. Auch dürfe die einzig mögliche Nacherfüllungsvariante nicht durch die Einrede der absoluten Unverhältnismäßigkeit abgelehnt werden, allein eine Kostenreduktion auf einen angemessenen Betrag könne der Verkäufer verlangen.[608] Die Vorgaben des Europäischen Gerichtshofs setzte der Bundesgerichtshof zuerst mit einer richtlinienkonformen Auslegung des Begriffs der „Lieferung" in § 439 I BGB um, dann wurde mittels einer richtlinienkonformen teleologischen Reduktion von § 439 III 3 BGB aF die Einrede der absoluten Unverhältnismäßigkeit ausgeschlossen und schließlich durch eine freie Rechtsschöpfung das Recht des Verkäufers etabliert, die Kosten der Nacherfüllung auf einen angemessenen Betrag zu beschränken.[609] Im Rahmen der teleologischen Reduktion von § 439 III 3 BGB aF argumentiert der Bundesgerichtshof erneut mit dem Umsetzungswillen des Gesetzgebers, der jegliche Richtlinienverstöße hätte vermeiden wollen.[610]

---

605 BGHZ 150, 248.
606 BGHZ 179, 27.
607 EuGH, Urt. vom 17.4.2008, C-404/06 = NJW 2008, 1433 – Quelle.
608 EuGH, Urt. vom 16.6.2011, C-65/09, C-87/09 = NJW 2011, 2269 – Weber und Putz.
609 BGHZ 192, 148.
610 BGHZ 192, 148 (163).

Im Kontext dieser Arbeit interessiert nur die jeweilige Argumentation des Bundesgerichtshofs, die sich auf den hypothetischen Gesetzgeberwillen stützt. Dabei spricht der Bundesgerichtshof nie direkt aus, dass er sich auf den „hypothetischen Gesetzgeberwillen" stützt, jedoch wird das von seinem Vorgehen impliziert, wenn er dem Umsetzungswillen Vorrang vor dem konkreten Regelungswillen einräumt. Die rechtliche Ausgangssituation ist jeweils Folgende: Einerseits muss und will der Gesetzgeber eine Richtlinie mit seinem Gesetz umsetzen. Zugleich verfolgt er aber immer eine weitere konkrete Regelungsabsicht, die tatsächlich nicht den Vorgaben der Richtlinie entspricht, was der Gesetzgeber aber zum Zeitpunkt des Gesetzeserlasses noch nicht weiß.[611] Diese beiden Willenselemente widersprechen einander – nur eines kann beibehalten werden. Entweder der Gesetzgeber muss seine konkrete Regelungsentscheidung aufgeben, um die Richtlinienkonformität zu sichern, oder er muss seine Absicht aufgeben, die Vorgaben der Richtlinie umzusetzen, um seine konkrete Regelungsentscheidung umzusetzen.[612] Um herauszufinden, welches Willenselement obsiegt, muss gefragt werden, welches Anliegen für den Gesetzgeber zentraler oder wichtiger war.[613] Da der Gesetzgeber in keinem der Fälle eindeutig ausspricht, welches Anliegen ihm wichtiger ist, muss der Rechtsanwender entscheiden, wie der Gesetzgeber angesichts der neuen Evidenz des Urteils des Europäischen Gerichtshofs entschieden hätte. Erst an dieser Stelle wird der hypothetische Gesetzgeberwille relevant.

Der vom Bundesgerichtshof bemühte Umsetzungs- oder Konkordanzwille des Gesetzgebers wird in der Wissenschaft häufig als Scheinbegründung kritisiert. Bemängelt wird, dass der Bundesgerichtshof dem vagen Umsetzungswillen den

---

611 So gesehen geht es hier eher um sekundäre Gesetzeslücken, weil der Gesetzgeber zum Zeitpunkt des Gesetzeserlasses davon ausgeht, dass seine Regelung richtlinienkonform ist. Die neue Evidenz besteht dann in der Entscheidung des EuGHs, die die Annahmen des Gesetzgebers in Frage stellt. Tatsächlich ist die Situation aber spezieller. Typischerweise kann man dem Gesetzgeber bei primären Anschauungslücken einen Vorwurf machen, die Situation falsch eingeschätzt zu haben, bei sekundären Lücken dagegen nicht. Im Falle der Umsetzung einer Richtlinie kann der Gesetzgeber sicherlich nicht wissen, dass der EuGH später abweichend entscheiden wird, dennoch hätte er wohl häufig die Möglichkeit nicht ausschließen können, dass der EuGH die Rechtslage später anders sieht. Im Fall Heininger hätte der Gesetzgeber wohl damit rechnen müssen, dass sein Gesetz richtlinienwidrig war. In den Fällen Quelle und Weber/Putz will man dem Gesetzgeber wohl keinen Vorwurf machen. Dennoch geht es hier prinzipiell eher um sekundäre Lücken bzw. sekundäre Einflüsse, weil das entscheidende Ereignis jeweils nach Gesetzeserlass folgt. Das Urteil des EuGHs soll jeweils als Evidenz behandelt werden, die einen Überzeugungswandel beim Gesetzgeber bewirken kann.

612 Ähnlich *Mayer/Schürnbrand*, JZ 2004, 545 (551).

613 Wie gesagt kann dazu entweder auf *entrenchment-Ordnungen* rekurriert werden, vgl. *Gärdenfors/Makinson*, Revisions of Knowledge Systems, Proceedings of the 2nd Conference on Theoretical Aspects of Reasoning about Knowledge, 1988, S. 84 (88 ff.) oder es wird eine Rangordnung zwischen den Überzeugungen aufgestellt. Dabei bekommen die Überzeugungen numerische Werte je nach dem Grad des Nicht-Glaubens zugewiesen, vgl. *Spohn*, Laws of Belief, S. 65 ff., 178 ff.

Vorzug vor dem konkreten Regelungswillen eingeräumt habe.[614] Doch spielt die Vagheit oder Konkretheit des jeweiligen Willenselements keine Rolle. Entscheidend ist, welches Willenselement für den Gesetzgeber einen höheren Stellenwert besitzt. Ein Beispiel: Man kann den vagen, aber gewichtigen Wunsch haben, gesund zu leben, und gleichzeitig den konkreten Wunsch, eine stark zuckerhaltige Limonade wegen ihres leckeren Geschmacks zu trinken. Erfährt man, dass die Limonade ungesund ist, kann der konkrete Wunsch, sie zu trinken, aufgegeben werden, weil der vage Wunsch des gesunden Lebens stärker wiegt. Die Vagheit eines Wunsches oder einer Überzeugung hat also nichts mit der Wunschstärke oder Überzeugungskraft zu tun. Die Vagheit des Umsetzungswillens ist also noch kein Grund dafür, dass dieser sich in einer Abwägung nicht gegen den konkreten Regelungswillen durchsetzen könnte.

Die Kritik im Schrifttum an den Entscheidungen kann aber auch anders interpretiert werden: Um feststellen zu können, ob der Umsetzungswille tatsächlich stärker wiegt als der konkrete Regelungswille, muss dies vom Gesetzgeber klar zum Ausdruck gebracht worden sein. Allein die Tatsache, dass ein Umsetzungsgesetz vorliegt, reicht nicht aus, um zu unterstellen, dass der Gesetzgeber von jeder konkreten Regelungsentscheidung abweichen würde, wenn diese den Vorgaben der Richtlinie widerspricht. Sonst könnte von jedem (gefühlt) „ungerechten“ Gesetz mit der Begründung abgewichen werden, der Gesetzgeber hätte sicher ein „gerechtes“ Gesetz schaffen wollen, unabhängig von seinen konkreten Anordnungswunschen.[615] Zudem würde die Entscheidungsfreiheit des Gesetzgebers zu stark eingeschränkt werden, weil dem Gesetzgeber von Anfang an die Option versperrt wäre, von den Vorgaben der Richtlinie bewusst abzuweichen.[616] Aus dem Gesetz und der Entstehungsgeschichte muss sich vielmehr deutlich ergeben, dass die Umsetzung der Richtlinie das Hauptmotiv für den Gesetzgeber war, gerade auch gegenüber dem konkreten Regelungsanliegen. Lässt sich dies begründet darlegen, muss ein Rekurs auf den hypothetischen Gesetzgeberwillen allerdings nicht notwendig zu einem contra-legem-Judikat führen.[617]

---

[614] Bspw. Höpfner, EuZW 2009, 159 (160); *Höpfner*, JZ 2009, 403 (404); *Grosche/Höft*, NJOZ 2009, 2294 (2306 ff.); *Weiss*, ZRP 2013, 67; *Rüßmann*, Contra-legem Entscheidungen in der Zivilgerichtsbarkeit, in: FS Koch, S. 79 (84).

[615] *Rüßmann*, Contra-legem Entscheidungen in der Zivilgerichtsbarkeit, in: FS Koch, S. 79 (85).

[616] So im Fall Quelle *Höpfner*, EuZW 2009, 159 (160); insofern ist auch Rüßmann letzten Endes nicht zuzustimmen, wenn er eine richtlinienkonforme Rechtsfortbildung bejaht, wenn es tatsächlich nur eine Möglichkeit gibt, die Vorgaben der Richtlinie umzusetzen und deshalb nicht in den Kompetenzbereich des Gesetzgebers eingegriffen würde, *Rüßmann*, Contra-legem Entscheidungen in der Zivilgerichtsbarkeit, in: FS Koch, S. 79 (89).

[617] Allg. *Looschelders/Roth*, Juristische Methodik im Prozess der Rechtsanwendung, 1996, S. 227, 298; *Rott*, BB 2004, 2478 (2479); *Schulte-Nölke*, ZGS 2006, 321.

1. Bewertung der Heininger-Entscheidung

Im Fall Heininger kann die Argumentation des Bundesgerichtshofs nicht überzeugen. Schon das methodische Vorgehen ist verfehlt. § 5 II HWiG aF ordnet eindeutig an, dass *nur* die Vorschriften des Verbraucherkreditgesetzes gelten, wenn ein Geschäft dessen Voraussetzungen erfüllt. Somit ist das Gesetz auch keiner richtlinienkonformen *Auslegung* zugänglich.[618] Insbesondere ändert auch das vom Gesetzgeber Gewollte nichts an dieser Feststellung, wie der Bundesgerichtshof zuerst selbst mit Verweis auf die Literatur und die Gesetzesmaterialien einräumt:

> „Der Wille des Gesetzgebers hindert – entgegen der Meinung der Bekl. und einer in der Literatur vertretenen Ansicht (Felke, MDR 2002, 226 [227]; v. Heymann/Annertzok, BKR 2002, 234; Hochleitner/Wolf/Großerichter, WM 2002, 529 [531 f.]; Piekenbrock/Schulze, WM 2002, 521 [524]) – die vorgenannte Auslegung nicht. Zwar ergibt sich – wie der Senat im Einzelnen im Vorlagebeschluss vom 29. 11. 1999 ausgeführt hat – aus den Materialien zum VerbrKrG (BT-Dr 11/5462; BT-Dr 11/8274), dass der Gesetzgeber das Widerrufsrecht nach § 1 HWiG a. F. für Kreditverträge i. S. von § 3 II Nr. 2 VerbrKrG ausschließen wollte. Dem Gesetzgeber kann aber nicht unterstellt werden, er habe bei der Konkurrenzregel des § 5 II HWiG sehenden Auges einen Richtlinienverstoß in Kauf nehmen wollen; der Privilegierung von Realkreditverträgen in einer Haustürsituation lag vielmehr die Annahme zu Grunde, sie sei richtlinienkonform (Staudinger, NJW 2002, 653 [655]). Der Gesetzgeber des HWiG war davon ausgegangen, mit diesem Gesetz die europarechtlichen Vorgaben der seinerzeit kurz vor dem Erlass stehenden Haustürgeschäfte-Richtlinie bereits umgesetzt zu haben (Rechtsausschuss zum RegE HWiG sowie zum GE der SPD-Fraktion, BT-Dr 10/4210, S. 9; so auch BGHZ 139, 21 [26] = NJW 1998, 2356 = LM H. 9/1998 HWiG Nr. 31). Die Übereinstimmung von nationalem Recht und Richtlinieninhalt entsprach danach seinem Willen."[619]

Doch der Bundesgerichtshof meint dann, dass dem Gesetzgeber nicht unterstellt werden könne, sehenden Auges einen Richtlinienverstoß in Kauf zu nehmen. Doch dies erweist sich angesichts der Materialienlage als bloße Spekulation. Die Willensäußerungen, auf die der Bundesgerichtshof verweist, finden im Regierungsentwurf zum Gesetz über den Widerruf von Haustürgeschäften keinen Widerhall[620] und können somit auch nicht dem Willen des Gesetzgebers zugerechnet werden. Es kann damit nicht nachgewiesen werden, dass der Gesetzgeber bei Kenntnis der Europarechtswidrigkeit seiner Bestimmungen ein anderes Gesetz erlassen hätte.

2. Bewertung der Quelle-Entscheidung

Schwieriger gestaltet sich die Einschätzung im Quelle-Urteil. Der Bundesgerichtshof kann diesmal auf zurechenbare Willensäußerungen des Gesetzgebers verweisen, die durchaus den Willen des Gesetzgebers erkennen lassen, seine

[618] *Habersack/Mayer*, WM 2002, 253 (257); *Piekenbrock/Schulze*, WM 2002, 521 (524).
[619] BGHZ 150, 248 (256 f.).
[620] Vgl. BT Drucks. 10/2876 S. 14.

Bestimmungen nach den Richtlinienvorgaben auszurichten. So heißt es in dem Gesetzesentwurf:

„Ebenso wie bisher § 480 I 2 i. V. mit § 467 S. 1 steht dem Verkäufer ein Rückgewähranspruch nach den Vorschriften über den Rücktritt zu. Deshalb muss der Käufer, dem der Verkäufer eine neue Sache zu liefern und der die zunächst gelieferte fehlerhafte Sache zurückzugeben hat, gem. §§ 439 IV, 346 I RE auch die Nutzungen, also gem. § 100 auch die Gebrauchsvorteile, herausgeben. Das rechtfertigt sich daraus, dass der Käufer mit der Nachlieferung eine neue Sache erhält und nicht einzusehen ist, dass er die zurückzugebende Sache in dem Zeitraum davor unentgeltlich nutzen können soll und so noch Vorteile aus der Mangelhaftigkeit ziehen können soll. (...) Mit der Verbrauchsgüterkaufrichtlinie ist eine derartige Verpflichtung des Verbrauchers (Käufers) vereinbar. Zwar bestimmt deren Art. 3 II ausdrücklich den Anspruch des Verbrauchers auf eine ‚unentgeltliche' Herstellung des vertragsgemäßen Zustands. (...) Der vertragsgemäße Zustand wird indes durch die Lieferung der neuen Ersatzsache hergestellt. (...) Zu den Kosten kann aber nicht die Herausgabe von Nutzungen der vom Verbraucher benutzten mangelhaften Sache gezählt werden. (...) Des Weiteren werden dem Verbraucher auch nicht Kosten, auch nicht solche der Rückgabe der gebrauchten, mangelhaften Sache auferlegt. Es geht vielmehr um die Herausgabe der Vorteile, die der Verbraucher (Käufer) aus dem Gebrauch der Sache gezogen hat, (...) Schließlich wird diese Wertung durch den Erwägungsgrund (15) der Verbrauchsgüterkaufrichtlinie bestätigt."[621]

Der Bundesgerichtshof schließt aus diesen Ausführungen des Gesetzesentwurfs:

„Daraus ergibt sich, dass die Absicht des Gesetzgebers einerseits dahin ging, dem Verkäufer für den Fall der Ersatzlieferung einen Anspruch auf Herausgabe der vom Käufer gezogenen Nutzungen zuzubilligen. Andererseits sollte aber – was die weiteren Ausführungen in der Gesetzesbegründung belegen – auch eine Regelung geschaffen werden, die mit der Richtlinie vereinbar ist. Die explizit vertretene Auffassung, dass die Regelung über den Nutzungsersatz den Anforderungen der Richtlinie genüge, ist jedoch fehlerhaft, wie der EuGH nunmehr mit Bindungswirkung festgestellt hat.

Damit erweist sich das Gesetz als planwidrig unvollständig. Es liegt eine verdeckte Regelungslücke (vgl. Larenz, S. 377) vor, weil die Verweisung in § 439 IV BGB keine Einschränkung für den Anwendungsbereich der Richtlinie enthält und deshalb mit dieser nicht im Einklang steht. Dass diese Unvollständigkeit des Gesetzes planwidrig ist, ergibt sich daraus, dass der Gesetzgeber in der Gesetzesbegründung ausdrücklich seine Absicht bekundet hat, auch und gerade hinsichtlich des Nutzungsersatzes eine richtlinienkonforme Regelung zu schaffen. Somit steht die konkrete Regelungsabsicht hinsichtlich des Nutzungsersatzes nicht lediglich im Widerspruch zu einem generellen, allgemein formulierten Umsetzungswillen (so aber Schmidt, ZGS 2006, 408 [410]). Vielmehr besteht ein Widerspruch zur konkret geäußerten, von der Annahme der Richtlinienkonformität getragenen Umsetzungsabsicht des Gesetzgebers. Deshalb ist auszuschließen, dass der Gesetzgeber § 439 IV BGB in gleicher Weise erlassen hätte, wenn ihm bekannt gewesen wäre, dass die Vorschrift nicht im Einklang mit der Richtlinie steht. Diese Annahme wird dadurch bestätigt, dass der Gesetzgeber nunmehr eine Gesetzesänderung in die Wege geleitet hat, die der im Streitfall ergangenen Entscheidung des EuGH Rechnung tragen und eine richtlinienkonforme Umsetzung der Richtlinie gewährleisten soll (Beschlussempfehlung und Bericht des Rechtsausschusses vom

[621] BT Drucks. 14/6040 S. 232 f.

15. 10. 2008, BT-Dr 16/10607, S. 4, 5 f.). Danach soll § 474 II BGB dahingehend neu gefasst werden, dass § 439 IV BGB auf einen Verbrauchsgüterkauf mit der Maßgabe anzuwenden ist, dass Nutzungen nicht herauszugeben oder durch ihren Wert zu ersetzen sind."[622]

Der Bundesgerichtshof meint aus der Gesetzesbegründung nicht nur einen generellen, unexplizierten Umsetzungswillen feststellen zu können, sondern eine konkrete Umsetzungsabsicht, die er auch im Rahmen von § 439 IV BGB aF verwirklicht sieht. In der Gesetzesbegründung wird tatsächlich an einigen Stellen deutlich, dass der Gesetzgeber mit seiner Regelung nicht gegen die Richtlinie verstoßen wollte. An kritischen Stellen erklärt der Gesetzgeber, wieso seine Regelung die Vorgaben der Regelung wahrt und steigt dabei durchaus in die Auslegung der Richtlinie ein. Der Gesetzgeber wollte also die Vorgaben der Richtlinie wahren und ist zugleich davon ausgegangen, dass seine Regelung dies auch tut. Dabei mögen seine Ausführungen zur Regelungsabsicht von § 439 IV BGB aF noch *konkreter* sein, aber sie sind in dem Kontext seiner Absicht formuliert, den Richtlinienvorgaben zu entsprechen. Dies ist das Grundanliegen des Gesetzgebers. Die konkrete Regelungsabsicht von § 439 IV BGB aF erscheint insoweit nur vor dem Hintergrund der Umsetzung der Richtlinie als gewollt.[623] Angesichts des Urteils[624] des Europäischen Gerichtshofs stellten sich aber die Einschätzungen des deutschen Gesetzgebers als fehlerhaft heraus. Damit musste die konkrete Sachentscheidung zur Verpflichtung des Verbrauchers zum Wertersatz der Nutzungen im Rahmen der Nachlieferung obsolet werden. Es ist davon auszugehen, dass der Gesetzgeber – in Kenntnis der EuGH-Rechtsprechung – diese Regelung nicht erneut so erlassen hätte, sondern zumindest eine Bereichsausnahme für die B2C-Situation in die Verweisung von § 439 IV BGB aF eingefügt hätte.[625] Dem Bundesgerichtshof ist damit beizupflichten; § 439 IV BGB aF war angesichts des EuGH-Urteils teleologisch zu reduzieren.[626]

---

[622] BGHZ 179, 27 (36 f.).

[623] *T. Möllers/Möhring*, JZ 2008, 919 (922 f.). Die allerding sehr weitgehend davon ausgehen, dass eine Abweichung vom konkreten Umsetzungswillen immer dann möglich ist, wenn der Gesetzgeber „unbewusst" von seinem generellen Umsetzungsvorhaben abweicht. Dem ist nur insoweit zuzustimmen, als damit sogleich gemeint ist, dass der Gesetzgeber in Kenntnis der EuGH-Rechtsprechung eine andere Vorschrift erlassen hätte.

[624] EuGH, Urteil vom 17. 4. 2008, C-404/06 = NJW 2008, 1433 – Quelle.

[625] *Herresthal*, NJW 2008, 2475 (2477); *T. Möllers/Möhring*, JZ 2008, 919 (924); a. A. *Schürnbrand*, JZ 2007, 910 (915 f.), *Höpfner*, JZ 2009, 403 (405); *Höpfner/Rüthers*, AcP 209 (2009), 1 (32 ff.).

[626] Der BGH sowie die Literatur sprachen dabei von einer „richtlinienkonformen" teleologischen Reduktion bzw. Rechtsfortbildung, BGHZ 179, 27 (34); vgl. in der Literatur *Herresthal*, NJW 2008, 2475 (2477); *T. Möllers/Möhring*, JZ 2008, 919 (924).
Tatsächlich ergibt sich aber das Reduktionsbedürfnis nicht aus der Richtlinie, sondern nach der hier vertretenen Ansicht unmittelbar aus dem (hypothetischen) Willen des nationalen Gesetzgebers angesichts der Richtlinienauslegung des EuGHs.

3. Bewertung der Weber/Putz-Entscheidung

Im Weber/Putz-Fall liegt die Situation wieder etwas anders. Hier findet sich – ähnlich wie im Fall Heininger – erneut nur ein sehr allgemeiner Verweis auf den Umsetzungswillen des Gesetzgebers, der durch die Entstehungsgeschichte des Gesetzes nicht untermauert werden kann. So wird die extensive richtlinienkonforme *Auslegung* des Begriffs der „Lieferung" damit begründet, dass dem Gesetzgeber bei der Begriffsverwendung ein gewisses „(Aus-)tauschelement" vorschwebte.[627] Was immer damit gemeint sein soll, dem Gesetzgeber allen Ernstes zu unterstellen, dass er mit dem Begriff der „Lieferung" schon den Aus- und Einbau der Sache mitmeinte, ginge zu weit.[628] Die Nachlieferung sollte nur eine Wiederholung der ursprünglich mangelfrei geschuldeten Leistung des Verkäufers darstellen.[629] Ein- und Ausbau waren dagegen ursprünglich nie geschuldet und waren damit nach der schuldrechtlichen Dogmatik nur als verschuldensabhängige Schadensersatzposten ersatzfähig.[630]

Nicht besser steht es um die teleologische Reduktion von § 439 III 3 BGB aF:

„Das der Fassung des § 439 III 3 BGB zu Grunde liegende Verständnis, dass Art. 3 III der Richtlinie auch die absolute Unverhältnismäßigkeit erfasse, ist jedoch fehlerhaft, wie der Gerichtshof nunmehr mit Bindungswirkung festgestellt hat. Art. 3 III der Richtlinie erlaubt es nur, den Anspruch des Verbrauchers auf Erstattung der Kosten für den Ausbau des mangelhaften Verbrauchsguts und den Einbau des als Ersatz gelieferten Verbrauchsguts auf einen angemessenen Betrag zu beschränken, nicht jedoch, den Anspruch des Verbrauchers auf Ersatzlieferung als einzig mögliche Art der Abhilfe wegen Unverhältnismäßigkeit der Ein- und Ausbaukosten völlig auszuschließen. Die gesetzliche Regelung in § 439 III 3 BGB steht folglich in Widerspruch zu dem mit dem Gesetz zur Modernisierung des Schuldrechts verfolgten Grundanliegen, die Verbrauchsgüterkaufrichtlinie bis zum Ablauf des 31. 12. 2001 ordnungsgemäß umzusetzen (vgl. hierzu auch BT-Dr 14/6040, S. 1).

Damit erweist sich das Gesetz als planwidrig unvollständig (Staudinger, DAR 2011, 502 [503]; differenzierend Kaiser, JZ 2011, 980 (986); a. A. Greiner/Benedix, ZGS 2011, 489 [495 f.]). Es liegt eine verdeckte Regelungslücke vor, weil der Wortlaut des § 439 III BGB, der ein Verweigerungsrecht bei absoluter Unverhältnismäßigkeit einschließt, keine Einschränkung für den Anwendungsbereich der Richtlinie enthält und deshalb mit dieser nicht im Einklang steht. Diese Unvollständigkeit des Gesetzes ist deswegen planwidrig, weil hinsichtlich der Einrede der Unverhältnismäßigkeit ein Widerspruch zur konkret geäußerten, von der Annahme der Richtlinienkonformität getragenen Umsetzungsabsicht des Gesetzgebers besteht (vgl. Senat, BGHZ 179, 27 = NJW 2009, 427 Rdnr. 25). Dass der Gesetzgeber sich – anders als bei der Schaffung des § 439 IV BGB – nicht explizit mit der Frage der Richtlinienkonformität des § 439 III 3 BGB auseinandergesetzt, sondern diese stillschweigend

[627] BGHZ 192, 148 (159).

[628] *Rüßmann*, Contra-legem Entscheidungen in der Zivilgerichtsbarkeit, in: FS Koch, S. 79 (88).

[629] BGHZ 195, 135 (142); mit weiteren Nachweisen BeckOGK/*Höpfner*, Stand: 01. 01. 2019, § 439 BGB, Rn. 50.3 f.

[630] Mit weiteren Nachweisen BeckOGK/*Höpfner*, Stand: 01. 01. 2019, § 439 BGB, Rn. 51.

vorausgesetzt hat, ändert an der Planwidrigkeit der nunmehr aufgetretenen Regelungslücke nichts (a. A. S. Lorenz, NJW 2011, 2241 [2244]; Greiner/Benedix, ZGS 2011, 489 [496]). Maßgebend ist, dass das ausdrücklich angestrebte Ziel einer richtlinienkonformen Umsetzung durch die Regelung des § 439 III 3 BGB nicht erreicht worden ist und ausgeschlossen werden kann, dass der Gesetzgeber § 439 III 3 BGB in gleicher Weise erlassen hätte, wenn ihm bekannt gewesen wäre, dass die Vorschrift nicht richtlinienkonform ist."[631]

Diesmal verweist der Bundesgerichtshof wiederum nur auf ein „Grundanliegen" des Gesetzgebers, das er auf der ersten Seite des Regierungsentwurfs findet und das später „stillschweigend vorausgesetzt" würde. Der Gesetzgeber ist aber verpflichtet im Entwurf anzugeben, zur Umsetzung welcher Richtlinie das Gesetz dient. Aus solchen Pflichten Rückschlüsse auf den gesetzgeberischen Willen zu ziehen, erscheint äußerst fragwürdig. Der Bundesgerichtshof bleibt damit aussagekräftige Belege für die Annahme eines Konformitätswillens schuldig.[632] Hier findet sich allein der Wille des Gesetzgebers, dem Verkäufer bei unverhältnismäßigen Nacherfüllungskosten eine Einredemöglichkeit zu geben – auch im Falle der absoluten Unverhältnismäßigkeit.[633] Dieser Wille wird auch nicht durch die spätere Entscheidung des Europäischen Gerichtshofs in Frage gestellt, denn es lässt sich hier nicht nachweisen, dass der Umsetzungswille zentraler war als der Wille zur konkreten Regelungsentscheidung. Der Status des Umsetzungswillens bleibt vielmehr ungeklärt. Dagegen konnte der Umsetzungswille in der Quelle-Entscheidung nachgewiesen werden.[634] Auch konnte gezeigt werden, dass die konkrete Regelungsabsicht gerade in diesen zugrunde liegenden Umsetzungswillen eingebettet war und somit ein Abhängigkeitsverhältnis bestand. Nichts dergleichen geschieht hier. Daher muss auch nicht gefragt werden, was der Gesetzgeber angesichts der Entscheidung des Europäischen Gerichtshofs getan hätte. Das Vorsichtsgebot[635] mahnt, den hypothetischen Gesetzgeberwillen nur dann zu einer Umgestaltung des Gesetzes heranzuziehen, wenn eindeutig feststellbar ist, dass der Gesetzgeber angesichts der neuen Evidenzen nicht mehr an seiner Regelung festhalten würde. Im Zweifel muss von einer Rechtsfortbildung abgesehen werden.

4. Ergebnis zur Gefährlichkeit des hypothetischen Gesetzgeberwillens

Es hat sich also gezeigt, dass die Figur des hypothetischen Gesetzgeberwillens, der hier als „Umsetzungswille" auftaucht, dazu geeignet sein kann, gesetzgeberische Entscheidungen beiseite zu schieben. Dabei wird gewissermaßen der reale

---

631 BGHZ 192, 148 (162 f.).

632 *Lorenz* NJW 2011, 2241 (2244); *Höpfner*, JZ 2012, 473 (475 f.)

633 Vgl. dazu die Begründung des Regierungsentwurfs, BT-Drucks. 14/6040, S. 232.

634 Ähnlich differenziert *Lorenz* NJW 2011, 2241 (2244).

635 Siehe dazu die Testfrage unter B. VI. 1. Zur normativen Verankerung des Vorsichtsgebots B X.

Gesetzgeberwille gegen einen bloß fiktiven hypothetischen Gesetzgeberwillen ausgespielt. Der reale Gesetzgeberwille hat aber immer Vorrang vor dem hypothetischen. Der hypothetische Gesetzgeberwille wird aber nur dann relevant, wenn zu den vorliegenden Ereignissen und Veränderungen gerade keine ausdrückliche Willensbildung des Gesetzgebers vorliegt.

Des Weiteren gibt es – das zeigen die Fälle zur europarechtskonformen Rechtsanwendung deutlich – eine Grauzone, in der nicht eindeutig ist, ob der Gesetzgeber angesichts der gewandelten Verhältnisse an seiner Regelung festhalten würde. Ist die Lage nicht eindeutig genug, muss von einer Rechtsfortbildung abgesehen werden. An dieser Stelle ist schon mehrfach das Stichwort des „Vorsichtsgebots“ gefallen, das den Richter von vorschnellen Rechtsanpassungen – die scheinbar im Sinne des Gesetzgebers sind – abhalten soll. Beachtet der Richter das Vorsichtsgebot, wird die Gefahr eines Missbrauchs des hypothetischen Gesetzgeberwillens weitestgehend gebannt. Noch unzureichend wurde der normative Geltungsgrund des Vorsichtsgebots erörtert. Die normativ-verfassungsrechtlichen Grundlagen des Vorsichtsgebots sollen nun dargestellt werden.

X. Das Vorsichtsgebot und die speziellen verfassungsrechtlichen Grundlagen nachträglicher richterlicher Rechtsanpassungen

Das Vorsichtsgebot soll den Rechtsanwender von rechtswidrigen Rechtsfortbildungen im Bereich sekundärer Lücken abhalten. Danach muss mit ausreichender Sicherheit nachgewiesen werden können, dass der mit der Norm verfolgte Regelungszweck des Gesetzgebers durch die unveränderte Weiteranwendung der Norm nicht mehr erfüllt werden kann und der Gesetzgeber unter diesen Umständen nicht mehr (uneingeschränkt) an der Norm festgehalten hätte. Gelingt dieser Nachweis nicht, muss von einer Rechtsanpassung abgesehen werden. Das Vorsichtsgebot ist damit eine Beweislastverteilung zulasten des Richters, der eine Rechtsfortbildung auf Grund veränderter Verhältnisse im Regelungsbereich der jeweiligen Norm anstrebt. Ihm obliegt der Nachweis, dass sich die Verhältnisse tatsächlich so drastisch gewandelt haben, dass der Gesetzgeber nicht mehr an seiner Regelung festhalten würde.

Selbst wenn das Vorsichtsgebot intuitiv plausibel erscheinen sollte, bedarf es einer normativen Verankerung, die es gegen zwei gegenläufige Einwände absichert.

Der erste Einwand lautet: Weshalb muss für die Anpassung der Norm argumentiert werden? Wieso liegt die Argumentationslast nach einer Veränderung der normrelevanten Umstände nicht bei den Befürwortern einer Weiteranwendung der Norm?

Die Antwort ist einfach, weil die Norm, sofern sie nicht ausdrücklich durch die Gerichte angepasst oder verworfen wird, fortgilt. Allein eine Veränderung von

Umständen kann nicht zum Geltungsverlust oder einer Anpassung einer Norm führen, sonst würde unzulässig unmittelbar von einem Sein auf ein Sollen geschlossen.[636] Wenn aber eine Norm verworfen oder geändert werden soll, muss dafür argumentiert werden. Wer an dem Status quo etwas ändern will, ist grundsätzlich begründungspflichtig;[637] auch verfassungsrechtlich sind Gerichte wegen Art. 103 I GG zur Begründung ihrer Entscheidungen verpflichtet.[638] Zudem muss die Rechtssicherheit weitestgehend gewahrt werden. Normen, die nicht von den Gerichten angepasst oder verworfen wurden, werden von den Rechtsadressaten als (unverändert) geltend wahrgenommen. Dabei erstreckt sich das Vertrauen der Rechtsadressaten wegen des Grundsatzes der Normenklarheit oder -bestimmtheit[639] auch auf den Wortlaut der Vorschrift.[640] Nach dem Bundesverfassungsgericht entsteht eine ausreichende Verlässlichkeit des Rechts erst, wenn sich die Rechtsadressaten aus den Gesetzen ein Bild von der Rechtslage machen können.[641] Würden aber Gesetze ihre Geltung verlieren, ohne dass dies durch ein staatliches Organ festgestellt würde, könnten die Bürger nicht mehr auf die Gesetze vertrauen.[642] Das Vertrauen in das Gesetz kann erst entfallen, wenn durch einen staatlichen Akt festgestellt wird, dass die Vorschrift nicht mehr oder nicht mehr nach bisher einschlägigem Verständnis gilt.

Der zweite – gewissermaßen konträre – Einwand wendet sich gegen die Möglichkeit der Anpassung des Rechts auf Grund gewandelter Verhältnisse überhaupt. Dieser Einwand ist schwieriger zu entkräften. Gegen diese Kompetenz der Gerichte spricht, wie gerade festgestellt, die Rechtssicherheit. Denn die Verwerfung oder Nichtanwendung einer Norm durch ein Fachgericht, führt noch nicht dazu, dass diese Norm auch ihre Gesetzeskraft verliert und aus dem Gesetzesblatt gestrichen wird. Allein einer Entscheidung des Bundesverfassungsgerichts nach § 31 II BVerfGG kommt diese Wirkung zu. Eine Norm sollte aber in derselben Form aufgehoben werden, in der sie erlassen wurde,[643] um eine möglichst große Transparenz der Rechtsprechung zu gewährleisten. Das gleiche gilt grundsätz-

---

[636] Dazu schon B. III. 3. und B. VI. 2.

[637] *Rüthers/Fischer/Birk*, Rechtstheorie, Rn. 830; *T. Möllers*, Ein Vierstufen-System zur Rationalisierung der Grenzen zulässiger Rechtsfortbildung, in: FS Roth, S. 473 (496); bei seinen Begründungen muss der Rechtsanwender zumindest das Deduktivitätspostulat einhalten, um eine rationale Argumentation seiner Entscheidung zu ermöglichen, dazu *Koch*, Deduktive Entscheidungsbegründung, in: Alexy; Koch; Rüßmann; Kuhlen, (Hrsg.), Elemente einer juristischen Begründungslehre, Baden-Baden 2003, S. 37 ff.

[638] Maunz/Dürig/*Remmert*, Art. 103 GG Abs. 1, Rn. 96 f.; mit weiteren Nachweisen Sachs/*Degenhart*, Art. 103 GG, Rn. 40.

[639] Die Grundsätze sind nicht scharf voneinander abzugrenzen, Sachs/*Sachs*, Art. 20 GG, Rn. 126.

[640] BVerfGE 14, 13 (16); 17, 306 (314); 47, 239 (247); 99, 216 (243); 103, 21 (33); Maunz/Dürig/*Grzeszick*, Art. 20 GG VII, Rn. 53.

[641] BVerfGE 5, 25 (31 f.); 8, 274 (302); 22, 330 (346). In eine ähnliche Richtung geht auch das Gebot der Normenwahrheit: BVerfGE 107, 218 (256); 108, 1 (20).

[642] *Heckmann*, Geltungskraft und Geltungsverlust von Rechtsnormen, S. 77, 471, 475.

[643] Sachs/*Sachs*, Art. 20 GG, Rn. 123.

lich für Rechtsanpassungen oder -änderungen wegen gewandelter Verhältnisse. Auch diese kann der Bürger nicht im Gesetzestext nachvollziehen. Zumindest für eine Übergangszeit besteht damit eine gewisse Rechtsunsicherheit. Tatsächlich erfüllt selbst eine Norm, die ihren eigentlichen Zweck nicht mehr erfüllt, noch den Zweck der Rechtssicherheit.[644] Sie statuiert immer noch Gebote oder Verbote an die Bürger und verlangt Befolgung. Doch ist anerkannt, dass Normen darüber hinaus einen legitimen oder vernünftigen Zweck verfolgen müssen,[645] sie dürfen nicht nur um ihrer Befolgung willen gelten, sonst würde der Rechtsadressat unzulässigerweise zum bloßen Objekt staatlicher Willkür gemacht. Dies widerspricht dem Gedanken der Kantschen Objekt- oder Zweckformel,[646] der für die Auslegung von Art. 1 I GG zentral ist. Ein Gesetz bar jedes vernünftigen Zweckes kann also nicht weiterhin gelten.[647] Hier hat die Rechtssicherheit – zumindest vorübergehend – zurückzutreten.

Aber auch das Zusprechen eines neuen, objektiven Zwecks durch die Gerichte ist kein legitimes Verfahren.[648] Denn dieser neue, objektive Zweck entspricht nicht dem Willen des Gesetzgebers, er wird lediglich von den Gerichten gesetzt. Damit verletzen die Gerichte nicht nur die im Grundgesetz doppelt verankerte Gesetzesbindung nach Art. 20 III, 97 I GG,[649] sondern auch das Demokratieprinzip und den darin enthaltenen Grundsatz der Volkssouveränität nach Art. 20 I und II GG.[650] Die gesetzgebenden Organe vertreten in der repräsentativen Demokratie der Bundesrepublik mit ihren mehrheitlich verabschiedeten Gesetzen das Volk.[651] Es besteht

---

[644] *Rüthers/Fischer/Birk*, Rechtstheorie, Rn. 961.

[645] Maunz/Dürig/*Grzeszick*, Art. 20 GG VII, Rn. 107, 111; *Seibert*, ‚Gesetzesmaterialien' in der Gesetzgebungspraxis, in: H. Fleischer (Hrsg.), Mysterium „Gesetzesmaterialien", S. 111 (111 f.); *Waldhoff*, Gesetzesmaterialien, in: H. Fleischer (Hrsg.), Mysterium „Gesetzesmaterialien", S. 79; *Zimmermann*, RabelsZ 78 (2014), 315, 317 f.

[646] Maunz/Dürig/*Herdegen*, Art. 1 GG Abs. 1, Rn. 36; *Ellscheid, Günther*: Recht und Moral, in: Kaufmann, (Hrsg.), Einführung in die Rechtsphilosophie und Rechtstheorie der Gegenwart, S. 214 (244).

[647] Vgl. Maunz/Dürig/*Grzeszick*, Art. 20 GG VII, Rn. 108.

[648] So aber *Larenz*, Methodenlehre, S. 351; *Larenz/Canaris*, Methodenlehre, S. 171; *Canaris*, WM 1978, 686 (694); auch *Neuner*, Die Rechtsfindung contra legem, S. 149.
Canaris argumentiert für diese Position mit der Behauptung, dass „im Prinzip" nicht die „ratio" des Gesetzes, sondern der Normsetzungsakt den Geltungsgrund der Norm ausmacht, *Canaris*, WM 1978, 686 (691).
Das übersieht, dass der Normsetzungsakt nur der formale Abschluss des Normsetzungsverfahrens ist, das über die ganze Zeit seines Verlaufs von willentlichen Elementen geprägt ist, vgl. dazu schon B. VII. 2.

[649] *Rüthers/Höpfner*, JZ 2005 21 (25); *Rüthers/Fischer/Birk*, Rechtstheorie, Rn. 730d; *Looschelders/Roth*, Methodik, S. 49 f.; Maunz/Dürig/*Hillgruber*, Art. 97 GG, Rn. 25 ff., 58 ff.; *Röhl/Röhl*, Allgemeine Rechtslehre, S. 631 f.
Ausführlich hierzu schon B. I.

[650] Den Bezug zur Volkssouveränität stellt auch Neuner her. Doch kommt er zu dem wenig überzeugenden Ergebnis, dass die Volkssouveränität gewahrt bleibt, wenn der Richter der obsolet gewordenen Regelung einen neuen Zweck unterschiebt *Neuner*, Die Rechtsfindung contra legem, S. 149 f.

[651] BVerfGE 123, 267 (341) – Lissabon; Maunz/Dürig/*Grzeszick*, Art. 20 GG, II. Rn. 66 f.

insoweit ein Legitimationszusammenhang, der durch Wahlen realisiert wird.[652] Dabei muss der Gesetzgeberwille im System der repräsentativen Demokratie nicht mit dem jeweils tatsächlichen Volkswillen übereinstimmen, um diese Vertreterfunktion wahrnehmen zu können.[653] Der durch den Gesetzgeber vermittelte Volkswille kann aber nicht in einem Gesetz zum Ausdruck kommen, das sein Regelungsziel nicht mehr erfüllt. Der Souverän würde entgegen seinem Willen an seinem geäußerten Wort festgehalten und damit seine Souveränität einbüßen. Ein blinder Buchstabengehorsam verwirklicht damit weder den Gesetzgeberwillen noch den in der Regelung repräsentierten Willen des Volkes. Stattdessen würde dadurch eine Regelung umgesetzt, die unter den gewandelten Bedingungen keine demokratische Mehrheit in dem gesetzgebenden Organ gefunden hätte. Die demokratische Legitimation, die der Regelung einst zukam, ist verlorengegangen. Ein striktes Beharren auf Rechtssicherheit würde damit das Demokratieprinzip verletzen. Das Bundesverfassungsgericht hat aber im Lissabon-Urteil festgestellt, dass das Demokratieprinzip keiner Abwägung zugänglich ist.[654] Daher ist der rechtsstaatliche Grundsatz der Rechtssicherheit in seiner Ausprägung des Gebotes der Normenklarheit[655] unter diesen Umständen einzuschränken. Die Gerichte dürfen eine Norm nicht mehr anwenden, wenn ihre wortlautgemäße Anwendung offensichtlich nicht mehr dem dahinterstehenden Regelungswillen entspricht.

Das Vorsichtsgebot trägt damit dem Konflikt zwischen Rechtssicherheit einerseits und Menschenwürde, Gesetzesbindung und Demokratieprinzip andererseits Rechnung. In Fällen, in denen eine Willensverletzung nicht eindeutig ist, obsiegt die Rechtssicherheit. Das liegt nicht daran, dass die Rechtssicherheit das höhere Verfassungsgut ist; vielmehr ist noch nicht hinreichend dargelegt, ob die anderen Güter überhaupt verletzt sind. Erst wenn dagegen hinreichend klare Evidenzen für eine Willensverletzung des parlamentarischen Gesetzgebers vorliegen, muss die Rechtssicherheit zu Gunsten höchster Verfassungsgüter eingeschränkt werden, die andernfalls schweren Schaden nehmen würden.

XI. Rechtsfolge der Feststellung der sekundären Überschüssigkeit

Nachdem zuvor vertreten wurde, dass auch Fachrichter den Geltungsverlust beziehungsweise die sekundäre Überschüssigkeit einer Norm feststellen dürfen,[656] soll nun erörtert werden, welche Rechtsfolge mit dieser Feststellung einhergeht.

---

[652] Sachs/*Sachs*, Art. 20 GG, Rn. 35.
[653] Maunz/Dürig/*Grzeszick*, Art. 20 GG II, Rn. 67.
[654] BVerfGE 123, 267 (343) – Lissabon.
[655] Zu diesem Gebot BVerfGE 14, 13 (16); 17, 306 (314); 47, 239 (247); 99, 216 (243); 103, 21 (33); Maunz/Dürig/*Grzeszick*, Art. 20 GG VII, Rn. 53.
[656] B. VII. 3. c).

Dabei interessiert weniger der Streit[657] zwischen Nichtigkeits- und Vernichtbarkeitslehre. Dieser betrifft nur die Frage, ob die Folge der Nichtigkeit der Norm ex tunc oder ex nunc eintritt. Dabei sprechen gute Gründe für die Vernichtbarkeitslehre, wie die generelle Ungewissheit bei Rechtsfragen über die Zeit hinweg.[658] Die Entscheidung wann und ob eine Norm rechtswidrig wird, tritt nicht einfach offen zutage, sondern erfordert ein komplexes Urteil. Unabhängig davon, ob der Geltungsverlust der Norm durch eine faktische Veränderung herbeigeführt wird und zur planwidrigen Überschüssigkeit der Regelung führt, ob die Norm schlicht rechtswidrig wird oder ob sich eine nachträgliche Verfassungswidrigkeit der Norm wegen eines Wertewandels ergibt, sollte diese nur von den dazu autorisierten Gerichten festgestellt werden können. Nur diese sollten konstitutiv über das Schicksal der Norm entscheiden können, weil eine ipso-iure Nichtigkeit wegen der Komplexität der jeweiligen Entscheidungen und damit verbundenen Gründen der Rechtssicherheit zu untragbaren Ergebnissen führen kann.[659] Tatsächlich lassen sich diese Gefahren der Nichtigkeitslehre aber weitestgehend durch die Rechtsfolgenbestimmung von § 79 BVerfGG eindämmen.[660] In der Praxis bleibt damit von der Rechtsfolge der ex-tunc-Nichtigkeit wenig übrig, so dass sich die Nichtigkeitslehre ohnehin stark der Vernichtbarkeitslehre annähert.[661] Somit kann im Kontext dieser Arbeit auf einen Streitentscheid verzichtet werden.

Sind Normen nicht von Anfang an rechtswidrig, kann ihre Rechtswidrigkeit keine sein, die ex tunc auf den Normerlass rückwirkt. Als frühester Zeitpunkt ihrer Rechtswidrigkeit kommt der Zeitpunkt ihres tatsächlichen Rechtswidrigwerdens in Betracht.[662] Der Streit zwischen Nichtigkeits- und Vernichtbarkeitslehre spielt sich bei sekundärem Überflüssigwerden der Norm also nur innerhalb des Zeitraums des tatsächlichen Überflüssigwerdens der Norm und der gerichtlichen Feststellung desselben ab. Wird hier aber im Sinne der Nichtigkeitslehre vertreten, dass die Rechtsfolge der Überflüssigkeit der Norm ipso iure mit dem Zeitpunkt ihres Überflüssigwerdens eintritt, müssen bei Entscheidungen der Fachgerichtsbarkeit die Bestimmungen von § 79 BVerfGG analog angewendet werden, weil es sonst zu einer unakzeptablen Rechtsunsicherheit innerhalb des benannten Zeitraums käme.

Entscheidender ist im Kontext dieser Arbeit die Frage, ob die Feststellung des Überflüssigwerdens einer Norm zu ihrer Nichtigkeit oder bloß zu ihrer Unanwendbarkeit führt. Mit der Rechtsfolge der Nichtigkeit würde ein finales Urteil über die Geltung der Norm gesprochen. Die Norm könnte nie wieder Rechtsfolgen entfalten und müsste außer Kraft treten. Dagegen müsste die Rechtsfolge der Unanwendbarkeit nicht zu einem vollständigen Außerkrafttreten der Norm führen, die Norm

[657] Gute knappe Zusammenfassung des Streits bei, *Schlaich/Korioth*, Das Bundesverfassungsgericht, Rn. 378 ff.

[658] *Heckmann*, Geltungskraft und Geltungsverlust von Normen, S. 58 ff.

[659] *Heckmann*, Geltungskraft und Geltungsverlust von Rechtsnormen, S. 77, 471, 475.

[660] *Schlaich/Korioth*, Das Bundesverfassungsgericht, Rn. 382, 390 ff.

[661] *Pestalozza*, Verfassungsprozeßrecht, § 20 Rn. 16.

[662] *Baumeister*, Rechtswidrigwerden von Normen, S. 180.

dürfte lediglich nicht mehr von den Gerichten angewendet werden. Dabei kann diese Folge auf einen bestimmten Zeitraum beschränkt bleiben, namentlich auf den Zeitraum, in der die für die Geltung der Norm relevanten Bedingungen nicht vorliegen. Sollten sich die tatsächlichen Umstände ändern und die normrelevanten Bedingungen wieder vorliegen, kann – oder besser muss – die Norm auch wieder angewendet werden. Die Norm bliebe als Normreserve erhalten.[663]

Für erstere Ansicht spricht das sogenannte „Nichtigkeitsdogma“ als – wenn auch „gebrechliche“ – Regelfolge der Verfassungswidrigkeit.[664] Die Nichtigkeit ist aber nur eine Regelfolge und gilt auch nur im Falle der Verfassungswidrigkeit. Nach der hier vertretenen Ansicht liegt der eigentliche Grund für das sekundäre Überflüssigwerden von Normen aber nicht in einem Widerspruch zu Verfassungsnormen begründet, sondern in der Entkoppelung von den legitimierenden Gesetzgeberabsichten.[665] Für das bloße Unanwendbarwerden der Norm spricht, dass diese Rechtsfolge die Autorität des Gesetzgebers ausreichend wahrt. Sein überholter Gesetzesbefehl wird nicht mehr vollzogen. Dagegen ist die gänzliche Beseitigung des Befehls für den Schutz der Autorität des Gesetzgebers nicht erforderlich. Diesem kann nämlich nicht zugemutet werden, dasselbe Gesetz erneut zu erlassen, sollten sich die Umstände wieder ändern.[666] Nur der Gesetzgeber sollte final darüber entscheiden können, ob und wann er die unanwendbar gewordene Norm aus dem Gesetz entfernt. Die Feststellung der sekundären Überflüssigkeit einer Norm durch ein Gericht führt damit lediglich zur (vorübergehenden) Unanwendbarkeit der Norm. Verändern sich die tatsächlichen Verhältnisse so, dass wieder davon ausgegangen werden kann, dass der Gesetzgeber seine Anordnung wieder umgesetzt sehen wollte, ist die Regelung erneut anzuwenden. Dabei setzt auch die Feststellung der Wiederanwendbarkeit der Norm die Ermittlung des hypothetischen Gesetzgeberwillens angesichts der veränderten Umstände voraus.

Gleiches muss auch für die Rechtsfolge der Feststellung der sekundären Lückenhaftigkeit gelten. Das Gesetz ist nur solange modifiziert anzuwenden, wie die Veränderung andauert und der Gesetzgeber selbst seine Norm nur modifiziert anwenden würde. Nur stellt sich das Problem hier nicht in gleicher Schärfe wie bei der sekundären Überschüssigkeit. Die sekundär lückenhafte Norm ist ohnehin weiterhin mit ihrem unveränderten Wortlaut in Geltung. Entfallen die Umstände, die zur sekundären Lückenhaftigkeit der Norm geführt haben, gibt es auch keinen Anlass, diese Rechtsanwendung weiter zu praktizieren.

---

[663] Überzeugend im Kontext des Verfassungsrechts *Robbers*, Obsoletes Verfassungsrecht durch sozialen Wandel, in: FS Benda, S. 209 (218). Die Argumentation setzt aber keine spezielle Eigenschaft des Verfassungsrechts voraus, vielmehr gilt sie erst recht für einfachgesetzliche Normen.

[664] MSKB/*Bethge*, § 31 BVerfGG, Rn. 142 ff.

[665] Dazu schon B. X.

[666] *Robbers*, Obsoletes Verfassungsrecht durch sozialen Wandel, in: FS Benda S. 209 (218).

C. Systematik sekundärer Lücken

Auf Grund der bisherigen Erkenntnisse können nun verschiedene Entstehungsgründe von sekundären Lücken unterschieden werden:

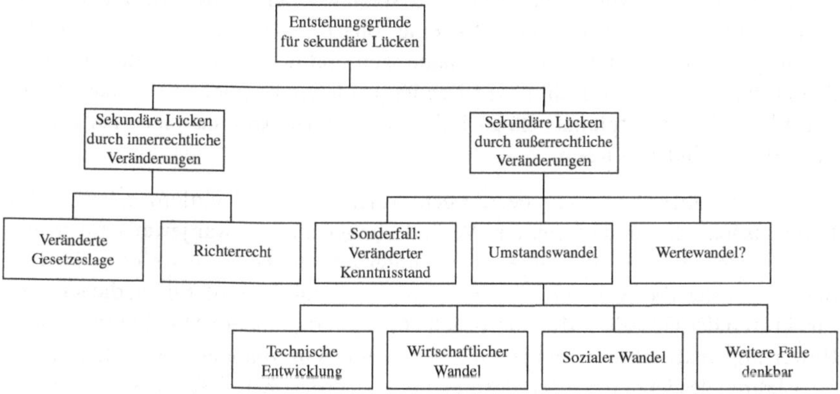

Abbildung 3: Systematik sekundärer Lücken, eigener Einteilungsvorschlag

I. Eigener Einteilungsvorschlag

Das obige Schema, das die sekundären Lücken auf Grund ihres Entstehungsgrundes einteilt, sieht zwei Hauptkategorien vor, die innerrechtlichen und die außerrechtlichen Veränderungen. Als innerrechtliche Veränderungen kommen eine neue Gesetzeslage und Richterrecht in Betracht. Als außerrechtliche Veränderungen kommen der Umstandswandel (empirische Veränderungen der objektiven Welt) und der Wertewandel (normative/evaluative Veränderungen im Bewusstsein der Rechtsadressaten) in Betracht.[1] Eine eventuell dritte Kategorie im außerrechtlichen Bereich stellt ein veränderter Kenntnisstand zu empirischen Sachverhalten dar. Diese können insbesondere bei Normen des Gesetzgebers zur nachträglichen Lückenhaftigkeit oder Rechtswidrigkeit führen, die einen Prognosecharakter ha-

[1] Ähnliche Einteilungen sekundärer Lücken finden sich bei *T. Honsell*, Historische Argumente im Zivilrecht, S. 155; *Neuner*, Die Rechtsfindung contra legem, S. 148 ff.; *Rüthers/Fischer/Birk*, Rechtstheorie, Rn. 861 ff. Bei Letzteren wird zwischen Änderungen der Tatsachenlage (technische oder ökonomische Veränderungen), Veränderungen im Rechtsbereich und Änderungen der Wertvorstellungen unterschieden.

ben.[2] Hier ist nicht so sehr die Veränderung der objektiven Welt entscheidend, sondern der veränderte menschliche Kenntnisstand und Erfahrungsschatz.

Es gibt eine Vielzahl tatsächlicher Veränderungen, die für das Recht relevant werden können, wie technische, wirtschaftliche oder soziale Veränderungen. Auch der Wertewandel in der Bevölkerung kann sich auf verschiedene Aspekte beziehen. Soziale, politische, wirtschaftliche Sachverhalte werden plötzlich von einem Großteil der Bevölkerung anders bewertet als zuvor. Nicht die Sachverhalte ändern sich dabei, sondern ihre moralisch-ethische Bewertung.[3]

Die Abgrenzung vom Umstands- zum Wertewandel ist nicht trivial, weil der gesellschaftliche Wertewandel selbst eine Tatsache sein kann. Heck zählt den Wechsel der gesellschaftlichen Anschauungen und der Wertideen allgemein zur Änderung der Lebensverhältnisse.[4] Das ist prima facie einleuchtend; sowohl die Erfindung des Smartphones als auch der Wandel der Anschauungen zur aktiven Sterbehilfe[5] sind Tatsachen.

Dennoch gibt es Unterschiede, die sich begriffsanalytisch einfangen lassen. Am Ende tatsächlicher und normativer Veränderungen stehen zwar jeweils Tatsachen, doch werden die Veränderungen durch unterschiedliche Prozesse bewirkt. Einmal ändert sich die Welt objektiv, es kommt eine neue Technik hinzu, die sozialen Strukturen der Gesellschaft ändern sich et cetera, das andere Mal ändern sich die Bewertungsmaßstäbe.[6] Wenn jemand behauptet, Smartphones seien schon in den 90er Jahren des letzten Jahrhunderts erfunden worden, hat diese Aussage keinerlei normativen Gehalt, es wird nur eine Behauptung darüber aufgestellt, wie die Realität beschaffen ist und nicht darüber, wie sie gestaltet sein sollte. Gibt eine Person dagegen ihren Standpunkt zur Sterbehilfe kund und behauptet, dass die Rechtslage zu restriktiv sei und Sterbehilfe zu stark kriminalisiert würde, wird normativ über die Welt gesprochen. Die Person drückt aus, was sie für gut beziehungsweise schlecht erachtet und was geschehen soll. Einmal geht es um ein Sein, das andere Mal um ein Sollen. Die Bereiche von Sein und Sollen sind aber strikt zu trennen, weil man nie von einer Menge deskriptiver Prämissen auf eine normative Konklusion schließen darf oder vice versa.[7]

Nicht verwechselt werden dürfen normative Aussagen mit Aussagen über normative Aussagen.[8] Veränderungen im ethischen oder politischen Meinungsbild

---

[2] *Baumeister*, Rechtswidrigwerden von Normen, S. 227 f.

[3] So auch schon *Rüthers*, Unbegrenzte Auslegung, S. 113.

[4] *Heck*, AcP 112 (1914), 1 (178 f.).

[5] http://www.ifd-allensbach.de/uploads/tx_reportsndocs/KB_2014_02.pdf, Stand 20.02.2019.

[6] *Rüthers*, Die unbegrenzte Auslegung, S. 111, 113.

[7] Diese Idee geht auf Hume zurück, *Hume*, Ein Traktat über die menschliche Natur, Buch III (Über die Moral), S. 547; das „Humesche Gesetz" wird von den meisten Philosophen akzeptiert, vgl. nur *Popper*, Die offene Gesellschaft und ihre Feinde, Band 1, S. 77; *Albert*, Kritischer Rationalismus, S. 44.

[8] *Röhl/Röhl*, Allgemeine Rechtslehre, S. 91 f.

deutscher Bürger können durch Umfragen und Statistiken objektiv beschreibbar gemacht werden, jedoch bleiben die Meinungen selbst normative Aussagen. Dass inzwischen zwei Drittel der Deutschen für die Erlaubnis aktiver Sterbehilfe sind, ist eine deskriptive Aussage, die entweder wahr oder falsch sein kann. Dagegen ist die Aussage, dass aktive Sterbehilfe erlaubt sein soll, eine normative Aussage, deren Wahrheit oder Falschheit nicht feststellbar ist – für sie sprechen nur bessere oder schlechtere Gründe.[9]

Bezogen auf die Ebene der gesetzgeberischen Motive geht es einmal um eine Veränderung, die eine empirische Überzeugung des Gesetzgebers in Frage stellt, und das andere Mal um eine Veränderung, die normative Überzeugungen des Gesetzgebers betrifft. Das Recht gibt vor, wie bestimmte Sachverhalte behandelt werden sollen. Als normative Ordnung reagiert es auf Veränderungen im deskriptiven Bereich anders als auf solche im normativen Bereich. Dies deutet schon die methodische Relevanz der ontologischen Differenz der beiden Veränderungstypen an. Wie festgestellt, sind Veränderungen der normativen Anschauungen der Rechtsunterworfenen für die Bestimmung des hypothetischen Gesetzgeberwillens ohne Belang, weil sie keine Annahme des Gesetzgebers falsifizieren und somit keinen Überzeugungswandel des Gesetzgebers herbeiführen können.[10] Sie können keine nachträgliche Planwidrigkeit einer Regelung des Gesetzgebers verursachen und damit nach einem subjektiv-methodischen Verständnis streng genommen nicht zu einer sekundären Lückenhaftigkeit der Rechtsordnung führen.

Der Wandel der Werteanschauungen in der Bevölkerung kann vor allem durch ein gewandeltes Verständnis von Verfassungsnormen aufgefangen werden, die dann zur nachträglichen Rechtswidrigkeit niederrangiger Normen führt. Die Rechtsordnung ist somit nur in dem untechnischen Sinne „lückenhaft“, dass eine Regelung nicht mehr dem höherrangigen Recht entspricht und eventuell ergänzt werden muss.

Damit läuft im Prinzip der entscheidende methodische Schnitt nicht zwischen inner- und außerrechtlichen Veränderungen, sondern zwischen solchen Veränderungen, die eine rechtliche oder eine empirische Annahme des Gesetzgebers in Frage stellen können, und solchen Veränderungen, die das nicht können. Also steht letztlich der Wertewandel allen anderen Veränderungen gegenüber, weil durch ihn weder rechtliche noch tatsächliche Annahmen des Gesetzgebers falsifiziert werden können. Dies wird anhand der Analyse der konkreten Fälle unter (D.) weiter

[9] Grundlegend *Habermas*, Richtigkeit vs. Wahrheit, DZPhil 1998, 179 (besonders 206 ff.). Der Grund für die Möglichkeit der Feststellung der Wahrheit/Falschheit einer deskriptiven Aussage besteht in dem rechtfertigungstranszendenten Bezugspunkt einer (unterstellten) objektiven Welt, den moralische/wertbasierte Urteile nicht in gleicher Weise aufweisen. Der Schein eines moralischen Realismus in unserer Lebenswelt entsteht dagegen nur aus eingeübten Sprachspielen, die bestimmte Werte als die Richtigen zementieren.

[10] Dazu schon B. VII. 3. b).

deutlich gemacht werden. An der obigen Taxonomie soll dennoch auch im Rahmen von (D.) festgehalten werden, weil sie einerseits einen Überblick über sämtliche Entstehungsgründe von sekundären Lücken verschafft und andererseits zwischen den einzelnen Lückentypen auch feine Unterschiede bestehen, die es durchaus herauszuarbeiten gilt.

II. Andere Einteilungsvorschläge

Vorgestellt werden sollen die Vorschläge von Larenz und Baumeister. Beide verwenden den Begriff der „sekundären Lücke" nicht explizit. Sie entwickeln aber alternative Lösungsangebote zum Umgang der Judikative mit gewandelten Verhältnissen. Im Konkurrenzverhältnis zur hier vorgenommenen Einteilung steht vor allem Larenz' Vorschlag zu den verschiedenen Gründen des „Bedeutungswandels" der Rechtsordnung. Er kann gewissermaßen als Versuch der objektiven Rechtsanwendungstheorie verstanden werden, auf rechtliche, wie außerrechtliche Veränderungen durch Auslegung zu reagieren. Baumeisters Ansatz ist ein anderer. Er versucht sämtliche Auswirkungen, die Veränderungen auf die Rechtsordnung haben können, durch eine einzige dogmatische Kategorie zu erfassen – namentlich den nachträglichen Widerspruch zum höherrangigen Recht.[11] Es ist vor allem Baumeisters Verdienst, für die Möglichkeit des nachträglichen „Rechtswidrigwerdens" von Normen eine dogmatisch tragfähige Basis entwickelt zu haben.

1. Wandel des Sprachgebrauchs als Grund sekundärer Lücken? (Larenz)

Das vorgeschlagene Schema muss in erster Linie gegen einen frühen Einteilungsvorschlag Larenz' zum Bedeutungswandel von Rechtsnormen verteidigt werden.[12] Dabei ergeben sich Ähnlichkeiten und Unterschiede zu Larenz' Einteilung. Er unterscheidet zwischen dem Wandel des Sprachgebrauchs (1.), dem Wandel der Lebensverhältnisse (2.) und dem Wandel der Rechtsordnung selbst (3.).

Der Wandel der Lebensverhältnisse wurde hier als außerrechtlicher Wandel im tatsächlichen Bereich erfasst. Dagegen wird das, was Larenz als „Wandel der Rechtsordnung"[13] bezeichnet, hier unter mehreren Gesichtspunkten erfasst: Einerseits als innerrechtlicher Wandel durch neue Gesetze und Richterrecht, der dazu

[11] Hiervon unterscheidet er allerdings die Derogation einer Rechtsnorm durch eine andere, nicht notwendigerweise höherrangige, die zum einfachen Außerkrafttreten der derogierten Rechtsnorm führt, ohne dass ein Widerspruch zwischen den Rechtsnormen entstehen müsste, der zur Rechtswidrigkeit der niederrangigen Norm führen muss, *Baumeister*, Rechtswidrigwerden von Normen, S. 225 f.

[12] *Larenz*, DRiZ 1959, 306 (308).

[13] *Larenz*, DRiZ 1959, 306 (308 f.).

führen kann, dass auch andere bestehende Normen ihre Bedeutung ändern beziehungsweise lückenhaft werden, andererseits als außerrechtlicher Wandel der normativen beziehungsweise moralischen Anschauungen der Bevölkerung. Diese Differenzierung ist von großer Bedeutung. Die Auswirkungen einer Gesetzesänderung für die Rechtsordnung sind schon deshalb zu berücksichtigen, weil sie vom dazu zuständigen Organ veranlasst wurden. Hier ergeben sich keine Probleme bezüglich der verfassungsrechtlichen Vorgaben zur Gewaltenteilung.[14] Ganz anders bei der Fallgruppe des außerrechtlichen Wertewandels. Das moralische Bewusstsein der Bevölkerung ist kein rechtlich vorgesehenes Organ zur Gesetzesänderung. Diese beiden Gruppen von Veränderungen müssen dementsprechend auch unterschiedliche methodische Behandlungen erfahren.

Keinen Widerhall in dem hier entworfenen Schema findet Larenz' Kategorie vom Wandel des Sprachgebrauchs. Hier ändern sich nicht die tatsächlichen oder rechtlichen Umstände des Gesetzes, sondern seine Auslegung auf Grund eines gewandelten gesellschaftlichen Begriffsverständnisses, obwohl keine formelle Gesetzesänderung stattfand. Der Gesetzestext bleibt, ähnlich wie der anfangs im Nietzsche-Zitat angeführte „Kultus" oder „feste Wort-Text", unverändert, sein Bedeutungsgehalt dagegen wandelt sich. Dabei ist der Bedeutungswandel von Normen methodisch alles andere als unproblematisch.[15] Zu klären ist, inwieweit die Gesetzesbegriffe semantisch determiniert sind, respektive woher sie ihre semantischen Determinanten erhalten und wieviel Raum sie damit für einen Bedeutungswandel lassen.

Forderungen aktualisierender Auslegungen finden sich auch in anderen textwissenschaftlichen Disziplinen.[16] So formulierte Papst Johannes XXIII. für das Zweite Vatikanische Konzil die Aufgabe des *Aggiornamento*, also der „Verheutigung" der katholischen Lehre.[17] Noch radikaler verkündete der poststrukturalistische Semiotiker Roland Barthes 1968 für literarische Texte den Tod des Autors, da der Textrezipient vollständig für die Bedeutungserzeugung zuständig sein könnte.[18] Doch Rechtstexte unterscheiden sich fundamental von anderen Texten. Sie fordern ihre Geltung ein und sollen nach den Intensionen ihrer Schöpfer in der Wirklichkeit wirksam werden. Die Forderungen des *Aggiornamento* einer aufgeklärten Theologie oder einer modernen, vom Autor gelösten Werkinterpretation in der Literaturwissenschaft verfangen daher nicht in gleichem Maße für die Rechtswissenschaft und Rechtsprechung, die sich mit der Auslegung und Anwendung von Rechtstexten beschäftigen.

---

[14] *Neuner*, Die Rechtsfindung contra legem, S. 102f., 114f.; ausführlich dazu D. I. 1.

[15] Dazu schon B. I.

[16] Für den juristischen Methodendiskurs neben Larenz vor allem *Zippelius*, Juristische Methodenlehre, S. 19ff.

[17] Dazu, *Bredeck*, Das Zweite Vatikanum als Konzil des Aggiornamento.

[18] *Barthes*, Der Tod des Autors, in: Jannidis (Hrsg.): Texte zur Theorie der Autorschaft, S. 185ff.

Zu unterscheiden ist zwischen einem Bedeutungswandel juristischer Fachtermini und einem Bedeutungswandel von Begriffen der Alltagssprache, derer sich das Recht bedient.[19] Ein Bedeutungswandel juristischer Begriffe kann durch eine Gesetzesänderung oder durch eine neue höchstrichterliche Auslegung verursacht werden und durchaus rechtliche Folgen zeitigen. Jedoch liegt dann der eigentliche Grund für die rechtliche Veränderung in der Gesetzesänderung oder dem jeweiligen Richterrecht. Diese Veränderungen wurden hier als „rechtliche Veränderungen" erfasst. Sie kommen als Ursache sekundärer Lücken in Betracht. Dagegen kann ein Bedeutungswandel eines Begriffes der Alltagssprache – verursacht durch einen Wandel gesellschaftlicher Sprachkonventionen – keinerlei rechtliche Folgen zeitigen. Dem widerspricht Larenz, weil die Gesetze aus der Perspektive derjenigen auszulegen seien, die von den Gesetzen betroffen würden.[20] Der Einwand von Larenz verdient Beachtung, da die Verständlichkeit der Rechtsordnung für die Rechtsadressaten eine Forderung mit Verfassungsrang ist. So fordert das verfassungsrechtliche Gebot der Normenbestimmtheit beziehungsweise der Normenklarheit,[21] dass Gesetze für die Rechtsunterworfenen verständlich abgefasst werden.[22] Insbesondere Straftatbestände müssen klar zum Ausdruck bringen, welches Verhalten mit Strafe bedroht ist. Aber das Recht ist ohnehin sowohl in seiner sprachlichen Verfasstheit als auch in seiner logisch-systematischen Gestaltung für einen Laien nicht vollständig zu durchdringen.[23] Nicht nur juristische Fachtermini wie „Anspruch", „Hypothek", „Schuldnerverzug" sind für Laien kaum verständlich, auch vermeintlich alltagssprachliche Begriffe wie „gefährliches Werkzeug" werden von den Juristen abhängig von dem jeweiligen Gesetzeszweck definiert[24] und können von dem alltagssprachlichen Begriffsverständnis daher erheblich abweichen. Selbst wenn dem Wortlaut für die Auslegung von alltagssprachlichen Begriffen im Gesetz eine Bindungsfunktion zugesprochen werden sollte, so gilt sie doch nur für die Auslegung selbst, nicht aber für die Rechtsfortbildung praeter legem.[25] Der Wortlaut ist maximal die Grenze der Auslegung, nicht aber die Grenze jeglicher Rechtsanwendung.[26]

Die rechtliche Berücksichtigung jeglichen sprachlichen Bedeutungswandels in der Ausdrucksweise der Sprechergemeinschaft würde zu einer zu großen Rechts-

---

[19] *Wank*, Die juristische Begriffsbildung, S. 17 ff.

[20] *Larenz*, DRiZ 1959, 306 (309); ähnlich *Larenz*, Methodenlehre, S. 324 und *Larenz/Canaris*, Methodenlehre der Rechtswissenschaft, S. 145.

[21] Die Gebote sind nicht scharf voneinander abzugrenzen, Sachs/*Sachs*, Art. 20 GG, Rn. 126–130.

[22] BVerfGE 14, 13 ff. (16); 17, 306 ff. (314); 47, 239 ff. (247); 99, 216 ff. (243); 103, 21 ff. (33); Maunz/Dürig/*Grzeszick*, Art. 20 GG VII, Rn. 53.

[23] Grundlegend für den sprachlichen Aspekt *Wank*, Die juristische Begriffsbildung, S. 16 und passim.

[24] *Wank*, Die juristische Begriffsbildung, S. 82 ff.

[25] So bspw. *Neuner*, Die Rechtsfindung contra legem, S. 102 f., 114 f.

[26] So auch BVerfGE 88, 145 (166 f.); BVerfGE 118, 212 (243); BVerfG NVwZ 2017, 617 (618), Rn. 22.

unsicherheit führen, weil häufig gar nicht auszumachen ist, welches Begriffsverständnis gerade vorherrscht. Sollte nun der Begriff der „Freizügigkeit" des Art. 11 I GG anders zu verstehen sein, als er es bis jetzt war? Ein Großteil der Sprechergemeinschaft wird unter „Freizügigkeit" nicht mehr das Recht verstehen, an jedem Ort innerhalb des Bundesgebietes Aufenthalt und Wohnung zu nehmen,[27] sondern eher ein Grundrecht „der Playboys, Pensionäre, Rentner und Touristen".[28] Eine juristisch nicht vorgebildete Auslegung des Begriffes würde dessen Bedeutung eher in einem Verfügungsrecht über den eigenen Körper oder einem sexuellen Selbstbestimmungsrecht erkennen. Damit würde die ursprüngliche Regelungsabsicht völlig verkannt und das Grundrecht seiner normativen Grundlagen beraubt.[29]

Entscheidend muss die Wortbedeutung sein, die der historische Gesetzgeber dem Begriff beimessen wollte.[30] Erst aus dessen Regelungsabsicht lässt sich der Begriff verstehen, und erst auf dieser Basis wird ein Nachdenken über eventuelle Rechtsfortbildungen möglich. Dies gilt gerade auch für einen unscharfen Rechtsbegriff, wie den der „Freizügigkeit", der nur aus seiner Entstehungsgeschichte heraus verständlich und konkretisierbar wird. Damit setzt ein Urteil über die semantische „Offenheit" eines Begriffs die Kenntnis der Entstehungsgeschichte der Norm voraus. Ein einfacher Wandel im Begriffsverständnis der sozialen Sprechergemeinschaft hat daher keinen Einfluss auf den Bedeutungsgehalt einer Norm, die sich desselben Begriffes bedient.

Dennoch kann der Eindruck entstehen, dass ein Wandel im Begriffsverständnis der Allgemeinheit auch zu einem rechtlichen Wandel führen kann. Dies wurde in der rechtlichen und politischen Debatte um den Ehebegriff deutlich, die zur Einführung des neuen § 1353 BGB führte. Verstehen viele Leute heute unter „Ehe" nicht mehr bloß die lebenslange Gemeinschaft von Mann und Frau, sondern auch gleichgeschlechtliche Partnerschaften oder sogar Verbindungen von mehr als zwei Personen, dann scheint das auch auf den verfassungsrechtlichen Begriff der „Ehe" Einfluss zu haben.[31] Normative Wirkungen entfaltet hier aber nicht das gewandelte Sprachverständnis selbst, sondern das veränderte gesellschaftliche Wertefundament, das sich seinerseits im sprachlichen Ausdruck manifestiert. Die begriffliche Bedeutungsverschiebung ist nur eine Folge des Wertewandels, der sich in diesem Fall sogar einfachgesetzlich niedergeschlagen hat. Diese Fallgruppe „sekundärer Lücken" wurde in dem obigen Schema aber schon als „Wertewandel" erfasst.

Daher bleibt es bei der vorgesehenen Einteilung der Entstehungsgründe sekundärer Lücken. Durch sie können alle relevanten Fälle erfasst werden.

---

[27] BeckOK GG/*Ogorek*, 39. Ed. 15.11.2018, Art. 11 GG, Rn. 9.

[28] Münch/Kunig/*Dicke*, 1974, Art. 11 GG, Rn. 2.

[29] Allgemein zu den rechtsstaatlichen Gefahren der schleichenden Umbesetzung tradierter Verfassungsbegriffe, MüKoBGB/*Säcker*, Einleitung BGB, Rn. 114.

[30] *Rüthers/Fischer/Birk*, Rechtstheorie, Rn. 741; *Arnauld*, Rechtstheorie 25 (2001), 465 (476); dazu auch schon B. I.

[31] Zur Behandlung dieses Falls, bei dem sich zusätzlich die Frage stellt, inwiefern eine einfachgesetzliche Veränderung auf die Verfassung Einfluss nehmen kann D. II. 2. b).

2. Rechtswidrigwerden von Normen (Baumeister)

Eine andere Einteilung bezüglich der Auswirkungen von Veränderungen auf die Rechtsordnung schlägt Baumeister vor. Zwar ist sein Ausgangspunkt weniger der einer methodischen, sondern eher der einer dogmatischen Untersuchung,[32] doch sind seine scharfsinnigen Überlegungen auch für diese Arbeit an einigen Stellen von Interesse. Er unterscheidet zwischen dem nachträglichen „Rechtswidrigwerden" von Normen und dem schlichten Geltungsverlust ohne „Rechtswidrigwerden" der Norm.

a) Baumeisters Vorschlag

Für Baumeister stellt es keine juristische Banalität dar, dass Normen rechtswidrig werden können. Tatsächlich wird teilweise vertreten, dass Normen nicht rechtswidrig werden können, wenn der Gesetzgeber sie anfänglich rechtmäßig erlassen hat.[33] So meint beispielsweise Hans Schneider, dass es nicht sein könne, dass eine Norm zu einem Zeitpunkt rechtmäßig und zu einem anderen Zeitpunkt rechtswidrig sei.[34] Dies würde zu seinem seltsamen „social engineering" des Bundesverfassungsgerichts an der Rechtsordnung führen.[35] Die Rechtmäßigkeit einer Norm müsse abschließend zum Zeitpunkt ihres Erlasses beurteilt werden können, nur hier liege ein beurteilbares Verhalten des Gesetzgebers vor, das rechtswidrig gewesen sein könnte.[36]

Schneiders Beitrag wirkt anachronistisch – angesichts der Fülle von Entscheidungen des Bundesverfassungsgerichts, die das nachträgliche Rechtswidrigwerden einer Norm annehmen und die Möglichkeit desselben stillschweigend voraussetzen. Baumeister zeigt, dass eine Vielzahl von Rechtswissenschaftlern und die Rechtsprechung lange implizit einen notwendigen Zusammenhang von Rechtswidrigkeit und Pflichtwidrigkeit voraussetzten.[37] Bezugspunkt des Rechtswidrigkeitsurteils konnte nur ein pflichtwidriges (oft verstanden als vorwerfbares)[38] menschliches Verhalten sein, hier der Erlass einer rechtswidrigen Norm durch den Gesetzgeber.

---

[32] *Baumeister*, Rechtswidrigwerden von Normen, S. 33.

[33] Mit weiteren Nachweisen *Baumeister*, Rechtswidrigwerden von Normen, S. 62 ff.

[34] H. *Schneider*, Der Gegenstand der Normenkontrolle, in: FS Jahrreiß, S. 385 (389).

[35] H. *Schneider*, Der Gegenstand der Normenkontrolle, in: FS Jahrreiß, S. 385 (392).

[36] H. *Schneider*, Der Gegenstand der Normenkontrolle, in: FS Jahrreiß, S. 385 (391).

[37] *Baumeister*, Rechtswidrigwerden von Normen, S. 103 f.

[38] Baumeister erwägt auch im Rahmen der Pflichtwidrigkeitslehre eine Gleichstellung von rechtswidrigem Erlass einer Norm und dem rechtswidrigen Nicht-Aufheben einer anfänglich rechtmäßigen Norm. Im letzteren Fall scheint aber die Vorwerfbarkeit des gesetzgeberischen Verhaltens nicht in gleichem Maße gegeben, weswegen das BVerfG lange mit Fristenlösungen arbeitete und ein evidentes Rechtswidrigwerden der Norm forderte, vgl. *Baumeister*, Rechtswidrigwerden von Normen, S. 64, 211 f.

Diese Einschätzung sei aber in einer modernen Rechtsordnung, die in Normhierarchien strukturiert ist, nicht mehr haltbar. Die Rechtswidrigkeit einer Norm könne sich ohne Anknüpfung an die Pflichtwidrigkeit eines Verhaltens unmittelbar aus dem Widerspruch zu höherrangigem Recht ergeben.[39] Dies würde auch durch sämtliche Formen der Normenkontrolle bestätigt, die die fortwährende Kontrolle der Norm am Maßstab des Rechts ermöglichten.[40] Als Dauerregelungen forderten Normen eine fortwährende Beachtung. Kehrseite davon sei aber auch die ständige Kontrolle an den Maßstäben des höherrangigen Rechts, die über die gesamte Zeit ihrer Geltung zu erfüllen seien.[41] Die Bindung an die Verfassung alles Staatshandelns mache damit ein nachträgliches Rechtswidrigwerden möglich; die Normen müssten auch nach ihrem Erlass höherrangigem Recht, insbesondere dem Verhältnismäßigkeitsprinzip, entsprechen.[42]

Als mögliche Ursachen des Rechtswidrigwerdens nennt Baumeister drei Gründe:[43]

1) die Veränderung von rechtlichen und tatsächlichen Verhältnissen, die der Norm zugrunde liegen,

2) abweichende neue Erkenntnisse über neue Zusammenhänge (nachträgliche Fehlprognosen),

3) gewandelte Verfassungsinterpretationen.

Dagegen reduziert er den Anwendungsbereich eines schlichten Geltungswegfalls der Norm auf ein Minimum, weil sämtliche Fälle, die so von der Rechtsprechung und den Gerichten behandelt werden, sich entweder als Fälle des Rechtswidrigwerdens erklären ließen oder aber einen Geltungsverlust der Norm nicht rechtfertigen würden.[44] Als mögliche Fallgruppen diskutiert er im Wesentlichen das Obsoletwerden von Normen, also den endgültigen Wegfall des geregelten Sachverhalts und den Wandel der normrelevanten Verhältnisse.

Baumeisters Kritik an der Pflichtwidrigkeitslehre ist zuzustimmen. Die Rechtswidrigkeit einer Norm ergibt sich aus ihrem Widerspruch zu Vorgaben des höherrangigen Rechts. Dabei bedarf es keines Unwerturteils über ein Verhalten des Gesetzgebers. Sämtliche Normkontrollverfahren setzen nur einen Widerspruch zum höherrangigen Recht voraus, zusätzliche Anforderungen sind für die Feststellung

---

[39] *Baumeister*, Rechtswidrigwerden von Normen, S. 172.

[40] *Baumeister*, Rechtswidrigwerden von Normen, S. 174.

[41] *Baumeister*, Rechtswidrigwerden von Normen, S. 210.

[42] *Baumeister*, Rechtswidrigwerden von Normen, S. 215; zustimmend *Heckmann*, Geltungskraft und Geltungsverlust von Rechtsnormen, S. 466 ff., besonders 469; auch Canaris erkennt schon, dass das Verhältnismäßigkeitsprinzip zur nachträglichen Verfassungswidrigkeit von Normen führen kann, wobei er noch stärker auf das Willkürprinzip setzte, *Canaris*, WM 1978, 686 (691, 693).

[43] *Baumeister*, Rechtswidrigwerden von Normen, S. 183.

[44] *Baumeister*, Rechtswidrigwerden von Normen, S. 294 ff.

der Rechtswidrigkeit nicht erforderlich. Wenn die Normen aber dauerhaft Gefolgschaft einfordern, müssen sie auch selbst dauerhaft den Anforderungen der Verfassung als Kontrollmaßstab entsprechen. Eine tatsächliche Veränderung kann dann Auswirkungen auf die Rechtmäßigkeit der Norm haben. So ist eine Impfpflicht nicht mehr geeignet ihr Ziel des Gesundheitsschutzes zu erfüllen, wenn der Erreger inzwischen immun geworden ist. Die Regelung des Gesetzgebers ist somit nachträglich unverhältnismäßig und damit verfassungswidrig geworden.

b) Kritische Würdigung

Baumeisters Vorschlag könnte damit in einem Konkurrenzverhältnis zu dem hier vertretenen Ansatz stehen. Er liefert eine Erklärung dafür, weshalb tatsächliche und rechtliche Veränderungen Einfluss auf die Geltung von Normen haben können, die zuvor rechtmäßig waren. Zugleich ist weder die Systematik noch die Methode seines Vorgehens mit der hier vorgeschlagenen vergleichbar.

Einer genaueren Analyse bedarf Baumeisters Position, dass es neben dem Rechtswidrigwerden von Normen wegen eines Widerspruchs zum höherrangigen Recht keine weitere Möglichkeit gibt, ihren Geltungsverlust zu begründen.

Im Falle der Möglichkeit des vollständigen Obsoletwerdens[45] von Normen – das Baumeister von dem Geltungsverlust wegen gewandelter Verhältnisse trennt – enthält sich Baumeister eines finalen Urteiles. Er weist nachvollziehbar daraufhin, dass diese Fälle eigentlich keinerlei Bedeutung in der Rechtspraxis haben sollten, denn wenn eine Norm ein für alle Mal ihren Regelungssachverhalt verliert, sollte sie auch nicht zur Anwendung kommen.[46] Für ihn ist damit die Möglichkeit des Obsoletwerdens von Normen nur eine rechtsphilosophische Frage.[47] Er tendiert dazu, diese Möglichkeit gänzlich abzulehnen, weil die Gefahr besteht, dass Gerichte sie als vorgeschobene Urteilsbegründung einsetzen könnten.[48] Das hier entwickelte Konzept kann die Problematik dagegen abschließend behandeln – vorausgesetzt der hypothetische Gesetzgeberwille ist feststellbar und aufschlussreich. Nur wenn sich ergibt, dass der Gesetzgeber die Norm im Falle ihres Obsoletwerdens beseitigen wollte, kann darauf geschlossen werden, dass sie verworfen werden

[45] Damit sind nicht Normen gemeint, bei denen sich bloß die normrelevanten Umstände geändert haben, sondern solche, deren regelungsbedürftiger Sachverhalt gänzlich verschwunden ist. Fälle dazu sind äußerst selten oder gar nicht existent, *Baumeister*, Rechtswidrigwerden von Normen, S. 293 f.

[46] *Baumeister*, Rechtswidrigwerden von Normen, S. 299 f.

[47] *Baumeister*, Rechtswidrigwerden von Normen, S. 306.

[48] Am Beispiel von zwei Urteilen des OVG Münsters (OVGE 14, 282; 14; 283), *Baumeister*, Rechtswidrigwerden von Normen, S. 304 f.
Ein weiteres Beispiel ist der verfrühte Abgesang des ehemaligen Verfassungsrichters Rottman auf Art. 146 GG. Einige Jahre vor der Wiedervereinigung meinte er, dass das Wiedervereinigungsgebot obsolet geworden sei, *Robbers*, Obsoletes Verfassungsrecht durch sozialen Wandel, in: FS Benda, S. 209 (210).

darf. Dies ist bei Gesetzen, die einen konkreten, zeitlich eingrenzbaren Sachverhalt regeln, durchaus denkbar. Sofern dies nicht der Fall ist, bleiben obsolete Normen als „Normreserve" in Kraft.[49]

Die Kategorie des Wandels der normrelevanten Umstände kann für Baumeister mangels dogmatischen Fundaments nicht zum Geltungsverlust führen. Als mögliche dogmatische Begründungsmuster prüft er neben der „Offensichtlichkeit" und der „unbestrittenen Rechtsauffassung" die Auflösung als konkludente Bedingung, die Clausula rebus sic stantibus, die normative Kraft des Faktischen und die Rechtsregel cessante ratione legis cessat lex ipsa.[50] Keine der genannten Begründungen entspricht der hier vertretenen. Dass die „Offensichtlichkeit" und die „unbestrittene Rechtsauffassung" keine tragfähige Begründung liefern können, muss nicht gesondert erwähnt werden, aber auch die übrigen Rechtsinstitute können nicht über die Lösung der hier behandelten Fälle finale Auskunft geben. Wenn in dieser Arbeit auf die Störung der Geschäftsgrundlage eingegangen wurde,[51] dann nur, um die Parallelen und Unterschiede besser verstehen zu können und auf den Erfahrungsschatz der zivilrechtlichen Diskussion zurückgreifen zu können. Dass ein zivilrechtliches Rechtsinstitut zur Behandlung von Störungen der Vertragsgerechtigkeit nicht die dogmatische Grundlage für die Kompetenz des Richters sein kann, ein formelles und materielles Gesetz nicht mehr anzuwenden, erschließt sich von selbst.

Der Grund für diese Kompetenz liegt in der Achtung des historischen Gesetzgeberwillens, der bei einer unveränderten Weiteranwendung der Norm missachtet würde. Der Gesetzgeber ging bei der Schaffung seiner Norm von bestimmten empirischen Umständen aus, die seine Normgebung bedingt haben. Dies hat auch der Rechtsanwender zur Kenntnis zu nehmen. Ob dies dogmatisch betrachtet zu einer „konkludenten Bedingtheit" des Gesetzes führt, kann dahin gestellt bleiben, weil nicht die konkludente Bedingung der Grund der Rechtsanpassung ist, sondern die Achtung vor dem historischen Gesetzgeberwillen. Dieser Grund wird von Baumeister noch nicht einmal erwogen. Vielmehr meint er, dass schon aus Gründen der Gewaltenteilung ein zweckwidrig gewordenes Gesetz des Gesetzgebers nicht missachtet werden dürfe,[52] und verkennt, dass die Anwendung eines zweckentfremdeten Gesetzes nicht zur Schonung der legislativen Kompetenz beiträgt. Gerade der Autonomiegedanke und das Prinzip der Volkssouveränität gebieten es, ein nicht mehr vom Willen des Normgebers getragenes Gesetz nicht weiter (unverändert) anzuwenden.[53] Die Weiteranwendung eines subjektiv zweckwidrigen Gesetzes steht in einem Widerspruch zu Grundelementen des Demokratieprinzips, das den Schutz des demokratisch legitimierten Gesetzgebers bezweckt, Gesetze

---

49 *Robbers*, Obsoletes Verfassungsrecht durch sozialen Wandel, in: FS Benda, S. 209 (218).

50 *Baumeister*, Rechtswidrigwerden von Normen, S. 288 ff.

51 B. V.

52 *Baumeister*, Rechtswidrigwerden von Normen, S. 320.

53 Vgl. dazu schon B. X.

nach seinen Vorstellungen erlassen zu können. Die Weiteranwendung eines solchen Gesetzes ist daher ebenfalls rechtswidrig.

Im Rahmen der Verhältnismäßigkeitsprüfung der Norm muss geprüft werden, welchen Zweck der Gesetzgeber mit der Norm verfolgt hat und ob die Norm noch geeignet, erforderlich und angemessen bezüglich der Zweckerreichung ist. Nach der Rechtsprechung des Bundesverfassungsgerichts hat der Gesetzgeber bei der Beurteilung der Geeignetheit, Erforderlichkeit und Angemessenheit einen weiten Beurteilungs- beziehungsweise Prognosespielraum.[54] Dieser Spielraum trägt der Gewaltenteilung Rechnung und soll die Fähigkeit des Gesetzgebers zur Schaffung abstrakt-genereller Normen mit typisierender Betrachtungsweise erhalten.[55] Bevor also entschieden werden kann, ob eine Norm rechtswidrig geworden ist, muss zuerst festgestellt werden, was der Gesetzgeber wollte, und ob sein Wille noch durch die unveränderte Anwendung der Norm verwirklicht wird. Wird nur objektiv geprüft, ob die Norm noch verhältnismäßig ist, bestehen in unterschiedliche Richtungen weisende Gefahren für die Gewaltenteilung. Eine Norm kann sich objektiv als rechtmäßig erweisen, weil sie noch dem Verhältnismäßigkeitsprinzip entspricht, obwohl der Gesetzgeber angesichts der Veränderungen schon nicht mehr an ihr festhalten würde.[56] Der Gesetzgeber würde dann an seine nicht mehr zweckdienliche Norm gebunden. Eine Norm kann damit ihre Geltung verlieren, auch wenn sie objektiv noch verhältnismäßig ist. Zum anderen besteht die Gefahr, dass durch eine zu frühe Annahme der Rechtswidrigkeit der Gestaltungsspielraum des Gesetzgebers zu stark beschränkt wird. Ergibt der hypothetische Gesetzgeberwille, dass der Gesetzgeber noch an der Norm festhalten würde, muss genau geprüft werden, ob sich sein Wille im Rahmen des Gestaltungsspielraums bewegt.

---

[54] Zur Geeignetheit: BVerfGE 102, 197 (218); 115, 276 (309); 116, 220 (225); 120, 274 (321); 126, 112 (144f.).

Zur Erforderlichkeit: BVerfGE 25, 1 (19f.); ständige Rechtsprechung, BVerfGE 110, 177 (195); 113, 167 (252f.); 117, 163 (189).

Zur Verhältnismäßigkeit im engeren Sinne: BVerfGE 111, 10 (38); 142, 268 (286).

[55] Maunz/Dürig/*Grzeszick*, Art. 20 GG VII, Rn. 122; Maunz/Dürig/*Walter*, Art. 93 GG, Rn. 104f.

[56] Ein möglicher Fall in diesem Bereich könnte der unter D. II 1. a) bb) untersuchte sein. Um beurteilen zu können, ob die gesetzliche Einschränkung des Urheberrechts auch nach der Erfindung von Magnettonbandgeräten uneingeschränkt aufrechtzuerhalten war, musste verstanden werden, was der historische Gesetzgeber mit der Einschränkung bezweckte, und ob er nach wie vor an seiner Regelung festhalten würde. Dagegen stellen sich im Rahmen einer rein objektiven Rechtswidrigkeitsprüfung unklare Abwägungsentscheidungen zu der Ausgestaltungsbefugnis des Gesetzgebers bezüglich des Schutzes des Eigentums- und Urheberrechts. Der Gesetzgeber besitzt dabei, aber, wie festgestellt wurde, einen weiten Gestaltungsspielraum. Zum Gestaltungsspielraum des Gesetzgebers im Rahmen von Art. 14 I GG, BverfGE 142, 74 (97). Eine Gefahr unzulässiger Rechtsfortbildung ergibt sich in diesem Zusammenhang durch das Unterschieben neuer Zwecke, die nicht vom Normgeber gewollt waren *Rüthers/Höpfner*, JZ 2005 21 (25); *Rüthers/Fischer/Birk*, Rechtstheorie, Rn. 730d; a.A. *Larenz*, Methodenlehre, S. 351; *Larenz/Canaris*, Methodenlehre, S. 171; *Heckmann*, Geltungskraft und Geltungsverlust von Normen, S. 462, 468; auch *Neuner*, Die Rechtsfindung contra legem, S. 149. Dass diese Ansicht der objektiven Auslegungslehre unhaltbar ist, wird im Falle des Verweisungsprivilegs nach § 839 I 2 BGB ausführlich dargelegt, vgl. D. I. 1. a) aa).

Folglich kann sich aber auch eine nachträgliche Rechtswidrigkeit der Norm ergeben, obwohl der Gesetzgeber noch an der Norm festhalten würde. Als fiktives Beispiel sei angenommen, der Gesetzgeber bringe klar zum Ausdruck, er wolle an der Norm (beispielsweise einer Impfpflicht) festhalten, „komme was wolle“. In diesen Fällen können erhebliche Veränderungen der normrelevanten Umstände zur Rechtswidrigkeit der Norm führen, trotz eines ausdrücklich anderslautenden Gesetzgeberwillens. Dies ergibt sich aus dem „Vorrang der Verfassung“[57]. Dem Gesetzgeber sind durch die Verfassung und insbesondere den Verhältnismäßigkeitsgrundsatz Grenzen bei der Normgebung gezogen.[58] Eignet sich eine einfachrechtliche Norm, die in subjektive Rechtspositionen eingreift, nicht mehr zur Zweckerreichung, muss sie rechtswidrig werden.

Baumeisters Überlegungen zum Rechtswidrigwerden von Normen können die hier entwickelte Methode zur Behandlung sekundärer Normlücken und Normüberschüsse daher um einen wichtigen Aspekt ergänzen. Es ergibt sich dadurch ein zweistufiger Aufbau zur Prüfung der rechtlichen Relevanz von empirischen Veränderungen. Zuerst muss ermittelt werden, was der Gesetzgeber wollte, und anschließend, ob er angesichts der Veränderungen immer noch an seiner Regelung festhalten würde. Ergibt die Prüfung des hypothetischen Gesetzgeberwillens, dass der Gesetzgeber angesichts der Veränderungen nicht mehr oder nicht mehr uneingeschränkt an seiner Regelung festhalten würde, ist diese sekundär überflüssig oder lückenhaft geworden. Die Regelungslücke ist dann durch den Richter zu korrigieren, unabhängig davon, ob die Regelung inzwischen in Widerspruch zum höherrangigen Recht steht oder nicht. Ergibt die Prüfung des hypothetischen Gesetzgeberwillens, dass – trotz der gewandelten Umstände – immer noch an der Regelung festgehalten werden sollte, muss noch geprüft werden, ob die Norm inzwischen nicht mehr den Anforderungen des höherrangigen Rechts, insbesondere des Verhältnismäßigkeitsprinzips entspricht.[59]

Daneben gibt es allerdings einige methodische Probleme, für die Baumeisters Theorie keine Lösungen anbieten kann. Sein Vorgehen ist stark von den Eigenschaften des öffentlichen Rechts geprägt. Öffentlich-rechtliche Normen stellen sich hier zumeist als Eingriffe[60] des Staates in subjektive Rechtspositionen dar, die

---

[57] Mit weiteren Nachweisen MSKB/*Bethge*, § 31 BVerfGG, Rn. 2.

[58] *Koch*, Die Begründung von Grundrechtsinterpretationen, in: Alexy; Koch; Rüßmann; Kuhlen (Hrsg.), Elemente einer juristischen Begründungslehre, Baden-Baden 2003, S. 179 (207 ff.).

[59] Zwar werden die Fälle, in denen der Gesetzgeber hier immer noch an seiner Regelung festhalten würde, selten sein, doch auszuschließen sind sie nicht. Der unter D. II. 1. b) aa) behandelte Fall zum Hausarbeitstag für Arbeitnehmerinnen könnte in diese Kategorie fallen. Nach Prüfung des hypothetischen Gesetzgeberwillens lässt sich nicht eindeutig ausschließen, dass der historische Gesetzgeber trotz wirtschaftlicher Veränderungen nach wie vor an der Regelung festhalten würde. Doch wird die Regelung unabhängig davon zu einem späteren Zeitpunkt gleichheitswidrig und widerspricht dann Art. 3 I GG.

[60] Gleiches gilt für öffentlich-rechtliche Leistungs- und Schutznormen, die ebenfalls einem subjektiven Recht des Betroffenen gerecht werden müssen, *Baumeister*, Rechtswidrigwerden von Normen, S. 192 f.

verhältnismäßig sein können oder nicht. Seine Überlegungen sind dagegen nicht ohne weiteres auf privatrechtliche Normen anwendbar, die diesen Bezug nicht aufweisen.[61] Sämtliche Beispielfälle Baumeisters entstammen daher dem öffentlichen Recht. Für die hier entwickelte Methode sind Normen ohne Eingriffscharakter dagegen unproblematisch, da nur zu klären ist, ob der Gesetzgeber noch an seiner Regelung festhalten würde oder nicht.

Weiter ist unklar, was mit Leistungsnormen passiert, die nach einem Wandel der normrelevanten Umstände zu viel gewähren würden. Hier greift das Untermaßverbot nicht, auf das Baumeister seine Argumentation bei Leistungsnormen stützt, die nach einer Veränderung der Umstände zu wenig gewähren.[62] Leistungsnormen, die zu viel gewähren, müssten demnach unverändert angewendet werden, obwohl sie längst nicht mehr dem Willen des Gesetzgebers entsprechen. Aber auch diese Normen dürfen nicht weiter angewendet werden, wenn sie nicht mehr dem gesetzgeberischen Plan entsprechen.

Weiter gibt Baumeisters Theorie keine Auskunft darüber, ob eine Entwicklung eine neue Regelung notwendig machen könnte. Sein Instrumentarium erfasst nur den Geltungsverlust bestehender Normen, nicht die Regelungsbedürftigkeit von Sachverhalten überhaupt. Wie zuvor deutlich wurde[63] und im Rahmen der Fallanalyse noch deutlicher werden wird,[64] ist die Frage, ob der Plan des Gesetzgebers eine neue Regelung angesichts der veränderten Wirklichkeit notwendig macht, eine der schwierigsten methodischen Fragen überhaupt. Die hier entwickelte Theorie erfasst aber auch diese Fälle und schließt zumindest nicht per se das richterliche Tätigwerden in diesen Konstellationen aus.

Schließlich bleibt noch eine ungeklärte Rechtsfrage in Baumeisters Theorie bestehen: Kann Verfassungsrecht verfassungswidrig werden? Schon die Terminologie weist auf eine Zirkularität hin. Wenn die nachträgliche Verfassungswidrigkeit die Voraussetzung für das Rechtswidrigwerden von Normen ist, dann scheint die Verfassung selbst nicht rechtswidrig werden zu können, da dieser Nachweis schon voraussetzen würde, was bewiesen werden soll. Ist die Verfassung der Maßstab, anhand dessen das Rechtswidrigwerden einer Norm bestimmt werden soll, kann sie nicht zugleich das Objekt der Prüfung sein. Zuzugeben ist, dass dies eine terminologische Zuspitzung darstellt, stellt Baumeister doch vor allem auf das verfassungsimmanente Prinzip der Verhältnismäßigkeit ab. Doch auch das aus der Verfassung abgeleitete Prinzip der Verhältnismäßigkeit[65] eignet sich nicht zur Prüfung von Verfassungsnormen, die dieses doch gerade enthalten sollen und

---

[61] So auch *Baumeister*, Rechtswidrigwerden von Normen, S. 372 f.; vgl. auch *Classen*, JZ 2003, 693 (694, 699).

[62] *Baumeister*, Rechtswidrigwerden von Normen, S. 192 f.

[63] B. VI. 2.

[64] D. II. 1. a) cc).

[65] Die Rechtsgrundlage des Verhältnismäßigkeitsprinzips ist umstritten, Maunz/Dürig/*Grzeszick*, Art. 20 GG VII, Rn. 108.

seinen Abwägungsmaßstab darstellen. Baumeisters Theorie gibt an dieser Stelle keine eindeutige Antwort. Dagegen kann die hier entwickelte Theorie auch auf Verfassungsnormen angewendet werden. Auch Verfassungsnormen können sekundär lückenhaft oder überflüssig werden, wenn sie der Verfassungsgeber unter den gewandelten Umständen nicht mehr (so) erlassen hätte, auch wenn sie damit nicht in Baumeisters Sinne „rechtswidrig" geworden sind, weil sie nicht gegen höherrangiges Recht verstoßen können. Ergibt der hypothetische Wille des Verfassungsgebers dies, müssen selbst Verfassungsnormen angepasst werden oder unangewendet bleiben. Diese Fälle werden eher selten sein, weil Verfassungsnormen – zumindest im Bereich der Grundrechtsnormen – häufig als offene Normen konzipiert wurden, die über lange Zeiträume gelten sollen.[66] Auszuschließen ist es jedoch nicht, dass sich auch Verfassungsnormen überholen können. Dies gilt insbesondere für die konkreteren Ordnungsvorschriften.

Es wirkt daher so, dass Baumeisters Theorie des Rechtswidrigwerdens von Normen keine abschließende Beschreibung der Wirkung von Veränderungen auf die Rechtsordnung, sondern nur eine dogmatische Aufarbeitung des nachträglichen Rechtswidrigwerdens von Rechtsnormen mit Eingriffscharakter ist. Diese Konzeption liegt dieser Arbeit insbesondere beim Umgang mit sekundären Lücken durch Wertewandel zu Grunde. Der nachträgliche Wertewandel kann – wie gezeigt wurde[67] – nicht durch den hypothetischen Gesetzgeberwillen eingefangen werden. Der Wertewandel kann nur über die zulässig gewandelte Auslegung der Verfassung „eingefangen" werden. Dogmatisch lassen sich die sekundären „Lücken" durch Wertewandel als Fälle des nachträglichen Verfassungswidrigwerdens einfacher Gesetze begreifen. Als eigenständige Kategorie wird der Wertewandel gefasst, um die tatsächliche Kausalität der Entwicklung einzufangen. Zuerst ändern sich die normativen Anschauungen in der Bevölkerung zu einem Sachverhalt. Wenn sich die neue normative Anschauung zunehmend durchsetzt, wird sie irgendwann im Rahmen der Auslegung der offenen Rechtsbegriffe der Verfassung eine Rolle spielen. Die Auslegung der Verfassung wird sich ihrerseits irgendwann soweit gewandelt haben, bis sich ein Widerspruch zu bestimmten Normen des einfachen Rechts ergibt.

Eine wichtige Erkenntnis Baumeisters ist, dass das Rechtswidrigwerden von Normen auch ein Resultat faktischer Veränderungen ohne normativen Gehalt sein kann. Demnach kann die Veränderung eines empirischen Sachverhalts zur Rechtswidrigkeit der Norm führen, wenn diese dadurch unverhältnismäßig oder gleichheitswidrig wird. Der Verhältnismäßigkeitsgrundsatz oder der Gleichheitssatz können dann eine Brücke zwischen Sein und Sollen darstellen, die die Beachtung rein empirischer Veränderungen ermöglicht und zugleich erzwingt.

---

[66] *Volkmann*, Grundzüge einer Verfassungslehre der Bundesrepublik, S. 68 ff., 286; *Grimm*, Constitutionalism, S. 134 f., 148 f.; *Rüthers*, Die heimliche Revolution vom Rechtsstaat zum Richterstaat, S. 103 und 105; *Würtenberger*, Recht und Zeitgeist, S. 191 f.

[67] S. B. VII. 3. b).

D. Feststellung und Ausfüllung sekundärer Lücken anhand beispielhafter Fälle

Die unter B. entwickelte Methode zur Feststellung und Ausfüllung sekundärer Lücken und Überschüsse soll nun anhand beispielhafter Fälle aus der Rechtsprechung und Rechtswissenschaft erprobt werden. Dazu werden Fälle zu sämtlichen unter C. erwähnten Lückentypen analysiert werden.

I. Sekundäre Lücken durch innerrechtliche Veränderungen

Sekundäre Lücken können durch Veränderungen innerhalb des Rechts entstehen. Einerseits können neue Gesetze dazu führen, dass die bisherige Rechtsordnung lückenhaft wird, andererseits ist es vorstellbar, dass richterrechtliche Rechtsschöpfungen Lücken in das Gesetz reißen.

1. Sekundäre Lücken durch Gesetz

Es werden ständig neue Gesetze erlassen oder bestehende geändert. In den allermeisten Fällen führt das nicht dazu, dass die Rechtsordnung lückenhaft wird. Im Gegenteil, der Gesetzgeber reagiert mit diesen Veränderungen auf ungeregelte Problemlagen und unklare Rechtslagen. So stellt die Einfügung des § 439 III BGB im Januar 2018 eine Reaktion auf die unklare Rechtslage zu den Kosten des Ausbaus einer mangelhaften und Wiedereinbaus einer mangelfreien Sache im Rahmen der Nacherfüllung dar. Musste bisher im Verbrauchsgüterkauf auf eine richtlinienkonforme Auslegung des Begriffes der „Lieferung" in Abs. 1 zurückgegriffen werden,[1] so ist jetzt für sämtliche Kaufverträge geregelt, dass der Verkäufer Ersatz der erforderlichen Aufwendungen leisten muss. Der frühere § 439 III BGB regelte zudem die Problematik der absoluten Unverhältnismäßigkeit im Verbrauchsgüterkauf nicht richtlinienkonform. Art. 3 III UAbs. 2 RL 1999/44/EG gestattet dem Verkäufer nur die Einrede der relativen Unverhältnismäßigkeit bezüglich der vom Käufer gewählten Nacherfüllungsart, eine absolute Verweigerung der verbleibenden Nacherfüllungsart scheidet aus. Der Bundesgerichtshof half – methodisch problematisch[2] – mit einer richtlinienkonformen Rechtsfortbildung, die § 439 III BGB a. F.

---

[1] BGHZ 192, 148 (158).

[2] Umstritten war vor allem die Frage, ob angesichts der klaren Sachentscheidung des Gesetzgebers überhaupt eine Lücke im BGB vorlag, die eine Rechtsfortbildung legitimierte, mit weiteren Nachweisen Beck OGK/*Höpfner*, § 439 BGB, Rn. 171 ff.

im Verbrauchsgüterkauf teleologisch reduzierte und die Einrede der absoluten Unverhältnismäßigkeit ausschloss.[3] Inzwischen regelt § 475 IV 1 BGB, dass der Verkäufer im Verbrauchsgüterkauf die Nacherfüllung nicht wegen absoluter Unverhältnismäßigkeit verweigern darf.

Neue gesetzliche Regelungen dienen also häufig dazu, Unklarheiten zu bereinigen oder Lücken zu beseitigen und führen daher selten zur Lückenhaftigkeit des Rechts. Dennoch ist es nicht ausgeschlossen, dass Lücken gerade durch neue Gesetze entstehen. Zwar werden alle Gesetze vom Gesetzgeber erlassen, doch dieser ist kein typisches, über alle Zeit identisches Subjekt,[4] sondern besteht aus Abgeordneten, die am Ende einer Legislaturperiode abgewählt und ersetzt werden können. Verändert sich der Bestand der Abgeordneten, verändert sich auch der Kenntnisstand über bisherige Gesetzesverfahren und allgemein über die Rechtslage. Die Folgen der personellen Diskontinuität werden im Bundestag noch durch den Grundsatz der sachlichen Diskontinuität verstärkt, der dazu führt, dass bisher eingebrachte Gesetzesvorhaben mit dem Zusammentritt eines neuen Parlaments als erledigt gelten und nicht weiter verfolgt werden müssen.[5] Gesetzesvorhaben, die Unklarheiten in der Rechtsordnung beseitigen sollten, können so unvollendet bleiben. Besteht kein gegenwärtiger politischer Handlungswille, bleibt auch die Rechtsordnung unklar oder lückenhaft. Neue politische Agenden können schließlich auch dazu führen, dass Gesetze erlassen werden, die in einem ungewollten Spannungsverhältnis zur bisherigen Rechtsordnung stehen.

Sekundäre Lücken entstehen dann, wenn eine neue Regelung im logischen Widerspruch zu einer alten steht. Es kann dann zu sekundären Kollisionslücken kommen.[6] Eine echte Kollisionslücke durch einen logischen Normwiderspruch ist aber äußerst selten, weil sich zumeist durch die Anwendung der Kollisionsregeln beziehungsweise durch Auslegung entscheiden lässt, welche Norm und welche Rechtsfolge gilt.[7] Ein echter Normwiderspruch, der zu einer (nachträglichen) Kollisionslücke führt, liegt nur dann vor, wenn entweder Norm X das Verhalten A verbietet und Norm Y das Verhalten A gebietet (Normwiderspruch auf Rechtsfolgenseite) oder Norm X das Verhalten A sanktioniert und Norm Y das Verhalten Nicht-A sanktioniert (Normwiderspruch auf Tatbestandsseite) und sich jeweils nicht klären lässt, welche Norm vorrangig gelten soll.[8] Sekundäre Kollisionslücken sind

---

[3] BGHZ 192, 148 (160 f.).

[4] Dazu schon B. VII. 1.

[5] Zum Grundsatz der sachlichen Diskontinuität, vgl. Maunz/Dürig/*Klein*, Art. 39 GG Rn. 52 ff.

[6] Sekundär, weil es anfänglich keinen Normwiderspruch gab.

[7] *Engisch*, Einführung in das juristische Denken, S. 212 ff.; *Höpfner*, Die systemkonforme Auslegung, S. 18.

[8] Dabei entstehen Normwidersprüche auf Rechtsfolgenseite nur bei kontradiktorisch entgegengesetzten Rechtsfolgeanordnungen. Allein bei diesen handelt es sich um formallogische Widersprüche. Normwidersprüche auf der Tatbestandsseite sind dagegen auch bei konträren Handlungsanweisungen denkbar, weil diese wertungsmäßig nicht hinnehmbar sind, vgl. *Höpfner*, Die systemkonforme Auslegung, S. 24 ff. Für einen Normwiderspruch auf Rechtsfolgen-

nahezu undenkbar. Der Gesetzgeber müsste übersehen haben, dass sein neues Gesetz einem alten Gesetz auf gleicher normhierarchischer Ebene widerspricht, aber doch die gleichzeitige Anwendung beider Gesetze wollen. Das scheint unmöglich zu sein. In diesen Fällen wird fast ausnahmslos der lex posterior-Grundsatz zu Gunsten des neuen Gesetzes greifen, so dass nur noch dieses gilt beziehungsweise die ältere Anordnung soweit verdrängt wird, wie es für die widerspruchsfreie Anwendung des neuen Gesetzes notwendig ist.[9] Eine sekundäre Lücke entsteht damit nicht.

Eher denkbar sind dagegen Fälle sekundärer Wertungswidersprüche. Hier gibt es keinen logischen Widerspruch zwischen zwei Normen, die Anordnungen des Gesetzgebers widersprechen in ihrer Gesamtschau aber dem Gleichheitssatz. Vom Gesetzgeber für gleich Erachtetes wird grundlos verschieden oder für verschieden Erachtetes grundlos gleich behandelt.[10] Auf Grund der Vielzahl von Gesetzen und ihrer mannigfaltiger Interaktionen kann es durchaus sein, dass der Gesetzgeber übersieht, dass seine neue Anordnung nicht ohne weiteres zu den vorherigen Wertungen passt.

Die Entstehung von sekundären Lücken durch neue Gesetze beschränkt sich aber nicht auf die eher seltenen Fälle echter logischer oder wertender Normwidersprüche. Es gibt eine weitere Fallgruppe: Ein neues, höherrangiges Gesetz führt zur Nichtigkeit oder Unanwendbarkeit eines alten Gesetzes, ohne zu regeln, was jetzt gelten soll. Hier liegt kein Normwiderspruch vor, sondern nur eine Normkollision, die sich auf Grund der Normenhierarchie auflösen lässt. Das neuere, höherrangige Gesetz derogiert das ältere, niederrangige Gesetz. Jedoch regelt das neue Gesetz (eventuell konkludent[11]) lediglich, dass das alte Gesetz nicht mehr gelten soll und nicht oder nur unzureichend, was an die Stelle der alten Regelun-

---

seite vgl. *Höpfner*, Die systemkonforme Auslegung, S. 25f.: Im BGB war früher nicht klar, ob der Arbeitnehmer bei der unverschuldeten Stilllegung des Betriebes des Arbeitsgebers einen Anspruch auf Arbeitslohn für die nicht erbrachte aber angebotene Leistung hatte. Hier kamen als Rechtsfolgen entweder der Untergang des Gegenleistungsanspruchs nach § 326 I BGB oder die Lohnweiterzahlung nach § 326 II BGB in Betracht. Ein weiterer kurioser Fall wurde 1962 vor dem Bundessozialgericht verhandelt, BSG, Urteil vom 15.2.1962 – 4 RJ 225/60. Es ging um die Bewilligung einer Witwenrente aus der Invalidenversicherung des Verstorbenen. In der entscheidungserheblichen Verordnung wurde zum einen angeordnet, dass die Anwartschaften nur dann nicht verfallen waren, wenn der Versicherungsfall nach dem 1. April 1945 eingetreten sei (§ 19 VereinfVO) und zum anderen, dass auch vorherige Versicherungsfälle erfasst würden (§ 26 VereinfVO). Das Gericht nahm an, dass es sich hierbei nicht einfach um ein Redaktionsversehen handelte, sondern dass der Verordnungsgeber tatsächlich beides anordnen wollte. Mit Verweis auf Engisch (*Engisch*, Die Einheit der Rechtsordnung, Heidelberg 1935, S. 41ff., 42, 50) nimmt es dann eine Kollisionslücke an, die es richterrechtlich auszufüllen habe. Dazu greift es dann doch auf den Regelungsgehalt von § 19 VereinfVO zurück.

[9] *Höpfner*, Die systemkonforme Auslegung, S. 37f.

[10] *Höpfner*, Die systemkonforme Auslegung, S. 34ff.

[11] Auch eine konkludente Derogation ist dabei denkbar, *Baumeister*, Das Rechtswidrigwerden von Normen, S. 54ff.

gen treten soll. Die Normkollision hinterlässt ein Rechtsvakuum, das nun von der Judikative gefüllt werden muss. Aus der Sicht des neuen Gesetzgebers kann das planwidrig oder planmäßig geschehen. Im ersten Fall entsteht eine sekundäre Lücke. Im zweiten Fall entsteht eine ähnliche Situation für den Rechtsanwender wie bei Generalklauseln: Der Gesetzgeber gibt dem Rechtsanwender nur vor, dass eine alte Regelung nicht mehr gelten soll, ohne klar zu bestimmen, wie das entstehende Rechtsvakuum genau zu füllen ist. Die Entscheidung muss dann auf der Grundlage vager Begrifflichkeiten und Vorgaben erfolgen.

Ein solcher Fall lag beispielsweise vor, als die Anordnung von Art. 3 II GG – die Gleichberechtigung der Geschlechter – eine Reihe alter familien- und erbrechtlicher Regelungen des BGB in Frage stellte, die von der Vorrangstellung des Vaters ausgingen. Dass der Verfassungsgeber dies bewusst in Kauf nahm, wird durch Art. 117 GG dokumentiert, der bestimmte, wie lange das alte Recht noch in Kraft bleiben sollte.[12] Nachdem der Gesetzgeber den festgelegten Stichtag des 31. 3. 1953 verstreichen ließ, oblag es der dritten Gewalt, die Forderung der Gleichberechtigung der Geschlechter richterrechtlich umzusetzen.[13] Mit dem Gleichberechtigungsgesetz vom 1. Juli 1958 wurden dann nachträglich einige Vorschriften, die Art. 3 II GG widersprachen, angepasst.[14] Aber auch nach der Gesetzesnovelle blieb die Letztentscheidungskompetenz bei Meinungsverschiedenheiten der Eheleute nach § 1628 I BGB beim Vater. Zudem stand nach § 1629 I BGB dem Vater weiterhin die Alleinvertretungsmacht des Kindes zu.

Das Bundesverfassungsgericht entschied, dass beide Regelungen angesichts Art. 3 II GG nichtig seien.[15] Die Entscheidung erstaunt heute nicht mehr. Doch war damals die rechtliche Reichweite von Art. 3 II GG stark umstritten.[16] Dass dadurch gerade im Bereich der Vertretungsregeln ein neues Regelungskonzept erarbeitet werden musste, betont auch das Bundesverfassungsgericht. Es entstanden also zwei Lücken, die erst 20 Jahre später gesetzlich geschlossen wurden.[17] In Fällen der Uneinigkeit der Eheleute sollten die Gerichte von nun an entscheiden, welcher Elternteil die alleinige Entscheidungsgewalt haben sollte. Bei der Vertretung des Kindes wurden von nun an beide Elternteile gleichberechtigt behandelt.[18] Diese Entscheidungen sind methodisch nicht zu beanstanden. Die Gerichte mussten für praktikabel judizierbare Regelungen sorgen, die nicht mehr mit Art. 3 II GG in Konflikt standen.

---

[12] Vgl. dazu auch die Meinung des Abgeordneten Dr. Becker in der 1. Lesung des Hauptausschusses, *von Doemming*, JöR 1951, Band 1, S. 827.

[13] *Rüthers*, NJW 2016, 2087 (2089).

[14] Bspw. § 1627 BGB, der bis dahin normierte, dass der Vater für die Person und das Vermögen des Kindes zu sorgen habe. Erst am 1. Juli 1958 wurde die elterliche Sorge/Gewalt auf beide Elternteile erstreckt.

[15] BVerfGE 10, 59.

[16] Vgl. *Bacher*, Sind Männer und Frauen gleichberechtigt?, S. 129 ff.

[17] *Peschel-Gutzeit*, FPR 2005, 167 (168).

[18] Zu beidem *Peschel-Gutzeit*, FPR 2005, 167 (168).

Ob hier von sekundären „Lücken“ gesprochen werden sollte, kommt auf die Beurteilungsperspektive an. Geht man von der Perspektive des historischen Gesetzgebers aus, dessen Regelung von einer neuen Regelung derogiert werden soll, liegt eine planwidrige Veränderung vor, weil damals noch nicht mit der neuen Regelung zu rechnen war. Dafür spricht, dass die Lückenhaftigkeit grundsätzlich immer aus der Warte des Gesetzgebers beurteilt wird, dessen Regelung nun lückenhaft werden soll. Nimmt man dagegen die Perspektive des neuen Gesetzgebers ein, dann liegt keine planwidrige, sondern ein planmäßige „Lücke“ vor. Für diese Perspektive spricht, dass die Verantwortung für die Gesetzgebung und die Lückenlosigkeit derselben bei dem aktuellen Gesetzgeber liegt. Aber selbst wenn man diese Perspektive einnimmt, spricht die große Nähe zur Situation des Rechtsanwenders bei Generalklauseln dafür, hier von einer Lücke auszugehen.[19]

Ein ähnlicher Fall wird unter c) behandelt werden. Die nationale Regelung des § 239 BGB könnte angesichts des später inkraftgetretenen Europarechts entweder derogiert oder sekundär lückenhaft geworden sein.

Davor werden zwei Fälle bearbeitet, in denen dagegen kein Rechtsvakuum durch eine Normderogation entsteht, sondern der Regelungsgedanke einer älteren Norm durch später geschaffenes Recht in Frage gestellt wird.

Im Fall a) wird zu prüfen sein, ob die Verweisungsprivilegien des § 839 I 2 und III BGB angesichts späterer Rechtsentwicklungen noch angewendet werden können. Das später erlassene Verfassungsrecht ordnet dabei nicht die Derogation der beamtenrechtlichen Haftungsprivilegien an, sondern schafft eine neue Regelungssituation, die den ursprünglichen Normzweck von § 839 I 2 und III BGB obsolet machen könnte. Es stellt sich die Frage, ob § 839 I 2 und III BGB damit nachträglich überflüssig geworden sind.

Dagegen wird in einem aktuellen Fall unter b) zu klären sein, welche Konsequenzen die nachträgliche Schaffung von Straftatbeständen für die Reichweite der Verweisung von § 6 II Nr. 3 lit. e GmbHG hat, die ihrem Wortlaut nach auch diese Straftatbestände erfassen würde. Fraglich ist hier nicht, ob § 6 II Nr. 3 lit. e GmbHG angesichts der neuen Vorschriften noch anwendbar ist, sondern ob sein Anwendungsbereich mit der Schaffung weiterer Strafnormen erweitert wurde.

a) Zweckverlust der beamtenrechtlichen Haftungsprivilegierungen?

Die beamtenrechtlichen Haftungsprivilegierungen von § 839 I 2 BGB und § 839 III BGB wurden vom Gesetzgeber unter den Bedingungen einer anderen haftungsrechtlichen Ausgangslage geschaffen. Im Folgenden soll geprüft werden, ob die Normen wegen den rechtlichen Veränderungen obsolet wurden.

---

[19] Vgl. B. II. 2. b).

aa) Das Verweisungsprivileg nach § 839 I 2 BGB

§ 839 I 2 BGB stellt eine Haftungsprivilegierung des Beamten dar. Bei einer fahrlässigen Amtspflichtverletzung kann dieser nur dann in Anspruch genommen werden, wenn der Geschädigte nicht auf andere Weise Ersatz erlangen kann. Ist der Schaden also nicht ausschließlich durch die fahrlässige Amtspflichtverletzung entstanden, dann hat sich der Geschädigte an die anderen Schädiger zu halten. Die Unmöglichkeit, auf andere Weise Ersatz zu erlangen, gehört damit zum Tatbestand des Amtshaftungsanspruches und ist vom Geschädigten im Prozess zu beweisen.[20] Die Haftungsprivilegierung gilt für den Beamten im staatsrechtlichen Sinne nicht nur im hoheitlichen Tätigkeitsbereich, sondern auch dann, wenn er privatrechtliche Tätigkeiten für den Staat erfüllt.[21] Aber nur dann, wenn er seine Amtspflicht in Ausübung eines ihm anvertrauten öffentlichen Amtes verletzt, wird seine Haftung gemäß Art. 34 GG auf den Staat übergeleitet.[22] Für Art. 34 GG ist damit allein die Ausführung einer hoheitlichen Tätigkeit relevant, nicht dagegen, ob es sich um einen Beamten im staatsrechtlichen oder haftungsrechtlichen Sinne handelt.[23]

Die Haftungsprivilegierung wurde mit der Absicht geschaffen, die Entschlusskraft des Beamten zu stärken.[24] In den Beratungen zum BGB wurde diskutiert, den Beamten nur für grobe Fahrlässigkeit haften zu lassen. Der Beamte, der berufsmäßig verpflichtet sei, ständig Rechtsverhältnisse Dritter zu regeln, würde seinen Dienst mit zu großer Ängstlichkeit vor Ersatzansprüchen ausführen, wenn er ständig wegen jedes Versehens haften müsse. Doch wurde das als zu weitgehend empfunden, da eine „ängstliche Scheu vor Pflichtverletzungen" einer „leichtsinnigen Amtsführung" immer noch vorzuziehen sei.[25] Die subsidiäre Haftung nach § 839 I 2 BGB war dann die einzige Haftungsprivilegierung, auf die sich die Schöpfer des BGB einigen konnten.[26] Denn zur Regelung einer unmittelbaren Staatshaftung für Beamtenverschulden bei der Ausübung hoheitlicher Pflichten sahen sich die Gesetzesverfasser des BGB aus kompetenzrechtlichen Gründen nicht befugt. Es wurde ein Zusammenhang mit dem Regelungsbereich des öffentlichen Rechts gesehen, das nur durch die Einzelstaaten und nicht durch den Reichsgesetzgeber geregelt werden durfte.[27] Dabei lässt sich aus den Materialien entnehmen, dass die Gesetzesverfasser eine unmittelbare Staatshaftung durchaus für sinnvoll erachteten.[28] Die Mandatstheorie, die die rechtshistorische Grund-

---

[20] BGHZ 113, 164 (167); *Rohlfing*, MDR 2010, 237.

[21] BGHZ 42, 176 (181); BGHZ 61, 7 (16); BGHZ 61, 101 (109 ff.); BGHZ 113, 164 (167); BeckOGK/*Dörr*, Stand: 01.12.2018, § 839 BGB, Rn. 17; BeckOK BGB/*Reinert*, 48. Ed. 1.11.2018, § 839 BGB, Rn. 3 f.

[22] BeckOGK/*Dörr*, Stand: 1.12.2018, § 839 BGB, Rn. 65 ff.

[23] BeckOGK/*Dörr*, Stand: 1.12.2018, § 839 BGB, Rn. 42.

[24] *Mugdan*, Materialien, Band 2, Prot. S. 1154 ff.; so auch schon RGZ 74, 250 (252).

[25] *Mugdan*, Materialien, Band 2, Prot. S. 1154.

[26] *Mugdan*, Materialien, Band 2, Prot. S. 1155 f.

[27] MüKoBGB/*Papier/Shirvani*, § 839 BGB, Rn. 6; BeckOGK/*Dörr*, Stand: 1.12.2018, § 839 BGB, Rn. 4.

[28] *Mugdan*, Materialien, Band 2, Prot. S. 1155.

lage der Eigenhaftung des Beamten darstellte,[29] war gedanklich im Wesentlichen überwunden, so dass allein die kompetenzrechtlichen Überlegungen maßgeblich für die Ablehnung einer unmittelbaren Staatshaftung waren.[30] Das Verweisungsprivileg des § 839 I 2 BGB sollte also die exponierte haftungsrechtliche Situation des Beamten kompensieren.

Die Staatshaftung bei hoheitlichem, rechtswidrigem Beamtenhandeln wurde später nicht nur auf Reichsebene, sondern auch von den meisten Ländern eingeführt.[31] Sowohl Preußen als auch das Reich wählten die rechtliche Konstruktion einer schuldbefreienden, gesetzlichen Haftungsübernahme des Staates bei Vorliegen der Voraussetzungen des § 839 BGB.[32] Die Staatshaftung setzte also die Haftung des Beamten nach § 839 BGB voraus. Reichseinheitlich wurde die Staatshaftung anstelle der Eigenhaftung des hoheitlich handelnden Beamten erstmals in der Weimarer Reichsverfassung geregelt.[33]

Art. 131 WRV bestimmte:

> „Verletzt ein Beamter in Ausübung der ihm anvertrauten öffentlichen Gewalt die ihm einem Dritten gegenüber obliegende Amtspflicht, so trifft die Verantwortlichkeit grundsätzlich den Staat oder die Körperschaft, in deren Dienste der Beamte steht. Der Rückgriff gegen den Beamten bleibt vorbehalten. Der ordentliche Rechtsweg darf nicht ausgeschlossen werden.
>
> Die nähere Regelung liegt der zuständigen Gesetzgebung ob."

Es lässt sich gut erkennen, dass Art. 131 WRV die Vorgängerregelung von Art. 34 GG ist.[34] Genauer wird in Art. 34 GG geregelt, unter welchen Voraussetzungen (Vorsatz und grobe Fahrlässigkeit) der Rückgriff auf den Beamten möglich ist. Gleichgeblieben ist das Modell der mittelbaren Staatshaftung kraft befreiender normativer Haftungsübernahme.[35]

Damit war der vom historischen Gesetzgeber beabsichtigte Normzweck des § 839 I 2 BGB im Bereich des hoheitlichen Beamtenhandelns schon in der Weimarer Republik obsolet geworden. Nichts anderes gilt nach Inkrafttreten des Grundgesetzes.[36] Wie dargelegt, sollte das Verweisungsprivileg den Beamten entlasten und eine zu ängstliche Ausübung der Amtspflichten verhindern. Da aber inzwischen die Bundesrepublik für hoheitliches Fehlverhalten des Beamten haftet, muss dieser nicht mehr entlastet und in seiner Entschlusskraft bestärkt werden.[37] Ledig-

---

[29] Maunz/Dürig/*Papier*, Art. 34 GG, Rn. 3.

[30] *Papier* verweist dabei auf den Entwurf eines Einführungsgesetzes zum Bürgerlichen Gesetzbuch für das Deutsche Reich, Maunz/Dürig/*Papier*, Art. 34 GG, Rn. 6 dort Fn. 5.

[31] Maunz/Dürig/*Papier*, Art. 34 GG, Rn. 7 ff.

[32] Maunz/Dürig/*Papier*, Art. 34 GG, Rn. 8.

[33] Dazu und zur weiteren Herkunft der Vorschrift, *Bettermann*, DÖV 1954, 299; Maunz/Dürig/*Papier*, Art. 34 GG, Rn. 10.

[34] *Bettermann*, DÖV 1954, 299.

[35] Maunz/Dürig/*Papier*, Art. 34 GG, Rn. 10.

[36] MüKoBGB/*Papier/Shirvani*, § 839 BGB, Rn. 302 f.; BeckOK BGB/*Reinert*, 48. Ed. 1.11.2018, § 839 BGB, Rn. 98.

[37] *Bettermann*, DÖV 1954, 299 (304); *Scheuner* DÖV 1955, 545 (548).

lich in dem Bereich des Vorsatzes und der groben Fahrlässigkeit hat der Staat noch Rückgriffsmöglichkeiten gegen den Beamten. Allein hier könnte also das Verweisungsprivileg noch greifen, doch entschieden sich ja schon die Gesetzgeber des § 839 I BGB gegen eine Beschränkung der Haftung auf grobe Fahrlässigkeit. Dadurch wäre nämlich nicht die Entschlusskraft des Beamten gestärkt, sondern nur sein Leichtsinn. Einen leichtsinnigen Beamten wollte der Gesetzgeber auch schon damals nicht, so dass kein sinnvoller Anwendungsbereich von § 839 I 2 BGB verbleibt, wenn der Beamte in Ausübung eines anvertrauten öffentlichen Amtes handelt.

Folgende Argumentation wäre daher methodisch sinnvoll: Das ursprüngliche Anliegen des Gesetzgebers, den Beamten mit der Haftungsprivilegierung zu entlasten, ist mit der Einführung einer mittelbaren Staatshaftung anderweitig erreicht worden. Der BGB-Gesetzgeber installierte die Haftungsprivilegierung für Beamte nur angesichts des Fehlens einer Staatshaftungsregelung, die er seinerzeit nicht regeln wollte, weil er sich dazu kompetenzrechtlich nicht befähigt fand. Danach ist die Entlastung der Beamten durch sein präferiertes Mittel umgesetzt worden. Nach der Theorie des Überzeugungswandels würde er daher von der bisherigen, nun überflüssig gewordenen Regelung der Haftungsprivilegierung nach § 839 I 2 BGB Abstand nehmen. Der vom Gesetzgeber verfolgte Normzweck lässt sich auch nicht auf den Staat übertragen.[38] Der Staat ist nicht mit dem finanziell schwachen Beamten vergleichbar, der durch die drohenden Schadensersatzansprüche seine Amtspflichten ängstlich und unentschlossen ausführen könnte.[39] Solche Eigenschaften können nur Personen zugesprochen werden. Daher entfällt der ursprüngliche Normzweck des § 839 I 2 BGB im hoheitlichen Tätigkeitsbereich. Der Fall erinnert an den Gedanken des alten römischen Rechtssatzes *cessante ratione legis cessat ipsa lex*.[40] Jedoch muss die Norm selbst nicht „cessieren", sie darf lediglich nicht mehr in diesem Bereich angewendet werden.[41] Durch das Ausbleiben der Anwendung der Norm wird sichergestellt, dass eine Norm nicht weiter angewendet wird, die nicht unter diesen Umständen gelten sollte. Dies entspricht einer teleologischen Reduktion von § 839 I 2 BGB, wenn gleichzeitig die Voraussetzungen von Art. 34 GG vorliegen.

Trotz dieses klaren methodischen Ergebnisses hält die Rechtsprechung[42] immer noch an § 839 I 2 BGB fest, auch wenn schon einige Fälle aus dem Anwendungsbereich des Verweisungsprivilegs genommen wurden.[43] Schon früh hat der Bun-

---

[38] BeckOK GG/*Grzeszick*, 39. Ed. 15. 11. 2018, Art. 34 GG, Rn. 21.1.

[39] *Bettermann*, DÖV 1954, 299 (304).

[40] *Rüthers/Fischer/Birk*, Rechtstheorie, Rn. 955.

[41] B. XI.

[42] BGHZ 13, 88; zuletzt wohl OLG Koblenz Beschl. vom 16. 10. 2012 – 5 U 931/12.

[43] So bspw. Pflichtverletzungen im öffentlichen Straßenverkehr, da im Straßenverkehr für alle Verkehrsteilnehmer dieselben Rechte und Pflichten gelten müssen, so BGHZ 68, 217. Ausgenommen können Fälle sein, bei denen der Amtsträger dienstliche Sonderrechte nach § 35 StVO wahrnimmt. Er gehört dann nicht mehr zu der Gruppe der gewöhnlichen Verkehrsteilnehmer und

desgerichtshof erkannt, dass der ursprüngliche Normzweck des Verweisungsprivilegs entfallen ist.[44] Doch wurde der Norm sofort ein neuer Zweck untergeschoben. Dieser soll darin bestehen, die öffentliche Hand zum Wohle der Allgemeinheit finanziell zu entlasten.[45] Da § 839 I BGB weiter reiche als die allgemeinen Deliktstatbestände (vermutlich ist vor allem die Erfassung von reinen Vermögensschäden gemeint), sei es hier zumutbar, die Anspruchsgewährung davon abhängig zu machen, ob anderweitig Ersatz zu erlangen ist.[46]

Mit dieser Rechtsprechung sollte die verfassungsrechtlich gebotene Gesetzesbindung gewahrt werden. Nur dem Gesetzgeber würde eine Reform des Gesetzes zustehen, nicht aber den Gerichten, die sich sonst zu weitgehende Kompetenzen anmaßen würden.[47]

Grundsätzlich ist ein judical self-restraint oberster Gerichte wünschenswert, doch ist es dort fehl am Platz, wo keine Übergriffe in die Bereiche fremder Staatsgewalten zu befürchten sind. Der Bundesgerichtshof scheint einen sehr engen und letztlich unhaltbaren Begriff der Gesetzesbindung zugrunde zu legen, der sich im Buchstabengehorsam erschöpft. Die Bindung an das Gesetz ist aber nicht mit einer sinnentleerten Bindung an die Wörter des Gesetzes gleichzusetzen.[48] Eine Forderung, die sich schon nach Erkenntnissen der modernen Sprachphilosophie[49] und der modernen Hermeneutik nicht erfüllen lassen würde, weil das was sich dem („klaren“) Wortlaut entnehmen lässt, schon eine produktive Interpretation voraussetzt und daher nicht zugleich als Grenze der Rechtsanwendung verstanden werden kann.[50]

Die methodischen Ideen, die den Bundesgerichtshof zu dieser Rechtsprechung bewegten, könnten auf Larenz zurückgehen. Larenz vertritt, dass der Wegfall des

---

ist somit vom Grundsatz der haftungsrechtlichen Gleichbehandlung aller Verkehrsteilnehmer befreit, vgl. BGHZ 85, 225 (228 f.); hierzu und zu den anderen Fallgruppen BeckOGK/*Dörr*, Stand: 1.12.2018, § 839 BGB, Rn. 616 ff.

[44] BGHZ 13, 88 (104): „Wie die bereits erörterte Entstehungsgeschichte dieser Gesetzesbestimmung klar ergibt, hat man dem für den Staat handelnden Beamten eine Risikoverlagerung auf einen ersatzpflichtigen Dritten nur deshalb zugestanden, um den durch eine große Anzahl von Normen in der Freiheit seines Handelns gebundenen Beamten (so RG, Recht 1911 Nr. 117) nicht durch eine allzu große Haftungsgefahr ängstlich und unentschlossen zu machen. Dieser gesetzgeberische Zweck der Verweisungsmöglichkeit hat gegenüber der später hinzutretenden Staatshaftung seine Bedeutung verloren.“

[45] BGHZ 13, 88 (104).

[46] BGHZ 13, 88 (104).

[47] BGHZ 42, 176 (181).

[48] *Heck*, AcP 112 (1914), 1 (20); *Fischer*, ZfA 2002, 215 (221); *Rüthers/Höpfner*, JZ 2005, 21 (25).

[49] Grundlegend *Wittgenstein*, Philosophische Untersuchungen, § 43; *Kudlich/Christensen*, ARSP 2007, 128.

[50] *Enneccerus/Nipperdey*, Allgemeiner Teil des Bürgerlichen Rechts, 1. Halbband, S. 333; *Esser*, Studium Generale 7 (1954), 372 (376); *Depenheuer*, Der Wortlaut als Grenze, 17 ff.; *Rüthers/Fischer/Birk*, Rechtstheorie, Rn. 156 ff., 732; *Reimer*, Juristische Methodenlehre, S. 118. Zu der Thematik auch schon zuvor B. I.

vom historischen Gesetzgeber verfolgten Gesetzeszwecks nicht ohne weiteres zum Geltungsverlust der Norm führt. Erst wenn sich sonst kein weiterer vernünftiger Gesetzeszweck finden ließe, gelte der Satz *cessante ratione legis cessat ipsa lex.*[51] Dieser neue objektive Gesetzeszweck hat aber nichts mehr mit dem tatsächlichen Gesetzeszweck des Gesetzesverfassers zu tun, sondern ist eine Schöpfung des Richters, der versucht, einen passenden Zweck zu den Gesetzesworten zu (er-)finden. Es handelt sich damit um eine unzulässige Rechtsfortbildung.[52] Der Grundsatz der Normerhaltung (favor legis) greift nicht zu Gunsten einer Norm ein, die nur noch als zweckentfremdeter Gesetzbefehl existiert. Genauso würde auch eine verfassungskonforme Auslegung zu weit gehen, die eine Norm mit einer Auslegung beibehält, die nicht vom Gesetzgeber gewollt war.[53]

Es geht nicht darum, eine „leere Worthülse"[54] zu wahren, sondern den Gesetzesbefehl in denkenden Gehorsam umzusetzen.[55] Ein Diener würde seinem Auftraggeber auch keinen Gefallen tun, wenn er dessen Befehl wortlautgetreu umsetzt, obwohl ihm klar sein musste, dass sein Auftraggeber eine ganz bestimmte Situation vor Augen hatte, die jetzt aber nicht mehr vorliegt. Der Jurist ist Diener am Zweck, nicht bloß am Wort der Gesetze.[56]

Mit § 839 I 2 BGB sollte auf spezielle Anforderungen der Zeit des Normerlasses reagiert werden. Der Gesetzgeber wollte den Beamten vor allzu schneller Inanspruchnahme bei fahrlässigen Amtspflichtverletzungen schützen, sah sich aber noch nicht dazu in der Lage, das Ziel durch die Einführung einer Staatshaftung zu verwirklichen. Wenn danach aber durch Art. 34 GG eine mittelbare Staatshaftung eingeführt wurde, die den Beamten bei einfacher Fahrlässigkeit von seiner Haftung befreit, dann sind die ursprünglichen Bedenken des Gesetzgebers – ausweislich seiner eigenen Begründung[57] – nicht mehr einschlägig. Hält die Rechtsprechung – wenn auch mit Einschränkungen – dennoch weiterhin an dem Verweisungsprivileg im hoheitlichen Tätigkeitsbereich fest, verwirklicht sie damit nicht das Normprogramm des Gesetzgebers, sondern schafft ein neues. Das Normprogramm, das jetzt von den Gerichten umgesetzt wird und der Entlastung der öffentlichen Hand zum Wohle der Allgemeinheit dienen soll, war nicht vom Gesetzgeber beabsichtigt. Es obliegt dem Gesetzgeber, eine solche Regelung einzu-

[51] *Larenz*, Methodenlehre, S. 351; *Larenz/Canaris*, Methodenlehre, S. 171; *Heckmann*, Geltungskraft und Geltungsverlust von Normen, S. 462, 468; auch *Neuner*, Die Rechtsfindung contra legem, S. 149.

[52] *Rüthers/Höpfner*, JZ 2005 21 (25); *Rüthers/Fischer/Birk*, Rechtstheorie, Rn. 730d.

[53] *Voßkuhle*, AöR 2000, 177 (183 f.); *Höpfner*, Die systemkonforme Auslegung, S. 174 f., 186.

[54] *Rüthers/Höpfner*, JZ 2005 21 (25).

[55] *Heck*, AcP 112 (1914), 1 (20); *Heck*, Begriffsbildung und Interessenjurisprudenz, S. 106 f.; *Rüthers/Fischer/Birk*, Rechtstheorie, Rn. 987.

[56] H. Lehmann zitierend *Enneccerus/Nipperdey*, Allgemeiner Teil des Bürgerlichen Rechts, 1. Halbband, S. 334 Fn. 10.

[57] *Mugdan*, Materialien, Band 2, Prot. S. 1155.

führen.[58] Mit der fortlaufenden Anwendung des § 839 I 2 BGB wird also nicht die Gesetzesbindung der Judikative gewahrt, die nach der Gewaltenteilung gefordert ist, sondern tatsächlich neues, ungerechtfertigtes Richterrecht geschaffen. Dieses neu geschaffene Richterrecht entspricht nicht dem Willen des Gesetzgebers und damit auch nicht dem Willen des Volkes, es besitzt keinerlei demokratische Legitimation. Es widerspricht damit sowohl der Gesetzesbindung des Richters nach Art. 20 III, 97 I GG, als auch dem Demokratieprinzip nach Art. 20 I, II GG.[59]

Dieses Richterrecht ist aber nicht nur nach den Gesichtspunkten der Gewaltenteilung und der demokratischen Legitimation fragwürdig, sondern auch aus anderen rechtlichen Gesichtspunkten, werden doch sowohl der Geschädigte als auch die übrigen Schädiger zu Gunsten des Staates benachteiligt. Dem Geschädigten wird ein liquider Schuldner genommen, während den übrigen Schädigern ein Gesamtschuldner genommen wird, der im Innenverhältnis zur anteiligen Kostentragung verpflichtet gewesen wäre. Es handelt sich also im Ergebnis um eine Rechtsfortbildung contra legem, für die es keine legitimen Rechtserhaltungsinteressen gibt,[60] die dem Rechtsänderungsinteresse entgegenstehen könnte. § 839 I 2 BGB ist daher überflüssig geworden, wenn der Beamte in Ausübung eines ihm anvertrauten öffentlichen Amtes handelt.[61] Dem sollte durch die Hinzufügung einer tatbestandlichen Ausnahmeregelung begegnet werden. Handelt es sich um einen Fall der Staatshaftung nach Art. 34 GG, ist das Verweisungsprivileg nicht anzuwenden, das in der Praxis den bedeutendsten Anwendungsbereich von § 839 BGB ausmacht.[62]

Da es sich bei § 839 I 2 BGB um vorkonstitutionelles Recht handelt, kommt eine Anwendung von Art. 100 I GG ohnehin nicht in Betracht.[63] Zudem ist nicht von einer Aufnahme des § 839 I 2 BGB in den Willen des gegenwärtigen Gesetzgebers auszugehen. Dazu fehlen ausdrückliche Hinweise, und eine stillschweigende Bestätigung durch Zeitablauf ist abzulehnen.[64] Insbesondere kann nicht aus einem nicht weiter verfolgten Referentenentwurf von 1967[65] geschlossen werden, der aktuelle Gesetzgeber billige die Subsidiaritätsklausel. Das Bundesverfassungsgericht müsste daher nicht angerufen werden. Einschlägig könnte aber Art. 123 I GG sein, nachdem vorkonstitutionelles Recht nur fortgilt, wenn es nicht grundgesetzwidrig ist.

[58] Anders Breuer, der ebenfalls meint, der Richter besäße keine Kompetenz dazu, die Vorschrift für unbeachtlich zu erklären und dürfe nur mittels restriktiver Auslegung partielle Korrekturen vornehmen, *Breuer*, Staatshaftung für judikatives Unrecht, S. 267 f.

[59] Dazu schon die Ausführungen zum Vorsichtsgebot, vgl. B. X.

[60] Hier ist allein die Rechtssicherheit zu nennen, die bei jedem richterlichen Eingriff in die weiterhin formell gültige Rechtsordnung Schaden nehmen kann, vgl. *Rüthers/Fischer/Birk*, Rechtstheorie, Rn. 961.

[61] MüKoBGB/*Papier/Shirvani*, § 839 BGB, Rn. 303.

[62] BeckOGK/*Dörr*, Stand: 1. 12. 2018, § 839 BGB, Rn. 17.

[63] BVerfGE 2, 124 (128).

[64] BVerfGE 6, 55 (65); Maunz/Dürig/*Dederer*, Art. 100 GG, Rn. 105.

[65] Der Entwurf sah eine weitgehende Einschränkung der subsidiären Amtshaftung vor, vgl. *Baumann*, AcP 169 (1969), 317 (317 f.).

Nach der hier vertretenen Auffassung kommt es aber weder auf Art. 100 I GG noch auf Art. 123 I GG an. Zum einen geht es nur um die Feststellung der Unanwendbarkeit eines Teils der Norm und nicht um die Nichtigkeit der ganzen Norm. Zum anderen ist die Unanwendbarkeit ein Resultat der Prüfung des hypothetischen Gesetzgeberwillens und nicht der nachträglichen Verfassungswidrigkeit, so dass schon kein Verfassungsbezug besteht.[66] Die Unanwendbarkeit von § 839 I 2 BGB ergibt sich nämlich nicht unmittelbar aus der Verfassung. Art. 34 GG ordnet lediglich an, unter welchen Voraussetzungen die Verantwortung den Staat trifft, nicht jedoch, dass § 839 I 2 BGB nicht mehr gelten soll. Die Überschüssigkeit von § 839 I 2 BGB ergibt sich erst aus einer Analyse der Entstehungsgeschichte. Diese konnte zeigen, dass der vom Gesetzgeber verfolgte Gesetzeszweck entfallen ist, und der Gesetzgeber unter der veränderten Rechtslage von seiner Regelung Abstand genommen hätte. Die Unanwendbarkeit von § 839 I 2 BGB folgt damit nicht aus seiner Verfassungswidrigkeit, sondern aus der Prüfung des hypothetischen Gesetzgeberwillens angesichts der veränderten Rechtslage.

bb) Die Subsidiarität der Schadensersatzklage nach § 839 III BGB

Weniger eindeutig ist die Lage im Falle von § 839 III BGB, der anordnet, dass der Geschädigte keinen Ersatz vom schädigenden Beamten verlangen kann, wenn er es vorsätzlich oder fahrlässig unterlassen hat, den Schaden durch ein Rechtsmittel abzuwenden. Erneut wollte der Gesetzgeber auf die Gefahr einer zu ängstlichen Amtsausführung reagieren. Zugleich führte er aber auch die größere Sachnähe und Prüfungskompetenz des primär zuständigen Verwaltungsgerichts an.[67] Der Gesetzgeber leitete aus der Gewährung des Instanzenzugs die Folgerung ab, dass der Beamte nicht hafte, wenn der Schaden durch die Inanspruchnahme des Instanzenzugs hätte abgewendet werden können.[68] Die Rechtslage stellt sich daher bei § 839 III BGB anders dar als bei § 839 I 2 BGB. Der Gesetzeszweck entfällt nur teilweise. Zwar muss der Beamte nach der Einführung des Art. 34 GG bei der Ausübung eines ihm anvertrauten öffentlichen Amtes keine Angst mehr vor Schadensersatzansprüchen haben, die aus leichter oder einfacher Fahrlässigkeit herrühren, doch der Normzweck, die Subsidiarität der Schadensersatzklagen gegenüber den primär vorgesehenen Rechtsschutzmitteln sicherzustellen, besteht nach wie vor.[69]

Zu klären ist also, ob dieser teilweise Wegfall des Normzwecks zur nachträglichen Überflüssigkeit der Norm führt. Entscheidend muss sein, inwieweit der verbleibende Normzweck die Norm noch stützen kann. Maßgeblich muss die Gewichtung des Gesetzgebers sein. Schon die Materialien belegen, dass der Zweck der Wahrung des Primärrechtsschutzes mit der damit verbundenen Vermeidung von

---

[66] Dazu schon B. VII. 3. c).

[67] *Mugdan*, Materialien, Band 2, Prot. S. 1156.

[68] *Mugdan*, Materialien, Band 2, Prot. S. 1156.

[69] MüKoBGB/*Papier*/*Shirvani*, § 839 BGB, Rn. 330.

Schäden die Rechtsfolge – den Ausschluss der Ersatzpflicht – *voll* tragen könne.[70] Aber auch objektive Überlegungen bestätigen, dass § 839 III BGB angesichts der Amtshaftung nach Art. 34 GG immer noch einen legitimen Gesetzeszweck verfolgt. Wer es durch sein fahrlässiges oder vorsätzliches Verhalten versäumt, einen Schaden abzuwenden, gegen den ihm die Rechtsordnung ein Mittel zur Verfügung gestellt hätte, kann nicht im Nachhinein eben diesen Schaden einfordern.[71] Daher kann § 839 III BGB nach wie vor unverändert angewendet werden.

b) Erweiterung der Inhabilitätsgründe durch die Schaffung neuer Strafgesetze?

Nach § 6 II S. 2 Nr. 3 lit. e GmbHG kann nur derjenige Geschäftsführer einer GmbH sein, wer nicht innerhalb der letzten 5 Jahre nach den §§ 263 bis 264a oder den §§ 265b bis 266a StGB verurteilt wurde. Wird in der Anmeldung zum Handelsregister gemäß § 8 III S. 1 GmbHG fälschlich versichert, dass keine Verurteilung nach den Katalogstraftaten vorliegt, so wird eine Strafbarkeit nach § 82 I Nr. 5 GmbHG begründet. Diese Erweiterung der Inhabilitätsgründe wurde 2008 mit dem Gesetz zur Modernisierung des GmbH-Rechts und zur Bekämpfung von Missbräuchen eingeführt (MoMiG).[72]

Auslegungsschwierigkeiten entstanden durch das Inkrafttreten der Strafvorschriften §§ 265c, 265d und 265e StGB am 19. 4. 2017 mit dem 51. Strafrechtsänderungsgesetz,[73] die den Sportwettbetrug und die Manipulation von berufssportlichen Wettbewerben sowie besonders schwere Fälle unter Strafe stellen. Bei alleiniger Berücksichtigung des Wortlauts von § 6 II S. 2 Nr. 3 lit. e GmbHG werden auch diese neuen Strafvorschriften von der Verweisung erfasst. Dieses dynamische Verweisungsverständnis wird vom OLG Oldenburg in seinem Urteil vom 8. 1. 2018 zugrundegelegt, das sein Urteil vor allem mit dem klaren Wortlaut der Vorschrift begründet.[74] Ein Geschäftsführer muss demnach auch vorweisen können, dass er nicht nach §§ 265c, 265d und 265e StGB verurteilt wurde.

Der Gesetzgeber des MoMiG konnte aber offensichtlich 2008 noch nichts über die später erlassenen Strafvorschriften wissen. Es liegt daher nahe, dass eine sekundäre Regelungslücke entstanden ist, die eventuell mittels einer teleologischen Reduktion auszufüllen ist. Auf dieser Linie entschied das OLG Hamm am 27. 9. 2018 unter Berücksichtigung der Gesetzesmaterialien und der Entstehungsgeschichte anders als das OLG Oldenburg, dass die neu eingefügten Strafvorschriften nicht von der statisch verstandenen Verweisung des § 6 II S. 2 Nr. 3 lit. e GmbHG

[70] *Mugdan*, Materialien, Band 2, Prot. S. 1156.

[71] Ähnlich *Bettermann*, DÖV 1954, 299 (305).

[72] BGBl. 2008, I 2026.

[73] BGBl. 2017, I 815.

[74] OLG Oldenburg, DNotZ 2018, 540, Rn. 10.

erfasst seien.[75] Dabei arbeitet das OLG Hamm überzeugend heraus, dass im Gesetzgebungsverfahren von § 6 II S. 2 Nr. 3 lit. e GmbHG die von der Verweisung erfassten Strafnormen einzeln diskutiert wurden und anfänglich auch einzeln aufgelistet werden sollten.[76] Die Norm sollte lauten: „[Geschäftsführer kann nicht sein, wer] nach den §§ 265b, 266 oder § 266a des Strafgesetzbuchs zu einer Freiheitsstrafe von mindestens einem Jahr [verurteilt worden ist]".[77] Erst in einem späteren Stadium des Gesetzesverfahrens wurde diese Auflistung ohne weitere Begründung durch die Sammelbezeichnung „§§ 265b bis 266a StGB" ersetzt.[78] Explizit wurde dagegen die Einfügung der §§ 263 bis 264 a StGB diskutiert.[79] Diese Tatbestände sollten zuerst keine Inhabilität des Geschäftsführers begründen können. Sehr subtil wurde im Regierungsentwurf herausgearbeitet, dass Verurteilungen nach diesen Vorschriften nicht immer ein Werturteil über die Eignung als Geschäftsführers erlauben, und somit einen Eingriff in die Berufsfreiheit nach Art. 12 GG eventuell nicht rechtfertigen können.[80] Die Diskrepanz zwischen der bewussten Thematisierung der Aufnahme der §§ 263 bis 264a StGB einerseits und der begründungslosen Umformulierung der Aufzählung zu einer Sammelbezeichnung andererseits legen nahe, dass letztere Änderung nicht auf einer bewussten Wertentscheidung des Gesetzgebers für eine dynamische Verweisung beruht.[81] Daher waren wohl allein redaktionelle Gründe für die Formulierung entscheidend; eine lange Paragrafenliste sollte vermieden werden, die die Lesbarkeit der Norm erschwert hätte.[82] Dem Gesetzgeber des MoMiG kann damit nicht unterstellt werden, dass er sich auf sämtliche Straftatbestände beziehen wollte, die in der Zukunft unter seine Verweisung fallen sollten.

Für die §§ 265c, 265d und 265e StGB könnte nur dann etwas anderes gelten, wenn anzunehmen wäre, dass der Gesetzgeber des MoMiG gewollt hätte, dass auch diese Vorschriften die Inhabilität des Geschäftsführers begründen. Der Gesetzgeber des MoMiG wusste zwar noch nichts von den später eingefügten Strafvorschriften, woraus aber nicht gefolgert werden kann, dass er diese seinerseits nicht ebenfalls in die Verweisung des § 6 II S. 2 Nr. 3 lit. e GmbHG einbezogen hätte. Könnte nachgewiesen werden, dass die §§ 265c, 265d und 265e StGB nach ihrem Gehalt und ihrer Schutzrichtung genau den Vorschriften entsprechen, die nach dem Gesetzgeber zur Inhabilität führen sollten, so müssten auch sie die Inhabilität des Geschäftsführers begründen können. Jedoch liegt diese Annahme eher fern. Bedenkt man, wie kontrovers die einzelnen Inhabilitätsgründe im Gesetzgebungs-

[75] OLG Hamm, BeckRS 2018, 24810.
[76] OLG Hamm, BeckRS 2018, 24810, Rn. 8, 14; auch schon *Knaier*, DNotZ 2018, 542 (544); jeweils mit Verweis auf BT-Drucks. 16/6140, S. 32.
[77] BT-Drucks. 16/6140, S. 6.
[78] BT-Drucks. 16/9737, S. 6.
[79] BT-Drucks. 16/9737, S. 55, insoweit übereinstimmend mit BR-Drucks 354/07 B, S. 9f.
[80] BR-Drucks. 354/07, S. 73; BT-Drucks. 16/6140, S. 33.
[81] DNotI-Report 2017, S. 74; *Knaier*, DNotZ 2018, 542 (544f.).
[82] *Wachter*, GmbHR 2018, 311 (313); *Brand*, GmbHR 2018, 1273 (1274).

verfahren diskutiert wurden, sind hohe Standards für eine Vergleichbarkeit anzusetzen. Die §§ 265c, 265d StGB verfolgen als primären Schutzzweck, die Integrität und die Glaubwürdigkeit des sportlichen Wettbewerbs zu schützen,[83] während die bis dato vom Gesetzgeber bedachten Vorschriften primär den Vermögensschutz bezweckten. Insofern besteht keine uneingeschränkte Vergleichbarkeit der schon zum Gesetzeserlass bestehenden und der neu hinzugekommenen Vorschriften.[84] Daher kann nicht davon ausgegangen werden, dass die abstrakten Wertungen, die der Gesetzgeber bei der Schaffung des § 6 II S. 2 Nr. 3 lit. e GmbHG zugrundelegte, zugleich die Erstreckung der Verweisung auf die neuen Vorschriften rechtfertigt. Insofern setzt das Vorsichtsgebot den Gerichten eine Grenze, weil es keine ausreichend sichere Grundlage für einen Vergleichsschluss gibt.

Nichts anderes ergibt sich aus den Gesetzesmaterialien zum 51. Strafrechtsänderungsgesetz, in denen die Inhabilitätsgründe an keiner Stelle erwähnt werden.[85] Der Gesetzgeber scheint die Wechselwirkungen der §§ 265c, 265d zu den Inhabilitätsgründen des § 6 II S. 2 Nr. 3 lit. e GmbHG schlicht nicht bedacht zu haben.[86]

Damit ist § 6 II S. 2 Nr. 3 lit. e GmbHG teleologisch zu reduzieren. Gemeint sind nur die Vorschriften, die dem Gesetzgeber schon bei der Verabschiedung des Gesetzes bekannt waren, also die §§ 265b, 266 und 266a StGB. Verfehlt ist in diesem Zusammenhang der Hinweis des OLG Oldenburgs auf Art. 103 II GG, das einen Verstoß des Gesetzgebers gegen das Bestimmtheitsgebot anzunehmen scheint.[87] Das Bestimmtheitsgebot soll aber nur verhindern, dass Taten bestraft werden, deren Strafbarkeit nicht zuvor gesetzlich bestimmt war. Werden die §§ 265b, 266 und 266a StGB aber aus der Verweisung von § 6 II S. 2 Nr. 3 lit. e GmbHG ausgenommen, wird dadurch der Anwendungsbereich des Straftatbestandes von § 82 I Nr. 5 GmbHG nur verkleinert und nicht vergrößert. Tatsächlich wendet das OLG Oldenburg den Bestimmtheitsgrundsatz des Art. 103 II GG zu Lasten des Täters an, wenn es annimmt, dass Blankettstraftatbestände nicht täterbegünstigend teleologisch reduziert werden dürften.[88] Damit sprechen auch keine anderweitigen rechtlichen Gesichtspunkte gegen eine teleologische Reduktion der Verweisung in § 6 II S. 2 Nr. 3 lit. e GmbHG.

---

[83] BT-Drucks. 18/8831, S. 10f.

[84] *Knaier*, DNotZ 2018, 542 (545); *Brand*, GmbHR 2018, 1273 (1274f.).

[85] *Brand*, GmbHR 2018, 1273 (1275).

[86] DNotI-Report 2017, S. 74; *Wachter*, GmbHR 2018, 311 (312); *Brand*, GmbHR 2018, 1273 (1275).

[87] OLG Oldenburg, DNotZ 2018, 540 (542).

[88] *Brand*, GmbHR 2018, 1273 (1275).

c) Europarecht als Entstehungsgrund sekundärer Lücken am Beispiel von § 239 BGB

Das unmittelbar geltende Unionsrecht genießt in seinem Geltungsbereich gegenüber dem nationalen Recht einen Anwendungsvorrang.[89] Dieser Anwendungsvorrang kann dazu führen, dass (sekundäre) Lücken in die nationale Rechtsordnung gerissen werden.[90]

Als Beispiel ist § 239 BGB zu nennen. § 239 BGB sieht vor, dass nur Rechtssubjekte mit einem inländischen (gemeint ist innerhalb von Deutschland liegenden)[91] Gerichtsstand für andere Rechtssubjekte bürgen können. Wollte nun eine ausländische Bank für den Schuldner bürgen, deren satzungsmäßiger Sitz oder deren Hauptverwaltung oder Hauptniederlassung sich nicht in Deutschland befindet, so liegt ihr allgemeiner Gerichtsstand gemäß Art. 63 Brüssel Ia-VO i. V. m. Art. 4 Abs. 1 Brüssel Ia-VO nicht in Deutschland und damit nicht im Inland gemäß § 239 BGB, womit sie nach nationalem Recht kein tauglicher Bürge wäre. Sofern der allgemeine Gerichtsstand der Bank aber innerhalb eines EU-Mitgliedsstaates liegt, ist die Beschränkung europarechtswidrig, da sie gegen die europäische Dienstleistungs- bzw. Kapitalverkehrsfreiheit der Art. 49 ff. und 54 ff. AEUV verstößt.[92]

Der historische Gesetzgeber des § 239 BGB konnte die Entstehung der Europäischen Union noch nicht erahnen und wusste somit auch nichts von ihren späteren rechtlichen Vorgaben. Für ihn bedeutete „im Inland" eindeutig „im deutschen Reiche".[93] Daher könnte hier eine europarechtskonforme Rechtsfortbildung in Betracht kommen, weil die unionsrechtlichen Freiheiten an dieser Stelle eine sekundäre Lücke in das nationale Recht gerissen haben könnten.[94]

Fraglich ist allein, wie die Annahme einer Lücke begründet werde kann. Sicher konnte der historische Gesetzgeber des § 239 BGB noch nichts von den Kompetenzzuweisungen an die Europäische Union wissen. Auch ist die Europarechtswidrigkeit von § 239 BGB eindeutig. Dies reicht typischerweise aber nicht zur Annahme einer sekundären Regelungslücke aus. Grundsätzlich ist für die Annahme einer sekundären Lücke noch zu fordern, dass sich nachweisen lässt, dass der historische Gesetzgeber die Regelung nicht so erlassen hätte, wenn er von den

---

[89] EuGH, Urteil vom 15. Juli 1964, C-6/64, Slg. 1964, 1254 – Costa/ENEL; EuGH, Urteil vom 9. März 1978, C-106/77, Slg.1978, 629, Rn. 21, 23 – Simmenthal. Der Anwendungsvorrang gemeinschafts-rechtlicher Normen ist inzwischen unumstritten. Strittig ist nach wie vor die Begründung des Anwendungsvorranges, vgl. Calliess/Ruffert/*Ruffert*, Art. 1 AEUV, Rn. 16 f.

[90] *Höpfner/Rüthers*, AcP (209) 2009, 1 (32); *Leible/Domröse*, Die primärrechtskonforme Auslegung, in: Riesenhuber (Hrsg.), Europäische Methodenlehre, Rn. 61.

[91] BeckOGK/*Bach*, Stand: 1. 10. 2018, § 239 BGB, Rn. 8 f.; *Leible/Domröse*, Die primärrechtskonforme Auslegung, in: Riesenhuber (Hrsg.), Europäische Methodenlehre, Rn. 58.

[92] *Ehricke*, EWS 1994, 259 (261); *Strasser*, RIW 2009, 521 (523).

[93] *Mugdan*, Materialien, Band 1, Prot. S. 565.

[94] *Höpfner*, Die systemkonforme Auslegung, S. 234 f.

späteren Regelungen gewusst hätte.[95] Bei § 839 I 2 BGB konnte dieser Nachweis gelingen, doch stellt sich die Situation im Falle von § 239 BGB anders dar. Zwischen dem Erlass des § 239 BGB und dem Abschluss der Verträge über die Europäische Union liegen teilweise über 100 Jahre. Der historische Gesetzgeber wollte mit der Regelung erreichen, dass der Bürge für den Gläubiger leicht zu belangen ist, was damals nur innerhalb des deutschen Reiches denkbar war.[96] Der EuGH hat aber in zahlreichen Verfahren zur Ausländersicherheit solche Bedenken mit dem Argument zurückgewiesen, dass sämtliche EU-Mitgliedsstaaten dem Europäischen Gerichtsstands- und Vollstreckungsübereinkommen (EuGVÜ, jetzt EuGVVO) beigetreten sind und damit überall die gleichen Vollstreckungsbedingungen bestünden.[97] Folgt man der Argumentation des EuGH könnte der Normzweck bezüglich der Inlandsregelung des § 239 BGB entfallen sein. Aus der Perspektive des nationalen Gesetzgebers ist das Bild weniger eindeutig. Zwar sind die Vollstreckungsvoraussetzungen eventuell in allen Mitgliedsstaaten die gleichen, doch ist die Ausgestaltung des jeweiligen Zivilprozesses noch sehr verschieden und kann ungeahnte Schwierigkeiten verursachen.[98] Es lässt sich damit nicht mit an Sicherheit grenzender Wahrscheinlichkeit ermitteln, ob der historische Gesetzgeber unter diesen Umständen von seiner Regelung Abstand genommen hätte.

Doch muss gar nicht entschieden werden, ob eine sekundäre Lücke vorliegt oder nicht. Denn der Anwendungsvorrang des europäischen Primärrechts kann eine Rechtsfortbildung ohne weitere Voraussetzungen legitimieren.[99] Die Mitgliedstaaten sind verpflichtet, durch „geeignete innerstaatliche Maßnahmen" die „uneingeschränkte Anwendbarkeit" einer Verordnung zu gewährleisten.[100] Dies umfasst auch die Anpassung nationaler Rechtsnormen.[101]

Die Situation ähnelt der von Art. 3 II GG und den alten Bestimmungen des Ehe- und Familienrechts. Das höherrangige Recht fordert hier unmittelbar seine Geltung ein. Der historische Gesetzgeber wird hier gewissermaßen von den anschließenden rechtlichen Entwicklungen, die ein höherrangiger Gesetzgeber vornimmt, überholt. Die Richter haben bei einem europarechtlichen Bezug das Tatbestandsmerkmal der Inländereigenschaft fallen zu lassen. § 239 BGB wurde aber nicht gänzlich durch die europäischen Bestimmungen derogiert. Der Anwendungsvorrang des Europarechts führt nämlich nicht zur vollständigen Derogation der Norm. § 239 BGB

[95] Dazu schon B. VI. 1.; ähnlich *Rüthers/Höpfner*, JZ 2005 21 (25); *Rüthers/Fischer/Birk*, Rechtstheorie, Rn. 730d.

[96] *Mugdan*, Materialien, Band 1, Prot. S. 565.

[97] Unter anderem mit Verweis auf EuGH, Urteil vom 10.2.1994, C-398/92, Slg. 1994, IU-467, Rn. 20 – Mund & Fester, *Leible/Domröse*, Die primärrechtskonforme Auslegung, in: Riesenhuber (Hrsg.), Europäische Methodenlehre, Rn. 58.

[98] *Leible/Domröse*, Die primärrechtskonforme Auslegung, in: Riesenhuber (Hrsg.), Europäische Methodenlehre, Rn. 58.

[99] Calliess/Ruffert/*Ruffert*, Art. 1 AEUV, Rn. 22; *Leible/Domröse*, Die primärrechtskonforme Auslegung, in: Riesenhuber (Hrsg.), Europäische Methodenlehre, Rn. 59 ff.

[100] EuGH, Urteil vom 20.3.1986, C-72/85, Slg. 1986, 1219 LS 2 – Kommission/Niederlande.

[101] Streinz/*Schroeder*, Art. 288 AEUV, Rn. 47.

kann außerhalb des Anwendungsbereichs des europäischen Rechts nach wie vor seinen gesetzgeberisch intendierten Sinn erfüllen. Die Folge der unumschränkten Rechtswidrigkeit der Norm ist daher nicht erforderlich.

Das Unionsrecht hat dabei zwei Funktionen: Zum einen ist es der Grund für die Notwendigkeit einer Rechtsfortbildung im nationalen Recht, zum anderen gibt es Vorgaben zu deren Ausfüllung.[102] Art. 49 ff. und 54 ff. AEUV bestimmen nämlich, dass EU-Ausländer nicht gegenüber Inländern diskriminiert werden dürfen. Ausländische Banken würden aber klar im Wettbewerb um die Kreditvergabe benachteiligt, wenn sie in Deutschland keine Bürgschaften übernehmen dürften. Diese Anforderung ist nicht mit dem Gebot des § 239 BGB zu vereinbaren und somit nicht durch eine europarechtskonforme Auslegung der Norm zu bewältigen.[103] Es bedarf einer europarechtskonformen Rechtsfortbildung. Im Wege einer teleologischen Extension der Norm muss bei einem europarechtlichen Bezug der Gerichtsstand des Bürgen auch solche Staaten erfassen, die Mitglieder der europäischen Union sind.[104] Der Vorgang lässt sich dagegen dogmatisch nicht einfach als schlichte Nichtanwendung der nationalen Norm rekonstruieren, da § 239 BGB immer noch definiert, wer „tauglicher Bürger" im Sinne von § 232 II BGB sein kann.

Das Gesagte gilt nur, weil die Art. 49 ff. und 54 ff. AEUV unmittelbar geltendes Recht sind. Eine andere Situation läge vor, wenn es sich nur um Richtlinien handeln würde, die kein unmittelbar geltendes Recht sind. Sie verpflichten die Mitgliedsstaaten nach Art. 288 III AEUV lediglich, das von der Richtlinie verfolgte Ziel umzusetzen.[105]

2. Sekundäre Lücken durch Richterrecht am Beispiel des allgemeinen Persönlichkeitsrechts

Da Richterrecht im Prinzip die Funktion haben sollte, Gesetzeslücken auszufüllen und nicht selbst für solche zu sorgen, kann die Fragestellung dieses Abschnitts überraschen.[106] Aber es gibt genug Beispiele, die zeigen, dass das Richterrecht selbst als Ursache von sekundären Lücken in Betracht kommt.

---

[102] *Höpfner*, Die systemkonforme Auslegung, S. 235; *Höpfner/Rüthers*, AcP 209 (2009), 1 (33).

[103] *Höpfner*, Die systemkonforme Auslegung, S. 234 f.

[104] *Höpfner*, Die systemkonforme Auslegung, S. 235.

[105] *Canaris*, Die richtlinienkonforme Auslegung, in: FS Bydlinski, S. 47 (56 f.); *Höpfner*, Die systemkonforme Auslegung, S. 250, 262 f.
Zu den schwierigen Fällen richtlinienkonformer Auslegung und Rechtsfortbildung bei einer unzureichenden Umsetzung durch den nationalen Gesetzgeber, vgl. schon B. IX.

[106] Eine andere Frage ist die, ob das Richterrecht seinerseits sekundär lückenhaft werden kann. Dies wird vom BVerfG für seine eigenen Entscheidungen bejaht. Verändert sich die Sach- und Rechtslage seit der Entscheidung wesentlich, kann selbst das Prozesshindernis der entgegenstehenden Rechtskraft entfallen, m. w. Nw. MSKB/*Bethge*, § 31 BVerfGG, Rn. 68. Demnach scheint die in dieser Arbeit entwickelte Methode in weiten Bereichen auch für richterrechtliche Normen zu gelten, die von bestimmten Sachverhalten abhängig sind.

So führte die höchstrichterliche Schöpfung des allgemeinen Persönlichkeitsrechts[107] dazu, dass eine Reihe von Regelungen nicht mehr verfassungsgemäß waren. Auf Grund der verfassungsrechtlichen Verankerung des allgemeinen Persönlichkeitsrechts in Art. 2 I i. V. m. Art. 1 I GG werden einfache Gesetze verfassungswidrig, die den richterlichen Ausgestaltungen des allgemeinen Persönlichkeitsrechts widersprechen.

Inzwischen schützt und gewährt das allgemeine Persönlichkeitsrecht eine Vielzahl von Verhaltensweisen. Das Grundrecht soll vor allem Beeinträchtigungen der engeren persönlichen Lebenssphäre vermeiden, die Selbstbestimmung sichern und die Persönlichkeitsentfaltung ermöglichen.[108] Zum sachlichen Schutzbereich gehört auch ein Recht auf Kenntnis der eigenen Abstammung, welches einer Person ermöglicht, ihre genetische Abstammung klären zu lassen. Deren Kenntnis wird als wichtige Voraussetzung für die Findung und Entwicklung der eigenen Identität verstanden.[109] Dem Grundrechtsträger soll dabei kein Leistungsrecht gegen den Staat eingeräumt werden, vielmehr soll er vor der Vorenthaltung erlangbarer Informationen geschützt werden.[110] Wenn der Staat also gesetzliche Regelungen erlässt, die es dem Grundrechtsträger erschweren, seine genetische Abstammung zu klären, ist das als Eingriff in das allgemeine Persönlichkeitsrecht in der Ausprägung des Rechts auf Kenntnis der eigenen Abstammung zu werten.[111]

Bis 1989 führten die §§ 1593, 1598 BGB a. F. i. V. m. § 1596 I Nr. 2 BGB a. F. dazu, dass selbst ein volljähriges Kind seine Abstammung nicht klären lassen konnte, solange die Ehe seiner Eltern intakt war und keine weiteren Anfechtungsgründe vorlagen.[112] § 1593 BGB a. F. regelte, dass die Nichtehelichkeit des Kindes nur dann geltend gemacht werden konnte, wenn die Ehe angefochten wurde und die Nichtehelichkeit rechtskräftig festgestellt wurde. In § 1598 BGB a.F. war normiert, dass das Kind erst mit dem Erreichen der Volljährigkeit die Ehelichkeit anfechten konnte.[113] § 1596 I BGB a. F. enthielt die Anfechtungsgründe des Kindes.

---

[107] Nachdem sich das Reichsgericht noch gegen die Anerkennung eines allgemeinen Rechts zum Persönlichkeitsschutz sträubte, bspw. RGZ 79, 397 (398), entwickelte der Bundesgerichtshof 1954 in seiner Zivilrechtsprechung diese Rechtsposition auf Grundlage von Art. 1 GG und Art. 2 GG, BGHZ 13, 334 ff. – Leserbrief-Entscheidung; diese Rechtsprechung führte er fort, klassisch in BGHZ 26, 349 – Herrenreiter-Entscheidung. Aus dieser und der Rechtsprechung des Bundesverfassungsgerichts entwickelte sich allmählich das allgemeine Persönlichkeitsrecht. Zu der Entwicklung des allgemeinen Persönlichkeitsrechts mit weiteren Nachweisen, Maunz/Dürig/*Di Fabio*, Art. 2 I GG, Rn. 127 ff.
Später zur Soraya-Entscheidung, vgl. D. II. 2. a).

[108] Maunz/Dürig/*Di Fabio*, Art. 2 I GG, Rn. 147.

[109] BVerfGE 90, 263 (270).

[110] BVerfGE 79, 256 (269); 90, 263 (271); 96, 56 (63).

[111] Maunz/Dürig/*Di Fabio*, Art. 2 I GG, Rn. 212.

[112] BVerfGE 79, 256.

[113] Dazu verblieben dem Kind nach § 1598 2. Hs. alte Fassung nur 2 Jahre, ohne dass es auf dessen Kenntnis von den zweifelbegründenden Umständen ankam. Das Bundesverfassungsgericht erkannte auch in dieser Regelung einen Verstoß gegen das allgemeine Persönlichkeits-

§ 1596 I Nr. 2 BGB a. F. erlaubte dem Kind die Anfechtung der Ehelichkeit erst nachdem die Ehe geschieden, aufgehoben oder für nichtig erklärt wurde, oder wenn die Ehegatten seit drei Jahren getrennt lebten und nicht zu erwarten war, dass sie die eheliche Lebensgemeinschaft wiederherstellen würden. Das Zusammenspiel der Vorschriften führte dazu, dass das volljährige Kind seine Nichtehelichkeit solange nicht geltend machen konnte, als die Ehe seiner Eltern bestand. Das Kind hatte unter diesen Voraussetzungen keine Chance, aktiv etwas über seine genetische Herkunft, respektive über seinen Erzeuger zu erfahren. Ziel dieser Regelung war es, den Familienfrieden innerhalb von intakten Ehen nicht durch Gerichtsprozesse zu gefährden.[114]

Unschwer kann man sich vorstellen, dass diese Vorschriften nicht immer geeignet waren, die Erreichung des Gesetzeszwecks zu gewährleisten. Verhindert wurde nur die rechtliche Aufklärung des Sachverhalts, nicht dagegen, dass das Kind einen Verdacht schöpfte und damit ohnehin eine Gefährdung des Familienfriedens eintrat. Zugleich sind durchaus Fälle vorstellbar, in denen der Familienfrieden nicht durch einen Vaterschaftstest gefährdet worden wäre.[115] Ganz ungeachtet der Unvereinbarkeit der Vorschriften mit dem allgemeinen Persönlichkeitsrecht war die Regelung also schon zuvor von fragwürdiger rechtspolitischer Plausibilität, weil sie ihren Gesetzeszweck teilweise mehr konterkarierte als förderte. Doch hat der Gesetzgeber insoweit eine Einschätzungsprärogative[116] und zumindest wurde verhindert, dass Familienstreitigkeiten wegen Abstammungsverhältnissen vor Gericht gezerrt wurden.

Daher ist es auch folgerichtig, dass das Bundesverfassungsgericht 1989 seine Entscheidung auf das allgemeine Persönlichkeitsrecht stützte. Das Gericht stellte überzeugend fest, dass nur die bisherige Regelung verfassungswidrig war, dem Gesetzgeber aber verschiedene Möglichkeiten verblieben, Abhilfe bezüglich des verfassungswidrigen Zustandes zu schaffen.[117] Inzwischen kann das Kind nach § 1600 I Nr. 4 BGB die Vaterschaft anfechten,[118] unabhängig davon, ob die Ehe

recht, BVerfGE 90, 263. Heute gilt nach § 1600b I BGB für jeden Anfechtungsberechtigten die gleiche 2 Jahresfrist, die erst mit der Kenntnis der Umstände, die gegen die Vaterschaft sprechen, beginnt.

[114] Vgl. BT-Drucks. 3/530, S. 15.

[115] BVerfGE 79, 256 (270 f.)

[116] BVerfGE 30, 250 (263 f.); 39, 210 (230); 47, 109 (117); 65, 116 (126); 103, 293 (307); Maunz/Dürig/*Grzeszick*, Art. 20 GG VII, Rn. 122.

[117] BVerfGE 79, 256 (274).
Der Gesetzgeber konnte dabei entweder den Katalog der Anfechtungsgründe erweitern oder weitere Möglichkeiten neben § 1593 BGB aF schaffen, die genetische Abstammung klären zu lassen.

[118] Es gilt ein einheitliches Verfahren der Anfechtung der Vaterschaft, bei dem nicht mehr zwischen Anfechtung der Vaterschaftsanerkennung und Anfechtung der Ehelichkeit unterschieden wird, BeckOK BGB/*Hahn*, 48. Ed. 1. 11. 2018, § 1600 BGB, Rn. 1.

seiner Eltern noch besteht oder nicht. Damit hat der Gesetzgeber nun dem Recht des Kindes auf Kenntnis der eigenen Abstammung Rechnung getragen.[119]

Das allgemeine Persönlichkeitsrecht in seiner Ausprägung des Rechts auf Kenntnis der eigenen Abstammung führte also dazu, dass die §§ 1593, 1598 BGB a. F. und § 1596 I Nr. 2 BGB a. F. verfassungswidrig wurden. Diese Vorschriften galten – abgesehen von kleinen Veränderungen – von 1962 an und wurden erst 1989 vom Bundesverfassungsgericht für verfassungswidrig erklärt. Das allgemeine Persönlichkeitsrecht war hier schon längst in der gerichtlichen und rechtswissenschaftlichen Diskussion angekommen, und doch brauchte es noch weit über 20 Jahre, bis die Vorschriften vom Bundesverfassungsgericht kassiert wurden. Rechtschöpfungen der Gerichte haben eben keine so eindeutige Geburtsstunde wie Gesetze und werden auch nicht mit einem klar umrissenen Inhalt – dem Gesetzestext – verabschiedet. Dadurch sind sie oft deutlich flexibler als Gesetze. Das allgemeine Persönlichkeitsrecht hat sich dabei als entwicklungsoffenes Grundrecht entpuppt, das die Persönlichkeit vor einer Vielzahl von Beeinträchtigungen schützt, die von anderen Freiheitsgarantien des Grundgesetzes noch nicht oder noch nicht in dem Umfang erfasst waren,[120] bis hin zum Computergrundrecht,[121] das die Vertraulichkeit und Integrität informationstechnischer Systeme gewährleisten soll.[122]

Auf Grund dieser Wandelbarkeit kann das Richterrecht das weniger wandelbare Gesetzesrecht besonders leicht in Frage stellen. Dabei kann das Gesetzesrecht nichtig werden, und das Richterrecht bestimmt die neue Rechtsfolge, oder das Richterrecht führt wie hier nur zur Nichtigkeit beziehungsweise Unvereinbarkeit mit dem Grundgesetz der alten Regelung, ohne eine neue Rechtsfolge anzuordnen. Im letzteren Fall wird dann das Recht im klassischen Wortsinne sekundär „lückenhaft“. Die Rechtsschöpfung der Gerichte erfordert dann weitere rechtliche Schritte, weiteres Richterrecht, um die Rechtsordnung kohärent und vollständig zu machen. Das Richterrecht erscheint hier als Rechtsquelle im engeren Sinne,[123] also als verbindlicher Rechtssatz für die Gerichte. Die Rechtsquellenqualität des Richterrechts ist aber umstritten.[124] Die herrschende Lehre geht unter Hinweis auf die Gewaltenteilung davon aus, dass das Richterrecht keine Rechtsquelle ist.[125]

Doch muss differenziert werden.[126] Unbestritten besitzt Richterrecht im Fall von § 31 II BVerfGG i. V. m. Art. 94 II 1 GG dieselbe Geltung wie formell erlassenes

---

[119] BeckOK BGB/*Hahn*, 48. Ed. 1. 11. 2018, § 1600 BGB, Rn. 2.
[120] *Martini*, JA 2009, 839 (840).
[121] So nennt es *Lepsius*, Das Computer-Grundrecht, in: Roggan (Hrsg.), Online Durchsuchungen, S. 21 ff.
[122] BVerfGE 120, 274.
[123] *Rüthers/Fischer/Birk*, Rechtstheorie, Rn. 217.
[124] *Rüthers/Fischer/Birk*, Rechtstheorie, Rn. 235 ff.
[125] *Enneccerus/Nipperdey*, Allgemeiner Teil des Bürgerlichen Rechts, 1. Halbband, S. 206; *Larenz*, Methodenlehre, S. 356, 429 ff., 427 ff.
[126] Zu den Möglichkeiten im Zivilrecht vor Gericht gegen unzulässige Rechtsfortbildungen vorzugehen, *Fischer*, Topoi verdeckter Rechtsfortbildungen im Zivilrecht, S. 510 ff.

Gesetzesrecht.[127] Zumindest dieses Richterrecht muss Grund sekundärer Lücken sein können.[128] Im Falle von § 31 II BVerfGG i. V. m. Art. 94 II 1 GG kann für das Richterrecht nichts anderes gelten als für das Gesetzesrecht. Natürlich muss auch dieses Richterrecht methodisch korrekt entstanden sein. Schließlich kann selbst ein neues, formell erlassenes Gesetz auf seine Rechtmäßigkeit geprüft und eventuell wegen seiner Verfassungswidrigkeit kassiert werden. Dies muss erst recht für rechtswidriges Richterrecht gelten. In der Praxis wird es aber bedeutend schwieriger sein, erfolgreich gegen Bundesverfassungsrechtsprechung mit Gesetzeskraft vorzugehen als gegen ein Parlamentsgesetz.[129] Denn das Bundesverfassungsgericht wird kaum von seiner eigenen Position abweichen. Die Judikative ist im Falle des Richterrechts Richter und Gesetzgeber in Personalunion und wird so zum Richter in eigener Sache. Daraus ergibt sich eine außergewöhnliche Machtposition, der ein Missbrauchspotential inhärent ist. Missbräuchen in Form von Kompetenzüberschreitungen entgegenzutreten, ist eine der vornehmsten Aufgaben der Methodenlehre.

Schwieriger zu beurteilen ist, ob auch Richterrecht ohne Gesetzeswirkung zu sekundären Lücken führen kann. Diese Möglichkeit lässt sich faktisch nicht bestreiten. Auch das allgemeine Persönlichkeitsrecht wurde zuerst von der Zivilrechtsprechung entworfen, bevor das Bundesverfassungsgericht darüber entschieden hat. Schon lange vor der Soraya-Entscheidung[130] des Bundesverfassungsgerichts sprachen die Zivilsenate des Bundesgerichtshofs Schmerzensgeld für immaterielle Schäden zu.[131] Im Fall der Rechtsprechung des Bundesgerichtshofs zur Rechtsfähigkeit der BGB-Außengesellschaft kam es überhaupt nicht zur Vorlage an das Bundesverfassungsgericht,[132] sodass der Entscheidung des Bundesgerichtshofs keine Gesetzeskraft zukam. Dennoch lässt sich nicht bestreiten, dass die gesetzlichen Regelungen zur BGB-Gesellschaft massiv von der Rechtsprechung des Bun-

---

[127] Gesetzeskraft hat aber nur die Entscheidungsformel, MSKB/*Bethge*, § 31 BVerfGG, Rn. 122.

[128] Dabei könnte der Anschein erweckt werden, dass sämtliche Lücken, die durch Richterrecht entstehen, sekundäre Lücken sind. Denn Richterrecht reagiert immer nachträglich auf einen gesetzlichen Mangelzustand. Doch muss entscheidend sein, ob die betroffene Regelung, die durch das Richterrecht lückenhaft „wird", selbst von Anfang an lückenhaft war. Hier wurden die §§ 1593, 1598, 1596 I Nr. 2 BGB alte Fassung gewählt, weil ihre Geltung lange Zeit außer Frage stand. Es wäre seltsam zu sagen, diese seien schon zum Zeitpunkt ihres Gesetzeserlasses unvereinbar mit dem Grundgesetz gewesen. Tatsächlich ist es wohl so, dass sich die ethischen Anschauungen in diesem Feld entwickelten und dadurch auch die Auslegung des Grundgesetzes und das Verständnis des allgemeinen Persönlichkeitsrechts veränderten (dazu D. II. 2.). Die anfangs verfassungskonformen Vorschriften verloren später ihre Gültigkeit.

[129] Allerdings hat der parlamentarische Gesetzgeber wohl die Kompetenz, ein vom BVerfG rechtskräftig verworfenes Gesetz erneut zu erlassen, MSKB/*Bethge*, § 31 BVerfGG, Rn. 71 ff.

[130] BVerfGE 34, 269.

[131] Bspw. im Herrenreiter-Fall, BGHZ 26, 349.

[132] Kritisch *Canaris*, ZGR 2004, 69 (116 ff.); ähnlich *Weller, Marc-Philippe*: Von der GbR zur OHG, in: FS Roth, S. 881 ff. (vor allem 890).

desgerichtshofs überlagert werden.[133] Es scheint so, als sei die Gesetzeswirkung von Richterrecht nur eine hinreichende Bedingung für mögliche Folgelücken in der Rechtsordnung, nicht aber eine notwendige.

Tatsächlich kann auch Richterrecht ohne Gesetzeswirkung (sekundäre) Lücken in das Gesetz reißen. Wenn nämlich das Richterrecht methodisch legitim entstanden ist, dann ist es Teil der Rechtsordnung geworden, denn der Richter durfte hier rechtsfortbildend tätig werden. Daher kann methodisch korrekt gefundenes Richterrecht Grund (sekundärer) Lücken sein.

Nicht methodisch korrekt gefundenes Richterrecht kann mangels Rechtsquellenqualität nicht Grund sekundärer Lücken sein. Selbst wenn es die Entscheidung weiterer Gerichte faktisch beeinflusst, also soziologisch gesehen eine Rechtsquelle ist, ist es keine normative Rechtsquelle, die von anderen Gerichten beachtet werden müsste.[134]

3. Ergebnisse

Greifen keine Kollisionsregeln ein, kann auch später geschaffenes Recht sekundäre Lücken in die vorhandene Rechtsordnung reißen oder ältere Normen überflüssig machen, ohne diese zu derogieren. Lückenhaft oder überflüssig wird das Recht nicht durch den nahezu undenkbaren Fall der sekundären Kollisionslücke, sondern durch die veränderten Werte- und Zweckvorstellungen, die im Laufe der Zeit in die Rechtsordnung aufgenommen werden.

Insoweit stellen sekundäre Lücken durch gesetzliche Veränderungen keinen Sonderfall dar. Auch auf sie ist das Grundmodell zur Feststellung sekundärer Lücken anwendbar. Später wird sich zeigen, dass die methodische Vorgehensweise bei diesem Typus sekundärer Lücken keine grundlegenden Unterschiede gegenüber sekundären Lücken aufweist, die durch außerrechtliche Veränderungen im tatsächlichen Bereich entstehen. Einmal verändert sich die außerrechtliche Wirklichkeit, das andere Mal verändert sich die Rechtswirklichkeit. Beide Male wird eine Ansicht des Gesetzgebers falsifiziert, beide Male ändert sich dadurch der Regelungsbereich der Norm, so dass diese nicht mehr wie zuvor angewendet werden kann.

Die Entstehung sekundärer Lücken durch Gesetz ist vor allem in drei Konstellationen denkbar: Erstens durch den eher hypothetischen Fall einer echten nachträglichen Kollisionslücke. Zweitens kann der Zweck einer Norm wegen nachträglicher rechtlicher Veränderungen entfallen oder prekär werden. Dabei ist auf das

---

[133] Deshalb wurde auf dem 71. Deutschen Juristentag mit klarer Mehrheit beschlossen, das geschriebene Recht an das geltende Recht angepasst werden soll, Beschlussfassung, S. 21, abrufbar unter https://www.djt.de/fileadmin/downloads/71/161213_71_beschluesse_web.pdf (Stand: 23.2.2019).

[134] Ähnlich *Fischer*, Topoi verdeckter Rechtsfortbildungen im Zivilrecht, S. 107.

Grundmodell zur Feststellung sekundärer Lücken in seiner ersten Variante zurückzugreifen, bei dem verstärkt auf die logischen und epistemologischen Grundannahmen der Theorie des Überzeugungswandels zurückgegriffen werden kann. Drittens können sekundäre Lücken dadurch entstehen, dass höherrangige Normen zur Derogation niederrangiger Normen führen, ohne zugleich zu regeln, was an Stelle der derogierten Normen gelten soll.

Daneben können nationale Normen durch den Anwendungsvorrang des Europarechts eingeschränkt werden, wenn sie unmittelbar geltenden europarechtlichen Vorgaben widersprechen. Sie sind dann im Anwendungsbereich des europäischen Rechts nicht anzuwenden, sofern sie europarechtlichen Vorgaben widersprechen. Das Grundmodell zur Feststellung sekundärer Lücken hilft in diesen Fällen nicht weiter, da es nicht auf den hypothetischen Gesetzgeberwillen ankommt – der Anwendungsvorrang des Europarechts setzt sich gegen den Regelungswillen des Gesetzgebers nämlich auch dann durch, wenn dieser mit dem europäischen Regelungsprogramm nicht einverstanden gewesen wäre. Anderes gilt aber für die Umsetzungsgesetzgebung des nationalen Gesetzgebers zur Verwirklichung der Regelungsziele europäischer Richtlinien.[135]

Auch das Richterrecht kann sekundäre Lücken in die Rechtsordnung reißen. Wenn Richter rechtsfortbildend tätig werden und daraus neue Lücken entstehen, müssen im Zuge dieser Tätigkeit auch sekundäre Folgelücken geschlossen werden. Richter sollten bei ihrer rechtsfortbildenden Tätigkeit daher bedenken, welche Konsequenzen eine Rechtsfortbildung für die übrige Rechtsordnung zeitigen kann. Führt die anvisierte Rechtsfortbildung notwendigerweise zu Inkohärenzen oder Wertungswidersprüchen in der restlichen Rechtsordnung, kann das gegen die Rechtsfortbildung sprechen. Eine methodisch eindeutig gebotene Rechtsfortbildung bleibt aber auch dann geboten, wenn sie notwendigerweise Folgelücken und damit Folgerechtsfortbildungen verursacht. Bei einer weniger eindeutigen Lage muss der Richter von dem konkreten Fall abstrahieren können und über die weiteren Konsequenzen der Rechtsfortbildung nachdenken. Vielleicht wird deutlich, dass die Rechtsfortbildung zu Konsequenzen führt, die inakzeptabel sind. Das ist dann ein Indiz dafür, dass die Rechtsfortbildung auch im konkreten Fall nicht überzeugen kann. Würde die anvisierte Rechtsfortbildung beispielsweise dazu führen, dass eine Reihe von Regelungen, die bis dato als unbedenklich rechtmäßig erschienen, rechtswidrig würden, sollte das den Richter zur weiteren Reflexion veranlassen.

Die Legitimität des Entstehens einer sekundären Lücke durch Richterrecht ist von der Legitimität des die Lücke verursachenden Richterrechts abhängig. Das gilt für das Richterrecht sowohl mit als auch ohne Gesetzeswirkung. Richterrecht mit Gesetzeskraft wird häufiger zu Lücken führen, aber auch gegen dieses steht dem Rechtsadressaten der Rechtsweg offen. Methodisch fehlerhaft zustandege-

---

[135] Dazu schon B. IX.

kommenes Richterrecht verstößt gegen die Gewaltenteilung des Art. 20 III GG, so dass betroffene Rechtsadressaten gegen das fehlerhafte Richterrecht mittels der Verfassungsbeschwerde gestützt auf Art. 20 III GG iVm Art. 2 I GG vorgehen können. Natürlich wird der Nachweis der Rechtswidrigkeit von Richterrecht mit Gesetzeskraft im Gerichtsverfahren äußerst schwer zu führen sein, sodass de facto ein großer Unterschied zwischen Richterrecht mit Gesetzeswirkung und solchem ohne bestehen bleibt.

II. Sekundäre Lücken durch außerrechtliche Veränderungen

Nachdem die Auswirkungen rechtsinterner Veränderungen und Bedingungsverhältnisse auf die Rechtsordnung untersucht wurden, sollen nun die Auswirkungen rechtsexterner Einflussfaktoren auf die Rechtsordnung analysiert werden. Es wird zu prüfen sein, inwieweit Veränderungen außerhalb der Rechtsordnung überhaupt einen Einfluss auf das Recht haben können. Mit Ausnahme einiger Skeptiker[136] gehen die meisten Rechtswissenschaftler davon aus, dass Veränderungen der Wirklichkeit Einfluss auf die Rechtsordnung haben können. Uneinigkeit besteht aber über die Methoden und Möglichkeiten der Justiz, außerrechtlichen Wandel in das Recht zu implementieren. Wichtig ist es dabei, zwischen sekundären Lücken, die durch Veränderungen im Bereich der objektiven Welt entstehen können, und solchen sekundären „Lücken", die durch Veränderungen im Bereich der Wertevorstellungen entstehen können, zu differenzieren. Sie stellen den Richter vor jeweils spezifische Herausforderungen, die eines je unterschiedlichen methodischen Ansatzes bedürfen.

1. Sekundäre Lücken durch Veränderungen im Bereich der objektiven Umstände

Durch Gesetze sollen bestimmte Sachverhalte geregelt werden, also Vorgänge in der außerrechtlichen Welt. Dadurch soll erreicht werden, dass die Rechtsadressaten ein bestimmtes Verhalten an den Tag legen oder ein bestimmtes Verhalten unterlassen.[137] Erreicht das Gesetz sein Ziel, schafft es eine gewisse Gleichmäßigkeit im Verhalten der Rechtsadressaten, die eine Erwartungssicherheit schaffen kann.[138] Recht soll also die Wirklichkeit gestalten und nicht andersherum die Wirklichkeit das Recht.[139] Jedoch kann das Recht nicht verhindern, dass sich die Lebenswirklichkeit der Rechtsadressaten verändert. Die Sachverhalte, die der Gesetzgeber beein-

[136] Dazu B. III. 3.

[137] An unerwünschte Verhaltensweisen werden als Rechtsfolge Zwangsakte geknüpft, die von den Rechtsadressaten als Übel aufgefasst werden sollen, *Kelsen*, Reine Rechtslehre, S. 34 f.

[138] *Luhmann*, Das Recht der Gesellschaft, S. 124 ff. besonders S. 152 f.

[139] Normen sind Deutungsschemata für die von ihnen geregelten Sachverhalte, *Kelsen*, Reine Rechtslehre, S. 3 f.

flussen will, sind nämlich selbst veränderlich. Dadurch kann der Regelungszweck des Gesetzgebers entfallen oder anpassungsbedürftig werden. Gemein ist allen in diesem Abschnitt untersuchten Fällen, dass sich etwas im tatsächlichen Bereich verändert, was eine *empirische* Annahme des historischen Gesetzgebers unterminiert.

Im Rahmen dieser Arbeit werden nun der Einfluss des technischen Fortschritts, ökonomischer Veränderungen und des sozialen Wandels auf das Recht untersucht. Ob damit alle potenziellen außerrechtlichen Veränderungen objektiver Natur abgedeckt sind, kann offenbleiben. Die Auswahl erhebt aber den Anspruch, die relevantesten und methodisch interessantesten Phänomene zu behandeln. Weiter relevant könnten noch Innovationen im politischen Bereich sein, bei denen politische Institutionen geschaffen, abgeschafft oder modifiziert würden, was wiederum auf das sie regelnde Recht rückwirken könnte. Relevante Fälle lassen sich aber kaum finden.[140] Geht es dagegen um einen Meinungswandel in wichtigen politischen Fragen, ist der Bereich der deskriptiven Veränderungen verlassen. Diese Fälle werden bei den außerrechtlichen Veränderungen im normativen Bereich thematisiert. Nicht auszuschließen ist auch, dass wissenschaftliche Entdeckungen, die nicht unmittelbar zum technischen Fortschritt führen, rechtlich relevant werden können. Beispielsweise könnte eine naturwissenschaftliche Studie belegen, dass die Immissionswerte der Immissionsschutzgesetze überhaupt nicht die wirkliche Schutzbedürftigkeit von Mensch und Natur widerspiegeln würden. Tatsächlich wären dann aber die Immissionswerte immer schon unzutreffend gewesen, so dass es sich um eine primäre Lücke handeln könnte. In dem Regelungsbereich selbst hätte sich nichts verändert, nur die wissenschaftliche Einschätzung verändert sich. Parallel zur Situation bei sekundären Lücken stellt sich aber die epistemische Situation des Gesetzgebers dar, der zum Zeitpunkt der Regelung noch nicht die Informationen besitzen konnte, die später verfügbar werden. Eine ganz ähnliche Situation liegt bei den sogenannten „Prognosegesetzen" vor, die von einer Prognose des Gesetzgebers abhängig sind. Es spricht vieles dafür, auch diese Fallgruppe als Typus der sekundären Lücke zu kategorisieren, wie sich später zeigen wird.[141]

Die Auswahl muss aber gegen den Vorwurf verteidigt werden, sie sei zu weit, weil sie Einflussfaktoren umfassen würde, die gar nicht objektiver Natur seien. Sozialer Wandel habe nicht nur deskriptiv beschreibbare Inhalte, sondern bedürfe normativer Begrifflichkeiten, um vollständig analysiert werden zu können. In der Tat sind der Wandel der sozialen Verhältnisse und der Wertewandel oft schwer abzugrenzen.

Auch die Soraya-Entscheidung des Bundesverfassungsgerichts, die klassischerweise als eine Reaktion auf einen gesellschaftlichen Wertewandel verstanden wird, ist zugleich eine Reaktion auf tatsächliche soziale Umwälzungen in der Gesellschaft.

---

140 Zu denken wäre an die deutsche Wiedervereinigung oder den Beitritt zur Europäischen Union. Doch wurden die relevanten Veränderungen gesetzlich geregelt, so dass nur sekundäre Lücken durch gesetzliche Veränderungen in Betracht kommen. Dazu schon D. I.

141 Dazu D. II. 1. d).

Waren Duelle zur Wiederherstellung der Ehre früher fester Bestandteil der Lebenswirklichkeit des Gesetzgebers,[142] gerieten sie später in Verruf.[143] Das Gericht beruft sich dementsprechend sowohl auf die veränderten Rechtsanschauungen als auch auf die veränderten Lebensverhältnisse.[144]

Die Nähe der beiden Phänomene könnte in ihrer kausalen (Wechsel-)Beziehung angelegt sein. Beobachten lässt sich, dass am Anfang einer gesellschaftlichen Entwicklung häufig ein Wertewandel steht. Ein Großteil der Bevölkerung verändert seine moralische, politische oder allgemein weltanschauliche Haltung gegenüber gewissen Sachverhalten und bewertet diese nun anders.[145] Dies kann Stück für Stück zu tiefgreifenden sozialen Umwälzungen führen. Sind diese irgendwann so offensichtlich, dass sie nicht mehr ignoriert werden können, müssen sie als Bestandteile der objektiv erfassbaren Wirklichkeit gesehen werden. Am Anfang ist dagegen sicherlich eine Periode auszumachen, in der sich die veränderten Einstellungen noch nicht in sozialen Umgestaltungen widerspiegeln. Doch zwischen diesen beiden Polen liegt ein Zeitraum, in dem es nicht eindeutig ist, ob die veränderten Ideale schon „real" geworden sind, und zur Umstrukturierung der Wirklichkeit beigetragen haben. Bei den sekundären Lücken wegen sozialen Wandels sollen auch solche Fälle angesprochen werden. Ihre Kategorisierung ist auch kein dogmatisch-methodischer Selbstzweck, vielmehr entscheidet die Einordung über ihre methodische Behandlung, die bei Veränderungen im normativen Bereich deutlich anspruchsvoller und voraussetzungsreicher ausfällt.

a) Technische Veränderungen

Technische Veränderungen sind wohl einer der Hauptgründe für die nachträgliche Lückenhaftigkeit des Gesetzes. Das liegt daran, dass kaum ein Feld so viele und tiefgreifende Innovationen aufzuweisen hat. Das Recht steht dabei vor der schwierigen Aufgabe, offen für neue technische Entwicklungen zu sein und andererseits gesellschaftliche Gefahren neuer Technologien zu minimieren. Es steht vor dem Zwiespalt von Innovationsoffenheit und Innovationsverantwortung.[146] In dieser Arbeit soll nur die methodische Frage beantwortet werden, inwieweit die Rechtsanwender technische Entwicklungen bei formell unveränderten Gesetzen berücksichtigen dürfen. Jedoch wäre eine Methode nicht wünschenswert, die

---

[142] In der Sprache des Gesetzgebers „Zweikampf", vgl. *Mugdan*, Materialien, Band 2, Prot. S. 1115 f.

[143] Schon 1902 wurde eine Anti-Duell-Liga gegründet. Mit wenigen Ausnahmen wuchs der Widerstand gegen diese Art der Auseinandersetzung weiter, dazu https://de.wikipedia.org/wiki/Duell#20._Jahrhundert (Stand: 11.5.2018).

[144] BVerfGE 34, 269 (288 f.).

[145] Nicht auszuschließen ist auch, dass der Wertewandel gelegentlich eine Reaktion auf einen schon vollzogenen Strukturwandel der gesellschaftlichen Ordnung darstellt.

[146] *Hoffmann-Riem*, Innovation durch Recht und im Recht, in: Schulte (Hrsg.), Technische Innovation und Recht, S. 3 (9).

keinerlei Spielraum für die Berücksichtigung technischer Entwicklungen bieten könnte. Denn gerade gegenüber der rasanten Entwicklungsgeschwindigkeit der Technik steht die Dauer des Gesetzgebungsverfahrens und die Trägheit des Gesetzgebers im scharfen Kontrast. Die Technik entwickelt sich dabei immer schneller, als das vom Gesetzgeber gesetzte Recht, das sie regulieren soll. Es wird deshalb auch vom „legal lag“ gesprochen.[147]

In den behandelten Fällen wird deutlich werden, dass der Nachweis einer sekundären Lücke auf Grund technischer Veränderungen unterschiedlich großen Begründungsaufwand erfordern kann. Besonders herausfordernd sind jene Fälle, in denen zu entscheiden ist, ob eine Rechtsneubildung notwendig wird. So wird zurzeit kontrovers diskutiert, ob die Schaffung eines Dateneigentums als neues Rechtsinstitut sinnvoll wäre. Halten manche Autoren[148] eine Rechtsfortbildung für wünschenswert oder gar notwendig, gibt es andere,[149] die die geltenden Vorschriften für ausreichend erachten und die Bejahung einer sekundären Lücke ablehnen. Eine Frage dieser Komplexität wird hier nicht abschließend beantwortet werden können. Dazu ist die datenschutzrechtliche und datenschuldrechtliche Situation zu komplex. Auch der hier entwickelte methodische Leitfaden kann keinen Ersatz für die Beschäftigung mit rechtlichen Detailfragen darstellen, er kann deren Klärung höchstens in Bezug auf die Frage ihrer Anpassungsbedürftigkeit vorstrukturieren. Gezeigt werden soll, wie sich die erarbeiteten methodischen Regeln zur Feststellung und Ausfüllung sekundärer Lücken anwenden lassen, und wie sie die richterliche Entscheidungsfindung rationalisieren können.

aa) Gefahr für das Urheberrecht durch Magnettonbandgeräte

1935 stellte die Allgemeine Elektricitäts-Gesellschaft (AEG) das erste industriell gefertigte Tonbandgerät her, das Magnetophon K1. In der weiteren Entwicklung wurden die Geräte stetig verbessert und zunehmend günstiger. 1951 produzierte AEG dann das erste für Privatanwender geeignete Tonbandgerät – es wog 10 kg und kostete fast 800 DM.[150]

Mit Hilfe dieser Geräte konnten allerlei akustische Darbietungen auf einem Magnettonband aufgezeichnet werden, sei es aus dem Radio, sei es von einer Schallplatte oder sei es eine Aufführung selbst. Damit bestand die Möglichkeit, urheberrechtlich geschützte Tonwerke relativ einfach und kostengünstig, aber

---

[147] Erst 24 Jahre nachdem das erste Kfz auf deutschen Straßen fuhr, reagierte der Gesetzgeber, *Vieweg*, Reaktionen des Rechts auf Entwicklungen der Technik, in: Schulte (Hrsg.), Technische Innovation und Recht, S. 35 (36).

[148] Bspw. *Hoeren*, MMR 2013, 486; *Fezer*, Dateneigentum, MMR 2017, 3.

[149] Bspw. *Dorner*, CR 2014, 617; *S.-E. Heun/Assion*, CR 2015, 812; *Grützmacher*, CR 2016, 485.

[150] https://www.radiomuseum.org/r/aeg_magnetophon_kl15_kl_15_1.html (Stand: 23.2.2019).

doch qualitativ ansprechend im privaten Rahmen zu vervielfältigen.[151] Dies veranlasste die GEMA, in Wahrnehmung der Rechte der betroffenen Urheber gegen die Grundig GmbH vorzugehen, die ein massentaugliches Tonbandgerät auf den Markt gebracht hatte.[152] Da die Grundig GmbH sich weigerte, eine Lizenzgebühr an die GEMA abzuführen, sollte sie auf Grundlage von § 1004 BGB verpflichtet werden, es zu unterlassen, die Geräte zu verkaufen, ohne gleichzeitig darauf hinzuweisen, dass die Empfänger der Geräte ohne die Einwilligung der Klägerin keine Aufnahmen beziehungsweise Vervielfältigungen der Musikstücke herstellen dürften. Die Klägerin hielt auch die Reproduktion von urheberrechtlich geschützten akustischen Werken durch Private für private Zwecke für unzulässig, obwohl § 15 II des Gesetzes für das Urheberrecht an Werken der Literatur und der Tonkunst (LitUrhG)[153] prima facie eine andere Rechtslage zu normieren schien:

> „(1) Eine Vervielfältigung ohne Einwilligung des Berechtigten ist unzulässig, gleichviel durch welches Verfahren sie bewirkt wird; auch begründet es keinen Unterschied, ob das Werk in einem oder in mehreren Exemplaren vervielfältigt wird.
>
> (2) Eine Vervielfältigung zum persönlichen Gebrauch ist zulässig, wenn sie nicht den Zweck hat, aus dem Werke eine Einnahme zu erzielen."

Zwar verbieten § 11 und § 15 I LitUrhG jede Vervielfältigung[154] eines Werkes ohne Einwilligung des Urhebers, auch wenn sie mechanisch bewirkt wird, doch wird in § 15 II LitUrhG für den gesamten Bereich des persönlichen, unkommerziellen Gebrauchs eine Ausnahme von dieser Bestimmung getroffen, sofern die Vervielfältigung nicht als Einnahmequelle dienen soll.

Auch der Bundesgerichtshof erkennt an, dass allein nach dem Wortlaut der Bestimmung die Herstellung von Magnettonbandaufnahmen zum privaten Gebrauch von § 15 II LitUrhG gedeckt sei.[155] Zudem war dem Gesetzgeber bei der Gesetzesnovelle 1910 bekannt, dass es mechanische Verfahren zur Vervielfältigung von Tonträgern gab.[156] Daher lässt sich nicht ohne weiteres argumentieren, dass der Gesetzgeber nichts von den technischen Entwicklungen wusste und sein Gebot durch eine neue Evidenz obsolet wird. Dennoch verurteilte das Gericht die Grundig GmbH dazu, beim Verkauf der Geräte auf die Gefahr einer möglichen Urheberrechtsverletzung durch eine widerrechtliche Vervielfältigung hinzuweisen.[157] Um diese Entscheidung zu begründen, versuchte das Gericht, die Zweckvorstellung des Gesetzgebers zu rekonstruieren und zu zeigen, dass der Gesetzgeber angesichts

---

[151] *Krüger-Nieland*, GRUR 1957, 535 (539).
[152] So der Ausgangsfall von BGHZ 17, 266.
[153] Die Vorschrift trat1902 in Kraft und galt bis 1966.
[154] Unter „Vervielfältigung" verstand die damalige Rechtsprechung auch schon die erstmalige Aufzeichnung eines Werkes auf einem Tonträger, RGZ 107, 277 (279).
[155] BGHZ 17, 266 (274).
[156] Mit Hinweis auf die Verhandlungen des Reichstags XII, Legislaturperiode, II. Session, Anlagen zu den stenographischen Berichten Aktenstück Nr. 341, S. 1789, BGHZ 17, 266 (273 f.).
[157] BGHZ 17, 266 (291 f.).

der technischen Entwicklungen nicht mehr an dem Wortlaut seiner Bestimmung festgehalten hätte.

Sowohl 1901 als auch 1910 sei es für den Gesetzgeber unvorstellbar gewesen, dass eine Vervielfältigung von Tonwerken – angesichts des enormen technischen und finanziellen Aufwands – unproblematisch und in hoher Qualität im häuslichen Bereich stattfinden könne.[158] Die Reproduzierbarkeit im häuslichen Bereich sei aber für den Gesetzgeber entscheidend gewesen, selbst wenn die technischen Instrumente schon 1910 prinzipiell dieselben waren.[159] § 15 II LitUrhG solle nicht bewirken, dass die private Sphäre eine unüberwindbare Grenze für die Nutzungsrechte des Urhebers darstelle, denn für eine Vielzahl von Kunstwerken der Musik und Literatur sei es typisch, dass Werkgenuss im privaten Bereich stattfinde.[160] Der Gesetzgeber habe nie die unbeschränkte private Vervielfältigungsmöglichkeit schützen wollen.[161] Geschützt werden sollte nur eine kleine Gruppe leistungsschwacher Künstler, die auf unbedenkliche Vervielfältigungen von Kunstgegenständen (vor allem durch die manuelle Abschrift von Partituren oder Theaterskripten) im Rahmen ihres Kunstschaffens angewiesen waren:

> „Die rechtswidrige Vervielfältigung wird vom Entwurfe dem hergebrachten Sprachgebrauche gemäß als Nachdruck bezeichnet. Unter diesen Begriff fällt jedoch, wie sich aus § 15 Abs. 1 ergibt, nicht nur die mechanische Vervielfältigung im Sinne des § 4 des Gesetzes vom 11. Juni 1870. Vielmehr soll grundsätzlich jede Vervielfältigung dem Urheber vorbehalten bleiben, so daß es seiner Einwilligung bedarf, selbst wenn es sich um ein einzelnes Exemplar handelt und wenn das Exemplar auf anderem als mechanischem Wege hergestellt werden soll. Eingriffe in die berechtigten Interessen des Urhebers sind durch das geltende Gesetz nicht vollständig ausgeschlossen, namentlich darf, wie die Rechtsprechung annimmt, von den verschiedenen Stimmen einer Opernpartitur je eine Abschrift ohne Zustimmung des Komponisten hergestellt und zur öffentlichen Aufführung des Werkes benutzt werden. Die neue Vorschrift beseitigt diesen Mißstand. Andererseits muß aber die Möglichkeit gewahrt bleiben, Abschriften für den eigenen Privatgebrauch anzufertigen. Der § 15 Abs. 2 erklärt deshalb eine Vervielfältigung für statthaft, welche nur dem persönlichen Gebrauche dient und auch nicht den Zweck hat, aus dem Werke eine Einnahme zu erzielen; daß die Vervielfältigung auf nichtmechanischem Wege bewirkt wird, ist dabei nicht vorausgesetzt. Hiernach dürfen Mitglieder von Gesang- oder Theatervereinen Abschriften und Abzüge von Noten oder den Rollen eines Bühnenwerkes herstellen, um sie für Aufführungen zu benutzen, zu denen die Hörer ohne Entgelt zugelassen werden (§ 27 Abs. 1 Satz 1 des Entwurfes). Soll dagegen mittels der Aufführung eine Einnahme erzielt werden, so muß das Nachdrucksverbot Platz greifen, weil sonst die Verwertung des Werkes im Wege des Verlages empfindlich beeinträchtigt würde.“[162]

[158] BGHZ 17, 266. (274 f.).
[159] BGHZ 17, 266. (276).
[160] BGHZ 17, 266 (279 f.).
[161] BGHZ 17, 266 (275 f.).
[162] Regierungsvorlage, Reichstagsverhandlungen, 10. Legislaturperiode II. Session 1900/1901, 1. Anlagenband, Nr. 97 der Aktenstücke, zitiert nach BGHZ 17, 266 (283 f.).

Daraus schließt das Gericht, dass § 15 II LitUrhG eine eng auszulegende Ausnahmebestimmung sei, die tatsächlich nur einen sehr kleinen Kreis von finanzschwachen Künstlern betreffe, deren Kunstschaffen gefördert werden sollte.[163] Würde die Schutzbestimmung auf sämtliche private Magnettonaufnahmen ausgedehnt, würden damit wohlhabende Bevölkerungsgruppen geschützt, die sich ein teures Aufnahmegerät leisten könnten, was den vom Gesetzgeber vorgesehenen Schutzzweck in sein Gegenteil verkehren würde.[164]

Diese subjektiv-teleologischen Überlegungen werden durch allgemeine beziehungsweise objektiv-teleologische Überlegungen zum Status und Wesen des Urheberrechts und geistigen Eigentums ergänzt, die zeigen sollen, dass der private Bereich keine absolute Schranke des Urheberrechts sein kann.[165] Nach dem Schutzzweck des Urheberrechts solle der Werkschöpfer von neuen technischen Entwicklungen eher profitieren als durch sie bedroht werden.[166] Die Vervielfältigung von Tonwerken konnte aber, wie schon festgestellt wurde, zunehmend in privaten Haushalten effizient ausgeführt werden. § 15 II LitUrhG bewirke dann, wörtlich verstanden, eine erhebliche Entwertung der Urheberrechte der Künstler, weil der erstmalige Ankauf einer Schallplatte für die Konsumenten wirtschaftlich unattraktiv würde, obwohl viele Werke gerade für den privaten Genuss geschaffen würden.[167] Der Werkgenuss müsse auch in diesen Fällen vom Konsumenten entlohnt werden, selbst wenn er keine weitere Gewinnerzielungsabsicht verfolge, denn sonst bliebe die Leistung des Künstlers unvergolten.[168] Somit stellen privat angefertigte Tonbandaufnahmen von urheberrechtlich geschützten Tonstücken auch nach diesen Überlegungen einen unberechtigten Eingriff in das geistige Eigentum der Werkschöpfer dar.

Der Bundesgerichtshof beschäftigt sich intensiv mit der Entstehungsgeschichte des Gesetzes und gibt sich nicht mit pauschalen Behauptungen zum vermeintlichen Willen des Gesetzgebers zufrieden. Zum anderen wird die historische Auslegung des Gesetzes mit objektiv-teleologischen Gründen zum Zweck des Urheberschutzes untermauert, sodass das Gericht letzten Endes auf Grundlage beider methodischer Positionen zum gleichen Ergebnis kommt.

Sowohl die intensive Auseinandersetzung mit der Entstehungsgeschichte der Norm als auch die Ausführungen zum hypothetischen Gesetzgeberwillen sind von ihrer Tiefe und ihrem Vorgehen her vorbildlich. Das Gericht befolgt alle Argumentationsschritte, die zur Feststellung einer sekundären Lücke notwendig sind. Es arbeitet (1.) den ursprünglichen Gesetzeszweck von § 15 II LitUrhG heraus, der im Schutz finanzschwacher Künstler besteht. Es stellt weiter (2.) fest, dass sich Um-

---

[163] BGHZ 17, 266 (284, 285 f.).
[164] BGHZ 17, 266 (286).
[165] BGHZ 17, 266 (277 ff.); dagegen *Bobsin*, GRUR 1957, 318 (319).
[166] BGHZ 17, 266 (287).
[167] BGHZ 17, 266 (288 f.); so auch *Krüger-Nieland*, GRUR 1957, 535 (539).
[168] BGHZ 17, 266 (282).

stände geändert haben, die der Gesetzgeber nicht bedacht haben konnte. Namentlich wurden die mechanischen Vervielfältigungsmöglichkeiten von Tonwerken im privaten Bereich durch Tonbandgeräte immer einfacher und kostengünstiger. Diese neue Evidenz soll die Grundannahme des Gesetzgebers in Frage stellen, Vervielfältigungen im privaten Bereich seien aufwendig und kostspielig. Danach prüft es (3.), ob der Gesetzgeber die Norm angesichts der Veränderungen immer noch (so) erlassen hätte, und verneint dies, weil sich der Schutzzweck in sein Gegenteil verkehre, da nun in erster Linie wohlhabende Personen geschützt würden, die kein Geld mehr für musikalische Kunstwerke ausgeben müssten. Schließlich (4.) kann die Beschäftigung mit den allgemeinen Zwecken des Urheberrechts als Überlegung verstanden werden, ob es andere rechtliche Gesichtspunkte gibt, die einer teleologischen Reduktion von § 15 II LitUrhG entgegenstehen.

Andererseits wirkt die Argumentation des Gerichts nicht immer zwingend. Das Gericht konzentriert den Gesetzeszweck von § 15 II LitUrhG auf den Schutz finanzschwacher Künstler. Zwar geht aus den Materialien hervor, dass der Gesetzgeber diese Bevölkerungsgruppe besonders schützen wollte, aber das heißt nicht zugleich, dass er andere komplett aus dem Anwendungsbereich von § 15 II LitUrhG ausnehmen wollte. Der Gesetzgeber macht durchaus klar, dass Vervielfältigungen zum privaten Gebrauch legitim sind, selbst wenn sie auf mechanischem Wege geschaffen werden. Richtig ist aber, dass der Gesetzgeber zum Zeitpunkt des Gesetzeserlasses noch nicht mit einer derartigen Vereinfachung der Vervielfältigung urheberrechtlich geschützter Werke rechnen konnte, die nun auch im privaten Bereich unkompliziert und kostengünstig durchgeführt werden konnte. Überzeugend ist auch der Hinweis auf die Schutzabsichten des Gesetzgebers in diesem Zusammenhang. Die Privilegierung von § 15 II LitUrhG kommt nach den technischen Neuerungen vor allem wohlhabenden Personen zugute, obwohl der Gesetzgeber finanzschwache Gruppen begünstigen wollte.[169] Kunstschaffen und Kunstgenuss sollten nach der Regelungsabsicht des Gesetzgebers nicht zu einer Frage des Geldes werden. Andererseits leuchtet es nicht ein, wieso eine Tonbandaufnahme einer Liveperformance eines Musikers, die ein Kunstmäzen für seine Erinnerung erstellt, nicht von § 15 II LitUrhG gedeckt sein soll. Der Künstler hat hier seine Gage erhalten und eine Verbreitung über den privaten Bereich hinaus ist nicht zu befürchten. Dieser Fall zeigt, dass eine weniger weitreichende Formulierung der Leitsätze ausgereicht hätte: Denn nur, wenn die Tonbandaufnahme eingesetzt wird, um die angemessene Vergütung des Künstlers gänzlich zu umgehen, kann eine Anwendung von § 15 II LitUrhG einleuchten.[170] Wird der Künstler dagegen schon von dem Kunstrezipienten entlohnt, muss er nicht vor einer Vervielfältigung des letzteren zum privaten Gebrauch geschützt werden.[171]

---

[169] Ebenfalls zustimmend, *Canaris*, Lücken, S. 191.

[170] So auch BGHZ 17, 266 (280).

[171] Der Nachfolger von § 15 II LitUrhG, der heutige § 53 UrhG, differenziert daher stärker zwischen den diversen Vervielfältigungsvorlagen. In Absatz 1 werden sowohl öffentlich zugänglich gemachte als auch offensichtlich rechtswidrig hergestellte Vorlagen vom Schutzbereich der

Auch die objektiv-teleologischen Überlegungen können nicht uneingeschränkt überzeugen. Dass neue technische Entwicklungen grundsätzlich dem Kunsturheber zugutekommen sollen, ist eine zu grobschlächtige Verallgemeinerung, die nicht den jeweiligen Besonderheiten der Entwicklungen gerecht wird. Der Bundesgerichtshof scheint hier zeitgenössische Rechtsdiskurse zu rezipieren, die dem geistigen Eigentum einen überaus hohen Stellenwert einräumten,[172] obwohl diese für die Anschauungen des Gesetzgebers noch nicht prägend waren. Auch reicht die erhöhte Verkehrsfähigkeit im privaten Bereich nicht dazu aus, einwilligungsfreie Tonbandaufnahmen für den privaten Bereich grundsätzlich zu untersagen, denn hier wird mit der Gefahr eines Missbrauchs argumentiert, der nicht notwendig eintreten muss. Das Regel-Ausnahme-Verhältnis, das § 15 II LitUrhG kennzeichnet, scheint prinzipiell auch neue mechanische Vervielfältigungsweisen von seinem Wertungsgehalt her erfassen zu können. Dem Bundesgerichtshof ist dagegen mit seiner Feststellung grundsätzlich recht zu geben, dass der Erstankauf von Schallplatten durch die erleichterten Vervielfältigungsmöglichkeiten unattraktiver wird. Jedoch ist seine Konsequenz fragwürdig, jegliche Tonbandaufnahmen für den privaten Gebrauch zu untersagen. Hätte doch, wie schon zuvor beschrieben, ein Verbot von Tonbandaufnahmen im privaten Bereich, die dazu dienen, die Erstvergütung zu umgehen, ausgereicht.

Dagegen überzeugen Reschke in einer neueren Veröffentlichung gerade die objektiv-teleologischen Überlegungen des Gerichts. Er versteht die Entscheidung als verfassungskonforme Auslegung („verfassungskonform eng ausgelegt“) von § 15 II LitUrhG angesichts Art. 14 GG, akzeptiert aber zugleich die konkreten Vorstellungen des Gesetzgebers als „wichtiges Auslegungskriterium“.[173] Die objektiv-teleologische Argumentationslinie des Bundesgerichtshofs lässt sich ex post durchaus als Versuch einer verfassungskonformen Auslegung – oder besser verfassungskonformen Rechtsfortbildung – interpretieren, doch bedarf dieses Verfahren deutlich mehr an komplexer Wertungsarbeit als die Prüfung des hypothetischen Gesetzgeberwillens angesichts der veränderten Verhältnisse. Insbesondere ein normgeprägtes Grundrecht wie Art. 14 GG hält keine klare Wertungsgrundlage bereit, die nur festgestellt und ins einfache Recht implementiert werden müsste. Mag ein Verstoß gegen das Urheberrecht auf der Grundlage des heutigen Verständnisses von Art. 14 GG naheliegen, waren damals die Anschauungen zum rechtlichen Status des geistigen Eigentums zu verschieden, um diesen Schluss zu rechtfertigen. Der einzige objektive Anhaltspunkt für die richterliche Rechtsfortbildung bestand in den rekonstruierten Absichten des historischen Gesetzgebers.

Vorschrift ausgenommen. In Abs. 6 wird dann die Verbreitung bestimmter, rechtmäßig hergestellter Vervielfältigungsstücke untersagt, vgl. BeckOK UrhR/*Grübler*, 23. Ed. 15. 1. 2019, § 53 UrhG, Rn. 2.

[172] Damals deutlich gegen den Begriff des „geistigen Eigentums“ *Roeber*, Urheberrecht oder geistiges Eigentum, S. 46 ff.; ebenso mit weiteren Nachweisen *Bobsin*, GRUR 1957, 318 (319).

[173] *Reschke*, Die verfassungs- und dreistufentestkonforme Auslegung der Schranken, S. 51 ff.

Das Vorgehen des Bundesgerichtshofs kann dann auch nur insoweit überzeugen, als es auf die ursprüngliche Interessenbewertung des Gesetzgebers rekurriert. Zwar gebietet das Vorsichtsgebot, in Zweifelsfällen von der Annahme einer sekundären Lücke abzusehen, doch angesichts der Vielzahl an guten Gründen für eine richterliche Rechtsanpassung liegt das Vorgehen des Bundesgerichtshofs im Bereich richterlichen Ermessens. Dabei hat es der Bundesgerichtshof verstanden, die Gesetzesbindung des Richters und die daraus folgende Autorität des Gesetzgebers richtig zu deuten, nämlich nicht als einen stupiden Buchstabengehorsam, sondern als Respekt vor der gesetzgeberischen Interessenbewertung, deren epistemische Basis von der besonderen historischen Situation des Gesetzgebungsverfahrens abhängig ist.[174] § 15 II LitUrhG war teleologisch zu reduzieren;[175] gestritten werden kann allein über die Reichweite der Einschränkung.

Ebenfalls im Jahr 1956 entschied der Bundesgerichtshof vergleichbar bezüglich der Vervielfältigung von Schriftwerken durch Fotokopie.[176] 1965 führte der Gesetzgeber erstmals eine Geräteabgabe für Urheber ein, die von den Herstellern von Kopier- und Aufnahmegeräten zu entrichten war.[177] Inzwischen wird Werknutzern in § 53 UrhG in deutlich eingeschränkterem Maße die Möglichkeit der Vervielfältigung des Werkes für den privaten Gebrauch zugestanden. Nach wie vor geht es dabei um die Möglichkeit der Partizipation finanziell schwächerer Personen am kulturellen Leben.[178] Ausgeglichen wird dieser Eingriff in das Urheberrecht durch eine Reihe von Herstellerabgaben in den §§ 54 – 54 h UrhG, die den Urhebern wirtschaftlichen Profit aus ihrem Werk zusichern sollen.[179]

Anhand dieses Falles wurde deutlich, dass technische Entwicklungen zur sekundären Lückenhaftigkeit von Rechtsnormen führen können, indem sie die ursprüngliche faktische Situation verändern, die der Gesetzgeber vor Augen hatte, und somit die Ergänzungsbedürftigkeit des gesetzgeberischen Plans herbeiführen. Es ist die Aufgabe einer verantwortungsvollen Rechtsprechung, Abhilfe für die Zeit zu schaffen, in der keine gesetzgeberische Neuregelung vorhanden ist.

---

[174] Deutlich BGHZ 17, 266 (275 f.): „Entgegen der Auffassung der Beklagten muß auch gegenüber einem sprachlich eindeutigen Wortlaut eine Auslegung nach dem Sinn und Zweck des Gesetzes Platz greifen, wenn der zur Entscheidung stehende Interessenkonflikt bei Erlaß des Gesetzes noch nicht ins Auge gefaßt werden konnte, weil er erst durch die Veränderung der tatsächlichen Verhältnisse nach diesem Zeitpunkt in Erscheinung getreten ist."
Zustimmend in der aktuelleren Literatur *Schulze*, Spielraum und Grenzen richterlicher Rechtsfortbildung im Urheberrecht, in: FS Erdmann, S. 173 (180); *Reschke*, Die verfassungs- und dreistufentestkonforme Auslegung der Schranken, S. 52.

[175] Auch Larenz stimmt der Entscheidung und den Argumenten des Gerichtes weitestgehend zu, kritisiert aber, dass das Gericht von einschränkender Auslegung der Vorschrift sprach und nicht von einer teleologischen Reduktion, *Larenz*, Methodenlehre, S. 379 f.

[176] BGHZ 18, 44.

[177] BeckOK UrhR/*Grübler*, 23. Ed. 15. 1. 2019, § 53 UrhG, Rn. 2.

[178] *Reschke*, Die verfassungs- und dreistufentestkonforme Auslegung der Schranken, S. 52.

[179] *Reschke*, Die verfassungs- und dreistufentestkonforme Auslegung der Schranken, S. 52.

bb) Veränderte Zählmaschinen – veränderte Automatensteuer

Eine Spielhallenbetreiberin aus Schleswig-Holstein ging gegen die Besteuerungspraktiken ihrer Gemeinde für Spielautomaten mit Gewinnmöglichkeit gerichtlich vor, nachdem 1997 zuvor ihre Widersprüche gegen ihre Steueranmeldungen im Wege der Selbsterklärung abgelehnt worden waren.[180] Die Besteuerung beruhte auf der Vergnügungssteuersatzung der Gemeinde, die einen festen Steuerbetrag pro Spielautomat vorsah und nur zwischen Spielautomaten mit und ohne Gewinnmöglichkeit und solchen in und außerhalb von Spielhallen differenzierte. Nicht berücksichtigt wurde der tatsächliche Vergnügungsaufwand eines jeden Automaten, also der Umfang der konkreten Nutzung[181] durch die Spieler,[182] obwohl dieser das eigentliche Steuergut ist. Ein Fundamentalprinzip des Steuerrechts besteht in der Besteuerung der Leistungsfähigkeit des Steuerschuldners, die sich in den konkreten Umsätzen des Belastungsgrundes zeigt.[183] Die Vergnügungssteuer ist eine von Art. 105 IIa 1 GG erfasste, örtliche Aufwandsteuer.[184] Aufwandsteuern sollen die in der Einkommensverwendung zum Ausdruck kommende wirtschaftliche Leistungsfähigkeit der Steuerschuldner belasten.[185]

Schon 1963 hatte das Bundesverfassungsgericht entschieden, dass der gewählte Steuermaßstab der Vergnügungssteuer zumindest einen lockeren Bezug zum eigentlichen Steuergut – dem tatsächlichen Vergnügungsaufwand – gemäß Art. 105 IIa 1 GG aufweisen muss, sofern es relevante Unterschiede bei den Einspielergebnissen der Automaten gibt.[186] Doch hielt es den lockeren Bezug zwischen Steuergut und Steuermaßstab nach der alten Besteuerungstechnik des Stückzahlmaßstabs noch für gewahrt, weil es bis dato unmöglich war, den tatsächlich generierten Vergnügungsaufwand einwandfrei zu ermitteln.[187] Dem schloss sich 1999 das Bundesverwaltungsgericht an,[188] obwohl inzwischen schon nahezu flächendeckend manipulationssichere Zählwerke in die Automaten eingebaut worden waren, die den tatsächlichen Vergnügungsaufwand ermitteln konnten. Schon 1990 einigten sich Automatenhersteller und die Verbände der Unterhaltungsautomatenwirtschaft mit den zuständigen Bundesministerien, bis zum 1. 1. 1997 manipulationssichere Zählwerke in die Automaten einzubauen.[189] Nachdem dies umgesetzt wurde, hatten sich

---

[180] VG Schleswig, Urteil vom 07.04.2003 – 4 A 191/99; OVG Schleswig, Urteil vom 21.01.2004 – 2 LB 53/03; BVerwGE 123, 218.

[181] Diese kann bspw. durch die Einspielergebnisse der Automaten oder in sämtlichen Einwürfen der Spieler erfasst werden, vgl. BVerfGE 123, 1 (26).

[182] Erhoben wird die Steuer aber indirekt beim Veranstalter des Vergnügungsspiels, so schon BVerfGE 14, 76 (90f.).

[183] Maunz/Dürig/*Seiler*, 84. EL August 2018, Art. 105 GG, Rn. 67f.

[184] Mit weiteren Nachweisen, BVerfGE 123, 1 (15); *Wolff*, NVwZ 2005, 1241 (1243).

[185] BVerfGE 16, 64 (74); Maunz/Dürig/*Seiler*, 84. EL August 2018, Art. 105 GG, Rn. 176.

[186] BVerfGE 14, 76.

[187] BVerfGE 14, 76 (95).

[188] BVerwGE 110, 237.

[189] BT-Drucks. 11/6224, S. 10.

die Verhältnisse nach der verfassungsrechtlichen Entscheidung also stark verändert.[190] Das Bundesverwaltungsgericht begründete seinen Standpunkt damit, dass selbst bei manipulationssicheren Zählwerken immer noch eine hohe Betrugsgefahr beim Ausdrucken der Spielergebnisse bestehe, und der Vergnügungsaufwand zwischen den Automaten tatsächlich nur geringfügig differiere.[191] Als Wahrscheinlichkeitsmaßstab bedarf der Stückzahlmaßstab aber gegenüber Wirklichkeitsmaßstäben, die den tatsächlich angefallenen Konsum als Bemessungsgrundlage heranziehen, einer Rechtfertigung.[192] Ob die angeführten Überlegungen des Bundesverwaltungsgerichts geeignet waren, eine solche Rechtfertigung darzustellen, musste schon 1999 bezweifelt werden.

So nahm das Bundesverwaltungsgericht 2005 im obigen Ausgangsfall in Einklang mit seinen Vorinstanzen von seiner Rechtsprechung Abstand.[193] Inzwischen könne der Stückzahlmaßstab nicht mehr den erforderlichen lockeren Bezug zum eigentlichen Steuergut, dem Vergnügungsaufwand herstellen.[194] Die Betrugsproblematik bei den Ausdrucken der Spielergebnisse stände dem nicht im Wege, hier müsse vielmehr durch intensivere behördliche Kontrollen Abhilfe geschaffen werden.[195] Daher stellte das Gericht einen Verstoß gegen Art. 105 II a S. 1 GG fest, während es einen Verstoß gegen Art. 3 I GG wegen möglicher Praktikabilitätsüberlegungen offen ließ.[196] Später stellte das Bundesverfassungsgericht in einem ähnlichen Fall fest, dass Art. 3 I GG durchaus verletzt sei, und die Vorteile, die durch eine steuerliche Typisierung erreicht würden, im Verhältnis zu den damit verbundenen steuerlichen Ungleichbehandlungen stehen müssten.[197] Der Stückzahlmaßstab führe zu einer Gleichbehandlung wesentlich ungleicher Sachverhalte, nämlich der Gleichbesteuerung von Automaten, unabhängig von dem Vergnügungsaufwand, den die Nutzer generiert haben.[198]

Hier sind zwei tatsächliche Entwicklungen zu beobachten, die Einfluss auf die Beurteilung der Rechtsfrage haben konnten: Einmal die wirtschaftliche Entwicklung des tatsächlichen Vergnügungsaufwands bei den Automaten, der anscheinend anfänglich je Automat noch sehr ähnlich war, später jedoch je nach Standort stark zu differieren scheint und andererseits die technischen Entwicklungen. Dass es aber tatsächlich eine Zäsur bezüglich der Einspielergebnisse der Automaten gab, in der plötzlich die Einspielergebnisse an verschiedenen Standorten stark auseinandergingen, scheint unwahrscheinlich. Wahrscheinlicher ist es, dass durch die neuen Zählwerke erstmals eine nachvollziehbare Dokumentation der Einspielergebnisse

---

[190] *Wolff*, NVwZ 2005, 1241.
[191] BVerwGE 110, 237 (242f.).
[192] *Wolff*, NVwZ 2005, 1241 (1243).
[193] BVerwGE 123, 218.
[194] BVerwGE 123, 218 (224, 231).
[195] BVerwGE 123, 218 (222f.).
[196] BVerwGE 123, 218 (233).
[197] BVerfGE 123, 1 (18f.).
[198] BVerfGE 123, 1 (23).

erfolgen konnte. Dadurch wurde klar, dass der Stückzahlmaßstab den tatsächlichen Vergnügungsaufwand nicht mehr annähernd abbilden konnte. Die technische Entwicklung ermöglichte es, den Steuergrund des Vergnügungsaufwandes bei jedem Automaten quantifizierbar zu machen. Durch die manipulationssicheren Zählgeräte konnte genau erfasst werden, wieviel in die Automaten eingeworfen wurde beziehungsweise wieviel Geld am Ende des Tages vorhanden war. Zuvor hätten die Münzen mühsam manuell gezählt werden müssen – ein Vorgang, der sowohl sehr fehler- als auch manipulationsanfällig gewesen wäre. Vor der Entwicklung der Zählgeräte gab es damit gute Gründe, die Besteuerung am Stückzahlmaßstab auszurichten. Nachdem aber die technischen Möglichkeiten vorhanden waren, um festzustellen, wieviel ein Automat tatsächlich genutzt wurde, wurden diese Überlegungen obsolet und eine Besteuerung nach Stück damit rechtswidrig. Mit dem flächendeckenden Einbau der Zählgeräte seit 1997 entfielen die Rechtfertigungsgründe für eine pauschale Besteuerung pro Stück.[199]

Interessant ist dabei, dass die Steuervorschriften der Gemeinden nicht unmittelbar durch die technische Entwicklung ihren Regelungszweck verloren haben, sondern die technischen Entwicklungen ihnen die Rechtfertigungsgrundlage entzogen. Denn die Satzungsgeber gingen durchaus davon aus, durch den Stückzahlmaßstab den tatsächlichen Vergnügungsaufwand so gut es ging zu besteuern.[200] Sobald die Technik aber Fortschritte machte, konnte der Stückzahlmaßstab nicht mehr als adäquates Mittel zur Besteuerung des Vergnügungsaufwands akzeptiert werden. Es kann nicht weiter nach Stück besteuert werden, obwohl es umsetzbare Steuergestaltungen gibt, die nicht in Konflikt mit Art. 105 II a GG und Art. 3 I GG stehen. Selbst wenn die Satzungsgeber noch an dem alten Maßstab der Besteuerung hätten festhalten wollen, müsste dieser rechtswidrig werden, weil er inzwischen verfassungsrechtlichen Vorgaben – insbesondere dem Gleichheitssatz und dem Verhältnismäßigkeitsprinzip – widersprochen hätte und ungerechtfertigt in subjektive Rechtspositionen der Automatenbetreiber eingegriffen hätte. In diesem Fall kommt es dann nicht mehr auf den hypothetischen Gesetzgeberwillen an. Insofern ist es auch unerheblich, ob eine sekundäre Lücke entstanden ist, da die Besteuerung nach Stück ohnehin rechtswidrig geworden ist.[201]

Die Problematik um den richtigen Besteuerungsmaßstab für Spiel- und Vergnügungsautomaten zeigt anschaulich, wie technische Entwicklungen auf die rechtliche Bewertung rückwirken können. Technische Entwicklungen können Normen,

---

[199] Da das BVerwG eine Mindeststeuer als Auffangtatbestand für zulässig erachtet, scheidet auch ein im Prinzip zulässiger Lenkungszweck der Steuer aus, der darin hätte bestehen können, eine gemeindeweite Verbreitung von Spielautomaten einzudämmen, *Wolff*, NVwZ 2005, 1241 (1245).

[200] So in Hamburg, Bürgerschafts-Drucks. 13/1543. Der Landesgesetzgeber ging durchaus davon aus, eine realistische Aufwandssteuer zu schaffen.

[201] Zu der Möglichkeit des „Rechtswidrigwerdens" von Normen allein wegen eines nachträglichen Widerspruchs zum höherrangigen Recht, vgl. schon die Auseinandersetzung mit *Baumeister* unter C. II. 2.

denen bei Erlass eine zutreffende Verhältnismäßigkeitsprüfung zugrunde lag, unverhältnismäßig werden lassen, weil sie neue rechtlich relevante Gesichtspunkte schaffen, die ab dem Zeitpunkt der Implementation der Technik zu berücksichtigen sind.

cc) Digitale Inhalte gegen Daten – ein neuer Vertragstypus?

Bis jetzt ging es jeweils um Normen, die angesichts technischer Veränderungen überholt oder änderungsbedürftig wurden. Jetzt soll untersucht werden, ob technische Veränderungen die richterrechtliche Neuschöpfung von einzelnen oder mehreren Normen bedingen können, und ob bei solchen Entscheidungen ein Rückgriff auf den hypothetischen Gesetzgeberwillen methodisch möglich und hilfreich ist. Ein Bereich, der von einer besonders hohen Veränderungsgeschwindigkeit geprägt ist und daher diese Frage besonders virulent macht, ist der der Digitalisierung.

Durch die Digitalisierung der Alltags- und Arbeitswelt wird auch das Recht vor eine Reihe neuer Herausforderungen gestellt. Dazu gehören vor allem die Industrie 4.0,[202] das Internet der Dinge[203] und Connected Cars.[204] All diesen Bereichen ist gemein, dass Daten das zentrale Produktionsmittel und der Schlüssel zur Vernetzung schlechthin sind.[205] Daten werden deshalb häufig als der „Rohstoff" des 21. Jahrhunderts bezeichnet.[206] Daten nehmen längst eine zentrale Stellung in der Gegenwart ein und werden dies auch in der Zukunft weiter tun – Vorgänge, die vor 20 bis 30 Jahren noch kaum vorstellbar waren.[207] Deshalb wird regelmäßig die

---

[202] Dazu bspw. *Schlinkert*, ZRP 2017, 222.

[203] Dazu bspw. *S.-E. Heun/Assion*, CR 2015, 812.

[204] *Lüdemann*, ZD 2015, 247; *Langer*, RAW 2017, 103.

[205] *Grützmacher*, CR 2016, 425.

[206] *Conrad/Grützmacher*, Einleitung, in: Conrad/Grützmacher (Hrsg.), Recht der Daten und Datenbanken im Unternehmen, S. 2 (3); So auch die Bundeskanzlerin Angela Merkel, dazu FAZ vom 12. März 2016: https://www.faz.net/aktuell/wirtschaft/cebit/vor-der-cebit-merkel-daten-sind-die-rohstoffe-des-21-jahrhunderts-14120493.html (Stand: 25. 2. 2019).

[207] Die Wichtigkeit von Daten rückte mit dem Volkszählungsurteil (BVerfGE 65, 1) des Bundesverfassungsgerichts erstmalig in den Fokus eines breiten rechtlichen Interesses. Das Bundesverfassungsgericht befand die Verfassung angesichts der Möglichkeiten der modernen Datenverarbeitung als lückenhaft und schuf das Grundrecht auf informationelle Selbstbestimmung als spezielle Ausprägung des allgemeinen Persönlichkeitsrechts. Die Daten von Bürgern wurden damit als schutzwürdig befunden. Zugriffe des Staates auf die Daten der Bürger unterliegen grundsätzlich einem Einwilligungsvorbehalt. Später entwickelte das Bundesverfassungsgericht das Grundrecht auf Gewährleistung der Vertraulichkeit und Integrität informationstechnischer Systeme (BVerfGE 120, 274) erneut als Ausprägung des allgemeinen Persönlichkeitsrechts. Es sollte die Vertraulichkeit von Daten geschützt werden, die auf elektronischen Geräten gespeichert sind. In der Literatur wurde teilweise kritisiert, dass es keiner Schaffung eines neuen „Computer-Grundrechts" bedurft hätte, da das Grundrecht auf informationelle Selbstbestimmung durchaus auch gegen Zugriffe auf elektronische Geräte Schutz hätte bieten können, vgl. *Lepsius*, Das Computer-Grundrecht, in: Roggan (Hrsg.), Online Durchsuchungen, S. 21 (31); *Hornung*, CR 2008, 299 (301).

datenschutzrechtliche, aber auch die datenschuldrechtliche Situation als lückenhaft befunden und teilweise sogar die Schaffung eines Rechts auf Dateneigentum gefordert.[208]

Das Konzept eines Dateneigentums mag intuitiv plausibel erscheinen, doch spricht vieles gegen die Schaffung dieses neuen Rechtsinstituts. Zwar stellt die Digitalisierung die Rechtsordnung vor immer neue Herausforderungen, doch ist der Gesetzgeber auch nicht untätig geblieben. Die datenschutzrechtliche Seite wurde erst zuletzt umfangreich durch die europäische Datenschutzgrundverordnung (DSGVO) geregelt.[209] Zudem können ältere Gesetze adäquate Regelungen für die Entwicklungen bereithalten, obwohl sie aus einer Zeit stammen, der die Digitalisierung noch fremd war. Die hier zu diskutierenden Rechtsfragen sind äußerst diffizil, weil eine Reihe von Normen aus unterschiedlichen Rechtsbereichen zu beachten sind und daher kaum eindeutig entschieden werden kann, was der Gesetzgeber nicht bedacht hat oder nicht gewollt hätte, und wann deshalb eine Rechtsfortbildung angebracht ist und wann nicht.[210]

Allein ein Teilaspekt des Themas soll hier beleuchtet werden, der erst seit kurzem mehr Beachtung erfährt und auch nach dem Inkrafttreten der Datenschutzgrundverordnung nicht abschließend geregelt ist. Im Internet scheint ein neuer Vertragstypus entstanden zu sein, der die Benutzung von digitalen Inhalten von der Preisgabe personenbezogener Daten[211] abhängig macht. Dabei gestattet der Nutzer dem Anbieter der IT-Leistung, seine persönlichen Daten zu verarbeiten und beispielsweise für Werbezwecke zu nutzen.

Die Europäische Kommission hat am 9. 12. 2015 einen Richtlinienvorschlag zu bestimmten vertraglichen Aspekten der Bereitstellung digitaler Inhalte unterbreitet (Im weiteren: Digitale-Inhalte-RL).[212] Dabei legt die Kommission ein weites Verständnis[213] der „digitalen Inhalte“ in Art. 2 Nr. 1 Digitale-Inhalte-RL zugrunde:

> „a) Daten, die in digitaler Form hergestellt und bereitgestellt werden, darunter Video und Audioinhalte, Anwendungen, digitale Spiele, sonstige Software,

---

[208] Vor allem *Fezer*, MMR 2017, 3; sowie ZD 2017, 99; eingeschränkter *Hoeren*, MMR 2013, 486 (491); ablehnend mangels planwidriger Regelungslücke *S.-E. Heun/Assion*, CR 2015, 812 (814); *Grützmacher*, CR 2016, 485 (492); *Kühling/Sackmann*, NVwZ 2018, 681 (685); sehr skeptisch *Faust*, Gutachten zum 71. DJT, S. 1 f., 54 ff., abrufbar unter https://static1.1.sqspcdn.com/static/f/1376130/26847040/1455040340113/Faust+Digitale+Wirtschaft+-+Analoges+Recht+Gutachten+fur+den+71.+DJT.PDF (Stand: 25. 2. 2018).

[209] Die DSGVO ist seit dem 25. Mai 2018 anzuwenden.

[210] *Leeb/Liebhaber*, JuS 2018, 534 (535).

[211] Definiert in Art. 4 Nr. 1 DSGVO, zuvor schon in § 3 I BDSG aF.

[212] COM (2015) 634 final, abrufbar unter https://ec.europa.eu/transparency/regdoc/rep/1/2015/DE/1-2015-634-DE-F1-1.PDF (Stand: 25. 2. 2019).

[213] Nach Erwägungsgrund (11) soll die weite Definition den rasanten technologischen Entwicklungen Rechnung tragen und sicherstellen, dass die Begrifflichkeit nicht schon bald überholt ist, COM (2015) 634 final, S. 18.

b) Dienstleistungen, die die Erstellung, Verarbeitung oder Speicherung von Daten in digitaler Form ermöglichen, wenn diese Daten vom Verbraucher bereitgestellt werden, und

c) Dienstleistungen, die die gemeinsame Nutzung der von anderen Nutzern dieser Dienstleistungen in digitaler Form bereitgestellten Daten und sonstige Interaktionen mit diesen Daten ermöglichen“

Erfasst werden davon sowohl die digitalen Inhalte, die auf einem physischen Datenträger verkauft werden, als auch rein digitale Dienstleistungen wie Cloud-Anwendungen oder soziale Netzwerke.[214]

Schon der Name des Richtlinienvorschlags verrät, dass der europäische Gesetzgeber nicht von einer erschöpfenden Regelung ausgeht. Insbesondere ausgereiftere Regelungen zum Schadensersatz wurden in der Literatur vermisst.[215] Es handelt sich daher um einen anfänglichen Regelungsvorschlag für einen lange Zeit nicht explizit geregelten Bereich. Auch durch die DSGVO – die nur den datenschutzrechtlichen Aspekt betrifft – wurde für vertragsrechtliche Gewährleistungsproblematiken immer noch kein eigenes Regelungsregime im digitalen Bereich geschaffen. Der Richtlinienvorschlag geht in Art. 1 nun davon aus, dass die Schaffung eines eigenen Vertragsrechts für die Bereitstellung digitaler Inhalte sinnvoll ist.

Doch bedarf es wirklich eines neuen Vertragsrechts, um die Besonderheiten digitaler Güter rechtlich erfassen zu können, oder reichen die schuldrechtlichen Instrumente des BGBs aus, um mit den veränderten Bedingungen zurechtzukommen?

Größere Aufmerksamkeit erhielt das Thema der Verträge über digitale Inhalte auf dem 71. Deutschen Juristentag, nachdem zuvor die Zivilrechtswissenschaft sich eher in Schweigen gehüllt hatte.[216] Unter der Überschrift „Digitale Wirtschaft – Analoges Recht – Braucht das BGB ein Update?“ wurde darüber diskutiert und abgestimmt, ob ein eigener Vertragstypus im BGB geschaffen werden soll, was mit eindeutiger Mehrheit abgelehnt wurde. Zugleich wurde mit großer Mehrheit dafür gestimmt, Einzelregelungen zu schaffen, die auf die Spezifika digitaler Inhalte reagieren.[217] Im Folgenden soll zuerst geklärt werden, welche Charakteristika diesem „neuen“ Vertrag zukommen und ob er sich in das Recht der Schuldverhältnisse des BGBs mit dessen Vertragstypen einordnen lässt. Besondere Aufmerksamkeit wird dann der Rechtsfolge des Rücktritts zukommen. Schließlich wird ein Fazit gezogen, das versucht auch allgemein zu reflektieren, wie sich Rechtsfortbildungen rechtfertigen lassen, die auf neue, drastische Veränderungen reagieren und daher in einem noch rechtsleeren oder zumindest rechtlich noch nicht völlig erschlossenen Raum stattfinden.

---

[214] *Schmidt-Kessel/Erler/Grimm/Kramme*, GPR 2016, 54 (56f.).
[215] *Gsell*, ZUM 2018, 75 (77); *Ostendorf*, ZRP 2016, 69 (71).
[216] *Grünberger*, AcP 218 (2018), 213 (216).
[217] Beschlussfassung zum 71. DJT in Essen 2016, S. 5, abrufbar unter https://www.djt.de/fileadmin/downloads/71/161213_71_beschluesse_web.pdf (Stand: 25.2.2019).

(1) Unentgeltlichkeit?

Längere Zeit blieb das Austauschverhältnis Daten gegen IT-Dienst im Verborgenen, weil davon ausgegangen wurde, dass die jeweiligen Dienste *kostenlos* zur Verfügung gestellt werden.[218] Noch heute heißt es auf der Webseite von Facebook: „Facebook ist und bleibt kostenlos“[219]. Sicherlich ist Facebook insofern kostenlos, als kein Geld für die Nutzung des Internetangebots verlangt wird. Doch birgt die Formulierung Gefahr, dass vom Nutzer angenommen wird, die Benutzung von Facebook sei auch sonst ohne Kosten, also eine „unentgeltliche Leistung“ im Sinne des BGBs.[220] Dem steht prima facie entgegen, dass die Daten für die IT-Unternehmen durch eine Reihe von Vermarktungsstrategien erheblichen wirtschaftlichen Wert erlangen können.[221] Aus Sicht der Anbieter besitzen die Daten daher durchaus einen Entgeltcharakter. In der Digitale-Inhalte-RL wird in Art. 3 Nr. 1 deutlich, dass die personenbezogenen Daten eine Bezahlfunktion erfüllen können.[222]

Der Entgeltlichkeit steht nach diesem Konzept nicht mehr entgegen, dass kein Preis für die Leistung des IT-Anbieters bezahlt wurde. Fraglich ist, ob die Entgeltlichkeit des Vertragstyps de lege lata im nationalen Recht anerkannt wird. Schon die Anwendbarkeit der verbraucherschützenden Vorschriften setzt nach § 312 I BGB eine „entgeltliche“ Leistung voraus. Angesichts der unklaren Richtlinienkonformität von § 312 BGB ist die Frage der Unentgeltlichkeit des Vertragstyps aber vor allem für die potenzielle Anwendbarkeit diverser Haftungsprivilegierungen wie §§ 521, 599 BGB und Sachmängelhaftungsbeschränkungen wie §§ 524, 600 BGB relevant.[223] „Unentgeltlich“ ist eine Leistung nach der nationalen Rechtsprechung[224] dann, wenn die Parteien davon ausgehen, dass der Leistung keine entsprechende Gegenleistung gegenübersteht.[225] Damit hängt die Unentgeltlichkeit der Leistung von dem Parteiwillen ab, die Parteien müssen sich über die Unentgeltlichkeit geeinigt haben.[226] Somit kommt es nicht allein auf das objektive Äquivalenzverhältnis von Leistung und Gegenleistung an; die Parteien entscheiden vielmehr autonom darüber, was sie als Gegenleistung gelten lassen wollen. Vorliegend spricht gegen die Unentgeltlichkeit des Rechtsgeschäfts, dass es gerade dem Anbieter der IT-Leistung darauf ankommt, dass er auf personenbezogene Daten des

---

[218] Dagegen schon früh *Bräutigam*, MMR 2012, 635 (636).

[219] https://de-de.facebook.com/ (Stand: 25.2.2019).

[220] Der Begriff der Unentgeltlichkeit findet sich bei der Schenkung (§§ 516 ff. BGB), bei der Leihe (§§ 598 ff. BGB), beim Auftrag (§§ 662 ff. BGB) und bei der unentgeltlichen Verwahrung (§ 690 BGB).

[221] *Wandtke*, MMR, 2017, 6 (7 f.).

[222] So auch *Metzger*, AcP 216 (2016), 807 (845 f.); *Wandtke*, MMR, 2017, 6 (7).

[223] *Faust*, Gutachten zum 71. DJT, S. 13 f.

[224] Zum ähnlichen Verständnis im Unionsrecht, *Schmidt-Kessel/Grimm*, ZfPW 2017, 84 (93).

[225] *BGH* NJW 1992, 2566 (2567).

[226] MüKoBGB/*Koch*, § 516 BGB, Rn. 24; MüKoBGB/*Schäfer*, § 662 BGB, Rn. 45; BeckOGK/*Lohsse*, Stand: 01.02.2019, § 598 BGB, Rn. 59.

Nutzers zugreifen kann. Nur wenn dieser in die Übermittlung und Nutzung seiner Daten einwilligt, kann er auch das IT-Angebot nutzen.[227] Da er nach seiner Einwilligung gefragt wird, wird auch der Nutzer wissen, dass der Vertrag nicht ohne Gegenleistung zustande kommt.[228] Daran ändert auch die obligatorische Widerruflichkeit[229] der Einwilligung nichts, die inzwischen in Art. 7 III DSGVO geregelt ist. Der Vertragstyp „digitale Inhalte gegen Daten" ist damit kein unentgeltlicher Vertrag, auf den die Vorschriften unentgeltlicher Vertragstypen anzuwenden sind.[230] Bestätigt wird dieses Ergebnis durch die Beschlussempfehlung des Rechtsausschusses, worin ebenfalls angenommen wird, dass der Begriff des „Entgelt[s]" im Rahmen von § 312 BGB weit auszulegen sei, und dieses auch in der Übermittlung von personenbezogenen Daten und der Einwilligung in deren Verarbeitung bestehen könnte.[231]

Eine Ausnahme hiervon ist nur dann anzunehmen, wenn die Verwendung der Daten zur Begründung, Durchführung oder Beendigung des Vertrages notwendig ist.[232] Diese Form der Datennutzung ist nach § 6 I lit. b DSGVO nicht abhängig von einer ausdrücklichen Einwilligung des Dateninhabers. Wird also die datenschutzrechtliche Grenze nicht überschritten, die eine Einwilligung notwendig machen würde, ist auch noch nicht von einer Entgeltlichkeit des Online-Angebots auszugehen.[233] Vielmehr stellt die erforderliche Einwilligung das Entgelt für die Überlassung der digitalen Inhalte dar. Aber selbst die Unentgeltlichkeit der Leistung schließt nicht aus, dass ein Schuldverhältnis zwischen den Parteien entsteht.[234] In diesem Fall ist eine analoge Anwendung der Haftungsprivilegien von Schenkung und Leihe sinnvoll.[235] Dieselbe Einschätzung liegt im Ergebnis auch dem Richtlinienvorschlag der Kommission in Art. 3 Nr. 4 der Digitale-Inhalte-RL zu Grunde, ohne dies aber ausdrücklich mit den datenschutzrechtlichen Kriterien zu verknüpfen.[236] Sollte es nicht zur Umsetzung der Richtlinie kommen, sollte die Abgrenzung

---

[227] Da eine Erhebung oder Datenverarbeitung von personenbezogenen Daten ohne gesetzliche Erlaubnis oder datenschutzrechtliche Einwilligung der betroffenen Person nun nach Art. 6 DSGVO unzulässig ist, ist die Einwilligung in die Verarbeitung der Daten die entscheidende Verpflichtung des Datenschuldners, *Schmidt-Kessel/Grimm*, ZfPW 2017, 84 (89, 94).

[228] *Schmidt-Kessel/Grimm*, ZfPW 2017, 84 (94); teilweise auch schon *Bräutigam*, MMR 2012, 635 (636).

[229] Nach nationalem Recht gebietet das Grundrecht auf informationelle Selbstbestimmung die Widerruflichkeit der Einwilligung, BeckOK DatenschutzR/*Kühling*, 23. Ed. 1.2.2018, § 4a BDSG, Rn. 57.
Im Unionsrecht folgt dies aus Art. 8 EuGRCh und Art. 16 AEUV.

[230] *Faust*, Gutachten zum 71. DJT, S. 15 f.; *Schmidt-Kessel/Grimm*, ZfPW 2017, 84 (94 ff.).

[231] BT-Drucks. 17/13951, S. 72.

[232] Bspw. muss vor der Nutzung eines Preisvergleichsportals notwendigerweise angegeben werden, nach welchem Produkt gesucht wird, *Faust*, Gutachten zum 71. DJT, S. 7.

[233] *Faust*, Gutachten zum 71. DJT, S. 15.

[234] *Faust*, Gutachten zum 71. DJT, S. 44. *Faust* präferiert § 311 II Nr. 2 BGB als dogmatische Grundlage des Vertragsschlusses.

[235] *Faust*, Gutachten zum 71. DJT, S. 15.

[236] *Faust*, Gutachten zum 71. DJT, S. 16.

zwischen entgeltlichem und unentgeltlichem digitalem Dienstleistungsvertrag und ein Verweis auf die einschlägigen Privilegierungsregelungen im Falle der Unentgeltlichkeit ins BGB aufgenommen werden.[237]

(2) *Kauf-, Miet- oder atypischer Vertrag?*

In der Digitale-Inhalte-RL wird zwar ein neuer Vertragstypus eingeführt, jedoch ohne seine dogmatische Natur zu reflektieren.[238] Die Einordung soll den Mitgliedsstaaten überlassen bleiben.[239] Es lohnt sich daher, über eine mögliche dogmatische Positionierung des neuen Vertrags innerhalb des nationalen Rechts nachzudenken, inklusive der potentiellen Notwendigkeit der Schaffung eines neuen Regelungsregimes. Die dogmatische Konzeptionalisierung des digitalen Austauschvertrages spielt insbesondere bei der AGB-Inhaltskontrolle nach § 307 II Nr. 1 BGB eine Rolle, weil diese die Orientierung an einem gesetzlichen Grundgedanken voraussetzt.[240]

Wenig vielversprechend ist der Versuch, den neuen Vertragstyp erschöpfend einem der ausgestalteten Vertragsverhältnisse des BGBs zuzuweisen, da die tatsächlichen Austauschverhältnisse zu vielgestaltig sind und die Technik zu sehr in der Entwicklung begriffen ist, um allein in einem der vorhandenen Regelungsregimes aufgehen zu können. Dieser Befund führt Faust dazu, den Richtlinienvorschlag der Kommission abzulehnen, der die Einführung eines neuen Vertragstypus – der passgenau auf die digitale Welt zugeschnitten sein soll – befürwortet.[241] Die Wirklichkeit ist in diesem Bereich zu komplex, um sie in einem singulären Vertragstyp abzubilden. Weiter kritisiert Faust den objektbezogenen Ansatz der Kommission, der den Vertragstyp ausgehend von seinem Vertragsobjekt definiert. Dieser Ansatz sei dem BGB fremd, das Vertragstypen über Sachfragen abgrenzt, also den konkreten Rechten und Pflichten, die für die Vertragsparteien einschlägig sind.[242] Dem ist zuzustimmen. Soweit möglich, sollte an diesem Regelungsansatz des BGBs festgehalten, und vor der Schaffung eines neuen Vertragstyps erst geprüft werden, ob sich die neuen Entwicklungen in der digitalen Welt nicht in den Vertragstypen des BGBs abbilden lassen.

---

[237] *Faust* meint, dass dies nicht unbedingt erforderlich ist, aber verweist als möglichen Standort auf den Untertitel „Begründung [von Schuldverhältnissen und Verträgen], §§ 311–311c BGB“, *Faust*, Gutachten zum 71. DJT, S. 16.

[238] *Wendland*, EuZW 2016, 126 (127); *Ostendorf*, ZPR 2016, 69, 71 f.

[239] COM (2015) 634 final, S. 7.

[240] Referat *Bartsch*, Thesen zum 71. DJT, S. 8, https://www.djt.de/fileadmin/downloads/71/71_Thesen_web.pdf (Stand: 25. 2. 2019).

[241] *Faust*, Gutachten zum 71. DJT, S. 37.

[242] *Faust*, Gutachten zum 71. DJT, S. 5 f., 59; dagegen plädieren Bartsch und Hummelmeier in ihren Referaten eher für die Schaffung eines neuen Vertragstyps für digitale Dienste, Thesen zum 71. DJT, S. 8 u. 10.

Digitale Inhalte können entweder in einem einmaligen Übertragungsakt[243] oder über eine längere Dauer[244] immer wieder zur Verfügung gestellt werden. Im ersten Fall willigt der Nutzer auch nur einmalig in die Nutzung bestimmter Daten ein, während er im letzteren Fall fortlaufend in die Verarbeitung seiner Daten einwilligt. Die erstere Situation entspricht grundsätzlich der eines Kaufvertrages beziehungsweise eines Tauschvertrages, letztere eher der eines Mietvertrages.[245] Doch beide Austauschverhältnisse gehen nicht eins-zu-eins in den betreffenden Vorschriften des BGBs auf.

Paradigmatisch für den Kaufvertrag nach § 433 BGB ist der Austausch körperlicher Gegenstände gegen Geld.[246] Das Austauschverhältnis digitale Inhalte gegen Daten ist damit kein klassischer Kaufvertrag, da weder die digitalen Inhalte als körperlicher Gegenstand, noch die datenrechtliche Einwilligung als Geld verstanden werden können. Seit der Schuldrechtsreform erweitert § 453 I BGB die möglichen Kaufobjekte um Rechte und sonstige Gegenstände. Auf diese finden die Vorschriften über den Kauf von Sachen „entsprechende" Anwendung. Diese Vorschrift bietet hinreichend Spielraum, um diverse digitale Gegenstände zu erfassen.[247] Zu nennen sind beispielsweise virtuelle Gegenstände, die in Online-Spielen erworben werden können, Benutzerkonten und Kryptowährungen.[248] Keinen Spielraum scheint das Kaufrecht für die Erfassung der datenrechtlichen Einwilligung als Käufergegenleistung im Sinne von § 433 II BGB zu eröffnen. Jedoch umfasst der Tauschvertrag die Möglichkeit des Austausches immaterieller Güter gemäß §§ 480, 453 BGB. Da die Vorschriften des Kaufvertrages nach § 480 BGB entsprechend auf den Tauschvertrag Anwendung finden, stellt das BGB mit dem Kaufrecht für digitale Inhalte, die dem Nutzer endgültig überlassen werden, ein grundsätzlich funktionierendes schuldrechtliches System bereit.[249] Zu der schuldrechtlichen Möglichkeit der Kommerzialisierung persönlicher Daten wird gleich noch einiges zu ergänzen sein.

Für den Tausch- und Kaufvertrag ist die Idee eines einmaligen Austausches der Güter zentral. Dies lässt sich nicht mit einer dauerhaften Nutzung der Daten durch den Anbieter, respektive der digitalen Inhalte durch den Nutzer und dem jederzeitigen Widerrufsrecht des Nutzers vereinbaren.[250] Angemessen kann ein solcher Leistungsaustausch nur im Recht der Dauerschuldverhältnisse – insbesondere dem

---

[243] Bspw. per Download oder per Lieferung der digitalen Inhalte auf einem materiellen Datenträger.

[244] Bspw. die kontinuierliche Nutzung eines sozialen Netzwerks oder einer Online-Datensicherung.

[245] *Faust*, Gutachten zum 71. DJT, S. 25, 33.

[246] BeckOK BGB/*Faust*, 48. Ed. 1. 11. 2018, § 433 BGB, Rn. 12.

[247] *Faust*, Gutachten zum 71. DJT, S. 26.

[248] BeckOGK/*Wilhelmi*, Stand: 01. 01. 2019, § 453 BGB, Rn. 169 ff.

[249] *Faust*, Gutachten zum 71. DJT, S. 25 ff.
Dies gilt insbesondere auch für den kaufrechtlichen Mangelbegriff, den Zeitpunkt des Gefahrübergangs, sowie eingeschränkt auch für das System der Rechtsbehelfe.

[250] *Metzger*, AcP 216 (2016), 807 (835 f.).

Mietrecht – behandelt werden. Doch setzt der Mietvertrag in § 535 BGB einerseits die Überlassung einer Sache voraus, sowie die Entrichtung einer vereinbarten Miete, die in Geld zu zahlen ist.[251] Sinnvoll wäre daher die Schaffung einer Norm nach der Art von § 453 I BGB, der den Anwendungsbereich des Mietrechts auch auf andere Gegenstände als Sachen erweitert beziehungsweise klarstellt.[252] Damit ist aber noch nicht die atypische Gegenleistung des Nutzers – die Einwilligung in die Nutzung seiner Daten – in das Mietrecht überführt. Faust geht trotz der Unterschiede von einer entsprechenden Anwendbarkeit des Mietrechts aus, da dieses ein grundsätzlich funktionierendes Regelungsregime für das Austauschverhältnis bereithielte.[253] Nach der nationalen Dogmatik ist der Vertragstypus aber eher als Mietvertrag mit atypischer Gegenleistung zu qualifizieren, bei dem die Parteien Leistungen austauschen, die unterschiedlichen Vertragstypen zuzuordnen sind.[254] Geht es bei der zeitweiligen Überlassung von IT-Leistungen durch den Anbieter um mietvertragliche Verpflichtungen,[255] fällt die Einordnung der Nutzerleistung schwerer. Bei der Einwilligung des Verbrauchers in die Übermittlung und Nutzung seiner personenbezogenen Daten liegt aber die Annahme eines im BGB ungeregelten immaterialgüterrechtlichen Lizenzvertrages nahe.[256]

Ein Vertragstypus, der Teile der Persönlichkeit verkäuflich macht, war für den historischen Gesetzgeber des BGBs nicht vorstellbar. Neu aus der Sicht des historischen Gesetzgebers ist die Kommerzialisierung[257] und die damit eng verbundene erhöhte Verletzlichkeit[258] der Persönlichkeit durch die digitalen Medien.[259] Das heute allgegenwärtige Geschäft mit der Persönlichkeit sowie den persönlichen Daten und die damit einhergehende erhöhte Vulnerabilität und Manipulierbarkeit derselben lagen außerhalb seiner Erkenntnismöglichkeit. Deutlich wird das in seiner Ablehnung eines immateriellen Schadensersatzanspruchs wegen Persönlichkeitsverletzung.[260] An die gegenwärtigen unpersönlichen, schnell veranlassten

---

[251] *Faust*, Gutachten zum 71. DJT, S. 33.

[252] *Faust*, Gutachten zum 71. DJT, S. 33.
Der BGH hat schon in seinem Urteil vom 5. 11. 2006 die direkte Anwendung des Mietrechts mit einer wenig überzeugenden Argumentation bejaht, als es um die zeitlich begrenzte Nutzung von Software über das Internet ging, die auf einem Server gespeichert ist, BGH, NJW 2007, 2394 Rn. 11 ff.

[253] *Faust*, Gutachten zum 71. DJT, S. 33.

[254] *Bräutigam*, MMR 2012, 635 (640); *Metzger*, AcP 216 (2016), 807 (836); dies akzeptiert wohl auch *Faust*, Gutachten zum 71. DJT, S. 38; zur allgemeinen Terminologie „atypischer" oder „gemischter" Verträge, MüKoBGB/*Emmerich*, § 311 BGB, Rn. 24 f.

[255] *Bräutigam*, MMR 2012, 635 (640); *Redeker*, IT-Recht, Rn. 596; schematischer Überblick zu den vertraglichen Zuordnungen bei *J. Schneider*, Handbuch EDV-Recht, Rn. 544.

[256] *Kilian*, CR 2002, 921 (927 f.); *Metzger*, AcP 216 (2016), 807 (837); *Wandtke*, MMR 2017, 6 (11).

[257] Zu dieser *Wandtke*, MMR, 2017, 6 (9).

[258] *Hofmann/Fries*, NJW 2017, 2369 (2369, 2372 f.).

[259] Dazu auch D. II 2. a).

[260] *Mugdan*, Materialien, Band 2, Mot. S. 419, Prot. S. 1119.

und zugleich viel intensiveren[261] Verletzungen des Persönlichkeitsrechts mittels Internet war nicht zu denken. Die Regelungen des Gesetzgebers wurden aber schon in den 50er Jahren von der Rechtsprechung fortgebildet. So führte der Bundesgerichtshof im berühmten Herrenreiter-Fall[262] das Recht auf einen immateriellen Schadensersatz wegen einer Verletzung des allgemeinen Persönlichkeitsrechts ein. Diese Rechtsprechung wurde vom Bundesverfassungsgericht in der nicht minder berühmten Soraya-Entscheidung[263] gebilligt.

Neben der Anerkennung der ideellen Schutzbedürftigkeit der Persönlichkeit war lange nicht unumstritten, inwieweit die Persönlichkeit einer Vermarktung zugänglich ist.[264] Inzwischen besteht aber weitgehend Einigkeit in Rechtsprechung[265] und Literatur[266], dass das allgemeine Persönlichkeitsrecht auch kommerzielle Interessen der Person schützt. Nicht zuletzt hat der EGMR deutlich gemacht, dass die vermögensrechtlichen Bestandteile des allgemeinen Persönlichkeitsrechts sowohl einfachrechtlich als auch durch die Verfassung geschützt sind.[267] Zwar ist das allgemeine Persönlichkeitsrecht als Stammrecht selbst unveräußerlich, einzelne Aspekte desselben sind aber durchaus der wirtschaftlichen Verwertbarkeit zugänglich.[268] So können über persönliche Daten als vom Rechtsträger gelöste Rechtsobjekte regelmäßig Rechte eingeräumt werden.[269] Damit stehen der Einwilligung in die Erhebung und Verarbeitung persönlicher Daten keine unüberwindbaren rechtlichen Hindernisse mehr entgegen, mag dies auch damals nicht so vom Gesetzgeber beabsichtigt, geschweige bedacht gewesen sein.

Auf dem Weg zur Möglichkeit eines Vertragstyps „IT-Dienst gegen Daten" wurden also schon mögliche rechtliche Hindernisse beseitigt, die wohl im Rahmen

---

[261] Zu nennen sind vor allem die anonyme und damit unkontrollierbare Verbreitung von persönlichkeitsverletzenden Beiträgen, die von einer hohen Zuschauerzahl wahrgenommen werden, sowie die faktische Unwiderrufbarkeit der Persönlichkeitsverletzungen, *Hofmann/Fries*, NJW 2017, 2369 (2372 f.).

[262] BGHZ 26, 349 = NJW 1958, 827.

[263] BVerfGE 34, 269 = NJW 1973, 1221.

[264] Historisch gesehen, wurde lange nur der ideelle Teil des allgemeinen Persönlichkeitsrechts als geschützt verstanden, so schon *von Gierke*, Deutsches Privatrecht, Band 1, § 81 I, S. 703; *Mestmäcker*, JZ 1958, 521 (525); *Raiser*, JZ 1961, 465 (471); in der aktuelleren Debatte üben bspw. Schack und Pfeifer noch Kritik an der Kommerzialisierung und damit verbundenen Übertragbarkeit des allg. Persönlichkeitsrechts, *Schack*, AcP 195 (1995), 594 (599); *Pfeifer*, GRUR 2002, 495 (498 f.).

[265] Besonders prägnant im Marlene-Dietrich-Fall zur Vererblichkeit vermögenswerter Bestandteile der Persönlichkeit, BGHZ 143, 214 = NJW 2000, 2195 (2198); auch BGH NJW 2000, 2201 (2201 f.) – Der blaue Engel; billigend dann BVerfGK 9, 83 = NJW 2006, 3409 – Marlene Dietrich.

[266] *Götting*, Persönlichkeitsrechte als Vermögensrechte, 1995, S. 138, 266 ff.; MüKoBGB/*Wagner*, § 823 BGB, Rn. 365.

[267] EGMR, NJW 2016, 781 (784) – Ernst August von Hannover/Deutschland.

[268] Überzeugend und fundiert argumentiert *Unseld*, GRUR 2011, 982 (983 ff.); *Wandtke*, MMR 2017, 6 (11); *Schmidt-Kessel/Grimm*, ZfPW 2017, 84 (104 f.).

[269] *Unseld*, GRUR 2011, 982 (984 f.); *Wandtke*, MMR 2017, 6 (10 f.).

der richterlichen Rechtsfortbildungskompetenz lagen.[270] Das Modell eines grundsätzlichen Eingriffsverbots mit Erlaubnisvorbehalt liegt nun auch der DSGVO zu Grunde.[271]

Es bedarf daher einiges an rechtlicher Kreativität, um den neuen Vertragstyp „IT-Dienst gegen Daten" angemessen zu erfassen. Das bedeutet aber noch nicht, dass hier eine sekundäre Lücke vorliegt. Zwar hat der BGB-Gesetzgeber sicherlich nicht an diesen Vertragstyp denken können, weder das Internet noch die Allgegenwart des Digitalen waren denkbar. Doch ist der in § 311 I BGB zum Ausdruck kommende Gedanke der Vertragsfreiheit eines der zentralen schuldrechtlichen Prinzipien des BGB.[272] Das Vertragsprinzip weist eine lange historische Tradition auf und wurde im 19. Jahrhundert allgemein anerkannt.[273] Es umfasst grundsätzlich auch die grundrechtlich geschützte[274] Inhalts- beziehungsweise Gestaltungsfreiheit von Verträgen.[275] Privatrechtliche Rechtssubjekte sollen weitestgehend frei über ihre vertraglichen Beziehungen bestimmen können. Die gesetzlich geregelten Vertragstypen stellen keinen numerus clausus dar.[276] Grenzen zieht allein das zwingende Recht, bei dem das Verbraucherschutzrecht eine immer größere Rolle spielt.[277]

Damit kann auch das neue Austauschverhältnis von digitalen Inhalten gegen Daten durchaus Teil des Grundkonzepts der vertraglichen Gestaltungsfreiheit sein. Um eine nachträgliche planwidrige Regelungslücke anzunehmen, müssten dagegen Hinweise bestehen, dass der Gesetzgeber das neue Austauschverhältnis nicht in das Gesamtsystem des BGB integrieren wollte, beziehungsweise den Rechtsanwendern diesbezüglich keine Freiheit lassen wollte. Insoweit ist die typische Beweislast, die es bei sekundären Lücken gibt, bei der privatrechtlichen Integration eines neuen Austauschverhältnisses in das Recht der vorhandenen Schuldverhältnisse umgekehrt. Wegen der Vertragsfreiheit der Parteien muss nicht geklärt werden, ob der Gesetzgeber angesichts der Veränderungen ein neues Schuldverhältnis geschaffen hätte, sondern nur ob es Hinweise gibt, dass er sich gegen die Integration des neuen Austauschverhältnisses ins Recht der Schuldverhältnisse gesperrt hätte. Davon ist angesichts der vorhandenen Regelungen nicht auszugehen. Verträge,

---

[270] Zur methodischen Auswertung der Soraya-Entscheidung, vgl. D. II. 2. a).

[271] *Kühling/Sackmann*, NVwZ 2018, 681 (685).

[272] BeckOGK/*Herresthal*, Stand: 01.01.2019, § 311 BGB, Rn. 2; MüKoBGB/*Emmerich*, § 311 BGB, Rn. 1.

[273] BeckOGK/*Herresthal*, Stand: 01.01.2019, § 311 BGB, Rn. 3; MüKoBGB/*Emmerich*, § 311 BGB, Rn. 1.

[274] BVerfGE 8, 274 (328); 88, 384 (403); 89, 48 (61); 95, 267 (303 f.); Die Gestaltungsfreiheit und allgemein die Vertragsfreiheit sind Teil der ebenfalls grundrechtlich geschützten Privatautonomie, Maunz/Dürig/*Di Fabio*, Art. 2 Abs. 1 GG, Rn. 101.

[275] BeckOGK/*Herresthal*, Stand: 01.01.2019, § 311 BGB, Rn. 2; MüKoBGB/*Emmerich*, 7. Aufl. 2016, § 311 BGB, Rn. 1.

[276] MüKoBGB/*Emmerich*, § 311 BGB, Rn. 24.

[277] BeckOGK/*Herresthal*, Stand: 01.01.2019, § 311 BGB, Rn. 9, 11; MüKoBGB/*Emmerich*, § 311 BGB, Rn. 4.

die digitale Inhalte gegen Daten austauschen, lassen sich entweder als spezieller Typus des Tauschvertrags[278] oder als Mietvertrag mit atypischer Gegenleistung mit lizenzrechtlichem Bezug erfassen. Diese Beweislastverteilung gilt aber nicht mehr, wenn es um konkrete Regelungen zu bestimmten Sachverhalten geht. Eine unbesehene Übertragung vorhandener Rechtsinstrumente auf die neuen Sachfragen verbietet sich.

Bestehen daher keine grundsätzlichen Bedenken gegen die Möglichkeit des Vertragstyps „IT-Dienst gegen Daten" auf der Makroebene, so bleibt auf der Mikroebene der schuldrechtlichen Ausgestaltung Klärungsbedarf.

(3) Rechtsfolgen des Rücktritts und Möglichkeit der Kündigung

Selbst wenn akzeptiert wird, dass die Regelungsregimes des Kauf- und Mietrechts grundsätzlich auf den neuen Vertragstyp „IT-Dienst gegen Daten" anwendbar sind, heißt das nicht, dass es keinen weiteren partiellen Regelungsbedarf gibt. Die Rechtsfrage, die hier paradigmatisch behandelt werden soll, ist die der Rechtsfolge des Rücktritts, wobei noch auf eine unklare Konkurrenz[279] von Datenschutz- und Datenschuldrecht im Rahmen der Kündigung durch den Nutzer eingegangen wird. Daneben gibt es eine Reihe weiterer schwieriger Rechtsfragen, wie beispielsweise die Rechtsfolgen des Widerrufs,[280] den möglichen Zuweisungsgehalt von Daten im Rahmen der Eingriffskondiktion nach § 812 I 1 Alt. 2 BGB[281] und den Rechtsfolgen einer fahrlässigen Löschung von Daten[282].

Nach § 346 I BGB haben die Parteien einander die empfangenen Leistungen zurückzugewähren und die gezogenen Nutzungen herauszugeben. Die Rückgewähr der digitalen Inhalte ist aber wegen ihrer unbegrenzten Kopierbarkeit für den Unternehmer uninteressant.[283] Der Richtlinienvorschlag der Digitalen-Inhalte-RL sieht daher in Art. 13 II lit. d vor, dass diese nicht mehr genutzt werden dürfen, insbesondere, dass sie durch Löschung oder auf andere Weise unlesbar gemacht werden müssen. Die Rechtsfolge führt zwar, wenn sie eintritt, zu sachgerechten

[278] Geht es mehr um die Schaffung eines digitalen Werks, kommt auch das Werkvertragsrecht in Betracht. Bei der Abgrenzung zwischen Kauf/Tausch- und Werkvertrag ist § 651 BGB einschlägig, *Faust*, Gutachten zum 71. DJT, S. 37.

[279] Diese beschäftigt auch den Europäischen Datenschutzbeauftragten (Giovanni Buttarelli) in seiner Stellungnahme zur der Digitalen-Inhalte-RL, JO C/2017/200/10.

[280] Hier ergeben sich ähnliche Probleme wie beim Rücktritt, doch wurden im Zuge der Umsetzung der Verbraucherschutzrichtlinie schon einige Normen für digitale Inhalte (legaldefiniert in § 312f III BGB), die nicht auf einem körperlichen Datenträger bereitgestellt werden, geschaffen, die auf die gewandelten Verhältnisse reagieren, wie § 356 II Nr. 2 und V BGB. Im Detail kann aber noch weiterer Regelungsbedarf bestehen, *Faust*, Gutachten zum 71. DJT, S. 21 ff.

[281] Bejahend *Zech*, GRUR 2015, 1151 (1154 f.); *Wandtke*, MMR 2017, 6 (9, 12); *Schmidt-Kessel/Grimm*, ZfPW 2017, 84 (105).

[282] *Faust*, Gutachten zum 71. DJT, S. 45 ff.

[283] *Faust*, Gutachten zum 71. DJT, S. 20.

Ergebnissen, doch darf bei dem Unternehmer eine berechtigte Skepsis zurückbleiben, ob tatsächlich alle Kopien gelöscht wurden – nachkontrollieren kann er die Verpflichtung des Nutzers nicht. Zwar besteht, anders als beim Widerruf, eine geringere Missbrauchsgefahr, weil der Rücktritt eine nicht vertragsgemäße Leistung voraussetzt, deren Vertragswidrigkeit nach § 323 V 2 BGB nicht nur unerheblich sein darf. Der Nutzer kann sich daher die mangelfreie Leistung nicht ohne Gegenleistung mittels Rücktritt verschaffen.[284] Aber anders als beim Widerruf kann das Rücktrittsrecht auch nicht nach Nutzung der digitalen Inhalte ausgeschlossen werden.[285] Umso mehr verwundert es, dass in Art. 13 IV der Digitalen-Inhalte-RL ein Ausschluss des Nutzungsersatzes zu Gunsten des Verbrauchers vorgesehen ist. Die Rechtsfolge des Nutzungsersatzes wäre zumindest teilweise zum Ausgleich der Missbrauchsgefahren geeignet, die dem Unternehmer auf Grund der Kopierbarkeit seiner digitalen Inhalte drohen. Rechtspolitisch vermag diese Entscheidung nicht voll zu überzeugen, auch wenn sie nur für den B2C-Bereich gilt. Sollte die Richtlinie nicht in Kraft treten, böte es sich für den nationalen Gesetzgeber an, an der Rechtsfolge des Nutzungsersatzes festzuhalten, auch wenn dieser schwer zu berechnen ist.[286]

Ähnliche Berechnungsschwierigkeiten entstehen auch bei der Herausgabepflicht der empfangenen persönlichen Daten. Die Leistung des Nutzers bestand in der Einwilligung in die Nutzungsmöglichkeit der Daten, die für die Vergangenheit nicht mehr herausgegeben werden kann.[287] Der Unternehmer muss daher nach dem nationalen Recht Wertersatz gemäß § 346 II 1 Nr. 1 BGB leisten. Für die Bestimmung der Höhe dieses Wertersatzes fehlen bisher geeignete Kriterien.[288] Die Schaffung einer gesetzlichen Berechnungsgrundlage, die für alle möglichen Vertragsgestaltungen zu gerechten Ergebnissen führt, ist aber nicht erfolgversprechend. Hier obliegt es der Rechtsprechung geeignete Kriterien zu erarbeiten.

Im Bereich des Mietrechts finden sich keine einschlägigen Kündigungsfristen. § 542 BGB verweist auf die gesetzlichen Regelungen und § 580a III BGB gilt nur für bewegliche Sachen.[289] Die Kündigungsfrist von 3 Tagen wäre auch viel zu kurz für den Verbraucher, der auf eine gewisse Nutzungssicherheit angewiesen ist, sodass sich eine analoge Anwendung auch nicht anbietet. Faust schlägt in Anlehnung an Art. 15 I lit. c des Richtlinienvorschlags der Digitalen-Inhalte-RL bei einer Kündigung durch den Vermieter eine Kündigungsfrist von mindestens

---

[284] *Faust*, Gutachten zum 71. DJT, S. 31.

[285] Der Widerruf kann nach Nutzung der digitalen Inhalte ausgeschlossen werden, dies wird vor allem durch § 356 II Nr. 2, V BGB bewirkt.

[286] *Faust*, Gutachten zum 71. DJT, S. 32.
Faust meint, dass die Mitgliedsstaaten nach Erwägungsgrund 15 der Verbrauchsgüterkaufrichtlinie (Richtlinie 1999/44/EG) eine Pflicht zum Nutzungsersatz anordnen können. Jedoch ordnet die Digitale-Inhalte-RL in Art. 19 den zwingenden Charakter der vorgeschlagenen Regeln an.

[287] *Faust*, Gutachten zum 71. DJT, S. 32; *Metzger*, AcP 216 (2016), 807 (861).

[288] *Faust*, Gutachten zum 71. DJT, S. 32.

[289] *Faust*, Gutachten zum 71. DJT, S. 35.

30 Tagen vor. Diese Frist erscheint nicht unangemessen, doch gleichzeitig in ihrer dogmatischen Herleitung eher willkürlich. Eine Klärung durch den Gesetzgeber bleibt wünschenswert. Dagegen sollte eine Kündigungsfrist bei einer Kündigung durch den Mieter nur bei einer Vereinbarung angenommen werden.[290] Sämtliche Verbraucherdaten sind danach vom Anbieter nicht mehr zu benutzen beziehungsweise zu löschen und soweit möglich zurückzuerstatten.[291] Dieses Recht besteht ohnehin schon nach Widerruf der datenschutzrechtlichen Einwilligung gemäß Art. 17 I lit. b DSGVO, und es sollte auch beim Entfall der schuldrechtlichen Grundlage gelten.[292]

Unklar bleibt in diesem Zusammenhang, wieso der Nutzer nicht von vornherein von seinem datenschutzrechtlichen Widerrufsrecht nach Art. 7 III DSGVO Gebrauch machen sollte, das ihm jederzeit und ohne potentiell lästige Kündigungsfristen zusteht. Dabei kann ein volatiles Widerrufsverhalten des Verbrauchers den Unternehmer durchaus schädigen. Ob diesem daraufhin ein Schadensersatzanspruch zustehen kann, der seinerseits eine Einschränkung des grundrechtlich verbürgten Rechts auf informationelle Selbstbestimmung darstellen würde, bleibt ungeklärt. Art. 14 I Digitale-Inhalte-RL spricht nur ein Schadensersatzrecht des Verbrauchers an, keines des Unternehmers.

Es zeigt sich, dass die Eigenart digitaler Inhalte im System der Rücktritts- und Kündigungsfolgen für Schwierigkeiten sorgt, sind diese doch auf die Abwicklung von Vertragsverhältnissen über körperliche Sachen zugeschnitten.[293]

dd) Fazit zur Möglichkeit der Rechtsfortbildung im noch ungeregelten Bereich

Die Bilanz ist letztlich eine zwiespältige. Die vorhandenen Regelungsinstrumente des BGB scheinen durchaus auch für den Austausch von digitalen Inhalten und personenbezogenen Daten ein solides Regelungsfundament bereitzustellen, gleichzeitig lassen sie in vielen Detailfragen akzeptable Lösungen vermissen. Schwere Schutzlücken bleiben für den Verbraucher wegen des Datenschutzrechts nicht bestehen. Der Verbraucher kann jederzeit seine Einwilligung in die Verarbeitung seiner Daten gemäß Art. 7 III DSGVO widerrufen. Lediglich die unrechtmäßige Nutzung der Daten in der Vergangenheit wird durch diese Rechtsfolge nicht ausgeglichen. Gerade dieser Bereich bleibt auch in der geplanten Richtlinie ausgespart. Ebenso wie mögliche schuldrechtliche Kompensationen des Unternehmers, die aus einem plötzlichen Widerruf des Nutzers resultieren können. Angesichts der

[290] *Faust*, Gutachten zum 71. DJT, S. 36.
[291] *Faust*, Gutachten zum 71. DJT, S. 24, 37; *Schmidt-Kessel/Grimm*, ZfPW 2017, 84 (105).
[292] Metzger versteht dagegen den Rücktritt oder die Kündigung zugleich als konkludenten Widerruf der Einwilligung und kommt sodann zum gleichen Ergebnis, *Metzger*, AcP 216 (2016), 807 (861).
[293] *Schmidt-Kessel/Grimm*, ZfPW 2017, 84 (104f.).

Vielzahl an schon erlassenen und noch bevorstehenden Regelungen ist die Lückenhaftigkeit des Rechts fraglich. Eventuell hält der Gesetzgeber die Regelungslage für ausreichend.

Die methodische Behandlung bereitet große Schwierigkeiten, obwohl hier kein Sachverhalt entfällt, den der damalige Gesetzgeber regeln wollte, sondern lediglich ein neuer Sachverhalt auftaucht, den der historische Gesetzgeber nicht sehen konnte. Die letztere Situation hält Neuner methodisch für weniger problematisch, da hier keine Wertungen des Gesetzgebers beseitigt, sondern lediglich neue Wertungen getroffen werden müssten, die nicht dem Willen des Gesetzgebers widersprächen. Die Judikative müsse also nur „extra legem" und nicht „contra legem" entscheiden.[294] Die Ergebnisse der bisherigen Untersuchung legen eine andere Einschätzung nahe: Die methodische Behandlung von Fällen, in denen der Zweck einer Regelung (teilweise) entfällt[295] oder die Mittel-Zweck-Relation einer Regelung nicht mehr zutreffend ist,[296] fällt dagegen verhältnismäßig leicht. Lässt sich der historische Regelungszweck einer Norm feststellen, dient er zugleich als Kompass für die weitere Rechtsanwendung. Es kann häufig gezeigt werden, welche Folgen der Regelung gewollt und welche nicht gewollt sind. Zeitigt die Regelung auf Grund unvorhergesehener Ereignisse plötzlich Folgen, die nicht dem Regelungszweck und damit dem Willen des Gesetzgebers entsprechen, muss die Judikative diesen Missstand beseitigen. Dabei liegt kein contra-legem Entscheiden vor, weil eben nicht von der Regelungsentscheidung des Gesetzgebers abgewichen wird, sondern lediglich ein defekter Wortlaut – der angesichts der Veränderungen nicht mehr dem Willen des Gesetzgebers entspricht – angepasst oder nicht mehr angewendet wird.[297]

Dagegen bestehen bei einem vollkommen neuen Sachverhalt kaum Anhaltspunkte, wie der Gesetzgeber entscheiden würde. Der Rechtsanwender entscheidet hier deutlich autonomer. Er bringt dann nicht einfach den Willen des Gesetzgebers gegen einen nicht mehr passenden Wortlaut zur Geltung, sondern schafft selbständig eine Regelung, ohne oder mit wenigen rechtlichen Anhaltspunkten. Richtig ist zwar, dass der Rechtsanwender damit nicht unbedingt gegen bestehende Regelungen verstößt, er also gewissermaßen „extra legem" handelt, doch ist das kein ausreichender Grund für eine Rechtsfortbildung.[298] Darüber hinaus sollte grundsätzlich nachgewiesen werden, dass die geschaffenen Regelungen im Sinne des Gesetzgebers wären, der aus irgendeinem Grund noch regelungsunfähig ist.

Aber gerade dieser Nachweis fällt in einem kaum geregelten Bereich äußerst schwer. Nicht hilfreich ist der Rückgriff auf die Theorie des Überzeugungswan-

---

[294] *Neuner*, Die Rechtsfindung contra legem, S. 119.
Dazu auch schon die Diskussion unter B. VI. 2.
[295] Dazu D. I. 1. a) und D. II. 1. a) aa).
[296] Dazu D. II. 1. a) bb).
[297] Dazu schon B. III. 3. und B. X.
[298] So auch *Classen*, JZ 2003, 693 (700).

dels,[299] weil die gewandelten Verhältnisse keine vorhandene Willensäußerung des Gesetzgebers in Frage stellen, sondern nur potentiell eine neue notwendig machen. Hat die neue Evidenz aber noch keine Willensbildung veranlasst, gibt es keinen rechtlichen Anhaltspunkt, aus dem eine richterliche Kompetenz zur Fortbildung des Rechts abgeleitet werden könnte. Nur soweit sich im Gesetz Hinweise auf eine Willensbildung finden, die auch für die neue Entwicklung relevant sein könnten, kann eine richterrechtliche Neuregelung gerechtfertigt sein. Der Rechtsanwender muss hier mit vergleichbaren Vorschriften und Grundgedanken der Rechtsordnung argumentieren, die auf einen Regelungswillen des Gesetzgebers schließen lassen. Es soll nicht behauptet werden, dass dies ausgeschlossen ist. Der Nachweis kann gelingen und eine Rechtsfortbildung notwendig sein. Aber die Begründungsanforderungen liegen zumeist deutlich höher als im Falle des Wegfalls oder der Erledigung des Regelungszwecks.

Bei dem hier untersuchten, potentiell neuen Vertragstyp erleichtert der in § 311 I BGB zum Ausdruck kommende Gedanke der Vertragsfreiheit die argumentative Ausgangssituation. Der Gesetzgeber gibt damit selbst zu erkennen, dass dem Rechtsanwender eine weite Kompetenz zukommt, bisher unbekannte Austauschverhältnisse rechtlich einzuordnen. Die Vertragsparteien sollen sich nicht streng an die vorgegebenen Vertragstypen des BGBs halten müssen.[300] Hier konnte der „neue" Vertragstyp im Wesentlichen durch bereits vorhandene Vertragstypen abgebildet werden. Dies entbindet den Rechtsanwender aber nicht von der genauen methodischen Prüfung konkreter Rechtsfragen, bei denen er sich nicht auf den Grundsatz der Vertragsfreiheit berufen kann.

Sobald nachgewiesen werden soll, dass die vertragsspezifischen Rechtsfolgen unpassend und durch andere zu ersetzen sind, muss der Richter eine planwidrige Regelungslücke nachweisen. Selbst wenn diese Rechtsfolgen dispositiver Natur sein sollten, stellen sie zwingende Vorgaben für den Richter dar, wenn die Vertragsparteien keine abweichende Vereinbarung getroffen haben. Nur wenn nachgewiesen werden kann, dass der Gesetzgeber angesichts der veränderten tatsächlichen Voraussetzungen ebenfalls einen Regelungsbedarf konstatiert hätte, kann und muss die Justiz als verlängerter Arm des Gesetzgebers tätitg werden. Wird dagegen die Notwendigkeit einer „responsiven Dogmatik" betont,[301] die dazu in der Lage sein soll, berechtigte kognitive Interessen der Vertragsparteien zu erkennen und diese – ohne eine rechtsmethodische Prüfung – in das Recht zu transformieren, muss dem vehement widersprochen werden. Ungeachtet auffälliger Ähnlichkeiten dieser Position zu bereits enttarnten dogmatischen Scheinbegriffen wie der Natur der Sache oder der Rechtsidee verbleibt als Kritik an der Position, dass diese kein

---

[299] Siehe dazu B. VII. 3. b).

[300] BeckOGK/*Herresthal*, Stand: 01.01.2019, § 311 BGB, Rn. 2; MüKoBGB/*Emmerich*, § 311 BGB, Rn. 24.

[301] So *Grünberger*, AcP 218 (2018), 213 (241 ff.).

limitierendes Prinzip kennt.[302] Wenn die Irritationen der Wirklichkeit ausreichender Grund für eine Rechtsfortbildung sein können, wird ohne logisches Fundament von einem Sein auf ein Sollen geschlossen.[303] Daraus folgt nicht, dass die Rechtswissenschaft und die Gerichte Veränderungen und neuen Entwicklungen tatenlos gegenüberstehen müssen, natürlich können sie Rechtsanpassungen vorschlagen oder sogar vornehmen. Sie haben aber ihre (Vorschläge für) Rechtsanpassungen rechtsimmanent zu begründen.

In dem hier behandelten Fall befindet man sich nicht in einem völlig ungeregelten Bereich. Das macht die Situation des Rechtsanwenders aber nicht unbedingt einfacher. Der Wille des historischen Gesetzgebers wurde durch die Rechtsprechung schon mehrfach überholt; aktuelle Willensäußerungen des Gesetzgebers finden sich im Datenschutzrecht, die aber nur bedingt auf das Schuldrecht übertragen werden können. Währenddessen plant der europäische Gesetzgeber eine Richtlinie für den Bereich des Datenschuldrechts. Es handelt sich um eine äußerst vielschichtige Regelungslage, die keine einfachen Antworten ermöglicht. Insbesondere in den Bereichen des Rücktritts, der Kündigung, des Schadensersatzes und des Konkurrenzverhältnisses von Kündigung und datenschutzrechtlichem Widerruf verbleiben offene Rechtsfragen, die allein der Gesetzgeber klären kann.

b) Wirtschaftlicher Wandel

Auch rasante wirtschaftliche Veränderungen können Anlass zu richterlichen Rechtssetzungen geben. Der klassische Fall in dieser Fallgruppe ist die Aufwertungsrechtsprechung des Reichsgerichts.[304] Die Hyperinflation der deutschen Währung führte in der Weimarer Republik von Herbst 1922 bis zur Währungsreform am 15. 11. 1923 zu einer wirtschaftlichen Krise, die vor allem den Mittelstand hart traf, weil Sparguthaben und Geldforderungen massiv entwertet wurden.[305] Schließlich entschieden sich die Gerichte, eine Anpassung der Forderungen an die gewandelten wirtschaftlichen Verhältnisse zu ermöglichen, gegen die ausdrückliche Vertragsabrede der Parteien und auch gegen den Gesetzgeber, der an dem Grundsatz Mark (Goldmark) = Mark (Papiermark) festhalten wollte.[306] Das zeigt, dass das Vertragsrecht und insbesondere das Recht der einseitigen Zahlungsverpflichtungen in einem unlösbaren Bezug zu der wirtschaftlichen Realität ihrer Zeit stehen.[307]

---

302 Dazu schon B. VI. 2.

303 So bspw. bei *Grünberger*, AcP 218 (2018), 213 (283 f.); dagegen auch schon einige Stimmen in der anschließenden Diskussion von Grünbergers Referat, vgl. *Haidmayer*, AcP 218 (2018), 297.

304 RGZ 107, 78; dazu *Rüthers*, Die unbegrenzte Auslegung, S. 64 ff.

305 *Grimm*, NJW 1997, 2719 (2724).

306 *Rüthers*, Die unbegrenzte Auslegung, S. 72 f.

307 *Rüthers*, Die unbegrenzte Auslegung, S. 89.

In diesem Kontext steht auch die alte Fassung des § 247 BGB, in der der Gesetzgeber ein Kündigungsrecht des Kreditnehmers an eine starre 6 Prozent-Grenze des Zinssatzes knüpfte, was damals eine hohe Zinspflicht darstellte. Nachdem sich die Zinssätze aber im Laufe der Zeit stark veränderten, musste auch die unveränderte Anwendbarkeit von § 247 BGB zweifelhaft werden. Diese Thematik soll anhand des methodischen Vorschlags von Canaris analysiert werden.[308]

Der zweite Fall beschäftigt sich mit dem nordrheinwestfälischen Hausarbeitstag für arbeitende Frauen, die zugleich einen eigenen Haushalt zu führen hatten. Das Recht gewährte ihnen einmal pro Monat einen bezahlten, arbeitsfreien Wochentag – den sogenannten Hausarbeitstag – zu nehmen. Nachdem sich die wirtschaftlichen Verhältnisse stark verbessert hatten, stellte sich die Frage, ob der Gesetzeszweck inzwischen entfallen war.

aa) Veränderte Zinsen, verändertes Gesetz? – Canaris' Lösung für die Anpassung des § 247 BGB a. F.

§ 247 I BGB lautete bis 1987:

> „(1) Ist ein höherer Zinssatz als sechs vom Hundert für das Jahr vereinbart, so kann der Schuldner nach dem Ablaufe von sechs Monaten das Kapital unter Einhaltung einer Kündigungsfrist von sechs Monaten kündigen. (2) Das Kündigungsrecht kann nicht durch Vertrag ausgeschlossen oder beschränkt werden."

Die Norm verfolgte zwei Zwecke: Zum einen sollte der Kreditnehmer vor zu hohen Zinsen geschützt werden, die er sich im Zuge der überlegenen Marktmacht des Kreditgebers zu akzeptieren genötigt sah. Von Kreditverträgen mit überhöhtem Zins sollte er sich nach sechs Monaten lösen können.[309] Zum anderen sollte dem Kreditnehmer die Möglichkeit gegeben werden, den Zins bei fallenden marktüblichen Zinssätzen an den Marktzins anzupassen.[310]

Canaris konstatiert 1978 für beide historischen Normzwecke eine gewandelte Normsituation. Ein Zinssatz von 6 Prozent habe im Laufe der Zeit nach dem Gesetzeserlass, egal von welcher Bewertungsgrundlage ausgegangen wird, nicht mehr als hoch gelten können.[311] Der erste Schutzzweck des historischen Gesetzgebers sei damit endgültig entfallen.[312] Aber auch der zweite Zweck der Norm, die Anpassung des Zinssatzes an marktübliche Zinsen für den Kreditnehmer zu ermög-

[308] Erörtert werden soll dabei nur die Frage, ob die Richter die Befugnis hatten, die 6-Prozent-Grenze des Gesetzes im normalen Privatrechtsverkehr anzupassen. Dabei wird nicht besonders darauf eingegangen, ob für Kaufleute als Kreditnehmer mit oder ohne festen Zinssatz andere Grundsätze gelten müssen.

[309] Mit Hinweis auf Prot. 1 S. 473, *Canaris*, WM 1978, 686 (687).

[310] Mit Hinweis auf Prot. 1 S. 473, *Canaris*, WM 1978, 686 (688).

[311] *Canaris*, WM 1978, 686 (687).

[312] *Canaris*, WM 1978, 686 (694).

lichen, stehe gewandelten Verhältnissen gegenüber. So wäre früher eine Anpassung des Zinssatzes nur in Ausnahmefällen möglich gewesen, eben wenn ein für die damalige Zeit sehr hoher Zinssatz von 6 Prozent vereinbart worden wäre.[313] Dennoch verbliebe ein sinnvoller Anwendungsbereich der Norm übrig. Nach wie vor könne das Bedürfnis eines Kreditnehmers entstehen, während der Laufzeit des Kreditvertrages den vereinbarten Zins an den inzwischen gesunkenen Marktzins anzupassen.[314] Dabei sei dieser Schutzzweck rechtspolitisch durchaus fraglich, da er den Kreditnehmer einseitig privilegiert, von dem gefallenen Marktzins zu profitieren, während der Kreditgeber keine Möglichkeit hat, den vereinbarten Zins an eventuell gestiegene Marktzinsen anzupassen.[315] Jedoch würde dies methodisch wie verfassungsrechtlich nur bei einem kaufmännischen Kreditnehmer hinreichen, um der Norm ihre Geltung abzusprechen, ansonsten bliebe die Norm anwendbar.[316] Auf keinen Fall könne der gesetzgeberisch vorgesehene Zinssatz von 6 Prozent auf einen zur damaligen Zeit einschlägigen Zinssatz (ca. 8,25 %) angehoben werden, da dies ein Akt richterlicher Willkür wäre.[317]

Hier ist davon auszugehen, dass Canaris' Beschreibung der gewandelten Normverhältnisse faktisch richtig war. Doch war damit tatsächlich der vom historischen Gesetzgeber intendierte Schutzzweck entfallen? Immer noch einschlägig ist die Überlegung, dass der Kreditgeber typischerweise die Bedingungen des Kreditvertrages wegen seiner überlegenen Marktposition diktieren können wird. Angewiesen auf den Kredit ist eben der Kreditnehmer. Um den Kreditnehmer zu schützen, normierte der Gesetzgeber ein Kündigungsrecht bei einem Zinssatz von 6 Prozent, der ihm zu seiner Zeit als hoch erschien. Geändert hat sich seitdem nur das Zinsniveau, angesichts dessen ein vereinbarter Zinssatz von 6 Prozent nicht mehr als hoch erscheint. Damit hatte der Gesetzgeber nicht gerechnet. Wäre zu seiner Zeit das Zinsniveau schon ein anderes gewesen, hätte der Gesetzgeber § 247 I BGB nicht mit der 6 Prozent-Vorgabe erlassen. Festgehalten hätte er aber an seiner Idee, den Kreditnehmer durch ein Kündigungsrecht vor zu hohen Zinsen zu schützen. Damit wäre es kein Akt richterlicher Willkür gewesen, die Norm abweichend von ihrem Wortlaut anzuwenden und einen neuen, an die gewandelten Verhältnisse angepassten Zins zu etablieren. Denn die Norm, wie sie jetzt besteht, entspricht nicht mehr dem Willen des historischen Gesetzgebers, der nur bei überdurchschnittlich hohen Zinsen ein Kündigungsrecht etablieren wollte.[318] Sie ist damit sekundär lückenhaft geworden und muss angepasst werden.

Für Canaris ist dieser Weg nur wegen des eindeutigen und damit aus seiner Sicht unhintergehbaren Wortlauts versperrt. „Sechs vom Hundert" sind nicht acht oder neun von hundert. Durch Auslegung lässt sich dieses Ergebnis nicht gewinnen.

---

[313] *Canaris*, WM 1978, 686 (688).
[314] *Canaris*, WM 1978, 686 (695).
[315] *Canaris*, WM 1978, 686 (697).
[316] *Canaris*, WM 1978, 686 (695, 697).
[317] *Canaris*, WM 1978, 686 (694).
[318] So auch *Canaris*, WM 1978, 686 (691).

Auch eine teleologische Reduktion wäre für ihn kritisch zu beurteilen, denn tatsächlich würde der Wortlaut nicht reduziert, sondern geändert. Die in dieser Arbeit vertretene Form der subjektiven Auslegung ist hier freier, sie klebt nicht am Wortlaut der Norm, sondern versucht den Gesetzgeberwillen unter den gewandelten Bedingungen zur Geltung zu bringen.

Richtig ist aber, dass dieses Verfahren hier zu einer erheblichen Rechtsunsicherheit führen könnte.[319] Denn wenn sich der marktübliche Zins in kurzen Zeitabständen ändern würde, wären die Richter ständig mit dem Anpassungserfordernis konfrontiert. Die Aufgabe der Feststellung und Ausfüllung der sekundären Lücke wäre damit keine einmalige methodische Operation, sondern könnte sich beliebig oft wiederholen. Der vordergründig klare Gesetzeswortlaut könnte für gut informierte Rechtsadressaten zur Rechtsfalle beim Entwurf eines Darlehensvertrages werden. Denn tatsächlich würde das Merkmal „sechs vom Hundert" nicht mehr „6 Prozent", sondern so etwas wie „im Vergleich zum Marktzins überdurchschnittlich hoher Zins" bedeuten. Variable Zinsnormen sind keine Undenkbarkeit, wie auch der heutige § 247 BGB beweist.[320] Doch lässt sich inzwischen aus dem Wortlaut der Norm ablesen, dass dieser Zinssatz ein variabler ist; auch wird kein Kündigungsrecht mehr an einen festen Zinssatz gekoppelt. Zudem besteht ein Publikationserfordernis des jeweiligen Basiszinssatzes nach § 247 II BGB, das der Rechtssicherheit Rechnung trägt. Die äußerst starre, auslegungsfeindliche Festschreibung des Zinssatzes in dem alten § 247 BGB einerseits und die ständige Abhängigkeit der Norm von den realen wirtschaftlichen Verhältnissen andererseits führen dazu, dass die sekundäre Lücke aus entgegenstehenden Gründen der Rechtssicherheit nicht ausgefüllt werden darf.

Damit ist die subjektive Auslegung hier im Ergebnis nicht großzügiger als die objektive Auslegung bei der Feststellung und Ausfüllung sekundärer Lücken. Wären hier aber keine starren, arithmetisch festgelegten Rechtsbegriffe von den gewandelten Verhältnissen betroffen, könnte das dynamische Fortdenken der Wertungen des Gesetzgebers in der Form des hypothetischen Gesetzgeberwillens durchaus zu einer Anpassung der Rechtsnorm im Rahmen der subjektiven Auslegung führen.

Tatsächlich führt der Wandel der Normsituation nach der hier entwickelten Methode zum Unanwendbarwerden der Norm. Denn die gewandelten Verhältnisse führen zur nachträglichen planwidrigen Überflüssigkeit der Regelung des Gesetzgebers. Der höherstehende, verfassungsrechtlich relevante Gesichtspunkt der Rechtssicherheit steht einer Anpassung der Norm entgegen. Zugleich ist es aber unakzeptabel, an einer Norm festzuhalten, die nicht mehr dem Willen ihres Normsetzers entspricht. Solange sie nicht mehr den gewünschten Effekt zeitigt, darf sie nicht mehr angewendet werden. Der „zweite" Zweck der Norm – die An-

---

[319] *Canaris*, WM 1978, 686 (694).
[320] MüKoBGB/*Grundmann*, § 247 BGB, Rn. 1.

passungsmöglichkeit von Krediten an das marktübliche Zinsniveau – hing nämlich ebenfalls an der Prämisse, dass die Zinsvereinbarung von mehr als 6 Prozent angesichts des marktüblichen Zinses überdurchschnittlich hoch sei. Auch der zweite Zweck stellt sich als Teil des gesetzgeberischen Gesamtkonzeptes zum Schutze des Kreditnehmers dar. Ist aber der vom Gesetzgeber gewählte Bezugspunkt des Schutzkonzepts inzwischen von den tatsächlichen Verhältnissen überholt worden, gerät die gesamte gesetzgeberische Konzeption aus den Fugen. Damit verbleibt im Ergebnis – anders als bei Canaris[321] – kein Anwendungsbereich der Norm mehr übrig. Der damalige § 247 I BGB hätte nicht weiter angewendet werden dürfen, solange das Zinsniveau nicht dem in der Norm genannten und vom Gesetzgeber als hoch erachteten Zinsniveau entsprochen hätte.

bb) Hausarbeitstag – nur noch entbehrlicher Luxus?

Das Urteil des Großen Senats des Bundesarbeitsgerichts vom 16. 3. 1962[322] zum Hausarbeitstag für berufstätige Frauen nach dem nordrhein-westfälischen Gesetz über Freizeitgewährung für Frauen mit eigenem Hausstand (kurz: HATG NRW) wird häufig als Fehlurteil dargestellt, in dem sich die Gefahren einer vorschnellen Anwendung der cessante-Regel zeigen.[323]

§ 1 HATG NRW lautete:

> „In Betrieben und Verwaltungen aller Art haben Frauen mit eigenem Hausstand, die im Durchschnitt wöchentlich mindestens 40 Stunden arbeiten, Anspruch auf einen arbeitsfreien Wochentag (Hausarbeitstag) in jedem Monat."

Die berufstätige Frau mit eigenem Hausstand hatte danach einen Anspruch auf einen bezahlten arbeitsfreien Wochentag (Hausarbeitstag) im Monat, wenn sie eine gewisse Arbeitszeit (durchschnittlich mindestens 40 Stunden in der Woche) abzuleisten hatte. Dieser Hausarbeitstag sollte die Doppelbelastung von arbeitenden Frauen entschärfen, die zusätzlich zur Arbeit einen eigenen Hausstand zu führen hatten und so deren Arbeitsfähigkeit erhalten.[324] Die Regelung hatte nach Auffas-

---

[321] Canaris belässt einen Anwendungsbereich für Kreditnehmer offen, die keine Kaufleute sind, *Canaris*, WM 1978, 686 (695): „Dem Kreditnehmer eine Möglichkeit zur Anpassung an Veränderungen des üblichen Zinssatzes zu geben, kann man nun aber auch heute noch grundsätzlich als „vernünftigen gesetzgeberischen Zweck" anerkennen. Das gilt zumindest dann, wenn sich der Kreditgeber seinerseits die Möglichkeit einer Anpassung an Zinsschwankungen vorbehalten hat *und/oder* der Kreditnehmer kein Kaufmann ist."

[322] BAGE 13, 1.

[323] *Neuner*, Die Rechtsfindung contra legem, S. 118.

[324] Die KPD Abgeordnete Grete Thiele begründete den Gesetzesantrag ihrer Partei im November 1947 mit der Doppelbelastung der Frau in Haushalt und Beruf, die zu „einem Raubbau an der Gesundheit und der Arbeitskraft der Frau geführt" habe, mit Verweis auf den Stenographischen Bericht des Landtages von Nordrhein-Westfalen – I. Wahlperiode, 22. Sitzung am 10. Nov. 1947, S. 179–181, *Ruhl*, Verordnete Unterordnung, S. 72.

sung des Bundesarbeitsgerichts sowohl eine gesundheits- wie eine mutterschutzrechtliche Funktion.[325]

Der Ausgangspunkt der Kontroverse[326] war, dass zum Zeitpunkt des Gesetzerlasses[327] der Samstag noch ein normaler Arbeitstag war, inzwischen aber die 5-Tage-Arbeitswoche üblich wurde. Es stellte sich die Frage, ob der Zweck des Gesetzes nun ohnehin erfüllt war, weil arbeitstätige Frauen mit eigenem Hausstand nun jeden Samstag genug Zeit hatten, sich um Angelegenheiten des Haushalts zu kümmern. In der Literatur wurde vertreten, dass es eine ungeschriebene Voraussetzung für die Gewährung eines Hausarbeitstages sei, dass die Frau an jedem Werktag (damals auch noch der Samstag) während des relevanten Anspruchszeitraumes beschäftigt sein müsse. Das Bedürfnis für einen Hausarbeitstag entfalle, wenn die arbeitende Frau ohnehin innerhalb des Anspruchszeitraumes einen arbeitsfreien Werktag zu ihrer Verfügung habe.[328]

Die Regelung des § 1 HATG NRW nennt als entscheidende Voraussetzung für die Gewährung des Anspruchs lediglich die Ableistung einer bestimmten Arbeitszeit, nicht eine bestimmte Arbeitszeitverteilung, wie das in anderen Landesgesetzen der Fall war.[329] Nach dem Wortlaut der Regelung machte es also keinen Unterschied, ob die Frau in einer 5-Tage-Woche oder einer 6-Tage-Woche beschäftigt war. Fraglich ist allein, ob auf Grund der außerrechtlichen Veränderungen, die der historische Gesetzgeber nicht bedacht haben konnte, der Zweck der Norm entfallen ist. Um dies zu zeigen, muss der Richter nachweisen, dass der historische Gesetzgeber unter den gewandelten Verhältnissen die Regelung (so) nicht mehr erlassen hätte. Prima facie ist der arbeitsschutzrechtliche Zweck der Regelung noch nicht entfallen. Die arbeitende Frau mit eigenem Hausstand sah sich auch mehr als zehn Jahre nach dem Gesetzeserlass einer Doppelbelastung gegenüber. Zwar mag sie durch die Einführung des arbeitsfreien Samstags entlastet worden sein, doch verlangte die Norm tatbestandlich nur die Ableistung einer bestimmten Arbeitszeit als Voraussetzung für die Gewährung eines Hausarbeitstages. Es waren also gute Gründe anzuführen, die den Zweckverlust der Norm belegten.

---

325 BAGE 13, 1 (3).

326 Nachdem die Materie nach Inkrafttreten des Grundgesetzes in die Kompetenz des Bundes fiel, endeten die Debatten in den Landtagen. Die Diskussionen um die Rechtmäßigkeit des Hausarbeitstages brachen aber nicht ab. Die Gewährung des Hausarbeitstages in Nordrein-Westfalen und anderen Ländern erhitzte über mehr als ein Jahrzehnt die Gemüter von Arbeitgebern und Gewerkschaften und führte zu vielen, erbitterten gerichtlichen Auseinandersetzungen – der Hausarbeitstag avancierte damit zu einer der umstrittensten Materien des Arbeitsrechts. Nach Angaben des Deutschen Gewerkschaftsbundes wurden allein in Nordrhein-Westfalen bis 1962 über 1000 Arbeitsgerichtsprozesse geführt, die den Hausarbeitstag zum Gegenstand hatten, vgl. dazu *Ruhl*, Verordnete Unterordnung, S. 81 f.; *Sachse*, Der Hausarbeitstag, S. 339.

327 Die Regelung wurde am 27. 6. 1948 vom Landtag beschlossen, am 31. 1. 1949 von der britischen Militärregierung gebilligt und am 12. 2. 1949 verkündet.

328 *Bulla*, Mutterschutzgesetz und Frauenarbeitsrecht, 1954, HAT, Rn. 172 ff., insbesondere 176; *Dietz*, BB 1952, 33 (36).

329 *Ramm*, ArbuR 1962, 353 (354).

Das Bundesarbeitsgericht argumentierte nun entgegen dem früheren Standpunkt des Ersten Senats,[330] dass seit dem Gesetzeserlass eine „grundlegende Änderung aller Verhältnisse“[331] eingetreten sei, die vom Gesetzgeber nicht hätte bedacht werden können und zum Zweckentfall des Gesetzes führe:

„Die arbeitenden Frauen befinden sich heute ganz allgemein nicht mehr in den gesundheitlich schlechten Verhältnissen wie damals. Die berufstätige Frau ist auch durchweg nicht mehr wie damals durch Schlangestehen vor Läden, vor Ernährungsämtern und Behörden, durch Kohlensorgen, Hamsterfahrten und dgl. auf das schwerste belastet. Die seither in weitestem Maße eingetretenen Erleichterungen der Haushaltsführung durch moderne eigene oder fremde maschinelle Einrichtungen, die Möglichkeiten einer vernünftigen Vorratswirtschaft für den Haushalt und die weitgehend verbreitete Kantinenbetreuung der Arbeitnehmer sind ebenfalls eine offenkundige Erleichterung auch für die berufstätige Frau, die für einen eigenen Hausstand zu sorgen hat. Das Leben für berufstätige Frauen mit eigenem Hausstand ist – alles in allem – erheblich und wesentlich leichter geworden als damals zur Zeit des Erlasses des Gesetzes

Das hängt entscheidend mit dem grundlegenden Wandel zusammen, der sich hinsichtlich der Arbeitszeit vollzogen hat. Nachdem die Anlaufschwierigkeiten in den ersten Nachkriegsjahren, in denen es noch Kurzarbeit, Kohlenferien sowie Beurlaubungen der Arbeitnehmer zum Zwecke der Lebensmittelbeschaffung und Landarbeit gab, überwunden und die Wirtschaft allmählich mit Vollbeschäftigung wieder aufgebaut worden war, setzten sich etwa seit 1955 im Zuge der allgemeinen wirtschaftlichen Besserung allmählich die Bestrebungen zu einer mit Lohngarantie verbundenen Arbeitszeitverkürzung durch, die der Familie, der Erholung, der Belehrung und der Ausübung sportlicher wie musischer Neigungen zugute kommen soll. Diese Neugestaltung der Arbeitszeit hat die berufliche und gesundheitliche Belastung der berufstätigen Frau entscheidend geändert. Viele berufstätige Frauen haben heute infolge Arbeitszeitverkürzung regelmäßig einmal in der Woche einen arbeitsfreien Tag.“[332]

Das Bundesarbeitsgericht beschreibt hier sehr konkret die damalige wirtschaftliche Lage und die damit einhergehende Situation der Frauen. Schlange stehen vor Läden und Ernährungsämtern, Kohlensorgen sowie Hamsterfahrten prägen das Bild der Zeit. Natürlich soll dieses Bild der wirtschaftlichen Lage auch das Bild sein, das dem historischen Gesetzgeber vorschwebte. Dabei geht das Bundesarbeitsgericht bis 1947 zurück, als das Gesetz erstmals in den Landtag eingebracht wurde.

„Es ist nun aber heute nicht zu übersehen, daß seit der Notzeit, als das HATG NRW eingebracht (28. November 1947), vom Landtag von Nordrhein-Westfalen beschlossen (27. Juli 1948), von der damaligen britischen Militärregierung genehmigt (31. Januar 1949) und dann verkündet (12. Februar 1949) wurde, ein grundlegender Wandel aller Verhältnisse eingetreten ist, den damals niemand auch nur vorauszusehen gewagt hat.“[333]

---

330 BAGE 5, 187 – Urteil vom 17. 1. 1958. Für einen vertieften Einblick in die Geschichte der Rechtsprechung, *Sachse*, Der Hausarbeitstag, S. 335 ff.

331 BAGE 13, 1 (11).

332 BAGE 13, 1 (12 f.).

333 BAGE 13, 1 (12).

Dieses Vorgehen wird von Ramm kritisiert, der zurecht daraufhin weist, dass der relevante Zeitpunkt der Willensbildung nicht beim Einbringen des Gesetzes zu suchen ist, sondern später bei seiner Verabschiedung.[334] Zwischen diesen beiden Zeitpunkten liegen zwar nur circa acht Monate, doch habe die Durchführung der Währungsreform in der Zwischenzeit die wirtschaftliche Lage grundlegend verbessert, so dass das vom Bundesarbeitsgericht heraufbeschworene düstere Bild der Zeit schon nicht mehr das Bild des Gesetzgebers gewesen sei.[335]

Noch ein weiterer Einwand wird von Ramm vorgebracht. Das Bundesarbeitsgericht schildere letzten Endes die allgemeinen wirtschaftlichen Verhältnisse der Zeit, nicht die konkreten Lebensbedingungen der arbeitenden Frauen.[336] Dabei ist nicht klar, ob diese sich seit der Zwischenzeit lediglich verbessert haben oder ob eventuelle Vorteile durch andere Nachteile – wie die Verkürzung der Ladenöffnungszeit – wieder aufgewogen wurden.[337] Ramm führt diese durchaus bedenkenswerten Einwände nur zur Ergänzung seines Hauptarguments an, dass sich die Entscheidung des Bundesarbeitsgerichts nicht mit dem Gesetzeswortlaut von § 1 HATG NRW in Einklang bringen ließe.[338] Ramm setzt dabei implizit die bis heute gelegentlich vertretene – aber wenig überzeugende[339] – Andeutungstheorie voraus. Diesen Weg beschreitet das Bundesarbeitsgericht nicht, es sieht sich nicht primär an den Gesetzeswortlaut, sondern an den vom Gesetzgeber vorgesehenen Gesetzeszweck gebunden, den es gegebenenfalls auch entgegen dem Wortlaut des Gesetzes zur Geltung bringen will:

> „Denn eine Anwendung des Gesetzes lediglich nach dem Wortlaut auch bei einer im entsprechenden – soeben erörterten – Umfang durchgeführten Arbeitszeitverkürzung und Freistellung von vier Werktagen im Monat umfaßt Fälle und führt Rechtsfolgen herbei, die der Gesetzgeber von 1947/1948 vernünftigerweise nicht so geregelt hätte, wenn er diese Entwicklung erkannt und bedacht hätte (vgl. Enneccerus-Nipperdey, Allgemeiner Teil des Bürgerlichen Rechts, Halbband 1, 15.Aufl., 1959, § 58 I 4 S. 339 mit weiteren Angaben). Damals stand der Gesetzgeber vor einem allgemeinen Notphänomen, das namentlich aus gesundheitspolitischen Erwägungen einen HAT in generellem und breitem Umfange für berufstätige Frauen als notwendig erscheinen ließ. Die Situation, daß durch die günstige Entwicklung der Gesamtlebensverhältnisse und durch Arbeitszeitverkürzungen viele Frauen allwöchentlich einen arbeitsfreien Tag erhalten würden, war vom damaligen Gesetzgeber nicht

334 *Ramm*, ArbuR 1962, 353 (357).
335 *Ramm*, ArbuR 1962, 353 (357).
336 *Ramm*, ArbuR 1962, 353 (358).
Canaris wendet daher ein, dass die allgemein wirtschaftlichen Überlegungen des BAG sich gar nicht eigneten, eine teleologische Reduktion der Norm zu rechtfertigen – also die Einschränkung der Norm auf eine 6-Tage-Woche –, sondern viel mehr für ihre vollständige „Derogierung" sprachen, *Canaris*, Lücken, S. 190.
337 *Ramm*, ArbuR 1962, 353 (358).
338 *Ramm*, ArbuR 1962, 353 (356).
339 *Heck*, AcP 112 (1914), 1 (154); *Rüthers/Fischer/Birk*, Rechtstheorie, Rn. 734 ff.; *Höpfner*, Die systemkonforme Auslegung, S. 145; MüKoBGB/*Säcker*, Einleitung BGB, Rn. 117 ff.

vorherzusehen und ist von ihm nicht vorhergesehen worden. Es darf angenommen werden, daß er in Kenntnis einer solchen Entwicklung diesen Frauen den HAT nicht gewährt hätte."[340]

Mit Bezug auf Enneccerus und Nipperdey sieht sich das Bundesarbeitsgericht berechtigt, den hypothetischen Willen des Gesetzgebers entgegen dem Wortlaut zur Geltung zu bringen. Es scheint dabei der demokratisch legitimierten Regelungsentscheidung des Gesetzgebers gegenüber ihrer bloßen Wortlautmanifestation zum Sieg zu verhelfen. Damit steht das Bundesarbeitsgericht im Prinzip ganz auf der methodischen Linie dieser Arbeit. Für die Bindung an den Wortlaut einer obsolet gewordenen Regelung spricht nur ein bestimmter Aspekt der Rechtssicherheit, die gegen die Prinzipien der Gewaltenteilung, der Demokratie und der Volkssouveränität zurücktreten muss.[341]

Doch fällt auf, dass das Bundesarbeitsgericht sich bei seiner Prüfung des hypothetischen Gesetzgeberwillens kaum mit den Gesetzesmaterialien oder anderen konkreten Anhaltspunkten beschäftigt, sondern vielmehr einen allgemeinen „Streifzug durch die westdeutsche Sozialgeschichte"[342] unternimmt. Der Gesetzgeberwille, von dem das Bundesarbeitsgericht spricht, und der nun in seiner hypothetischen Variante verletzt sein soll, ist selbst nur eine – wenn auch elaborierte – Konstruktion des BAG.[343] Diese Konstruktion wurde schon durch die Einwände Ramms in Frage gestellt. Weiter ist erstaunlich, dass der Große Senat des Bundesarbeitsgerichts von seiner vorherigen Rechtsprechung im Ersten Senat abweicht und damit zugleich von seiner vorherigen Konstruktion des Gesetzgeberwillens.

Folgendermaßen begründete der Erste Senat des Bundesarbeitsgerichts, wieso an dem monatlichen Hausarbeitstag festgehalten werden könne: Zuerst führt er richtigerweise aus, dass Äußerungen einzelner Abgeordneter keine unbedingten Rückschlüsse auf den Gesetzgeberwillen erlauben. Dann entwickelt der Senat einen Indizienbeweis für die Kenntnis des Gesetzgebers von einer möglichen 5-Tage-Woche. Die 40 Stunden durchschnittliche Wochenarbeitszeit ließe sich besser auf eine 5-Tage-Woche verteilen als auf eine 6-Tage-Woche. Daraus könne geschlossen werden, dass der Gesetzgeber auch an eine 5-Tage-Woche gedacht hatte und es billigen würde, dass einer arbeitenden Frau bei dieser Arbeitszeitverteilung ebenfalls ein Hausarbeitstag im Monat zusteht.[344]

Diese Argumentation untermauert der erste Senat des Bundesarbeitsgerichts noch weiter. In späteren Gesetzesverfahren im Landtag sollte der Hausarbeitstag

---

340 BAGE 13, 1 (13).

341 Vgl. dazu B. X.

342 *Sachse*, Der Hausarbeitstag, S. 351.

343 Das Gericht führt ein erstaunliches Potpourri aus diversen, teilweise sich widerstreitenden methodischen Ansätzen an, um seine Entscheidung zu stützen. Es zitiert in derselben Passage Larenz und König, nutzt die Diener-Metapher Hecks, ohne Heck zu nennen, um dann wieder auf *Ennecerus/Nipperdey* Bezug zu nehmen, BAGE 13, 1 (14).

344 BAGE 5, 187 (192); diese Argumentation akzeptierend Ramm, ArbuR 1962, 353 (356 f.); ablehnend *Bulla*, Mutterschutzgesetz und Frauenarbeitsrecht, 1954, HAT, Rn. 176.

nur noch bei einer 6-Tage-Woche gewährt werden.[345] Doch wurden diese Vorschläge niemals umgesetzt, weil inzwischen die Hausarbeitsgesetze nach Art. 125 Nr. 2 GG in die Regelungskompetenz des Bundes fielen. Daraus schließt der erste Senat, dass der Gesetzgeber von 1948 nicht davon ausging, den Hausarbeitstag nur im Falle einer 6-Tage-Woche eingeführt zu haben.[346]

Dabei greift der erste Senat stärker als der Große Senat auf die Gesetzgebungsmaterialien zurück, doch auch seine Argumentation ist eher allgemein-historischer Natur. Es werden die jeweiligen wirtschaftlichen Umstände beschrieben, gescheiterte Gesetzgebungsverfahren angeführt, Indizienbeweise konstruiert. Diese Methoden sind sicherlich zulässig und im Falle einer unzureichenden Materialienlage wohl auch notwendig. Doch kann kein Argumentationsstrang vollständig überzeugen. Zwar spricht vieles dafür, dass sich die Situation seit dem Gesetzeserlass stark verändert hat und der Gesetzgeber unter diesen Umständen nicht mehr an seiner Regelung festhalten würde. Doch kann auch einiges dafür ins Feld geführt werden, dass der Gesetzgeber entsprechend dem Gesetzeswortlaut tatsächlich eine sehr weitgehende Regelung erlassen wollte[347], oder zumindest das Gegenteil nicht dargelegt werden kann.

Was der Gesetzgeber genau regeln wollte, lässt sich nicht mehr hinreichend klar rekonstruieren. Angesichts dieses argumentativen Patts kann kein klarer hypothetischer Gesetzgeberwille gebildet werden. Nach dem Vorsichtsgebot hätte es, entgegen dem Urteil des Großen Senats, bei der Gewährung eines Hausarbeitstages trotz veränderter Bedingungen bleiben müssen.

Auffallend ist, dass die durchaus präsente Gleichheitsproblematik vom Großen Senat bagatellisiert wurde.[348] Eventuell sollte damit die Zuständigkeit des Verfassungsgerichts umgangen werden.[349] Angesichts Art. 3 II GG lag eine verfassungswidrige Ungleichbehandlung berufstätiger Männer nahe, die ebenfalls einen eigenen Haushalt zu versorgen hatten.[350] Mag das zwar nicht das gesellschaftliche Normalbild der Zeit gewesen sein, ändert das nichts daran, dass sich auch Männer in dieser Situation befunden haben mögen und insoweit kein Unterschied zu den doppelbelasteten Frauen bestand. Schließlich stellte aus diesem Grund das Bundesverfassungsgericht am 13. 11. 1979 die Verfassungswidrigkeit des Gesetzes fest.[351]

---

[345] Mit Hinweis auf den Arbeitsausschuss für Arbeitsrechtsfragen am 12. Juli 1949 (Nr. 414/49 Mm/He), BAGE 5, 187 (193 f.).

[346] BAGE 5, 187 (195).

[347] Eventuell wegen der starken KPD Präsenz in vielen Landtagen, *Ruhl*, Verordnete Unterordnung, S. 71 ff.; *Sachse*, Der Hausarbeitstag, S. 58 ff., für NRW vor allem S. 69 f.

[348] BAGE 13, 1 (6): „Daß die Gewährung des vergüteten HAT mit dieser Zielsetzung und der mit ihr verbundenen Belastung der Arbeitgeber nicht gegen Art. 3 Abs. 1 GG verstößt, ist von vornherein einleuchtend; das Gegenteil ist auch ernsthaft nicht behauptet worden."

[349] *Ramm*, ArbuR 1962, 353 (361).

[350] So schon ArbG Düsseldorf, Urteil vom 1. 10. 1953 – Ca 735/53.

[351] BVerfGE 52, 369.

c) Sozialer Wandel als Grund für sekundäre Planwidrigkeiten? Am Beispiel des Kranzgeldanspruchs

Der schon zuvor erwähnte „Kranzgeldanspruch" – beruhend auf § 1300 BGB a. F. – gehört aus heutiger Sicht in ein Archiv für rechtliche Kuriositäten. Seinen Namen leitet der Anspruch von einem ebenso kurios wirkenden alten Brauch ab: Statt des Myrtenkranzes musste die nicht mehr jungfräuliche Braut – die Strohjungfer – einen Strohkranz bei der Hochzeit tragen.[352] Unlängst war der gesellschaftliche Brauch verschwunden, doch dauerte es noch eine geraume Zeit, bis die Gerichte den Schritt wagten, die Norm zu verwerfen.

1992 – fast 100 Jahre nach Inkrafttreten des BGB – erklärte das Amtsgericht Münster die Norm für verfassungswidrig.[353] Ein Jahr später bestätigte das Bundesverfassungsgericht diese Entscheidung in einer Verfassungsbeschwerde und stellte keine rechtlichen Mängel im Urteil des Amtsgerichts fest.[354] Noch 1987 gewährte das Amtsgericht St. Ingbert Prozesskostenhilfe zur Durchsetzung eines Anspruchs aus § 1300 BGB.[355] 1972 wich das Bundesverfassungsgericht einer Stellungnahme aus. Es wies die Richtervorlage des Landgerichts Kaiserslautern zurück, weil § 1300 BGB vorkonstitutionelles Recht sei.[356]

Doch begann die Diskussion um die Rechtmäßigkeit des Kranzgeldanspruchs nicht erst in den siebziger Jahren des letzten Jahrhunderts. Intensiv wurde vor allem nach der Einführung der Gleichberechtigung von Mann und Frau in Art. 3 II GG über § 1300 BGB gestritten. Denn § 1300 I BGB bevorzugt einseitig die Frau; nur sie kann zur Anspruchsinhaberin werden, obwohl die Norm lediglich die „Gestattung der Beiwohnung" voraussetzt, also einen beiderseits freiwilligen Geschlechtsverkehr.[357] Doch wurde von der Rechtsprechung[358] und Teilen der Literatur[359] vertreten, dass diese Bevorzugung der Frau aus ihren speziellen bio-

---

[352] *Moser*, Jungfernkranz und Strohkranz, in: FS Kramer, S. 140 ff.
[353] AG Münster, NJW 1993, 1720.
[354] BVerfG, FamRZ 1993, 662.
[355] AG St. Ingbert, FamRZ 1987, 941.
[356] BVerfGE 32, 296.
[357] Dies macht die Norm nach Nitschke zu einer rechtlichen Einmaligkeit, die selbst im mosaischen Recht so nicht anzutreffen sei. Alle anderen Rechtsordnungen hätten zumindest einen Verführungstatbestand vorausgesetzt. Diese Benachteiligung des Mannes degradiere zugleich die Frau, die ihre eigene Verantwortung voll auf den Mann abwälzen könne und so zu einer „Prostituierten ex post" werde, *Nitschke*, FamRZ 1968, 424 (425 f.).
[358] BGHZ 20, 195; BGHZ 28, 375 (382, 384).
Das letztere Urteil ist dabei in seiner Realitätsferne schwer zu überbieten. In einem Sachverhalt mit Auslandsbezug kam der BGH zu dem Ergebnis, dass österreichisches Recht anzuwenden sei. Das österreichische Recht enthielt keine dem § 1300 BGB entsprechende Norm. Danach wäre die Klage abzuweisen gewesen. Doch der BGH sprach der verlassenen Verlobten unter Berufung auf die ordre-public-Klausel den Anspruch zu, weil in dem Anspruch aus § 1300 BGB ein „allgemeingültiges moralisches Prinzip hervortritt"; dagegen *Nitschke*, FamRZ 1968, 424 (427).
[359] Bspw. *Arnold*, FamRZ 1955, 91 (93).

logischen und psychologischen Eigenschaften herrühre.[360] Welche Eigenschaften hier gemeint sein sollen, erschließt sich retrospektiv nur schwer. Daher soll der historische Normzweck ausgehend vom Wortlaut des ehemaligen § 1300 I BGB erarbeitet werden:

> „Hat eine unbescholtene Verlobte ihrem Verlobten die Beiwohnung gestattet, so kann sie, wenn die Voraussetzungen des § 1298 oder des § 1299 vorliegen, auch wegen des Schadens, der nicht Vermögensschaden ist, eine billige Entschädigung in Geld verlangen."

Voraussetzung für den Anspruch war, dass entweder der Verlobte vom Verlöbnis zurücktrat oder die Verlobte nach § 1299 BGB zum Rücktritt veranlasst wurde. Weiter musste die Verlobte die Beiwohnung gestattet haben und zuvor unbescholten gewesen sein. Entgegen den Assoziationen, die die Bezeichnung der Norm als „Kranzgeldanspruch" erweckt, setzt die „Unbescholtenheit" nicht die Jungfräulichkeit der Verlobten voraus, sondern lediglich eine intakte Geschlechtsehre.[361] Verlorengehen konnte die Geschlechtsehre vor allem durch außerehelichen Geschlechtsverkehr. Der BGB-Gesetzgeber ging davon aus, dass ein außerehelicher „Beischlaf" als „Fehltritt" zu qualifizieren sei:

> „Das Verlöbnis berechtigt die Verlobten nicht zur Ausübung des Beischlafs; der Beischlaf sei ein Fehltritt, wenn auch hier ein entschuldbarer so doch kein entschuldigter."[362]

Der außereheliche Beischlaf war für den Gesetzgeber mit einem moralischen Stigma behaftet, das auch nicht durch das Verlöbnis beseitigt werden konnte. Das Verlöbnis „berechtige"[363] die Verlobten nicht zum Beischlaf. Wieso zwei einsichtsfähige, erwachsene Personen überhaupt einer Berechtigung zum Beischlaf bedürfen, ist aus dem gegenwärtigen ethischen Horizont heraus schleierhaft. Ein Wertewandel im Bereich der Sexualmoral ist spürbar, der sich schon in der zweiten Hälfte des letzten Jahrhunderts vollzogen hatte. Doch handelt es sich bei der Bewertung des außerehelichen Beischlafs um eine normative Einschätzung des Gesetzgebers, die nicht einfach durch die inzwischen gewandelten ethischen Anschauungen ersetzt werden darf.[364] Ohnehin betrifft diese Auffassung des Gesetzgebers nur das Merkmal der Bescholtenheit.

Der entscheidende Zweck der Norm bestand auch gar nicht darin, den vorehelichen Beischlaf zu tabuisieren. Die Norm sollte der Verlobten vielmehr einen Ausgleich für die erlittene „Schwächung" gewähren, die sie durch den Verlust ihrer Geschlechtsehre im Vertrauen auf den Eintritt in die Ehe erleiden musste.[365] Diese Schwächung könnte nach dem Gesetzgeber zu Versorgungsschwierigkeiten der Frau in der Zukunft führen,[366] womit wohl vor allem die verschlechterten Heirats-

---

[360] Mit weiteren Nachweisen MüKoBGB/*Wacke*, § 1300 BGB (1993), Rn. 5.
[361] MüKoBGB/*Wacke*, § 1300 BGB (1993), Rn. 12.
[362] *Mugdan*, Materialien, Band 4, Prot., S. 680.
[363] *Mugdan*, Materialien, Band 4, Prot., S. 680.
[364] Dazu, B. VII. 3. b).
[365] *Mugdan*, Band 4, Prot. S. 680 f.
[366] *Mugdan*, Band 4, Prot. S. 681.

chancen gemeint waren.[367] Dieser Gesetzeszweck setzte zwar voraus, dass die Ehe vor allem der Versorgung der Frau dienen sollte. Ansonsten handelt es sich aber um empirische Annahmen des Gesetzgebers, die falsifizierbar sind. Entweder der Vollzug des außerehelichen Geschlechtsverkehrs mindert das gesellschaftliche Ansehen und somit die Heiratschancen der Verlobten oder nicht.

Schon unmittelbar nach der grundgesetzlichen Einführung der Gleichberechtigung der Geschlechter wurden diese Zwecke als entfallen angesehen.[368] Weder diene die Heirat einseitig der Versorgung der Frau, noch sei das gesellschaftliche Ansehen der Frau durch einen außerehelichen Geschlechtsverkehr gefährdet. Unklar ist dabei, ob diese Ansichten das Meinungsspektrum der breiten Bevölkerung repräsentierten oder doch eher erste Momentaufnahmen einer kulturellen und rechtspolitischen Avantgarde waren. Die Gerichte urteilten dagegen deutlich zurückhaltender. Wobei es auch hier Vorstöße gegen § 1300 BGB gab, die aber – ob ihres „amateur-soziologischen“[369] Charakters – eher erheitern als überzeugen konnten:

> „Die heutige Frauengeneration ist schon rein körperlich eine andere als die Frauengeneration um die Jahrhundertwende [...] Eine gewisse Angleichung an das körperliche Erscheinungsbild des Mannes ist eingetreten [...] Auch das seelische Erscheinungsbild der Frau [hat sich] geändert. Auch dieses hat sich dem männlichen stark angeglichen. Die Frauengeneration von heute ist psychisch selbständiger, sachlicher, weniger empfindlich, ausgeglichener, humorvoller [...] als diejenige vor einem halben Jahrhundert. Einer der hervorstechendsten Züge des 20. Jahrhunderts ist die Abnahme der männlichen geschlechtlichen Aktivität und die damit verbundene Zunahme der weiblichen.“[370]

Es bedarf kaum der Erwähnung, dass diese Ausführungen nicht geeignet sein können, um § 1300 BGB seines Geltungsgrundes zu berauben. Die vorgeblich objektiven Beschreibungen des gewandelten Frauentyps lassen sich leicht als subjektive Wahrnehmungen der rechtsprechenden Organe enttarnen. Es wird deutlich, wie schwierig es im Rahmen eines gerichtlichen Verfahrens ist, eine veränderte soziale Struktur darzulegen, die zur Feststellung einer sekundären Lücke berechtigen würde. Die Darlegung einer empirischen Veränderung gerät hier in eklatanter Weise zur Wertungsfrage. Ob sich die soziale Stellung der Frau 1953 (oder davor oder danach) soweit geändert hatte, dass man von einer Planwidrigkeit der gesetzgeberischen Regelung ausgehen konnte, hängt eben nicht nur an der jewei-

---

[367] MüKoBGB/*Wacke*, § 1300 BGB (1993), Rn. 1. Schon bei der Entstehung des BGBs war es sehr umstritten, ob der Braut eine Entschädigung gewährt werden müsste. Bei den Beratungen zum ersten Entwurf gingen die Verfasser noch davon aus, dass der Verlust der Virginität nicht mehr zu einer erheblichen Minderung der Heiratschancen führe. Erst bei den Beratungen zum 2. Entwurf des BGB setzte sich die Ansicht durch, der Verlobten müsse für die erlittene Schwächung eine Entschädigung gewährt werden, vgl. mit Nachw. *Nitschke*, FamRZ 1968, 424 (426).

[368] *Dölle*, JZ 1953, 353 (356); *Arnold*, FamRZ 1955, 91 (93); MüKoBGB/*Wacke*, § 1300 BGB (1993), Rn. 1.

[369] So *Löwer*, Cessante ratione legis cessat lex ipsa, S. 32.

[370] AG Nürnberg, FamRZ 1955, 102, zitiert nach: *Löwer*, Cessante ratione legis cessat lex ipsa, S. 32.

ligen sozialen Wirklichkeit, sondern ist auch in starkem Maße von der jeweiligen subjektiven, weltanschaulich geprägten Wahrnehmung abhängig. Verändern sich technische Voraussetzungen eines Regelungsbereichs ist sowohl die Feststellung der Veränderung selbst als auch ihr Datum unproblematisch. Ging der Gesetzgeber von anderen technischen Bedingungen aus, lässt sich leicht nachweisen, dass seine Regelung planwidrig lückenhaft oder überschüssig wurde. Die Einschätzung der sozialen Lage ist dagegen selbst schon von den jeweiligen ethischen und politischen Vorverständnissen abhängig und muss daher mit äußerster Vorsicht gewürdigt werden. Wunsch und Wirklichkeit liegen auf diesem Gebiet oft nahe beieinander, so dass über lange Zeit nicht eindeutig entschieden werden kann, ob eine Änderung schon eingetreten ist oder sich erst noch anbahnt.

Doch gibt es neben diesem Graubereich, in dem sich noch nicht eindeutig entscheiden lässt, ob sich die soziale Wirklichkeit ausreichend geändert hat, auch einen Klarbereich, in dem sich die soziale Veränderung nicht mehr leugnen lässt. Schon in den 70er Jahren konnte eine Kranzgeldklage kaum noch ernst genommen werden. Die Sexualmoral der Gesellschaft hatte sich grundlegend gewandelt. Geschlechtsverkehr vor der Ehe galt nicht mehr als „Fehltritt“ und führte nicht mehr zu einer „Schwächung“ der Frau. Diese Entwicklung lässt sich auch gut in den fallenden Schmerzensgeldbeträgen nachvollziehen, die von den Gerichten zugesprochen wurden.[371] Spätestens zu diesem Zeitpunkt musste die Norm planwidrig überschüssig werden, war doch die Schwächung der Braut der entscheidende Grund für den Anspruch. Zugleich musste sie verfassungswidrig werden, weil es spätestens damit keinen relevanten Grund mehr für die Ungleichbehandlung von Mann und Frau gab.

Die Feststellung der Verfassungswidrigkeit in den Jahren 1992/93 erscheint daher reichlich spät. Die späte Entscheidung der Gerichte ist aber auf der Grundlage des Vorsichtsgebots nicht zu beanstanden. Das Vorsichtsgebot soll den Richter von vorschnellen Entscheidungen abhalten und im Zweifelsfall den Normerhalt sichern. Kann der Richter nicht mit ausreichender Sicherheit einschätzen, dass der Gesetzgeber die Norm angesichts der Veränderungen nicht mehr erlassen hätte, so muss er sie weiterhin anwenden. Gerade im sozialen Bereich ist es äußert schwierig abzuschätzen, wann sich die normrelevanten Sachverhalte soweit verändert haben, dass die Regelungsabsicht des Gesetzgebers hinfällig wird. Daher sollte den Gerichten aus ihrer Zurückhaltung kein Vorwurf gemacht werden.

Erstaunlich ist es aber, wenn Heckmann meint, die Annahme der Verfassungswidrigkeit 1992/93 sei rechtlich fehlerhaft gewesen.[372] Zum einen liege keine Ungleichbehandlung vor, da die Norm ja gerade eine Schwächung der Frau voraussetze und es somit nicht zu einer gleichheitswidrigen Behandlung von Mann und

---

[371] MüKoBGB/*Wacke*, § 1300 BGB (1993), Rn. 1.
[372] *Heckmann*, Geltungskraft und Geltungsverlust von Normen, S. 453 ff.

Frau kommen könne.[373] Allein ein „Obsoletwerden" der Norm komme in Betracht. Doch auch dieses könne nicht mit ausreichender Sicherheit angenommen werden, da die Norm nach wie vor einen (neuen) Anwendungsbereich im Schutz von Migrantinnen und Sektiererinnen haben könnte, deren Geschlechtsehre durch außerehelichen Geschlechtsverkehr nach wie vor verletzt werden könnte.[374]

Diese Position kann aus mehreren Gründen nicht überzeugen. Falsch ist schon die Annahme, dass nur das „Obsoletwerden" der Norm – gemeint ist damit das vollständige Abhandenkommen des Anwendungsbereichs der Norm – zu ihrem Geltungsverlust führen kann.[375] Entscheidend ist allein, ob der Gesetzgeber angesichts des veränderten Anwendungsbereichs immer noch an der Norm festgehalten hätte. Dazu muss der Anwendungsbereich der Norm nicht leer sein.

Unterstellt, Heckmann hätte mit seiner Annahme recht, dass es noch eine Gruppe von Adressatinnen gäbe, für die die Norm ihren ursprünglichen Regelungszweck erfüllen könnte, ist immer noch zu prüfen, ob die Weiteranwendung der Norm für diesen Kreis auch im Sinne des Gesetzgebers gewesen wäre. Die Schöpfer des BGB meinten Ende des 19. Jahrhunderts eine gesellschaftliche Situation regeln zu müssen, die sämtliche Frauen anging. Zwar überwogen in den Beratungen zum 1. Entwurf des BGB Zweifel an dem rufschädigenden Charakter außerehelichen Geschlechtsverkehrs, doch konnten sich diese Bedenken gegen das Kranzgeld in den späteren Beratungen zum 2. Entwurf nicht durchsetzen.[376] Danach fand keine Diskussion mehr statt und das Kranzgeld wurde Gesetz. Aber zu keiner Zeit der Beratungen wurde über eine Differenzierung zwischen verschiedenen Frauengruppen nachgedacht. Die Gefahr der Schwächung der Frau wurde als allgemeine gesehen. Eine Gefahr, der Frauen nach der Vorstellung der Gesetzgeber im besonderen Maße während des Verlöbnisses ausgesetzt waren. Die Norm sollte damit keine Randgruppen schützen, sondern alle Frauen. Sonst hätte der Gesetzgeber die Schwächung der Frau in den gesetzlichen Tatbestand des § 1300 I BGB aufgenommen. Dadurch hätte deutlich werden können, dass die Norm nur auf partikuläre Interessen reagieren sollte. Zu einem solchen partikulärem Schutz war aber damals kein Grund und sicherlich auch kein Wille vorhanden. Der Norm hätte sonst auch ein erhebliches Missbrauchspotenzial innegewohnt: Die enttäuschte, aber nicht geschwächte Verlobte könnte sich auf ihre scheinbare Schwächung berufen, um finanzielle Rache an dem inzwischen ungeliebten Ex-Verlobten zu nehmen. Der Gesetzgeber ging von anderen gesellschaftlichen Verhältnissen aus, in denen solche Missbrauchstaktiken nicht die Regel, sondern eine absolute Ausnahme sein mussten. Unter den veränderten sozialen Bedingungen hätte die Norm folglich nicht mehr angewendet werden dürfen.

---

[373] *Heckmann*, Geltungskraft und Geltungsverlust von Normen, S. 454. Diese Auslegung der Norm kann überzeugen. Doch hätte Heckmann auch prüfen müssen, ob es 1993 einen Gleichheitsverstoß bedeutet hätte, nur der Frau die Möglichkeit der Schwächung zuzubilligen.

[374] *Heckmann*, Geltungskraft und Geltungsverlust von Normen, S. 454 f.

[375] Dazu schon C. II. 2.

[376] Mit Nachweisen *Nitschke*, FamRZ 1968, 424 (426 f.).

d) Sonderfall: Veränderter Kenntnisstand

In dieser Fallgruppe ändert sich nicht ein vom Gesetzgeber vorausgesetzter Sachverhalt, sondern die Einschätzung eines solchen wegen neuer Erkenntnisse. Oft liegen einer Norm Prognosen des Gesetzgebers zugrunde, die sich nachträglich als unhaltbar erweisen. Der Gesetzgeber irrt über zukünftige tatsächliche Entwicklungen. Falsifiziert wird hier aber nicht eine Annahme des Gesetzgebers, die anfänglich zutreffend war; falsifiziert wird hier lediglich seine Prognose, der von Anfang an ein Moment der Unsicherheit innewohnte.

Einen Beispielfall liefert die Besteuerung des Werkfernverkehrs zur Förderung der Bundesbahn. Durch die Steuer sollte der Werkfernverkehr zugunsten der Bundesbahn eingedämmt werden.[377] Die Steuer führte zwar zu einem gewissen Rückgang des Werkfernverkehrs, anstatt der Bundesbahn profitierte aber allein der Güterfernverkehr von der Regelung.[378] Das Ziel des Gesetzgebers – den Verkehr von der Straße auf die Schiene umzulenken – schien also zumindest bis dato noch nicht erreicht. Das Bundesverfassungsgericht stellte aber zugleich fest, dass die weitere Entwicklung der Wirkungen der Norm nicht vollständig absehbar seien und insofern noch an der Norm festgehalten werden könnte.[379] Erst wenn sich in der weiteren Entwicklung herausstellen sollte, dass das vom Gesetzgeber gewählte Mittel nur dem Güterverkehr und nicht der Bundesbahn zugutekäme, müsse der Gesetzgeber ein geeigneteres Mittel finden, um sein Ziel zu verfolgen, weil sonst die erhebliche Belastung des Werkfernverkehrs nicht gerechtfertigt werden könne.[380]

Die Behandlung des Falles durch das Bundesverfassungsgericht kann überzeugen. Das Bundesverfassungsgericht erkennt, dass die Regelung ein legitimes Ziel verfolgte, jedoch angesichts der Entwicklungen eventuell nicht mehr geeignet war, das Ziel zu verwirklichen. Die Besteuerung des Werkfernverkehrs stellt sich als ein rechtfertigungsbedürftiger Eingriff in die Berufsausübungsfreiheit von Unternehmen mit Werkfernverkehr nach Art. 12 I GG dar. Nur solange die Prognose des Gesetzgebers tragfähig erscheint, kann die Norm den verfassungsrechtlichen Anforderungen genügen. Bis dahin kann sich der Gesetzgeber aber auf seinen Prognosespielraum[381] berufen.[382]

Zu keinem anderen Ergebnis kommt die hier entwickelte Methode. Der Gesetzgeber ging davon aus, dass seine Regelung dazu beitragen konnte, Aufkommen des Lastkraftverkehrs auf die Schienen zu verlagern. Stellt sich seine schon zum

---

[377] BVerfGE 16, 147 (171 f.), das BVerfG bezieht sich auf die Ausführungen des Abgeordneten *Kraming* (BT II 1953, StenBer. S. 4001 f.).

[378] BVerfGE 16, 147 (177 f.).

[379] BVerfGE 16, 147 (183, 187 f.).

[380] BVerfGE 16, 147 (188).

[381] Zum Prognosespielraum, BVerfGE 30, 250 (263 f.); 39, 210 (230); 47, 109 (117); 65, 116 (126); 103, 293 (307); Maunz/Dürig/*Grzeszick*, Art. 20 GG VII, Rn. 122.

[382] *Badura*, Die verfassungsrechtliche Pflicht des gesetzgebenden Parlaments zur „Nachbesserung" von Gesetzen, in: FS Eichenberger, S. 481 (482 ff.).

Zeitpunkt des Gesetzeserlasses unsichere Annahme in der Zukunft als untragbar heraus, kann auch seine Regelung nicht mehr angewendet werden, da sie an eben jener Annahme hing. Solange weiter Unsicherheit herrscht, führt das Vorsichtsgebot zum Erhalt der Regelung.

Eingewandt werden könnte, dass es hier nicht um eine nachträgliche Planwidrigkeit oder Verfassungswidrigkeit geht, sondern das Gesetz schon anfänglich rechtswidrig war, da es tatsächlich nie seinen Zweck erfüllte und die erwarteten Entwicklungen nie eintraten. Doch dies verkennt eben den Prognosecharakter, der für viele Rechtsnormen typisch ist. Formelle Gesetze erschöpfen sich nicht schon mit ihrem Erlass, sondern gelten oft über viele Jahrzehnte oder gar Jahrhunderte hinweg und haben schon anfänglich den Anspruch, auch die Zukunft zu steuern. Den allermeisten formellen Gesetzen wohnt daher wenigstens implizit eine Prognose über die Zukunft inne. Bei einigen Normen knüpft der Gesetzgeber sogar offen an eine Einschätzung zukünftiger Entwicklungen an. Diese Einschätzung ist aber nur dann anfänglich rechtswidrig, wenn sie tatsächlich immer schon völlig abwegig war, und der Gesetzgeber sein angestrebtes Ziel mit der Regelung nie hätte erreichen können. Dies verkennt, wer eine später sich offenbarende Fehlprognose an die Wirkung der anfänglichen respektive rückwirkenden Rechtswidrigkeit koppelt. Entscheidend ist daher für die rechtliche Beurteilung von Normen mit Prognosecharakter, dass der Norm anfänglich eine rational nachvollziehbare Prognose zugrunde lag und diese sich auch in der Zukunft bewährt.[383] Dem liegt die Einsicht zugrunde, dass der Gesetzgeber, genauso wie menschliche Wesen, über die Entwicklungen in der Zukunft irren kann. Dies bewirkt aber nicht die anfängliche, beziehungsweise rückwirkende Rechtswidrigkeit seiner Norm, sonst wäre die Anerkennung eines Prognosespielraums ohnehin unsinnig.[384] Erst wenn diese Prognose sich als nicht mehr haltbar herausstellt, wird die Norm ex nunc planwidrig lückenhaft oder verfassungswidrig.

e) Ergebnisse

Sekundäre Lücken können durch eine Vielzahl außerrechtlicher Veränderungen entstehen, die eine empirische Annahme falsifizieren, die der historische Gesetzgeber seiner Regelung zugrunde gelegt hatte. Der typische Fall sind dabei Veränderungen im technischen Bereich, weil diese eindeutig die empirischen Annahmen des Gesetzgebers betreffen. Verändern sich demgegenüber soziale Verhältnisse, ist es oft weniger eindeutig, ob nicht auch Bewertungsmaßstäbe des Gesetzgebers betroffen sind.

Entfällt eine empirische Annahme, die für die Regelungsentscheidung des Gesetzgebers wesentlich war, kann seine Gesetzgebung lückenhaft oder überflüssig

383 So auch *Baumeister*, Das Rechtswidrigwerden von Normen, S. 227 f.

384 *Baumeister*, Das Rechtswidrigwerden von Normen, S. 228.

werden. Analog hierzu liegt die schon bekannte Situation des Wegfalls einer rechtlichen Annahme des Gesetzgebers durch eine spätere Gesetzgebung.[385] Spätere Rechtsentwicklungen falsifizieren Annahmen zur Rechtslage, die der Gesetzgeber seiner damaligen Gesetzgebung zugrunde legte. Waren diese Annahmen für seine Gesetzgebung wesentlich, führen Veränderungen im rechtlichen Bereich genauso wie im tatsächlichen zur Lückenhaftigkeit oder Überflüssigkeit der jeweiligen Norm.

Können diese Vorgänge zumeist recht eindeutig durch die erste Variante des Grundmodells zur Feststellung sekundärer Lücken entschieden werden, verursachen tatsächliche Veränderungen, die sich in einem noch ungeregelten Bereich abspielen, größere methodische Schwierigkeiten. Geht es nicht um die Anwendbarkeit einer bestimmten Regelung und entfällt keine bestimmte Annahme des Gesetzgebers, sind die Auswirkungen der Veränderung auf die Rechtsordnung schwerer abzuschätzen. Ob richterlicher Regelungsbedarf besteht und wie umfangreich dieser ist, kann nur anhand einer Gesamtschau aller irgendwie einschlägigen Regelungen und gesetzgeberischen Wertungen entschieden werden. Dabei handelt es sich um ein äußerst anspruchsvolles Werturteil, bei dem nicht oder nur sehr eingeschränkt auf die logischen und epistemologischen Grundannahmen der Theorie des Überzeugungswandels zurückgegriffen werden kann.

2. Sekundäre „Lücken" durch Veränderungen im Bereich der Wertevorstellungen

Bisher betrafen alle außerrechtlichen Veränderungen lediglich objektive oder zumindest vorwiegend objektive Sachverhalte, die empirische Annahmen des Gesetzgebers in Frage stellten. Wandeln sich dagegen die Werteanschauungen in der Bevölkerung, verändert sich nicht nur die objektive Welt, die durch das Recht geregelt werden soll, sondern es ändern sich zugleich die außerrechtlichen Bewertungsmaßstäbe, die mit den Wertungen des Rechts konfligieren können.

In dem vorherigen Satz werden Annahmen und Unterscheidungen getroffen, die Kritik herausfordern könnten. Schon die schlichte Aufgabenzuweisung an das Recht, die Wirklichkeit lediglich mit den Mitteln des Ver- und Gebots zu ordnen, wird viele nicht überzeugen. Recht hat nach ihnen auch die Funktion, die Gemeinschaft in den Staat und die Staatsprozesse zu integrieren.[386] Dieses integrative Potential des Rechts wird vor allem in der Verfassung lokalisiert:

---

[385] Dazu D. I. 1. a); für den umgekehrten Fall der potentiellen Erweiterung des Anwendungsbereichs einer älteren Norm durch neuere Gesetzgebung, D. I. 1. b).

[386] *Smend*, Verfassung und Verfassungsrecht, in: Smend, Staatsrechtliche Abhandlungen, S. 119ff. (148ff.); *Hesse*, Verfassung und Verfassungsrecht, in: Benda/Maihofer/Vogel (Hrsg.), Handbuch des Verfassungsrechts, Band 1, § 1 Rn. 5f.; *Volkmann*, Grundzüge einer Verfassungslehre der Bundesrepublik, S. 50f.; diese Funktion wahrnehmend doch zugleich kritisch, *Isensee*, Verfassung als Vaterland, in: Mohler (Hrsg.), Wirklichkeit als Tabu, S. 11ff. (vor allem S. 30).

„Die Verfassung ist die Rechtsordnung des Staats, genauer des Lebens, in dem der Staat seine Lebenswirklichkeit hat, nämlich seines Integrationsprozesses."[387]

Ob dieser Integrationsprozess eine Funktion oder ein außerrechtlicher, aber erwünschter Effekt[388] der Verfassung ist, kann im Kontext dieser Arbeit dahingestellt bleiben. Das Integrationspotenzial der Verfassung soll nicht geleugnet werden. Die offenen Begrifflichkeiten der Verfassung – insbesondere die Normen mit Prinzipiencharakter[389] des Grundrechtsteils – können und sollen eine dynamische Reaktion auf den gesellschaftlichen Wertewandel ermöglichen, um der Gemeinschaft eine Rechtsordnung zu bieten, in der sie sich mit ihren normativen Ansichten wiederfinden kann.[390] Schon in den Diskussionen des Parlamentarischen Rats zu Art. 1 GG wird deutlich, dass die Grundrechte am Anfang des Grundgesetzes keine starren Rechtsnormen sein sollen, sondern elastisches Recht, das durch Auslegung bis zu einem gewissen Grad formbar ist, um anpassungsfähig für neue Herausforderungen zu bleiben.[391] Nur eine relativ offene Normstruktur kann dieser integra-

---

387 *Smend*, Verfassung und Verfassungsrecht, in: Smend, Staatsrechtliche Abhandlungen, S. 119ff. (189).

388 So *Grimm*, Constitutionalism, S. 143ff.

389 Dazu grundlegend *Alexy*, Theorie der Grundrechte, S. 75ff.

390 Schon früh kritisch *Naucke*, KritV 1986, 189 (206): „Wer sein Interesse im einfachen positiven Recht nicht unterbringt, sucht es in der Verfassung wiederzufinden, wo er es meist vorher abgelegt hat."; in der aktuellen Diskussion *Volkmann*, Grundzüge einer Verfassungslehre der Bundesrepublik, S. 68ff., 286; *Grimm*, Constitutionalism, S. 134f., 148f.; Würtenberger leitet die Forderung an die Rechtsordnung, auf der Höhe der Zeit zu bleiben, aus dem demokratischen Mehrheitsprinzip ab, *Würtenberger*, Recht und Zeitgeist, S. 191f.; *Arnauld*, Rechtstheorie 25 (2001), 465 (483); *Kirste*, JöR 2008, 35 (37); *Püttmann*, Einführung, in: Fikentscher, Wolfgang (Hrsg.), Wertewandel – Rechtswandel, S. 7 (10); allgemein zur Verfassungsrechtsprechung im geschichtlichen Wandel, vgl. *Hesse*, JZ 1995, 265; instruktiv auch Böckenförde, der beschreibt, wie nach dem Zusammenbruch des NS-Regimes eine neue Identität in dem Wertekonsens der Verfassung gesucht wurde, auch um den Preis einer erschwerten juristischen Kontrollierbarkeit von Werten, *Böckenförde*, Geschichtliche Entwicklung und Bedeutungswandel der Verfassung, in: FS Gmür, S. 7 (18f.).

391 Nach Kritik von Thoma und Heuss sprach sich der Grundsatzausschuss im Rahmen der naturrechtlichen Diskussion von Art. 1 GG gegen die Formulierung „ewige Rechte" aus, weil dies im Sinne eines unabänderlichen Inhalts verstanden werden und eine Staatsgestaltung für die Zukunft verhindern könnte. Insbesondere Bergsträßer und von Mangoldt setzten sich im Rahmen von Art. 1 III GG dafür ein, die Zeitbezogenheit der Grundrechte im Wortlaut deutlich zu machen („In den nachstehenden Artikeln für unser Volk aus unserer Zeit geformt und niedergelegt, binden die Grundrechte Gesetzgebung Verwaltung und Rechtsprechung auch in den Ländern als unmittelbar bindendes Recht."), in dieser Formulierung erblickten sie die besondere „Wandelbarkeit" und „Elastizität" der Grundrechte. Letzten Endes konnten sie sich mit ihrem Vorschlag aber nicht durchsetzen. Dies kann aber wohl nicht als Absage des Parlamentarischen Rats an eine zumindest beschränkte Möglichkeit zur aktualisierenden Auslegung der Grundrechte verstanden werden vgl. *Matz*, JöR 1951, Band 1, S. 50f. Deutlich wird das in den abschließenden Worten von von Mangoldt und Dehler zur 22. Sitzung des Grundsatzausschusses am 18. November 1948, die allgemein Zustimmung fanden, in: ParlRat V/2, S. 601: von Mangoldt: „Die Grundrechte haben einen geschichtlich gewachsenen Inhalt, sie müssen nur neu formuliert werden. Das geschieht hier. [...] Dehler: Es bleibt die Beweglichkeit der Grundrechte erhalten, die für die Vereinigten Staaten so wesentlich gewesen ist. In den Ver-

tiven Funktion Rechnung tragen.[392] Entscheidend muss es dann aber sein, das richtige Maß zwischen der ordnenden und der integrativen Komponente des Rechts zu finden.[393] Eine pauschale Aussage über die Interpretationsoffenheit der Normen des Grundgesetzes oder einer Klasse der Normen des Grundgesetzes verbietet sich,[394] vielmehr muss im jeweils konkreten Fall festgestellt werden, welche rechtlichen Vorgaben bestehen und wieviel Raum für eine offene Abwägung bleibt – das entscheidende Kriterium ist dabei wiederum der Wille des Normsetzers selbst.[395]

Die integrative und die ordnende Funktion des Rechts stehen in einem wechselseitigen Abhängigkeits- und Bedingungsverhältnis.[396] Dabei ist die Integrationsfähigkeit der Rechtsordnung ihrerseits von einer ausreichenden Ordnungsleistung des Rechts abhängig. Die Rechtsordnung versucht, gesellschaftliche Konflikte durch ihre Regelungen zu steuern. Wenn Gesetze als unzeitgemäß erfahren werden, kann der Anspruch der Rechtsordnung, auf gesellschaftliche Konflikte sinnvolle Antworten zu geben, in eine Krise geraten. Die Rechtsanwendung muss aber auch im Wandel der Zeit eine gewisse Beständigkeit bewahren, denn nur so kann sie für die Betroffenen voraussehbar bleiben und für eine ausreichende Verhaltenssteuerung und damit Erwartungssicherheit sorgen.[397] Funktionsfähig bleibt das Recht nur, wenn es der „normativen Kraft des Faktischen“[398] zumindest teil-

---

einigten Staaten sind die Grundrechte, die seit 1791 bestehen, in dem Wechsel der sozialen Ordnungen und Struktur immer langsam umgestaltet worden […]. Hier wird es so sein, daß der Richter über die Grundrechte, soweit sie im Einzelnen formuliert sind, nicht hinweggehen kann. Aber soweit die Fassung Freiheit läßt, kann er sich immer auf den wechselnden Gehalt des Naturrechts berufen.“

392 Volkmann spricht von einer „Schwammstruktur“, die es ermöglicht, neue normative Gehalte aufzusaugen bei Beibehaltung eines unveränderlichen Kerns, *Volkmann*, Grundzüge einer Verfassungslehre der Bundesrepublik, S. 50f., 109f.; *Grimm*, Constitutionalism, S. 149.

393 Volkmann meint, dass der Streit um die Offenheit der Verfassung schon längst entschieden sei, gestritten werde nur noch um deren Grenzen, *Volkmann*, Grundzüge einer Verfassungslehre der Bundesrepublik, S. 30; Dieser Streit entzündet sich oft am Begriff des „Verfassungswandels“, der die Möglichkeit der inhaltlichen Änderung des Grundgesetzes durch Auslegung ohne förmliches Verfahren der Textänderung umschreibt. Böckenförde steht diesem Verfahren eher kritisch gegenüber und bemüht sich, die Grenzen des Verfassungswandels zu benennen, *Böckenförde*, Anmerkungen zum Begriff des Verfassungswandels, in: FS Lerche, 3ff. (13f.); sehr kritisch auch *Winkler*, Zeit und Recht, S. 289ff.; dagegen spricht Häberle von der offenen Gesellschaft der Verfassungsinterpreten, die sich je nach historischer Lage ihre eigene Verfassung schafft, *Häberle*, Zeit und Verfassung in: Häberle, Verfassung als öffentlicher Prozeß, S. 59 (82f.); ebenfalls positiv *Hesse*, Verfassung und Verfassungsrecht, in: Benda/Maihofer/Vogel (Hrsg.), Handbuch des Verfassungsrechts, Band 1, § 1 Rn. 23f.

394 So aber Volkmann über sämtliche Grundrechte, *Volkmann*, Grundzüge einer Verfassungslehre der Bundesrepublik, S. 107f.; weiter *Häberle*, Die offene Gesellschaft der Verfassungsinterpreten, in: Häberle, Verfassung als öffentlicher Prozeß, S. 155 (156); *Häberle*, Europäische Verfassungslehre, Rn. 699.

395 Ähnlich *Arnauld*, Rechtstheorie 25 (2001), 465 (482, 495).

396 Ähnlich *Hesse*, Verfassung und Verfassungsrecht, in: Benda/Maihofer/Vogel (Hrsg.), Handbuch des Verfassungsrechts, Band 1, § 1 Rn. 18.

397 *Luhmann*, Das Recht der Gesellschaft, S. 124ff., 152f.; auch *Rehbinder*, Rechtssoziologie, Rn. 101; ähnlich auch *Raiser*, Grundlagen der Rechtssoziologie, S. 188.

398 So die berühmte Formulierung von *Jellinek*, Allgemeine Staatslehre, S. 337.

weise widersteht. Die Gewährleistung der Erwartungssicherheit setzt aber ihrerseits voraus, dass das Recht durch eine autonome Methode geleitet wird,[399] die es ermöglicht, die bindenden Gehalte der Rechtsordnung zu identifizieren und von den offenen, auf Wandel angelegten Gehalten zu scheiden. Denn nur dadurch ist sichergestellt, dass die Rechtsanwendung für die Rechtsadressaten als ein Prozess wahrgenommen wird, der für alle gleichermaßen voraussehbar und nachvollziehbar geschieht. Nur eine Rechtsordnung, die diesen Ansprüchen genügt, kann auch als eine integrierende wahrgenommen werden. Nicht zuletzt muss auch die Verfassung Erwartungssicherheit der Bürger gegenüber dem Staat schaffen, indem sie private Freiräume vor staatlicher Macht garantiert.[400]

Daher besteht bezüglich der Beschreibung der Funktionen des Rechts kein Dissens. Dass das Recht neben seiner Steuerungsfunktion noch weitere Funktionen oder Effekte hat, soll nicht bestritten werden. Dagegen spricht der nächste Kritikpunkt an der obigen Darstellung eine Ewigkeitsthematik an – die von dem Verhältnis zwischen Recht und Gerechtigkeit. Diese rechtsphilosophische Thematik, die sich im Streit zwischen Rechtspositivsten und Rechtsnichtpositivisten entfaltet, ist äußerst komplex und vielschichtig.[401] Zentral für den Kontext dieser Arbeit ist lediglich die Frage, ob ein notwendiger Zusammenhang zwischen Recht und Gerechtigkeit besteht. Aus der Beantwortung dieser sehr abstrakt und theoretisch anmutenden Fragestellung ergeben sich praktische Unterschiede für die Bedeutung des Wertewandels im Recht.

Für Rechtsnichtpositivisten[402] besteht keine strikte Trennung zwischen Recht und Gerechtigkeit. Recht wird typischerweise, sowohl begrifflich als auch in seiner Geltung, als von der Gerechtigkeit abhängige Ordnung gefasst.[403] Entfernt sich das Recht vom Richtigen, muss es nach dieser Ansicht korrigiert werden[404], ungeach-

---

[399] *Jestaedt*, Grundrechtsentfaltung im Gesetz, S. 335 ff.

[400] *Grimm*, Constitutionalism, S. 144.

[401] Guter Überblick zu den Begrifflichkeiten des Rechtspositivismus und Rechtsnichtpositivismus bei *Bäcker*, Gerechtigkeit im Rechtsstaat, S. 247 ff.

[402] Bspw. *Dworkin*, Bürgerrechte ernstgenommen, S. 91, 209 ff.; *Alexy*, Theorie des juristischen Argumentierens, S. 34 ff.; sehr deutlich *Dworkin*, Begriff und Geltung des Rechts, S. 119 ff.; *Braun*, JZ 2013, 265 (272); wohl auch *Petev*, Wie moralisch ist das Recht?, ARSP 1988, 348 (356 ff.).

[403] Alexy unterscheidet zwischen einem klassifizierenden und einem qualifizierenden Zusammenhang von Moral und Recht im Rahmen des Rechtsnichtpositivismus. Bei einem nur qualifizierenden Zusammenhang von Recht und Moral wird bei einer unmoralischen Norm lediglich festgestellt, dass die Norm rechtlich fehlerhaft ist, ohne ihr die Rechtsqualität (Geltung) abzusprechen, *Alexy*, Begriff und Geltung des Rechts, S. 49.

[404] Bei Alexy bestehen unmoralische Normen grundsätzlich fort, außer sie erreichen im Sinne der *Radbruchschen Formel* ein extremes Maß an Ungerechtigkeit, *Alexy*, Ratio Juris 21 (2008), 281 (288). Tatsächlich ist aber Alexys Modell eines „inklusiven" Rechtsnichtpositivismus, genauso wie der „exklusive" Rechtsnichtpositivismus, sowohl von einem Begriffs- wie einem Geltungszusammenhang von Moral und Recht geprägt, ohne dass ein qualitativer Unterschied besteht. Beide schließen aus der inhaltlichen Unrichtigkeit auf dessen Geltung. Bei Alexys Konzept wird nur noch im Rahmen der Extremklausel abgewogen, vgl. *Bäcker*, Gerechtigkeit im Rechtsstaat, S. 270 f.

tet dessen, ob das Recht durch den Wertewandel sekundär „lückenhaft“ geworden ist oder nicht, weil es sonst kein Recht mehr wäre und nicht mehr gelten könnte.

Dagegen entfaltet ein Wertewandel[405] für einen Rechtspositivisten per se keine Auswirkungen auf die Rechtsordnung. Recht und Gerechtigkeit sind zwei getrennte Ordnungen, die in keinem Bedingungsverhältnis zueinander stehen.[406] Möglich ist aber die Inkorporation außerrechtlicher moralischer Normen und Standards in die Rechtsordnung.[407] Veränderungen im Bereich der moralischen Anschauungen können dann auch für den Positivisten relevant werden, sofern sie als Teil der Rechtsordnung normiert sind. Je mehr die Grundrechte dann als eine für den gesellschaftlichen Wertewandel offene Gerechtigkeitsordnung[408] verstanden werden, umso mehr muss dann auch ein Positivist die rechtlichen Auswirkungen eines gesellschaftlichen Wertewandels ernst nehmen.

[405] Natürlich kann auch ein Rechtsnichtpositivist ablehnen, das Recht an jeglichen Wertewandel anzupassen, der in der Bevölkerung zu beobachten ist. Nur derjenige Wertewandel, der auch der Gerechtigkeit entspricht, ist relevant. Doch gibt es nicht *die* Gerechtigkeit. Was gerecht ist, muss immer ein Aushandlungsprozess bleiben. Doch werden allzu oft die aktuellen Wertmaßstäbe unhistorisch mit der Gerechtigkeit gleichgesetzt; zudem gibt es keine Garantie dafür, dass die ins Recht Einzug haltende Gerechtigkeit tatsächlich mit einer aufgeklärten Moral übereinstimmt, dazu schon *Rüthers*, Das Ungerechte an der Gerechtigkeit, besonders S. 133 ff.; sowie *Hoerster*, NJW 1986, 2480 (2482).

[406] *Hart*, The Concept of Law, S. 185 f.: „Here we shall take legal positivism to mean the simple contention that it is in no sense a necessary truth that laws reproduce or satisfy certain demands of morality, though in fact they have often done so. “ Für Hoerster ist die Trennungsthese die „Kernthese aller Rechtspositivisten“, *Hoerster*, Was ist Recht, S. 78; weiter auch *Koch*, Zur Methodenlehre des Rechtspositivismus, in: Alexy; Koch; Rüßmann; Kuhlen (Hrsg.), Elemente einer juristischen Begründungslehre, Baden-Baden 2003, S. 431 (441).

[407] Umstritten ist dabei, ob die moralischen Gehalte nach der Inkorporation ins Recht Moral bleiben (inklusiver Rechtspositivismus) oder zu Recht werden (exklusiver Rechtspositivismus), *Bäcker*, Gerechtigkeit im Rechtsstaat, S. 257; für einen exklusiven Rechtspositivismus bspw. *Kuhlen*, Normverletzungen im Recht und der Moral, in: Alexy; Koch; Rüßmann; Kuhlen (Hrsg.), Elemente einer juristischen Begründungslehre, S. 443 (454).

[408] Das Gerechtigkeitsargument spielt in der Rechtsprechung des BVerfG eine große Rolle, es verordnet die materielle Gerechtigkeit im Rechtsstaatsprinzip – dazu instruktiv *Bäcker*, Gerechtigkeit im Rechtsstaat, S. 129; der wohl bekannteste Vertreter in der Literatur für ein solches Verständnis der Grundrechte ist, *Alexy*, Ein nichtpositivistischer Begriff der Grundrechte, in: FS Koch, S. 15 ff.; sehr stark für dieses Verständnis der Verfassung eintretend, *Volkmann*, Grundzüge einer Verfassungslehre der Bundesrepublik, S. 3 f., S. 286 ff.; deutlich auch bei *Häberle*, Europäische Verfassungslehre, Rn. 699; vor allem die Zukunftsoffenheit der Verfassung betonend *Voßkuhle*, JZ 2009, 917 (918 f.). Kritisch, aber die Flexibilität der Verfassung zugleich betonend, *Böckenförde*, Anmerkungen zum Begriff des Verfassungswandels, in: Wege und Verfahren des Verfassungslebens, Festschrift für Peter Lerche zum 65. Geburtstag; ähnlich *Hornung*, Grundrechtsinnovationen, S. 86 f. Eher die Gefahren der mangelnden Rationalisierung und Beliebigkeit dieses offenen Auslegungs- und Anwendungsverfahrens betonend und zum kontrollierten Umgang mit der Verfassung aufrufend, *Roellecke*, Prinzipien der Verfassungsinterpretation in der Rechtsprechung des Bundesverfassungsgerichts, in: Starck (Hrsg.), Bundesverfassungsgericht und Grundgesetz, Band 2, S. 22 (39); *Roellecke*, Das Paradox der Verfassungsauslegung, S. 97, 108; *Jestaedt*, Grundrechtsentfaltung im Gesetz, S. 277 ff.; *Rüthers*, Die heimliche Revolution vom Rechtsstaat zum Richterstaat, S. 103 ff.; *Bäcker*, Gerechtigkeit im Rechtsstaat, S. 237 ff., 313.

An dieser Position überzeugt, dass es die Entscheidung des Rechts – respektive des Gesetzgebers – bleibt, inwieweit moralische Prinzipien in das Rechtssystem inkorporiert werden und die Gerechtigkeit damit zum rechtlichen Argument wird.[409] Das Recht behält seine Eigenständigkeit auch dann, wenn es moralische Prinzipien in sich aufnimmt, unabhängig davon, ob es diese als moralische Prinzipien integriert (inklusiver Rechtspositivismus) oder sie verrechtlicht (exklusiver Rechtspositivismus). Es ist genau zu prüfen, welche Konsequenzen sich aus den gewandelten Anschauungen auf der normativen Ebene für das inkorporierte moralische Prinzip und als Folge für die übrige Rechtsordnung ergeben; es verbieten sich dabei pauschale Verweise auf *die* Gerechtigkeit. Veränderte Wertevorstellungen der Bevölkerung dürfen im Recht nur mittels rechtlicher Spielregeln Berücksichtigung finden, sonst würde die Autonomie der Rechtsordnung in Frage gestellt[410] und Errungenschaften moderner Rechtsstaatlichkeit vorschnellen Huldigungen des Zeitgeistes geopfert. Wer dabei das Grundgesetz zugleich als rechtlich indeterminierte Gerechtigkeitsordnung versteht, die sämtliches einfaches Recht mit ihren Wertungen durchdringen kann,[411] vertritt ein Rechtsverständnis, das geeignet ist, den spezifisch rechtlichen Diskurs durch den allgemein-praktischen auszuhöhlen und letztendlich zu ersetzen.

Gleichwohl ist die Nähe des juristischen Diskurses zum allgemein-praktischen Diskurs nicht zu leugnen. Das Recht stammt aus der Feder des Gesetzgebers. Dieser kann – im Gegensatz zur Justiz – alle politisch relevanten Gesichtspunkte bei seiner Gesetzgebung bedenken. Sein Diskurs unterscheidet sich nur insoweit vom allgemein-praktischen, als er ergebnisdefinit ist, sich also im Gesetz für eine Regelungsmöglichkeit unter vielen alternativen Regelungsmöglichkeiten entscheidet.[412] Die dabei entstehenden generell-abstrakten Gesetze geben die Maßstäbe für den juristischen Diskurs vor, der innerhalb dieses abgesteckten Rahmens zu prüfen hat, welche rechtlichen Fragen verbleiben und welche Lösungswege sich anbieten.[413] Zu finden ist nicht mehr die schlechthin vernünftige oder gerechte Lösung, sondern nur noch die vernünftigste oder gerechteste Lösung innerhalb des Rechtssystems.[414] Abschließend kommt es im Gerichtsverfahren zu einer Entscheidung; unter mehreren vertretbaren Auffassungen des juristischen Diskurses wird eine ausgewählt. Alexy unterscheidet daher vier Stufen in seiner prozeduralen Theorie des Rechts: den allgemein praktischen Diskurs, das Gesetzgebungsverfahren, den juristischen Diskurs und das Gerichtsverfahren.[415]

---

[409] *Hoerster*, NJW 1986, 2480 (2481); *Hoerster*, JuS 1987, 181 (186); Maunz/Dürig/*Grzeszick*, Art. 20 GG VI, Rn. 69; *Badura*, Staatsrecht, A Rn. 5; *Bäcker*, Gerechtigkeit im Rechtsstaat, S. 315.

[410] *Jestaedt*, Grundrechtsentfaltung im Gesetz, S. 277 ff., 288 ff.; *Heitmann*: Verfassung und Moral, in: Fikentscher, Wolfgang (Hrsg.), Wertewandel – Rechtswandel, S. 41 (46 f.); *Gärditz*, WissR 2012, 97 (98 ff.).

[411] So vor allem *Volkmann*, Grundzüge einer Verfassungslehre der Bundesrepublik, S. 317 ff.

[412] *Bäcker*, Gerechtigkeit im Rechtsstaat, S. 289.

[413] *Bäcker*, Gerechtigkeit im Rechtsstaat, S. 290.

[414] *Alexy*, Theorie der juristischen Argumentation, S. 262.

[415] *Alexy*, Theorie der Grundrechte, S. 499 f.

Dieses Modell eignet sich sowohl zur Veranschaulichung der Verbindungen des juristischen Diskurses zum allgemeinen praktischen Diskurs, als auch zur Abgrenzung der beiden Bereiche.

Deutlich wird die Verbindung des juristischen Diskurses zum allgemein-praktischen nicht zuletzt im Lückenbereich. Kann sich hier aus einer anfänglichen oder nachträglichen Planwidrigkeit der Gesetzgebung doch die Notwendigkeit ergeben, den Diskurs zu öffnen und allgemeinere Überlegungen in die Problemlösung miteinzubeziehen. Als Beispiel sei hier an die Fälle erinnert, in denen eine völlig unvorhergesehene Neuerung auftaucht, für die es keine oder kaum rechtliche Determinanten gibt.[416] Trifft der Rechtsanwender die Entscheidung, dass eine sekundäre Lücke entstanden ist, genießt er bei der Lückenfüllung große argumentative Freiheiten. Auch im Rahmen des Wertewandels wird sich zeigen, dass selbst an klare Rechtsnormen plötzlich eine Vielzahl von Wertungsfragen herangetragen werden können. Jedoch handelt es sich bei diesen Fällen um Extrempunkte der Öffnung des juristischen Diskurses. Meistens bleiben bei der Lückenschließung immer noch genuin rechtliche Gesichtspunkte maßgebend. Dies sollte in dieser Arbeit für eine Vielzahl von sekundären Lücken gezeigt werden, die ihre Ursache in einer Veränderung der tatsächlichen Umstände haben. Hier kann eine empirische Überzeugung des historischen Gesetzgebers falsifiziert werden, was Konsequenzen für den hypothetischen Gesetzgeberwillen haben kann.[417] Der hypothetische Gesetzgeberwille ist aber eine Argumentationskategorie, die den rechtlichen Rahmen nicht verlässt, sie verbleibt in den Maßstäben der gesetzgeberischen Interessenbewertung. Selbst im Lückenbereich sind daher rechtliche Argumente und Determinanten vorrangig. Nur sofern diese nicht mehr verfangen oder einschlägig sind, kann auf den allgemein praktischen Diskurs zurückgegriffen werden. Gleichzeitig wird durch den Lückenbegriff auch deutlich, wieso ausnahmsweise auf rechtsexterne Argumente zurückgegriffen werden darf, stellt die Lücke doch eine ungewollte Anomalie im Rechtssystem dar, die den Regelungsgehalt hinfällig machen und ihn somit seiner Bindungswirkung berauben kann.

Die Bereiche in Alexys Modell eignen sich daher auch zur Kennzeichnung unzulässiger Grenzüberschreitungen. Liegt nämlich keine Lücke in der Rechtsordnung oder eine andere Lizenzierung der Rechtsordnung (beispielweise durch eine einschlägige Generalklausel) zur Heranziehung des allgemein praktischen Diskurses vor, so bleibt der Rechtsanwender an die rechtlichen Maßstäbe gebunden, selbst wenn sie seinen persönlichen normativen (moralischen, politischen et cetera) Überzeugungen nicht entsprechen. Zieht er doch rechtsexterne Gerechtigkeitsargumente heran, greift er unzulässiger Weise in den allgemeinen praktischen Diskurs über.[418]

Nur die Position der Rechtspositivisten kann daher überzeugen. Recht und Moral mögen zwar Verbindungen aufweisen, doch zeichnet sich das Recht gerade dadurch

---

[416] Dazu D. II. 1. a) cc).
[417] Zu dem Verfahren der Findung des hypothetischen Gesetzgeberwillens, vgl. B. VII. 3. b).
[418] *Bäcker*, Gerechtigkeit im Rechtsstaat, S. 313.

aus, dass es aus der Summe der moralischen Entscheidungsmöglichkeiten eine Auswahl trifft und sich somit seine eigene Domäne schafft. Würde diese Wahl, die sich in den jeweiligen Gesetzen niederschlägt, nicht beachtet und durch allgemeine Gerechtigkeitsüberlegungen konterkariert, wäre sie von Anfang an sinnlos gewesen. Gerade die demokratisch legitimierte Entscheidung für eine bestimmte Rechtsordnung ist aber alles andere als sinnlos, weil sie aus der Vielzahl nicht letztbegründbarer[419] moralischer Entscheidungsalternativen eine Wahl trifft und somit die Gefahr des endlosen Dissenses durch einen demokratischen Konsens beseitigt. Der Verbindung von Moral und Recht kann eventuell durch einen begrifflichen Zusammenhang dieser beiden Bereiche Rechnung getragen werden; die Eigenständigkeit des Rechts muss aber sogleich dadurch gewahrt werden, dass ein Geltungszusammenhang von Recht und Moral entschieden zurückgewiesen wird.[420]

Wurde für die Gesetzesbindung der Rechtsanwender zuvor mit den verfassungsrechtlichen Vorgaben aus Art. 20 III, 97 I GG argumentiert,[421] wurde nun im Kontext der rechtsphilosophischen Diskussion dargelegt, dass die Vorgaben der Rechtsordnung unabhängig von moralischen Gründen eigenständige Geltung beanspruchen.

Der Wertewandel in der Bevölkerung hat also nicht per se Auswirkungen auf die Rechtsordnung, weil die im Recht gesetzte Werteordnung nicht mit den moralischen Überzeugungen der Bevölkerung übereinstimmen muss. Aber lässt sich daraus auch folgern, dass ein Wertewandel keine Einflüsse auf die Rechtsordnung haben kann? Wie schon angeklungen, muss dies – wegen der Inkorporationsmöglichkeit moralischer Prinzipien in das Recht – nicht der Fall sein.

a) Soraya

Wenige Entscheidungen haben die Rechtswissenschaft und die Rechtsprechung so gespalten, wie der Soraya-Beschluss[422] des Bundesverfassungsgerichts aus dem Jahre 1973 und die vorherigen Entscheidungen des Bundesgerichtshofs[423] zur Ersetzbarkeit eines immateriellen Schadens wegen einer Persönlichkeitsverletzung. Mit dem Soraya-Beschluss sei ein exemplarisches Kapitel zeitgenössischer Rechtsentwicklung zu Ende gegangen, in dem sich die Rechtsordnung von dem Kodifikationsideal des bürgerlichen Liberalismus fort- auf ein legislatorisch ferngesteuertes

---

[419] *Habermas*, DZPhil 1998, 179 (206 ff.).

[420] Diese Möglichkeit der Differenzierung von Begriffs- und Geltungszusammenhang stellt keinen logischen Fehler dar. Diese Variante auch im Ergebnis bejahend, *Bäcker*, Gerechtigkeit im Rechtsstaat, S. 304 ff.

[421] Dazu B. I.

[422] BVerfGE 34, 269.

[423] BGHZ 26, 349 (Herrenreiter); BGHZ 35, 363 ff. (Ginsengwurzel); BGHZ 39, 124 (Fernsehansagerin).

case-law-System hinentwickelt habe.[424] In der Rechtsprechungsgeschichte wird die Soraya-Entscheidung oft zu einem „Meilenstein" oder zu einem „exemplum" für Fragen der Rechtsfortbildung hochstilisiert.[425] Ob die Entscheidung ihr revolutionäres Image verdient,[426] kann dahingestellt bleiben, denn für das Thema Wertewandel und Recht besitzt sie ohne Zweifel paradigmatischen Charakter.

Dennoch könnte die Einteilung des Soraya-Beschlusses als Beispiel für eine Entscheidung über eine sekundäre „Lücke" wegen gewandelter Wertevorstellungen in mehrfacher Weise Widerspruch provozieren.

Die Einklagbarkeit eines immateriellen Schadensersatzes wegen Persönlichkeitsverletzungen entgegen § 253 BGB und damals auch entgegen § 847 BGB a. F. wird typischerweise als nachträglicher Rechtskonflikt der BGB-Vorschriften mit dem Grundgesetz dargestellt[427] – teilweise sogar als Derogation der besagten BGB-Vorschriften durch das Grundgesetz gemäß Art. 123 GG.[428] Nach den bisherigen Ausführungen ist dies nicht verwunderlich, da einem Wertewandel immer nur durch die gewandelte Auslegung der Verfassung oder die gewandelte Auslegung von Generalklauseln Rechnung getragen werden kann. Jede sekundäre „Lücke" durch Wertewandel kann dann als Normenkonflikt verstanden werden, allerdings mit der Besonderheit, dass nicht eine formelle Gesetzesänderung diesen Normenkonflikt bewirkt hat, sondern ein außerrechtlicher Wandel der moralischen Anschauungen die Ursache für den Normenkonflikt gesetzt hat. Dieser Unterschied ist nicht trivial, weil die Judikative in unterschiedlichem Maß in die Kompetenz der Legislative eingreift. Setzt die Legislative selbst die Ursache dafür, dass Gesetze im klassischen Sinne lückenhaft werden, handelt die Judikative im Rahmen der anfallenden Rechtsanpassungsaufgaben quasi als verlängerter Arm der Legislative. Ganz anders muss es bewertet werden, wenn die Judikative sich angetrieben durch einen gesellschaftlichen Wertewandel legitimiert sieht, bis dato geltendes Recht zu verwerfen oder zu modifizieren. Daher ist es sinnvoll, den Wertewandel als Grund der Rechtsanpassung anzusprechen, auch wenn seine Effekte selbst nur über die Rechtsordnung – vor allem die Grundrechte – Beachtung finden können. Dass der Bundesgerichtshof seine Rechtsfortbildung auf ein Normengebilde aus Art. 1 und Art. 2 I GG stützte,[429] spricht also nicht gegen die Annahme, dass die Anerkennung eines Schmerzensgeldes wegen Persönlichkeitsverletzungen seinen Grund letzten Endes in den veränderten normativen Anschauungen der Bevölkerung hatte. Die anspruchsvolle Rechtskonstruktion zeigt vielmehr, dass das Grundgesetz nicht unmittelbar einen immateriellen Schmerzensgeldanspruch forderte, sondern ihm dieser Anspruch durch eine Rechtsfortbildung abzuringen war.

---

[424] *Kübler*, JZ 1973, 667 (668).

[425] *Struck*, Zur Theorie juristischer Argumentation, S. 16.

[426] Kritisch *Fischer*, Topoi verdeckter Rechtsfortbildung im Zivilrecht, S. 215 ff.

[427] So schon der BGH im Herrenreiter-Fall, BGHZ 26, 349 (354 f.) und dann auch das BVerfG im Soraya-Beschluss, BVerfGE 34, 269 (287 f.).

[428] *Hartmann*, NJW 1964, 793 (794).

[429] Mit Verweis auf BGHZ 13, 334 (338), BGHZ 26, 349 (354).

Ganz unverhohlen meint der Bundesgerichtshof dann auch im Fernsehansagerin-Fall, dass es die „Gerechtigkeit“ erfordere, dem Verletzten eine Genugtuung zu zahlen.[430] Ähnlich sprach das Bundesverfassungsgericht „von [dem] Konflikt der Norm mit den materiellen Gerechtigkeitsvorstellungen einer gewandelten Gesellschaft“, die den Richter dazu zwingen könnten, seine Aufgabe des Rechtsprechens freier zu handhaben.[431]

Eine andere Begründungsstrategie besteht in der Berufung auf eine gewandelte empirische Wirklichkeit. So wurde in der Literatur – namentlich von Caemmerer – vorgebracht, dass durch die technischen Veränderungen Eingriffsmöglichkeiten in die Persönlichkeit entstanden wären, die eine Verletzung derselben viel leichter und intensiver gemacht hätten.

> „Einmal hatten sich die Sachprobleme gegenüber dem Jahrhundertbeginn tiefgreifend geändert. Die Entwicklung der Technik, Teleobjektive, Kleinkameras, Abhöranlagen, Tonbandgeräte und neuestens Mikroabhörgeräte ermöglichen ein Eindringen in die private Sphäre anderer, das früher in dieser Weise nicht vorstellbar war und einen klaren zivilrechtlichen Schutz unerläßlich macht. Gleichzeitig haben die Massenmedien Presse, Film, Rundfunk und Fernsehen eine Breitenwirkung erlangt, durch die die Auswirkungen von Persönlichkeitsverletzungen unter Umständen in einer Weise verschärft werden, an die man noch vor einem Menschenalter nicht hatte denken können.“[432]

Ähnlich argumentiert das Bundesverfassungsgericht im Soraya-Beschluss:

> „Die Unzulänglichkeit des zivilrechtlichen Persönlichkeitsschutzes wurde nach dem zweiten Weltkrieg besonders stark empfunden, zumal da der Nationalsozialismus den Freiheitsbereich der Persönlichkeit stärker eingeengt hatte, als man es vordem für möglich gehalten hatte. Auf der anderen Seite haben die für die moderne Gesellschaft charakteristischen Formen der Publizität und Reklame, die immer stärkere Betonung des Rechts (des Einzelnen wie der Gesellschaft) auf Information, die Vervollkommnung der Nachrichtenmittel und anderer technischer Geräte Möglichkeiten des Einbruchs in den persönlichen Bereich des Einzelnen geschaffen, die für den Gesetzgeber des BGB nicht vorstellbar waren.“[433]

Sowohl das Bundesverfassungsgericht als auch Caemmerer argumentierten aber letzten Endes zweigleisig. Die technischen Veränderungen wurden nicht als alleiniger Grund der Rechtsfortbildungsbedürftigkeit der Rechtsordnung angeführt, sondern nur neben den rechtlichen Veränderungen. Einerseits habe das Grundgesetz die Regelungen des BGB zum Persönlichkeitsschutz überholt und ergänzungsbedürftig gemacht, andererseits würde der gesetzgeberische Plan von den technischen Veränderungen durchkreuzt. Dabei wirkt letzterer Argumentationsstrang durchaus konstruiert. Unpräzisiert blieb, welche Technik aus welchen Gründen den gesetzgeberischen Plan überholt haben sollte. Nur sehr allgemein wurde auf den tech-

---

[430] BGHZ 39, 124 (133).

[431] BVerfGE 34, 269 (289).

[432] *Caemmerer*, Der privatrechtliche Persönlichkeitsschutz nach deutschem Recht, in: FS Hippel, S. 27 (31).

[433] BVerfGE 34, 269 (271).

nischen Fortschritt und seine Gefahren für die Persönlichkeit hingewiesen. Der Hinweis auf handfeste, für jeden nachvollziehbare faktische Veränderungen stellte nicht das Hauptargument der Befürworter eines Schadensersatzanspruches für Persönlichkeitsverletzungen dar, er scheint eine andere Funktion zu verfolgen: Sofern das juristisch gebildete Publikum nicht durch die abstrakte, wertungsbasierte verfassungsrechtliche Argumentation vollständig überzeugt werden sollte, sollten die dem Gesetzgeber unbekannten technischen Veränderungen den letzten nötigen persuasiven Rest liefern, um Akzeptanz für die Rechtsfortbildung zu schaffen.

Wie schon angesprochen[434] lagen sicher die Gefährdungen der Persönlichkeit durch die digitalen sozialen Medien außerhalb der Anschauungsmöglichkeit des BGB-Gesetzgebers. Wahrscheinlich mussten schon die Veränderungen, die sich bis zu den 50er-Jahren des letzten Jahrhunderts ereigneten, den Gesetzgeber überraschen. Seine Ablehnung[435] eines immateriellen Schadensersatzes für die Verletzung des Persönlichkeitsrechts zeigt, dass er von einer Gesellschaft ausging, in der Persönlichkeitsverletzungen nicht an der Tagesordnung lagen und sich vor allem im persönlichen face-to-face-Kontakt ereigneten. Der „Zweikampf"[436] war das entsprechende Mittel, um Ehrverletzungen zu vergelten und dem Beleidigten Satisfaktion zu verschaffen. An die heutigen Möglichkeiten einer unpersönlichen, schnellen und zugleich viel intensiveren[437] Verletzung des Persönlichkeitsrechts durch die Massenmedien war nicht zu denken. Auch in den 50er Jahren des letzten Jahrhunderts hatten sich die Verhältnisse schon verändert, jedoch befand sich die technische Entwicklung noch in einem relativ frühen Stadium. Das digitale Zeitalter war noch nicht erreicht. Verglichen mit den Umwälzungen, die sich später durch das Internet und bis heute im Prozess der Digitalisierung zeigen sollten, wurde die Rechtsordnung durch die technische Entwicklung kaum berührt. Auch im damaligen Schrifttum wurden die Versuche, mit einer sekundären Lücke wegen technischer Veränderungen zu argumentieren, kritisch gesehen, weil schon der historische Gesetzgeber vergleichbare Problematiken vor Augen gehabt hätte.[438] Zudem bleiben die Bedenken des historischen Gesetzgebers gegen einen immateriellen Schadensersatz wegen Persönlichkeitsverletzung von den technischen Veränderungen weitestgehend unberührt.

Einerseits sollte eine „Kommerzialisierung der Ehre"[439] verhindert werden, da es der herrschenden Volksauffassung widerstrebt hätte „die immateriellen Lebensgüter auf gleiche Linie mit den Vermögensgütern zu stellen und einen ideellen

[434] D. II. 1. a) cc).

[435] *Mugdan*, Materialien, Band 2, Mot. S. 419, Prot. S. 1072, 1077, 1119.

[436] So wurden Privilegierungsvorschriften für den „Zweikampf" diskutiert, die einen Schadensersatzanspruch des geschädigten Duellanten ausschließen sollten, vgl. *Mugdan*, Materialien, Band 2, Prot. S. 1115 f.

[437] *Hofmann/Fries*, NJW 2017, 2369 (2372 f.).

[438] *Knieper*, ZfR 1974, 137 (138).

[439] *Larenz*, NJW 1958, 827; *Larenz*, Methodenlehre, S. 426; ähnlich *Looschelders*, ZVglRWiss 95 (1996), 48 (50 f.).

Schaden mit Geld aufzuwägen"[440]. Nach der Ansicht des Gesetzgebers hätte eine Person von vornherein wenig Ehre zu verlieren gehabt, die ihre Ehrverletzung durch eine gerichtliche Schadensersatzklage hätte reparieren lassen wollen.[441] Diese Ausführungen zur Ehre sind im Wesentlichen unabhängig von dem Stand der Technik, doch bleiben sie stark in den sozialen Umständen des historischen Gesetzgebers verwurzelt, in denen Ehrverletzungen eher im Duell als vor Gericht beglichen wurden. Jedoch begründete der Gesetzgeber seine Haltung noch mit einer weiteren Annahme, die noch heute Plausibilität für sich reklamieren kann:

> „An die Verletzung der Ehre auch in den Fällen, in welchen durch die Ehrverletzung ein Vermögensschaden nicht entstanden ist, eine Schadensersatzpflicht in dem Sinne zu knüpfen, daß in solchen Fällen unter dem Scheine einer Schadensersatzleistung auf eine an den Beleidigten zu leistende Geldstrafe erkannt werden soll, bedeute die Rückkehr zum längst überwundenen Rechte der Privatstrafklagen wegen Beleidigung, der entschieden widersprochen werden müßte."[442]

Hier klingt nicht die Gefahr einer Kommerzialisierung der Ehre an, sondern der Zweifel an der vernünftigen Bestimmbarkeit des immateriellen Schadens einer Ehrverletzung, was dem Schadensersatz notwendig ein pönales Element verleihe.[443] Dadurch entstehe die Gefahr einer uferlosen und unberechenbaren Haftung für den Einzelnen, die ohne ein sie regelndes Gesetz ebenfalls in Konflikt mit dem Grundgesetz geraten könne, namentlich mit Art. 103 II GG.[444] Ob diese Gefahren sich durch ein „wohlüberlegtes Gesetz"[445] wirklich beseitigen lassen, ist fraglich, aber auch nicht ausschlaggebend. Die Gedanken des Gesetzgebers stehen nicht im notwendigen Zusammenhang mit den medialen Bedingungen seiner Zeit. Die Schwierigkeit, eine Persönlichkeitsverletzung mit einem nicht willkürlich erscheinenden Geldbetrag zu beziffern, besteht bis heute, auch vor dem Hintergrund moderner Massenmedien. Daher lässt sich aus den technischen Entwicklungen der damaligen Zeit nichts für einen möglicherweise gewandelten Gesetzgeberwillen ableiten. Die technischen Entwicklungen können aber ihrerseits die Vulnerabilität der Persönlichkeit intensiviert und so ihrerseits zum Wandel der Anschauungen beigetragen haben.

Die Gerichte mussten daher mit ihrer verfassungsrechtlichen Argumentation überzeugen.[446] Viele der Vorstellungen des Gesetzgebers zur Ehre mussten in einer

---

[440] Unter Hinweis auf Prot. I, S. 622, *Looschelders*, ZVglRWiss 95 (1996), 48 (50f.).

[441] Mit Verweis auf den Bericht der Reichstagskommission über den Entwurf eines Bürgerlichen Gesetzbuchs und Einführungsgesetzes, 1896, S. 98, *Looschelders*, ZVglRWiss 95 (1996), 48 (50f.).

[442] *Mugdan*, Materialien, Band 2, Bericht der XII. Kom. S. 1297.
Ähnlich wird auch schon im Rahmen von § 253 BGB argumentiert, *Mugdan*, Materialien, Band 2, Prot. S. 1119.

[443] *Bötticher*, MDR 1963, 353 (359).

[444] *Bötticher*, MDR 1963, 353 (359).

[445] *Bötticher*, MDR 1963, 353 (359).

[446] Andere Argumentationsstrategien, wie die direkte oder analoge Anwendung des ehemaligen § 847 BGB bei Persönlichkeitsverletzungen können dagegen nicht überzeugen, zusammen-

Zeit, in der die Persönlichkeit neue Wertschätzung erhielt, atavistisch wirken. Das Duell als Mittel zur Wiederherstellung der Ehre des Beleidigten war zunehmend in Verruf geraten, ohne dass an dessen Stelle ein Ersatz für den Ausgleich von Persönlichkeitsverletzungen getreten wäre. Um den Beleidigten nicht schutzlos zu stellen, war es richtig, ihm den Weg zu den Gerichten und zugleich zu einem angemessenen Schmerzensgeld zu eröffnen, selbst wenn die Höhe des Schmerzensgeldes schwer zu bestimmen sein sollte. Die Rechtsschöpfung der Gerichte – das allgemeine Persönlichkeitsrecht gestützt auf Art. 1 GG und Art. 2 I GG – und ihre Konsequenz, in das Privatrecht einzugreifen, ist dabei weder selbstevident noch unkritisch, doch ist sie angesichts der gewandelten Wahrnehmung zur Schutzwürdigkeit der personalen Integrität eine überzeugende rechtliche Lösung, die im Rahmen der richterlichen Kompetenz zur Fortbildung des Rechts lag. Als höherrangiges Recht kann die Verfassung zur nachträglichen Rechtswidrigkeit der BGB-Vorschriften führen, insoweit sie ein Schmerzensgeld für Persönlichkeitsverletzungen ausschließen.

Ist der Schmerzensgeldanspruch für Persönlichkeitsverletzungen also prinzipiell methodisch vertretbar, weisen die Ausführungen des Bundesverfassungsgerichts zur Kompetenz des Richters doch in eine gefährliche Richtung, da ihre Logik geeignet ist, die Bindung des Richters an das Gesetz erheblich zu lockern:

> „[...] mit zunehmendem zeitlichen Abstand zwischen Gesetzesbefehl und richterlicher Einzelfallentscheidung [wächst] notwendig die Freiheit des Richters zur schöpferischen Fortbildung des Rechts. Die Auslegung einer Gesetzesnorm kann nicht immer auf die Dauer bei dem ihr zu ihrer Entstehungszeit beigelegten Sinn stehenbleiben. Es ist zu berücksichtigen, welche vernünftige Funktion sie im Zeitpunkt der Anwendung haben kann. Die Norm steht ständig im Kontext der sozialen Verhältnisse und der gesellschaftlich-politischen Anschauungen, auf die sie wirken soll; ihr Inhalt kann und muß sich unter Umständen mit ihnen wandeln. Das gilt besonders, wenn sich zwischen Entstehung und Anwendung eines Gesetzes die Lebensverhältnisse und Rechtsanschauungen so tiefgreifend geändert haben wie in diesem Jahrhundert. Einem hiernach möglichen Konflikt der Norm mit den materiellen Gerechtigkeitsvorstellungen einer gewandelten Gesellschaft kann sich der Richter nicht mit dem Hinweis auf den unverändert gebliebenen Gesetzeswortlaut entziehen; er ist zu freierer Handhabung der Rechtsnormen gezwungen, wenn er nicht seine Aufgabe, ‚Recht' zu sprechen, verfehlen will."[447]

Pauschale Verweise auf die veränderten Lebensverhältnisse oder das Alter von Gesetzen sind keine methodischen Argumente, die die Rechtsfortbildungskompetenz des Richters begründen könnten. Die gewandelten Verhältnisse können vor allem dann berücksichtigt werden, wenn sie gesetzgeberische Regelungsabsichten planwidrig lückenhaft oder obsolet gemacht haben. Dann ist der Richter nicht durch

---

fassend dazu *Hartmann*, NJW 1964, 793. Der Gesetzgeber hat sich bewusst dafür entschieden, einen immateriellen Schadensersatz für Persönlichkeitsverletzungen auszuschließen. An diesem gesetzgeberischen Willen kommt man weder durch Auslegung noch durch ein Analogieargument vorbei. So auch schon *Larenz*, NJW 1958, 827.

[447] BVerfGE 34, 269 (288 f.).

gewaltenteilende Aspekte gehindert, die Regelung des Gesetzgebers in dessen Sinne fortzubilden. Dies war hier nicht der Fall; die veränderten Lebensverhältnisse – insbesondere die technischen Entwicklungen – waren für die Regelungsabsicht des Gesetzgebers nicht von entscheidender Bedeutung.

Entscheidend waren dagegen die veränderten gesellschaftlichen Wertvorstellungen, die über die Verfassungsinterpretation in die Rechtsordnung inkorporiert werden konnten. Dies hätte einer kleinteiligen Argumentation bedurft, die einerseits die veränderten Wertanschauungen herausarbeitet und andererseits die Offenheit der Verfassung für diese darlegt, immer eingedenk der Autorität des BGB-Gesetzgebers. Der „Zwang" der „materiellen Gerechtigkeitsvorstellungen" ist dagegen keine taugliche Begründung einer richterlichen Rechtsfortbildung.[448]

Die Urteilsbegründung des Bundesverfassungsgerichts ist mit vagen, kaum justiziablen Kriterien durchsetzt, die die richterliche Rechtsfortbildung akzeptabel machen sollen und doch nur die Absicht des Gerichts offenlegen, eine rechtspolitisch sinnvolle Regelung der obersten Fachgerichte im Rahmen einer Verfassungsbeschwerde zu legitimieren.

Die Entscheidung des Bundesverfassungsgerichts hinterlässt damit ein zwiespältiges Bild. Im Ergebnis war sie angesichts der veränderten Wertanschauungen und den rechtlichen Spielräumen des Grundgesetzes durchaus vertretbar. In der Begründung offenbaren sich aber Gefahren einer „gerechtigkeitsfixierten" Rechtsprechung, die methodische Scheinargumente gegen die rechtlichen Vorgaben ausspielt.

b) Die Ehe für alle – das Rechtsinstitut der Ehe im Wandel der moralischen und rechtlichen Verständnisse

Weniges erregt so sehr die Gemüter wie Fragen nach der Toleranz und Akzeptanz diverser sexueller Orientierungen, die nicht dem heterosexuellen Standard einer Beziehung zwischen einsichtsfähigen Individuen unterschiedlichen Geschlechts (klassischerweise: Mann und Frau) entsprechen. Dazu gehören insbesondere Fragen der rechtlichen Akzeptanz anderer sexueller Orientierungen. Die wohl rasanteste rechtliche und gesellschaftliche Entwicklung vollzog sich im Bereich der homosexuellen Partnerschaften.

Zum Erlasszeitpunkt des Grundgesetzes und noch viele Jahre danach war an eine „Homo-Ehe" nicht zu denken. § 175 StGB kriminalisierte noch bis 1994 homosexuelle Handlungen zwischen Männern.[449] Dagegen vollzog sich in den letzten knapp 20 Jahren eine rechtliche Anerkennung homosexueller Partnerschafts-

---

[448] So auch Diederichsen in Bezug auf diese Begründungspassage, *Diederichsen*, AcP 198 (1998), 171 (195). Allgemein zu dieser Thematik, vgl. D. II. 2.

[449] Noch 1973 entschied das Bundesverfassungsgericht, dass § 175 StGB in eingeschränkter Form verfassungsmäßig sei, BVerfGE 36, 41.

modelle, die sich in 3 Abschnitte untergliedern lässt. Am 1.8.2001 trat das Lebenspartnerschaftsgesetz in Kraft, das es Lebenspartnern gleichen Geschlechts ermöglichte, eine eheähnliche Partnerschaft zu führen. Das Gesetz weckte anfänglich viel Widerstand,[450] doch hielt das Bundesverfassungsgericht das Gesetz in seinem Urteil vom 17.7.2002 für verfassungsgemäß.[451] Daraufhin folgte eine längere Periode, in der vor allem das Bundesverfassungsgericht die weitere Angleichung der Lebenspartnerschaft an die Ehe vorantrieb. Dazu gehörten Angleichungen im Hinterbliebenenrecht,[452] Besoldungsrecht,[453] Steuerrecht,[454] sowie dem Recht der Adoption.[455] Vor allem der wichtige Bereich der Fremdadoption blieb Lebenspartnerschaften aber weiterhin versperrt. Der Abschlusspunkt dieser Entwicklung wurde aber wieder von den gesetzgebenden Körperschaften des Bundes gesetzt, die im Juni und Juli 2017 einen Gesetzesentwurf zur gleichgeschlechtlichen Ehe billigten. Seit dem 1. Oktober 2017 heißt es nun in § 1353 I 1 BGB:

> „Die Ehe wird von zwei Personen verschiedenen oder gleichen Geschlechts auf Lebenszeit geschlossen."

Unverändert über die ganze Zeit blieb Art. 6 I GG, der in seinem Wortlaut die Ehe nach wie vor unter den „besonderen Schutze" des Staates stellt. Dieser „besondere Schutz" äußert sich dem Fachdiskurs nach in dreifacher Weise:[456] Neben der klassischen grundrechtlichen Abwehrdimension, die die Eheschließungs- und Ehegestaltungsfreiheit schützt, handle es sich auch um eine verfassungsrechtliche Wertentscheidung und eine grundgesetzlich verbürgte Garantie eines privatrechtlichen Rechtsinstituts. Der einfache Gesetzgeber besitzt bei der Ausgestaltung des Rechtsinstituts der Ehe einen Gestaltungsspielraum, sofern er nicht den unveränderlichen Kernbereich betrifft.[457] Soweit besteht in der Rechtsprechung und Rechtswissenschaft Einigkeit. Doch was gehört nun zu diesem „Kerngehalt", zu den „wesentlichen Strukturprinzipien", die nicht einmal der einfache Gesetz-

---

450 Die Landesregierungen in Sachsen, Thüringen und Bayern stellten Normenkontrollanträge beim Bundesverfassungsgericht.

451 BVerfGE 105, 313.

452 BVerfG, Beschluss vom 7.7.2009 – 1 BvR 1164/07 = BVerfGE 124, 199 – betriebliche Hinterbliebenenversorgung.

453 BVerfG, Beschluss vom 19.6. 2012 = BVerfGE 131, 239; davor noch ablehnend in den Nichtannahmebeschlüssen BVerfG, Beschluss vom 20.9.2007 – 2 BvR 855/06 = BVerfGK 12, 169; BVerfG, Beschluss vom 6.5.2008 – 2 BvR 1830/06 = BVerfGK 13, 501.

454 BVerfG, Beschluss vom 21.7.2010 – 1 BvR 611/07 u. a. = BVerfGE 126, 400 – Erbschafts- und Schenkungssteuer; BVerfG, Beschluss vom 18.7. 2012 – 1 BvL 16/11 = BVerfGE 132, 179 – Grunderwerbssteuer; BVerfG, Beschluss vom 7.5.2013 – 2 BvR 909/06, 2 BvR 1981/06, 2 BvR 288/07 = BVerfGE 133, 377 – Ehegattensplitting.

455 BVerfG, Urteil vom 19.2.2013 – 1 BvL 1/11, 1 BvR 3247/09 = BVerfGE 133, 59 – Sukzessivadoption.

456 *Benedict*, JZ 2013, 477 (479); Zusammenfassend *Kingreen*, Die verfassungsrechtliche Stellung der nichtehelichen Lebensgemeinschaft im Spannungsfeld zwischen Freiheits- und Gleichheitsrechten, 1995, S. 80ff., S. 111ff.

457 BVerfGE 6, 55 (72ff.); 36, 146 (162); 62, 323 (330); 105, 313 (345); Maunz/Dürig/*Badura*, Art. 6 GG, Rn. 8f.; Sachs/*von Coelln*, Grundrechte, Art. 6 GG, Rn. 31.

geber verändern kann? Umfasst sie auch die Verschiedengeschlechtlichkeit der Ehepartner?[458] Wenn die Verschiedengeschlechtlichkeit der Ehepartner integraler Bestandteil des grundgesetzlichen Ehebegriffes wäre, dürfte die „Ehe" weder von den Gerichten noch vom einfachen Gesetzgeber für gleichgeschlechtliche Paare geöffnet werden.

Inzwischen ist die Frage, ob das Prinzip der Heterosexualität zum Kerngehalt der Ehe gehört[459] oder disponibel ist,[460] also dem Verfassungswandel anheimgestellt werden kann, umstritten, wenn auch die herrschende Meinung die Verschiedengeschlechtlichkeit unverändert als einen verfassungsrechtlichen Kerngehalt betrachtet.[461]

Keinen Beitrag zum Streitentscheid vermag eine Wortlautauslegung von Art. 6 I GG zu geben.[462] Der Begriff der „Ehe" in Art. 6 I GG sagt selbst nichts über seine Kerngehalte aus, nichts über die Notwendigkeit der Verschiedengeschlechtlichkeit der Ehepartner, aber auch nichts über andere, unstrittige Kerngehalte, wie die Monogamie oder die prinzipielle Unauflösbarkeit der Ehe.[463] Durch den Begriff mögen durchaus religiöse Assoziationen von einem heiligen Bund zwischen Mann und Frau auf Lebenszeit geweckt werden, doch lässt sich hieraus nicht auf die Gehalte von Art. 6 I GG schließen. Der staatliche Souverän ist befugt, die Ehe so auszugestalten, wie er beliebt, sei es in Kontinuität oder Diskontinuität zu religiösen Traditionen. Genauso wenig Aufschluss vermag eine systematische Auslegung geben. Es gibt keine weitere grundgesetzliche Norm, die den Ehebegriff von Art. 6 I GG erhellen könnte. Nur eine Analyse der Entstehungsgeschichte der Norm verspricht weitere Einsichten.[464]

Ein wichtiger Hinweis zum Verständnis von Art. 6 I GG könnte sich aus der Vorgängernorm der Weimarer Reichsverfassung ergeben, die in Art. 119 I WRV explizit die Verschiedengeschlechtlichkeit der Ehepartner erwähnte:

---

458 Nur dieses Merkmal wird im Folgendem interessieren. Zu den weiteren Merkmalen, *Blome*, NVwZ 2017, 1658 (1659 f.); *Benedict*, JZ 2013, 477 (478 f.).

459 So das BVerfG selbst in seiner ständigen Rechtsprechung, BVerfGE 10, 59 (66); 29, 166 (176); 36, 146 (162); 49, 286 (300); 53, 224 (245); 62, 323 (330); BVerfG NJW 1993, 3058; BVerfGE 105, 313 (345 f.); Maunz/Dürig/*Badura*, Art. 6 GG, Rn. 58; Sachs/*von Coelln*, Art. 6 GG, Rn. 48 ff.; BeckOK GG/*Uhle*, 39. Ed. 15. 11. 2018, Art. 6 GG, Rn. 4; *Hillgruber*, JZ 2010 Urteilsanmerkung, 41 (42 f.); *Krings*, NVwZ 2011, 26 (27); *Rüthers*, Die heimliche Revolution vom Rechtsstaat zum Richterstaat, S. 117 ff.

460 BT Drucks. 18/6665, S. 7 ff.; *Michael*, NJW 2010, 3537 (3542); *Bömelburg*, NJW 2012, 2753 (2758); H. Dreier/*Brosius-Gersdorf*, Grundgesetz, Band I, Art. 6 GG, Rn. 81; *Brosius-Gersdorf*, NJW 2015, 3557; *Blome*, NVwZ 2017, 1658 (1662 f.); vorsichtig Rixen, der auf den spanischen Weg verweist, *Rixen*, JZ 2013, 864 (872 f.).

461 Mit vielen Nachweisen *Germann*, VVDStRL 73 (2014), 257 (284).

462 *Hillgruber*, VVDStRL 73 (2014), 297 f.

463 *Ipsen*, NVwZ 2017, 1096 (1098).

464 Sich für eine subjektiv-historische Auslegung auch auf Verfassungsebene stark machend *C. Möllers*, ApuZ 2009, 5 (6); ebenso und die damalige Rechtsprechung des BVerfG kritisierend, *Sachs*, DVBl 1984, 73 (76 ff.); a. A. *P. Schneider*, Prinzipien der Verfassungsinterpretation, in: Schwegmann, Friedrich (Hrsg.), Probleme der Verfassungsinterpretation, S. 156 (161).

„Die Ehe steht als Grundlage des Familienlebens und der Erhaltung und Vermehrung der Nation unter dem besonderen Schutz der Verfassung. Diese beruht auf der Gleichberechtigung der beiden Geschlechter."

Aus dem reduzierten Wortlaut des Art. 6 I GG könnte geschlossen werden, dass sich die Väter und Mütter des Grundgesetzes von der Voraussetzung der Verschiedengeschlechtlichkeit entfernen wollten, um die Ehe für alle Geschlechterkombinationen zu öffnen. Tatsächlich wurde auch im Parlamentarischen Rat der Antrag der CDU-Fraktion zurückgewiesen, der in Anlehnung an einen Kommissionsentwurf der Vereinten Nationen für die Allgemeine Erklärung der Menschenrechte folgenden Wortlaut für das Grundrecht vorsah:

„Die Ehe als die rechtmäßige Form der dauernden Lebensgemeinschaft von Mann und Frau und die aus ihr wachsende Familie sowie die aus der Ehe und Zugehörigkeit zur Familie fließenden Rechte und Pflichten stehen unter dem besonderen Schutz der Verfassung."[465]

Dem ersten Anschein nach spricht also viel für die Absicht zur Öffnung der Ehe für homosexuelle Partner.[466] Doch dieser Schein trügt. Aus den Beratungen des Parlamentarischen Rats wird deutlich, dass aus der knappen Formulierung von Art. 6 I GG keine Rückschlüsse auf die mögliche Gleichgeschlechtlichkeit der Ehepartner gezogen werden können. Vielmehr wurde es für eine nicht erwähnenswerte Selbstverständlichkeit gehalten, dass die Ehe nur zwischen Mann und Frau geschlossen werden kann.[467] Die Verschiedengeschlechtlichkeit der Ehepartner wird in einer Vielzahl von Diskussionen vorausgesetzt.[468] Die Ehe des Grundgesetzes sollte

---

[465] Eingaben der Kirche, 24. Sitzung des Ausschusses für Grundsatzfragen, ParlRat V/2, S. 634 Fn. 28; *Matz*, JöR 1951, Band 1, S. 93.

[466] Auf diese Weise für eine die dynamische Auslegung ermöglichende Entstehungsgeschichte argumentierend *Brosius-Gersdorf*, NJW 2015, 3557 (3559 f.).

[467] So meinte der allgemeine Redaktionsausschuss, dass es keines Hinweises auf die „rechtmäßige Form der dauernden Lebensgemeinschaft von Mann und Frau" bedürfe, wenn die Ehe als solche unter den besonderen Schutz des Staates gestellt werde, *Matz*, JöR 1951, Band 1, S. 97. Nach Greve konnte die Formulierung „Die Ehe ist die rechtmäßige Form der Lebensgemeinschaft zwischen Mann und Frau" als bloße Deklamation niemals Rechtswirkungen entfalten. Er setzte sich daraufhin für die Streichung dieses Satzes ein, ohne inhaltlich den Ehebegriff verändern zu wollen, vgl. *Greve*, 43. Sitzung des Hauptausschusses in ParlRat XIV/1, S. 1345 f. So auch mit weiteren Nachweisen BeckOK GG/*Uhle*, 39. Ed. 15. 11. 2018, Art. 6 GG, Rn. 4.

[468] BeckOK GG/*Uhle*, 39. Ed. 15. 11. 2018, Art. 6 GG, Rn. 4 f.; *C. Schmidt*, NJW 2017, 2225 (2227). Deutlich wird dies vor allem in den Diskussionen des Parlamentarischen Rats zur Gleichstellung der Geschlechter in der Ehe und zur Gleichstellung des unehelichen Kindes mit dem ehelichen, vgl. *Matz*, JöR 1951, Band 1, S. 93, 98. Beispielhafte Einzeläußerungen der Abgeordneten: *Süsterhenn*, 21. Sitzung des Hauptausschusses in ParlRat XIV/1, S. 600: „Eine absolute Gleichheit zwischen dem ehelichen und dem unehelichen Kind besteht nun einmal von Natur aus nicht, weil das eheliche Kind aus der Ehe hervorgegangen ist und normalerweise im Familienverband lebt, während das uneheliche Kind nicht in diesem Familienverband steht. Es steht nur in einem engeren Verhältnis zur Mutter, aber der Vater als Teil der Familie fehlt nun einmal in dieser Ordnungsgemeinschaft." *Wessel*, 43. Sitzung des Hauptausschusses, in ParlRat XIV/2, S. 1332: „Wir wissen, dass das uneheliche Kind in seiner Vaterlosigkeit und Familienlosigkeit existiert." *von Mangoldt*, 24. Sitzung des Ausschusses für Grundsatzfragen, in ParlRat V/2, S. 643: „Nur dürfen wir nicht den Fehler der Weimarer Verfassung wiederholen, die

also weder bezüglich der Voraussetzung der Verschiedengeschlechtlichkeit, noch in ihrem systematisch-finalen Zusammenhang zur Familie[469] von der Weimarer Reichsverfassung abweichen. Diese Analyse der Materialien wird durch weitere rechtliche Quellen belegt, die den Verständnishorizont der damaligen Zeit prägten. Der schon erwähnte § 175 StGB bestrafte die „Unzucht" unter Männern bis 1969. Erst 1994 wurde der „Homosexuellen-Paragraf" endgültig aus dem StGB gestrichen. Dass die Ehe gleichgeschlechtlichen Partnern offenstehen sollte, war mit der Vorstellungswelt des Verfassungsgebers schlicht nicht zu vereinbaren. Dies ist nicht im Sinne einer sekundären Anschauungslücke zu verstehen.[470] Diese setzt nämlich nicht nur voraus, dass der Gesetzgeber homosexuelle Partnerschaften nicht konkret bedacht hat, sondern auch, dass er bei Kenntnis des Sachverhalts zu einer anderen Entscheidung gelangt wäre.[471] Aus dem historischen Kontext, insbesondere den damals existierenden strafrechtlichen Vorschriften, wird aber deutlich, dass gegenüber homosexuellen Paaren keine unbedachte Gleichgültigkeit herrschte.[472]

Aus der historischen Auslegung der Vorschrift folgt daher, dass der Gehalt der Verschiedengeschlechtlichkeit Art. 6 I GG zugrunde liegt. Da Verfassungsnormen grundsätzlich der gleichen Auslegungsmethodik folgen wie andere Rechtsnormen,[473] ist dieses eindeutige Ergebnis der historischen Auslegung beachtlich. Doch soll auch nicht in Abrede gestellt werden, dass sich die gesellschaftlichen Anschauungen zur Homosexualität seit Erlass des Grundgesetzes erheblich gewandelt haben. Homosexualität wird nicht mehr als „Unzucht" betrachtet, sondern

---

sagt, daß die Ehe auf der Gleichberechtigung der Geschlechter beruht." Darauf *Süsterhenn*, in ParlRat V/2, S. 643: „(...) Aus der verschiedenen Natur von Mann und Frau ergeben sich eben verschiedenartige Rechte und Pflichten." Süsterhenn, 32. Sitzung des Ausschusses für Grundsatzfragen, in: ParlRat V/2, S. 935: „Es ist das Wort „fortdauernde" vor „Lebensgemeinschaft" weggefallen. Ich halte es zwar nicht für nötig, aber doch für wünschenswert, um diese Beziehung zwischen Mann und Frau als eine Dauerbeziehung herauszustellen und nicht irgendwie als eine flüchtige Begegnung."

[469] Dazu *Germann*, VVDStRL 73 (2014), 257 (270 f.); Sachs/*von Coelln*, Art. 6 GG, Rn. 6; mit weiteren Nachweisen BeckOK GG/*Uhle*, 39. Ed. 15. 11. 2018, Art. 6 GG, Rn. 4.

[470] BT Dr. 18/6665 S.7: „Eine Einbeziehung Homosexueller in den Diskriminierungsschutz des Grundgesetzes oder gar die Anerkennung gleichgeschlechtlicher Paare waren zu dieser Zeit jenseits der Vorstellungswelt über alle Parteigrenzen hinweg."; *Hillgruber*, VVDStRL 73 (2014), 297 f.; So aber *Brosius-Gersdorf*, NJW 2015, 3557 (3558); *Hong*, Warum das Grundgesetz die Ehe für alle verlangt, https://verfassungsblog.de/warum-das-grundgesetz-die-ehe-fuer-alle-verlangt (Stand: 27. 2. 2019); eine nachträgliche Lücke für möglich haltend *Bäcker*, AöR 2018, 339 (384 f.).

[471] Ähnlich allgemein *MacCallum*, Yale L. J. 75 (1966), 754 (772 f.); auch schon B. VI. 1.; dieser Punkt wird sogleich nochmal im Rahmen einer Diskussion von *Bäckers* Position deutlich gemacht, D. II. 2. b) aa).

[472] BT Dr. 18/6665 S. 7; *Rüthers*, Die heimliche Revolution vom Rechtsstaat zum Richterstaat, S. 120.

[473] *R. Dreier*: Zur Problematik und Situation der Verfassungsinterpretation, in: R. Dreier, Studien zur Rechtstheorie, S. 106 (106 f.); *Kingreen/Poscher*, Grundrechte, Rn. 281; *Böckenförde*, Der Staat 42 (2003), 165 (175, 178 ff., 186); *Hoffmann-Riem*, Der Staat 43 (2004), 203 (229); *Roellecke*, Das Paradox der Verfassungsauslegung, S. 87 ff.; *Rüthers*, Die heimliche Revolution vom Rechtsstaat zum Richterstaat, S. 103 f.

als eine von vielen geschlechtlichen Beziehungen, die zwischen einsichtsfähigen Personen in gegenseitigem Einverständnis gelebt werden kann.[474] Aber können die gewandelten Anschauungen auch einen rechtlichen Wandel bedingen?

aa) Die Argumentation des Bundesverfassungsgerichts

Die Argumentation des Bundesverfassungsgerichts zur Angleichung der Lebenspartnerschaft an die Rechte der Ehe vollzog sich wesentlich in zwei Schritten.[475] Der erste Schritt bestand darin, Art. 6 I GG nicht mehr als Abstandsgebot oder Besserstellungsgebot zu anderen Formen der Partnerschaft auszulegen.[476] Die eingetragene Lebenspartnerschaft wurde als verfassungsgemäß bestätigt, weil der „besondere Schutz" der Ehe nur verlange, alles zu unterlassen, was diese schädigen könnte und sie durch geeignete Maßnahmen zu fördern. Gegen beides verstoße die eingetragene Lebenspartnerschaft nicht.[477] Schon dieser erste Argumentationsschritt ist diskutabel.[478] Der einfache Gesetzgeber wollte mit den Regelungen zur eingetragenen Lebenspartnerschaft einerseits die Diskriminierung gleichgeschlechtlicher Paare beenden, sah sich aber andererseits auch europarechtlich in der Pflicht, administrative Ungleichheiten zwischen gleich- und verschiedengeschlechtlichen Paaren zu beseitigen.[479] Eine völlige Angleichung stand ihm aber schon wegen der biologischen Unterschiede nicht vor Augen.[480]

Je nachdem, wie die Entstehungsgeschichte interpretiert wird, kann man zu dem Schluss kommen, dass die Ehe zwischen Mann und Frau entweder die einzige staatlich geregelte und unterstützte partnerschaftliche Verbindung[481] oder nur die einzige verfassungsrechtlich verankerte sein sollte. Hinreichend deutlich wird allein, dass die „Aufhebung" des Instituts Ehe „wie es jetzt ist" nur per Verfassungsänderung geschehen kann.[482] Die besseren Gründe scheinen für das entste-

---

[474] Vgl. dazu die Umfragen zur Akzeptanz der gleichgeschlechtlichen Ehe in Deutschland, Wikipedia-Eintrag zur gleichgeschlechtlichen Ehe, Punkt 3.1.6, abrufbar unter: https://de.wikipedia.org/wiki/Gleichgeschlechtliche_Ehe#Beschluss_des_Bundestages_(2017) (Stand: 1.3.2019).

[475] *Reimer/Jestaedt*, JZ 2013, 468 (469).

[476] BVerfGE 105, 313 (348).

[477] BVerfGE 105, 313 (346ff.).

[478] Klar für ein Besserstellungs- oder Abstandsgebot, *Jestaedt*, Ein Grundrecht auf Kinderbetreuung?, ZfJ 2000, 281 (285): „besserer Schutz, als er sonstigen Formen sozialen Miteinanders zukommt"; Maunz/Dürig/*Badura*, Art. 6 GG, Rn. 58d: „im Umfang stets mehr zu schützen"; *Rüthers*, Die heimliche Revolution vom Rechtsstaat zum Richterstaat, S. 115f.

[479] BT-Drucks. 14/3751, S. 33.

[480] BT-Drucks. 14/3751, S. 33.

[481] So die abweichende Meinung von Richter *Papier* zu BVerfGE 105, 313; Maunz/Dürig/*Badura*, 81. EL September 2017, Art. 6 GG, Rn. 58d f.; *Krings*, NVwZ 2011, 26 (27); *Hillgruber*, JZ 2010, 41 (41f.).

[482] So die Abgeordneten Maier und Süsterhenn, dazu *Matz*, JöR 1951, Band 1, S. 94.

hungsgeschichtliche Verständnis des Bundesverfassungsgerichts[483] zu sprechen – ein Komplettausschluss der Regelungsmöglichkeit anderer Partnerschaftsmodelle lässt sich Art. 6 I GG nicht entnehmen. Gleichzeitig lässt sich den Diskussionen im Parlamentartischen Rat entnehmen, dass der Ehe eine herausgehobene Stellung gegenüber anderen Verbindungen von Personen zukommen sollte.[484]

Noch problematischer ist der zweite Schritt in der Argumentation des Bundesverfassungsgerichts. Von der Absage an die Differenzierungspflicht des Gesetzgebers wird direkt auf ein Differenzierungsverbot beziehungsweise ein Gleichbehandlungsgebot geschlossen, das es dem Gesetzgeber untersagen würde, die Ehe lediglich auf der Basis von Art. 6 I GG gegenüber der eingetragenen Lebenspartnerschaft zu privilegieren.[485] Nur erhebliche anderweitige Unterschiede zwischen Ehe und eingetragener Lebenspartnerschaft würden eine Privilegierung der Ehe rechtfertigen.[486] Doch ist der Übergang von der Absage an ein Differenzierungsgebot direkt zu einem Differenzierungsverbot nicht notwendig. Art. 6 I GG kann nämlich als Differenzierungsermächtigung des einfachen Gesetzgebers begriffen werden, die es ihm ermöglicht, die Ehe entgegen dem allgemeinen Gleichbehandlungsgebot von Art. 3 I GG gegenüber anderen Partnerschaften ohne sachlichen Grund zu privilegieren.[487] Auch hätte eine vollständige Verwerfung des Abstandsgebotes nicht erfolgen müssen. Die Prüfung hätte darauf beschränkt werden können, ob das Abstandsgebot gerade in dem jeweils einschlägigen Fall Abstand gebietet, oder ob der „besondere Schutz" der Ehe von einer Angleichung nicht betroffen ist.

Die Verwerfung der Differenzierungsermächtigung des einfachen Gesetzgebers wird mit (objektiv-)teleologischen Erwägungen gerechtfertigt.[488] Sofern eine Pri-

---

483 BVerfGE 105, 313 (349 f.).

484 Deutlich wird dies vor allem in den Diskussionen um die Stellung des unehelichen Kindes in der Familie vgl. *Matz*, JöR 1951, Band 1, S. 93, 98; sowie beispielhafte Einzeläußerungen der Abgeordneten: *Süsterhenn*, 21. Sitzung des Hauptausschusses in ParlRat XIV/1, S. 600: „Eine absolute Gleichheit zwischen dem ehelichen und dem unehelichen Kind besteht nun einmal von Natur aus nicht, weil das eheliche Kind aus der Ehe hervorgegangen ist und normalerweise im Familienverband lebt, während das uneheliche Kind nicht in diesem Familienverband steht. Es steht nur in einem engeren Verhältnis zur Mutter, aber der Vater als Teil der Familie fehlt nun einmal in dieser Ordnungsgemeinschaft." *Wessel*, 43. Sitzung des Hauptausschusses, in ParlRat XIV/2, S. 1332: „Wir wissen, dass das uneheliche Kind in seiner Vaterlosigkeit und Familienlosigkeit existiert."

485 *Krings*, NVwZ 2011, 26; *Reimer/Jestaedt*, JZ 2013, 468 (469); *Bäcker*, AöR, 2018, 339 (352).

486 BVerfGE 124, 199 (222).

487 So noch in BVerfGE 105, 313 (348): „Aus der Zulässigkeit, in Erfüllung und Ausgestaltung des Förderauftrags, die Ehe gegenüber anderen Lebensformen zu privilegieren, lässt sich jedoch kein in Art. 6 I GG enthaltenes Gebot herleiten, andere Lebensformen gegenüber der Ehe zu benachteiligen"; für die Privilegierungsmöglichkeit ohne sachlichen Grund auch *Pauly*, NJW 1997, 1955 (1956 f.).

488 *Reimer/Jestaedt*, JZ 2013, 468 (469).

vilegierung ihren Grund in der gegenseitigen, rechtlich verbindlichen Einstandspflicht der Ehepartner hat, muss sie auch anderen rechtlich verbindlichen, zum gegenseitigen Beistand verpflichteten Partnerschaften zugutekommen. Insofern gebietet Art. 3 GG eine Gleichbehandlung von Ehe und eingetragener Lebenspartnerschaft.[489] Gleichzeitig lässt das Bundesverfassungsgericht das Differenzierungsmerkmal der eigenen, natürlichen Fortpflanzungsfähigkeit heterosexueller (Ehe-) Partner nicht mehr als tragfähigen Grund für eine Ungleichbehandlung gelten und verlagert es in den Bereich des Familienschutzes.[490] Es gäbe auch kinderlose Ehen und eingetragene Lebenspartnerschaften mit Kindern, daher könnten nicht nur Ehepartner in den Genuss der Privilegierungen kommen.[491] Diese Begründungsstrategie findet sich zum ersten Mal in dem Beschluss des Bundesverfassungsgerichts zur Unrechtmäßigkeit des Ausschlusses eingetragener Lebenspartner von der betrieblichen Hinterbliebenenversorgung[492] und prägt von da an die weiteren Entscheidungen des Bundesverfassungsgerichts.

Es ist unschwer ersichtlich, dass damit die Differenzierungsermächtigung des Gesetzgebers auf der Basis von Art. 6 I GG gefallen ist,[493] enthält doch jede Privilegierung der Ehe denknotwendig eine Benachteiligung eingetragener Lebenspartnerschaften.[494] Der besondere Schutz der Ehe in Art. 6 I GG muss nach der Argumentation des Bundesverfassungsgerichts dem allgemeinen Gleichheitsgedanken in Art. 3 I GG[495] weichen.[496] Ob diese Lösung überzeugen kann, hängt auch von dem Verständnis des Art. 3 I GG und dessen Position in der grundrechtlichen Systematik ab.

---

489 BVerfGE 124, 199 (222 f.)

490 BVerfGE 124, 199 (225 f.). Dagegen argumentierte das BVerfG früher häufig mit der Keimzellenfunktion der Ehe, BVerfGE 6, 55 (71); BVerfGE 76, 1 (51): „alleinige Grundlage einer vollständigen Familiengemeinschaft […] Voraussetzung für die bestmögliche […] Entwicklung von Kindern".

491 BVerfGE 124, 199 (229 f.).

492 BVerfGE 124, 199; der Gesetzgeber hatte zuvor schon die eingetragene Lebenspartnerschaft im Bereich der Hinterbliebenenversorgung durch Einbeziehung in den Bereich der gesetzlichen Rentenversicherung an die Ehe angeglichen.

493 *Bäcker*, AöR, 2018, 339 (379 f.).

494 *Hillgruber*, JZ 2010, 41 (42); *Krings*, NVwZ 2011, 27.

495 Tatsächlich erhöht das BVerfG die Intensität seiner Gleichheitsprüfung sogar, weil durch die Benachteiligung gleichgeschlechtlicher Partner eine Diskriminierung wegen der „sexuellen Orientierung" stattfinde, die den in Art. 3 III GG erwähnten Merkmalen nahestehe, BVerfGE 124, 199 (220). Ein striktes Differenzierungsverbot bezüglich der sexuellen Orientierung lässt sich dem Grundgesetz aber gerade nicht entnehmen, *Hillgruber*, JZ 2010, 41 (43.). Dies geht auch schon aus der Entstehungsgeschichte hervor; der verfassungsändernde Gesetzgeber lehnte es ab, den Katalog des Art. 3 III GG um das Merkmal der sexuellen Orientierung zu erweitern. Das Bundesverfassungsgericht verweist allerdings auf eine zuvor schon gefestigte Rechtsprechung, dazu Sachs/*Nußberger*, Art. 3 GG, Rn. 228; a. A. *Baer*, NJW 2013, 3145 (3148 f.).

496 Unklar ist noch die Reichweite dieser Argumentation bezüglich anderer Formen der Gemeinschaft. Für eine Erstreckung des Schutzes von Art. 6 I GG auf Mehrehen, H. Dreier/*Brosius-Gersdorf*, Grundgesetz, Band I, Art. 6 GG, Rn. 79.

Art. 3 I GG ist in besonderer Weise aufnahmefähig für den Wertewandel über die Zeit.[497] Der Gleichheitssatz verbietet, wesentlich Gleiches ungleich und wesentlich Ungleiches gleich zu behandeln.[498] Findet eine gesetzliche Differenzierung zwischen zwei Gruppen von Rechtsadressaten statt, muss sich dafür ein vernünftiger Grund anführen lassen.[499] Doch der normative Bezugspunkt des Vergleichsmaßstabs ist nirgendwo festgeschrieben:[500]

> „Gleichheit ist ja nicht eine Gegebenheit, die Dinge und Menschen sind so ungleich ‚wie ein Ei dem anderen', Gleichheit ist immer nur Abstraktion von gegebener Ungleichheit unter einem bestimmten Gesichtspunkte."[501]

Was gleich und was ungleich ist, erfordert daher ein komplexes Werturteil, das von den jeweiligen weltanschaulichen Vorverständnissen geprägt ist, die über die Zeit hinweg variieren können.[502] Walter meint daher, dass Veränderungen bei der Beurteilung der Gleichheit keinen Verfassungswandel darstellen, weil Art. 3 I GG keinen Bezugspunkt der Gleichheit für den Vergleich festschreibt und so besonders offen für gesellschaftliche Veränderungen ist.[503] Danach ist auch eine Neuinterpretation des Bundesverfassungsgerichts von Art. 3 I GG kein illegitimer Verfassungswandel. Haben sich die Wertanschauungen soweit verändert, dass zwei Sachverhalte nun wesentlich gleich (oder ungleich) erscheinen, spricht auch nichts dagegen, von der bisherigen Rechtsprechung abzuweichen.[504] Natürlich sind die Gründe offenzulegen, die den Kurswechsel bedingen, das allein gewährleistet die Diskutier- und Rationalisierbarkeit der Entscheidung.

Schon zuvor wurde festgestellt, dass der Gleichheitssatz Lücken in das Gesetz reißen kann, wenn sich die zugrundeliegenden gleichheitsrelevanten Bewertungen ändern.[505] Es wurde dabei vor allem auf die Gefahren für die Gewaltenteilung hingewiesen, die sich aus einer extensiven Gleichheitsrechtsprechung ergeben können. Kann doch die Verfassungsmäßigkeit eines Gesetzes fast immer mit Gleichheitsüberlegungen in Frage gestellt werden, selbst wenn der Gesetzgeber davon

[497] Schon Maunz/*Dürig*, Art. 3 GG (Erstbearbeitung), Rn. 194.

[498] Zu dieser Formel schon BVerfGE 1, 14 (52).

[499] BVerfGE 1, 14 (52). Diese oft als „Willkürformel" bezeichnete Prüfung des BVerfG wurde im Laufe der Zeit durch eine Reihe weiterer Formeln modifiziert. Diese unterscheiden sich aber nicht grundlegend von der Willkürformel, sondern erhöhen nur fallbezogen die Prüfungsintensität des Gleichheitssatzes, vgl. BeckOK GG/*Kischel*, 39. Ed. 15.11.2018, Art. 3 GG, Rn. 29.

[500] Einen klaren Bezugspunkt gibt es zwar häufig in Bezug auf die Vergleichbarkeit der Rechtsfolgen zweier Sachverhalte, nicht aber in Bezug auf die Vergleichbarkeit der Sachverhalte selbst, BeckOK GG/*Kischel*, 39. Ed. 15.11.2018, Art. 3 GG, Rn. 15; *Voßkuhle*, Der Staat 43 (2004), S. 450 (453).

[501] *Radbruch*, Rechtsphilosophie, S. 37.

[502] MKS/*Starck*, Art. 3 GG (2016), Rn. 14; BeckOK GG/*Kischel*, 39. Ed. 15.11.2018, Art. 3 GG, Rn. 39ff.; *Rüthers*, Die heimliche Revolution vom Rechtsstaat zum Richterstaat, S. 116.

[503] *Walter*, AöR 2000, 517 (525f.); ähnlich *Voßkuhle*, Der Staat 43 (2004), S. 450 (453).

[504] Deutlich diesbezüglich MKS/*Wollenschläger*, Art. 3 GG, Rn. 213.

[505] Vgl. B.II.4.b)cc).

überzeugt war, eine gerechte Regelung geschaffen zu haben, die die betroffenen Interessen fair berücksichtigt. Daher ist grundsätzlich davon auszugehen, dass das jeweilige Gesetz einen konkretisierenden Vorschlag zur Gleichbehandlung unterbreitet. Leisner wies auf die Bedeutung des einfachen Rechts für das Verständnis der Verfassung hin. Die wenigen Worte der Verfassung in ihrem Grundrechtsteil bekämen erst durch die eindeutigeren Befehle des einfachen Rechts einen justiziablen Inhalt.[506] Die Verfassung erscheint dann als „Konzentrat"[507] des einfachgesetzlichen Rechts. Paul Kirchhof formuliert in eine ähnliche Richtung weisend, dass der Gesetzgeber der „Erstinterpret"[508] der Verfassung sei, das Bundesverfassungsgericht ihr „Zweitinterpret".[509] Er relativiert diese Aussage aber sogleich mit der Wirkkraft des Gleichheitssatzes, der auch die Geltung eines Gesetzes in Frage stellen kann.[510] Letzten Endes muss das Verfassungsgericht auch der Letztinterpret verfassungsrechtlicher Auslegungsfragen bleiben, weil sonst die Verfassung in den Wertungen des einfachen Gesetzgebers aufgehen könnte und ihren „Selbststand" verlieren würde.[511] Die Verfassung steht über dem einfachen Recht und muss dieses in der Konsequenz auch in Frage stellen können. Insbesondere Art. 3 GG erfüllt die Funktion, Prüfmaßstab des einfachen Rechts über die Zeit hinweg zu sein. Verändern sich die Wertmaßstäbe der Gleichheit, so verändert sich damit auch die Beurteilung des einfachen Rechts. Ein vormals verfassungsgemäßes Gesetz kann verfassungswidrig werden. Wer diese Möglichkeit ablehnt oder ausschließen will, würde die Verfassung und insbesondere Art. 3 GG zum zahnlosen Tiger degradieren. Gefahren einer vorschnellen oder unreflektierten Normverwerfung wirkt Art. 100 I GG entgegen, der die richterliche Entscheidungsgewalt zur Verfassungswidrigkeit einfachrechtlicher Normen beim Bundesverfassungsgericht monopolisiert, wodurch die Einheitlichkeit und Qualität der Rechtsprechung weitestgehend sichergestellt wird.[512]

Jene Ideen der Verfassung als Konzentrat des einfachen Rechts sowie die Erstinterpretenrolle des Gesetzgebers sollten aber Anlass zur sorgfältigen Prüfung geben, ob ein Gesetz wirklich nicht mehr mit dem Gleichheitssatz zu vereinbaren ist. Bei der einfachrechtlichen Ausgestaltung der verfassungsrechtlichen Gleichheitsvorgaben ist dem Gesetzgeber im Grundsatz ein weiter Gestaltungsspielraum

---

[506] *Leisner*, Der Staat 8 (1969), 273 (285 f.); ähnlich *W.-R. Schenke*, AöR 1978, 567 (586 ff.).

[507] *Lerche*, Stiller Verfassungswandel als aktuelles Politikum, in: FS Maunz, S. 285 ff. (286).

[508] Diese Rolle des Gesetzgebers wird eingefordert von *C. Möllers*, JZ 2009, 668 (673).

[509] *Kirchhof*, NJW 1996, 1497 (1504); *Kirchhof*, Rechtsphilosophische Fundierung des Richterrechts, in: Bumke (Hrsg.): Richterrecht zwischen Gesetzesrecht und Rechtsgestaltung, S. 71 ff. (78).

[510] *Kirchhof*, Rechtsphilosophische Fundierung des Richterrechts, in: Bumke (Hrsg.): Richterrecht zwischen Gesetzesrecht und Rechtsgestaltung, S. 71 ff. (78).

[511] *Leisner*, Von der Verfassungsmäßigkeit der Gesetze zur Gesetzmäßigkeit der Verfassung, S. 5, 71; *Isensee*, ÄöR 2013, 325 (326 f.).

[512] Die Gewährleistung von Einheitlichkeit und Qualität der Rechtsprechung war eines der zentralen Anliegen des Verfassungsgebers hinter Art. 100 I GG, *von Doemming*, JöR 1951, Band 1, S. 735; Maunz/Dürig/*Dederer*, 79. EL Dezember 2016, Art. 100 GG, Rn. 21.

zu gewähren.[513] Dies gilt umso mehr als Gleichheitsfragen alles andere als einfache, objektive Vergleiche feststehender Sachverhalte sind.

Aber selbst wenn man mit dem Bundesverfassungsgericht davon ausgeht, dass die Ehe und die eingetragene Lebenspartnerschaft beide rechtlich verbindliche Versorgungsgemeinschaften auf Dauer sind, und dass die betreffenden Regelungen gerade dieser Eigenschaft Rechnung tragen sollen, kann die weitere Argumentation nicht überzeugen. Die Öffnung der einfachrechtlichen Vorschriften für die eingetragene Lebenspartnerschaft wird allein mit Gleichheitsüberlegungen gerechtfertigt, ohne den Status des Art. 6 I GG ausreichend zu reflektieren. Stünden nur einfachrechtliche Regelungen zur Debatte, hätte die Gleichheitsargumentation des Bundesverfassungsgerichts prinzipiell verfangen können. Art. 3 GG steht über den einfachrechtlichen Normen, die die eingetragene Lebenspartnerschaft jeweils zu Unrecht benachteiligen würden und kann deren Verfassungswidrigkeit begründen. Jedoch steht Art. 6 I GG normhierarchisch auf gleicher Ebene mit Art. 3 I GG; beide sind Verfassungsnormen. Der Prüfungsmaßstab von Art. 6 I GG kann daher nicht Art. 3 I GG sein.[514] Vielmehr führt eine systematische Auslegung zu der Einsicht, dass Art. 6 I GG lex specialis zu dem allgemeinen Gleichheitssatz von Art. 3 I GG ist.[515] Noch 1993 kam das Bundesverfassungsgericht zu demselben Ergebnis:

> „Beschränkt die speziellere Norm des Art. 6 I GG die verfassungsrechtlich gewährleistete Eheschließungsfreiheit auf Lebensgemeinschaften von Mann und Frau, so kann es nicht zweifelhaft sein, daß eine verfassungsrechtliche Verbürgung desselben Inhalts, aber ohne die Beschränkung auf verschiedengeschlechtliche Partner, nicht aus den generellen Normen des Art. 2 I i. V. mit Art. 1 I oder aus Art. 3 I GG hergeleitet werden kann."[516]

Der besondere Differenzierungsgrund zwischen Ehe und eingetragener Lebenspartnerschaft wird von der Verfassung selbst geliefert, die eine Bevorzugung der Ehe vor sämtlichen anderen Formen der Partnerschaft gestattet.[517] Dies ist die besondere, noch aktuelle verfassungsrechtliche Situation in der Bundesrepublik: Die Verfassung gewährt die Ungleichbehandlung zweier, in vielerlei Hinsicht vergleichbarer Partnerschaftsmodelle. Diese verfassungsrechtliche Differenzierung wurde durch die verfassungsgerichtliche Rechtsprechung eingeebnet.[518]

---

[513] Dies bleibt der Ausgangspunkt, auch wenn die Gleichheitsprüfung situativ verschärft werden kann, Maunz/Dürig/*Kirchhof*, Art. 3 Abs. 1 GG, Rn. 436 f.

[514] *Blome*, NVwZ 2017, 1658 (1660).

[515] Sachs/*von Coelln*, Art. 6 GG, Rn. 48 ff.; *Burgi*, Der Staat 39 (2000), 487 (503); *Sachs*, JR 2001, 45 (47).

[516] BVerfG NJW 1993, 3058.

[517] *Hillgruber*, JZ 2010, 41 (42); *Krings*, NVwZ 2011, 26 (27); *Rüthers*, Die heimliche Revolution vom Rechtsstaat zum Richterstaat, S. 116 ff.; a. A. bei *Baer*, NJW 2013, 3145 (3148 f.).

[518] Schon zur Hinterbliebenenversorgungsentscheidung *Krings* NVwZ 2011, 26: „Heikel ist es indes, wenn eine verfassungsgerichtliche Entscheidung in ihrer Begründung primär politisch argumentiert und dadurch den besonderen verfassungsrechtlichen Schutz, den Art. 6 I GG der Ehe gewährt, zur Makulatur werden lässt."; *Benedict*, JZ 2013, 477 (486); *Germann*, VVDStRL 73 (2014), 257 (284 ff.).

Aber selbst wenn angenommen wird, dass die Privilegierung der Ehe gegenüber anderen Gemeinschaften eines sachlichen Grundes bedarf, wird deutlich, wie sehr das Bundesverfassungsgericht die gesetzgeberische Einschätzungsprärogative beschränkt. Diese restriktive Tendenz in der Argumentation des Bundesverfassungsgerichts offenbart sich in der Ehegattensplitting-Entscheidung,[519] wenn es um die Öffnung von Regeln für die eingetragene Lebenspartnerschaft geht, die zumindest teilweise dazu dienen, die Ehe als „Keimzelle jeder menschlichen Gemeinschaft“ zu fördern[520] – ein Verständnis der Ehe, das durch den Wortlaut von Art. 6 I GG und die Entstehungsgeschichte untermauert wird, die beide einen engen Zusammenhang zwischen Ehe und Familie herstellen.[521]

Mit dem Ehegattensplitting sollten nach der Vorstellung des Gesetzgebers Paare begünstigt werden, bei denen ein Partner wegen der Kindererziehung nicht oder nur teilweise erwerbsfähig ist.[522] Es gibt keinen Grund, wieso die bezweckte Förderung des Gesetzgebers nicht legitim sein sollte, und es ist auch legitim, diesen Förderzweck auf Ehen zu beschränken, denn von eingetragenen Lebenspartnerschaften ist nach wie vor kein eigener Nachwuchs zu erwarten.[523] Natürlich gibt es Ehen ohne Kinder und eingetragene Lebenspartnerschaften mit Kindern, doch die statistische Norm ist das nicht.[524] Dem Gesetzgeber sollte es dann auch obliegen, dies typisierend festzustellen und in eine steuerliche Privilegierung von Ehen aufzunehmen. Das Bundesverfassungsgericht kommt aber zu einem anderen Ergebnis, weil die steuerlichen Privilegien ihren Zweck in der Förderung einer Bedarfs- und Verbrauchsgemeinschaft fänden. Eine solche sei aber nicht nur die Ehe sondern auch die eingetragene Lebenspartnerschaft, weshalb es keinen ausreichenden Differenzierungsgrund zwischen den beiden Gemeinschaften gäbe.[525] Selbst wenn man sich auf die teleologische Betrachtungsweise des Bundesverfassungsgerichts einlässt und die spezielle Privilegierungsbefugnis des einfachen Gesetzgebers aus Art. 6 I GG ausblendet, überzeugt das Ergebnis nicht. Es hätte festgestellt werden müssen, dass die Privilegierung von Ehen durch das Ehegattensplitting einen

---

[519] BVerfGE 133, 377.

[520] Wie schon erwähnt, war dies einst die Position des BVerfG selbst, BVerfGE 6, 55 (71): „Art. 6 Abs. 1 GG ist eine wertentscheidende Grundsatznorm. Er stellt Ehe und Familie als die Keimzelle jeder menschlichen Gemeinschaft, deren Bedeutung mit keiner anderen menschlichen Bindung verglichen werden kann, unter den besonderen Schutz der staatlichen Ordnung.“; weiter *Pauly*, NJW 1997, 1955; *Burgi*, Der Staat 2000 (39), 487 (499); *Rüthers*, Die heimliche Revolution vom Rechtsstaat zum Richterstaat, S. 121.

[521] *Germann*, VVDStRL 73 (2014), 257 (270 f.); Sachs/*von Coelln*, Art. 6 GG, Rn. 6; mit weiteren Nachweisen BeckOK GG/*Uhle*, 39. Ed. 15.11.2018, Art. 6 GG, Rn. 4.

[522] BT-Drucks. 3/260, S. 34: „Die Fälle, in denen die Ehefrau keine oder keine nennenswerten Einkünfte hat, werden dem genannten Fall, daß beide verdienen, gleichgestellt. Hieraus ergibt sich eine besondere Anerkennung der Aufgabe der Ehefrau als Hausfrau und Mutter.“

[523] *Rüthers*, Die heimliche Revolution vom Rechtsstaat zum Richterstaat, S. 121.

[524] Dies erkennt auch das BVerfG an, erkennt dem Gesetzgeber insoweit aber doch keine Regelungsbefugnis zu, BVerfGE 133, 377 (421 f.).

[525] BVerfGE 133, 377 (417 f.).

Zweck verfolgt, der im Regelungsermessen des Gesetzgebers steht, und der nicht in gleichem Maße für eingetragene Lebenspartnerschaften gilt.

Ein anderes methodisches Vorgehen wird in der Literatur – namentlich durch Bäcker – erwogen, der eine analoge Anwendung der ehelichen Schutzklausel auf gleichgeschlechtliche Partnerschaften für möglich hält. Faktisch würde das Bundesverfassungsgericht ohnehin schon eine analoge Anwendung des besonderen Schutzes der Ehe nach Art. 6 I GG auf gleichgeschlechtliche, eheähnliche Partnerschaften praktizieren, „ohne das dogmatische Kind beim methodologischen Namen zu nennen".[526] Mit der Analogie würde das gleiche Resultat erreicht wie mit der aktuellen Rechtsprechung des Bundesverfassungsgerichts, jedoch ohne den verfassungsrechtlichen Ehebegriff intentionswidrig zu erweitern, die verfassungsrechtliche Institutsgarantie des Eheschutzes auf einen teleologisch bestimmten Funktionsbegriff zu reduzieren oder die gleichheitsrechtlichen Bestimmungen systemwidrig dem besonderen Schutzgebot des Art. 6 I GG überzuordnen.[527]

Doch die Voraussetzung einer Analogie ist eine planwidrige Regelungslücke. Gesehen wird deren Grund in der veränderten sozialen und einfachrechtlichen Anerkennung gleichgeschlechtlicher, eheähnlicher Partnerschaften, die dem Verfassungsgeber so nicht bekannt gewesen sein konnte.[528] Nicht ganz deutlich wird, ob Bäcker hier eine sekundäre Anschauungslücke oder eine sekundäre „Lücke" durch einen Wertewandel annimmt. In dieser Arbeit wurde gezeigt, dass eine sekundäre Lücke nicht durch gewandelte Wertanschauungen entstehen kann.[529] Veränderte Wertvorstellungen in der Gesellschaft können eine Regelung des Gesetzgebers nicht lückenhaft machen, außer der Gesetzgeber unterwirft seine Regelung von Anfang an potentiellen Veränderungen des Meinungsbildes. Dies war hier definitiv nicht der Fall.[530]

Aber auch eine nachträgliche Anschauungslücke ist abzulehnen. Schon aus dem strafrechtlichen Regelungskontext dieser Zeit ergibt sich, dass der Gesetzgeber homosexuellen Partnerschaften nicht unwissend oder neutral gegenüberstand. Zudem würde eine nachträgliche Anschauungslücke ebenfalls nicht das gewünschte Ergebnis rechtfertigen. Selbst wenn – zum Zwecke der Diskussion – davon ausgegangen würde, dass der Verfassungsgeber gleichgeschlechtliche Partnerschaften gar nicht bedacht hat, muss noch gezeigt werden, dass der Verfassungsgeber bei hypothetischer Kenntnis des Sachverhalts die Öffnung der Schutzklausel des Art. 6 I GG für eben diese vorgesehen hätte. Das sieht auch Bäcker, wenn er von einer Analogie des Gewollt-Gesagten zum Hypothetisch-Gewollten spricht.[531] Aber gerade den Nachweis des hypothetischen Gesetzgeberwillens bleibt Bäcker

---

[526] *Bäcker*, AöR 2018, 339 (383).
[527] *Bäcker*, AöR 2018, 339 (383).
[528] *Bäcker*, AöR 2018, 339 (384f.).
[529] Dazu B. VII. 3. b).
[530] So auch *Bäcker*, AöR 2018, 339 (382).
[531] *Bäcker*, AöR 2018, 339 (386).

schuldig. Vielmehr folgert er allein aus der Möglichkeit eines Nichtbedenkens der gesellschaftlichen und rechtlichen Entwicklung den hypothetischen Regelungswillen des Gesetzgebers und damit die nachträgliche Lückenhaftigkeit des Gesetzes:

> „Doch der Verfassungsgeber konnte [...] schlicht keine Vorstellung von gleichgeschlechtlichen Partnerschaften haben, wie sie heute im wesentlichen ehegleich ausgestaltet und als solche auch gesellschaftlich akzeptiert und einfachrechtlich normiert sind. Deswegen stimmt der Umkehrschluß nicht, der Verfassungsgeber habe gleichgeschlechtliche Partnerschaften, wie sie heute gelebt werden, begrifflich ausschließen wollen. Es handelt sich hier also um den Fall einer nachträglichen und insofern planwidrigen Regelungslücke: Erst aufgrund eines sozialen und rechtlichen Wandels ist der Bedarf einer verfassungsrechtlichen Regelung der gleichgeschlechtlichen Ehe im zivilrechtlichen Sinne im Verhältnis zur verschiedengeschlechtlichen Ehe im verfassungsrechtlichen Sinne entstanden."[532]

Akzeptiert man die Prämisse, dass der Gesetzgeber das stetige Wachsen der gesellschaftlichen und rechtlichen Akzeptanz gleichgeschlechtlicher Partnerschaften nicht vorhersehen konnte, folgt daraus allein noch nichts. Erst wenn gezeigt werden kann, dass diese neue Evidenz einen Überzeugungswandel beim historischen Verfassungsgeber angestoßen hätte, kann dies rechtlich berücksichtigt werden. Aus der Unkenntnis des Gesetzgebers kann vielleicht nicht der Umkehrschluss gezogen werden, dass er gleichgeschlechtliche Paare vom Schutz der Ehe vollständig ausschließen wollte, doch kann daraus genauso wenig gefolgert werden, er hätte ihnen den gleichen Schutz zukommen lassen. Soweit trägt aber Bäcker die Beweislast. Er muss zeigen, dass die neue Evidenz einen Überzeugungswandel beim Gesetzgeber bedingt hätte. Dies ist der zentrale dritte Schritt bei der Feststellung einer sekundären Lücke,[533] der durch das Vorsichtsgebot[534] flankiert wird, das den Rechtsanwender davon abhalten soll, sich voreilig auf den hypothetischen Gesetzgeberwillen zu berufen. Die Grenze des Vorsichtsgebots wäre überschritten, wenn von dem bloßen Nicht-Wissen des Gesetzgebers auf einen hypothetischen Regelungswillen geschlossen werden könnte.

Konstatiert werden muss daher, dass de lege lata keine rechtlichen Optionen vorhanden sind, die dazu geeignet wären, sämtliche die Ehe privilegierenden Regelungen abzuschaffen. Daher hätte es – angesichts der wenigen normativ-relevanten Differenzierungsmerkmale – bei der durchaus verständlichen Forderung bleiben müssen, die Rechtslage zu ändern. Dies ist aber die Aufgabe des (verfassungsändernden[535]) Gesetzgebers, nicht des Bundesverfassungsgerichts. Der vom Bundesverfassungsgericht beschleunigte Wertewandel hätte an der Institutsgarantie des Art. 6 I GG scheitern müssen. Diese stellt die Ehe unter den „besonderen Schutz" des Staates und ermöglicht es dem Gesetzgeber, die Ehe gegenüber anderen Partnerschaftsformen zu privilegieren.

---

532 *Bäcker*, AöR 2018, 339 (384f.).
533 Vgl. B.VI.
534 Dazu vor allem B.X.
535 *Benedict*, JZ 2013, 477 (487); Für das Ehegattensplitting *Rüthers*, Die heimliche Revolution vom Rechtsstaat zum Richterstaat, S. 119.

bb) Die Argumentation des einfachen Gesetzgebers

Die folgenden Ausführungen stellen einen thematischen Exkurs innerhalb der Arbeit dar. Analysiert werden sollen die Kompetenzen und Pflichten der Judikative angesichts des Umstands- und Wertewandels, nicht die des Gesetzgebers. Dass es zu den ureigensten Aufgaben und Kompetenzen des Gesetzgebers gehört, auf gewandelte Verhältnisse zu reagieren, steht außer Frage. Dennoch ergeben sich in dieser Konstellation Berührungspunkte mit der behandelten Thematik, da der BGB-Gesetzgeber seinerseits problematisieren musste, inwieweit er – angesichts der Vorgaben der Verfassung – berechtigt war, die gewandelten Wertevorstellungen zu kodifizieren.

Wird dem Gesetzgeber im Anschluss an die vorherige Argumentation die Kompetenz eingeräumt, eine neue Form der Partnerschaft zu regeln, dann kann ihm – jedenfalls im Grundsatz – nicht die Möglichkeit abgesprochen werden, bisherige Privilegierungen der Ehe auch für die eingetragene Lebenspartnerschaft zu öffnen. Es wäre inkonsistent, dem Gesetzgeber einerseits zu erlauben, die eingetragene Lebenspartnerschaft mit Rechten und Pflichten auszustatten, ihn aber andererseits strikt an die vorhandene Rechtslage zu binden.

Die einfachrechtliche Ausgestaltung der Ehe obliegt dem Gesetzgeber aber auch nicht unbegrenzt.[536] Seiner Verfügungsgewalt entzogen sind die Kerngehalte des verfassungsrechtlichen Ehebegriffs.[537] Darüber zu wachen, dass der Gesetzgeber bei seiner Ausgestaltung nicht zu weit geht und den besonderen Schutz der Ehe nicht zur „Makulatur“[538] werden lässt, wäre die Aufgabe des Bundesverfassungsgerichts gewesen.[539]

Wenn der einfache Gesetzgeber die Ehe auch für gleichgeschlechtliche Paare öffnen kann, dann muss nicht mehr im Einzelnen entschieden werden, welche Eheprivilegierungen sich auf die eingetragene Lebenspartnerschaft übertragen lassen. Genau diesen Schritt unternahm der einfache Gesetzgeber am 1. Oktober 2017. Von nun an gestattet § 1353 BGB auch Personen gleichen Geschlechts, die Ehe zu schließen. § 1353 I 1 BGB lautet nun:

> „Die Ehe wird von zwei Personen verschiedenen oder gleichen Geschlechts auf Lebenszeit geschlossen.“

Wie zuvor festgestellt, gehört die Verschiedengeschlechtlichkeit zum verfassungsrechtlichen Kerngehalt der Institutsgarantie der Ehe und ist damit grundsätzlich dem Zugriff nicht nur der Gerichte, sondern auch des einfachen Gesetz-

---

536 Maunz/Dürig/*Badura*, 84. EL August 2018, Art. 6 GG, Rn. 33.

537 Mit weiteren Nachweisen BeckOK GG/*Uhle*, 39. Ed. 15.11.2018, Art. 6 GG, Rn. 29 f.; Sachs/*von Coelln*, Art. 6 GG, Rn. 31.

538 *Krings*, NVwZ 2011, 26.

539 Das BVerfG hat schon in der Vergangenheit die Tendenz gezeigt, Grundrechte für den Wertewandel offen zu interpretieren, *Schulze-Fielitz*, AöR 1997, 1 ff. (besonders 23).

gebers entzogen. Möglicherweise kann der gesellschaftliche Wertewandel zur Homosexualität aber diesmal den Rechtsakt legitimieren,[540] wenn § 1353 I BGB aF und eventuell sogar Art. 6 I GG durch den Wertewandel sekundär „lückenhaft" geworden sind?

Rixen betont in seinem Vergleich mit der spanischen Rechtslage, dass die Diskussion in Deutschland zu sehr auf die verfassungsgerichtliche Kontrolle zugespitzt sei und zu wenig die Möglichkeiten des einfachen Gesetzgebers in den Blick nehme.[541] Auch in Spanien genießt die Ehe verfassungsrechtlichen Schutz:

„Art. 32.1 CE

El hombre y la mujer tienen derecho a contraer matrimonio con plena igualdad jurídica.

Übersetzung: Mann und Frau haben das Recht, in voller Gleichberechtigung die Eheschließung zu begehen."

Der Wortlaut des Artikels erwähnt noch ausdrücklich die Verschiedengeschlechtlichkeit der Ehepartner, was den einfachen Gesetzgeber nicht davon abhielt, die Ehe auch für homosexuelle Paare zu öffnen.[542] 2012 wurde das Gesetz vom spanischen Verfassungsgericht bestätigt.[543]

Die rechtliche Ausgestaltung verfassungsrechtlicher Institutsgarantien gehöre zu den Aufgaben des einfachen Gesetzgebers; die „garantía institucional" würde in vorbildlicher Weise die Möglichkeit aufzeigen, sozialen Wandel beherrschbar in das Verfassungsrecht aufzunehmen.[544] Das spanische Verständnis der Verfassung als „living tree", ermögliche es, das Recht „evolutiv" den jeweilig vorherrschenden Anschauungen gemäß auszulegen.[545] Nur die Dissenter im spanischen Verfassungsgericht hoben die Gefahren einer soziologischen Jurisprudenz hervor, die zum Sprachrohr des jeweiligen Zeitgeistes verkümmere.[546]

Auch in der deutschen Verfassungsdiskussion ist anerkannt, dass der Gesetzgeber bei der einfachrechtlichen Ausgestaltung verfassungsrechtlicher Institutsgarantien einen Spielraum für eigene Zweckmäßigkeitserwägungen genießt.[547] Nicht selten wird auch in der deutschen Diskussion behauptet, dass der Spielraum sich auch auf die Öffnung der Ehe für homosexuelle Partnerschaften

---

[540] So *Volkmann*, Warum die Ehe für alle vor dem BVerfG nicht scheitern wird, https://verfassungsblog.de/warum-die-ehe-fuer-alle-vor-dem-bverfg-nicht-scheitern-wird/ (Stand: 1.3.2018).

[541] *Rixen*, JZ 2013, 864 (872 f.).

[542] *Rixen*, JZ 2013, 864.

[543] Tribunal Constitucional (TC), Urteil (sentencia) vom 6.11.2012 (STC 198/2012), BOE Nr. 286 vom 28.11.2012, Suplemento TC, 168 ff.

[544] *Rixen*, JZ 2013, 864 (869 f.).

[545] *Rixen*, JZ 2013, 864 (865, 866).
Eindrucksvolle Kritik am Topos der „living constitution" bei *Scalia*, The Federal Courts and the Law, in: Gutmann (Hrsg.), A Matter of Interpretation, S. 38 f., 44 ff.

[546] *Rixen*, JZ 2013, 864 (870).

[547] Sachs/*von Coelln*, Art. 6 GG, Rn. 31.

erstrecke.[548] Dieser Spielraum reicht aber nur bis zum „Ordnungskern" der Ehe, der verfassungsrechtlich autark zu bestimmen ist und seinerseits nicht aus dem einfachen Recht abgeleitet werden kann.[549] Aus der Entstehungsgeschichte ergibt sich – wie zuvor gezeigt – eindeutig, dass die Ehe als privatrechtliches Rechtsinstitut nur Mann und Frau offensteht. Insofern hilft der Verweis auf die spanische Rechtslage nicht weiter, wenn dort Institutsgarantien einem anderen dogmatischen Verständnis unterliegen und eine offenere Ausgestaltung ermöglichen.

Verfassungsnormen sind häufig offene Normen, deren Rechtswirkungen nicht bis ins Letzte in Stein gemeißelt sind. Doch bedeutet das nicht, dass sie keinerlei Vorgaben für die Rechtsunterworfenen enthalten.[550] Bei jeder Auslegung einer Verfassungsnorm ist daher zu ermitteln, welche Gehalte den Rechtsanwender binden und inwieweit er gewandelten Anschauungen Rechnung tragen darf. Ein pauschaler Hinweis auf die offene Struktur der Verfassung oder der Grundrechtsnormen[551] verbietet sich und ist geeignet, die Funktionsfähigkeit der Rechtsordnung einer Zeitgeistgefolgschaft zu opfern, die mangels klarer, normativer Konturen blind bleiben muss. Denn um wessen Geist geht es? Um den Geist der Mehrheit,[552] den der führenden kulturellen Schicht[553] oder den Geist aller? Ähnlich fragt und folgert Scalia:

> „What is it that the judge must consult to determine when, and in what direction, evolution has occurred? Is it the will of the majority, discerned from newspapers, radio talk shows, public opinion polls, and chats at the country club? Is it the philosophy of Hume, or of John Rawls, or of John Stuart Mill, or of Aristotle? As soon as the discussion goes beyond the issue of whether the Constitution is static, the evolutionists divide into as many camps as there are individual views of the good, the true, and the beautiful. I think it is inevitably so, which means that evolutionism is simply not a practicable constitutional philosophy."[554]

---

[548] *Michael*, NJW 2010, 3537 (3542); *Rixen*, JZ 2013, 864 (870); *Bömelburg*, NJW 2012, 2753 (2758); H. Dreier/*Brosius-Gersdorf*, Grundgesetz, Band I, Art. 6 GG, Rn. 81; *Brosius-Gersdorf*, NJW 2015, 3557 (3561).

[549] *C. Schmidt*, NJW 2017, 2225 (2227).

[550] Ein ähnlicher Fall könnte bei der alten Fassung von Art. 12a IV 2 GG vorgelegen haben, bei der lange nicht klar war, ob der Passus „Sie [Frauen] dürfen auf keinen Fall Dienst mit der Waffe leisten" sich auch auf den freiwilligen Waffendienst erstreckte. Die gewandelte Stellung der Frau in der Gesellschaft könnte gegen diese Deutung sprechen, doch ergibt die Entstehungsgeschichte klar, dass auch der freiwillige Waffendienst ausgeschlossen sein sollte. Damit war die Möglichkeit eines dynamischen Verständnisses der Norm ausgeschlossen, *Arnauld*, Rechtstheorie 25 (2001), 465 (493 f.).

[551] So vor allem Häberle, der nicht müde wird zu betonen, dass wir uns in einer offenen Gesellschaft der Verfassungsinterpreten befinden, *Häberle*, Die offene Gesellschaft der Verfassungsinterpreten, in: Häberle, Verfassung als öffentlicher Prozeß, S. 155 (156); *Häberle*, Europäische Verfassungslehre, Rn. 699; auch *Volkmann*, der den Grundrechtsnormen der Verfassung pauschal eine „offene Struktur" bescheinigt, *Volkmann*, Grundzüge einer Verfassungslehre der Bundesrepublik, S. 107 f.

[552] *Würtenberger*, Recht und Zeitgeist, S. 191 f.

[553] *Wüstendörfer*, Die deutsche Rechtsprechung am Wendepunkt, in: Rehbinder (Hrsg.), Zur Methode soziologischer Rechtsfindung, S. 31 (117).

[554] *Scalia*, The Federal Courts and the Law, in: Gutmann (Hrsg.), A Matter of Interpretation, S. 45.

Schon wegen dieser Unklarheiten sollte das Instrument einer zeitgeistorientierten Auslegung mit größter Vorsicht eingesetzt werden. Am ehesten verspricht noch die Auswertung methodisch einwandfrei erzeugter Statistiken und Meinungsumfragen Erfolg, die ihrerseits einen Meinungswandel eindeutig belegen können.[555] Nur dann können sich die Rechtsanwender auf die gewandelten gesellschaftlichen Anschauungen berufen. Zu groß ist sonst die Gefahr, dass der Geist der Zeiten im Grund der Rechtsanwender eigener Geist[556] sein wird.

Diesen Geist der Zeiten versuchte dann auch der Gesetzgeber bei seiner Gesetzesbegründung zu beschwören:

> „Seit einiger Zeit gibt es nun hinreichende Anhaltspunkte für einen grundlegenden Wandel des traditionellen Eheverständnisses, die angesichts der Gestaltungsfreiheit des Gesetzgebers die Einführung des Rechts auf Eheschließung für Personen gleichen Geschlechts verfassungsrechtlich zulassen. Die Rechtsprechung des Bundesverfassungsgerichts lässt einen Bedeutungswandel zu, wenn entweder neue, von der gesetzlichen Regelung nicht erfasste Tatbestände auftauchen oder sich Tatbestände durch Einordnung in die Gesamtentwicklung verändert haben (vgl. BVerfGE 2, 380, 401 = NJW 1953, 1137; BVerfGE 45, 1, 33 = NJW 1977, 1387). Im Ergebnis kann sich die Bedeutung einer Verfassungsrechtsnorm ohne Veränderung ihres Textes ändern. Die Grenze liegt allerdings in Sinn und Zweck der Verfassungsnorm, was im Falle des Artikel 6 Absatz 1 des Grundgesetzes einen erheblichen Wertewandel zulässt."[557]

Der gesellschaftliche Wandel des Eheverständnisses[558] soll also der Tatbestand sein, der den Gesetzgeber zur Ausweitung des verfassungsrechtlichen Ehebegriffes befähigt haben soll. Als Grenze für den zulässigen verfassungsändernden Wertewandel nennt der Gesetzgeber „Sinn und Zweck der Verfassungsnorm". Woher die Norm diesen Sinn und Zweck empfangen soll, wird nicht klar. Da keine Auseinandersetzung mit der Entstehungsgeschichte von Art. 6 I GG stattfindet, scheint es nicht um den vom Verfassungsgeber intendierten Sinn und Zweck zu gehen. Der Sinn und Zweck der Verfassungsnorm fällt also mit der Zeiten Geist zusammen, also jener Größe, die allererst den Verfassungswandel begründen sollte. Zu hoffen

---

[555] Eine knappe Mehrheit stellt meines Erachtens keine Grundlage für einen Wertewandel der Gesellschaft dar, der im offenen Bereich des Rechts zu einer Neuauslegung und eventuell zur Derogation einer niederrangigen Norm führen könnte. Eine knappe Mehrheit zeigt, dass eine Frage umstritten ist, nicht, dass sie entschieden ist. Eine Möglichkeit wäre es, auf die für eine Verfassungsänderung erforderliche Mehrheit abzustellen.

[556] Frei nach *Goethe*, Faust. Der Tragödie erster Teil, Kapitel IV (Szene Nacht): „Was ihr den Geist der Zeiten heißt, das ist im Grund der Herren eigener Geist, in dem die Zeiten sich bespiegeln", https://gutenberg.spiegel.de/buch/faust-eine-tragodie-3664/4 (Stand: 1. 3. 2019).

[557] BT-Drucks. 18/6665, S. 7.

[558] Für den Wandel des Eheverständnisses führt der Gesetzgeber auf, dass inzwischen das Eingehen einer Lebens-partnerschaft als „heiraten" bezeichnet wird bzw. dass eingetragene Lebenspartner als „verheiratet" bezeichnet werden. Auch Studien würden eine breite Akzeptanz der Bevölkerung gegenüber der gleichgeschlechtlichen Ehe zeigen. Quellen werden dabei nicht genannt, BT-Drucks. 18/6665, S. 7 f. Kritisch bezüglich dieses gesellschaftlichen Wandels, *C. Schmidt*, NJW 2017, 2225 (2227).

bleibt für den Gesetzgeber, dass er die Geister, die er rief, auch wieder loswird.[559] Er selbst bedient sich hier der Methodik der objektiven Auslegung, die dem gesetzgeberischen Regelungswillen angesichts eines „objektiv" zu ermittelnden Gesetzessinns einen höchstens nachgeordneten Stellenwert zuschreibt.[560]

Diese Methode musste er wählen, um Art. 6 I GG pauschal als für den Wertewandel offene Norm einzuordnen und seine Kompetenz zur Gesetzesänderung begründen zu können. Begreift man die bürgerlich-rechtliche Ehe in Kontiuität zum verfassungsrechtlichen Ehebegriff, so spricht vieles dafür, dass durch die Änderung von § 1353 I BGB ein Kerngehalt der Institutsgarantie von Art. 6 I GG – die Verschiedengeschlechtlichkeit der Ehepartner – missachtet wurde. Diesen Kerngehalt zu ändern, steht aber allein in der Befugnis des verfassungsändernden Gesetzgebers, der nach Art. 79 II GG der Zustimmung von zwei Dritteln der Mitglieder des Bundestages und des Bundesrates bedarf.[561]

Die Absicht des Gesetzgebers, über die Änderung des BGBs auch den Bedeutungsgehalt der verfassungsrechtlichen Ehe zu ändern, geht daher ins Leere.[562] Jestaedt folgert daraus, dass der bürgerlich-rechtliche Ehebegriff und der Ehebegriff des Grundgesetzes von nun an zwei verschiedene sind, die bezüglich der Möglichkeit des Eheschlusses zwischen gleichgeschlechtlichen Partnern auseinanderfallen.[563] Unter der Voraussetzung der Richtigkeit dieser Analyse hätte der Gesetzgeber – entgegen seiner eigenen Absicht – ein neues Rechtsinstitut geschaffen, das zwar namens- aber nicht inhaltsgleich mit dem der verfassungsrechtlichen Ehe ist.

Diese Analyse hat den Vorteil, dass sie einerseits den normativen Gehalt von Art. 6 I GG unverändert lassen und zugleich die Gesetzesänderung des einfachen Gesetzgebers als verfassungskonform betrachten kann. Insoweit vermag Jestaedts Analyse zu überzeugen, aber dennoch lassen sich einige Einwände gegen sie vorbringen: Zum einen stellt der Gesetzgeber selbst den Bezug zur verfassungsrechtlichen Ehe her. Er wollte kein neues, aber gleichnamiges Rechtsinstitut schaffen,

---

[559] Erneut frei nach *Goethe*, Der Zauberlehrling: „Die ich rief, die Geister, Werd ich nun nicht los.", http://gutenberg.spiegel.de/buch/gedichte-9503/149 (Stand: 1.3.2019).

[560] Zur Diskussion des juristischen Methodenstreits und seiner Bedeutung für die sekundären Lücken, B.I.

[561] Sachs/*von Coelln*, Art. 6 GG, Rn. 6; *Ipsen*, NVwZ 2017, 1096 (1098); *Rüthers*, NJW-aktuell 2018, 14; mit weiteren Nachweisen BeckOK GG/*Uhle*, 39. Ed. 15. 11. 2018, Art. 6 GG, Rn. 4.1 ff.

[562] Ähnlich *Jestaedt*, FAZ vom 5. 7. 2017, https://www.faz.net/aktuell/politik/staat-und-recht/ehe-fuer-alle-gastbeitrag-ehe-fuer-alle-15092764.html (Stand: 5. 3. 2018); dieses Ergebnis wird auch durch Frielings Überlegungen zu der Zurechenbarkeit der Materialieninhalte zum Gesetzgeberwillen untermauert, *Frieling*, Gesetzesmaterialien und Wille des Gesetzgebers, S. 169 ff.; zu diesen Zurechnungsmaßstäben schon, B. VII. 2. Insoweit trifft Rüthers Meinung (*Rüthers*, NJW-aktuell 2018, 14.), der Gesetzgeber habe die Verfassung mit einfacher Mehrheit geändert – rein rechtlich betrachtet – nicht zu. Ob der Gesetzgeber den Ehebegriff des Grundgesetzes faktisch geändert hat, wird sich in Zukunft zeigen.

[563] *Jestaedt*, in: FAZ vom 5. 7. 2017, https://www.faz.net/aktuell/politik/staat-und-recht/ehe-fuer-alle-gastbeitrag-ehe-fuer-alle-15092764.html (Stand: 21. 11. 2018).

sondern meinte den tradierten verfassungsrechtlichen Ehebegriff durch seine Gesetzesänderung neugestalten zu können. Hätte er ein neues Rechtsinstitut schaffen wollen, hätte er eine andere Begrifflichkeit als die der „Ehe“ nutzen können und sollen. Zwar kommt den einfachen Gesetzgeber keine besondere Kompetenz zur Auslegung der Verfassung zu, aber wenn er seine Regelung selbst dieser interpretatorischen Annahme unterwirft, ist sie auch für die rechtliche Bewertung relevant. Zum anderen steht das Institut der Ehe, wie es im BGB ausgestaltet ist, schon immer in Kontinuität zur verfassungsrechtlichen Ehe.[564] Verweist die Institutsgarantie des Art. 6 I GG doch gerade auf den Regelungsauftrag des einfachen Gesetzgebers, ein ihr entsprechendes Rechtsinstitut für den bürgerlich-rechtlichen Bereich zu schaffen, zu erhalten und ihr gegenüber anderen Partnerschaftsformen „besonderen Schutz“ zukommen zu lassen. Die Ehe des BGB nun im Nachhinein von der Ehe des Grundgesetzes zu trennen, erscheint daher reichlich gekünstelt.[565] Wie auch bei anderen normgeprägten Grundrechten muss keine absolute Deckungsgleichheit bezüglich des bürgerlich-rechtlichen und des verfassungsrechtlichen Rechtsinstituts bestehen, doch heißt das im Umkehrschluss nicht, dass der verfassungsrechtliche Ehebegriff keinerlei Vorgaben für das einfache Recht enthält. Wird aber der bürgerlich-rechtliche Ehebegriff vom verfassungsrechtlichen Ehebegriff entkoppelt, verlöre der Ehebegriff des Grundgesetzes für das bürgerliche Recht jegliche Relevanz. Eine Loslösung des bürgerlich-rechtlichen Ehebegriffs aus seiner verfassungsrechtlichen Verankerung würde dazu führen, dass der einfache Gesetzgeber nun auch weitere Kerngehalte der Ehe abstreifen könnte, beispielsweise den der Monogamie.[566] Verfassungsrechtliche Bedenken wären in der Konsequenz deplatziert. Damit Art. 6 I GG zukünftig in politischen Debatten eine rechtlich bedeutsame Funktion erüllen kann, wäre es sinnvoll, sich seiner abgrenzenden Funktion wieder zu vergewissern und den „besonderen Schutz“ der Ehe nicht als rechtliches Argument vollständig leerlaufen zu lassen.

c) Resümee

Ein gesellschaftlich nachweisbarer Wertewandel kann ein neues Verständnis von Verfassungsnormen bedingen, soweit diese keine dem Überzeugungswandel entgegenstehenden Vorgaben enthalten. Dies kann wiederum dazu führen, dass Normen des einfachen Rechts nachträglich verfassungswidrig werden. Insbesondere der allgemeine Gleichheitssatz des Art. 3 I GG öffnet das Recht für gewandelte Gerechtigkeitsanschauungen. Normen des einfachen Rechts, die lange Jahre verfassungsgemäß waren, können daraufhin mit dem Gleichheitssatz in Konflikt

---

[564] BVerfGE 76, 1 (49): 80, 81 (92); Maunz/Dürig/*Badura*, Art. 6 GG, Rn. 33 ff., 49 ff.; BeckOK GG/*Uhle*, 39. Ed. 15. 11. 2018, Art. 6 GG, Rn. 29 f.

[565] So auch *Volkmann*, Warum die Ehe für alle vor dem BVerfG nicht scheitern wird (II), https://verfassungsblog.de/warum-die-ehe-fuer-alle-vor-dem-bverfg-nicht-scheitern-wird-ii/ (Stand: 13. 12. 2018).

[566] Dafür schon jetzt H. Dreier/*Brosius-Gersdorf*, Grundgesetz, Band I, Art. 6 GG, Rn. 79.

geraten. Auch in diesem Rahmen gilt das Vorsichtsgebot; im Zweifelsfall darf die Norm nicht verworfen werden. Der Respekt vor der gesetzgeberischen Regelungsentscheidung und die Wahrung der gesetzgeberischen Einschätzungsprärogative gebietet zu prüfen, ob die Norm unter Beachtung ihres historischen Normzwecks nicht auch heute noch eine akzeptable Ausgestaltung des Gleichheitsgedankens enthält, wobei auch eine verfassungskonforme Auslegung in Betracht zu ziehen ist. Verfahrensrechtlich wird das Vorsichtsgebot durch Art. 100 I GG flankiert. Das Verwerfungsmonopol liegt beim Bundesverfassungsgericht, es entscheidet final über die Verfassungskonformität der Norm. Dadurch können die Qualität und Einheitlichkeit der Rechtsprechung weitestgehend gesichert werden.

An eine Grenze stößt der verfassungsrechtlich legitimierte Wertewandel, wenn es um Vorgaben der Verfassung selbst geht, die keine dynamisierende Auslegung zulassen. Wären feste Verfassungsvorgaben durch jeglichen gesellschaftlichen Überzeugungswandel umgestaltbar, würde ihr Gehalt vollständig in der jeweiligen Ansicht des zuständigen Interpreten über den gesellschaftlichen Meinungszustand aufgehen, was in der Tat „grundstürzende" Konsequenzen für den Rechtsstaat hätte.[567] Die Verfassung, die über dem einfachen Recht steht und eine Ausstrahlungswirkung[568] diesem gegenüber entfaltet, bliebe in ihrer Auslegung ständig flexibel, was wiederum notwendigerweise eine Flexibilisierung des einfachen Rechts bewirken würde – damit wäre die gesamte Rechtsordnung ständig im Fluss und ein Zustand absoluter Rechtsunsicherheit erreicht. Dass dem so nicht sein kann, wird in Art. 79 GG deutlich. Dieser setzt voraus, dass die Verfassung gewisse fixe normative Gehalte besitzt, die nur unter bestimmten Voraussetzungen geändert werden könnnen. Zur Änderung der Verfassung ist nach Art. 79 I GG ein Gesetz notwendig, das den Wortlaut der Verfassung ändert. Dieses Textänderungsgebot legt die Verantwortlichkeit des Gesetzgebers für Eingriffe in die Verfassungssubstanz offen.[569] Das Gesetz kann nach Art. 79 II GG nur mit der Zustimmung von zwei Dritteln der Mitglieder des Bundestages und des Bundesrates erlassen werden. Diese Norm behält nur dann einen vernünftigen Sinn, wenn die Kompetenz des verfassungsändernden Gesetzgebers mehr umfasst, als das Bundesverfassungsgericht durch (verfassungswandelnde) Auslegung erreichen kann. Der Verfassungswandel kann sich nur in den Grenzen bewegen, die jeder Gesetzesinterpretation gezogen sind, dazu gehört vor allem die Bindung an den Willen des Verfassungsgebers.[570]

Das Urteil des Bundesverfassungsgerichts zum allgemeinen Persönlichkeitsrecht im Soraya-Fall nutzt verfassungsrechtliche Wertungsspielräume bis an die Grenze des Zulässigen aus, um einem gesellschaftlichen Wertewandel auch gegen eindeutige Vorgaben des einfachen Rechts Rechnung zu tragen.

---

567 *Bäcker*, AöR 2018, 339 (359 f.).

568 So im Lüth-Urteil erstmals dargelegt, BVerfGE 7, 198 (205 f.); zur geschichtlichen Entwicklung des Verfassungsverständnisses, *Böckenförde*, Geschichtliche Entwicklung und Bedeutungswandel der Verfassung, in: Festschrift Gmür, S. 7 ff.

569 Maunz/Dürig/*Herdegen*, Art. 79 GG, Rn. 20.

570 *Bäcker*, AöR 2018, 339 (340).

Zu weit geht die Rechtsprechung des Bundesverfassungsgerichts zur Gleichstellung der eingetragenen Lebenspartnerschaft, weil sie die durch Art. 6 I GG verbürgte Differenzierungsermächtigung des Gesetzgebers gegen Art. 3 I GG so weit ausspielt, bis von dieser Ermächtigung nichts mehr übrig bleibt. Das Bundesverfassungsgericht wäre seiner Funktion, Hüter der Verfassung zu sein, besser gerecht geworden, wenn es diese Entscheidung dem einfachen Gesetzgeber überlassen hätte und denselben bei seinen Regelungen überwacht hätte, anstatt selbst aktiv den besonderen Schutz der Ehe zu beschneiden.

Verfassungswidrig war nach der hier vertretenen Auffassung die Öffnung der Ehe für gleichgeschlechtliche Paare durch den einfachen Gesetzgeber, der sich – durch den Zeitgeist bestätigt – legitimiert sah, einen Kerngehalt der Ehe für überholt zu halten. Wie schon erwähnt, hätte dazu die Verfassung durch ein Gesetz des verfassungsändernden Gesetzgebers geändert werden müssen.

E. Ergebnisse, Fazit und Ausblick

Das Diktum des Bundesverfassungsgerichts, „der vom Gesetzgeber festgelegte Gesetzeszweck [sei] unter gewandelten Bedingungen möglichst zuverlässig zur Geltung zu bringen",[1] muss keine Leerformel bleiben, die dem Richter eine Reihe nicht verfassungsrechtlich vorgesehener Freiheiten in der Rechtsanwendung verschafft.

Die methodische Kategorie der sekundären Lücke – hier erweitert um sekundäre Überschüsse – stellt richtig verstanden ein funktionsfähiges Instrument für die Rechtsprechung dar, um entscheiden zu können, welche Veränderungen innerhalb oder außerhalb des Rechts eine Anpassung desselben notwendig machen können und welche nicht. Sie kann zugleich einen ausgewogenen Ausgleich zwischen der Anpassungsbedürftigkeit des Rechts einerseits und der Beständig- und Verlässlichkeit der Rechtsordnung andererseits gewährleisten, bei dem die Autonomie der Rechtsordnung nicht auf Kosten einer unreflektierten Gerechtigkeitsfixierung oder eines ungebremsten Modernisierungsdranges aufgegeben werden muss.

Beim Nachweis einer sekundären Lücke oder Überschüssigkeit trägt der Richter die Begründungslast dafür, dass eine Norm oder ein Regelungsbereich der Rechtsordnung nachträglich planwidrig unvollständig oder überschüssig wurde. Der Plan ergibt sich dabei grundsätzlich aus dem historischen Regelungszweck des Gesetzgebers, der aber mangels ausdrücklicher Hinweise auch aus der übrigen Rechtsordnung erschlossen werden kann. Letzteres wird vor allem dann wichtig, wenn es nicht um die Überprüfung der Weiteranwendung einer vorhandenen Norm geht, sondern um die richterrechtliche Schaffung neuer Rechtssätze.

Der historische Regelungszweck des Gesetzgebers wird dann von späteren Entwicklungen in Frage gestellt, wenn diese zu einer Falsifikation einer empirischen oder rechtlichen Annahme des Gesetzgebers führen, die seine Regelungsentscheidung bedingt hatte. Da der Gesetzgeber hier als ein rationales Kollektivsubjekt verstanden wurde, das auf Veränderungen mit einem Überzeugungswandel reagiert, wird der Nachweis möglich, dass der Gesetzgeber unter diesen Umständen die Norm nicht mehr (so) erlassen hätte.[2] Der hypothetische Gesetzgeberwille muss unter diesen Umständen keine Chimäre bleiben, sondern kann Auskunft über das Schicksal der Norm geben. Rationale Subjekte passen nämlich ihre Überzeugungssysteme nach bestimmten epistemischen Gesetzmäßigkeiten an, wenn neue

[1] Erstmals wohl in BVerfGE 96, 375 (394 f.); nahezu unverändert seitdem 128, 193 (210) (Dreiteilungsmethode); 132, 99 (127 f.) (Delisting); BVerfG, NJW-RR 2016, 1366, Rn. 39; zuletzt BVerfG 1 BvR 318/17 u. a., Rn. 31 f.

[2] Dazu und für das Folgende, B. VII. 3. b).

Evidenzen alten Annahmen widersprechen. Die Konsistenz des Überzeugungssystems ist angesichts der Bedeutung der aufzugebenden Überzeugung mit dem geringstmöglichen Aufwand wiederherzustellen. Dem Richter ist damit der Nachweis aufgegeben, die Falsifikation einer Annahme des Gesetzgebers darzulegen, die seine Gesetzgebung bedingt hat. Gelingt ihm dieser Nachweis nicht, darf er keine sekundäre Lücke annehmen. Verbleiben begründete Zweifel beim Richter, ob tatsächlich eine für die Regelungsentscheidung des Gesetzgebers wesentliche Annahme falsifiziert wurde, so hat er nach dem Vorsichtsgebot von einer Rechtsfortbildung Abstand zu nehmen.

Das Gesagte impliziert eine Grenze der Leistungsfähigkeit oder besser – neutral formuliert – des Anwendungsbereichs der sekundären Lücke. Planwidrigkeiten setzen voraus, dass empirisch nachprüfbare Annahmen des Gesetzgebers falsifiziert werden, dagegen können seine normativen Anschauungen nicht – etwa durch einen gesellschaftlichen Wertewandel – falsifiziert werden. Schon begrifflich setzt die Falsifikation an empirischen Annahmen an, weil nur diese sich auf eine objektive Welt beziehen, die deren Prüfungs- beziehungsweise Falsifizierungsmaßstab sein könnte.[3] Ein solcher objektiver Vergleichsmaßstab fehlt auf dem Gebiet normativer Annahmen.[4] Möglich ist dagegen die Falsifikation einer rechtlichen Annahme des Gesetzgebers, wenn diese sich auf das Bestehen oder Nichtbestehen einer Regelung der objektiven Rechtsordnung bezieht. So setzte der historische Gesetzgeber im unter D. I. 1. a) untersuchten Beispiel voraus, dass es keine Regelung einer Staatshaftung bei Beamtenverschulden gebe. Als später die Staatshaftung in der Weimarer Reichsverfassung und dann in Art. 34 GG eingeführt wurde, konnte seine Annahme falsifiziert werden. Insoweit gibt es einen objektiven Vergleichsmaßstab in Form der objektiven Rechtsordnung (die ihrerseits ein Teil der objektiven Welt ist), der eine Falsifikation einer gesetzgeberischen Annahme ermöglicht.

Der gesellschaftliche Wertewandel ist selbst nur eine tatsächliche Entwicklung, die ihrerseits nur empirische Annahmen des Gesetzgebers widerlegen könnte, nicht aber – wie teilweise angenommen wird – seine normativen Überzeugungen. Selbst Philipp Heck unterlief hier ein Fehler. Er ging zwar zutreffend davon aus, dass der Wertewandel eine Tatsache ist, die in Meinungsumfragen bestätigt oder falsifiziert werden könnte, doch schloss er daraus fälschlich, dass durch diesen die Wertentscheidung des Gesetzgebers überholt werden könne.[5]

---

[3] Popper entwickelte die Methode der Falsifikation für die Naturwissenschaften. Hypothesen über Wahrnehmungssachverhalte lassen sich durch empirische Basissätze widerlegen, aber nicht für alle Zeit bestätigen, *Popper*, Logik der Forschung, S. 3, 13, 66ff.; schon eine Reihe juristischer Autoren, aus unterschiedlichen methodischen Lagern berufen sich auf Popper. Doch gibt es einen Kern des kritischen Rationalismus, der auch im Rahmen der Rechtswissenschaft gilt und zwar die ständige Überprüfung und Kritik von Thesen, dazu instruktiv *Birk*, Rechtstheorie 48 (2017), 43 (75).

[4] Grundlegend *Habermas*, Richtigkeit vs. Wahrheit, DZPhil 1998, 179 (206ff.).

[5] *Heck*, AcP 112 (1914), 1 (178f.); insoweit übt Wüstendörfer berechtigte Kritik an Heck, wenn er seiner Methode der Gesetzesanwendung vorwirft, doch im Rahmen der Gebotsberich-

Tatsächlich wird der gesellschaftliche Wertewandel nur in den seltensten Fällen empirische Annahmen des Gesetzgebers in Frage stellen, da der Gesetzgeber schlicht registrieren könnte, dass die Bevölkerung heute andere normative Anschauungen unterhält. Das Überzeugungssystem des historischen Gesetzgebers kann die neue Evidenz des Wertewandels durch schlichte Expansion integrieren, ohne dass weitere Anpassungen nötig werden – insbesondere seine eigene Wertentscheidung bleibt davon unberührt.

Anderes würde nur gelten, wenn der Gesetzgeber seine Regelung von Anfang an unter den Vorbehalt eines gleichbleibenden gesellschaftlichen Meinungsbildes gestellt hätte. Denkbar ist dies insbesondere im Bereich der Generalklauseln und deutungsoffenen Rechtsbegriffe, die ja gerade eine Öffnung des Rechts hin zur öffentlichen Meinung ermöglichen sollen. Insofern wird aber nicht eine normative Annahme des Gesetzgebers falsifiziert. Die Wertentscheidung des Gesetzgebers, das Recht für die gewandelten ethischen, politischen und sittlichen Anschauungen zu öffnen, ist durch den gesellschaftlichen Wertewandel uneinholbar, sie liegt ihm vielmehr voraus und ermöglicht die Integration gewandelter Wertevorstellungen ins Recht.

Sollen veränderte politische oder moralische Anschauungen in das Recht inkorporiert werden, so müssen jene Hebel der Rechtsordnung in Bewegung gesetzt werden, die das Recht hin zum öffentlichen Meinungsbild öffnen sollen – die Generalklauseln, unbestimmten und deutungsoffenen Rechtsbegriffe, insbesondere die deutungsoffenen Normen des Grundgesetzes. Diese Anpassung der Rechtsordnung an das zeitgeistgeprägte Meinungsbild der Bevölkerung findet ihre Grenze in zwingenden Vorgaben der Rechtsordnung, die nicht blindlings durch eine soziologisch orientierte Jurisprudenz überschrieben werden dürfen. Insbesondere scheidet eine Rechtsfortbildung auf der Grundlage einer (sekundären) Gesetzeslücke aus. Der Wertewandel kann – wie zuvor dargelegt wurde – nicht zur Lückenhaftigkeit der Rechtsordnung führen. Dass die sekundäre Lücke sich nicht eignet, um den Wertewandel in das Recht einzupflegen, sollte aber nicht als ein Malus der Theorie begriffen werden, sondern als analytisch-begriffliche Schärfeleistung. Die sekundäre Lücke hat einen klaren Anwendungsbereich, sie ist kein juristischer „Zauberbesen", keine begriffliche Büchse der Pandora, die auf Grund ihrer vagen begrifflichen Konturen dazu geeignet wäre, die Vorgaben der Gesetzesbindung abzustreifen.

Schließlich hat sich gezeigt, dass sich die Kategorie der sekundären Lücke nur bedingt eignet, um Maßstäbe im noch ungeregelten Bereich zu entwickeln.[6] Geht es darum zu prüfen, ob eine vorhandene Norm sekundär lückenhaft oder überflüssig geworden ist, können zumeist eindeutige Ergebnisse gefunden werden. Geht es dagegen um die Entscheidung, ob Veränderungen eine neue Regelung für

---

tigung wieder den gesellschaftlichen Anschauungen Tür und Tor zu öffnen, *Wüstendörfer*, Zur Hermeneutik der soziologischen Rechtsfindungstheorie, in: Rehbinder (Hrsg.), Zur Methode soziologischer Rechtsfindung, S. 138 (194).

[6] Dazu D. II. 1. cc).

einen bisher noch ungeregelten Bereich notwendig machen, sind oft keine ausreichend klaren Anhaltspunkte vorzufinden. Der hypothetische Gesetzgeberwille – der für die Feststellung einer sekundären Lücke zentral ist – lässt sich angesichts mangelnder tatsächlicher Vorgaben des Gesetzgebers nur schwer auffinden. Als quasi verlängerter Arm des Gesetzgebers setzt der hypothetische Gesetzgeberwille ausreichende Willensbekundungen des Gesetzgebers voraus, die im Rahmen einer neuen, dem historischen Gesetzgeber unbekannten Situation weiterentwickelt werden könnten; genau daran fehlt es in einem noch weitestgehend ungeregelten Bereich. Hier kann eine objektiv ausgerichtete Theorie deutlich flexibler agieren, indem sie sich auf objektive Rechtszwecke beruft, die eine zeitgemäße rechtliche Lösung versprechen, was nicht zugleich bedeuten muss, dass sie für den ungeregelten Rechtsbereich *besser* geeignet ist als die hier dargelegte subjektiv basierte Theorie. Allein ihr Potenzial, auf gewandelte Bedingungen beweglich zu reagieren, stellt keinen Grund dar, sie gegenüber anderen Ansätzen zu präferieren. Jeder Ansatz, der gewandelte Verhältnisse in die Rechtsordnung implementieren will, muss zugleich den Anforderungen der Rechtssicherheit und Gesetzesbindung Rechnung tragen. Eine Methodik, die den Anforderungen der jeweiligen Zeit mit einer unkontrollierten Dynamisierung der Rechtsordnung Rechnung tragen will, verkennt das.[7] Dies gilt auch im noch weitestgehend ungeregelten Bereich, für den der Glaube geläufig zu sein scheint, man könne mangels Vorgaben nicht gegen die Vorgaben des Gesetzgebers verstoßen, weshalb der Richter mehr Freiheit zur Rechtsgestaltung haben sollte. Doch impliziert dies, dass der Richter schon dann zur Rechtsfortbildung legitimiert ist, wenn er gegen keine Vorgaben des Gesetzgebers verstößt. Dies dreht aber die Beweislast der Lückenfeststellung um. Zu zeigen ist nicht nur, dass gegen keine Vorgaben der Rechtsordnung verstoßen wird, sondern dass die Rechtsfortbildung nach den Vorgaben der Rechtsordnung notwendig ist. Diese Beweislastverteilung der Lückenfeststellung reflektiert die grundsätzliche Kompetenzverteilung im demokratischen Rechtsstaat, in dem der Gesetzgeber die gesetzlichen Maßstäbe vorgibt und die Judikative sie anwendet. Auch im weitestgehend ungeregelten Bereich steht es dem Richter damit nicht vollkommen frei, rechtliche Maßstäbe zu schaffen, die auf die gewandelten Verhältnisse reagieren. Immerhin lassen sich aber auch diese Rechtsentwicklungen innerhalb der Logik der sekundären Lücke diskutieren. Dagegen kann beispielsweise Baumeisters Theorie zum Rechtswidrigwerden von Normen schon begrifflich kein methodisches Gerüst für diese Fälle bereitstellen.

Die Ergebnisse zu den theoretischen Voraussetzungen des Konzepts der sekundären Lücke und ihrer Leistungsfähigkeit im Rahmen der Rechtsanwendung können in folgenden Thesen zusammengefasst werden:

1. Die sekundäre Lücke (begrifflich erweitert um die sekundäre Überschüssigkeit) ist eine funktionsfähige Kategorie der juristischen Methodenlehre, mit der die

[7] Zu den Gefahren solcher Rechtsanwendungsstrategien klassisch *Rüthers*, Die unbegrenzte Auslegung, S. 1 ff., vor allem S. 431 ff.

Rechtsordnung unter bestimmten, rational nachvollziehbaren Voraussetzungen an eine gewandelte Wirklichkeit unter Beachtung verfassungsrechtlicher Vorgaben angepasst werden kann.

2. Die nachträgliche (nach der Gesetzesverabschiedung) Planwidrigkeit einer Regelungslage ist im Rahmen der jeweiligen Variante des Stufenmodells zu ermitteln.

3. Beim entscheidenden Schritt der Ermittlung des hypothetischen Gesetzgeberwillens kann auf die Erkenntnisse der Belief Revision Theory zurückgegriffen werden.

4. Kann nachgewiesen werden, dass Annahmen des Gesetzgebers falsifiziert wurden, die für den Erlass des Gesetzes entscheidend waren, dann ist die nachträgliche Planwidrigkeit der Regelung durch den hypothetischen Gesetzgeberwillen hinreichend nachgewiesen.

5. Falsifiziert werden können nur deskriptive Annahmen des Gesetzgebers. Normative Überzeugungen können dagegen nicht falsifiziert werden, weshalb der Wertewandel keine sekundären Lücken in die Rechtsordnung reißen kann.

6. Der Wertewandel kann nur über den Verfassungswandel eingefangen werden. Die Feststellung des Verfassungswidrigwerdens einer einfachgesetzlichen Norm obliegt allein dem Verfassungsgericht; dem trägt auch Art. 100 I GG Rechnung. Dagegen können die Fachgerichte das Überschüssigwerden (genauso wie die sekundäre Lückenhaftigkeit) einer Norm autonom prüfen und diese bei positivem Befund unangewendet lassen.

7. Die Möglichkeit des Verfassungswandels ist durch feste Verfassungsvorgaben begrenzt. Nur dem verfassungsändernden Gesetzgeber kommt insoweit eine Änderungskompetenz zu.

Bei der Auswertung der exemplarischen Fälle aus der Rechtsprechung und der Rechtswissenschaft entsteht ein zwiespältiges Bild. Die Gerichte nutzen die Begrifflichkeit der „sekundären Lücke“ nicht ausdrücklich in ihren Entscheidungen – möglicherweise um ein methodisches „Labeling“ zu vermeiden, das sie auf bestimmte argumentative Strukturen festlegen würde. Wer sein Vorgehen nicht methodisch verordnet, meint, größere methodische Freiheiten genießen zu können. Gleichwohl gibt es Entscheidungen, die den hier entwickelten methodischen Vorgaben weitestgehend entsprechen und in ihrer argumentativen Tiefe und Differenziertheit beeindrucken können. Zu nennen ist der Magnettonbandfall, der unter D. II. 1. untersucht wurde. Das Gericht stellt zuerst eine technische Veränderung fest, erforscht dann den historischen Gesetzeszweck, prüft daraufhin den hypothetischen Gesetzgeberwillen und kommt schließlich zu dem vertretbaren Ergebnis, dass der Gesetzgeber angesichts dieser Veränderungen keine so weitreichende Einschränkung des Urheberrechts hätte bewirken wollen, wie sie im Gesetzestext zum Ausdruck kommt.

Dagegen gibt es Fälle, in denen fälschlicherweise ein ausreichender Umstandswandel für die Rechtsanpassung angenommen wird,[8] und umgekehrt auch Fälle, in denen fälschlicherweise kein ausreichender Umstandswandel angenommen wird, obwohl die Verhältnisse sich so einschneidend verändert hatten, dass der historische Normzweck überholt wurde.[9]

Letztere Entscheidungstypen gehen vor allem auf den Einfluss der objektiven Methode zurück, die erst dann gegen die Weiteranwendung der Norm plädiert, wenn sich neben dem vom Gesetzgeber vorgesehenen Normzweck auch kein weiterer objektiver Zweck für die Norm finden lässt. So wird § 839 I 2 BGB nach wie vor ahistorisch der Normzweck der Entlastung der Staatskasse unterstellt. Insofern kann die objektive Methode, die vermeintlich für eine zeitgemäße, flexiblere Rechtsanwendung steht, aus Gründen einer falsch verstandenen Schonung des Gesetzgebers restriktivere Anforderungen an die Rechtsanpassung stellen, als die hier entwickelte – subjektiv geprägte – Methode.

Im Umgang mit dem Wertewandel zeigen sich ebenfalls einige Inkonsistenzen in der Rechtsprechung.[10] So werden oftmals Begründungsstrategien, die eher dem Nachweis einer sekundären Lücke verpflichtet sind, und solche, die der Inkorporation eines Wertewandels dienen können, vermischt. In der Soraya-Entscheidung wird einerseits mit gewandelten technischen Umständen argumentiert, die der Gesetzgeber nicht vorhergesehen haben konnte, und andererseits mit der neuen Werteordnung des Grundgesetzes. Auch bei der gleichgeschlechtlichen Ehe klingt in der Literatur gelegentlich an, dass der Gesetzgeber die Möglichkeit der „Homo-Ehe“ oder die Entwicklung ihrer sozialen Anerkennung nicht bedacht haben könnte. Doch letztlich wird die Problematik in beiden Fällen richtig verordnet – nämlich bei den deutungsoffenen Grundrechten, die gewandelte Wertanschauungen in das Recht inkorporieren können. Kann die Soraya-Entscheidung überzeugen, weil die deutungsoffenen Rechtsbegriffe des Grundgesetzes in ihrer jeweiligen Auslegung einfachrechtliche Wertungen überspielen können, so sind die Entscheidungen des Bundesverfassungsgerichts zur Öffnung eherechtlicher Privilegien für gleichgeschlechtliche Partnerschaften kritisch zu sehen, weil dem verfassungsrechtlich bewerkstelligten Wertewandel durch die Verfassung selbst – in Form von Art. 6 I GG – eine Grenze gezogen ist. Bedauerlicherweise sah sich der einfache Gesetzgeber legitimiert, dieser vom Bundesverfassungsgericht initiierten normativen Angleichung des Rechts an die öffentlichen Anschauungen durch eine Änderung von § 1353 I BGB entgegen den Vorgaben der Verfassung Ausdruck zu verleihen.

[8] So beim Hausarbeitstag, dazu D. II. 1. b) bb); auch hierhin gehören die unter B. IX. untersuchten Fälle, wohl mit Ausnahme der Quelle-Entscheidung.

[9] Dazu D. I. 1. a) und D. II. 1. c).

[10] Dazu D. II. 2.

In der Justiz zeigen sich also gelegentlich Ansätze, aber keine systematisch-methodische Basis, die zu einer das Gebot der Rechtsanwendungsgleichheit[11] wahrenden Rechtsprechung führen könnte. Der Uneinheitlichkeit in der Rechtsprechung entspricht ein häufig anzutreffendes Desinteresse der Rechtswissenschaft bezüglich des Themas, das selbst in der rechtsmethodischen Literatur anzutreffen ist. Die Diskussion um das Ob und Wie der Anpassungsfähigkeit des Rechts an gewandelte Verhältnisse war bis jetzt in erster Linie[12] von apodiktischen Behauptungen geprägt, die sehr schnell auf vereinfachende Extrempositionen zusteuern. Die Rechtswissenschaft hat damit eine Thematik weitestgehend vernachlässigt, die für die Rechtsprechung von zentraler Bedeutung ist.

Dieser Vernachlässigung will diese Arbeit entgegentreten. In Anlehnung an die in der Methodenlehre entwickelten Stufenmodelle der Rechtsanwendung[13] wurde eine Methode für den Umgang der Gerichte mit gewandelten Verhältnissen erarbeitet, die als zentrale methodische Kategorie die sekundäre Lücke benennt und deren Teilbegrifflichkeiten analysiert und juristisch handhabbar gemacht hat. Dabei ergaben sich diverse Folgefragen, beispielsweise zur Zuständigkeit des Verfassungsgerichts[14] und zur Rechtsfolge[15] der sekundären Lückenhaftigkeit beziehungsweise der sekundären Überschüssigkeit von Rechtsnormen, für die Lösungsvorschläge entwickelt wurden. Diese Vorschläge erheben keinen Anspruch auf eine dogmenhafte Unumstößlichkeit, sie wollen vielmehr Denkanstöße für einen methodischen Diskurs sein, der die möglichen Reaktionsmöglichkeiten der Gerichte ernsthaft reflektiert. Insofern haben einige der hier entwickelten Lösungsvorschläge einen eher heuristischen Charakter, der zur weiteren Diskussion und Untersuchung einladen soll.

Der ernüchternde Befund eines weit verbreiteten juristischen Desinteresses an der Ausarbeitung methodischer Vorgaben für den Umgang mit dem Umstandswandel wird aber dadurch relativiert, dass in zentralen methodischen Arbeiten und zentralen Entscheidungen der Rechtsprechung die Problematik nuanciert betrachtet wird. Dazu zählt die Haltung des Bundesverfassungsgerichts, das den Fachgerichten grundsätzlich viel Freiraum in der Beachtung der gewandelten Verhältnisse einräumt, aber gleichzeitig diese Aufgabe an den gesetzgeberischen Regelungszweck rückkoppelt. Die Aufgabe der zeitgemäßen Anpassung des Rechts wird – in Übereinstimmung mit den hier gefundenen Ergebnissen – nicht als eine Rechtsfort-

---

[11] Dazu *Röhl/Röhl*, Allgemeine Rechtslehre, S. 604; *Rüthers*, Die heimliche Revolution, S. 153; *Rüthers/Fischer/Birk*, Rechtstheorie, Rn. 676.

[12] Ausnahmen hierzu stellen aus vergangener Zeit insbesondere die methodischen Schriften Hecks und die Methodenlehre von Larenz dar. In neuerer Zeit ist die Habilitation von Baumeister zu nennen, die unter C. II. 2. besprochen wurde, sowie die Stufenmodelle der Rechtsanwendung, an die sich die hier entwickelte Methode unter B. VI. anlehnt, und schließlich Neuners Dissertation, die vor allem unter B. VI. 2. diskutiert wird.

[13] Bspw. in *Rüthers/Fischer/Birk*, Rechtstheorie, Rn. 730b ff.; dazu schon B. VI.

[14] Dazu B. VII. 3. c).

[15] Dazu B. XI.

bildung gegen die gesetzgeberische Regelungsentscheidung verstanden, sondern als ihr Fortdenken angesichts veränderter Umstände. Diese Einsicht – die letzten Endes schon auf Philipp Heck zurückgeht – gewinnt daher im juristischen Diskurs zunehmend an Plausibilität. Auch die Renaissance der subjektiven Methode in der Rechtsprechung des Bundesverfassungsgerichts steht im Einklang mit den dargelegten Überlegungen. Nach der hier vertretenen Auffassung zeigt die subjektive Methode, insbesondere im Umgang mit veränderten Umständen und veränderten Werteanschauungen, dass sie die prima facie im Widerspruch stehenden Forderungen der Gesetzesbindung und Rechtssicherheit einerseits, und der Aktualität und Gerechtigkeit der Rechtsordnung andererseits, durchaus differenziert und überzeugend vermitteln kann. Denn erst die Kenntnisnahme der historischen Interessenbewertung des Gesetzgebers ermöglicht eine Analyse der Aktualität des normativen Gehalts der Regelung. Eine methodisch fundierte Rechtspraxis begreift damit das historische Verständnis und die aktualisierende Anwendung des Rechts nicht als unversöhnliche Antipoden, sondern weiß um die Aufgaben der Gegenwart eingedenk ihrer Verpflichtungen gegenüber der Vergangenheit.

Literaturverzeichnis

Ahlberg, Hartwig/*Götting*, Horst-Peter (Hrsg.): Beck-online Kommentar. Urheberrecht. Zitiert als: BeckOK UrhR/*Bearbeiter*.

Albert, *Hans*: Kritischer Rationalismus. Vier Kapitel zur Kritik illusionären Denkens, Tübingen 2000.

Alchourrón, Carlos E./*Gärdenfors*, Peter/*Makinson*, David: On the logic of theory of change. Partial meet contraction and revision functions, The journal of symbolic logic 50 (1985), S. 510 ff.

Alexy, Robert: Theorie der Grundrechte, Frankfurt am Main 1986.

Alexy, Robert: Theorie der juristischen Argumentation. Die Theorie des rationalen Diskurses als Theorie der juristischen Begründung, 2. Auflage, Frankfurt am Main 1991.

Alexy, Robert: Begriff und Geltung des Rechts, Freiburg, München 1992.

Alexy, Robert: Rechtssystem und praktische Vernunft, in: Alexy, Robert (Hrsg.), Recht, Vernunft, Diskurs, Frankfurt am Main 1995, S. 213 ff.

Alexy, Robert: Die logische Analyse juristischer Entscheidungen, in: Alexy, Robert/Koch, Hans-Joachim/Rüßmann, Helmut/Kuhlen, Lothar (Hrsg.), Elemente einer juristischen Begründungslehre, Baden-Baden 2003, S. 9 ff.

Alexy, Robert: On the Concept and the Nature of Law, Ratio Juris 2008, S. 281 ff.

Alexy, Robert: Ein nichtpositivistischer Begriff der Grundrechte, in: Ewer, Wolfgang/Ramsauer, Ulrich/Reese, Moritz (Hrsg.), Methodik – Ordnung – Umwelt. Festschrift für Hans-Joachim Koch aus Anlass seines siebzigsten Geburtstags, Berlin 2014, S. 15 ff.

Arnauld, Andreas: Möglichkeiten und Grenzen dynamischer Interpretation von Rechtsnormen. Ein Beitrag zur Rekonstruktion autor-subjektiver Normauslegung, Rechtstheorie 25 (2001), 465 ff.

Arnold, Egon: § 1300 BGB und die Gleichberechtigung von Mann und Frau, FamRZ 1955, S. 91 ff.

Auer, Marietta: Materialisierung, Flexibilisierung, Richterfreiheit. Generalklauseln im Spiegel der Antinomien des Privatrechtsdenkens, Tübingen 2005.

Auer, Marietta: Neues zu Umfang und Grenzen der richtlinienkonformen Auslegung, NJW 2007, S. 1106 ff.

Austin, John: Lectures on Jurisprudence or the Philosophy of the positive Law, London 1869.

Bacher, Isolde: Sind Männer und Frauen gleichberechtigt? Verfassungsänderung und Verfassungswandel am Beispiel des Artikel 3 II des Grundgesetzes, Neuried 1996.

Bäcker, Carsten: Gerechtigkeit im Rechtsstaat, Das Bundesverfassungsgericht an der Grenze des Grundgesetzes, Tübingen 2015.

Bäcker, Carsten: Begrenzter Wandel. Das Gewollte als Grenze des Verfassungswandels am Beispiel des Art. 6 I GG, AöR 2018, S. 339 ff.

Badura, Peter: Die verfassungsrechtliche Pflicht des gesetzgebenden Parlaments zur „Nachbesserung" von Gesetzen, in: Müller, Georg (Hrsg.), Staatsorganisation und Staatsfunktionen im Wandel. Festschrift für Kurt Eichenberger zum 60. Geburtstag, Basel 1982, S. 481 ff.

Badura, Peter: Staatsrecht. Systematische Erläuterung des Grundgesetzes für die Bundesrepublik Deutschland, 7. Auflage, München 2018.

Baer, Susanne: Zur Interpretation des Art. 3 GG und internationaler Gleichbehandlungsgebote, NJW 2013, S. 3145 ff.

Baldus, Christian: Gut meinen, gut verstehen? Historischer Umgang mit historischen Intentionen, in: Baldus, Christian/Theisen, Frank/Vogek, Friederike (Hrsg.), „Gesetzgeber" und Rechtsanwendung. Entstehung und Auslegungsfähigkeit von Normen, Tübingen 2013, S. 5 ff.

Bamberger, Heinz Georg/*Roth*, Herbert/*Hau*, Wolfgang/*Poseck*, Roman (Hrsg.), Beck-online Kommentar. BGB. Zitiert als: BeckOK BGB/*Bearbeiter*.

Barthes, Roland: Der Tod des Autors, in: Jannidis, Fotis (Hrsg.), Texte zur Theorie der Autorschaft, Stuttgart 2000, S. 185 ff.

Baumann, Horst: Gedanken zur Subsidiarität der Amtshaftung, AcP 169 (1969), S. 317 ff.

Baumeister, Peter: Das Rechtswidrigwerden von Normen. Eine rechtsdogmatische Untersuchung zu den Grenzen der Wirksamkeit und Anwendbarkeit von Normen – Probleme des Spannungsverhältnisses von Recht und Zeit, Berlin 1996.

Benda, Ernst: Zur Akzeptanz verwaltungs- und verfassungsrechtlicher Entscheidungen, DÖV 1983, S. 305 ff.

Benedict, Jörg: Die Ehe unter dem besonderen Schutz der Verfassung – Ein vorläufiges Fazit, JZ 2013, S. 477 ff.

Bettermann, Karl August: Rechtsgrund und Rechtsnatur der Staatshaftung, DÖV 1954, S. 299 ff.

Betti, Emilio: Allgemeine Auslegungslehre als Methodik der Geisteswissenschaften, Tübingen 1967.

Hornung, Gerrit: Ein neues Grundrecht. Der verfassungsrechtliche Schutz der „Vertraulichkeit und Integrität informationstechnischer Systeme", CR 2008, S. 299 ff.

Binder, Julius: Philosophie des Rechts, Aalen 1967.

Birk, Axel: Der kritische Rationalismus und die Rechtswissenschaft. Bernd Rüthers und Karl-Heinz Fezer – ein Ausgangspunkt, unterschiedliche Folgerungen, Rechtstheorie 48 (2017), S. 43 ff.

Blome, Thomas: Die Geschlechterverschiedenheit der Ehegatten – Kerngehalt der Ehe nach Art. 6 I GG?, NVwZ 2017, S. 1658 ff.

Bobsin, Peter: Tonbandaufnahme und Photokopie, GRUR 1957, S. 318 ff.

Böckenförde, Ernst-Wolfgang, Geschichtliche Entwicklung und Bedeutungswandel der Verfassung, in: Buschmann, Arno (Hrsg.), Festschrift für Rudolf Gmür zum 70. Geburtstag, Bielefeld 1983, S. 7 ff.

Böckenförde, Ernst-Wolfgang, Anmerkungen zum Begriff des Verfassungswandels, in: Badura, Peter (Hrsg.), Wege und Verfahren des Verfassungslebens. Festschrift für Peter Lerche zum 65. Geburtstag, München 1993, S. 3 ff.

Bömelburg, Regina: Die eingetragene Lebenspartnerschaft – ein überholtes Rechtsinstitut?, NJW 2012, S. 2753 ff.

Bosch, Friedrich Wilhelm: Die geplante Neuregelung des Eheschließungsrechts, FamRZ 1997, S. 65 ff.

Bötticher, Eduard: Die Einschränkung des Ersatzes immateriellen Schadens und der Genugtuungsanspruch wegen Persönlichkeitsverletzung, MDR 1963, S. 353 ff.

Brand, Christian: Anmerkung zur Entscheidung des OLG Hamm vom 27. September 2018 – I-27 W 93/18, 27 W 93/18, GmbHR 2018, S. 1273 ff.

Brandenburg, Hans-Friedrich: Die teleologische Reduktion, Grundlagen und Erscheinungsformen der auslegungsunterschreitenden Gesetzeseinschränkung im Privatrecht, Göttingen 1983.

Bratman, Michael E.: Shared Agency, Oxford 2014.

Braun, Johann: Rechtsrelativismus und Rechtsabsolutismus, JZ 2013, S. 265 ff.

Braun, Johann: Deduktion und Invention, Gesetzesauslegung im Widerstreit von Gehorsamskunst. Rechtsgefühl und Wahrheitssuche, Tübingen 2016.

Bräutigam, Peter: Das Nutzungsverhältnis bei sozialen Netzwerken. Zivilrechtlicher Austausch von IT-Leistung gegen personenbezogene Daten, MMR 2012, S. 635 ff.

Bredeck, Michael: Das Zweite Vatikanum als Konzil des Aggiornamento. Zur hermeneutischen Grundlegung einer theologischen Konzilsinterpretation, Paderborn 2007.

Breuer, Marten: Staatshaftung für judikatives Unrecht. Eine Untersuchung zum deutschen Recht, zum Europa- und Völkerrecht, Tübingen 2011.

Brosius-Gersdorf, Frauke: Die Ehe für alle durch Änderung des BGB, NJW 2015, S. 3557 ff.

Bulla, Gustav-Adolf: Mutterschutzgesetz und Frauenarbeitsrecht. Kommentar zum Mutterschutzgesetz und zum Recht des Hausarbeitstages nebst weiteren Bestimmungen, München 1954.

Bumke, Christian: Einführung in das Forschungsgespräch, in: Bumke, Christian (Hrsg.), Richterrecht zwischen Gesetzesrecht und Rechtsgestaltung, Tübingen 2012, S. 1 ff.

Bumke, Christian: Verfassungsrechtliche Grenzen fachrichterlicher Rechterzeugung, in: Bumke, Christian (Hrsg.), Richterrecht zwischen Gesetzesrecht und Rechtsgestaltung, Tübingen 2012, S. 33 ff.

Burgi, Martin: Schützt das Grundgesetz die Ehe vor der Konkurrenz anderen Lebensgemeinschaften?, Der Staat 39 (2000), S. 487 ff.

Bydlinski, Franz: Möglichkeiten und Grenzen der Präzisierung aktueller Generalklauseln, in: Behrends, Okko (Hrsg.), Rechtsdogmatik und praktische Vernunft. Symposion zum 80. Geburtstag von Franz Wieacker, Göttingen 1990, S. 189 ff.

Bydlinski, Franz: Juristische Methodenlehre und Rechtsbegriff, 2. Auflage, Wien 1991.

Caemmerer, Ernst von: Der privatrechtliche Persönlichkeitsschutz nach deutschem Recht, in: Esser, Josef (Hrsg.), Festschrift für Fritz von Hippel zum 70. Geburtstag, Tübingen 1967, S. 27 ff.

Calliess, Christian/*Ruffert*, Matthias (Hrsg.): EUV/AEUV. Das Verfassungsrecht der Europäischen Union mit Europäischer Grundrechtscharta. Kommentar, 5. Auflage, München 2016. Zitiert als: Calliess/Ruffert/*Bearbeiter*.

Canaris, Claus-Wilhelm: Die Kreditkündigung gemäß § 247 BGB und der „Wandel der Normsituation", WM 1978, S. 686 ff.

Canaris, Claus-Wilhelm: Die Feststellung von Lücken im Gesetz, Eine methodologische Studie über Voraussetzungen und Grenzen der richterlichen Rechtsfortbildung praeter legem, 2. Auflage, Berlin 1983. Zitiert als: *Canaris*, Lücken.

Canaris, Claus-Wilhelm: Systemdenken und Systembegriff in der Jurisprudenz. Entwickelt am Beispiel des deutschen Privatrechts, 2. Auflage, Berlin 1983.

Canaris, Claus-Wilhelm: Das Rangverhältnis der klassischen Auslegungsmethoden. Demonstriert an den Standardproblemen des Zivilrechts, in: Beuthien, Volker (Hrsg.), Festschrift für Dieter Medicus, Zum 70. Geburtstag, Köln 1999, S. 25 ff.

Canaris, Claus-Wilhelm: Die richtlinienkonforme Auslegung, in: Koziol, Helmut (Hrsg.), Im Dienste der Gerechtigkeit. Festschrift für Franz Bydlinski, Wien 2002, S. 47 ff.

Canaris, Claus-Wilhelm: Die Übertragung des Regelungsmodells der §§ 125–130 HGB auf die Gesellschaft bürgerlichen Rechts als unzulässige Rechtsfortbildung contra legem, ZGR 2004, S. 69 ff.

Canaris, Claus-Wilhelm: Die verfassungskonforme Auslegung und Rechtsfortbildung im System der juristischen Methodenlehre, in: Honsell, Heinrich/Zäch Roger/Hasenböhler, Franz/Harrer, Friedrich/Rhinow, René (Hrsg.), Privatrecht und Methode. Festschrift für Ernst A. Kramer, Basel 2004, S. 141 ff.

Canaris, Claus-Wilhelm: Karl Larenz (1903–1993), in: Grundmann, Stefan/Riesenhuber, Karl (Hrsg.), Deutschsprachige Zivilrechtslehrer des 20. Jahrhunderts in Berichten ihrer Schüler. Eine Ideengeschichte in Einzeldarstellungen, Berlin 2010, S. 263 ff.

Chanos, Antonis: Wandel von Rechtsnormen und richterliche Rechtsfortbildung, in: Aarnio, Aulis/Hoeren, Thomas/Paulson, Stanley (Hrsg.), Positivität, Normativität und Institutionalität des Rechts, Festschrift für Werner Krawietz zum 80. Geburtstag, Berlin 2013, S. 665 ff.

Chiotellis, Aristide: Rechtsfolgenbestimmung bei Geschäftsgrundlagenstörungen in Schuldverträgen, München 1981.

Christensen, Ralph/*Kudlich*, Hans: Gesetzesbindung, Vom vertikalen zum horizontalen Verständnis, Berlin 2008.

Classen, Claus Dieter: Gesetzesvorbehalt und Dritte Gewalt. Zur demokratischen Legitimation der Rechtsprechung, JZ 2003, S. 693 ff.

Coing, Helmut: Die juristischen Auslegungsmethoden und die Lehren der allgemeinen Hermeneutik, Köln, Opladen 1959.

Conrad, Isabell/*Grützmacher*, Malte: Einleitung, in: Conrad, Isabell/Grützmacher, Malte (Hrsg.), Recht der Datenbanken im Unternehmen, Köln 2014, S. 1 ff.

Danwerth, Christopher: Analogie und teleologische Reduktion – zum Verhältnis zweier scheinbar ungleicher Schwestern, ZfPW 2017, S. 230 ff.

Danz, Erich: Einführung in die Rechtsprechung, Jena 1912.

Depenheuer, Otto: Der Wortlaut als Grenze. Thesen zu einem Topos der Verfassungsinterpretation, Heidelberg 1988.

Diederichsen, Uwe: Das Bundesverfassungsgericht als oberstes Zivilgericht – ein Lehrstück der juristischen Methodenlehre, AcP 198 (1998), S. 171 ff.

Dietz, Rolf: Der Anspruch auf einen freien Hausarbeitstag, BB 1952, S. 33 ff.

Dilthey, Wilhelm: Gesammelte Schriften. Leben Schleiermachers, Halbband 1, Göttingen 1970.

Dilthey, Wilhelm: Gesammelte Schriften. Der Aufbau der geschichtlichen Welt in den Geisteswissenschaften, Göttingen 1979.

Doeming v., Klaus-Berto/*Füsslein*, Rudolf W./*Matz*, Werner (Bearb.): Entstehungsgeschichte der Artikel des Grundgesetzes, JöR 1951, Band 1, Tübingen 1951. Zitiert als: *Bearbeiter*, JöR 1951, Band 1.

Dölle, Hans: Die Gleichberechtigung von Mann und Frau im Familienrecht, JZ 1953, S. 353 ff.

Dreier, Horst (Hrsg.): Grundgesetz, Band 1, Präambel, Artikel 1–19, 3. Auflage, Tübingen 2013. Zitiert als: H. Dreier/*Bearbeiter*, Grundgesetz, Band I.

Dreier, Ralf: Zur Problematik und Situation der Verfassungsinterpretation, in: Dreier, Ralf, Studien zur Rechtstheorie, Band 1, Recht, Moral, Ideologie, Frankfurt am Main 1981, S. 106 ff.

Dück, Hermann: Methodik der Delegationslücke, ZfPW 2018, S. 76 ff.

Dworkin, Ronald: Law's Empire, Cambridge 1986.

Dworkin, Ronald: Comment, in: Gutmann, Amy (Hrsg.), A Matter of Interpretation, Princeton 1997, S. 115 ff.

Easterbrook, Frank H.: Statutes' Domains, U. Chi. L. Rev. (University of Chicago Law Review) 50 (1983), S. 533 ff.

Ebarth, Alexander: Öffnung der Ehe für alle? NVwZ 2016, S. 536 ff.

Ebsen, Ingwer: Gesetzesbindung und „Richtigkeit" der Entscheidung. Eine Untersuchung zur juristischen Methodenlehre, Berlin 1974.

Edgington, Dorothy: On Conditionals, Mind 104 (1995), S. 235 ff.

Ehricke, Ulrich: Der „taugliche Bürge" gemäß § 239 BGB auf dem Prüfstand des Gemeinschaftsrechts, EWS 1994, S. 259 ff.

Ekins, Richard: The Nature of Legislative Intent, Oxford 2012.

Ellscheid, Günther: Recht und Moral, in: Kaufmann, Arthur (Hrsg.), Einführung in die Rechtsphilosophie und Rechtstheorie der Gegenwart, Heidelberg 2011, S. 214 ff.

Elze, Hans: Lücken im Recht. Begriff und Ausfüllung. Ein Beitrag zur Methodologie des Rechts, Halle an der Saale 1913.

Engisch, Karl: Begriff der Rechtslücke, in: Sauer, Wilhelm (Hrsg.), Festschrift für Wilhelm Sauer zu seinem 70. Geburtstag, Berlin 1949, S. 85 ff.

Engisch, Karl: Einführung in das juristische Denken, 10. Auflage, Stuttgart 2005.

Enneccerus, Ludwig/*Nipperdey*, Hans Carl: Allgemeiner Teil des Bürgerlichen Rechts, Ein Lehrbuch. 1. Halbband, 15. Auflage, Tübingen 1959.

Enneccerus, Ludwig/*Nipperdey*, Hans Carl: Allgemeiner Teil des Bürgerlichen Rechts. Ein Lehrbuch. 2. Halbband, 15. Auflage, Tübingen 1960.

Epping, Volker/*Hillgruber*, Christian (Hrsg.): Beck-online Kommentar. Grundgesetz. Zitiert als: BeckOK GG/*Bearbeiter*.

Esser, Josef: Die Interpretation im Recht, Studium Generale 1954, S. 372 ff.

Esser, Josef: Werte und Wertewandel in der Gesetzesanwendung, Frankfurt am Main 1966.

Esser, Josef: Vorverständnis und Methodenwahl in der Rechtsfindung, 2. Auflage, Frankfurt am Main 1972.

Esser, Josef: Grundsatz und Norm in der richterlichen Fortbildung des Privatrechts, Rechtsvergleichende Beiträge zur Rechtsquellen- und Interpretationslehre, 4. Auflage, Tübingen 1990.

Fastrich, Lorenz: Bestandsschutz und Vertragsinhaltsschutz im Arbeitsrecht, in: Wank, Rolf (Hrsg.), Festschrift für Herbert Wiedemann zum 70. Geburtstag, München 2002, S. 251 ff.

Feldkamp, Michael F. (Bearb.): Der parlamentarische Rat 1948–1949. Akten und Protokolle, Band 14: Hauptausschuß, Teilband 1, München 2009.

Feldkamp, Michael F. (Bearb.): Der parlamentarische Rat 1948–1949. Akten und Protokolle, Band 14: Hauptausschuß, Teilband 2, München 2009.

Fezer, Karl-Heinz: Dateneigentum. Theorie des immaterialgüterrechtlichen Eigentums an verhaltensgenerierten Personendaten der Nutzer als Datenproduzenten, MMR 2017, S. 3 ff.

Fezer, Karl-Heinz: Dateneigentum der Bürger. Ein originäres Immaterialgüterrecht sui generis an verhaltensgenerierten Informationsdaten der Bürger, ZD 2017, S. 99.

Fikentscher, Wolfgang: Die Geschäftsgrundlage als Frage des Vertragsrisikos. Dargestellt unter besonderer Berücksichtigung des Bauvertrages, München 1971.

Fischer, Christian: Richterliche Rechtsfindung zwischen „Gesetzesgehorsam" und „ökonomischer Vernunft", ZfA 2002, S. 215 ff.

Fischer, Christian: Topoi verdeckter Rechtsfortbildungen im Zivilrecht, Tübingen 2007.

Fleischer, Holger: Rechtsvergleichende Beobachtungen zur Rolle der Gesetzesmaterialien bei der Gesetzesauslegung, AcP 211 (2011), S. 317 ff.

Fleischer, Holger: Gesetzesauslegung durch Befragung von Bundestagsabgeordneten?, NJW 2012, S. 2087 ff.

Flynn, James R.: What is intelligence? Beyond the Flynn effect, Cambridge 2009.

Folke, Schmidt: Zur Methode der Rechtsfindung, Berlin 1976.

Forsthoff, Ernst: Rechtsstaat im Wandel, Verfassungsrechtliche Abhandlungen 1954–1973, 2, München 1976.

Franßen, Everhardt: Nicht von Anfang an rechtswidrig, in: FAZ vom 25. 05. 2016.

Frege, Gottlob: Über Sinn und Bedeutung, in: Patzig, Günther (Hrsg.), Funktion, Begriff, Bedeutung. Fünf logische Studien, Göttingen 2008, 23 ff.

Frieling, Tino: Gesetzesmaterialien und Wille des Gesetzgebers, Fallgruppen verbindlicher Willensäußerungen, Tübingen 2017.

Gamillscheg, Franz: Grundrechte im Arbeitsrecht, AcP (164) 1964, S. 385 ff.

Gärdenfors, Peter: Knowledge in Flux, Cambridge 1988.

Gärditz, Klaus Ferdinand: Innovative Tierversuche zwischen Wissenschaftsethik und Wissenschaftsfreiheit, Wissenschaftsrecht 2012, Beiheft: Wissenschaft und Ethik, S. 97 ff.

Germann, Michael: Dynamische Grundrechtsdogmatik von Ehe und Familie?, VVDStRL 2014, S. 257 ff.

Gierke, Otto von: Deutsches Privatrecht, Band 1, Allgemeiner Teil und Personenrecht, Leipzig 1895.

Götting, Horst-Peter: Persönlichkeitsrechte als Vermögensrechte, Tübingen 1995.

Grice, Herbert P.: Indicative Conditionals, in: Grice, Herbert P., Studies in the way of words, Cambridge 1989, S. 59 ff.

Grimm, Dieter: Das Reichsgericht in Wendezeiten, NJW 1997, S. 2719 ff.

Grimm, Dieter: Constitutionalism. Past present and future, Oxford 2016.

Grünberger, Michael: Verträge über digitale Güter, AcP (218) 2018, S. 213 ff.

Grützmacher, Malte: Dateneigentum ein Flickenteppich. Wem gehören die Daten bei Industrie 4.0, Internet der Dinge und Connected Cars?, CR 2016, S. 485 ff.

Gsell, Beate: Der europäische Richtlinienvorschlag zu bestimmten vertragsrechtlichen Aspekten der Bereitstellung digitaler Inhalte, ZUM 2018, S 75 ff.

Gsell, Beate/*Krüger*, Wolfgang/*Lorenz*, Stephan/*Reymann*, Christoph (Hrsg.): Beck-online Grosskommentar. BGB. Zitiert als Beck OGK/*Bearbeiter*.

Häberle, Peter: Die offene Gesellschaft der Verfassungsinterpreten. Ein Beitrag zur pluralistischen und „prozessualen“ Verfassungsinterpretation, in: Häberle, Peter, Verfassung als öffentlicher Prozeß. Materialien zu einer Verfassungstheorie der offenen Gesellschaft, 2. Auflage, Berlin 1996, S. 155 ff.

Häberle, Peter: Zeit und Verfassung. Prolegomena zu einem „zeit-gerechten“ Verfassungsverständnis, in: Häberle, Peter, Verfassung als öffentlicher Prozeß. Materialien zu einer Verfassungstheorie der offenen Gesellschaft, 2. Auflage, Berlin 1996, S. 59 ff.

Häberle, Peter: Europäische Verfassungslehre, 8. Auflage, Baden-Baden 2016.

Habermas, Jürgen: Richtigkeit vs. Wahrheit. Zum Sinn der Sollgeltung moralischer Urteile und Normen, DZPhil 1998, S. 179 ff.

Habersack, Mathias/*Mayer*, Christian: Der Widerruf von Haustürgeschäften nach der „Heininger“-Entscheidung des EuGH, WM 2002, S. 253 ff.

Haidmayer, Barbara: Diskussionsbericht zum Referat von Michael Grünberger, AcP (218) 2018, S. 297 ff.

Hansson, Sven Ove: Logic of Belief Revision, in: Zalta, Edward N. (Hrsg.), The Stanford Encyclopedia of Philosophy (Winter 2017 Edition), https://plato.stanford.edu/archives/win2017/entries/logic-belief-revision/.

Hart, H. L. A.: Definition and Theory in Jurisprudence, in: Hart, H. L. A., Essays in jurisprudence and philosophy, Oxford 1983, S. 21 ff.

Hart, H. L. A.: The Concept of Law, 2. Auflage, Oxford 1994.

Hart, H. L. A.: Der Begriff des Rechts. Mit dem Postskriptum von 1994 und einem Nachwort von Christoph Möllers, Berlin 2011.

Hartmann, Peter: Persönlichkeitsrecht und Schmerzensgeld, NJW 1964, S. 793 ff.

Hassemer, Winfried: Richtiges Recht durch richtiges Sprechen? Zum Analogieverbot im Strafrecht, in: Grewendorf, Günther (Hrsg.), Rechtskultur als Sprachkultur. Zur forensischen Funktion der Sprachanalyse, Frankfurt am Main 1992, S. 71.

Hassold, Gerhard: Wille des Gesetzgebers oder objektiver Sinn des Gesetzes – subjektive oder objektive Theorie der Gesetzesauslegung, ZZP 1981, 192 ff.

Heck, Philipp: Gesetzesauslegung und Interessenjurisprudenz, AcP 112 (1914), S. 1 ff.

Heck, Philipp: Begriffsbildung und Interessenjurisprudenz, Tübingen 1932.

Heckmann, Dirk: Geltungskraft und Geltungsverlust von Normen, Tübingen 1997.

Hedemann, Justus Wilhelm: Die Flucht in die Generalklauseln, Tübingen 1933.

Heitmann, Steffen: Verfassung und Moral, in: Fikentscher, Wolfgang (Hrsg.), Wertewandel – Rechtswandel. Perspektiven auf die gefährdeten Voraussetzungen unserer Demokratie, Gräfelfing 1997, S. 41 ff.

Henninger, Thomas: Europäisches Privatrecht und Methode. Entwurf einer rechtsvergleichend gewonnenen juristischen Methodenlehre, Tübingen 2009.

Hermes, Georg: Verfassungsrecht und einfaches Recht – Verfassungsgerichtsbarkeit und Fachgerichtsbarkeit, VVDStRL 2002, S. 119 ff.

Herresthal, Carsten: Rechtsfortbildung im europarechtlichen Bezugsrahmen, München 2006.

Herresthal, Carsten: Die Richtlinienwidrigkeit des Nutzungsersatzes bei Nachlieferung im Verbrauchsgüterkauf, NJW 2008, S. 2475 ff.

Herrfahrdt, Heinrich: Lücken im Recht, Bonn 1915.

Hesse, Konrad: Verfassung und Verfassungsrecht, in: Benda, Ernst/Maihofer, Werner/Vogel, Hans-Jochen (Hrsg.), Handbuch des Verfassungsrechts, Berlin 1995, S. 3 ff.

Hesse, Konrad: Verfassungsrechtsprechung im geschichtlichen Wandel, JZ 1995, S. 265 ff.

Heun, Sven-Erik/*Assion*, Simon: Internet(recht) der Dinge. Zum Aufeinandertreffen von Sachen- und Informationsrecht, CR 2015, S. 812 ff.

Heun, Werner: Original Intent und Wille des historischen Verfassungsgebers, AöR 1991, S. 185 ff.

Heusinger, Thomas: Rechtsfindung und Rechtsfortbildung im Spiegel richterlicher Erfahrung, Köln 1975.

Hilbert, Patrick: An welche Normen ist der Richter gebunden?, JZ 2013, S. 130ff.

Hillgruber, Christian: Richterliche Rechtsfortbildung als Verfassungsproblem, JZ 1996, S. 118ff.

Hillgruber, Christian: „Neue Methodik" – Ein Beitrag zur Geschichte der richterlichen Rechtsfortbildung in Deutschland, JZ 2008, S. 745ff.

Hillgruber, Christian: Anmerkung zur Hinterbliebenenrente BVerfGE 124, 199, JZ 2010/1, S. 41ff.

Hillgruber, Christian: Diskussionsbeitrag, VVDStRL 2014, S. 297f.

Hilpinen, Risto: On Normative Change, in: Morscher, Edgar (Hrsg.), Ethik, Grundlagen, Probleme und Anwendungen. Akten des 5. Internationalen Wittgenstein-Symposiums. 25.–31. Aug. 1980, Kirchberg am Wechsel (Österreich), Wien 1981, S. 155ff.

Hirsch, Günther: Zwischenruf. Der Richter wird's schon richten, ZRP 2006, S. 161.

Hirsch, Günther: Auf dem Weg zum Richterstaat? Vom Verhältnis des Richters zum Gesetzgeber in unserer Zeit, JZ 2007, S: 853ff.

Hoeren, Thomas: Dateneigentum – Versuch einer Anwendung von § 303a StGB im Zivilrecht, MMR 2013, S. 486ff.

Hoffmann, Jan: Recht und Zeit Zur Endlichkeit der Geltungsdauer und „Überlagerung" von Gesetzen, JA, S. 11ff.

Hoffmann-Riem, Wolfgang: Innovation durch Recht und im Recht, in: Schulte, Martin (Hrsg.), Technische Innovation und Recht. Antrieb oder Hemmnis?, Heidelberg 1997, S. 3ff.

Hoffmann-Riem, Wolfgang: Grundrechtsanwendung unter Rationalitätsanspruch, Der Staat 43 (2004), S. 203ff.

Hoffmann-Riem, Wolfgang: Innovation und Recht. Recht und Innovation. Recht im Ensemble seiner Kontexte, Tübingen 2016.

Hofmann, Ruben/*Fries*, Peter: Der äußerungsrechtliche Geldentschädigungsanspruch im digitalen Zeitalter, NJW 2017, S. 2369ff.

Hong, Mathias: Warum das Grundgesetz die Ehe für alle verlangt, https://verfassungsblog.de/warum-das-grundgesetz-die-ehe-fuer-alle-verlangt.

Honsell, Thomas: Historische Argumente im Zivilrecht. Ihr Gebrauch und ihre Wertschätzung im Wandel unseres Jahrhunderts, Ebelsbach 1982.

Höpfner, Clemens: Vertrauensschutz und Richterrecht – Zur Zulässigkeit rückwirkender Rechtsprechungsänderungen im Zivilrecht, RdA 2006, S. 156ff.

Höpfner, Clemens: Die systemkonforme Auslegung. Zur Auflösung einfachgesetzlicher verfassungsrechtlicher und europarechtlicher Widersprüche im Recht, Tübingen 2008.

Höpfner, Clemens: Über Sinn und Unsinn der sogenannten „richtlinienkonformen Rechtsfortbildung", JZ 2009, S. 403ff.

Höpfner, Clemens: Die Reform der sachgrundlosen Befristung durch das BAG – Arbeitsmarktpolitische Vernunft contra Gesetzestreue, NZA 2011, S. 893ff.

Höpfner, Clemens: Anmerkung zu BGHZ 192, 148, JZ 2012, S. 473ff.

Höpfner, Clemens: Auslegung und Rechtsfortbildung im Arbeitsrecht (Besprechung von Rolf Wank), RdA 2014, S. 61 f.

Höpfner, Clemens/*Rüthers*, Bernd: Grundlagen einer europäischen Methodenlehre, AcP 209 (2009), S. 1 ff.

Hornung, Gerrit: Grundrechtsinnovationen, Tübingen 2015.

Hume, David: Ein Traktat über die menschliche Natur, Buch II (Über die Affekte) und III (Über die Moral), Hamburg 2013.

Ipsen, Jörn: Die Ehe für alle – verfassungswidrig?, NVwZ, S. 1096 ff.

Isensee, Josef: Die Verfassung als Vaterland, in: Mohler, Armin (Hrsg.), Wirklichkeit als Tabu, Anmerkungen zur Lage, München 1986, S. 11 ff.

Isensee, Josef: Bundesverfassungsgericht, Quo vadis?, JZ 1996, S. 1085 ff.

Isensee, Josef: Vom Ethos des Interpreten, Normauslegung und seine Einbindung in den Verfassungsstaat, in: Halle, Herbert/Kopetzki, Christian, Novak, Richard/Paulson, Stanley L. (Hrsg.), Staat und Recht. Festschrift für Günther Winkler, Wien 1997, S. 367 ff.

Isensee, Josef: Tabu im freiheitlichen Staat. Jenseits und diesseits der Rationalität des Rechts, München 2003.

Isensee, Josef: Der Selbststand der Verfassung in ihren Verweisungen und Öffnungen, AöR 2013, S. 325 ff.

Jarass, Hans D./*Pieroth*, Bodo: Grundgesetz für die Bundesrepublik Deutschland, Kommentar, 13. Auflage, München 2014.

Jellinek, Georg: Allgemeine Staatslehre, Berlin 1900.

Jestaedt, Matthias: Grundrechtsentfaltung im Gesetz. Studien zur Interdependenz von Grundrechtsdogmatik und Rechtsgewinnungstheorie, Tübingen 1999.

Jestaedt, Matthias: Ein Grundrecht auf Kinderbetreuung?, ZfJ 2000, S. 281 ff.

Jestaedt, Matthias: Richterliche Rechtssetzung statt richterliche Rechtsfortbildung, in: Bumke, Christian (Hrsg.), Richterrecht zwischen Gesetzesrecht und Rechtsgestaltung, Tübingen 2012, S. 49 ff.

Jestaedt, Matthias: Gastbeitrag. Ehe für alle? in: FAZ vom 5.7.2017, http://www.faz.net/aktuell/politik/staat-und-recht/ehe-fuer-alle-gastbeitrag-ehe-fuer-alle-15092764.html.

Jhering, Rudolph von: Geist des römischen Rechts auf den verschiedenen Stufen seiner Entwicklung, Leipzig 1858.

Jhering, Rudolph von: Theorie der juristischen Technik, in: Krawietz, Werner (Hrsg.), Theorie und Technik der Begriffsjurisprudenz, Darmstadt 1976, S. 11 ff.

Joecks, Wolfgang/*Miebach*, Klaus (Hrsg.): Münchener Kommentar zum Strafgesetzbuch, Band 4, §§ 185–262 StGB, 3. Auflage, München 2017. Zitiert als MüKoStGB/*Bearbeiter*.

Kelsen, Hans: Reine Rechtslehre, 2. Auflage, 1960.

Kilian, Wolfgang: Informationelle Selbstbestimmung und Marktprozesse, CR 2002, S. 921 ff.

Kingreen, Thorsten: Die verfassungsrechtliche Stellung der nichtehelichen Lebensgemeinschaft im Spannungsfeld zwischen Freiheits- und Gleichheitsrechten, Berlin 1995.

Kingreen, Thorsten/*Poscher*, Ralf: Grundrechte, 34. Auflage, Heidelberg 2018.

Kirchhof, Paul: Rechtsquellen und Grundgesetz, in: Starck, Christian (Hrsg.), Bundesverfassungsgericht und Grundgesetz. Festgabe aus Anlaß des 25jährigen Bestehens des Bundesverfassungsgerichts, Tübingen 1976, S. 50 ff.

Kirchhof, Paul: Der Auftrag des Grundgesetzes an die rechtsprechende Gewalt, in: Hochschullehrer der Juristischen Fakultät der Universität Heidelberg (Hrsg.), Richterliche Rechtsfortbildung. Erscheinungsformen, Auftrag und Grenzen. Festschrift der Juristischen Fakultät zur 600-Jahr-Feier der Ruprecht-Karls-Universität Heidelberg, Heidelberg 1986, S. 11 ff.

Kirchhof, Paul: Die Aufgaben des Bundesverfassungsgerichts in Zeiten des Umbruchs, NJW 1996, S. 1497 ff.

Kirchhof, Paul: Rechtsphilosophische Fundierung des Richterrechts. Die Idee des Rechts, in: Bumke, Christian (Hrsg.), Richterrecht zwischen Gesetzesrecht und Rechtsgestaltung, Tübingen 2012, S. 71 ff.

Kirste, Stephan: Die Zeitlichkeit des positiven Rechts und die Geschichtlichkeit des Rechtsbewußtseins. Momente der Ideengeschichte und Grundzüge einer systematischen Begründung, Berlin 1998.

Kirste, Stephan: Die Zeit der Verfassung, JöR 2008, S. 35 ff.

Kischel, Uwe: Systembindung des Gesetzgebers und Gleichheitssatz, AöR 1999, S. 174 ff.

Klatt, Matthias: Theorie der Wortlautgrenze. Semantische Normativität in der juristischen Argumentation, Baden-Baden 2004.

Knaier, Ralf: Anmerkung zum Urteil des OLG Oldenburg v. 8. 1. 2018 – 12 W 126/17, DNotZ, S. 542 ff.

Knieper, Rolf: Soraya und die Schmerzensgeldrechtsprechung des BVerfG, ZfR 1974, S. 137 ff.

Koch, Hans-Joachim: Deduktive Entscheidungsbegründung. Die Unterscheidung zwischen Gesetzesbindungs- und Deduktivitätspostulat, in: Alexy, Robert/Koch, Hans-Joachim/Rüßmann, Helmut/Kuhlen, Lothar (Hrsg.), Elemente einer juristischen Begründungslehre, Baden-Baden 2003, S. 37 ff.

Koch, Hans-Joachim: Die Begründung von Grundrechtsinterpretationen, in: Alexy, Robert/Koch, Hans-Joachim/Rüßmann, Helmut/Kuhlen, Lothar (Hrsg.), Elemente einer juristischen Begründungslehre, Baden-Baden 2003, S. 179 ff.

Koch, Hans-Joachim: Zur Methodenlehre des Rechtspositivismus. Das Prinzipienargument – Eine methodische Widerlegung des Rechtspositivismus?, in: Alexy, Robert/Koch, Hans-Joachim/Rüßmann, Helmut/Kuhlen, Lothar (Hrsg.), Elemente einer juristischen Begründungslehre, Baden-Baden 2003, S. 431 ff.

Koch, Hans-Joachim/*Rüßmann*, Helmut: Juristische Begründungslehre. Eine Einführung in die Grundprobleme der Rechtswissenschaft, München 1982.

Kramer, Ernst A.: Juristische Methodenlehre, 5. Auflage, München 2016.

Krebs, Peter/*Becker*, Maximilian: Entstehung und Abänderbarkeit von Gewohnheitsrecht, JuS 2013, S. 97 ff.

Kriele, Martin: Die vermutete Vernünftigkeit des Rechts, in: Kriele, Martin, Recht – Vernunft – Wirklichkeit, Berlin 1990, S. 471 ff.

Krings, Günther: Vom Differenzierungsgebot zum Differenzierungsverbot – Hinterbliebenenversorgung eingetragener Lebenspartner, NVwZ 2011, S. 26 f.

Kripke, Saul: Semantical Considerations on Modal Logic, Acta Philosophica Fennica 16 (1963), S. 83 ff.

Krüger, Herbert: Verfassungsauslegung aus dem Willen des Verfassungsgebers, in: Schwegmann, Friedrich (Hrsg.), Probleme der Verfassungsinterpretation. Dokumentation einer Kontroverse, Baden-Baden 1976, S. 142 ff.

Krüger-Nieland, Gerda: Das Urheberrecht und die Entwicklung der Technik. Insbesondere die private Vervielfältigung mittels Magnettonband und Fotokopie, GRUR 1957, S. 535 ff.

Kübler, Friedrich: Urteilsanmerkung zur Soraya-Entscheidung, JZ 1973, S. 667 f.

Kudlich, Hans/*Christensen*, Ralph: Wortlautgrenze: Spekulativ oder pragmatisch. Zugleich Besprechung von Matthias Klatt: Theorie der Wortlautgrenze. Semantische Normativität in der juristischen Argumentation (2004), Archiv für Rechts- und Sozialphilosophie (ARSP) 2007, S. 128 ff.

Kudlich, Hans/*Christensen*, Ralph: Die Lücken-Lüge, JZ 2009, S. 943 ff.

Kuhlen, Lothar: Normverletzungen im Recht und der Moral, in: Alexy, Robert/Koch, Hans-Joachim/Rüßmann, Helmut/Kuhlen, Lothar (Hrsg.), Elemente einer juristischen Begründungslehre, Baden-Baden 2003, S. 443 ff.

Kühling, Jürgen/*Sackmann*, Florian: Datenschutzordnung 2018 – nach der Reform ist vor der Reform?!, NVwZ 2018, S. 681 ff.

Langer, Claudia: Connected Cars – Auf dem Digitalisierungshighway aus Deutschland in die Welt, RAW 2017, S. 103 ff.

Larenz, Karl: Anmerkung zur Herrenreiter-Entscheidung, NJW 1958, S. 827.

Larenz, Karl: Der ‚Bedeutungswandel' der Rechtsnormen und seine Berücksichtigung in der Rechtsprechung, (Deutsche Richterzeitung) DRiZ 1959, S. 306 ff.

Larenz, Karl: Geschäftsgrundlage und Vertragserfüllung, Die Bedeutung „veränderter Umstände" im Zivilrecht, 3. Auflage, München 1963.

Larenz, Karl: Methodenlehre der Rechtswissenschaft, 6. Auflage, Berlin 1991. Zitiert als: *Larenz*, Methodenlehre.

Larenz, Karl/*Canaris*, Claus-Wilhelm: Methodenlehre der Rechtswissenschaft, 3. Auflage [Studienausgabe], Berlin, Heidelberg 1995.

Leeb, Christina Maria/*Liebhaber*, Johannes: Grundlagen des Datenschutzrechts, JuS 2018, S. 534 ff.

Leible, Stefan/*Domröse*, Ronny: Die primärrechtskonforme Auslegung, in: Riesenhuber, Karl (Hrsg.), Europäische Methodenlehre. Handbuch für Ausbildung und Praxis, Berlin 2015, S. 148 ff.

Leisner, Walter: Von der Verfassungsmäßigkeit der Gesetze zur Gesetzmäßigkeit der Verfassung. Betrachtungen zur möglichen selbständigen Begrifflichkeit im Verfassungsrecht, Tübingen 1964.

Leisner, Walter: Imperium in fieri. Die Evolutionsgebundenheit des öffentlichen Rechts, Der Staat 8 (1969), S. 273 ff.

Lepsius, Oliver: Das Computer-Grundrecht: Herleitung – Funktion – Überzeugungskraft, in: Roggan, Fredrik (Hrsg.), Online-Durchsuchungen. Rechtliche und tatsächliche Konsequenzen des BVerfG-Urteils vom 27. Februar 2008, Berlin 2008, S. 21 ff.

Lepsius, Oliver: Zur Neubegründung des Rückwirkungsverbots aus der Gewaltenteilung. Besprechung von BVerfG, Beschluss v. 17. 12. 2013 – 1 BvL 5/08, JZ 2014, S. 488 ff.

Lerche, Peter: Stiller Verfassungswandel als aktuelles Politikum, in: Spanner, Hans (Hrsg.), Festgabe für Theodor Maunz. Zum 70. Geburtstag am 1. September 1971, München 1971, S. 285 ff.

Levi, Isaac: The Fixation of Belief and Its Undoing, Cambridge 1991.

Lewis, David K.: Counterfactuals, Oxford 1973.

Lewis, David K.: Counterfactual Dependence and Time's Arrow, in: ders.: Philosophical papers, Milton Keynes 2010, S. 32 ff.

List, Christian/*Pettit*, Philip: Group agency. The possibility, design and status of corporate agents, Oxford 2013.

Löhnig, Martin/*Preisner*, Mareike: Der mutmaßliche Gesetzgeberwille als Argumentationsfigur, ZRP 2013, S. 155.

Looschelders, Dirk: Persönlichkeitsschutz in Fällen mit Auslandsberührung. Unter besonderer Berücksichtigung des österreichischen und schweizerischen Rechts, ZVglRWiss 1996, S. 48 ff.

Looschelders, Dirk; *Roth*, Wolfgang: Juristische Methodik im Prozess der Rechtsanwendung. Zugleich ein Beitrag zu den verfassungsrechtlichen Grundlagen von Gesetzesauslegung und Rechtsfortbildung, Berlin 1996.

Lorenz, Stephan: Ein- und Ausbauverpflichtung des Verkäufers bei der kaufrechtlichen Nacherfüllung. Ein Paukenschlag aus Luxemburg und seine Folgen, NJW 2011, S. 2241 ff.

Löwer, Wolfgang: Cessante ratione legis cessat ipsa lex. Wandlung einer gemeinrechtlichen Auslegungsregel zum Verfassungsgebot?, Berlin 1989.

Lücke, Jörg: Vorläufige Staatsakte. Auslegung Rechtsfortbildung und Verfassung am Beispiel vorläufiger Gesetze, Urteile, Beschlüsse und Verwaltungsakte, Tübingen 1991.

Lüdemann, Volker: Connected Cars – Das vernetzte Auto nimmt Fahrt auf. Der Datenschutz bleibt zurück, ZD 2015, S. 247 ff.

Luhmann, Niklas: Das Recht der Gesellschaft, Frankfurt am Main 1993.

Luhmann, Niklas: Rechtssoziologie, 4. Auflage, Wiesbaden 2008.

Lurija, Alexander Romanowitsch: Cognitive Development. Its Cultural and Social Foundations, Cambridge 1976.

MacCallum, Gerald C.: Legislative Intent, Yale L. J. (The Yale Law Journal) 75 (1966), S. 754 ff.

Makinson, David/*Gärdenfors*, Peter: Revisions of Knowledge Systems. Using Epistemic Entrenchment, in: Vardi, Moshe Y. (Hrsg.), Proceedings of the 2nd Conference on Theoretical Aspects of Reasoning about Knowledge, Pacific Grove 1988, S. 84 ff.

Mangoldt, Hermann von/*Klein*, Friedrich/*Starck*, Christian (Hrsg.): Kommentar zum Grundgesetz, Band 1: Präambel, Art. 1–19, 6. Auflage, München 2016. Zitiert als: MKS/*Bearbeiter* (2016).

Mangoldt, Hermann von/*Klein*, Friedrich/*Starck*, Christian (Hrsg.): Kommentar zum Grundgesetz, Band 1: Präambel, Art. 1–19, 7. Auflage, München 2018. Zitiert als: MKS/*Bearbeiter*.

Martini, Mario: Das allgemeine Persönlichkeitsrecht im Spiegel der jüngeren Rechtsprechung des Bundesverfassungsgerichts, JA 2009, S. 839 ff.

Maunz, Theodor/*Dürig*, Günter (Begr.): Grundgesetz, Kommentar, Erstbearbeitung, München 1958. Zitiert als: Maunz/Dürig/*Bearbeiter* (Erstbearbeitung).

Maunz, Theodor/*Dürig*, Günter (Begr.): Grundgesetz, Kommentar, 84. Ergänzungslieferung, München 2018. Zitiert als: Maunz/Dürig/*Bearbeiter*.

Maunz, Theodor/*Schmidt-Bleibtreu*/*Klein*, Franz/*Bethge*, Herbert (Hrsg.): Bundesverfassungsgerichtsgesetz, Ein Kommentar, 55. Ergänzungslieferung Oktober 2018, München 2018. Zitiert als: MSKB/*Bearbeiter*.

Medicus, Dieter: Vertragsauslegung und Geschäftsgrundlage, in: Jakobs, Horst Heinrich (Hrsg.), Festschrift für Werner Flume zum 70. Geburtstag, Köln 1978, S. 629 ff.

Meier-Hayoz, Arthur: Der Richter als Gesetzgeber. Eine Besinnung auf die von den Gerichten befolgten Verfahrensgrundsätze im Bereiche der freien richterlichen Rechtsfindung gemäss Art. 1 Abs. 2 des schweizerischen Zivilgesetzbuches, Zürich 1951.

Meier-Hayoz, Arthur: Lücken intra legem, in: Noll, Peter (Hrsg.), Beiträge zur juristischen Methodenlehre. Festschrift für Oscar Adolf Germann zum 80. Geburtstag, Bern 1969, S. 149 ff.

Mestmäcker, Ernst-Joachim: Eingriffserwerb und Rechtsverletzung in der ungerechtfertigten Bereicherung, JZ 1958, S. 521 ff.

Metzger, Axel: Dienst gegen Daten. Ein synallagmatischer Vertrag, AcP 216 (2016), S. 817 ff.

Michael, Lothar: Lebenspartnerschaften unter dem besonderen Schutze einer (über-)staatlichen Ordnung. Legitimation und Grenzen eines Grundrechtswandels kraft europäischer Integration, NJW 2010, S. 3537 ff.

Möllers, Christoph: Gewaltengliederung. Legitimation und Dogmatik im nationalen und internationalen Rechtsvergleich, Tübingen 2005.

Möllers, Christoph: Mehr oder weniger virtuos, in: FAZ vom 26. 10. 2006.

Möllers, Christoph: Nachvollzug ohne Maßstabbildung: richterliche Rechtsfortbildung in der Rechtsprechung des Bundesverfassungsgerichts, JZ 2009, S. 668 ff.

Möllers, Christoph: Vom Altern einer Verfassung. 60 Jahre Grundgesetz, APuZ 2009, S. 5 ff.

Möllers, Thomas M. J.: Ein Vierstufen-System zur Rationalisierung der Grenzen zulässiger Rechtsfortbildung, in: Altmeppen, Holger/Fitz, Hanns/Honsell, Heinrich (Hrsg.), Festschrift fuer Guenter H. Roth zum 70. Geburtstag, München 2011, 473 ff.

Möllers, Thomas M. J.: Juristische Methodenlehre, München 2017.

Möllers, Thomas M. J./*Möhring*, Alexandra: Recht und Pflicht zur richtlinienkonformen Rechtsfortbildung bei generellem Umsetzungswillen des Gesetzgebers, JZ 2008, S. 919 ff.

Moser, Hans: Jungfernkranz und Strohkranz, in: Köstlin, Konrad/Sievers, Kai Detlev (Hrsg.), Das Recht der kleinen Leute. Beiträge zur rechtlichen Volkskunde. Festschrift für Karl-Sigismund Kramer zum 60. Geburtstag, Berlin 1976, S. 140 ff.

Mugdan, Benno (Hrsg. und Bearb.): Die gesamten Materialien zum Bürgerlichen Gesetzbuch für das Deutsche Reich, Berlin 1899.

Müller, Friedrich: Normstruktur und Normativität. Zum Verhältnis von Recht und Wirklichkeit in der juristischen Hermeneutik. Entwickelt an Fragen der Verfassungsinterpretation, Berlin 1966.

Müller, Friedrich/*Christensen*, Ralph: Juristische Methodik. Grundlegung für die Arbeitsmethoden der Rechtspraxis, 11. Auflage, Berlin 2013.

Münch, Ingo von: Die Zeit im Recht, NJW 2000, S. 1 ff.

Münch, Ingo von/*Kunig*, Philipp (Hrsg.): Grundgesetz-Kommentar. Band 1: Präambel bis Art. 20 GG, 2. Auflage, München 1981. Zitiert als: Münch/Kunig/*Bearbeiter*.

Naucke, Wolfgang: Versuch über den aktuellen Stil des Rechts, KritV 1986, S. 189 ff.

Nawiasky, Hans: Allgemeine Rechtslehre als System der rechtlichen Grundbegriffe, 2. Auflage, Einsiedeln 1948.

Neuner, Jörg: Die Rechtsfindung contra legem, 2. Auflage, München 2005.

Neuner, Jörg: Die Rechtsfortbildung, in: Riesenhuber, Karl (Hrsg.), Europäische Methodenlehre. Handbuch für Ausbildung und Praxis, Berlin 2015, S. 245 ff.

Nitschke, Manfred: § 1300 BGB und das Gebot der Gleichberechtigung von Mann und Frau, FamRZ 1968, S. 424 ff.

Nourse, Victoria F.: A Decision Theory of Statutory Interpretation: Legislative History by the Rules, Yale L. J. (The Yale Law Journal) 122 (2012), S. 70 ff.

Oertmann, Paul: Die Geschäftsgrundlage. Ein neuer Rechtsbegriff, Leipzig 1921.

Ostendorf, Patrick: Geplanter neuer Rechtsrahmen für Online-Warenhandel und Bereitstellung digitaler Inhalte im Europäischen Binnenmarkt, ZRP 2016, S. 69 ff.

Pauly, Walter: Sperrwirkungen des verfassungsrechtlichen Ehebegriffs, NJW 1997, S. 1957 ff.

Pawlowski, Hans-Martin: Methodenlehre für Juristen. Theorie der Norm und des Gesetzes. Ein Lehrbuch, 3. Auflage, Heidelberg 1999.

Pawlowski, Hans-Martin: Einführung in die juristische Methodenlehre. Ein Studienbuch zu den Grundlagenfächern Rechtsphilosophie und Rechtssoziologie, 2. Auflage, Heidelberg 2000.

Pawlowski, Tadeusz: Begriffsbildung und Definition, Berlin, New York 1980.

Peil, Dietmar: Metapher, in: Nünning, Ansgar (Hrsg.), Grundbegriffe der Literaturtheorie, Stuttgart 2004, S. 176.

Peschel-Gutzeit, Lore Maria: Die geschichtliche Entwicklung der Vaterstellung im deutschen Recht seit 1900, FPR, S. 167 ff.

Pestalozza, Christian: Verfassungsprozessrecht, 3. Auflage, München 1991.

Petersen, Jens: Von der Interessenjurisprudenz zur Wertungsjurisprudenz, Dargestellt an Beispielen aus dem deutschen Privatrecht, Tübingen 2001.

Petev, Valentin: Wie moralisch ist das Recht?, Archiv für Rechts- und Sozialphilosophie (ARSP) 1988, S. 348 ff.

Pfeifer, Karl-Nikolaus: Eigenheit oder Eigentum – Was schützt das Persönlichkeitsrecht?, GRUR 2002, 495 ff.

Piekenbrock, Andreas/*Schulze*, Götz: Die Grenzen richtlinienkonformer Auslegung – autonomes Richterrecht oder horizontale Direktwirkung, WM 2002, S. 521 ff.

Pieroth, Bodo/*Aubel*, Tobias: Die Rechtsprechung des Bundesverfassungsgerichts zu den Grenzen richterlicher Entscheidungsfindung, JZ 2003, S. 504 ff.

Pikart, Eberhard/*Werner*, Wolfram (Bearb.): Der parlamentarische Rat 1948–1949. Akten und Protokolle, Band 5: Ausschuß für Grundsatzfragen, Teilband 2, Boppard am Rhein 1993.

Popper, Karl: Logik der Forschung, 10. Auflage, Tübingen 1994.

Popper, Karl: Die offene Gesellschaft und ihre Feinde, Band 1: Der Zauber Platons, 8. Auflage, Tübingen 2003.

Püttmann, Andreas: Einführung, in: Fikentscher, Wolfgang (Hrsg.), Wertewandel – Rechtswandel, Perspektiven auf die gefährdeten Voraussetzungen unserer Demokratie, Gräfelfing 1997, S. 7 ff.

Radbruch, Gustav: Einführung in die Rechtswissenschaft, 13. Auflage, Stuttgart 1980.

Radbruch, Gustav: Rechtsphilosophie. Studienausgabe, Heidelberg 1999.

Radin, Max: Statutory Interpretation, Harv. L. Rev (Harvard Law Review) 43 (1930), S. 863 ff.

Raiser, Ludwig: Der Stand der Lehre vom subjektiven Recht im Deutschen Zivilrecht, JZ 1961, S. 465 ff.

Raiser, Thomas: Grundlagen der Rechtssoziologie, 6. Auflage, Tübingen 2013.

Ramm, Thilo: Die Freiheit der Willensbildung – ein Grundprinzip der Rechtsordnung, NJW 1962, S. 465 ff.

Ramsey, Frank P.: General Propositions and Causality, in: Mellor, David H. (Hrsg.), Philosophical Papers, Cambridge 1990, S. 145 ff.

Raz, Joseph: Between Authority and Interpretation. On the Theory of Law and Pracitcal Reason, Oxford 2009.

Redeker, Helmut: IT-Recht, 6. Auflage München 2017.

Redeker, Konrad/*Karpenstein*, Ulrich: Über Nutzen und Notwendigkeiten, Gesetze zu begründen, NJW 2001, S. 2825 ff.

Reimer, Franz: Juristische Methodenlehre, Baden-Baden 2016.

Reimer, Philipp/*Jestaedt*, Matthias: Anmerkung zu BVerfGE 133, 59 – Sukzessivadoption, JZ 2013, S. 468 ff.

Reschke, Johannes: Die verfassungs- und dreistufentestkonforme Auslegung der Schranken des Urheberrechts – zugleich eine Überprüfung von § 52b UrhG, Göttingen 2010.

Rieble, Volker/*Picker*, Christian: Lohnwucher, Zeitschrift für Arbeitsrecht 2014, S. 153 ff.

Riehm, Thomas: Vom Gesetz, das klüger ist als seine Verfasser – Zur Revisibilität ausländischen Rechts, JZ 2014, S. 73 ff.

Riesenhuber, Karl: Die Auslegung, in: Riesenhuber, Karl (Hrsg.), Europäische Methodenlehre. Handbuch für Ausbildung und Praxis, Berlin 2015, S. 199 ff.

Rixen, Stephan: Das Ende der Ehe? – Neukonturierung der Bereichsdogmatik von Art. 6 Abs. 1 GG, JZ 2013, S. 864 ff.

Robbers, Gerhard: Obsoletes Verfassungsrecht durch sozialen Wandel?, in: Klein, Eckhart (Hrsg.), Festschrift für Ernst Benda zum 70. Geburtstag, Heidelberg 1995, S. 209 ff.

Roeber, Georg: Urheberrecht oder geistiges Eigentum, Baden-Baden 1956.

Roellecke, Gerd: Prinzipien der Verfassungsinterpretation in der Rechtsprechung des Bundesverfassungsgerichts, in: Starck, Christian (Hrsg.), Bundesverfassungsgericht und Grundgesetz. Festgabe aus Anlaß des 25jährigen Bestehens des Bundesverfassungsgerichts, Tübingen 1976, S. 22 ff.

Roellecke, Gerd: Das Paradox der Verfassungsauslegung, Paderborn, München, Wien, Zürich 2012.

Röhl, Klaus F./*Röhl*, Hans-Christian: Allgemeine Rechtslehre. Ein Lehrbuch, 3. Auflage, Köln 2008.

Rohlfing, Bernd: Die Darlegungs- und Beweislast beim amtshaftungsrechtlichen Verweisungsprivileg (§ 839 I 2 BGB), MDR 2010, S. 237 ff.

Rott, Peter: Austausch der fehlerhaften Kaufsache nur bei Herausgabe von Nutzungen?, BB 2004, S. 2478 ff.

Roxin, Claus: Strafrecht. Allgemeiner Teil, 2. Auflage, München 1994.

Ruhl, Klaus-Jörg: Verordnete Unterordnung. Berufstätige Frauen zwischen Wirtschaftswachstum und konservativer Ideologie in der Nachkriegszeit (1945–1963), München 1994.

Rümelin, Gustav von: Juristische Begriffsbildung, in: Krawietz, Werner (Hrsg.), Theorie und Technik der Begriffsjurisprudenz, Darmstadt 1976, S. 83 ff.

Rümelin, Max von: Das neue schweizerische ZGB und seine Bedeutungen für uns, Tübingen 1908.

Russell, Bertrand: Probleme der Philosophie, 13. Auflage, Frankfurt am Main 1986.

Rüßmann, Helmut: Möglichkeit und Grenzen der Gesetzesbindung, in: Alexy, Robert/Koch, Hans-Joachim/Rüßmann, Helmut/Kuhlen, Lothar (Hrsg.), Elemente einer juristischen Begründungslehre, Baden-Baden 2003, S. 135 ff.

Rüßmann, Helmut: Contra-legem Entscheidungen in der Zivilgerichtsbarkeit, in: Ewer, Wolfgang/Ramsauer, Ulrich/Reese, Moritz (Hrsg.) (Hrsg.), Methodik – Ordnung – Umwelt. Festschrift für Hans-Joachim Koch aus Anlass seines siebzigsten Geburtstags, Berlin 2014, S. 79 ff.

Rüthers, Bernd: Wir denken die Rechtsbegriffe um …, Osnabrück 1987.

Rüthers, Bernd: Entartetes Recht. Rechtslehren und Kronjuristen im Dritten Reich, 2. Auflage, München 1989.

Rüthers, Bernd: Die unbegrenzte Auslegung. Zum Wandel der Privatrechtsordnung im Nationalsozialismus, 8. Auflage, Heidelberg 1997.

Rüthers, Bernd: Deckel zu!, in: FAZ vom 27. 12. 2006.

Rüthers, Bernd: Zwischenruf aus der methodischen Wüste: „Der Richter wird's schon richten"(?), JZ 2006, S. 958 ff.

Rüthers, Bernd: Trendwende im Bundesverfassungsgericht? – Über die Grenzen des „Richterstaates, NJW 2009, S. 1461 f.

Rüthers, Bernd: Klartext zu den Grenzen des Richterrechts, NJW 2011, S. 1856 ff.

Rüthers, Bernd: Wozu auch noch Methodenlehre? – Die Grundlagenlücken im Jurastudium, JuS 2011, S. 865 ff.

Rüthers, Bernd: Die heimliche Revolution vom Rechtsstaat zum Richterstaat, Tübingen 2014.

Rüthers, Bernd: Verfälschte Geschichtsbilder deutscher Juristen?, NJW 2016, S. 1068 ff.

Rüthers, Bernd: Schleichende Verfassungsänderung, NJW-aktuell 2018, S. 14.

Rüthers, Bernd/*Höpfner*, Clemens: Analogieverbot und subjektive Auslegungsmethode, JZ 2005, S. 21 ff.

Rüthers, Bernd/*Fischer*, Christian/*Birk*, Axel: Rechtstheorie, Mit juristischer Methodenlehre, 10. Auflage, München 2018.

Sachs, Michael: Die Entstehungsgeschichte des Grundgesetzes als Mittel der Verfassungsauslegung in der Rechtsprechung des Bundesverfassungsgerichts, DVBl 1984, S. 73 ff.

Sachs, Michael: Rechtsförmliche Lebenspartnerschaften für Menschen gleichen Geschlechts – Verfassungsgebot oder Verfassungsverstoß?, JR 2001, S. 45 ff.

Sachs, Michael (Hrsg.): Grundgesetz. Kommentar, 8. Auflage, München 2018.

Sachse, Carola: Der Hausarbeitstag. Gerechtigkeit und Gleichberechtigung in Ost und West 1939–1994, Göttingen 2002.

Säcker, Franz Jürgen: Wille des historischen Gesetzgebers bzw. der objektive Gesetzessinn am Beispiel der Entwicklung des Eigentumsbegriffs im deutschen und chinesischem Recht, in: Hui Huang/Säcker, Franz Jürgen/Claudia Schubert (Hrsg.), Juristische Methodenlehre und Immobiliarsachenrecht, Tübingen 2015, S. 11 ff.

Säcker, Franz Jürgen: Richterliche Unabhängigkeit – Der Kern der Gewaltenteilung, NJW 2018, S. 2375 ff.

Säcker, Franz Jürgen/*Rebmann*, Kurt (Hrsg.): Münchener Kommentar zum Bürgerlichen Gesetzbuch, Band 7, Familienrecht I, §§ 1297–1588, VAHRG, VAÜG, EheG, 3. Auflage, München 1993. Zitiert als: MüKoBGB/*Bearbeiter* (1993).

Säcker, Franz Jürgen/*Rixecker*, Roland/*Oetker*, Hartmut/*Limperg*, Bettina (Hrsg.): Münchener Kommentar zum Bürgerlichen Gesetzbuch, Band 3, §§ 433–534, Finanzierungsleasing, CISG, 7. Auflage, München 2016. Zitiert als: MüKoBGB/*Bearbeiter*.

Säcker, Franz Jürgen/*Rixecker*, Roland/*Oetker*, Hartmut/*Limperg*, Bettina (Hrsg.): Münchener Kommentar zum Bürgerlichen Gesetzbuch, Band 4, §§ 535–630 BGB, HeizkostenV, BetriebskostenV, EFZG, TzBfG, KSchG, 7. Auflage, 2016. Zitiert als: MüKoBGB/*Bearbeiter*.

Säcker, Franz Jürgen/*Rixecker*, Roland/*Oetker*, Hartmut/*Limperg*, Bettina (Hrsg.): Münchener Kommentar zum Bürgerlichen Gesetzbuch, Band 5, §§ 651a-704 BGB, 7. Auflage, München 2017. Zitiert als: MüKoBGB/*Bearbeiter*.

Säcker, Franz Jürgen/*Rixecker*, Roland/*Oetker*, Hartmut/*Limperg*, Bettina (Hrsg.): Münchener Kommentar zum Bürgerlichen Gesetzbuch, Band 6, §§ 705–853 BGB, PartGG, ProdHaftG, 7. Auflage, München 2017. Zitiert als: MüKoBGB/*Bearbeiter*.

Säcker, Franz Jürgen/*Rixecker*, Roland/*Oetker*, Hartmut/*Limperg*, Bettina (Hrsg.): Münchener Kommentar zum Bürgerlichen Gesetzbuch, Band 1, §§ 1–240 BGB, AllgPersönlR, ProstG, AGG, 8. Auflage, München 2018. Zitiert als: MüKoBGB/*Bearbeiter*.

Säcker, Franz Jürgen/*Rixecker*, Roland/*Oetker*, Hartmut/*Limperg*, Bettina (Hrsg.): Münchener Kommentar zum Bürgerlichen Gesetzbuch, Band 2, §§ 241–310 BGB, 8. Auflage, München 2018. Zitiert als: MüKoBGB/*Bearbeiter*.

Säcker, Franz Jürgen/*Rixecker*, Roland/*Oetker*, Hartmut/*Limperg*, Bettina (Hrsg.): Münchener Kommentar zum Bürgerlichen Gesetzbuch, Band 3, §§ 311–361 BGB, 8. Auflage, München 2019. Zitiert als: MüKoBGB/*Bearbeiter*.

Savigny, Eike von: Die Jurisprudenz im Schatten des Empirismus. Polemische Anmerkungen zu Hans Albert: Erkenntnis und Recht, in: Albert, Hans (Hrsg.), Rechtstheorie als Grundlagenwissenschaft der Rechtswissenschaft, Düsseldorf 1972, S. 97 ff.

Scalia, Antonin: Federal Courts and the Law, in: Gutmann, Amy (Hrsg.), A Matter of Interpretation, Princeton 1997, S. 3 ff.

Scalia, Antonin: Response, in: Gutmann, Amy (Hrsg.), A Matter of Interpretation, Princeton 1997, S. 129 ff.

Schack, Haimo: Rezension. Horst-Peter Götting: Persönlichkeitsrechte als Vermögensrechte, AcP 195 (1995), S. 594 ff.

Schaffrath, Wilhelm Michael: Theorie der Auslegung constitutioneller Gesetze, Leipzig 1842.

Schenke, Ralf P.: Methodenlehre und Grundgesetz, in: Dreier, Horst (Hrsg.), Macht und Ohnmacht des Grundgesetzes. Sechs Würzburger Vorträge zu 600 Jahren Verfassung, Berlin 2009, S. 51 ff.

Schenke, Wolf-Rüdiger: Verfassung und Zeit – von der „entzeiteten" zur zeitgeprägten Verfassung, AöR 1978, S. 567 ff.

Scheuner, Ulrich: Probleme der staatlichen Schadenshaftung nach deutschem Recht, DÖV 1955, 545 ff.

Schlaich, Klaus/*Korioth*, Stefan: Das Bundesverfassungsgericht. Stellung Verfahren Entscheidungen. Ein Studienbuch, 11. Auflage, München 2018.

Schlinkert, Volker: Industrie 4.0 – wie das Recht Schritt hält, ZRP 2017, S. 222 ff.

Schmidt, Christopher: „Ehe für alle" – Ende der Diskriminierung oder Verfassungsbruch?, NJW 2017, S. 2225 ff.

Schmidt, Folke: Zur Methode der Rechtsfindung, Berlin 1976.

Schmidt-Kessel, Martin/*Erler*, Katharina/*Grimm*, Anna/*Kramme*, Malte: Die Richtlinienvorschläge der Kommission zu Digitalen Inhalten und Online-Handel – Teil 2, GPR 2016, S. 54 ff.

Schmidt-Kessel, Martin/*Grimm*, Anna: Unentgeltlich oder entgeltlich? – Der vertragliche Austausch von digitalen Inhalten gegen personenbezogene Daten, ZfPW 2017, S. 84 ff.

Schmitt, Carl: Nationalsozialistisches Rechtsdenken, Deutsches Recht 1934, S. 225 ff.

Schneider, Hans: Der Gegenstand der Normenkontrolle. Betrachtungen über das Umschlagen eines Gesetzes in die Verfassungswidrigkeit, in: Carstens, Karl (Hrsg.), Festschrift Hermann Jahrreiß. Zu seinem siebzigsten Geburtstag, 19. August 1964, gewidmet, Köln 1964, S. 385 ff.

Schneider, Jochen: Handbuch EDV-Recht, IT-Recht mit IT-Vertragsrecht, Datenschutz, Rechtsschutz und E-Business, 5, Köln 2017.

Schneider, Peter: Prinzipien der Verfassungsinterpretation, in: Schwegmann, Friedrich (Hrsg.), Probleme der Verfassungsinterpretation. Dokumentation einer Kontroverse, Baden-Baden 1976, S. 156.

Scholz, Ruppert: Der gesetzgebende Richter, ZG 2013, 105 ff.

Schönke, Adolf/*Schröder*, Horst (Hrsg.): Strafgesetzbuch. Ein Kommentar, 30. Auflage, München 2019. Zitiert als Schönke/Schröder/*Bearbeiter*.

Schroth, Ulrich: Theorie und Praxis subjektiver Auslegung im Strafrecht, Berling 1983.

Schroth, Ulrich: Hermeneutik, Norminterpretation und richterliche Normanwendung, in: Kaufmann, Arthur (Hrsg.), Einführung in die Rechtsphilosophie und Rechtstheorie der Gegenwart, Heidelberg 2011, S. 270 ff.

Schulte-Nölke, Hans: Alter Herd ist Geldes wert? – Das neue Schuldrecht auf dem Prüfstand des Europarechts, ZGS (Zeitschrift für das gesamte Schuldrecht) 2006, S. 321.

Schulze, Gernot: Spielraum und Grenzen richterlicher Rechtsfortbildung im Urheberrecht, in: Ahrens, Hans-Jürgen (Hrsg.) (Hrsg.), Festschrift für Willi Erdmann zum 65. Geburtstag, Köln, Berlin, Bonn, München 2002, S. 173 ff.

Schulze-Fielitz, Helmuth: Theorie und Praxis parlamentarischer Gesetzgebung – besonders des 9. Deutschen Bundestages (1980–1983), Berlin 1988.

Schulze-Fielitz, Helmuth: Das Bundesverfassungsgericht in der Krise des Zeitgeistes, AöR 1997, S. 1 ff.

Schumann, Ekkehard: Das Rechtsverweigerungsverbot, ZZP 1968, S. 79 ff.

Schürnbrand, Jan: Die Grenzen richtlinienkonformer Rechtsfortbildung im Privatrecht, JZ 2007, S. 910 ff.

Schwalm, Georg: Der objektivierte Wille des Gesetzgebers, in: Lüttger, Hans (Hrsg.), Festschrift für Ernst Heinitz zum 70. Geburtstag am 1. Januar 1972, Berlin 1972, S. 47 ff.

Schweikard, David P./*Schmid*, Hans Bernhard: Collective Intentionality, in: Zalta, Edward N. (Hrsg.), The Stanford Encyclopedia of Philosophy (Summer 2013 Edition), https://plato.stanford.edu/entries/collective-intentionality.

Searle, John R.: Collective Intentions and Actions, in: Cohen, Philip R./Morgan, Jerry/Pollack, Martha E. (Hrsg.), Intentions in Communication, Cambridge 1990, S. 401 ff.

Searle, John R.: The Construction of Social Reality, New York 1995.

Seibert, Ulrich: ‚Gesetzesmaterialien' in der Gesetzgebungspraxis, in: Fleischer, Holger (Hrsg.), Mysterium „Gesetzesmaterialien". Bedeutung und Gestaltung der Gesetzesbegründung in Vergangenheit Gegenwart und Zukunft [Symposium am Hamburger Max-Planck-Institut für ausländisches und internationales Privatrecht im März 2012], Tübingen 2013.

Sellars, Wilfrid: On Reasoning about Values, American Philosophical Quarterly 17 (1980), S. 81 ff.

Smend, Rudolf: Verfassung und Verfassungsrecht, in: Smend, Rudolf, Staatsrechtliche Abhandlungen und andere Aufsätze, Berlin 1968, S. 119 ff.

Spohn, Wolfgang: The laws of belief. Ranking theory and its philosophical applications, Oxford 2012.

Stalnaker, Robert: A Theory of Conditionals, in: Jackson, Frank (Hrsg.), Conditionals, Oxford 1991, S. 28 ff.

Stalnaker, Robert/*Thomason*, Richmond H.: A semantic Analysis of conditional Logic, Theoria 36 (1970), S. 23 ff.

Staudinger, Julius von (Begr.): Kommentar zum Bürgerlichen Gesetzbuch mit Einführungsgesetz und Nebengesetzen. Buch 2. Recht der Schuldverhältnisse: §§ 346–361 (Rücktritt und Widerruf), 15. Auflage, Berlin 2012.

Staudinger, Julius von (Begr.): Kommentar zum Bürgerlichen Gesetzbuch mit Einführungsgesetz und Nebengesetzen. Buch 1. Allgemeiner Teil: §§ 1–14 VerschG (Einleitung zum BGB und Allgemeiner Teil 1), Neubearbeitung, Berlin 2013.

Sternberg, Theodor: Einführung in die Rechtswissenschaft, Leipzig 1912.

Steyn, Johan: Pepper v Hart/A Re-examination, OJLS (Oxford Journal of Legal Studies) 21 (2001), S. 59 ff.

Strasser, Christian: Prozessbürgschaften EU-ausländischer Kreditinstitute – kein Grund zur Ungleichbehandlung in Zeiten unsicherer Banken, RIW 2009, S. 521 ff.

Stratenwerth, Günter: Zum Streit der Auslegungstheorien, in: Peter, Noll (Hrsg.), Beiträge zur juristischen Methodenlehre. Festschrift für Oscar Adolf Germann zum 80. Geburtstag, Bern 1969, S. 257 ff.

Streinz, Rudolf (Hrsg.): EUV/AEUV. Beck'scher Kurzkommentar, 3. Auflage, München 2018. Zitiert als: Streinz/*Bearbeiter*.

Struck, Gerhard: Zur Theorie juristischer Argumentation, Berlin 1977.

Teubner, Gunther: Standards und Direktiven in Generalklauseln, Frankfurt am Main 1971.

Ulmer, Peter: Wirtschaftslenkung und Vertragserfüllung. Zur Bedeutung staatlicher Lenkungsmaßnahmen für die vertragliche Geschäftsgrundlage, AcP (174) 1974, S. 167 ff.

Unseld, Florian: Die Übertragbarkeit von Persönlichkeitsrechten, GRUR 2011, S. 982 ff.

Viehweg, Theodor: Topik und Jurisprudenz. Ein Beitrag zur rechtswissenschaftlichen Grundlagenforschung, 5. Auflage, 5. Auflage, München 1974.

Vieweg, Klaus: Reaktionen des Rechts auf Entwicklungen der Technik, in: Schulte, Martin (Hrsg.), Technische Innovation und Recht. Antrieb oder Hemmnis?, Heidelberg 1997, S. 35 ff.

Vogenauer, Stefan: Die Auslegung von Gesetzen in England und auf dem Kontinent, Tübingen 2001.

Volkmann, Uwe: Grundzüge einer Verfassungslehre der Bundesrepublik Deutschland, Tübingen 2013.

Volkmann, Uwe: Verfassungsänderung und Verfassungswandel, JZ 2018, S. 265 ff.

Voßkuhle, Andreas: Theorie und Praxis der verfassungskonformen Auslegung von Gesetzen durch Fachgerichte, AöR 2000, S. 177.

Voßkuhle, Andreas: Gibt es und wozu nutzt eine Lehre vom Verfassungswandel?, Der Staat 43 (2004), S. 450 ff.

Voßkuhle, Andreas: Stabilität, Zukunftsoffenheit und Vielfaltssicherung – Die Pflege des verfassungsrechtlichen „Quellcodes" durch das BVerfG, JZ 2009, S. 917.

Voßkuhle, Andreas/*Sydow*, Gernot: Die demokratische Legitimation des Richters, JZ 2002, 673 ff.

Vranes, Erich: Lex Superior, Lex Specialis, Lex Posterior – Zur Rechtsnatur der „Konfliktlosungsregeln", ZaöRV 2005, S. 391 ff.

Wachter, Thomas: Anmerkung zum Urteil des OLG Oldenburg 8. 1. 2018 – 12 W 126/17, GmbHR 2018, S. 311 ff.

Waldhoff, Christian: Gesetzesmaterialien aus verfassungsrechtlicher Perspektive, in: Fleischer, Holger (Hrsg.), Mysterium „Gesetzesmaterialien". Bedeutung und Gestaltung der Gesetzesbegründung in Vergangenheit Gegenwart und Zukunft [Symposium am Hamburger Max-Planck-Institut für ausländisches und internationales Privatrecht im März 2012], Tübingen 2013, S. 75 ff.

Waldron, Jeremy: Law and disagreement, Oxford 1999.

Walter, Christian: Hüter oder Wandler der Verfassung. Zur Rolle des Bundesverfassungsgerichts im Prozess des Verfassungswandels, AöR 2000, S. 517 ff.

Wandtke, Artur-Axel: Ökonomischer Wert von persönlichen Daten. Diskussion des „Warencharakters" von Daten aus persönlichkeits- und urheberrechtlicher Sicht, MMR 2017, S. 6 ff.

Wank, Rolf: Grenzen richterlicher Rechtsfortbildung, Berlin 1978.

Wank, Rolf: Die juristische Begriffsbildung, München 1985.

Wank, Rolf: Richterliche Rechtsfortbildung und Verfassungsrecht, ZGR 1988, S. 314 ff.

Wank, Rolf: Die Auslegung von Gesetzen, 6. Auflage, Köln 2015.

Weiss, Alexander: Der mutmaßliche Gesetzgeberwille als Argumentationsfigur, ZRP 2013, S. 66 ff.

Weller, Marc-Philippe: Von der GbR zur OHG. Abkehr „Vom Geist der Gesetze" durch richterliche Rechtsfortbildung?, in: Altmeppen, Holger/Fitz, Hanns/Honsell, Heinrich (Hrsg.), Festschrift für Guenter H. Roth zum 70. Geburtstag, München 2011, S. 881 ff.

Wendland, Matthias: Ein neues europäisches Vertragsrecht für den Online-Handel? Die Richtlinienvorschläge der Kommission zu vertragsrechtlichen Aspekten der Bereitstellung digitaler Inhalte und des Online-Warenhandels, EuZW 2016, S. 126 ff.

Werner, Fritz: Zum Verhältnis von Generalklauseln und Richterrecht, Karlsruhe 1966.

Wieacker, Franz: Zur rechtstheoretischen Präzisierung des Paragraphen 242 BGB, Tübingen 1956.

Wieacker, Franz: Rechtsprechung und Sittengesetz, JZ 1961, S. 337 ff.

Wieacker, Franz: Gemeinschaftlicher Irrtum der Vertragspartner und Clausula rebus sic stantibus, in: Wilburg, Walter (Hrsg.), Festschrift zum 60. Geburtstag von Walter Wilburg, Graz 1965, S. 229 ff.

Wiedemann, Herbert: Richterliche Rechtsfortbildung, NJW 2014, S. 2407 ff.

Winkler, Günther: Zeit und Recht, Wien 1995.

Wischmeyer, Thomas: Der „Wille des Gesetzgebers". Zur Rolle der Gesetzesmaterialien in der Rechtsanwendung, JZ 2015, S. 957 ff.

Wischmeyer, Thomas: Zwecke im Recht des Verfassungsstaates. Geschichte und Theorie einer juristischen Denkfigur, Tübingen 2015.

Wittgenstein, Ludwig: Philosophische Untersuchungen, 2. Auflage, Frankfurt am Main 1980.

Wolff, Heinrich A.: Die kommunale Spielgerätesteuer und ihr Bemessungsmaßstab, NVwZ 2005, S. 1241 ff.

Wolff, Heinrich A./*Brink*, Stefan (Hrsg.): Beck'scher Online-Kommentar. Datenschutzrecht, 23. Auflage, München 2018.

Würtenberger, Thomas: Zeitgeist und Recht, 2. Auflage, Tübingen 1991.

Wüstendörfer, Hans: Die deutsche Rechtsprechung am Wendepunkt. Versuch einer positiven Methode soziologischer Rechtsfindung, in: Rehbinder, Manfred (Hrsg.), Zur Methode soziologischer Rechtsfindung. Zwei systematische Abhandlungen, Berlin 1971, S. 31 ff.

Wüstendörfer, Hans: Zur Hermeneutik soziologischer Rechtsfindung, in: Rehbinder, Manfred (Hrsg.), Zur Methode soziologischer Rechtsfindung. Zwei systematische Abhandlungen, Berlin 1971, S. 138 ff.

Zech, Herbert: „Industrie 4.0" – Rechtsrahmen für eine Datenwirtschaft im digitalen Binnenmarkt, GRUR 2015, S. 1151 ff.

Zimmermann, Reinhard: Text und Kontext – Einführung in das Symposium über die Entstehung von Gesetzen in rechtsvergleichender Perspektive, RabelsZ 2014, S. 315 ff.

Zippelius, Reinhold: Juristische Methodenlehre, 11. Auflage, München 2012.

Zitelmann, Ernst: Lücken im Recht, Leipzig 1903.

Sachverzeichnis